Bauer/Huber/Albrecht (Hrsg.)
Erfolgsfaktoren der Markenführung

Erfolgsfaktoren der Markenführung

Know-how aus Forschung und Management

Herausgegeben von

Univ.-Prof. Dr. Hans H. Bauer

Dipl.-Kfm. Frank Huber

Dipl.-Kffr. Carmen-Maria Albrecht

Verlag Franz Vahlen München

ISBN 978 3 8006 3463 7

© 2008 Verlag Franz Vahlen GmbH
Wilhelmstr. 9, 80801 München
Satz: Fotosatz H. Buck
Zweikirchener Str. 7, 84036 Kumhausen
Druck und Bindung: Druckhaus „Thomas Müntzer" GmbH
Neustädter Str. 1–4, 99947 Bad Langensalza
Umschlaggestaltung: simmel-artwork
Gedruckt auf säurefreiem, alterungsbeständigem Papier
(hergestellt aus chlorfrei gebleichtem Zellstoff)

Vorwort der Herausgeber

Wenn man im Dialog mit Führungskräften steht, so gibt es zurzeit im Bereich Marketing kaum ein Thema, bei welchem die Praxis derart nach Anregungen aus der Wissenschaft sucht wie bei den Themen Marke und Markenmanagement. Markenfragen sind regelmäßig auf den Agenden von Strategiesitzungen und operativen Meetings zu finden. Obgleich das Thema in zahlreichen Büchern, Artikeln und Berateransätzen omnipräsent ist, fällt eines auf: Die Diskrepanz zwischen dem Erkenntnisstand der Wissenschaft und der Implementierung eines Markenmanagements in den Unternehmen ist bemerkenswert groß.

Der vorliegende Sammelband strebt an, diese Diskrepanz zu schließen. Er zeigt nicht nur Stellschrauben erfolgreicher Markenführung in umfassender und strukturierter Weise aus Sicht der Forschung sowie Praxis auf, sondern legt zudem einen besonderen Schwerpunkt auf den Transfer der Erkenntnisse von der Forschung in die Praxis. Um dieser Forderung Rechnung zu tragen, schließt jeder Beitrag des Sammelbandes, der einem der vier Teilbereiche des Buches, nämlich Markenanalyse, Markensteuerung, Markenwirkung beim Kunden und Markenführung im Brachenkontext zugeordnet ist, mit Learnings, die dem Leser konkrete Handlungsempfehlungen für eine erfolgreiche Markenführung an die Hand geben.

Der Sammelband richtet sich insbesondere an Manager, Geschäftsführer und Vorstände in Unternehmen und Agenturen, die sich ein professionelles und erfolgreiches Markenmanagement auf die Fahnen schreiben, sowie an Wissenschaftler, Dozenten und Studierende mit besonderem Interesse an der Markenforschung. Wissenschaftlern, Dozenten und Studierenden bietet der Sammelband einen „State-of-the-Art" der Markenforschung. Professionals im Markenmanagement erhalten insbesondere Anregungen für Handlungsoptionen im eigenen Tätigkeitsfeld sowie konkrete Handlungsanweisungen für eine erfolgreiche Markenführung.

Bei der Erstellung dieses Sammelbandes erhielten wir vielfältige konzeptionelle und inhaltliche Unterstützung. Unser Dank gilt an dieser Stelle insbesondere den Autoren der Beiträge für die Bereitstellung ihrer Forschungsergebnisse. Zudem sind wir unseren wissenschaftlichen Hilfskräften Frau cand. rer. oec. Marion Hasche und Herr cand. wirtsch.-inf. Nico Shenawai zu großem Dank bei den Korrektur- und Formatierungsarbeiten verpflichtet. Schließlich gilt unser Dank dem Verlag Vahlen, und hier insbesondere Herrn Herrmann Schenk, für die stets gute Zusammenarbeit bei der Drucklegung des Buches.

Mannheim, im Oktober 2007

Hans H. Bauer   *Frank Huber*   *Carmen-Maria Albrecht*

Inhaltsübersicht

Vorwort der Herausgeber	V
Meilensteine erfolgreicher Markenführung – Ein Leitfaden für eine kritische Diskussion über die eigene Marke – *Hans H. Bauer/Frank Huber/Carmen-Maria Albrecht*	1
1. Teil: Markenanalyse	15
Markenrelevanz, ist sie wirklich relevant? *Hans H. Bauer/Tobias Donnevert/Maik Hammerschmidt*	17
Der Wert von Unternehmensmarken – Konzeptionelle Überlegungen und empirische Erkenntnisse zur Beurteilung des Unternehmensmarkenwertes auf der Basis von Reputationsstudien *Klaus-Peter Wiedmann*	35
Marketing-ROI – Ein Ansatz zur Optimierung von Marketinginvestitionen *Jesko Perrey/Gunnar Görtz*	59
State-of-the-Art der identitätsbasierten Markenführung *Christoph Burmann/Philip Maloney*	73
Messung von Markenimages – Beispiele aus der Praxis der Dr. Ing. h.c. F. Porsche AG *Michael Löffler*	87
Brand Community: Definition, Theorien und empirische Befunde *Fabian von Loewenfeld/Andreas Herrmann/Jürgen Rösger/Mark Heitmann*	97
Branding mittels irrelevanter Attribute *Hans H. Bauer/Carmen-Maria Albrecht/Tobias E. Haber/Marcus M. Neumann*	119
Markenpersönlichkeit als Erfolgsfaktor des Markenmanagements: Ein Segmentierungsansatz zum Markenpersönlichkeitsmanagement am Beispiel des Automobilmarkts *Ralf Mäder/Marcus Hattula/Robert Hartl/Wolfgang Breyer*	133
2. Teil: Markensteuerung	143
Kaufprozessorientierte Modelle der Markenführung auf dem Prüfstand: Ein Vergleich mit einem ganzheitlichen, verhaltenswissenschaftlichen Modell der Markenführung *Franz-Rudolf Esch/Christian Brunner/Kerstin Hartmann*	145

Der Einfluss der Mitarbeitenden auf den Markenerfolg – Konzeptualisierung und Operationalisierung Interner Markenbarometer
Manfred Bruhn 159

Markenorientierte Mitarbeiterführung
Torsten Tomczak/Felicitas Morhart/Wolfgang Jenewein 179

Steigerung der Marketingeffizienz mit Produkt-Vorankündigungen: Die Automobilindustrie als Vorbild für andere Branchen?
Oliver Merkel/Heiko Schäfer 193

Produktdesign für Brand Extensions und Nachfolgeprodukte
Heribert Gierl/Michael Plantsch 207

Der Einfluss von Corporate- und Company-Brands auf die Wahrnehmung von Vertical-Extensions
Frank Huber/Kai Vollhardt/Frederik Meyer 223

Imageeffekte des Ein- und Austritts von Marken in Markenallianzen
Manuel Michaelis/Christof Backhaus/David Woisetschläger 235

Der neue Luxus und die Konsequenzen für die Markenführung
Alexandra Valtin 247

Erfolgsfaktoren des Markentransfers von Luxusmarken
Dirk Totzek/Karin Herrmann 259

Die Kausalitäten von Brand Placements als Werbewirkungsmodell
Hans H. Bauer/Melchior D. Bryant/Marcus M. Neumann 275

Markenkommunikation im Internet – Dank Targeting mehr als nur ein weiteres Massenmedium
Mark Grether/Rosa Markarian 285

Markenportfoliokonsolidierung in der Konsumgüterindustrie: Why and How to Kill a Brand
Hans H. Bauer/Stefanie Exler/Christoph Schwerdtle 299

3. Teil: Markenwirkung beim Kunden 311

Marken als soziale Repräsentationen
Hans Mühlbacher/Christian Engl/Andrea Hemetsberger 313

Die Marke als Spiegel der Persönlichkeit
Günter Schweiger/Marina Dabic 329

Markensympathie: Konzeptionelle Grundlagen und Determinanten
Regine Lampert 343

Everybody's darling? Die Marke und ihre Zielgruppen
Anton Meyer/Benjamin Brudler 357

Die Wirkung der Marke auf die Kundenloyalität – Eine empirische Analyse
am Beispiel des Industriegüterhandels
Martin Ahlert/Christian Brock/Sandra Vering 369

Markenvertrauen: Ein vernachlässigter Erfolgsfaktor
Stefan Wünschmann/Stefan Müller 381

4. Teil: Markenführung im Branchenkontext 393

Gelebte Markenführung im B2B-Bereich
Frank Merkel 395

Sind Marken im Industriegüterbereich relevant?
Christian Homburg/Ove Jensen/Markus Richter 399

Markenführung für industrielle Lösungsanbieter
Christian Belz/Tânia Simão 415

Marke, persönliche Beziehungen oder Leistung: Welcher Marketing-Ansatz
ist wirklich wichtig in B-to-B-Märkten?
Carsten Baumgarth 431

Wertorientierte Führung von Dienstleistungsmarken
Martin Benkenstein/Sebastian Uhrich 445

Aufbau und Steuerung von Dienstleistungsmarken
Hans H. Bauer/Sabine Kuester/Frank Huber/Silke Heß 459

Dachmarken im Regionenmarketing – Akzeptanz und Einsatzmöglichkeiten,
dargestellt am Beispiel der Region „Erzgebirge"
Margit Enke/Tom Schöpe 473

Handelsmarken-Portfolio als Profilierungsinstrument von Handelsunternehmen
Joachim Zentes/Constantin Hilt 487

Der Mensch als Marke
Dieter Herbst 501

Autorenverzeichnis 519

Meilensteine erfolgreicher Markenführung
– Ein Leitfaden für eine kritische Diskussion über die eigene Marke –

Hans H. Bauer/Frank Huber/Carmen-Maria Albrecht

1 Einleitung	2
2 Der konzeptionelle Aufbau einer Marke als Basis für eine erfolgreiche Markenführung	2
2.1 Überblick	2
2.2 Die Markenessenz	3
2.3 Der Markenkern und die Tonalität	4
2.4 Selbst- und Fremdbild als Ausgangsbasis	6
3 Markenstadien als langfristige Ziele der Markenführung	10
4 Fazit	12

1 Einleitung

Die Markenforschung, aber auch das immer professioneller werdende Markenmanagement in zahlreichen Unternehmen haben in den letzten Jahren bemerkenswerte Fortschritte gemacht. Der interessierte Leser erhält insofern aus der Markenliteratur umfangreiche Erkenntnisse und Anregungen zur Steuerung der eigenen Marke. Bedauerlicherweise ist eine Aufarbeitung dieser Literatur zum Teil komplex, da sich zum einen mit fortgeschrittenem Erkenntnisumfang Publikationen zunehmend Detailfragen widmen, zum anderen in der wissenschaftlichen, aber insbesondere praktischen Literatur ein großes Wirrwarr an zahlreichen Begriffen vorzufinden ist, die ähnliche Zusammenhänge und Anforderungen an moderne Markenführung unterschiedlich „verpacken". Die Vermarktung von diversen „Markentools" mit zum Teil rechtlich geschützten Begriffen für allgemein anerkannte Zusammenhänge macht eine Aufarbeitung für den Praktiker kaum leichter.

Der vorliegende Beitrag strebt an, einige grundlegende Gedanken des Markenmanagements aufzugreifen und für den Leser in eine Struktur zu überführen. Zielsetzung ist es hierbei, zum einen dem Leser einen groben *Leitfaden für eine systematische Markendiskussion im eigenen Unternehmen* an die Hand zu geben. Zum anderen sollen die in diesem Buch enthaltenen *Artikel für den Leser in einen Gesamtkontext eingebettet* werden. Selbstverständlich können auch in diesem Beitrag und den folgenden Artikeln nicht alle Facetten und Detailfragen der Markenführung aufgegriffen werden. Aus diesem Grund sei für ein weiteres Studium sowohl auf die zitierte Literatur der einzelnen Artikel verwiesen als auch auf die weiteren, z.T. sehr umfangreichen Arbeiten der Autoren dieses Buches zum Thema Marke. Auf der Webseite (www.markenbuch.de) dieses Buches findet der Leser hierzu Anregungen und entsprechende Links zu den Autoren.

2 Der konzeptionelle Aufbau einer Marke als Basis für eine erfolgreiche Markenführung

2.1 Überblick

Für den systematischen Aufbau einer Marke sowie dessen erfolgversprechendes Management lohnt es sich, die eigene Marke systematisch zu strukturieren und sich ihrer Bestandteile sowie ihrer Wirkungsweisen und Anforderungen bewusst zu werden. Marken lassen sich konzeptionell als ein Gebilde aus mehreren Teilbereichen beschreiben. Eine systematische Aufspaltung der Marke dient nicht nur einer akademischen Diskussion verschiedener Teilbereiche, sondern erleichtert in erheblichem Maße

> **Lesetipp zur grundsätzlichen Relevanz von Marken:**
> - Markenrelevanz, ist sie wirklich relevant? (Hans H. Bauer/Tobias Donnevert/Maik Hammerschmidt)
> - Kaufprozessorientierte Modelle der Markenführung auf dem Prüfstand: Ein Vergleich mit einem ganzheitlichen, verhaltenswissenschaftlichen Modell der Markenführung (Franz-Rudolf Esch/Christian Brunner/Kerstin Hartmann)

die Diskussion im eigenen Unternehmen bei der Frage: *Was ist eigentlich unsere Marke und was können und wollen wir mit ihr erreichen?* Bei der Strukturierung der Marke lassen sich häufig drei Ebenen identifizieren, deren detaillierte Struktur und Bezeichnung in unterschiedlichen Ansätzen in der Literatur abweichen, jedoch in ihrer grundsätzlichen Logik von vielen Autoren und Praktikern verfolgt wird. Diese Ebenen werden an dieser Stelle bezeichnet als Markenessenz, Markenkern und Markentonalität. Sie zusammen bestimmen aus der Sicht des Unternehmens die Markenidentität.

2.2 Die Markenessenz

Das innerste der Marke, gewissermaßen ihr Herz, wird an dieser Stelle als *Markenessenz* bezeichnet. Die Essenz formuliert das, wofür die Marke unumstößlich steht, was sie ausmacht und auch von dem Wettbewerb differenziert. Die Essenz der Marke ist im Idealfall in den Köpfen und Herzen der Kunden fast ein Synonym für diese Marke. Die Markenessenz besteht in der konzeptionellen Darstellung des Markenmanagements oft nur aus einem Wort, Satz oder Bild, welches die zentrale Botschaft der Marke symbolisiert. Essenzen erfolgreicher Marken weisen hierbei mindestens drei zentrale Eigenschaften auf, nämlich *Prägnanz, Relevanz* und *Differenzierung*.

Als erste Forderung an Marken(essenzen) ist deren *prägnante* Konzeption und Formulierung anzuführen. Dies bedeutet, sie sind unmissverständlich und „auf den Punkt". Erfolgreiche Markenmanager sind in der Lage, die Frage „wofür steht die Marke" mit einem einzigen Wort oder Satz zu beantworten. Bei starken Marken hingegen kann diese Frage ferner auch durch die Kunden beantwortet werden. Marken wirken unter anderem deswegen, weil sie durch ihr Leistungsversprechen die komplexe Welt der Kunden vereinfachen und den Informations- und Entscheidungsprozess somit optimieren.

Die Funktionen der Marke entfalten sich hierbei nur, wenn Kunden die Marke eindeutig erlernen und sie die zentrale Botschaft der Marke verinnerlichen können. Um dieses Ziel zu erreichen, muss diese Botschaft der Marke eindeutig und fokussiert sein und in dieser Klarheit auch kommuniziert werden. Diese banal klingende Anforderung stellt eine der größten Herausforderungen der Markenführung dar, da die Fokussierung der Botschaft einer Marke auf z.B. nur eine zentrale Vision bzw. einen Wert ein sehr klares strategisches Verständnis voraussetzt. Insofern formulieren wir als erste Frage für eine kritische Analyse der eigenen Marke:

> **Lesetipp zu strategischen Entscheidungen:**
> - Markenportfoliokonsolidierung in der Konsumgüterindustrie: Why and How to Kill a Brand (Hans H. Bauer/Stefanie Exler/Christoph Schwerdtle)
> - Imageeffekte des Ein- und Austritts von Marken in Markenallianzen (Manuel Michaelis/Christof Bachkaus/David Woisetschläger)
> - Der Einfluss von Corporate- und Company-Brands auf die Wahrnehmung von Vertical Extensions (Frank Huber/Kai Vollhardt/Frederik Meyer)
> - Erfolgsfaktoren des Markentransfers von Luxusmarken (Dirk Totzek/Karin Herrmann)

➢ **Meilenstein 1:** Können wir die zentrale Botschaft unserer Marke mit einem einzigen Satz/Wort beschreiben?

Erfolgreiche Markenessenzen sind darüber hinaus *relevant*, d.h. die Aussage der Markenessenz zahlt auf wichtige Entscheidungskriterien der Kunden ein. Marktforschungsergebnisse, die die Frage nach der Relevanz und Gewichtung unterschiedlicher Entscheidungskriterien und Leistungsmerkmale im Kaufentscheidungsprozess unseres Produktes liefern, stellen somit eine zwingende Voraussetzung zur Konzeption einer Marke dar. Befriedigt unsere (bereits) prägnante Markenessenz zentrale Bedürfnisse der Kunden bei der Wahl für oder gegen unser Produkt, so haben wir eine wichtige Vorraussetzung erreicht. Gelingt es darüber hinaus mit der Markenessenz Leistungen aufzuzeigen, die vom Kunden nicht ohnehin

> **Lesetipp zur Zielgruppenansprache:**
> - Everybody's darling? Die Marke und ihre Zielgruppen (Anton Meyer/Benjamin Brudler)
> - Marken als soziale Repräsentationen (Hans Mühlbacher/Christian Engl/Andrea Hemetsberger)
> - Der neue Luxus und die Konsequenzen für die Markenführung (Alexandra Valtin)

durch seine Erwartungen und Erfahrungen im Markt vorausgesetzt werden, sondern vielmehr einen echten (rationalen oder emotionalen) Mehrwert liefern, so können wir unseren Kern als tatsächlich relevant bezeichnen. Insofern stellen wir uns bei der Diskussion unserer Marke die folgenden Fragen:

➢ **Meilenstein 2:** Kennen wir die Entscheidungskriterien und Bedürfnisse unserer Kunden, insbesondere auch in Bezug auf deren Gewichtung bei der Kaufentscheidung und evtl. verschiedener Kundengruppen?

➢ **Meilenstein 3:** Wissen wir, welche Leistungsmerkmale unsere Kunden voraussetzen und mit welchen Leistungsmerkmalen wir für den Kunden einen echten emotionalen oder rationalen Mehrwert schaffen können?

➢ **Meilenstein 4:** Spricht die Kernbotschaft unserer Marke, d.h. Markenessenz, ein für unsere Kunden hoch relevantes Entscheidungskriterium an und liefert einen echten Mehrwert?

Als drittes Kriterium erfolgreicher Markenessenzen fordern wir deren Fähigkeit zur *Differenzierung durch Einzigartigkeit.* Gelingt unserem prägnanten und relevanten Markenkern eine Abgrenzung gegenüber relevanten Wettbewerbern oder besetzen wir letztendlich eine der im Markt kollektiv besetzten Werte? Diese Aufgabe erscheint vor dem Hintergrund elementarer betriebs-

> **Lesetipp zur Markendifferenzierung:**
> - Branding mittels irrelevanter Attribute (Hans H. Bauer/Carmen-Maria Albrecht/Tobias E. Haber/Marcus M. Neumann)

wirtschaftlicher Lehre banal, ist jedoch in der praktischen Umsetzung keineswegs selbstverständlich. Insofern bitten wir im Rahmen der Markendiskussion folgende Frage kritisch zu überprüfen:

➢ **Meilenstein 5:** Ist die zentrale Botschaft unserer Marke wirklich anders als die unserer Wettbewerber oder beinhaltet unsere Markenessenz Aspekte, für die auch andere Anbieter in ähnlichem Ausmaß stehen?

2.3 Der Markenkern und die Tonalität

Neben der Markenessenz, also dem zentralen Werteversprechen der Marke, zeichnen eine Marke weitere Faktoren aus, welche die Markenessenz tragen, d.h. sie bedingen und fördern. Die Ebene dieser weiteren Faktoren wird hier als Markenkern bezeichnet. In ihr formuliert der Markenmanager drei bis fünf Werte, welche die eigentliche Markenessenz tragen, durch sie einen übergeordneten Begriff finden oder sich zu ihr verdichten lassen. Der Markenkern beantwortet somit oft die Frage, wie das Versprechen der Markenessenz erreicht werden soll. Der Kern trägt darüber hinaus der Tatsache Rechnung, dass eine Marke zwar primär für einen sie differenzierenden Wert stehen muss, das Leistungsversprechen der Marke sich jedoch oft nicht auf nur einen Wert reduzieren lässt. Konzeptionell steht die Entwicklung des Markenkerns oft im Prozess vor der Definition der Markenessenz. Es fällt Unternehmen in der Regel leichter, zunächst drei bis fünf Werte zu definieren, die die Stärken der eigenen Marke verkörpern, bevor aus diesen eine sehr fokussierte Markenessenz extrahiert werden kann.

> **Meilenstein 6:** Welche drei bis maximal fünf Werte tragen unsere Marke, werden von unseren Kunden mit unserer Marke verbunden und lassen sich schließlich zu einer Markenessenz als „Speerspitze" verdichten?

Die letzte, äußerste Schicht der Marke verkörpert Werte, die der Marke zwar grundsätzlich zugeschrieben werden, die durchaus auch den Markenkern und die Markenessenz begünstigen, die sie aber nicht unbedingt gegenüber dem Wettbewerb „ausmachen". An dieser Stelle wird der Tatsache Rechnung getragen, dass Marken neben den zentralen Werten des Markenkerns und der Essenz zahlreiche Assoziationen innerhalb eines semantischen, d.h. gedanklichen Netzwerkes der Kunden auslösen. Insbesondere lässt sich diese Schicht in die *Markenpersönlichkeit* und die Definition der angestrebten *Beziehungen* zu den Stakeholdern unterteilen. Beide Konzepte stellen wichtige Bestandteile der Marke dar und bestimmen deren Wahrnehmung durch den Kunden sowie dessen Verhalten gegenüber der Marke. Jedoch sind sie zum Teil sehr umfangreich und stellen daher primär das Fundament der Marke dar, auf dem der Kern und schließlich die Essenz zu errichten sind.

> **Lesetipp zur Markenpersönlichkeit:**
> - Markenpersönlichkeit als Erfolgsfaktor des Markenmanagements: Ein Segmentierungsansatz zum Markenpersönlichkeitsmanagement am Beispiel des Automobilmarkts (Ralf Mäder/Marcus Hattula/Robert Hartl/Wolfgang Breyer)
> - Die Marke als Spiel der Persönlichkeit (Günter Schweiger/Marina Dabic)

Die Markenpersönlichkeit greift die Erkenntnis auf, dass Menschen dazu neigen, Dinge zu „beseelen". Dies bedeutet, sie schreiben auch Marken, ähnlich anderen Personen, Persönlichkeitsmerkmale zu. Wie die menschliche Persönlichkeit lässt sich auch die Markenpersönlichkeit bestimmen und messen. Zwar können sowohl Markenessenz als auch -kern durchaus Aspekte der Markenpersönlichkeit enthalten. Jedoch weisen gängige Markenpersönlichkeitsinventare aufgrund ihrer Komplexität kaum einen geeigneten Fokus für die inneren beiden Kreise auf. Vielmehr beschreibt die Markenpersönlichkeit eine Marke „charakterlich" und durchaus umfassend. Neben der Persönlichkeit der Marke wird in der Tonalität darüber hinaus festgelegt, wie Beziehungen zu Kunden und anderen Stakeholdern gestaltet werden sollen.

> **Meilenstein 7:** Kennen wir die Persönlichkeit unserer Marke?
> **Meilenstein 8:** Wissen wir, welche Art von Beziehung unsere Kunden mit unserer Marke verbinden sollen?

Nachfolgende Abbildung veranschaulicht die drei Ebenen einer Marke.

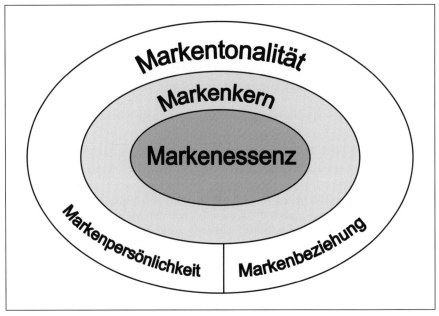

Abbildung 1: Die Ebenen einer Marke

2.4 Selbst- und Fremdbild als Ausgangsbasis

Betrachtet man eine Marke aus den oben beschriebenen drei Schichten, so ergeben sich in der Regel mindestens zwei grundlegende Betrachtungsweisen. Ein *Fremdbild* (wie sieht uns unsere Umwelt, d.h. Kunden, Kapitalgeber etc.) sowie ein *Selbstbild* (wie sehen wir uns als Unternehmen). Die eigene Wahrnehmung der Marke, die *Markenidentität*, sowie die Fremdwahrnehmung, das sog. *Markenimage*, weichen nicht selten voneinander ab. Darüber hinaus ist festzuhalten, dass das Fremdbild und sogar das Eigenbild selten eindeutig vorzufinden sind, sondern sich innerhalb des Unternehmens (z.B. verschiedenen Abteilungen, Führungskräfte im Vergleich zu Mitarbeitern) oder zwischen verschiedenen Stakeholdern oder Kundengruppen unterscheidet. Oft haben z.B. Führungskräfte ein anderes Bild der Marke als Mitarbeiter, aber auch zwischen den Führungskräften (z.B. unterschiedlicher Abteilungen) besteht nicht selten Inkonsistenz über die zentralen Werte der Marke und somit der Frage „Wer sind wir und wer wollen wir sein?". Wie kann jedoch eine Marke prägnant sein und somit eine Botschaft vermitteln, wenn sie nicht eindeutig definiert ist und somit kaum unmissverständlich kommuniziert werden kann? Sie kann es nicht! Insofern ist es unumgänglich, das Fremdbild (gegebenenfalls für verschiedene Kundengruppen) sowie das Selbstbild (gegebenenfalls für verschiedene Unternehmensbereiche) durch Marktforschung und interne Diskussionsprozesse zu erheben. Die geschaffen Ist-Fremd- bzw Ist-Selbstbilder stellen den Ausgangspunkt jeglicher Markendiskussion dar. Nicht zuletzt auf Basis dieser Ausgangsdaten erfolgt, zusammen mit anderen Daten wie z.B. Wettbewerberanalysen, die strategische Positionierung der Marke, d.h. das Soll-Bild aus Essenz, Kern und Tonalität, welches in der Zukunft gestaltet und kontrolliert werden muss.

➢ **Meilenstein 9:** Wissen wir, welches Bild unsere Kunden von unserer Marke haben?
➢ **Meilenstein 10:** Wissen wir, welches Bild unsere Führungskräfte und Mitarbeiter von unserer Marke haben?
➢ **Meilenstein 11:** Unterscheidet sich unsere Markenidentität von unserem Markenimage?
➢ **Meilenstein 12:** Unterscheiden sich die tatsächliche Markenidentität und das tatsächliche Markenimage von unserem Soll-Bild der Marke?

Nach der konzeptionellen Gestaltung der Marke sind die identifizierten Inhalte umzusetzen und eine systematische Erfolgskontrolle einzuführen. Auch für diese Schritte sollen dem Lesen an dieser Stelle einige zentrale Aspekte mit auf den Weg gegeben werden. Die *Identitätsmerkmale* einer Marke über alle drei Ebenen hinweg sollten sich neben den bereits erwähnten Eigenschaften *Prägnanz, Relevanz* und *Einzigartigkeit* auch durch folgende *Metaeigenschaften* auszeichnen: Kontinuität, Konsistenz, Klarheit und Stärke. Als zentraler Markenerfolgsfaktor kann die Forderung nach *Kontinuität* verstanden werden.

> **Lesetipp zur internen Kommunikation der Marke:**
> - State-of-the-Art der identitätsbasierten Markenführung (Christoph Burmann/Philip Maloney)
> - Der Einfluss der Mitarbeitenden auf den Markenerfolg – Konzeptualisierung und Operationalisierung Interner Markenbarometer (Manfred Bruhn)
> - Markenorientierte Mitarbeiterführung (Torsten Tomczak/Felicitas Morhart/Wolfgang Jenewein)

Kunden erlernen und verinnerlichen die Werte einer Marke, indem ihnen diese Werte über einen langen Zeitraum kontinuierlich vermittelt werden. Diese Kontinuität betrifft sowohl den Faktor Zeit als auch die Gesamtheit aller Maßnahmen. Starke Marken zeichnen sich dadurch aus, dass sie ihre Botschaft über Jahre hinweg kontinuierlich zementieren. Kommunikative Ansätze mögen sich ändern, der Kern und die Essenz der Marken, welcher durch diese Maßnahmen transportiert wird, darf es nicht. Eine Vernichtung bisher aufgebauter Markenstärke wäre die Konsequenz. Jedoch ist genau dieses Verhalten häufiger zu beobachten als wirklich kontinuierliche Markenführung – nicht selten initiiert durch neue Manager oder Agenturen mit neuen Ideen, aber ohne klares Verständnis der eigenen Marke. Kunden werden die Botschaft einer Marke nur verinnerlichen und damit ihr Verhalten modifizieren, wenn die Botschaft der Marke über die Zeit hinweg konstant bleibt. Selbstverständlich werden sich einzelne Maßnahmen (z.B. Werbekampagnen) vor dem Hintergrund der Werbewirkungsforschung über die Zeit erneuern und sich unterschiedlicher, z.B. kreativer Elemente bedienen. Die Kernbotschaft der Maßnahmen, konkret vor allem die Markenessenz, darf sich hierbei jedoch nicht ändern. Eine kontinuierliche Markenführung be-

> **Lesetipp zur Markenkommunikation:**
> - Markenkommunikation im Internet – Dank Targeting mehr als nur ein weiteres Massenmedium (Mark Grether/Rosa Markarian)
> - Die Kausalitäten von Brand Placements als Werbewirkungsmodell (Hans H. Bauer/Melchior D. Bryant/Marcus M. Neumann)

darf hierbei auch ein Bewusstsein für eine sinnvolle Bewertung des Markenmanagers oder der Agentur, dass eine konsequente Fortsetzung der Markenpolitik des Vorgängers nicht etwa von mangelnder Kreativität, sondern von Markenverständnis zeugt. An dieser Stelle werden Fehler in der Markenführung begangen, indem beispielsweise durch neue Kampagnen und kreative Ideen zwar Aufmerksamkeit und Spannung erzeugt werden, jedoch auch die Markenidentität und somit das Markenimage in den Köpfen der Kunden stetig neu erfunden wird. In der Konsequenz verliert die Marke ihre gefestigte Bedeutung und somit ihr Wirkungspotenzial. Stellen Sie sich vor, ein Schüler würde im Englischunterricht für dieselbe englische Vokabel in jeder Schulstunde unterschiedliche Bedeutungen präsentiert bekommen. Ein Lernerfolg wäre kaum möglich. Gelingt es aber dem Lehrer, dieselbe Bedeutung des Wortes (Botschaft) in unterschiedlichen Schulstunden mit verschiedenen (kreativen) Unterrichtsmethoden zu vermitteln, wird der Schüler die Vokabeln verinnerlichen. Insofern fragen wir uns, ob wir für unsere Kunden mit unserer Kommunikation Lernerfolge erreichen können:

> **Meilenstein 13:** Vermitteln wir über Jahre hinweg kontinuierlich dieselbe Botschaft und stellen wir diese Kontinuität auch bei neuen Kampagnen sicher?

Neben dem Faktor Zeit betrifft die Forderung nach Kontinuität eine einheitliche Botschaft aller Berührungspunkte mit dem Kunden. Das Thema Marke ist hierbei keineswegs nur der Werbung zuzuordnen, sondern betrifft alle Unternehmensbereiche.

Eng damit verbunden ist die Forderung nach *Konsistenz* – alle Merkmale einer Marke sind aufeinander abzustimmen, so dass ein in sich geschlossenes Markenverständnis entstehen kann, welches dann nach außen getragen werden kann. Darüber hinaus sollten sich die Merkmale durch *Klarheit* und *Stärke* auszeichnen. Die die Marke kennzeichnenden Werte sollten also eindeutig sein und positiv konnotierte Werte verkörpern.

Lesetipp zu Erfolgsmessung:
- Marketing-ROI – Ein Ansatz zur Optimierung von Marketinginvestitionen (Jesko Perrey/Gunnar Görtz)
- Messung von Markenimages – Beispiele aus der Praxis der Dr. Ing. h.c. F. Porsche AG (Michael Löffler)
- Der Wert von Unternehmensmarken – Konzeptionelle Überlegungen und empirische Erkenntnisse zur Beurteilung des Unternehmensmarkenwertes auf der Basis von Reputationsstudien (Klaus-Peter Wiedmann)

Die Werte der Marke müssen außer durch kommunikative Elemente insbesondere durch die Produkte und Mitarbeiter verkörpert und gelebt werden. Insofern bedarf es einer Abstimmung aller Unternehmensbereiche mit den Werten der Marke. Die Vermittlung der Markenwerte an alle Mitarbeiter stellt hierbei eine besondere Herausforderung dar. Voraussetzung für eine solche Vermittlung und Abstimmung sind klare Entscheidungsrichtlinien und Kompetenzen. In der Praxis hat es sich daher bewährt, die Marke sowie deren Interpretation in einer Carta festzuschreiben und allen Mitarbeitern zugänglich zu

Lesetipp zur Produktpolitik:
- Steigerung der Marketingeffizienz mit Produkt-Vorankündigungen: Die Automobilindustrie als Vorbild für andere Branchen? (Oliver Merkel/Heiko Schäfer)
- Produktdesign für Brand Extensions und Nachfolgeprodukte (Heribert Gierl/Michael Plantsch)

machen. Darüber hinaus bedarf es Verantwortlichen (Markenmanagern oder Markenverantwortlichen), die an zentraler und (oder) dezentraler Stelle die Richtlinien der Marke kommunizieren und kontrollieren. Diese Verantwortlichen müssen zur Not in Prozesse eingreifen können (z.B. ungeeignete Kampagne stoppen) und bedürfen daher einer Rückendeckung durch die Unternehmensleitung: Marke ist Chefsache! Um dieses im eigenen Unternehmen sicher zu stellen, sollte folgende Fragen beantwortet werden:

- **Meilenstein 14:** Ist die Marke mit ihren Bestandteilen und einer verständlichen Interpretation allen Mitarbeitern intensiv kommuniziert worden und jederzeit zugänglich?
- **Meilenstein 15**: Stellen wir sicher, dass alle Aktivitäten (z.B. Produktentwicklung, Werbekampagnen, Mitarbeiterverhalten) mit den Werten der Marke kompatibel sind und diese fördern?
- **Meilenstein 16**: Gibt es klare Zuständigkeiten im Unternehmen, wer für die Marke und deren Umsetzung verantwortlich ist? Hat diese Funktion das Mandat und die aktive Unterstützung der Unternehmensleitung?

Neben den Produkten, dem Unternehmen selbst und den Mitarbeitern stellen insbesondere auch Brand Communities sowie die Käufer und Nutzer der Marke sog. *Träger der Markenidentität* dar. Auch sie geben die Werte der Marke an andere weiter und tragen auf diese Weise Sorge dafür, dass die Marke wirken kann. Diese Wirkung kann sich sowohl auf emotionaler als auch kognitiver Ebene entfalten. Emotional gesehen schafft eine starke Marke Vertrauen und Sympathie. Darüber hinaus führt sie dazu,

> **Lesetipp zu Markenwirkungen:**
> - Markensympathie: Konzeptionelle Grundlagen und Determinanten (Regine Lampert)
> - Markenvertrauen: Ein vernachlässigter Erfolgsfaktor (Stefan Wünschmann/Stefan Müller)
> - Die Wirkung der Marke auf die Kundenloyalität – Eine empirische Analyse am Beispiel des Industriegüterhandels (Martin Ahlert/Christian Brock/Sandra Vering)

dass sich Menschen mit ihr identifizieren können. Um diese Wirkungen erzeugen zu können, sei an dieser Stelle nochmals auf ein konsistentes Verhalten aller Gestalter, Hüter und Träger einer Marke hingewiesen. Kognitive Wirkungen entstehen insbesondere durch die Bewertung der funktionalen Qualität, der sozialen Qualität, der Qualität für Selbstdarstellung, der Erlebnisqualität sowie der Salienz der Marke. Diese Markenwirkungen können sich auf der Mikroebene letztendlich in spezifischen Verhaltensweisen der Kunden (z.B. Kaufabsicht, Referenzabsicht, Bindung, Treue), einer spezifischen Affinität des Kunden gegenüber der Marke (z.B. Liebe, Leidenschaft) und in spezifischen Kunde-Marke-Relationen (z.B. Freundschaften, Affären, Kameradschaften) manifestieren und auf der Makroebene zu einem bestimmten Status, den die Marke innehat, sowie Markenerfolg (i.S.v. hoher Marktanteil, Markenpreispremium, Markenbekanntheit etc.) führen.

Nachfolgende Abbildung gibt das in Kapitel 2 insgesamt dargestellte Markenwirkungsmodell wieder.

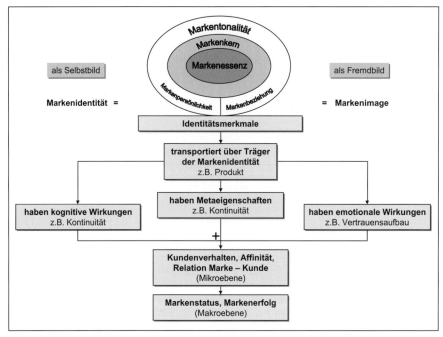

Abbildung 2: Markenidentitätsmodell nach Bauer

3 Markenstadien als langfristige Ziele der Markenführung

Gelingt es die beschriebenen Anforderungen an eine Marke zu erfüllen und insbesondere kontinuierlich umzusetzen, so lassen sich im Laufe der Zeit verschiedene Stadien einer Marke in Kopf und Herz des Verbrauchers erreichen, welche die Chancen der Markenwirkung in unterschiedlichem Ausmaß nutzen. Diese verschiedenen Entwicklungsstufen einer Marke manifestieren sich im Markenstatus. In nachfolgender Abbildung sind diese Stadien abgebildet.

Die erste Stufe, welche eine Marke erreichen kann, ist der *Funktionsstatus*. Dieser ist primär dadurch gekennzeichnet, dass die Ware einen Namen besitzt, der sie kennzeichnet. Wie die Bezeichnung Funktionsstatus schon andeutet, steht insbesondere der funktionale Aspekt des Produktes im Vordergrund. Demzufolge spricht man in diesem Stadium korrekterweise noch von markierter Ware bzw. Markenware. Als Beispiel lassen sich an dieser Stelle Commodity Produkte anführen, welche durch die Markierung des Produktes einen Bezug zum Hersteller bekommen, aus der anonymen Masse heraustreten und gegebenenfalls als Siegel für eine gewisse Qualität des Herstellers bezeichnet werden können.

Meilensteine erfolgreicher Markenführung 11

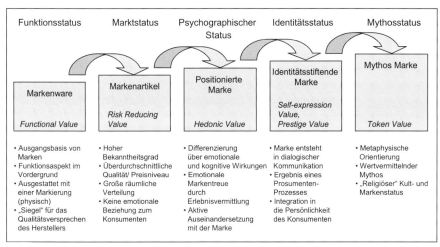

Abbildung 3: Das 5-Stufenmodell der Markenführung

Erste echte Markenwirkungen lassen sich jedoch erst auf der nächsten Stufe erzielen, dem Erreichen eines wirklichen *Marktstatus*. Das Produkt wird zum Markenartikel, dessen Kernfunktion in der Risikoreduzierung besteht. Der Kunde erwirbt das Produkt, da durch die Markierung die Wahrscheinlichkeit eines Fehlkaufes gegenüber anderen Produkten reduziert wird. Dies ist auf eine weite Verbreitung des Produktes, einem daraus resultierenden Bekanntheitsgrad und der Erfahrung gleichbleibender Qualität zurückzuführen. Die Bewertung der Ware durch den Nachfrager erfolgt jedoch immer noch weitestgehend rational.

Der nächste große Sprung für eine Marke entsteht durch die Entwicklung echter Emotionen ihr gegenüber. Durch die Erreichung eines *psychografischen Status* in den Köpfen der Verbraucher kann dem Unternehmen eine Differenzierung seiner Marke außerhalb rationaler Argumente gelingen. Die Kunden verbinden mit der Marke eine gewisse Treue und Loyalität, der Konsum führt zu positiven Empfindungen und Assoziationen. Die Marke besitzt nun einen hedonischen Wert, der durch eine intensive, wenn auch oft unbewusste Auseinandersetzung des Konsumenten mit der Marke entsteht.

Trägt die Marke schließlich zu der Identifikation mit der eigenen Persönlichkeit bei und wird die Marke genutzt, um sich selbst auszudrücken, sich einer Gruppe zuzuordnen oder gegenüber einer anderen abzugrenzen, erreicht die Marke einen *Identitätsstatus*. Die soziale Interaktion durch die Marke wird essenziell, welche als Kommunikator gegenüber anderen, aber auch für das eigene Selbstverständnis wird.

Die letzte Stufe der Marke, sozusagen der Olymp der Markenführung, stellt der *Mythosstatus* dar. Die Marken, die diesen Status erreichen, sind selten und handverlesen. Möglicherweise könnte man Harley Davidson oder in geneigten Kreisen Apple anführen. Die Identifikation einer bestimmten Zielgruppe mit einer Marke auf dieser Ebene nimmt geradezu religiöse Züge an. Mythosmarken entstehen durch Legenden und Geschichten und können wohl auch erst über einen langen Zeitraum gebildet werden. Die vermittelten Werte stehen beispielsweise in engem Zusammenhang zu mystischen Geschichten über Unternehmensgründer, Erfolge, besondere Verwendungen der Produkte oder die Erinnerung an eine bestimmte Zeit und ein bestimmtes Lebensgefühl. Marken auf dieser Ebene haben nicht nur treue Kunden, sondern „Jünger". Sie organisieren sich in Communities oder fühlen sich zumindest einer Gemeinde zugehörig. Mythosmarken tun gut daran, den Mythos zu pflegen. Selbst Fehler, sofern sie nicht im Widerspruch zum Kern der Marke stehen, werden oft verziehen und als charmante „Ecken und Kanten" positiv interpretiert. Lediglich der zentrale Markenkern darf nicht angekratzt und somit der Mythos nicht gebrochen werden.

> **Lesetipp zu Communities:**
> - Brand Community: Definition, Theorien und empirische Befunde (Fabian von Loewenfeld/Andreas Herrmann/Jürgen Rösger/Mark Heitmann)

4 Fazit

Ziel des vorliegenden Beitrags war es, dem Leser einen Leitfaden für eine systematische Markendiskussion im eigenen Unternehmen an die Hand zu geben. Im Rahmen dieses Beitrags wurden 16 Meilensteine erfolgreicher Markenführung formuliert, welche in nachfolgender Checkliste nochmals zusammengetragen sind. Markenverantwortliche werden ermutigt, die eigene Marke auf Basis dieser Checkliste kritisch zu hinterfragen. Darüber hinaus können die aufgezeigten Themen zur Strukturierung von Markenmanagementprozessen dienen. Die in diesem Artikel aufgezeigten Meilensteine stellen hierbei lediglich eine grobe Struktur für eine praxisorientierte Markendiskussion im Unternehmen dar. Die Autoren sind davon überzeugt, dass eine „echte" Beantwortung bzw. Berücksichtigung dieser 16 Aspekte in zahlreichen Unternehmen zu einer deutlichen Optimierung der Markenprozesse beitragen könnte. Dennoch stehen Markenmanager vor weiteren Herausforderungen, die andere konzeptionelle Aspekte der Marke betreffen oder auf Funktions-, Branchen- oder Instrumentenebene ein größeres Ausmaß an Spezifität erfordern. Die Beiträge dieses Buches geben für zahlreiche dieser weiteren Herausforderungen wertvolle Hinweise.

> **Lesetipp zu Branchenspezifika:**
> - Gelebte Markenführung im B2B-Bereich (Frank Merkel)
> - Sind Marken im Industriegüterbereich relevant? (Christian Homburg/Ove Jensen/Markus Richter)
> - Markenführung für industrielle Lösungsanbieter (Christian Belz/Tânia Simão)
> - Marke, persönliche Beziehungen oder Leistung: Welcher Marketing-Ansatz ist wirklich wichtig in B-to-B-Märkten? (Carsten Baumgarth)
> - Wertorientierte Führung von Dienstleistungsmarken (Martin Benkenstein/Sebastian Uhrich)
> - Aufbau und Steuerung von Dienstleistungsmarken (Hans H. Bauer/Sabine Kuester/Frank Huber/Silke Heß)
> - Dachmarken im Regionenmarketing – Akzeptanz und Einsatzmöglichkeiten, dargestellt am Beispiel der Region „Erzgebirge" (Margit Enke/Tom Schöpe)
> - Handelsmarken-Portfolio als Profilierungsinstrument von Handelsunternehmen (Joachim Zentes/Constantin Hilt)
> - Der Mensch als Marke (Dieter Herbst)

Checkliste für eine kritische Diskussion über die eigene Marke:

	Meilenstein	☑?
1	Können wir die zentrale Botschaft unserer Marke mit einem einzigen Satz/Wort beschreiben?	☐
2	Kennen wir die Entscheidungskriterien und Bedürfnisse unserer Kunden, insbesondere auch in Bezug auf deren Gewichtung bei der Kaufentscheidung und evtl. verschiedener Kundengruppen?	☐
3	Wissen wir, welche Leistungsmerkmale unsere Kunden voraussetzen und mit welchen Leistungsmerkmalen wir für den Kunden einen echten emotionalen oder rationalen Mehrwert schaffen können?	☐
4	Spricht die Kernbotschaft unserer Marke, d.h. Markenessenz, ein für unsere Kunden hoch relevantes Entscheidungskriterium an und liefert einen echten Mehrwert?	☐
5	Ist die zentralen Botschaft unserer Marke wirklich anders als die unserer Wettbewerber oder beinhaltet unsere Markenessenz Aspekte, für die auch andere Anbieter in ähnlichem Ausmaß stehen?	☐
6	Welche drei bis maximal fünf Werte tragen unsere Marke, werden von unseren Kunden mit unserer Marke verbunden und lassen sich schließlich zu einer Markenessenz als „Speerspitze" verdichten?	☐
7	Kennen wir die Persönlichkeit unserer Marke?	☐
8	Wissen wir, welche Art von Beziehung unsere Kunden mit unserer Marke verbinden sollen?	☐
9	Wissen wir, welches Bild unsere Kunden von unserer Marke haben?	☐
10	Wissen wir, welches Bild unsere Führungskräfte und Mitarbeiter von unserer Marke haben?	☐
11	Unterscheidet sich unsere Markenidentität von unserem Markenimage?	☐
12	Unterscheiden sich die tatsächlich Markenidentität und das tatsächliche Markenimage von unserem Soll-Bild der Marke?	☐
13	Vermitteln wir über Jahre hinweg kontinuierlich dieselbe Botschaft und stellen diese Kontinuität auch bei neuen Kampagnen sicher?	☐
14	Ist die Marke mit ihren Bestandteilen und einer verständlichen Interpretation allen Mitarbeitern intensiv kommuniziert worden und jederzeit zugänglich?	☐
15	Stellen wir sicher, dass alle Aktivitäten (z.B. Produktentwicklung, Werbekampagnen, Mitarbeiterverhalten) mit dem Werten der Marke kompatibel sind und diese fördern?	☐
16	Gibt es klare Zuständigkeiten im Unternehmen, wer für die Marke und deren Umsetzung verantwortlich ist. Hat diese Funktion das Mandat und die aktive Unterstützung der Unternehmensleitung?	☐

1. Teil:
Markenanalyse

Markenrelevanz, ist sie wirklich relevant?

Hans H. Bauer/Tobias Donnevert/Maik Hammerschmidt

Zusammenfassung	18
1 Die Bedeutung der Markenrelevanz für den ökonomischen Markenerfolg	18
2 Konzeptionelle Grundlagen	20
2.1 Markenperformance	20
2.1.1 Der konsumentenbasierte Markenwert	20
2.1.2 Der ökonomische Markenwert	20
2.1.3 Markenperformance als Transformation von konsumentenbasiertem in ökonomischen Markenwert	21
2.2 Markenrelevanz	22
2.2.1 Grundidee	22
2.2.2 Abgrenzung von verwandten Konstrukten	23
2.3 Die Bedeutung der Markenrelevanz für die Markenperformance	24
3 Empirische Untersuchung der Erfolgsauswirkungen der Markenrelevanz	25
3.1 Die Methodik der Data Envelopment Analysis	25
3.2 Modelldesign und -spezifikation	27
3.3 Datenbasis	28
3.4 Ergebnisse	28
4 Zusammenfassende Würdigung und Ausblick	31
Literaturverzeichnis	32

Zusammenfassung

Markenrelevanz ist ein Maß für den Einfluss der Marke auf die Kauf- und Konsumentscheidungen der Konsumenten in einer Produktkategorie. Dieser Einfluss der Marke variiert über verschiedene Branchen hinweg aufgrund der unterschiedlichen Charakteristika der Produktmärkte. In diesem Beitrag wird untersucht, inwieweit der ökonomische Erfolg von Investitionen in den Aufbau von konsumentenbasiertem Markenwert (return on brand investments) von der Markenrelevanz in der entsprechenden Branche abhängt. Auf diese Weise beantworten wir die Frage nach der forschungsstrategischen Relevanz des Markenrelevanz-Konzeptes. Hierzu werden Marken in drei Branchen mit unterschiedlicher Markenrelevanz (Automobil, Computer und Finanzdienstleistungen) daraufhin untersucht, wie effizient konsumentenbasierter Markenwert in ökonomischen Markenerfolg transformiert wird. Die Ergebnisse zeigen deutlich, dass die Möglichkeit, Markenstärke zu kapitalisieren, von der Höhe der Markenrelevanz abhängt. Daher sollte die Höhe der Investitionen in die Marke am Grad der Markenrelevanz in einem Produktmarkt ausgerichtet werden.

1 Die Bedeutung der Markenrelevanz für den ökonomischen Markenerfolg

Marken besitzen das Potential, eine äußerst hohe Bekanntheit zu erreichen und tief in das Bewusstsein der Menschen einzudringen. Bereits Kleinkinder kennen die Markenlogos von Kinderschokolade, McDonald's oder Milka (Melzer-Lena, Barlovic 1999). Bei einem Malwettbewerb in bayerischen Grundschulen malte ein Drittel von rund 30.000 Kindern die Kühe auf der Alpenwiese „lila", weil sie durch die Marke *Milka* regelmäßig mit lila Kühen konfrontiert werden (Esch 2005). Auch Erwachsene verlassen sich blind auf ihre Marken. Das Vertrauen in starke Marken ist oft sogar größer als das Vertrauen in die Kirche. Viele Jugendliche in den USA verstehen die Symbolik eines Nike- oder McDonald's-Zeichens besser als die des Kreuzes der kirchlichen Institution (Esch 2005).

Diese starke Verankerung in den Köpfen und Herzen der Konsumenten ist allerdings kein Selbstzweck. Marken sollen z.B. über eine hohe Bekanntheit und ein positives Image bei den Konsumenten Präferenzen schaffen und zum Kauf oder sogar zur Zahlung eines Preispremiums für das markierte Produkt anregen (Sommer 1998; Ford, Hanssen 2004; de Chernatony, McDonald 2005). Auf diese Weise soll aus den „weichen" Faktoren wie Bekanntheit und Image (konsumentenbasierter Markenwert) „harter" ökonomischer Erfolg generiert werden (ökonomischer Markenwert). Gelingt dem Markenmanagement diese Transformation effizient, sprechen wir von einer hohen Markenperformance.

Von den skizzierten Wirkungen der Marke möchte nahezu jedes Unternehmen profitieren. Allein im Jahr 2005 registrierte das Deutsche Patent- und Markenamt fast 71.000 Markenanmeldungen. Das Markenmanagement dringt sogar in Branchen vor, in denen die Marke bislang keine oder eine geringe Rolle gespielt hat (Meffert,

Schröder, Perrey 2002). Ob Finanzdienstleister oder Stromerzeuger – Unternehmen investieren enorme Summen in den Markenaufbau. Fraglich ist jedoch, ob der Marke tatsächlich in allen Branchen ein solch hoher Stellenwert zukommt, dass diese Investitionen gerechtfertigt sind. So erzielte bspw. der Stromlieferant E.ON durch seine immensen Werbeinvestitionen zwar auf der Ebene des konsumentenorientierten Markenwertes einen Bekanntheitsgrad von über 90 % (von Bassewitz 2001). Allerdings konnten durch die „Mix it, Baby"-Kampagne nur rund 1.100 Kunden zum Anbieterwechsel bewegt werden (o.V. 2002). Bei geschätzten Werbeausgaben von 22,5 Mio. EUR ergeben sich damit Akquisitionskosten in Höhe von 20.500 EUR pro Neukunde – eine Investition, die sich bei einem geschätzten Jahresumsatz von 600 EUR pro Kunde kaum amortisieren dürfte (Michael 2002). Es gelang somit nicht, die hohe Bekanntheit zu kapitalisieren und in ökonomischen Markenwert zu transformieren.

In anderen Branchen hingegen besitzt die Marke durchaus die Kraft, Verhalten zu beeinflussen und z.B. Käuferwanderungen auszulösen. Sicherlich beeinflussen Automobil-, Zigaretten- oder Turnschuhmarken unsere Kaufentscheidung erheblich. Forschungsergebnisse zeigen gerade für Kleidung, dass hier v.a. bei Jugendlichen ein regelrechter Markenkult bis hin zu Markenstress entstehen kann (Bauer, Albrecht, Sauer 2005). Sie sind sogar bereit, Teilzeitjobs anzunehmen, um sich bestimmte Marken leisten zu können (Opaschowski 1992).

Offenbar variiert die *Relevanz der Marke* als Kaufentscheidungskriterium deutlich über die Branchen hinweg. Grund hierfür ist, dass aufgrund der unterschiedlichen Eigenschaften der Produktmärkte eine Marke unterschiedliche Nutzen stiftet. So ist bspw. Strom weder ein komplexes Produkt noch kann es öffentlichkeitswirksam konsumiert werden. Folglich sind die Vereinfachung der Kaufentscheidung durch Marken oder der ideelle Nutzen einer starken Marke nicht von Bedeutung. Selbst das Risiko einer falschen Kaufentscheidung ist aufgrund gesetzlicher Vorgaben über eine unterbrechungsfreie Stromversorgung bei einem Anbieterwechsel minimal. Daher wird im Strommarkt die Marke von den Konsumenten weniger stark im Kaufprozess als Entscheidungskriterium berücksichtigt als beim Kauf eines Sportwagens oder beim Kauf eines Produktes, dessen Gesamtnutzen fast ausschließlich durch die Marke generiert wird, wie bspw. Zigaretten.

Das Marketing Centrum Münster und die Unternehmensberatung McKinsey konnten in einer empirischen Studie nachweisen, dass die Markenrelevanz in über 40 Produktmärkten unterschiedlich hoch ausfällt. Die ökonomische Relevanz der Markenrelevanz(messung) wurde zwar argumentativ hervorgehoben, jedoch noch nie empirisch untersucht. Dieses Forschungsdefizit ist Ausgangspunkt für diesen Beitrag. Ziel ist es, den Nachweis anzutreten, dass sich der Einfluss der Markenrelevanz in einem Produktmarkt im ökonomischen Erfolg der im Markt vertretenen Marken niederschlägt. Hierzu werden drei Produktmärkte miteinander verglichen, die eine hohe, mittlere bzw. niedrige Markenrelevanz aufweisen. Es wird untersucht, ob die Marken in diesen Branchen eine signifikant unterschiedliche Markenperformance aufweisen, d.h. sich die Kapitalisierung bzw. Transformation von konsumentenbasiertem Markenwert in ökonomischen Erfolg signifikant zwischen diesen Branchen unterscheidet. Wäre dies der Fall, wäre von einer erheblichen „Relevanz der Markenrelevanz" für die Markenperformance auszugehen.

Eine Marke weist dann eine hohe Performance auf, wenn sie konsumentenbasierten Markenwert effizient in ökonomischen Markenwert überführen kann. Dabei ist der konsumentenbasierte Markenwert als notwendige, jedoch nicht hinreichende Voraussetzung des ökonomischen Markenwertes zu verstehen. Diese beiden Perspektiven des Markenwertes sollen im Folgenden kurz dargelegt werden.

2 Konzeptionelle Grundlagen

2.1 Markenperformance

2.1.1 Der konsumentenbasierte Markenwert

Bei der konsumentenorientierten Perspektive wird der Wert einer Marke definiert als differenzierender Effekt, der sich in einer Reaktion der Konsumenten durch das Marketing der Marke äußert und welcher auf dem erworbenen Markenwissen beruht. „Customer-based brand equity" oder Markenstärke entsteht, wenn der Konsument mit der Marke vertraut ist, positive, starke und einzigartige Assoziationen mit der Marke verbindet und er weiterhin auf ein Element des Marketingmixes positiver reagiert als er es bei dem gleichen Element eines unmarkierten oder anders markierten Produkts täte (Keller 1993, S. 3). Kapferer (1992, S. 9) spricht in diesem Zusammenhang von einem „Markenwert in den Köpfen der potenziellen Kunden".

Das Markenwissen eines Konsumenten ist die zentrale Komponente im Modell des „customer-based brand equity" und setzt sich zusammen aus der Markenbekanntheit und dem Markenimage, wobei erstere durch Markenrecall und Markenrecognition gemessen wird. Diese beiden Größen erfassen die Fähigkeit, sich an die Marke zu erinnern bzw. sie wieder zu erkennen. Sie spiegeln die kognitiven Reaktionen auf die Marke wider. Das Markenimage hingegen bezieht sich auf die Assoziationen, die der Konsument mit der Marke verbindet und repräsentiert die affektiv-emotionalen Wirkungen der Marke. Die konsumentenbasierte Perspektive des Markenwertes betont also nicht den Kaufakt des Konsumenten, sondern auf vorgelagerter Stufe dessen kognitive und affektive Prozesse als Ausgangspunkt der Wertentstehung (Aaker 1992, S. 43).

2.1.2 Der ökonomische Markenwert

Aus der ökonomischen Perspektive wird der Markenwert als markeninduzierter Unternehmenserfolg bzw. Markenerfolg verstanden und kann somit anhand „harter Daten" erfasst werden. Diese Perspektive wird mit den Begriffen ökonomischer, monetärer oder finanzieller Markenwert beschrieben (Franzen, Trommsdorf, Riedel 1994, S. 1375; Berndt, Sander 1994, S. 1355). Die Begriffe *monetärer* bzw. *finanzieller* Markenwert folgen einer engen Sichtweise und verstehen Markenwert lediglich als eine monetäre Nettogröße, indem die durch eine Marke generierten Zahlungsströme betrachtet werden, die zum Wert des technisch-physikalischen Produktes addiert werden. Bei der Analyse des Markenwertes aus dieser engen Perspektive wird dieser als „immaterieller Aktivposten" bzw. Vermögensgegenstand betrachtet. Der monetäre bzw. finanzielle Markenwert ist demnach als eine in Geldeinheiten ausdrückbare Erfolgsgröße (Markengewinn, markenbezogener Kapitalwert) definiert (Bekmeier-

Feuerhahn 1998, S. 37). Unter dem erweiterten Begriffsverständnis des *ökonomischen Markenwertes* (Brand Equity), dem in diesem Beitrag gefolgt wird, werden allgemein *absatzmarktbezogene* Ergebnisgrößen wie Markenumsätze und Kaufbereitschaft subsumiert (Keller, Lehmann 2006).

2.1.3 Markenperformance als Transformation von konsumentenbasiertem in ökonomischen Markenwert

Betrachtet man den Zusammenhang zwischen konsumentenbasiertem und ökonomischem Markenwert so wird deutlich, dass man aus verhaltenswissenschaftlicher Sicht weniger am ökonomischen Wert einer Marke als vielmehr an der Art und Weise, wie diese Bewertung zustande kommt, interessiert ist. Es wird betont, dass Markenwert nur durch die Anerkennung und Wertschätzung der Konsumenten konstruiert wird (Kapferer 1992, S. 9). Die Wahrnehmung einer Marke durch den Konsumenten ist folglich als Quelle des Markenwertes anzusehen. Die Gesamtheit aller positiven und negativen Vorstellungen, die im Konsumenten aktiviert werden, wenn er das Markenzeichen wahrnimmt, führen zur Wertschätzung und Begehrlichkeit der Marke, die dann in kapitalisierbaren Zahlungsströmen infolge eines Kaufaktes resultieren und die sich letztlich in ökonomischen Daten des Markenwettbewerbs widerspiegeln (Keller, Lehmann 2006; Schulz, Brandmeyer 1989).

Die beiden dargestellten Perspektiven des Markenwertes sind somit nicht zu trennen, vielmehr besteht zwischen diesen eine Ursache-Wirkungs-Beziehung. So muss in einem ersten Schritt Markenstärke im Sinne einer hohen Bekanntheit und eines positiven Markenimage aufgebaut werden. In einem zweiten Schritt sollte daraus eine ökonomische Verhaltensbereitschaft gegenüber der Marke resultieren, die letztlich zu Markenumsätzen für den Markeninhaber führt (Kapitalisierung der CBBE). Der ökonomische Markenwert wird folglich durch die konsumentenbasierte Markenstärke determiniert. Dennoch werden die beiden Perspektiven in vielen Arbeiten weitgehend isoliert betrachtet (Ambler, Barwise 1998; Yoo, Donthu 2001). Keller, Lehmann (2006) fordern daher, die konsumentenbasierte und die ökonomische Ebene des Markenwertes stärker in einem Gesamtmodell zu integrieren.

Dieser Forderung folgend untersuchen wir in diesem Beitrag den Prozess der Transformation von konsumentenbasiertem (CBBE) in ökonomischen Markenwert. Wir modellieren den Transformationsprozess als Input-Output-Kette, indem wir die Markenstärkegrößen Bekanntheit und Image als Inputs zur „Produktion" von ökonomischem Markenerfolg in Form von Kaufbereitschaft und Umsätzen (Outputs) verstehen (vgl. *Abbildung 1*). Diese Modellierung erlaubt es, die beiden Markenwertperspektiven in einen ökonomischen Zusammenhang in Form eines Output-Input-Verhältnisses zu bringen. Die Effizienz dieses Transformationsprozesses, die die Markenperformance repräsentiert, wird somit durch die Höhe des Output-Input-Verhältnisses ausgedrückt.

Wie das E.ON-Beispiel zeigt, scheint es mit der Markenrelevanz einen externen Einflussfaktor zu geben, der die Effizienz des Transformationsprozesses stark beeinflusst. Im Folgenden wollen wir daher auf die Markenrelevanz sowie ihren Einfluss auf die Markenperformance eingehen.

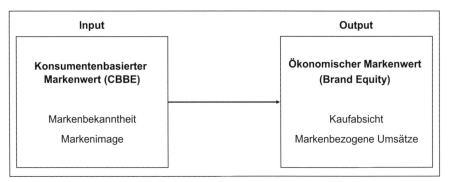

Abbildung 1: Prozess der Transformation von konsumentenbasiertem in ökonomischen Markenwert

2.2 Markenrelevanz

2.2.1 Grundidee

Die American Marketing Association definiert eine Marke als „ein Name, eine Bezeichnung, ein Zeichen, ein Symbol oder ein Design, oder eine Kombination dieser Elemente, die zur Identifikation der Güter oder Dienstleistungen eines Anbieters oder einer Gruppe von Anbietern und zu ihrer Differenzierung von jenen der Konkurrenz dient." In Anbetracht potentieller Fehlinvestitionen wie in dem vorgestellten E.ON-Beispiel stellt sich die Frage, wie abgeschätzt werden kann, ob sich Investitionen in die Marke lohnen. Wir postulieren daher in diesem Beitrag die Hypothese, dass dies nur der Fall ist, wenn die Marke auch eine Relevanz für das Kaufverhalten aufweist.

Trifft ein Konsument eine Kaufentscheidung, so orientiert er sich bei seiner Wahl an unterschiedlichen Kaufentscheidungskriterien wie bspw. der Produktqualität, dem Preis oder der Marke. Markenrelevanz ist in diesem Zusammenhang ein Maß für den Grad des Einflusses des Kriteriums Marke auf die Kauf- und Konsumentscheidungen in einer Produktkategorie (Fischer, Meffert, Perrey 2004; Kranz 2004). Je stärker sich Käufer bei ihrer Produktwahl an der Marke im Vergleich zu anderen produktmarktrelevanten Kriterien orientieren, desto höher ist die Markenrelevanz. Das Konzept der Markenrelevanz erfasst die Bedeutung der Marke im Kaufverhalten nicht für einzelne Marken, sondern für eine ganze Produktkategorie. D. h. die Markenrelevanz bildet bspw. nicht den spezifischen Einfluss einer Marke wie BMW auf die Kaufentscheidung des Konsumenten ab, sondern den generellen Einfluss des Kriteriums „Marke" auf das Verhalten des Durchschnittskunden in der Produktkategorie Automobil. Die Markenrelevanz wird somit rein nachfrageorientiert definiert. Entscheidende Determinanten der Markenrelevanz sind die Nutzen von Marken an sich, die sie für die Konsumenten erfüllen (Fischer, Meffert, Perrey 2004). Diese Nutzen können z.B. die Reduktion des Kaufrisikos sein bzw. eine erhöhte Informationseffizienz, wenn die Marke als „information-junk" dienen kann.

Fischer, Hieronimus, Kranz (2002) betonen bei der Entwicklung ihres Messmodells zur Markenrelevanz den Zusammenhang zwischen Einstellung und Verhalten. Eine Relevanz liegt nur vor, wenn sich Veränderungen in der Einstellungsstärke auch in einer Verhaltensänderung niederschlagen. Gelingt es allerdings nicht, die Markenstärke für eine signifikante Veränderung im Konsumverhalten, wie einen Wiederkauf oder den Kauf anderer Produkte derselben Marke (Zusatzkauf) zu nutzen, hat die Marke auch keine Bedeutung für die Kaufentscheidung. Eine geringe Markenrelevanz liegt vor, wenn dies im Durchschnitt auf alle Marken in einem Produktmarkt zutrifft. Hingegen existiert bei einer hohen Korrelation der Einstellungs- und Verhaltensstärke eine hohe Markenrelevanz (vgl. *Abbildung 2*). Wir behaupten daher, dass die Effizienz von Markeninvestitionen und somit die Sinnhaftigkeit hoher Markenbudgets von dieser Hebelwirkung entscheidend abhängt (vgl. Abschnitt 2.3).

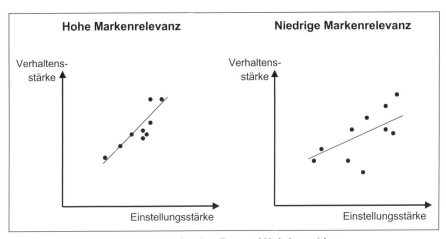

Abbildung 2: Markeneinstellung und Verhaltenswirkung

2.2.2 Abgrenzung von verwandten Konstrukten

In der Literatur sind bisher nur rudimentäre Ansätze zur Markenrelevanz oder zu ähnlichen Konstrukten vorhanden. Es existieren zwar zahlreiche Abhandlungen über den Einfluss von Involvement, Preisniveau und Lifestyle auf die Markenwahl, indes sind diese sehr begrenzt in ihrem Fokus (Kroeber-Riel, Weinberg 2003; Bearden, Etzel 1982). Ein umfassenderes Verständnis der Bedeutung der Marke bietet Aaker (2004) mit seinem Konzept der Markenrelevanz sowie Kapferer, Laurent (1992) mit ihrem Begriff der Markensensibilität. Synonym zur Markensensibilität erscheint in der Literatur der Begriff des Markenbewusstseins (Bekmeier-Feuerhahn 1998). Beide Begriffe werden im Folgenden von der Markenrelevanz abgegrenzt.

Aaker erachtet eine bestimmte Marke nur dann als relevant, wenn sie von den Konsumenten mit einer bestimmten Produktkategorie, die sich mit seinen Nutzenanforderungen deckt, assoziiert wird. D.h. eine Marke (z.B. Porsche) ist für einen Konsumenten dann relevant, wenn er sie mit einer bestimmten Produktkategorie (z.B. SUV) assoziiert, aus welcher er sein nächstes Fahrzeug auswählen möchte. Um relevant zu sein, sollte ein Konsument die Marke zumindest ungestützt erinnern können (Aaker 2004).

Kapferer, Laurent begreifen die *Markensensibilität* („Sensibilité aux marques") konsumentenorientiert und zeigen auf, dass Markensensibilität immer dann vorhanden ist, wenn die Marke grundsätzlich in den Kaufentscheidungsprozess einbezogen wird.

Genauer, die Marke spielt in dem psychologischen Prozess, der dem Kaufakt vorgelagert ist, eine sehr wichtige Rolle (Kapferer, Laurent 1992). Die Markensensibilität ist hierbei eng verbunden mit dem Konsumenteninvolvement in einer bestimmten Produktkategorie (Kapferer 2005). Markensensible Käufer sind in diesem Sinne nur solche, die ein Produkt tatsächlich aufgrund seiner Markierung erwerben. Es sind nicht die Verbraucher gemeint, die zwar ein Markenprodukt kaufen, aber aus anderen Gründen, wie z.B. dem Preis oder der Erhältlichkeit.

Eng mit Markensensibilität verwandt ist der Begriff des *Markenbewusstseins*, der „eine durch die persönliche Prädisposition des Individuums ausgelöste Aktivierung bezüglich der Markierung" bezeichnet (Bekmeier-Feuerhahn 1998). Aus aktivierungstheoretischer Sicht stellt Markenbewusstsein ein Konstrukt der Aufmerksamkeit dar, welches die Bereitschaft eines Individuums veranschaulicht, Reize aus seiner Umwelt aufzunehmen. Aus der Aufmerksamkeit resultiert eine Reizselektion, die eine Sensibilisierung des Individuums gegenüber bestimmten Reizen (hier Marken) zur Folge hat (Kroeber-Riel, Weinberg 2003).

Offensichtlich haben die obigen Konstrukte mit der Markenrelevanz die Fokussierung auf Branchen bzw. Produktkategorien gemeinsam. Allerdings analysieren sie entweder *spezifische* Marken (Aaker 2004) oder *spezifische* Konsumenten (Bekmeier-Feuerhahn 1998; Kapferer, Laurent 1992). Die Markenrelevanz hingegen bezieht sich auf die Relevanz des Kaufentscheidungskriteriums „Marke" im *Allgemeinen* für den *durchschnittlichen* Konsumenten in einer Produktkategorie. D.h. wir untersuchen die durchschnittliche Markensensibilität in einer Branche bzw. die Markengetriebenheit einer Branche.

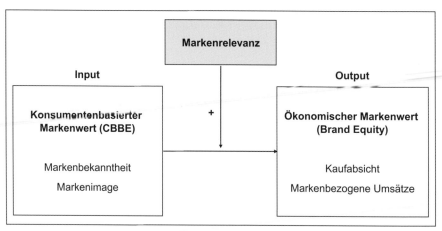

Abbildung 3: Der Einfluss der Markenrelevanz auf die Performance des Transformationsprozesses

2.3 Die Bedeutung der Markenrelevanz für die Markenperformance

Wie bereits erwähnt, vermuten wir, dass die Markenrelevanz eine notwendige Bedingung für das Erreichen einer hohen Markenperformance darstellt. Sie ist Grundvoraussetzung dafür, dass in einer Branche ein hoher konsumentenbasierter Markenwert (Markenstärke) seine Wirkung im Kaufverhalten der Konsumenten entfaltet, das heißt Kaufentscheidungen positiv zu Gunsten der Marke beeinflussen kann. Erst dann wird eine starke Marke zu höherer Kaufbereitschaft und folglich zu markeninduzierten Umsätzen führen (ökonomischer Markenwert). *Abbildung 3* verdeutlicht diesen Zusammenhang.

Im Rahmen des Transformationsprozesses ist zu beachten, dass weder die Erreichung eines hohen konsumentenbasierten Markenwertes noch die Erreichung eines hohen ökonomischen Markenwertes für sich alleine genommen ausreicht. Einerseits ist ein hoher konsumentenbasierter Markenwert aufgrund der unterschiedlichen Markenrelevanz in den Branchen noch keine Garantie für einen hohen ökonomischen Erfolg der Marke. Ein hoher ökonomischer Erfolg alleine (z.B. hohe Markenumsätze) ist andererseits aber auch spätestens dann fraglich, wenn er mit unverhältnismäßig hohem Mitteleinsatz (z.B. teure und aufwendige Events, hoher Werbedruck) erkauft wurde. Dies bedeutet, dass die Effizienz des Transformationsprozesses im Sinne eines Input/Outputverhältnisses im Rahmen einer integrierten Betrachtung analysiert werden muss. Erst wenn der ökonomische Markenwert durch effizienten Einsatz der Inputs (CBBE) erreicht wurde, kann von hoher Markenperformance gesprochen werden.

Wir vermuten, dass in Märkten mit hoher Markenrelevanz eine effizientere Transformation von Markeninputs in -outputs erzielt wird und daher hohe Markeninvestitionen angemessen sind. Entsprechend stellt auf dem Niveau geringer Markenrelevanz eine Begrenzung der Investitionen die sinnvolle Strategie dar. Hier sollten die Ressourcen eingesetzt werden, um die Performance bei anderen kaufentscheidungsrelevanten Kriterien wie etwa Erhältlichkeit oder Preis zu verbessern. Je stärker der Erfolg der Transformation von Markeninputs in Outputs von der Markenrelevanz abhängt, desto höher ist die strategische Bedeutung der Markenrelevanz(messung) innerhalb des Markenmanagements einzuschätzen.

3 Empirische Untersuchung der Erfolgsauswirkungen der Markenrelevanz

3.1 Die Methodik der Data Envelopment Analysis

Zur Messung der Markenperformance wird die Data Envelopment Analysis (DEA) herangezogen. Die DEA erlaubt als nicht-parametrische Methode der linearen Programmierung den Vergleich der Output-Input-Verhältnisse mehrerer Untersuchungsobjekte (hier Marken). Daraus kann ein „Reference Set" effizienter Marken abgeleitet werden, anhand derer die Effizienz der übrigen Marken bewertet wird (Bauer, Hammerschmidt 2006). Effiziente Marken sind solche, deren Output (hier der ökonomische Markenwert) von keiner anderen Marke oder Linearkombination anderer Marken mit geringerem Input (hier der konsumentenbasierte Markenwert) produziert werden kann. Diese weisen einen Effizienzwert von 1 auf. Die Verbindung effizienter Marken ergibt die sog. Randfunktion (Frontier Function), die ausschließlich die maximal erreichbaren und nicht durchschnittlichen Input-Output-Verhältnisse abbildet. Sie stellt eine Referenzfunktion dar, die anzeigt, wie die Best-Practice-Marken verschiedene Inputfaktoren kombinieren, um bestimmte Outputs zu erzeugen (Hammerschmidt 2006). Die Marken auf dem effizienten Rand bilden die Benchmarks, deren Strategien von den ineffizienten Marken nachgebildet werden müssen, um effizient zu werden. Ineffiziente Marken liegen unterhalb des effizienten Randes und erhalten einen Effizienzwert von kleiner 1. Deren Ineffizienz wird in Relation zur Referenzmarke auf dem Rand ermittelt, die die Inputfaktoren in ähnlichem Verhältnis (Mix) einsetzt und somit eine ähnliche Strategie der Input-Output-Transformation verfolgt. Ein Effizienzwert von z.B. 0,8 bedeutet, dass eine vergleichbare Marke auf dem Rand den gleichen Output mit nur 80 % des Inputs generiert. Anders ausgedrückt erzielt die ineffiziente Marke nur 80 % des Outputs der Referenzmarke.

Die DEA ermöglicht die Kombination einer Vielzahl heterogener Output- und Inputfaktoren sowie deren Aggregation zu einer einzigen Effizienzkennzahl (Charnes, Cooper, Rhodes 1978, S. 429). Dabei ist zu betonen, dass die Input- und Outputgewichte für jede Marke individuell so bestimmt werden, dass der Effizienzwert maximiert wird (Norman, Stoker 1991, S. 16). Die Gewichte, mit denen die Input- und Outputgrößen in die Bestimmung der Effizienz einfließen, werden somit so ,wohlwollend' wie möglich bestimmt. Für Anwender der Methode bietet dieses Vorgehen den Vorteil, keine Gewichtungsannahmen bzgl. der Input- und Outputgrößen a priori treffen zu müssen. Vielmehr werden diese optimalen Gewichte für jede Marke erst als Ergebnis der DEA bestimmt und somit offen gelegt. Diese flexible Gewichtung erlaubt, bei der Bestimmung der Markeneffizienz die spezifischen Stärken und Schwächen jeder Marke zu berücksichtigen. Maximale Gewichte werden jenen Parametern zugewiesen, bei denen eine Marke im Vergleich mit den anderen Marken vorteilhaft abschneidet. Ungünstig ausgeprägte Merkmale erhalten geringe Gewichte. Dementsprechend enthalten die von der DEA ausgewiesenen Gewichte bedeutende Informationen über die Effizienzbeiträge jedes Merkmals und somit über die Stärken (Effizienztreiber) einer Marke (Staat, Hammerschmidt 2005). Zudem können mit der DEA unterschiedlich skalierte, auch nicht monetarisierbare Inputs und Outputs berücksichtigt werden (Scheel 2000, S. 3). Dies eröffnet der DEA vielseitige Möglichkeiten der Anwendung. Für weitere technische Einzelheiten und eine formale Beschreibung der DEA sei auf Seiford (1996) verwiesen.

Die Konstruktion des effizienten Randes in einem DEA Modell kann Input- oder outputorientiert erfolgen (Charnes, Cooper, Rhodes 1978). Bei Inputorientierung versucht die Zielfunktion der DEA den gewichteten Input der betrachteten Einheit proportional bis an die Effizienzgrenze zu reduzieren. Bei Outputorientierung zielt ein DEA-Modell auf die maximale Bewegung einer Einheit in Richtung des effizienten Randes durch proportionale Erhöhung der gewichteten Outputs. Da gerade im Marketing Entscheidungseinheiten auf unterschiedlichen Skalenniveaus, d.h. mit verschiedenen economies of scale operieren, ist die Modellspezifikation mit variablen Skalenerträgen (vgl. zu diesem Modell Banker, Charnes, Cooper 1984) am besten geeignet und wird auch in den meisten Marketinganwendungen herangezogen (Hammerschmidt 2006; Luo, Donthu 2005).

Die Ergebnisse der DEA stellen für Markenmanager wertvolle Informationen zur Verfügung, anhand derer die Angemessenheit ihrer Marketinganstrengungen beurteilt werden kann. Anhand des Effizienzwertes kann zunächst der Ist-Zustand der Markenperformance bewertet werden. So lässt sich erkennen, wie gut eine Marke gegenüber vergleichbaren effizienten Konkurrenzmarken abschneidet. Durch den Ausweis einer relativen Effizienz werden Benchmarkingaspekte in die Markenbewertung integriert, was in der Literatur verstärkt gefordert wird (Ambler, Barwise 1998; Trommsdorf 2004). Die Marken auf dem effizienten Rand können dabei als Vorbilder im Markt dienen. Weiterhin wird das Verbesserungspotenzial einer Marke hinsichtlich aller Inputs bzw. Outputs quantifiziert. Auf diese Weise erhält das Markenmanagement konkrete Handlungsempfehlungen bzgl. notwendiger Verbesserungsmaßnahmen. Es wird ausgewiesen, wie stark jeder Input jeweils zu verringern bzw. jeder Output zu verbessern ist, um effizient zu werden. Die Input- bzw. Outputausprägungen der Referenzmarke können somit als Zielvorgaben dienen, an denen Budgets für die einzelnen Markeninstrumente auszurichten sind. Zeigt sich bspw., dass die Referenzmarke die Outputs mit einem deutlich geringeren Markenimage-Level erreicht, so deutet dies evtl. auf geringe Wirksamkeit von Imagewerbung bei der betrachteten ineffizienten Marke hin, weshalb hier über eine Umschichtung des Werbebudgets nachzudenken wäre. So wäre möglicherweise eine stärkere Allokation des Werbebudgets auf Maßnahmen zur Steigerung des Bekanntheitsgrades sinnvoll.

3.2 Modelldesign und -spezifikation

Das Ziel dieser Studie ist die Untersuchung der Effizienz des Prozesses der Transformation von Markenstärke in Markenerfolg unter Berücksichtigung des Einflusses der Markenrelevanz. Um diesen Transformationsprozess abzubilden, wird ein DEA-Modell herangezogen, bei dem die konsumentenbasierten Variablen als Markeninputs und die ökonomischen Variablen als Markenoutputs fungieren. Wir folgen hiermit der Ansicht, dass die psychografischen Wirkungen „lediglich" Mittel zum Zweck darstellen, d.h. als „Ressourcen" (Inputs) zu modellieren sind, die eingesetzt werden, um letztlich ökonomischen Erfolg zu generieren (Keller, Lehmann 2006; Keh, Chu 2003). Die Hauptaufgabe des Markenmanagements wird darin gesehen, die „weichen" Markenstärkegrößen maximal am Absatzmarkt zu kapitalisieren. Der von der DEA ermittelte Effizienzwert quantifiziert in idealer Weise den Erfolg dieser Kapitalisierung, der als Markenperformance bezeichnet werden soll. Aufgrund der endogen ermittelten Gewichte für die Inputs und Outputs kann für jede Marke zudem abgelesen werden, wie effizient die Transformation in „harte ökonomische Zahlen" für jede einzelne Inputgröße ausgefallen ist. Je höher die Gewichte, desto besser lässt sich der betrachtete Inputfaktor in Erfolg transformieren. Inputs mit hohen Gewichten stellen somit die Performancetreiber im Markenmanagement dar, Inputs mit geringen Gewichten repräsentieren die Quellen der Ineffizienz des Markenmanagements.

Wir verwenden ein inputorientiertes Modell mit variablen Skalenerträgen (variable returns to scale). Die Inputorientierung entspricht dem Ziel der Studie, Fehlinvestitionen (d.h. unökonomische Steigerungen von Markenstärkegrößen wie Markenimage etc.) zu identifizieren. Nach unserer These sollte mit sinkender Markenrelevanz ein steigendes Ausmaß dieser Fehlinvestitionen (Inputineffizienzen) einhergehen. Variable Skalenerträge werden unterstellt, da gerade im Bereich der Markenführung mit einem hohen Anteil der Kommunikationspolitik angenommen werden kann, dass der zusätzliche Output, der aus Inputsteigerungen resultiert, aufgrund von Abnutzungs- und Gewöhnungseffekten (wear out) abnimmt (Bauer, Garde, Hammerschmidt 2006; Büschken 2007).

In dieser Studie führen wir je eine DEA für drei Branchen durch, die stark in ihrer Markenrelevanz differieren. Ein Vergleich der Effizienzwerte über die Branchen erlaubt dann Schlussfolgerungen zur strategischen Relevanz der Markenrelevanz(messung) in den verschiedenen Branchen.

3.3 Datenbasis

Entsprechend des Markenrelevanz-Ratings von Perrey et al. (2003) werden die folgenden Produktkategorien ausgewählt: Automobil (hohe Markenrelevanz), Computer und Zubehör (mittlere Markenrelevanz) und Finanzdienstleistungen (geringe Markenrelevanz). Wir analysieren je 16 Marken in der Automobil-, Finanzdienstleistungs- und der Computerbranche. Um die Effizienzwerte zu berechnen, wurden die in Abschnitt 2.1.3. konzeptionell abgeleiteten Input- und Outputvariablen herangezogen.

Die Daten für die Inputs und Outputs beziehen sich auf den Zeitraum 2004/2005. Imagewerte (gemessen als ungewichteter Durchschnitt aus 13 Imagefacetten) und Bekanntheit (gemessen als ungestützte Erinnerung) wurden *Stern Markenprofile*, einer repräsentativen branchenübergreifenden Konsumentenbefragung zur Markenwahrnehmung, entnommen. Daten zu Markenumsätzen und Kaufbereitschaft stammen aus der *Bloomberg*-Datenbank.

In Bezug auf die Stichprobengröße, die für aussagekräftige DEA-Ergebnisse nötig ist, fordert die Literatur üblicherweise, dass die Zahl beobachteter Einheiten (in unserem Fall Marken) größer als das Doppelte des Produktes aus der Zahl der Inputs und der Zahl der Outputs sein sollte. Dieser Test wird als valide erachtet, um die Gefahr eines „curse of dimensionality" in Datensätzen abzuschätzen (Berger 1993; Doyle, Green 1991; Dyson et al. 2001; Vassiloglou, Giokas 1990). Hiermit ist gemeint, dass mit steigender Zahl an Input- und Outputdimensionen in Relation zur Zahl der Einheiten die Wahrscheinlichkeit exponentiell steigt, dass sich für jede Einheit irgendein singuläres Input-Output-Verhältnis findet, bezüglich dessen diese Einheit von keiner anderen dominiert wird und somit einen Effizienzwert von 1 erhält (Löber, Staat 2006). Wird der oben genannte Grenzwert deutlich unterschritten, sind die Effizienzergebnisse mit hoher Wahrscheinlichkeit nicht mehr sinnvoll interpretierbar, sondern lediglich methodische Artefakte. Für alle drei Branchen wurde der oben genannte Mindestwert jedoch weit überschritten. Es können daher robuste und aussagekräftige Resultate ohne systematische Fehler erwartet werden (Doyle, Green 1995).

3.4 Ergebnisse

Ausgehend vom Ziel der Studie, die Effizienz der Umwandlung von Markenstärke in ökonomischen Markenerfolg für verschiedene Markenrelevanzniveaus zu untersuchen, werden die Ergebnisse aggregiert auf Branchenebene dargestellt.

Als erstes betrachten wir die Anteile der effizienten Marken für jede Branche (vgl. die erste Zeile von *Tabelle 1*). Die effizienten Marken bilden den effizienten Rand, der die „best practice" der Produktion von Markenoutputs aus Markeninputs anzeigt. Durch Projektion der ineffizienten Marken auf die Frontier wird für jede ineffiziente Marke eine bzgl. der Input- und Outputstruktur ähnliche Vergleichsmarke ermittelt, die die Zielwerte für jeden Input und Output liefert. Der Effizienzwert reflektiert den Abstand zum Referenzpunkt auf der Frontier. Die durchschnittlichen Effizienzwerte sind ebenfalls in *Tabelle 1* angegeben.

Tabelle 1: DEA-Ergebnisse

	Automobil	Computer & Zubehör	Finanzdienstleistungen
Anteil effizienter Marken	40%	26,6%	18,75%
Effiziente Marken	Audi, Ford, Mercedes-Benz, Opel, Seat, Suzuki	Hewlett & Packard, IBM, Kyocera, Medion	Allianz, Creditplus, Deutsche Bank
Durchschnittlicher Effizienzwert (über alle Marken) = Markenperformance der Branche	0,94	0,78	0,64
Notwendige Outputerhöhung zur Erreichung des effizienten Randes	6,4%	28,2%	56,2%
Durchschnittlicher Effizienzwert (über ineffiziente Marken)	0,90	0,71	0,56

Die Resultate zeigen, dass in der Automobilindustrie (hohe Markenrelevanz) der Anteil effizienter Marken mit 40% am höchsten ist, in der Branche mit geringer Markenrelevanz (Finanzdienstleistungen) am niedrigsten (18,75%). Fast die Hälfte der Automobilmarken generiert ein effizientes Niveau an ökonomischen Outputs mit ihren Ausprägungen an konsumentenbasierten Größen. In der Automobilindustrie erreichen somit weit mehr Marken einen bestimmten ökonomischen Output mit minimalem Ressourceneinsatz. Auch der mittlere Effizienzwert liegt mit 0,94 nahe am maximalen Effizienzwert von 1 und signifikant höher als in den beiden anderen Branchen. Die Finanzbranche weist mit 0,64 die schlechteste Input-Output-Transformation im Markenmanagement auf und zeigt somit die geringste Markenperformance. Diese Ergebnisse bestätigen somit die Hypothese, dass Marken in Branchen mit hoher Markenrelevanz eine effizientere Kapitalisierung von psychografischen Effekten erreichen. Dies bedeutet, dass in der Automobilindustrie mehr Marken erfolgreich in der Generierung „harter" Erfolgszahlen sind. Dies lässt sich offenbar auf den stärkeren Einfluss der Marke auf die Kaufentscheidung der Konsumenten zurückführen. Ein positives Markenimage und eine hohe Bekanntheit führen hier zu einer höheren Kaufbereitschaft der Marke und folglich zu höheren Umsätzen als in Branchen, in denen andere Kriterien als die Marke wichtiger sind.

Im Folgenden soll die genauere Interpretation der Ergebnisse anhand des Finanzsektors gezeigt werden. Das Ausmaß an Overspendings für Maßnahmen zum Aufbau von Image und Bekanntheit ist hier erheblich (36% wie der Effizienzwert von 0,64 zeigt). Für die durchschnittliche Marke müssten somit 64% der aktuellen Werte für Image und Bekanntheit ausreichen, um, gegeben die erreichten Niveaus an Kaufbereitschaft und Umsatz, effizient zu sein. Dies ermittelt sich aus den Ausprägungen von Image und Bekanntheit, die für die effiziente Referenzmarke ausreichen, um dasselbe Level an Kaufbereitschaft und Umsatz zu generieren wie die „Durchschnittsmarke". Dies impliziert eine notwendige „Reduktion" der korrespondierenden Marketingaufwendungen um 36%, um die Overspendings vollständig abzubauen. Der Effizienzwert lässt sich als der relative „Return on Brand Investment" der Branche interpretieren. Im Durchschnitt liegt eine Marke in der Automobilindustrie also nur

6% unter dem maximalen Return on Brand Investment von 1 (100%). 40% der Marken (Audi, Ford, Mercedes-Benz, Opel, Seat und Suzuki) erreichen diesen maximalen Return on Brand Investment, d.h. für diese gibt es keine andere Marke, die mit den *eingesetzten Inputs* (!) mehr Output erzeugt. Es ist zu beachten, dass es sich um die Höhe der Outputs *in Relation zu den aufgewendeten Inputs* und nicht um die absolute Höhe der Outputs handelt. Letztere ist selbstverständlich bei Audi oder Mercedes-Benz deutlich höher als z.B. bei Suzuki oder Seat. So hat z.B. die Marke Mercedes-Benz Werte von 98% bei Bekanntheit und 59% bei Image im Vergleich zu 87% und 14% bei Seat. Dafür benötigen Suzuki und Seat aber auch proportional weniger Inputs und weisen beim Output-Input-Verhältnis letztlich den gleichen Wert auf wie die Premiummarken. Daher sind alle oben genannten Marken vergleichbar erfolgreich in Bezug auf ihre Performance bei der (Aus)Nutzung der Ressourcen.

Analog ergibt sich aus einer outputorientierten Perspektive, dass im Finanzdienstleistungssektor Kaufbereitschaft und Umsatz um 56% (abzuleiten aus dem reziproken Effizienzwert 1/0,64 = 1,562) gesteigert werden müssen, um das aktuell eingesetzte Inputniveau zu rechtfertigen. In der Automobilindustrie beträgt der durchschnittliche outputorientierte Effizienzwert 1,064 (1/0,94), d.h. der Raum für Outputverbesserungen beträgt hier nur etwa 6%. Verglichen zum Wert von 56% in der Finanzbranche ist die notwendige Output-Erhöhung um 50% geringer. In der Automobilindustrie erwirtschaftet eine Durchschnittsmarke somit mit gleichen Image- und Bekanntheitswerten 50% mehr Output. Folglich ist der Return on Brand Investment in der Automobilindustrie um 50% höher.

Auch eine Analyse der ineffizienten Marken ist für die Ableitung von Managementempfehlungen sinnvoll (vgl. die letzte Zeile von *Tabelle 1*). Der mittlere Effizienzwert der ineffizienten Marken ist wiederum in der Automobilindustrie am weitaus höchsten (0,90). Dies impliziert, dass es für die meisten Marken in der Stichprobe relativ leicht ist, die Efficient Frontier zu erreichen. Die ermittelten Werte zeigen in der Automobilindustrie selbst innerhalb der Gruppe der weniger effizienten Marken einen erheblichen Performancevorsprung. Demgegenüber müssten die ineffizienten Marken in der Finanzdienstleistungsbranche im Durchschnitt ihre Inputs um fast 50% senken, um den effizienten Rand zu erreichen, was nur schwer realisierbar erscheint.

Die Ergebnisse bestätigen unsere Empfehlung, wonach in Branchen mit niedriger Markenrelevanz geringe Markeninvestitionen getätigt werden sollten. Dennoch lagen im Jahre 2005 die Bruttowerbeaufwendungen in der Automobilindustrie (1,39 Milliarden Euro) und der Finanzbranche (1,22 Milliarden Euro) sehr nah beieinander (vgl. Nielsen Media Research 2006). Im Finanzdienstleistungssektor erscheinen entsprechend unserer Befunde solche hohen Markeninvestitionen jedoch nicht angemessen. Die Strategie sollte hier lauten, nur ein evtl. notwendiges Mindestniveau an psychografischen Wirkungen mit möglichst geringem Ressourceneinsatz in der Markenführung sicherzustellen, da aufgrund der Existenz anderer Treiber der Kaufentscheidung geringe Markeninvestitionen hier keine Barriere für den Unternehmenserfolg darstellen.

Unser Modell kann die Vermutung klar bestätigen, wonach die Markenrelevanz einen guten Maßstab für die optimale Höhe an Markenaufwendungen darstellt, da sie eine hohe prädiktive Validität in Bezug auf die Performance des Markenmanagements aufweist. Daher sollten Markeninvestitionen in Märkten mit hoher Markenrelevanz ein beträchtliches Niveau aufweisen, da sie dort wesentlich effizienter in harte Erfolgsgrößen umgewandelt werden können.

4 Zusammenfassende Würdigung und Ausblick

Markenmanager stehen unter erhöhtem Druck, die Effizienz ihrer Aktivitäten nachzuweisen und zu erhöhen. Sie stehen dem Problem gegenüber, dass Markeninvestitionen häufig in den Fokus von Rationalisierungsbestrebungen geraten, da sie einen hohen Anteil der Gesamtmarketingkosten bedingen. Schlichte Kostensenkungen sind für Marken jedoch nicht geeignet, da hierdurch Marktposition und Reputation gefährdet werden. Daher wird es mehr und mehr bedeutsam für Markenmanager, die Produktivität des Markenmanagements zu erhöhen. Als ersten Beitrag liefert diese Arbeit ein Modell zur Messung der Effizienz des Markenmanagementprozesses. Mit diesem Modell kann die Performance der Transformation von kognitiven (Markenerinnerung) und affektiven (Markenimage) Markenwertgrößen in „harte" ökonomische Outputs bewertet werden.

Um zu testen, ob Markenrelevanz tatsächlich im Sinne eines Moderators die Effizienz des Markenmanagements beeinflusst und eine aussagekräftige Größe für die Bestimmung der optimalen Höhe und die Allokation von Markeninvestitionen darstellt, wurde die Markenperformance in drei Branchen analysiert, die sich im Grad der Markenrelevanz unterscheiden. Wie die Ergebnisse zeigen, unterscheidet sich die Fähigkeit der Marken, ökonomischen Erfolg aus Markenstärke zu generieren, stark entsprechend der Höhe der Markenrelevanz des Produktmarktes, in dem sie operieren. Dies kann dadurch erklärt werden, dass Markenmanager zwar den Aufbau von Bekanntheit und Image aktiv steuern können, die Markenrelevanz jedoch nicht oder kaum durch Markenmanagement beeinflussbar ist. Als zweiten Beitrag liefert der Artikel empirische Belege für einen positiven Zusammenhang zwischen Markenrelevanz und Markenperformance. Die Befunde zeigen, dass hohe Markeninvestitionen in Märkten mit hoher Markenrelevanz gerechtfertigt sind, während die enormen Aufwendungen zum Aufbau bekannter Marken in Märkten mit geringer Markenbedeutung kritisch zu hinterfragen sind. In solchen Märkten scheinen andere Kriterien als die Marke die Kerntreiber der Kaufentscheidung zu sein. So können hier Marketing-Stellhebel wie Preis oder Distribution wirkungsvoller sein. Deshalb sollten Marketingressourcen entsprechend des Einflusses dieser Kriterien alloziert werden.

Ein Indiz für die Generalisierbarkeit unserer Ergebnisse ist der Verkauf der Taschentuch-Marke Tempo sowie der Europa-Lizenzen der Küchenpapier-Marke Bounty und der Toilettenpapier-Marke Charmin durch Procter & Gamble. Alle drei Marken sind sehr stark und wurden durch massive Investitionen aufgebaut. Allerdings operieren sie in Branchen, die durch eine sehr niedrige Markenrelevanz charakterisiert sind. Die geringe Kapitalisierbarkeit der Markeninvestitionen können das Unternehmen Procter & Gamble – dessen Kernkompetenz im Branding liegt – zu dem Schritt veranlasst haben, in diesen Branchen nicht weiter in den Markenaufbau zu investieren.

Wie unsere Ergebnisse weiter belegen, weisen Markeninvestitionen in der Finanzdienstleistungsbranche hohe Ineffizienzen auf. Die hohe Werbeintensität in dieser Branche steht nicht im Einklang mit dem Grad der Markenrelevanz. Folglich ist zu überprüfen, ob die Nutzung anderer Marketinginstrumente wie das Management von Distributionskanälen, Preispolitik oder Handelsmarketing vorteilhafter ist. Der Befund einer geringen Markenmanagementeffizienz im Finanzsektor wird gestützt durch die Erkenntnis, dass menschliche Interaktionen und folglich persönliche Beziehungen mit Kunden zentrale Erfolgsfaktoren in dieser Branche darstellen (Dabholkar 2000). Daher dürfte die Allokation von Marketingressourcen auf Maßnahmen des Kundenmanagements, die eine Steigerung des Customer Equity zum Ziel haben, in dieser Branche angemessener sein (Reinartz, Krafft, Hoyer 2004; Reinartz, Thomas, Kumar 2005).

Es ist zu betonen, dass auch bei sehr hoher Markenrelevanz eine Reihe anderer Faktoren wie Struktur der Kundenkontakt- und Vertriebskanäle oder der Kundenservice das Kaufverhalten beeinflussen (Reinartz, Thomas, Kumar 2005). Daher wird die Marke auch in den Branchen mit der höchsten Relevanz niemals das einzige Kaufentscheidungskriterium sein. Hier ist daher eine simultane Optimierung von Brand Equity und Customer Equity empfehlenswert (Leone et al. 2006).

Abschließend wird auf einige Restriktionen des Modells hingewiesen, die Ansatzpunkte für zukünftige Studien bilden. So sollten weitere relevante Outputgrößen herangezogen werden, um die Erklärungskraft des Effizienzmodells zu erhöhen. So wäre die Integration von Preispremium, Marktanteil (brand share) oder Kennzahlen der Aktienmarktperformance von besonderem Interesse, da sie wichtige Indikatoren des markeninduzierten Erfolges von Unternehmen darstellen (Madden, Fehle, Fournier 2006). Darüber hinaus wäre eine umfassendere Messung der Markenrelevanz wünschenswert, die auch den relativen Einfluss anderer Kriterien auf die Kaufentscheidung einbezieht.

Learnings:

- Das Markenmanagement weist dann eine hohe Performance auf, wenn es konsumentenbasierten Markenwert effizient in ökonomischen Markenwert transformieren kann.
- Die Markenrelevanz in einer Branche stellt einen externen Einflussfaktor dar, der kaum durch das Markenmanagement beeinflusst werden kann.
- Es kann nachgewiesen werden, dass die Markenrelevanz die Effizienz des Markenmanagements beeinflusst.
- Investitionen in die Marke lohnen sich daher nur dann, wenn das Kaufentscheidungskriterium Marke in einer Branche einen Einfluss auf das Kaufverhalten aufweist (d.h. hohe Markenrelevanz vorliegt).
- Die Markenrelevanz ist daher der zentrale Maßstab für die Bestimmung der optimalen Höhe und der Allokation von Markeninvestitionen.

Literaturverzeichnis

Aaker, D. A. (1992): Management des Markenwerts, Frankfurt/Main, New York.
Aaker, D. A. (2004): Brand Portfolio Strategy: Creating Relevance, Differentiation, Energy, Leverage and Clarity, New York.
Ambler, T., Barwise, P. (1998): The Trouble with Brand Valuation, in: Journal of Brand Management, 5 (5), p. 367–377.

Banker, R. D., Charnes, A., Cooper, W. W. (1984): Models of estimation of technical and scale efficiencies in data envelopment analysis, in: Management Science, 30, p. 1078–1092.
Bauer, H. H., Albrecht, C.-M., Sauer, N. (2005): Markenstress bei Jugendlichen: Entwicklung eines Messinstruments am Beispiel von Kleidung, Wissenschaftliches Arbeitspapier Nr. W 088, Institut für Marktorientierte Unternehmensführung, Mannheim.
Bauer, H. H., Garde, U., Hammerschmidt, M. (2006): Effizienz von Bannerwerbung im Internet, in: Bauer, H. H., Staat, M., Hammerschmidt, M. (Hrsg.): Marketingeffizienz: Messung und Steuerung mit der DEA – Konzept und Einsatz in der Praxis, München, S. 187–203.
Bauer, H. H., Hammerschmidt, M. (2006): Grundmodelle der DEA, in: Bauer, H. H., Staat, M., Hammerschmidt, M. (Hrsg.): Marketingeffizienz: Messung und Steuerung mit der DEA – Konzept und Einsatz in der Praxis, München, S. 33–59.
Bearden, W. O., Etzel, M. J. (1982): Reference Group Influence on Product and Brand Preference Decisions, in: Journal of Consumer Research, 9 (2), p. 183–194.
Bekmeier-Feuerhahn, S. (1998): Marktorientierte Markenbewertung – Eine konsumenten- und unternehmensbezogene Betrachtung, Wiesbaden.
Berger, A. N. (1993): „Distribution-Free" Estimates of Efficiency in the U.S. Banking Industry and Tests of the Standard Distributional Assumptions, in: Journal of Productivity Analysis, 4 (3), p. 261–292.
Berndt, R./Sander, M. (1994): Der Wert von Marken – Begriffliche Grundlagen und Ansätze zur Markenbewertung, in Bruhn, M. (Hrsg.): Handbuch Markenartikel, Band 2, Stuttgart.
Büschken, J. (2007): Determinants of Brand Advertising Inefficiency – Evidence from the German Car Market, forthcoming in: The Journal of Advertising, 36.
Charnes, A., Cooper, W. W., Rhodes, E. (1978): Measuring the Efficiency of Decision Making Units, European Journal of Operational Research, 2, p. 429–444.
Dabholkar, P. A. (2000): Technology in Service Delivery: Implications of Self-Service and Service Support, in: Swartz, T. A., Iacobucci, D. (Eds.): Handbook of Services Marketing and Management, Thousand Oaks, CA, p. 103–110.
de Chernatony, L., McDonald, M. (2005): Creating powerful brands in consumer, service and industrial markets, 3. Aufl., Oxford.
Doyle, J. R., Green, R. H. (1991): Comparing products using data envelopment analysis, in: Omega – International Journal of Management Science, 19 (6), p. 631–638.
Doyle, J. R., Green R. H. (1995): Cross Evaluation in DEA: Improving discrimination among DMUs, INFOR, 33 (3), p. 205–222.
Dyson, R. G., Allen, R., Camanho, A. S., Podinovski, V. V., Sarrico, C. S., Shale, E. A. (2001): Pitfalls and Protocols in DEA, European Journal of Operational Research, 132, p. 245–59.
Esch, F.-R. (2005): Strategie und Technik der Markenführung, 3. Aufl. München.
Fischer, M.; Hieronimus, F.; Kranz, M. (2002): Markenrelevanz in der Unternehmensführung – Messung, Erklärung und empirische Befunde für B2C-Märkte, in: Backhaus, Klaus u.a. (Hrsg.): MCM/McKinsey & Company, Arbeitspapier Nr. 1, Münster 2002.
Fischer, M., Meffert, H., Perrey, J. (2004): Markenpolitik: Ist sie für jedes Unternehmen gleichermaßen relevant? Eine empirische Untersuchung zur Bedeutung von Marken in Konsumgütermärkten, in: Die Betriebswirtschaft, 64 (3), S. 333–356.
Ford, K., Hanssen, T. (2004): Ipsos*Builder: Umfassende Analyse und Entwicklung der Marke im Wettbewerb, in: Schimansky, A. (Hrsg.): Der Wert der Marke, München, S. 462–477.
Franzen, O., Trommsdorff, V., Riedel, F. (1994): Ansätze der Markenbewertung und Markenbilanz, in: Bruhn, Manfred (Hrsg.): Handbuch Markenartikel, Band 2, Stuttgart, S. 1373–1401.
Hammerschmidt, M. (2006): Effizienzanalyse im Marketing – Ein produktionstheoretisch fundierter Ansatz auf Basis von Frontier Functions, Wiesbaden.
Kapferer, J. (1992): Die Marke – Kapital des Unternehmens, Landsberg.
Kapferer, J. (2005): The New Strategic Brand Management: Creating and Sustaining Brand Equity Long Term, 3. Aufl., London u.a.
Kapferer, J., Laurent, G. (1992): La sensibilité aux marques, Paris.
Keh, H. T., Chu, S. (2003): Retail Productivity and scale economies at the firm level: a DEA Approach, in: Omega, 31, p. 75–82.

Keller, K. L. (1993): Conceptualizing, Measuring, and Managing Customer-Based Brand Equity, in: Journal of Marketing, 57 (1), p. 1–22.

Keller, K. L., Lehmann D. R. (2006): Brands and Branding: Research Findings and Future Priorities, in: Marketing Science, 25 (6), 740–759.

Kranz, M. (2004): Die Relevanz der Unternehmensmarke – Ein Beitrag zum Markenmanagement bei unterschiedlichen Stakeholderinteressen, Frankfurt/Main u.a.

Kroeber-Riel, W., Weinberg, P. (2003): Konsumentenverhalten, 8. Aufl., München.

Leone R. P., V. R. Rao, K. L. Keller, A. M. Luo, L. McAlister, and R. Srivastava (2006), „Linking Brand Equity to Customer Equity", in: Journal of Service Research, 9 (2), p. 125–138.

Löber, G.-A., Staat, M. (2006): Marketingrelevante Weiterentwicklungen der DEA, in: Bauer, H. H., Staat, M., Hammerschmidt, M. (Hrsg.): Marketingeffizienz: Messung und Steuerung mit der DEA – Konzept und Einsatz in der Praxis, München, S. 61–105.

Luo, X., Donthu, N. (2005): Assessing advertising media spending inefficiencies in generating sales, in: Journal of Business Research, 58, p. 28–36.

Madden, T. J., Fehle, F., Fournier, S. (2006): Brands Matter: An Empirical Demonstration of the Creation of Shareholder Value through Branding, in: Journal of the Academy of Marketing Science, 34, p. 224–235.

Meffert, H., Schröder, J., Perrey, J. (2002): B2C-Märkte: Lohnt sich Ihre Investition in die Marke? in: Absatzwirtschaft, 45 (10), S. 28–35.

Melzer-Lena, B., Barlovic, I. (1999): Starke Jugendmarken leben ihre eigene Welt vor, in: Markenartikel, 61 (5), S. 24–35.

Michael, B. M. (2002): Wenn die Wertschöpfung weiter sinkt, stirbt die Marke!, in: Zeitschrift für Betriebswirtschaft, Ergänzungsheft 1, S. 35–56.

Nielsen Media Research (2007): Marken investieren wieder in Imagewerbung, Pressemitteilung, 10.01.2007, Hamburg

Norman, M., Stoker, B. (1991): Data Envelopment Analysis – The Assessment of Performance, Chichester, New York.

Opaschowski, H. W. (1992): Freizeit 2001: Ein Blick in die Zukunft unserer Freizeit, Hamburg.

o.V. (2002), „Vergiss es, Baby", http://www.spiegel.de/wirtschaft/0,1518,182830,00.html [17.02.2002].

Perrey, J., Schröder, J., Backhaus, K., Meffert, H. (2003): When do brand investments pay off?, McKinsey Marketing & Sales Practice on Branding, London, p. 31–46.

Reinartz, W., Krafft, M., Hoyer, W. D. (2004): The Customer Relationship Management Process: Its Measurement and Impact on Performance, in: Journal of Marketing Research 41 (3), p. 293–305.

Reinartz, W., Thomas, J. S., Kumar, V. (2005): Balancing Acquisition and Retention Resources to Maximize Customer Profitability, in: Journal of Marketing, Vol. 69 (January), p. 63–79.

Scheel, H. (2000): Effizienzmaße der Data Envelopment Analysis, Wiesbaden.

Schulz, R., Brandmeyer, K. (1989): Die Markenbilanz: Ein Instrument zur Bestimmung und Steuerung von Markenwerten, in: Markenartikel, 51 (7), S. 364–370.

Seiford, L. (1996): Data envelopment analysis: the evolution of the state of the art, in: Journal of Productivity Analysis, 7, p. 99–137.

Sommer, R. (1998): Psychologie der Marke, Frankfurt am Main.

Staat, M., Hammerschmidt, M. (2005): Product Performance Evaluation – A Super-Efficiency Model, in: International Journal of Business Performance Management, 7, p. 204–319.

Trommsdorff, V. (2004): Konsumentenverhalten, 6. Aufl., Stuttgart.

Vassiloglou, M., Giokas, D. (1990): A Study of the Relative Efficiency of Bank Branches: An Application of Data Envelopment Analysis, in: The Journal of the Operational Research Society, 41, p. 591–97.

Yoo, B., Donthu, N. (2001): Developing and Validating a Multidimensional Consumer-Based Brand Equity Scale, in: Journal of Business Research, 52, p. 1–14.

Der Wert von Unternehmensmarken – Konzeptionelle Überlegungen und empirische Erkenntnisse zur Beurteilung des Unternehmensmarkenwertes auf der Basis von Reputationsstudien

Klaus-Peter Wiedmann

Zusammenfassung	36
1 Plädoyer für einen Reputations-Zentrierten Ansatz der Markenwertmessung	36
2 Die Messung der Unternehmensreputation als Grundlage eines wertorientierten Markenmanagements	38
2.1 Grundlegendes zur Erfassung der Reputation von Unternehmen	38
2.1.1 Unternehmensreputation als zentraler Vermögenswert und dessen Beziehung zu Image und Markenwert	38
2.1.2 Ansatzpunkte zur Messung der Unternehmensreputation und Skizze des Untersuchungsdesigns der durchgeführten empirischen Studien	40
2.2 Ergebnisse empirischer Reputationsstudien als Schlaglichter hinsichtlich der Entwicklung eines wertorientierten Controllingsystems im Kontext eines Corporate Branding	43
2.2.1 Reputationsunterschiede im Branchenvergleich als Herausforderung an ein wertorientiertes Markencontrolling	43
2.2.2 Reputationsunterschiede innerhalb einzelner Branchen als Herausforderung an wertorientiertes Markencontrolling	47
2.2.2.1 Aus Managementsicht stellen sich im Zusammenhang mit der Unternehmensreputation zwei zentrale Fragen:	47
2.2.2.2 Unterschiede hinsichtlich der Erfolgsrelevanz einzelner Reputationsfaktoren	49
2.2.2.3 Ansatzpunkte einer differenzierten Reputationstreiber-Analyse im Kontext einer Reputationsvorteils-/Nachteils-Matrix	51
2.2.2.4 Die Berücksichtigung der Zugehörigkeit zu unterschiedlichen strategischen Gruppen als Herausforderung an ein wertorientiertes Markencontrolling	53
3 Zusammenfassende Würdigung	55
Literaturverzeichnis:	56

Zusammenfassung

Der Trend zum Corporate Branding – gleichgültig, ob nun in Gestalt der Fokussierung auf eine Unternehmensmarke oder der Verwirklichung eines integrierten Markensystems – lässt einen Rekurs auf vorhandene Konzepte der Unternehmensreputationsmessung als Grundlage eines wertorientierten Markenmanagements sehr zweckmäßig erscheinen. Nach einem kurzen Plädoyer für einen „Reputations-Zentrierten Ansatz der Markenwertmessung" sollen im vorliegenden Beitrag auf der Basis empirischer Studien geeignete Ansatzpunkte einer Reputationsmessung und zugleich erste Verbindungslinien zu einem wertorientierten Markenmanagement aufgezeigt werden. Hinsichtlich einer tragfähigen Reputationsmessung wird u.a. verdeutlicht, wie wichtig es ist, nicht nur Unterschiede mit Bezug zu verschiedenen Branchen, sondern zugleich auch zu spezifischen strategischen Gruppen sowie Zielakzentuierungen zu beachten. Als Grundlage eines wertorientierten Markenmanagements sollten insofern im Kontext eines Corporate Branding-Ansatzes jeweils Controllingsysteme aufgebaut werden, die solchen spezifischen situativen Bedingungen Rechnung tragen. Zumindest die Relevanz dieser Forderung, im Lichte konkreter Studienergebnisse etwas zu illustrieren, steht im Zentrum des vorliegenden Beitrages.

1 Plädoyer für einen Reputations-Zentrierten Ansatz der Markenwertmessung

An Konzepten der Markenwertmessung, die als Basis eines konsequent wertorientierten Marken-Managements zum Einsatz gelangen könnten, besteht zweifellos kein Mangel. Allerdings stellen die bislang vorgelegten Ansätze im Kern auf Produktmarken ab. Je mehr nun aber in den unterschiedlichsten Branchen sehr viel stärker auf ein *Corporate Branding* gesetzt wird, in dem entweder eine *Unternehmensmarke* herausgestellt wird oder aber diese im Rahmen eines *Marken-Portfolios* eine herausragende Rolle spielt, desto mehr stellt sich die Frage, ob und ggf. inwieweit sich die existierenden Konzepte der Markenwertmessung auch unter solchen Bedingungen nutzbringend einsetzen lassen.

So zielführend eine entsprechende Beurteilung und ggf. Weiterentwicklung existierender *Markenwertkonzepte* im Lichte der Anforderungen eines Corporate Branding auch sein mag, so könnte man in einem Rekurs auf leistungsfähige Ansätze einer *Messung der Unternehmensreputation* u.U. einen noch zweckmäßigeren Ansatz erkennen, um in diesem Kontext ein wertorientiertes Marken-Management zu unterstützen. Der große Vorteil bestünde nicht nur darin, dass an einer *grundlegenden Ergebnisgröße* angesetzt wird, die auch in anderen Kontexten der Auseinandersetzung mit Ansatzpunkten einer wertorientierten Unternehmensführung zunehmend Aufmerksamkeit findet – bis hin etwa zur Erfassung von Intangible Assets und deren Ausweis in der Bilanz eines Unternehmens (Burmann 2002; Daum 2002; Horvath, Möller 2004; Lev 2001; Neely et al. 2003; Wiedmann, Prauschke 2005). Darüber hinaus wird es grundsätzlich immer darauf ankommen, alle Aktivitäten eines Unternehmens so auszugestalten, dass das Unternehmen am Ende über einen *guten Ruf* verfügt, der sich bei allen relevanten Stakeholdern in nachhaltigen *Unterstützungspotenzialen* manifestiert. Dies auch unabhängig davon, ob ein solches Ergebnis nun mit Hilfe einer dominanten Unternehmensmarke oder mit Hilfe eines ausgetüftelten Marken-Portfolios erzielt wird. Vor diesem Hintergrund vertreten wir die These, dass ein „*Reputations-Zentrierter Ansatz der Markenwertmessung*" unmittelbar zahlreiche Vorteile für ein systematisches Controlling bietet. Folgende Aspekte verdienen eine Hervorhebung:

Wird an einer allgemeinen Ergebnisgröße wie der Unternehmensreputation angesetzt, so kann diese Kennzahl zunächst völlig problemlos auch dann herangezogen werden, wenn sich im Zeitverlauf das Markenstrategiekonzept eines Unternehmens ändert – etwa *von einer Ein-Marken-Dachstrategie hin zu einer differenzierten Marken-Portfoliostrategie*. Damit lassen sich auch die Erfolgswirkungen der verschiedenen Strategieansätze über die Zeit besser vergleichend bewerten.

Insbesondere mit Bezug auf *Mehrmarkenunternehmen* wird es ferner z.B. möglich, gezielt das *Denken in Synergien* im Rahmen des gesamten Marken-Managements zu fördern, da die Wertbemessung einer einzelnen Marke eben gerade auch davon abhängig gemacht wird, inwieweit sie einen nachhaltigen Beitrag zur gesamten Unternehmensreputation leistet. Da man heute nicht wissen kann, welche zusätzlichen Marken einzuführen künftig vielleicht Sinn machen könnte, sollte bei der Markenführung darauf hingearbeitet werden, dass jede Marke auch auf das Reputationskonto des Unternehmens einzahlt, damit dieses später über entsprechende Freiheitsgrade bzw. über eine tragfähige Positionierung verfügt, die es ihr ermöglicht, sehr effizient und effektiv ggf. neue Marken in den Markt zu bringen.

Nicht zu unterschätzen ist schließlich auch die Tatsache, dass Unternehmensreputation nicht *nur eine relevante Zielgröße für das Absatzmarketing*-Zentrierte Marken-Management darstellt, sondern für alle unternehmerischen Verantwortungs- und Funktionsbereiche. Selbstverständlich sollten alle Aktivitäten in einem Markenunternehmen immer so ausgerichtet werden, dass sie direkt oder indirekt zur Erhaltung oder Steigerung des Wertes der jeweiligen Marken des Unternehmens beitragen. Vor allem in Unternehmen, die nicht nach klar abgegrenzten Markendivisionen organisiert sind, dürfte es den Mitgliedern aus den Bereichen Personal, Beschaffung, Logistik, Finanzierung etc. doch schwer fallen, ausreichend nachvollziehbare Bezüge zwischen der Erzielung einzelner Markenwerte und ihren Handlungsfeldern herzustellen. Sollen all diese Bereiche im Kontext einer *wertorientierten Unternehmensführung* auf die Schaffung und Sicherung zentraler Intangible Assets eingeschworen werden, so dürfte dieses auf der Grundlage einer allgemeinen Wertgröße, wie der Unternehmensreputation, deutlich leichter fallen. Überdies wird hierdurch zugleich ein Beitrag zu einem wertorientierten Management der Unternehmenskultur geleistet.

Einen relevanten Beitrag zu einer wertorientierten Unternehmensführung ist prima vista zugleich in der Tatsache zu sehen, dass die *Konzentration auf einige wenige Zielgrößen* – und im Blick auf relevante Intangible Assets eben speziell auf die Unternehmensreputation – einen Beitrag zur Kostensenkung sowie zu einer höheren *„Informationsmanagement-Hygiene"* liefert. Letzteres etwa, in dem sich einige wenige Kernkennzahlen auch leichter „sauber" erheben, unternehmensintern vorhalten und kommunizieren lassen. In Rechnung zu stellen ist dabei allerdings das Risiko, dass mit einem Rückzug auf einige wenige, sehr robuste Kennzahlen einer Erfolg versprechenden Steuerung aller wichtigen Managementaktivitäten u.U. der fruchtbare Boden entzogen oder dieser zumindest beschädigt wird. Im Spannungsfeld zwischen vereinfachtem Informationsmanagement und differenzierter Unternehmenssteuerung gilt es hier also, im Lichte der jeweils unternehmensspezifischen Bedingungen eine tragfähige Optimierung vorzunehmen. Zu beachten ist dabei, dass bspw. *Markenwert- und Reputationsmesskonzepte kombiniert* zum Einsatz gelangen können. Bei Unternehmen, die bereits professionell Markenwertmessungen vornehmen, würde es etwa Sinn machen, die vorliegenden Ansätze in ein Controllingsystem einzubringen, bei dem letztlich dann auch Bezüge zu übergreifenden Reputationseffekten Beachtung finden. Bei Unternehmen, die demgegenüber, erst am Anfang der Implementierung entsprechender Controllingkonzepte stehen, stellt sich indessen durchaus die Frage, ob es nicht zweckmäßig ist, zunächst einmal mit dem ganzheitlicher angelegten Ansatz einer Reputationsanalyse zu starten und dann später sukzessive immer differenziertere Ansätze einzuführen, die auf spezifische Markenwertmessungen abheben.

Gegenstand des vorliegenden Beitrages ist es nun allerdings nicht, bereits Ansatzpunkte einer integrierten Implementierung von Unternehmensreputations- und Markenwertmesskonzepten in einem umfassenden *Controllingsystem* zu diskutieren. Angesichts des gegenwärtigen Standes der Diskussion erscheint es demgegenüber zweckmäßig, zunächst einmal nur einen tragfähigen Ansatz der Reputationsmessung vorzustellen und im Kontext der Ergebnisse empirischer Studien relevante Anknüpfungspunkte für ein Markenmanagement zu verdeutlichen. Im Folgenden sei allerdings erst einmal kurz das Konstrukt der Unternehmensreputation – speziell in Abgrenzung zu Begriffen wie Image und Markenwert – definiert und in den zugrunde liegenden Ansatz einer Reputationsmessung eingeführt.

2 Die Messung der Unternehmensreputation als Grundlage eines wertorientierten Markenmanagements

2.1 Grundlegendes zur Erfassung der Reputation von Unternehmen

2.1.1 Unternehmensreputation als zentraler Vermögenswert und dessen Beziehung zu Image und Markenwert

Ohne an dieser Stelle die intensiv geführte Diskussion im Feld der Erfassung des Phänomens Unternehmensreputation nachvollziehen zu können (Fombrun, v. Riel 2004; Walsh 2005; Wiedmann, Buxel 2005), lässt sich immerhin auf ein Begriffsverständnis rekurrieren, das sich im Kontext des Reputation Institute, einem internationalen Expertennetzwerk, als gemeinsamer Kern herauszukristallisieren beginnt (Wiedmann, Fombrun, v. Riel 2006). Unternehmensreputation lässt sich dabei gleichsetzen mit: *a)* den *Wahrnehmungen und/oder Vermutungen aller Stakeholder* hinsichtlich z.B. der Produkte und Dienstleistungen, Prozesse und Aktivitäten, Mitarbeiter und Organisation sowie des unternehmerischen Erfolges oder der sog. „Performance", plus *b)* deren *Bewertung* vor dem Hintergrund unterschiedlicher Maßstäbe sowie vor allem auch plus *c)* den sich hieraus ergebenden, jeweils kognitiv und/oder emotional verankerten *Unterstützungspotentialen*. Das Spektrum der zuletzt erwähnten Unterstützungspotentiale erstreckt sich von der Bereitschaft, sich mit dem Unternehmen bzw. Informationen von und/oder über das Unternehmen auseinanderzusetzen, bis hin zu den unterschiedlichsten Formen eines konkreten „Supportive Behavior". Letzteres zeigt sich grundsätzlich bereits in der Verhaltenstendenz, dem betreffenden Unternehmen zu vertrauen, seine Leistungsangebote anzunehmen, sich positiv bei Dritten über das Unternehmen und seine Leistungen zu äußern und es ggf. sogar gegenüber Kritikern zu verteidigen. Selbstverständlich konkretisieren sich derartige Verhaltenstendenzen je nach Stakeholdergruppe (Kunden, Mitarbeiter, Investoren, Lieferanten, Behörden, Medien etc.) in sehr unterschiedlicher Weise. Als Unterstützungspotenziale, die im „guten Ruf" eines Unternehmens angelegt sind, bilden sie jedoch zunächst ganz generell zentrale Bausteine unseres Begriffsverständnisses.

Die akzentuierten Unterstützungspotentiale markieren zugleich wesentliche *Unterschiede zwischen* der *Reputation* eines Unternehmens *und* dessen *Image*, das sich im Kern in jenem Bild manifestiert, das man sich von einem bestimmten Objekt und in diesem Fall von einem Unternehmen macht. Stark vereinfachend ließe sich etwa folgende Formel aufstellen: Unternehmensreputation = Summe der Images des Unternehmens bei allen Stakeholdern + die sich hieraus ergebenden Unterstützungspotentiale sowie insgesamt die bestehende soziale Gravitation. Unternehmensreputation geht insofern über den üblichen *Imagebegriff* hinaus und hat sehr viel mehr zu tun mit Aspekten wie: Position, Standing, Rückhalt, Achtung, Beachtung, Zutrauen, Vertrauen u.Ä.m. Die *Anziehungskraft*, die von einer positiven Unternehmensreputation ausgehen kann, führt schließlich insgesamt zu einem *„reservoir of goodwill"*, das systematisch ausgeschöpft werden muss, um dann schlussendlich zu einem faktischen Goodwill zu werden, der sich im Geschäfts- oder Firmenwert niederschlägt (Baetge, Kirsch, Thiele 2002, S. 260 f.).

Ein enger Bezug liegt zum Begriff des *Markenwertes* (Trommsdorff 2004) vor. Dies vor allem dann, wenn wir es mit sehr dominanten *Unternehmensmarken* zu tun haben, die letztlich alle relevanten, mit einem Unternehmen in Verbindung gebrachten Assoziationen einfangen oder zumindest einfangen sollen (BASF, Siemens usw.). Allerdings können selbst in einem solchen Fall weitere Assoziationen mit in die Herausbildung der Unternehmensreputation einfließen, die nur bedingt mit der Unternehmensmarke direkt assoziiert werden. So mag etwa das Image des CEO die Reputation des Unternehmens ganz erheblich beeinflussen, ohne dass man dieses vielleicht unmittelbar im Markenwert abbilden würde. Markanter ist indessen der Unterschied bei Unternehmen, die sich – wie z.B. Procter & Gamble – mehr oder weniger stark hinter einzelnen Produktmarken zurückhalten. Zwar fließen hier die Markenwerte der einzelnen Produkte und Dienstleistungen zumindest bei jenen Stakeholdern in die Herausbildung eines Gesamteindruckswertes ein, die eine entsprechende Zuordnung von Einzelmarken zum gesamten Unternehmen zu leisten willens und in der Lage sind. Darüber hinaus bilden jedoch weitere Unternehmensassoziationen und etwa gerade auch der „Markensystem-Wert" (Wert des Marken-Portfolios) den Grundstock für die Herausbildung der Unternehmensreputation. Insgesamt gelangen wir zur Formel: Unternehmensreputation = Summe aller assoziierter Markenteilwerte sowie des Wertes des insgesamt wahrgenommenen Marken-Portfolios + alle weiteren Unterstützungspotentiale, die sich bei den unterschiedlichen Stakeholdern aus entsprechenden, nicht unmittelbar markenzentrierten Unternehmensassoziationen ergeben.

Letztlich bildet Unternehmensreputation also einen zentralen Vermögenswert, der sich als übergeordnete Zielgröße zur Steuerung aller Unternehmensaktivitäten und speziell im Blick auf ein wertorientiertes Markenmanagement anbietet. Wie sich diese zentrale Zielgröße empirisch messen lässt, sei im Folgenden kurz angerissen.

2.1.2 Ansatzpunkte zur Messung der Unternehmensreputation und Skizze des Untersuchungsdesigns der durchgeführten empirischen Studien

Konzepte einer Messung von Unternehmensreputation werden schon seit einiger Zeit diskutiert (Fombrun, Gardberg, Sever 2000). Aus dem breiten Spektrum möglicher Messkonzepte sei hier als konzeptioneller Ausgangspunkt das Konzept des *Reputation Quotient (RQ)* herausgegriffen, das eingebunden in das globale Expertennetzwerk des „Reputation Institute" entwickelt und bereits seit 1999 in zahlreichen Studien in den unterschiedlichsten Ländern eingesetzt wurde (Fombrun, van Riel 2004). Der klassische RQ-Ansatz wurde inzwischen zwar in verschiedener Hinsicht erweitert und ausgebaut (Wiedmann 2004; Wiedmann, Fombrun, v. Riel 2006). Dennoch erscheint es zweckmäßig, den RQ im Sinne eines konzeptionellen Ausgangspunktes kurz vorzustellen.

Der RQ wurde im Rahmen eines systematisch wissenschaftlichen *Konzeptualisierungs- und Operationalisierungsprozesses* entwickelt (Fombrun, Gardberg, Sever 2000; Fombrun, v. Riel 2004). In einem mehrstufigen Analyseprozess, in dessen Rahmen verschiedene empirische Studien und daran anknüpfende theoretisch fundierte Auswertungen durchgeführt wurden, konnte das in *Abbildung 1* dargestellte Messkonzept entwickelt werden. Das Kernstück dieses „RQ" bilden dabei 20 Einzelindikatoren (Items), die sich zu sechs Dimensionen verdichten lassen.

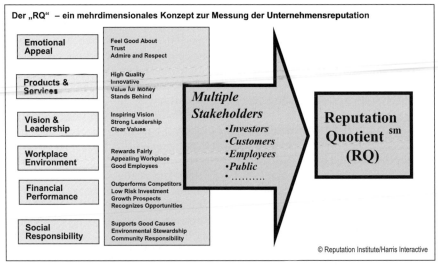

Abbildung. 1: Reputation Quotient (RQ) als standardisiertes Messkonzept (Fombrun, van Riel 2004)

In *Abbildung 1* wird dargestellt, dass der RQ letztlich als ein Gesamtmaß der Reputation über alle relevanten Stakeholder hinweg verstanden werden soll *(Multi-Stakeholder-Ansatz)*, wiewohl im konkreten Einzelfall sicherlich aus rein pragmatischen Gründen nicht immer entsprechende Erhebungen bei allen Stakeholdergruppen möglich sind. So mussten wir uns etwa auch bei den nachfolgenden Studien infolge entsprechender Budgetrestriktionen erst einmal darauf beschränken, die Reputation der ausgewählten Unternehmen bei Kunden und Nicht-Kunden zu erforschen.

Anstatt im Rahmen unserer empirischen Studien direkt und ausschließlich auf den RQ zurückzugreifen, haben wir uns entschlossen, den gesamten Prozess einer mehrstufigen Entwicklung eines solchen Reputationsmesskonzepts zu replizieren. Dies vor allem deshalb, weil unsere bisherigen Erfahrungen in Deutschland Anlass zur Vermutung boten, dass es im hohen Maße Sinn macht, innerhalb einzelner *Länder* jeweils gerade auch *branchenspezifische Messkonzepte* zu entwickeln und zu testen. Zahlreiche Studien, die für einzelne Unternehmen durchgeführt wurden, sowie verschiedene wissenschaftliche Arbeiten (Wiedmann, Meissner, Fusy 2003; Walsh, Wiedmann 2004; Wiedmann, Böcker, Buckler 2004; Wiedmann 2005) deuten darauf hin, dass der RQ als harter Kern in einem integrierten Messkonzept Beachtung finden kann und auch sollte, um insbesondere die Chancen eines weltweiten Benchmarking voll ausschöpfen zu können. Darüber hinaus sollten jedoch immer auch landes- und eben speziell auch branchenspezifische Messkonzepte in ein systematisches Controlling einbezogen werden, um im Blick auf die jeweils relevante strategische Gruppe noch aussagekräftigere Informationen hinsichtlich der bei den relevanten Stakeholdern jeweils bestehenden Wahrnehmungs- und Bewertungsmuster zu erhalten.

Da es im Folgenden nicht darum gehen wird, detaillierter die Ergebnisse der von uns durchgeführten Reputationsstudien vorzustellen, sondern lediglich darum, einige ausgewählte Untersuchungsergebnisse herauszugreifen, um wichtige Anknüpfungspunkte für ein Reputationszentriertes Markencontrolling zu illustrieren, erscheint es gerechtfertigt, sich mit einer knappen Skizze des *Untersuchungsdesigns* zu begnügen.

Vor dem Hintergrund der jeweils virulenten Reputationsproblematik sowie eines guten Zugangs zu entsprechenden Unternehmen haben wir drei Branchen ausgewählt, um das RQ-Konzept zu überprüfen und ggf. zu erweitern: Banken und Sparkassen, Energieversorger und Versicherungen. Im Wege eines mehrstufigen, iterativen Verfahrens wurde für jede der drei Branchen ein Messmodell entwickelt, das die für diese Branchen charakteristischen Wahrnehmungs- und Bewertungsstrukturen der Kunden widerspiegelt. Ausgangspunkt bildeten dabei jeweils qualitativ angelegte Interviews sowohl mit Unternehmensvertretern als auch mit ausgewählten Kundengruppen aus diesen Branchen, in deren Rahmen das bestehende Reputationsverständnis sowie insbesondere auch die wahrgenommene Bedeutung unterschiedlicher Reputationsdimensionen noch einmal systematisch ausgeleuchtet wurden. Für diesen Prozess wurden neben dem RQ zahlreiche weitere Messkonzepte aufgearbeitet sowie kreative Techniken eingesetzt, um in den Workshops mit den Beteiligten auch ggf. neue Aspekte herausarbeiten zu können.

Im Anschluss an die qualitativen Vorstudien wurde dann für die verschiedenen Branchen jeweils ein Fragebogenkonzept entwickelt, das die Basis für eine telefonische Erhebung bilden sollte. Insgesamt umfassten die Fragebogen jeweils 40 Fragen zur Reputationsbeurteilung, sowie weitere Fragen zu ertragsrelevanten Zielgrößen und soziodemographischen Angaben. Bei der Stichprobenbestimmung wurden sechs Gebiete in Deutschland zufällig ausgewählt, die sich einzelnen Gemeinden zuordnen ließen. Insgesamt entfielen zwei der Gebiete auf die neuen und vier Gebiete auf die alten Bundesländer. In diesen Gebieten wurden jeweils drei Zufallsstichproben von Privatpersonen aus dem öffentlichen Telefonbuch gezogen. Befragt wurden dann telefonisch:

- 350 Personen zur Reputation von Banken und Sparkassen,
- 230 Personen zur Reputation von Versicherungen,
- 210 Personen zur Reputation von Energieversorgern.

In allen drei Branchen wurden parallel im kleineren Umfang Geschäfts- bzw. Firmenkunden-Befragungen durchgeführt. Ferner wurden jeweils weitere Stakeholdergruppen befragt. Unsere nachfolgenden Ausführungen beziehen sich jedoch erst einmal nur auf den Bereich der Privatpersonen, die entweder dem Sektor Privatkunden oder dem der Öffentlichkeit bzw. aus marketingstrategischer Sicht dem der Nicht-Kunden zuzurechnen sind.

Im Zentrum der Datenauswertung standen dann konfirmatorische Faktorenanalysen bzw. sog. Kovarianzstrukturanalysen, mit deren Hilfe die subjektive Psychologik der Befragten in ein Messmodell überführt werden kann. Auf Basis der Messmodelle wurden weiterhin für jeden Probanden folgende Werte ermittelt:

- Wert der Gesamtreputation,
- Werte der Reputationshauptfaktoren,
- Werte der Unterfaktoren der regionalen Bedeutung für Banken und Energieversorger.

Die Reputationswerte auf Personenebene wurden auf den Wertebereich zwischen 0 und 1 normiert.

Im Kontext unserer Reputationsmessung wurden auch wichtige, ertragsrelevante Zielgrößen ermittelt, die als Bedeutungsmaßstab der Gesamtreputation und einzelner Reputationsfaktoren dienen. Im Blick auf Kunden wurden die Zielgrößen Kundenbindung, Preisbereitschaft und Cross Selling Potenzial erhoben und speziell auch mit Bezug zu Nicht-Kunden die Frage nach dem Interesse an Unternehmensinformationen sowie jene danach gestellt, ob sich das Unternehmen mit seinen Leistungsangeboten für die Zukunft im sog. Relevant Set befindet. Auf Basis dieser Zielgrößen konnte zunächst sehr allgemein erst einmal die Erfolgsrelevanz der Unternehmensreputation grob abgeschätzt werden. Ferner war es möglich, zugleich auch Hinweise auf die Bedeutung einzelner Reputationsdimensionen zu erhalten. Während letzteren später noch etwas näher nachzugehen sein wird, sei in diesem Beitrag auf eine Darstellung der allgemeinen Auswirkungen auf die einzelnen Erfolgsgrößen verzichtet. Diese waren durchweg signifikant positiv (Wiedmann, Böcker, Buckler 2004; Wiedmann, Böcker 2005; Wiedmann 2005 und 2006), was sich mit den Ergebnissen zahlreicher weiterer Studien deckt, die die Erfolgswirkung der Unternehmensreputation empirisch überprüft haben (z.B. Fombrun, v.Riel 2003 und 2004; Davies et al. 2002; De la Fuente Sabate, de Quevedo Puente 2003; Devine, Halpern 2001; Dunbar, Schwalbach 2000; Einwiller et al. 2005; Roberts, Dowling 1997 und 2002).

2.2 Ergebnisse empirischer Reputationsstudien als Schlaglichter hinsichtlich der Entwicklung eines wertorientierten Controllingsystems im Kontext eines Corporate Branding

2.2.1 Reputationsunterschiede im Branchenvergleich als Herausforderung an ein wertorientiertes Markencontrolling

Im Vergleich der unterschiedlichen Branchen verdienen zwei Aspekte zunächst Beachtung, und zwar 1. zwischen den Branchen bestehen gravierende *Reputationsunterschiede* und 2. den Reputationseinschätzungen liegen dabei jeweils sehr *unterschiedliche Wahrnehmungs- und Bewertungsmuster* zugrunde.

Anknüpfend an den *Globaleinschätzungen der Unternehmensreputation* in den verschiedenen Branchen, zeigt die nachfolgende *Abbildung* für jede der drei Branchen zunächst die Spannweite der Reputationsgesamtwerte der jeweils berücksichtigten Unternehmen sowie die Mittelwerte für die Gesamtreputation in den einzelnen Branchen an. Von allen drei Branchen weisen *Banken* die besten Reputationswerte auf, jedoch mit einer hohen Spannweite zwischen dem Maximal- und dem Minimalwert. Die beste Bank weist einen Reputationsindex von 68 auf. Die Reputationsindizes wurden hier nicht wie in anderen Studien üblich als Mittelwerte berechnet. Viel mehr geben sie den Anteil der befragten Personen wieder, die dem jeweiligen Unternehmen eine sehr hohe Reputation zusprechen. Der Wert von 68 ist dementsprechend so zu interpretieren, dass 68% aller befragten Personen dieser Bank eine sehr hohe Gesamtreputation zusprechen. Im Mittel besitzen die Banken bei knapp 49% ihrer Kunden, also knapp der Hälfte, eine hohe Reputation.

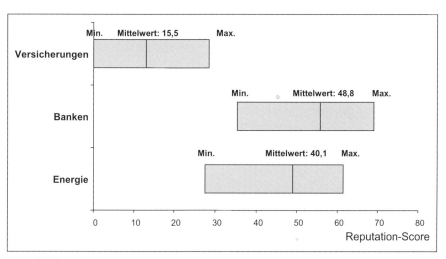

Abbildung 2: Einschätzungen der Unternehmensreputation in den verschiedenen Branchen

Auf leicht niedrigerem Niveau befinden sich die Reputationswerte der in der Studie erfassten *Energieversorger*. Im Maximum sprachen 62% der befragten Kunden eines Energieversorgers diesem eine sehr hohe Gesamtreputation zu. Im Mittel sprechen 40% der Kunden, der hier berücksichtigten sieben Energieversorgerunternehmen ihrem Unternehmen eine sehr hohe Reputation zu. Deutlich abgeschlagen sind jedoch die Werte der sieben *Versicherungsunternehmen*. Der höchste Indexwert eines Versicherungsunternehmens, von 28,6 %, entspricht ungefähr dem kleinsten Wert in der Energieversorgungsbranche. Im Mittel sprechen 15,5 %, der befragten Personen einer Versicherung eine hohe Reputation zu.

Während wir auf die Reputationsunterschiede von Unternehmen innerhalb einer Branche später noch näher eingehen werden, sei zumindest kurz auf die Bedeutung der doch gravierenden *Reputationsunterschiede zwischen den verschiedenen Branchen* im Kontext eines wertorientierten Markencontrollings hingewiesen. Unternehmen konkurrieren generell – und nicht allein im Wettstreit mit Vertretern aus ihrer Branche – um knappe Güter wie Aufmerksamkeit, Interesse, Glaubwürdigkeit, Akzeptanz, Wohlwollen und positiv unterstützende Kommunikation. Bezieht sich ein *Benchmarking* nun allein auf die eigene Branche, so lässt sich die spezifische Herausforderungssituation, in der sich ein Unternehmen befindet, kaum richtig einschätzen. Ein Versicherungsunternehmen, das innerhalb seiner Branche am oberen positiven Ende der Reputationsskala steht, mag so etwa den extrem hohen Investitionsbedarf in eine deutlich verbesserte Unternehmenswahrnehmung und -bewertung bei relevanten Zielgruppen u.U. völlig unterschätzen (Wiedmann 2006).

Um nun in einem weiteren Schritt jene Faktoren zu identifizieren, die sich hinter den *in den einzelnen Branchen anzutreffenden Wahrnehmungs- und Bewertungsmustern* jeweils verbergen, wurde vor dem Hintergrund unserer qualitativen Vorstudien ein hypothetisches Reputationsmodell entwickelt und in einen Fragebogen umgesetzt, der insgesamt 40 Einzelfragen zu Reputationsaspekten umfasste. Das hypothetische Reputationsmodell bestand im Kern aus 9 Faktoren. Für die Branchen Banken und Sparkassen sowie Energieversorger kam ein zehnter Reputationsfaktor, die „Regionale Bedeutung" (local importance), hinzu. Dieser Reputationsfaktor findet sich in keiner der bisher vorliegenden Reputationsstudien und trägt dem stark regionalen Geschäftsmodell der Sparkassen und Energieversorger in Deutschland Rechnung.

Für die *Entwicklung eines optimalen Reputationsmessmodells* wurde für jede Branche folgendermaßen verfahren:

Jeder Einzelne der anderen hypothetischen bestimmten Reputationsfaktoren wurde mit Hilfe einer Hauptachsenanalyse und eines Reliabilitätstest auf Basis „Cronbachs Alpha" validiert. Im Zuge dieses ersten Schrittes konnten die Messmodelle für die einzelnen Faktoren durch Eliminierung einzelner Fragen, die sich nicht für die Faktorenmessung als geeignet erwiesen, optimiert werden.

Mit Hilfe einer konfirmatorischen Faktorenanalyse wurden die verbliebenen Faktoren und deren Items in ein Gesamtmodell überführt und empirisch angenommen. In diesem Schritt konnte geprüft werden, ob die hypothetisch angenommenen Faktorenstrukturen empirisch haltbar waren oder nicht. Im Ergebnis führte dies zum Teil zur Eliminierung bestimmter Faktoren oder aber zur Zusammenlegung einzelner Faktoren, wenn dies durch signifikante Verbesserungen der Modellgütekriterien gerechtfertigt wurde.

In einem dritten Schritt wurde abschließend eine Faktorenanalyse zweiter Ordnung für jedes Branchenmodell durchgeführt. Mit Hilfe der Faktorenmodelle zweiter Ordnung wurde geprüft, in wie weit die vorhandene Faktorstruktur zur Messung des hypothetischen bzw. latenten Konstrukts Reputation geeignet ist.

Im Resultat entstanden drei *branchenspezifische Messmodelle*, die sich zum Teil erheblich voneinander unterscheiden. Das Reputationsmodell der *Energieversorgung* beispielsweise umfasst 5 Reputationshauptfaktoren, die mit 22 Einzelfragen erfasst werden. 18 der ursprünglichen Einzelfragen wurden somit aus diesem speziellen Messmodell eliminiert, da sie zur Reputationsmessung von Energieversorgern nicht geeignet oder nicht erforderlich sind. Charakteristisch für dieses Messmodell ist beispielsweise, dass ein Modell, in dem die beiden Faktoren „Emotionale Attraktivität" und „Vertrauenswürdigkeit" zu einem Faktor zusammengefasst werden, bessere Gütekriterien aufweist, als ein Modell mit getrennter Messung der beiden Faktoren. Anders ausgedrückt heißt dies, dass beide Aspekte in der Wahrnehmung der Kunden von Energieversorgern eher miteinander verbunden sind.

Das Messinstrument für *Banken und Sparkassen* umfasst sieben Reputationshauptfaktoren, die ebenfalls mit 22 Einzelfragen erfasst werden. Im Gegensatz zu Energieversorgern führt hier eine getrennte Messung der Faktoren „Emotionale Attraktivität" und „Vertrauenswürdigkeit" zu besseren Gütekriterien. Der Reputationsfaktor „Regionale Bedeutung" wird weiter in drei Unterfaktoren des regionalen Engagements unterteilt: 1. Gesellschaftliches Engagement, 2. Wirtschaftliches Engagement und 3. Jugendunterstützung.

Eine optimierte Reputationsmessung für *Versicherungen* weist acht Reputationshauptfaktoren aus, die auf 21 Einzelfragen basieren. Ein exemplarisches Charakteristikum der Reputationsstruktur im Versicherungsbereich besteht darin, dass die beiden Reputationsfaktoren „Produkte und Preise" und „Servicekompetenz" von den Versicherungskunden eher gemeinsam als getrennt wahrgenommen und bewertet werden.

no.	banking institutes	energy suppliers	insurance companies
1	emotional appeal	emotional appeal & trustworthyness	emotional appeal
2	trustworthyness		trustworthyness
3	products and prices	products and prices	performance (products, prices & services)
4	service quality	service quality	
5	professionality of management	professionality of management	professionality of management
6	profitability	---	---
7	local importance	local importance	---
7a	local social engagement	local social engagement	
7b	local economic engagement	local economic engagement	
7c	local engagement for young people	---	
8	---	---	social engagement
9	---	---	economic engagement
10	---	---	support of employment
11	---	---	future company development

Abbildung 3: Die Struktur der Reputationsfaktoren in den verschiedenen Branchen

Ein Grund hierfür kann in der engen Verknüpfung personenbezogener Beratung und faktischer Versicherungsleistung gesehen werden, die für die Versicherungsbranche typisch ist. Im Gegensatz hierzu sollte eine valide Reputationsmessung in den beiden anderen Branchen die Faktoren „Produkte und Preise" und „Servicekompetenz" getrennt erfassen und ausweisen. *Abbildung 3* zeigt noch einmal die Strukturen der Reputationsmodelle der drei Branchen schematisch auf.

Konfirmatorische Faktorenanalysen ergaben weiterhin, dass bei der Bewertung von Unternehmen der einzelnen Branchen sehr unterschiedliche Einzelaspekte von Relevanz sein können. So ist beispielsweise die einzige Branche, bei der sich ein Bezug zwischen Gesamtreputation und der wahrgenommenen Zukunftsfähigkeit des Unternehmens nachweisen lässt, die *Versicherungsbranche*. Dies kann plausibel nachvollzogen werden, wenn die Langfristigkeit der Bindung und Laufzeiten einzelner Versicherungsarten bedacht wird, wie beispielsweise bei Lebensversicherungen, deren Erfüllungsrisiko stärker mit der zukünftigen Prosperität des Unternehmens verbunden ist, als dies bei der Energieversorgung oder im Bankenbereich häufig der Fall ist. Aber vor allem auch die immer höheren Risiken, die durch Versicherungsunternehmen abgedeckt werden müssen, unterstreichen die Bedeutung der Dimension „wahrgenommene Zukunftsfähigkeit".

Abbildung 4 zeigt die zentralen, globalen Gütekriterien der drei Modelle.

Globale Gütemaße	Energie	Banken	Versicherungen
Degrees of Freedom	124,000	99,00	161,000
Chi-Square	274,060	325,12	428,840
Ratio Chi-Square/ d.f.	2,200	3,3	2,700
Root Mean Square Error of Approximation (RMSEA)	0,079	0,070	0,085
Independence AIC	5.447,740	12.207,12	2.045,810
Model AIC	342,850	408,46	439,620
Saturated AIC	342,000	306,00	462,000
Root Mean Square Residual (RMR)	0,060	0,03	0,050
Goodness of Fit Index (GFI)	0,890	0,91	0,830

Abbildung 4: Globale Gütekriterien der Reputationsmodelle

Die Bewertung eines Faktorenmodells sollte stets auf Basis einer Gesamtbetrachtung mehrerer Gütekriterien erfolgen, da die Betrachtung nur eines Kriteriums leicht zu Fehlbewertungen führen kann. Im Gesamtbild der globalen Gütekriterien weisen alle drei Modelle ein akzeptables Gesamtbild auf. Zwar verlassen einige Parameter die empfohlenen Grenzwerte, wie etwa bei allen Modellen das Kriterium RMSEA. Kein Modell weist jedoch „Ausreißer" oder über alle Kriterien schlechtere Werte auf. Da kein Modell Detailkriterien (z.B. Faktorenreliabilität, t-Werte der Faktorenladungen etc.) aufwies, die eine Ablehnung der Modelle nahe gelegt hätten, wurden die Messmodelle in der hier vorgestellten Form übernommen.

Zusammenfassend ist festzustellen, dass eine einheitlich standardisierte Messung von Unternehmensreputationen über alle Branchen hinweg zu suboptimalen Ergebnissen führt. Die empirisch bestätigten *Differenzen in der Wahrnehmung und Bewertung der Unternehmen einzelner Branchen* zeigen, dass spezielle Reputationsmodelle bzw. Messinstrumente erforderlich sind, um realitätsnahe Ergebnisse und somit auch Erfolg versprechende Handlungsempfehlungen generieren zu können. Im Kontext eines wertorientierten Markencontrollings gilt es insofern also, sowohl – wie zuvor deutlich wurde – geeignete Grundlagen für einen *branchenübergreifenden Wettbewerbsvergleich* zu schaffen, als auch – in Gestalt eines branchenspezifischen Reputationsmessmodells – für einen Wettbewerbsvergleich innerhalb der eigenen Branche. Letzterer lässt sich dann auf der Grundlage eines branchenspezifischen Reputationsmessmodells in der Tat sehr differenziert anlegen, wie die im nächsten Kapitel aufgegriffenen Problemzugänge illustrieren.

2.2.2 Reputationsunterschiede innerhalb einzelner Branchen als Herausforderung an wertorientiertes Markencontrolling

Aus Managementsicht stellen sich im Zusammenhang mit der Unternehmensreputation zwei zentrale Fragen:
- Bestehen zwischen einzelnen Wettbewerbern signifikante Reputationsunterschiede?
- Ist Reputation eine erfolgswirksame Größe?

Nur wenn beide Fragen mit „Ja" beantwortet werden können, d.h. Reputation zum einen Differenzierungschancen bietet, sich zum anderen aber auch nachweislich auf zentrale Ertrags- oder Erfolgsgrößen auswirkt, ist sie als zentraler Erfolgsfaktor zu bezeichnen.

2.2.2.1 Unterschiede hinsichtlich der Gesamtreputation sowie entlang einzelner Reputationsfaktoren

Dass zwischen einzelnen Unternehmen – nicht nur zwischen, sondern auch innerhalb der untersuchten Branchen – ganz erhebliche Reputationsunterschiede bestehen, klang zwar zuvor bereits an, sei jedoch exemplarisch sowohl für den Banken- als auch den Versicherungssektor in *Abbildung 5* noch einmal veranschaulicht.

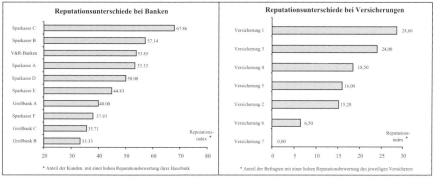

Abbildung 5: Die Reputationssituation bei Banken und Versicherungen – Abweichungen bei der Gesamtbewertung der Unternehmensreputation

Die Reputationsunterschiede in beiden Branchen sind evident und sehr gravierend. Im besten Fall sprechen 68 % der befragten Kunden einer Bank eine sehr hohe Reputation zu. Im schlechtesten Fall mit 33,3 % nur noch ein Drittel der Kunden. Ähnlich markant fallen die Unterschiede im Bereich der Versicherungen aus. Im besten Fall sind es hier allerdings nur 28,6 % und im schlechtesten sogar 0 %. Im Bankensektor beinhaltet der Wettbewerbervergleich sowohl rein regionale als auch überregional tätige Unternehmen. Die regional tätigen Institute weisen im Schnitt höhere Reputationswerte auf als die überregionalen Großbanken. Aber auch die Reputationspositionen der regionaltätigen Institute differieren erheblich. Der Unterschied zwischen dem besten und dem schlechtesten Institut beträgt immerhin 30 %-Punkte.

Auch *entlang der einzelnen Reputationsfaktoren* lassen sich in beiden Branchen erhebliche Unterschiede identifizieren (*Abbildung 6*). Im Branchenmittel weisen bspw. *Banken und Sparkassen* die höchsten Reputationswerte hinsichtlich ihrer *„Wirtschaftlichkeit"* und *„Emotionalen Attraktivität"* auf. Hierbei besteht z.B. beim Faktor „Emotionale Attraktivität" nur eine relativ geringe *Streuung* zwischen dem besten und dem schlechtesten Unternehmenswert. Dies bedeutet, dass sich einzelne Wettbewerber aus Sicht ihrer Kunden hinsichtlich der „Emotionalen Attraktivität" nur wenig unterscheiden. Eine mögliche Ursache für die hohe „Emotionale Attraktivität" der Banken mag darin liegen, dass Marken und Werbekonzepte in der Branche stark auf die Vermittlung „Emotionaler Botschaften" und die Schaffung von Sympathie und anderer emotional gelagerter Zielwerte ausgerichtet sind. Die Folge ist, dass zwar Unternehmens- und Markenbilder stark emotional aufgeladen sind, aber kaum noch *Differenzierungschancen* bieten.

Andere Reputationsfaktoren weisen sowohl geringere Absolutwerte, als auch wesentlich größere Spannweiten auf. Hervorzuheben ist hier in erster Linie der Faktor *„regionale Bedeutung"* der Institute. Dieser Faktor bietet noch große Differenzierungs- und mithin Profilierungschancen aus Sicht eines Reputations- sowie wertorientierten Markenmanagements. Überraschend sind die Ergebnisse zur Vertrauenswürdigkeit der Kreditinstitute und zur Professionalität der Unternehmensführung. Der Faktor *„Vertrauenswürdigkeit"* weist eine sehr große Spannweite der Einzelwerte auf, das Absolutniveau liegt deutlich unter dem anderer Faktoren. Die Professionalität der Führung wird über alle Institute hinweg relativ schlecht bewertet.

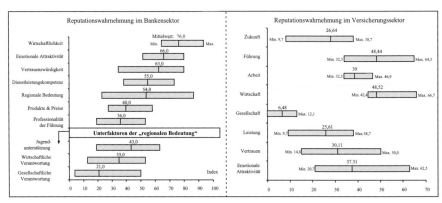

Abbildung 6: Die Reputationssituation bei Banken und Versicherungen –
Abweichungen bei der Bewertung entlang einzelner Reputationsdimensionen

Im *Versicherungssektor* konnten sich einzelne Unternehmen vor allem entlang der Faktoren „*Professionalität der Führung*", „*Engagement für die Wirtschaft*" und „*Emotionale Attraktivität*" relativ gut positionieren. Allerdings sind hier die Unterschiede zwischen den einzelnen Unternehmen mitunter doch sehr gravierend. Im Gegensatz zum Bankensektor ist etwa die Diskrepanz beim Faktor „Emotionale Attraktivität" stark ausgeprägt. Zumindest insofern handelt es sich also in dieser Branche nach wie vor um ein potenziell wichtiges Profilierungsthema. Relativ schlecht bestellt ist es hingegen um das *Thema soziale bzw. gesellschaftliche Verantwortung*. Abgesehen davon, dass einzelne Versicherungsunternehmen bei diesem Thema überhaupt keine positive Reputation aufbauen konnten, fällt die geringe Diskrepanz zwischen den Unternehmen auf diesem sehr niedrigen Level auf. Während bei einer geringen Diskrepanz zwischen der Einschätzung von Unternehmen auf einem hohen positiven Level bestenfalls sehr hohe Investitionen in das Thema eine echte Profilierungschance bieten würde, könnte es in dieser Situation bereits mit relativ bescheidenen Investitionen gelingen, eine Verbesserung der Einschätzung eines Unternehmens zu erzielen. Grundsätzlich zu fragen ist indessen jedoch selbstverständlich, ob und ggf. inwieweit eine solche Profilierung entlang eines solchen Themas auch tatsächlich einen Nutzen für das Unternehmen hat.

Die Frage nach dem *Nutzen einer themenspezifischen Profilierung* stellt sich freilich im Blick auf alle Reputationsfaktoren. Im Kontext unserer Studien haben wir hierzu zahlreiche Analysen durchgeführt, um diese Frage einer Beantwortung näher zu bringen – und zwar ohne allein auf eine Einschätzung der Bedeutung einzelner Reputationsfaktoren durch die Befragten angewiesen zu sein. Einzelne Analyseansätze seien einmal am Beispiel der Versicherungsbranche verdeutlicht.

2.2.2.2 Unterschiede hinsichtlich der Erfolgsrelevanz einzelner Reputationsfaktoren

Um die Relevanz einzelner Reputationsfaktoren sinnvoll beurteilen zu können, bietet es sich an, danach zu fragen, *welche Faktoren wie stark dazu beitragen, eine Reputation aufzubauen,* die sich insbesondere auch konkret in einem hohen *Unterstützungspotential* wiederfindet. Aus dem breiten Spektrum möglicher Analysen seien im Folgenden die Ergebnisse einer sehr robusten Auswertung dargestellt, die den Erfolgsbeitrag daran misst, wie viele Personen (in Prozent) mit einer sehr guten Bewertung eines Reputationsfaktors zugleich eine Tendenz zur Unterstützung des jeweiligen Unternehmens zeigen. In diesem Kontext erscheint es dann besonders aufschlussreich, entsprechende Auswertungen unmittelbar im Blick auf einzelne Zielgrößen vorzunehmen. Zum einen, um zu erkennen, ob und ggf. inwieweit einzelne *Zielschwerpunkte* ein jeweils spezifisches Reputationsmanagement mit spezifischen Themenschwerpunkten erfordert. Zum anderen aber auch, um im Kontext eines mehrdimensionalen Zielsystems im Wege einer Sensitivitätsanalyse sehr viel besser abschätzen zu können, welche inhaltliche Ausrichtung eines Reputationsmanagements im Sinne eines sehr robusten Strategiekonzepts gewählt werden soll.

Abbildung 7 gibt die entsprechenden Auswertungen entlang der zuvor erwähnten *Zielkriterien* wieder: a) Interesse an der Werbung des Unternehmens und Bereitschaft, sich mit dieser auseinanderzusetzen, b) Position im Relevant Set, damit das Unternehmen bei einem möglichen Anbieterwechsel in Betracht gezogen wird und schon sehr viel konkreter c) hohe Abschlussbereitschaft.

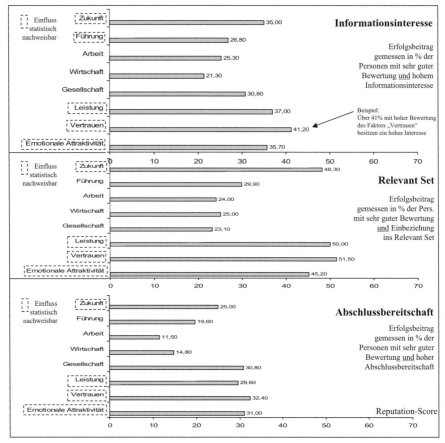

Abbildung 7: Zur Relevanz einzelner Reputationsfaktoren

Über alle drei Zielbereiche hinweg erweisen sich die Reputationsdimensionen „Zukünftiger Geschäftserfolg", „Leistungskompetenz" und „Vertrauenswürdigkeit" als *sehr robuste Erfolgstreiber*. Im Blick auf die Erzielung eines hohen Informationsinteresses erlangt zudem die Dimension *„Professionalität der Führung"* an Bedeutung. Insgesamt erscheint letztlich vor allem eine massive *Vertrauensoffensive* als strategische Stoßrichtung eines Reputationsmanagements von herausragender Bedeutung (ausführlicher dazu Wiedmann 2006).

Dass die *Vertrauenswürdigkeit* eines Versicherers, vor allem gemessen an der *Ehrlichkeit und Verlässlichkeit* (z.B. im Schadensfall), einen besonderen Engpass eines Reputationsmanagements in der Versicherungswirtschaft darstellt, vermag sicherlich nur wenig zu überraschen. Wichtig ist es indessen, näher zu analysieren, *welche anderen Reputationsfaktoren parallel dazu eine starke oder weniger starke Ausprägung haben*.

Aber auch im Blick auf andere Faktoren erscheint eine solche *ganzheitliche Betrachtungsweise* von großer Bedeutung zu sein. Wird der ebenfalls durchgängig als sehr wichtig identifizierte Faktor „Emotionale Attraktivität" herausgegriffen, so lässt sich aus dem Zusammenspiel der parallel dazu als wichtig und weniger wichtig eingestuften Reputationsdimensionen unschwer erkennen, dass eine hohe emotionale Attraktivität kaum über die üblichen Werbegags aufgebaut werden kann. Aufs Ganze gesehen lassen sich auf dieser Grundlage wichtige Hinweise dahingehend gewinnen, welche Markenbotschaft bzw. welche „Corporate Story" (v. Riel 2000) im Rahmen der Markenkommunikation zu akzentuieren sind.

2.2.2.3 Ansatzpunkte einer differenzierten Reputationstreiber-Analyse im Kontext einer Reputationsvorteils-/Nachteils-Matrix

Um im weiteren Verlauf einer Analyse tatsächlich abschätzen zu können, ob ein Abstellen auf bestimmte Themen bzw. eine gezielt auf mehrere Themen abstellende Positionierungsstrategie tatsächlich erfolgreich ist, muss das aus dem Blickwinkel einzelner Unternehmen bestehende *Differenzierungspotenzial* Beachtung finden. Echte *Profilierungschancen* bestehen letztlich nur für jene Unternehmen, die mit Bezug auf die relevanten Reputationsfaktoren bereits eine überdurchschnittliche Positionierung aufweisen. Jene Unternehmen, die hier eine unterdurchschnittliche Position aufweisen, dürften es sehr schwer haben, sich im Wege einer „Überholstrategie" nachhaltige Positionierungsvorteile zu erarbeiten. Werden Themen aktiv adressiert, bei denen das Unternehmen im Vergleich zu Wettbewerbern sehr unterdurchschnittlich dasteht (etwa in punkto Vertrauen, Leistung, Zukunftsfähigkeit etc.), besteht sogar die *Gefahr*, Reaktanz und mithin sog. Bumerang-Effekte auszulösen. Damit würde dann unter Umständen genau das Gegenteil dessen erreicht werden, was ursprünglich beabsichtigt war – etwa: Statt mehr Vertrauen zu gewinnen, ein nachhaltiger Vertrauensverlust. Vor diesem Hintergrund ist es wichtig, das *„Standing"* bzw. die relative Wettbewerbsposition des jeweiligen Unternehmens entlang der unterschiedlichen Reputationsfaktoren zu erfassen. Je weiter der Indexwert vom Mittelwert entfernt ist, umso schlechter ist das Standing bei negativer und umso besser ist es bei positiver Abweichung.

Stellt man der relativen Wettbewerbsposition eines Unternehmens bei einzelnen Reputationsfaktoren die Relevanz dieser Faktoren im Blick auf die Generierung konkreter Unternehmenspotenziale gegenüber, so lässt sich eine Wettbewerbsvorteils-/Nachteils-Matrix bzw. eine *„Reputationsvorteils-/Nachteils-Matrix"* erstellen, auf deren Grundlage sich geeignete Reputationstreiberanalysen durchführen lassen (*Abbildung 8*). Bei der Entwicklung eines Relevanzindexes muss freilich die Tatsache Beachtung finden, dass einzelne Reputationsfaktoren hinsichtlich Aufbau und Sicherung einzelner Unterstützungspotenziale durchaus von unterschiedlicher Bedeutung sind. Es gilt also, im Lichte des jeweils vorliegenden *Zielsystems* eine Einschätzung der *Relevanz der verschiedenen Reputationsfaktoren* vorzunehmen und in der eben erwähnten Wettbewerbsvorteils-/Nachteils-Matrix abzubilden, um tatsächlich aufschlussreiche Reputationstreiberanalysen vornehmen zu können. Um die Grundlage für eine sehr differenzierte Planung zu schaffen, kann es u.U. Sinn machen, eine entsprechende Reputationstreiberanalyse auf der tiefer liegenden Ebene einzelner Items vorzunehmen, die im Rahmen der Reputationserhebung Beachtung gefunden haben. In *Abbildung 8* werden beide Ansätze am Beispiel eines ausgewählten Unternehmens verdeutlicht (bei der Bildung der Relevanzskala wurden Beiträge zur Verwirklichung aller der in unserer Studie einbezogenen Ziele gleichgewichtig berücksichtigt).

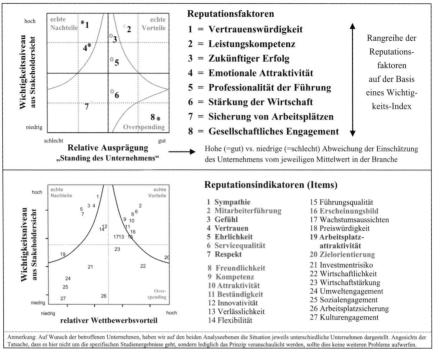

Abbildung 8: Der Ansatz einer unternehmensspezifischen Reputationstreiber-Analyse

Während sich aus der *Wettbewerbsvorteilsbetrachtung auf Basis der Reputationsfaktoren* vor allem Hinweise auf strategische Stoßrichtungen eines Reputationsmanagements sowie hinsichtlich der Gestaltung von Markenauftritten ergeben, resultieren aus jener auf der *Ebene einzelner Reputationsindikatoren* (Items) bereits recht konkrete Hinweise auf die Gestaltung von Kommunikationsbotschaften im Dienste eines Corporate Branding Management. Wie generell im Kontext von Wettbewerbsvorteils-/Nachteils-Matrizen läuft das grundlegende Planungs- und Entscheidungsmuster auch hier im Sinne eines wertorientierten Reputations- und speziell Markenmanagements darauf hinaus,

- *echte Wettbewerbsvorteile* zu identifizieren (= hohe Relevanz eines Reputationsfaktors bzw. -indikators und zugleich gutes Standing des Unternehmens in diesem Themenbereich) und dann diese Stärken pflegen sowie ggf. ausbauen,
- *echte Wettbewerbsnachteile* zu identifizieren (= hohe Relevanz eines Reputationsfaktors bzw. -indikators und zugleich schlechtes Standing des Unternehmens in diesem Themenbereich) und dann diese Schwächen abbauen,
- *Overspending* zu identifizieren (= sehr gutes Standing eines Unternehmens in einem wenig oder unwichtigen Themenbereich) und dann entweder a) Engagement in diesem Sektor reduzieren, um Kosten zu sparen, oder ggf. b) gezieltes Aufwerten des Themas bei den Stakeholdern, um einen echten Wettbewerbsvorteil zu erlangen,
- aktuell *unproblematische Wettbewerbsnachteile* zu identifizieren (= schlechtes Standing eines Unternehmens in einem wenig oder unwichtigen Themenbereich) und

dann a) Akzeptieren des Wettbewerbsnachteils und b) systematische Beobachtung der weiteren Entwicklung im betreffenden Themenbereich, um frühzeitig eine ggf. notwenige Strategieanpassung einleiten zu können.

Hervorhebenswert ist ferner, dass sich die Suche nach einem tragfähigen *Markenkern*, den es im Wege des Corporate Branding gezielt herauszustellen gilt, sich zunächst freilich auf jenes Feld konzentriert, in dem das Unternehmen über „echte Wettbewerbsvorteile" verfügt. Umgekehrt wird man feststellen können, dass umso eher Reputationsrisiken und mithin Beschädigungen des bestehenden Markenwertes zu befürchten sind, je weniger die Positionierung des Unternehmens im Feld *„echter Wettbewerbsvorteile"* angesiedelt ist. Insofern sind auch alle Maßnahmenprogramme im Kontext eines Corporate Branding dahingehend zu bewerten, ob und ggf. inwieweit sie einen Beitrag zur Positionierung des Unternehmens im Feld echter Wettbewerbsvorteile geleistet haben (Kontrolle) bzw. leisten werden (Prognose).

Selbstverständlich kann es im vorliegenden Zusammenhang nicht um die Implementierung eines *Controllingsystems* gehen, das das Einschlagen einer strategischen Stoßrichtung völlig unterbindet, bei der das Unternehmen versucht, a) sein *Standing im Vergleich zu Wettbewerbern* zu *verbessern* und/oder b) z.B. die *Zielkunden davon zu überzeugen, wie wichtig die herausgestellten Themen* insbesondere aus deren ureigener Sicht sind oder zumindest sein könnten/sollten. Allerdings gilt es in solchen Fällen dann, möglichst konkret relevante *Risiken als auch Kosten* zu erfassen. Und in der Tat sind jeweils vergleichsweise hohe bzw. höhere Kosten sowie Risiken in Kauf zu nehmen, wenn Menschen erst davon überzeugt werden müssen, dass das Unternehmen deutlich besser als sein Ruf ist bzw. dass Themen, die bislang nicht als relevant eingestuft wurden, sehr wichtig sind und mithin deren Inangriffnahme zu einer konkreten Unterstützung des betreffenden Unternehmens führen sollte. Bevor hier nicht alles daran gesetzt wurde, *bessere Alternativen einer Positionierung* und darauf aufbauenden Markierung bzw. Markenkommunikation zu finden, sollten entsprechende strategische Stoßrichtungen im Dienste eines wertorientierten Corporate Branding indessen nicht eingeschlagen werden.

2.2.2.4 Die Berücksichtigung der Zugehörigkeit zu unterschiedlichen strategischen Gruppen als Herausforderung an ein wertorientiertes Markencontrolling

Um im vorliegenden Zusammenhang zu einer tragfähigen Entscheidungsfindung zu gelangen, bietet es sich an, in eine eingehende Analyse der innerhalb der eigenen Branche bestehenden *strategischen Gruppen* einzusteigen. Unsere Reputationsstudien bieten hierzu vielfältige Möglichkeiten. Zu denken ist etwa an die Durchführung von *Korrespondenzanalysen,* in die die jeweiligen Unternehmen einer Branche und die dort relevanten Reputationsfaktoren einbezogen werden und über ein entsprechendes *„Mapping"* zur räumlichen Abbildung bestehender Zusammenhänge ein aussagekräftiges Branchenbild erzeugt wird (allg. zur Methodik vgl. z.B. Meyer, Diehl, Wendenburg 2000). Besonders spannende Ergebnisse hat eine solche Korrespondenzanalyse im Kontext unserer Studien vor allem im Sektor *Banken und Sparkassen* zutage gefördert, die deshalb auch in *Abbildung 9* kurz wiedergegeben sind.

Die Abbildung zeigt zwei deutlich voneinander getrennte Wettbewerbergruppen. Die links im Raum liegende Gruppe, bestehend aus fünf Instituten, und zwar ausschließlich Sparkassen, korrespondiert sehr stark mit dem Reputationsfaktor „Dienstleistungskompetenz" sowie etwa mit dem Faktor „Regionale Bedeutung" und dem

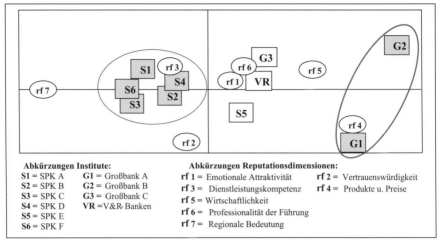

Abbildung 9: Ergebnisse einer Korrespondenzanalyse zur Erfassung der strategischen Wettbewerbsposition

der „Vertrauenswürdigkeit". Hiervon deutlich getrennt befinden sich ganz rechts im Positionierungsraum zwei Großbanken, die vor allem mit einer hohen Reputation hinsichtlich „Produkten und Preisen", sowie z.T. auch noch mit einer hohen „Wirtschaftlichkeit" korrespondieren. Die drei Institute in der Mitte weisen keine sehr markanten Reputationskennzeichen auf und korrespondieren noch am ehesten etwas spezifischer mit einer hohen Reputation bezüglich der „Professionalität der Unternehmensführung" oder auch der „Emotionalen Attraktivität", die allerdings – wie zuvor schon kurz ausgeführt – relativ geringe Differenzierungsmöglichkeiten bietet.

Die hier am Beispiel der Bankenbranche dargestellten, zum Teil extrem hohen Reputationsunterschiede zwischen strategischen Wettbewerbsgruppen, finden sich in den beiden anderen Branchen zwar mitunter entsprechend, parallel zu unseren empirischen Erhebungen konnten wir jedoch den Fall einer bestimmten Sparkasse (S5) etwas näher analysieren. Alle Anstrengungen eines finanziell recht aufwändigen Markenmanagements richteten sich bei S5 darauf, aus der strategischen Wettbewerbsgruppe der Sparkassen auszubrechen und als höchst professionelle Bank mit einem ambitionierten Dienstleistungsangebot (bis hin zum Investmentbanking) wahrgenommen zu werden. Zwar konnte eine entsprechende Wahrnehmungsposition (Image) erreicht werden, der konkrete Markterfolg blieb indessen aber weit hinter den Erwartungen zurück und die Gesamtreputation verschlechterte sich eher noch etwas bzw. blieb im Vergleich zu anderen Sparkassen markant unterdurchschnittlich ausgeprägt.

Ohne Würdigung der spezifischen Wettbewerbsbedingungen sowie der damit verknüpften relationalen Kompetenzzuschreibungen an die Vertreter existierender strategischer Gruppen, ist es also durchaus möglich, dass mit speziellen Positionierungs- und Markenkommunikationskonzepten kein Erfolg zu erzielen ist. Und dies, obwohl diese prinzipiell durchaus Erfolg versprechend sind und bei Unternehmen, die sich in einer anderen strategischen Wettbewerbsposition befinden, zu einem Erfolg führen würden. In eine ähnliche Problemsituation würden etwa auch Großbanken geraten, wenn diese im Rahmen ihrer Positionierungs- und Markenkommunikationsstrategie massiv auf den Faktor „Regionale Bedeutung" abstellen würden. Dies ist eindeutig ein Profilierungsfeld, das vor allem Sparkassen offen steht und für diese gerade die Chance bietet, eine Markenposition aufzubauen und zu besetzen, die von Nicht-Sparkassen kaum nachhaltig attackiert werden kann. Letzteres stellt gerade im Kontext einer wertorientierten Unternehmens- und Markenführung ein nicht zu unterschätzendes Argument dar.

Allerdings müssen bestehende Profilierungsfelder auch tatsächlich aktiv besetzt werden, da sich die Wahrnehmungsbilder und damit verbundenen Kompetenzzuschreibungen über die Zeit durchaus ändern können. So verfügen Sparkassen gegenwärtig zwar über deutlich bessere Voraussetzungen im Profilierungsfeld „regionale Bedeutung" als etwa Großbanken. Wenn diese ein solches Feld aber nicht besetzen oder sich sogar – wie im Falle der Sparkasse S5 – im Rahmen ihrer Corporate Branding-Strategie hiervon immer weiter entfernen, dann besteht durchaus auch für Großbanken sowohl die Chance als auch der Anreiz, ein solches Profilierungsfeld im Wege innovativer Markenstrategien (z.B. regionale Sub-Brands als Elemente eines Marken-Portfolios) sehr erfolgreich zu besetzen. Ausdruck eines wertorientierten Markenmanagement hat es aus dem Blickwinkel von Sparkassen also zu sein, entsprechende Profilierungschancen rechtzeitig zu erkennen und so professionell zu besetzen, dass keine Flanke für Wettbewerber aus anderen strategischen Gruppen geöffnet wird.

3 Zusammenfassende Würdigung

Mit dem vorliegenden Beitrag sollte gezeigt werden, dass die systematische Messung und Analyse der Unternehmensreputation einen sehr zweckmäßigen Ansatz eines wertorientierten Markencontrollings bildet. Um diese Aussage zu begründen und nicht allein bei einer rein theoretischen Argumentation stehen zu bleiben, wurde rekurrierend auf durchgeführte empirische Studien nicht nur gezeigt, dass ein Abstellen auf das Konstrukt Unternehmensreputation als relevante Zielgröße möglich ist und zu zahlreichen interessanten Erkenntnissen führt. Darüber hinaus konnte vielmehr zugleich verdeutlicht werden, wie wichtig eine Analyse auf mehreren Betrachtungsebenen und unter Einbeziehung unterschiedlicher Problemperspektiven ist, um relevante Herausforderungen erkennen und die spezifische Wettbewerbsposition eines Unternehmens richtig einschätzen zu können. Als Elemente eines wertorientierten „Reputations-Zentrierten Markencontrollingsystems" konnten hierbei identifiziert und unter Rekurs auf Ergebnisse empirischer Studien hinsichtlich ihrer Praxisrelevanz illustriert werden:

1) Reputationsanalysen im Branchenvergleich zur Berücksichtigung von

- mitunter gravierenden Reputationsunterschieden zwischen Unternehmen unterschiedlicher Branchen als Benchmarkinghintergrund sowie
- der Tatsache, dass in verschiedenen Branchen jeweils sehr unterschiedliche Wahrnehmungs- und Bewertungsmuster bei den relevanten Zielgruppen vorliegen, denen die durch Entwicklung spezifischer Messkonzepte und mithin Kennzahlensysteme Rechnung zu tragen ist.

2) Reputationsanalysen im branchenspezifischen Wettbewerbsvergleich unter Beachtung
- der Unterschiede hinsichtlich der Gesamtreputation sowie entlang einzelner Reputationsdimensionen
- der Unterschiede hinsichtlich der Erfolgsrelevanz einzelner Reputationsfaktoren im Kontext differierender Zielsetzungen,
- spezifischer Reputationstreiber vor dem Hintergrund einer differenzierten Reputationsvorteils-/-nachteils-Matrix,
- der Zugehörigkeit zu unterschiedlichen strategischen Gruppen.

Zwar handelt es sich hier zweifellos nur um erste Bausteine für ein tragfähiges Controllingsystem als Grundlage der Verwirklichung eines effizienten und effektiven Corporate Branding, die zudem noch sehr viel differenzierter ausgearbeitet werden müssen. Immerhin konnte aber zumindest eine erste Brücke zwischen den beiden Themenbereichen Messung der Unternehmensreputation und Markenwertmessung geschlagen werden, die bislang sowohl in der wissenschaftlichen Diskussion als auch in der unternehmerischen Praxis eher noch unverbunden nebeneinander stehen.

Literaturverzeichnis:

Baetge, J., Kirsch, H.-J., Thiele, St. (2002): Bilanzen, 6. aktualisierte Auflage, Düsseldorf 2002.

Burmann, Ch. (2002): Immaterielle Unternehmensfähigkeiten als Komponenten des Unternehmenswertes: Operationalisierung und empirische Messung, Die Unternehmung, 56, 4, S. 227–245.

Daum, J. (2002): Intangible Assets oder die Kunst, Mehrwert zu schaffen, Bonn 2002.

Davies, G., Chun, R., da Silva, R., Roper, S. (2002): Corporate Reputation and Competitiveness, London und New York (Routledge) 2002.

De la Fuente Sabate, J. M., de Quevedo Puente, E. (2003): Empirical Analysis of the Relationship between Corporate Reputation and Financial Performance: A Survey of the Literature, Corporate Reputation Review, 6, 2, pp. 161–177.

Devine, I., Halpern, P. (2001): Implicit Claims: the Role of Corporate Reputation in Value Creation, Corporate Reputation Review, 4, 1, pp. 42–49.

Dunbar, R. L. M., Schwalbach, J. (2000): Corporate Reputation and Performance in Germany, in: Corporate Reputation Review, No. 2/2000, pp. 115–123.

Einwiller, S., Herrmann, A., Ingenhoff, D. (2005): Vertrauen durch Reputation, Grundmodell und empirische Befunde im E-Commerce, Marketing-Zeitschrift für Forschung und Praxis, 27, 1, S. 24–40.

Horváth, P., Möller, K. (2004) (Hrsg.): Intangibles in der Unternehmenssteuerung, München 2004.

Fombrun, C. J., Gardberg, N. A., Sever, J. M. (2000): The Reputation Quotient[SM]: A multi-stakeholder measure of corporate reputation, in: The journal of Brand Management, Vol. 7 No. 4, 2000, pp. 241–255.

Fombrun, C. J., van Riel, C. (2003): Reputation und Unternehmensergebnis – zentrale Ergebnisse einer empirischen Studie, in: Wiedmann, K.-P.; Heckemüller, C. (Hrsg.) (2003): Ganzheitliches Corporate Finance Management: Konzept – Anwendungsfelder – Praxisbeispiele, Wiesbaden 2003, S. 291–298.

Fombrun, C. J., van Riel, C. (2004): Fame & Fortune: How Successful Companies Build Winning Reputations, New York et al. (Prentice Hall) 2004.

Lev, B. (2001): Intangibles: Management, Measurement, and Reporting, Washington 2001.

Low, J., Cohen Kalafut, P. (2002): Managing Intangibles, Executive Excellence, 19, 8/2002, pp. 6–8.

Marr, B., Schiuma, G. (2001): Measuring and Managing Intellectual Capital and Knowledge Assets in New Economy Organizations, in: Bourne, M. (Ed.), Handbook of Performance Measurement, London 2001.

Meyer, M., Diehl, H.-J., Wendenburg, D. (2000): Korrespondenzanalyse, in: Herrmann, H.; Homburg, Ch. (Hrsg.): Marktforschung: Methoden, Anwendungen, Praxisbeispiele, 2. Aufl., Wiesbaden 2000, S. 513–548.

Neely, A., Marr, B., Roos, G., Pike, S., Gupta, O. (2003): Towards the Third Generation of Performance Measurement, Controlling, 15, 3/4, pp. 129–135.

Roberts, P. W., Dowling, G. R. (1997): The Value of a Firm's Corporate Reputation: How Corporate Reputation Helps Attain and Sustain Superior Profitability, in: Corporate Reputation Review, No. 1–2/1997, pp. 72–85.

Roberts, P., Dowling, G. (2002), Corporate Reputation and Sustained Superior Financial Performance, Strategic Management Journal, 23, S. 1077–1093.

Trommsdorff, V. (2004): Verfahren der Markenbewertung, in: Bruhn, M. (Hrsg.): Handbuch der Markenführung, Band. 2, 2. Aufl. Wiesbaden 2004, S. 1853–1876.

van Riel, C. B. M. (2000): Corporate Communications Orchestrated by a Sustainable Corporate Story, in: Schultz, M.; Hatch, M. J.; Larsen, M. (Ed.): The Expressive Organization, Oxford University Press 2000, pp. 157–181.

Walsh, G. (2005): Unternehmensreputation: Konzeptualisierung und Konsequenzen, in: Jahrbuch der Absatz- und Verbrauchsforschung, Heft 4/2005, S. 393–418.

Walsh, G., Wiedmann, K.-P. (2004): A Conceptualization of Corporate Reputation in Germany: An Evaluation and Extension of the RQ, Corporate Reputation Review, 6, 4, pp. 304–312.

Wiedmann, K.-P (2004): Structuring the Way to a Deeper Understanding of Corporate Reputation Measurement – A Research Proposal, Hannover 2004.

Wiedmann, K.-P. (2005): Ansatzpunkte zur Messung der Reputation von Versicherungsunternehmen, in: Zeitschrift für die gesamte Versicherungswissenschaft, 94. Jg., Heft 3/2005, S. 549–576.

Wiedmann, K.-P. (2006): Herausforderungen an das Management der Reputation von Versicherungsunternehmen – Ein Bezugsrahmen und Skizzen zu zentralen Gestaltungsansätzen, in: Zeitschrift für die gesamte Versicherungswissenschaft, Supplement Jahrestagung 2006, S. 15–46.

Wiedmann, K.-P., Böcker, C. (2005): Corporate Reputations in different Service Industries, in: Chen, J. (Ed.): 2005 International Conference on Service Systems and Service Management, Proceedings of ICSSSM'05, June 13–15, 2005, Chongqing, China, Vol. 2, pp. 1528–1535.

Wiedmann, K.-P., Böcker, C., Buckler, F. (2004): Reputation als Erfolgsfaktor von Sparkassen, Deutscher Sparkassenverlag Stuttgart, Stuttgart 2004.

Wiedmann, K.-P., Buxel, H. (2005): Reputationsmanagement in Deutschland: Ergebnisse einer empirischen Untersuchung, in: Jahrbuch der Absatz- und Verbrauchsforschung, Heft 4/2005, S. 419–438.

Wiedmann, K.-P., Fombrun, Ch., van Riel, C. B. M. (2006): Ansatzpunkte zur Messung der Reputation von Unternehmen, in: der markt, Heft 2/2006, 45. Jg., Nr. 177, S. 98–109.

Wiedmann, K.-P., Meissner, S., Fusy, N. (2003): Messung und Management von Unternehmensreputation in der Sportartikelbranche, Schriftenreihe Marketing, Hannover 2003.

Wiedmann, K.-P., Prauschke, C. (2005): Intangible Assets and Corporate Reputation – Conceptual Relationships and Implications for Corporate Practice, Paper presented at: 9 th International Conference on Corporate Reputation, Image Identity, and Competitiveness, Madrid, Spain, May, pp. 19–22, 2005.

Marketing-ROI – Ein Ansatz zur Optimierung von Marketinginvestitionen

Jesko Perrey/Gunnar Görtz

Zusammenfassung 60
1 Marketing-ROI – das Geld an der richtigen Stelle einsetzen 60
2 Marketing-ROI – ein Prozess in drei Schritten 63
   2.1 Prozessstufe: Herstellen höchstmöglicher Budgettransparenz 63
   2.2 Prozessstufe: Sicherstellung effektiver und effizienter Budgetverwendung 66
   2.3 Prozessstufe: Konsequente Umsetzung in Organisation, Prozessen und Systemen 70
3 Der Weg zu hohen Einsparungen und neuen Wachstumschancen 71
Literaturverzeichnis 72

Zusammenfassung

Der Aufbau starker Marken als eine Kernaufgabe des Marketings ist mit erheblichen Investitionen verbunden. Die Frage, ob das Marketingbudget bestmöglich eingesetzt wird, ist seit jeher eine Kernherausforderung der Markenführung. Der Beitrag stellt einen Ansatz vor, mit dem sich der Marketing-Return-on-Investment in drei Schritten optimieren lässt. Der Ansatz wurde bereits von zahlreichen Unternehmen erfolgreich angewandt.

1 Marketing-ROI – das Geld an der richtigen Stelle einsetzen

Der Aufbau starker Marken ist eine der wichtigsten Aufgaben des Marketings. Starke Marken zeichnen sich dadurch aus, dass sie ein unverwechselbares Image in den Köpfen der Konsumenten hervorrufen; sie schaffen Vertrauen und stehen für verlässliche und hohe Qualität. Unternehmen mit starken Marken können deshalb deutlich höhere Umsätze und Ergebnisse erwarten.

Erfolgreiche Marken sind in diesem Sinne ein zentraler Vermögensbestandteil von Unternehmen. Ihr Wert kann sich bei international erfolgreichen Marken, wie Coca-Cola oder Microsoft – in Abhängigkeit der verwendeten Messmethode – auf bis zu zweistellige Milliardenbeträge belaufen.

Aufbau und Führung starker Marken fordern das Management in besonderem Maße. Dies gilt vor allem für die Domäne des Marketings, die Kommunikation über klassische Medien. Seit Jahren klettern die Bruttoausgaben für klassische Werbung, abgesehen vom vorübergehenden Einbruch 2001/2002 (*Abbildung 1*). 2005 erreichten sie das Rekordniveau von 19,1 Mrd. EUR (Nielsen Media Research 2006).

Doch der Ausgabenanstieg steht oft in keinem gesunden Verhältnis zum Ergebnis. Bei vielen Maßnahmen ist überhaupt nicht klar, ob sie sich wirtschaftlich rentieren. Der Marketingspruch: „Die Hälfte meiner Werbeausgaben ist zum Fenster hinausgeworfen – wenn ich nur wüsste, welche Hälfte?" ist heute so aktuell wie früher. Vor allem in Endkundenmärkten sind die Werbe- und Marketingausgaben nicht nur einer der größten Posten im Budget, sondern auch einer der am wenigsten fassbaren.

Die Unsicherheit über den optimalen Einsatz des Budgets hat auch damit zu tun, dass es immer schwieriger wird, die Aufmerksamkeit der Verbraucher auf sich zu ziehen. In den vergangenen Jahren hat sich die Mediennutzung erheblich gewandelt. Die Folge: Es ist zunehmend eine Verschiebung von klassischer Werbung zu neuen, unkonventionellen Werbewegen zu beobachten. So stieg z.B. von 1988 bis heute die Anzahl der in Deutschland zur Verfügung stehenden TV-Kanäle von 8 auf 308, die der Radiostationen von 84 auf 331. Dazu kommt das Internet, das einen wachsenden Anteil des täglichen Medienkonsums ausmacht.

Mit der fortschreitenden Digitalisierung wird sich die Medienlandschaft weiter fragmentieren. Sah sich der durchschnittliche Verbraucher vor 30 Jahren täglich etwa 170 kommerziellen Reizen ausgesetzt, sind es heute mehr als 1.300. Wie nie zuvor

Abbildung 1: Werbeumsatz in Deutschland

suchen Unternehmen deshalb nach neuen Kommunikationsformen, mit denen sie Kunden erreichen, mit ihnen in den Dialog treten und die immer weiter abnehmende Wirkung dieser Instrumente steigern können.

Die Ausgaben für neue Medien, für Events, Promotions, Sponsoring und auch Direktmarketing sind daher in den vergangenen Jahren erheblich gewachsen. In Deutschland stiegen die Gesamtinvestitionen etwa für Sponsoring von 2,7 Mrd. EUR im Jahr 2002 auf 3,6 Mrd. EUR im Jahr 2005. Das entspricht einem durchschnittlichen jährlichen Wachstum von 10%. Für das Jahr 2006 wird auf Grund der Olympischen Spiele in Turin und der Fußballweltmeisterschaft ein weiterer Anstieg um 700 Mio. EUR erwartet (Pilot 2006). In einer 2006 von Pleon durchgeführten Umfrage bestätigten etwa 73% der befragten 757 Unternehmen, dass sie Sponsoring als Instrument in ihrem Kommunikations-Mix einsetzen. Dabei entfielen im Schnitt rund 16% des Werbeetats auf Sponsoringmaßnahmen. Bei knapp 40% der Sponsoren wurde das Sponsoringbudget in den vergangenen zwei Jahren erhöht. Nur bei 13% der Sponsoren wurde es reduziert (Pleon 2006).

Kaum weniger dynamisch entwickelte sich in den vergangenen Jahren der Markt für Direktmarketing in Deutschland. Zwischen 1997 und 2005 stiegen die Umsätze von 17,1 auf 31,7 Mrd. EUR. Das entspricht einer jährlichen Wachstumsrate von 8% (Deutscher Direktmarketing Verband 2006).

Angesichts der immensen Investitionen gerät das Marketing- bzw. Kommunikationsbudget zwangsläufig ins Blickfeld des Controllings und der Unternehmensleitung. Gerade wegen der zurückhaltenden Kundennachfrage wurden in den vergangenen Jahren in vielen Branchen einzelne Marketingaktivitäten, aber auch das Gesamtniveau der Ausgaben immer skeptischer betrachtet. Aus kaufmännischer Sicht muss auch für das Marketing die Frage gelten, ob sich die Investitionen in die Marke lohnen oder ob sich mit alternativen Instrumenten ein höherer Return on Investment (ROI) erzielen lässt. Die Antworten der Marketingexperten auf Fragen nach der Werbewirkung müssen daher stichhaltig und überzeugend sein. Nachhaltige Werbung, im Grunde die gesamte Kommunikation, muss auf allen Stufen des Kaufentscheidungsprozesses ansetzen, um potenzielle Kunden nicht nur mit der Marke bekannt und vertraut zu machen, sondern sie auch zum Kauf und Wiederkauf zu animieren. Nur so lässt sich ein angemessener ROI erreichen und der Einsatz hoher Marketingausgaben rechtfertigen. Dies erfordert eine möglichst exakte Kenntnis der Wirkungsmechanismen einzelner Marketinginstrumente. Die in der Praxis häufig zu beobachtenden pauschalen Kürzungen nach der „Rasenmäher-Methode" werden der Komplexität von Werbeeffekten hingegen nicht gerecht und bergen das Risiko von Fehlallokationen des Budgets.

Zur Verdeutlichung kann das so genannte Werbeertragsgesetz dienen, wonach sich das Verhältnis von Kommunikationsbudget und Werbewirkung gemessen z.B. an der Absatzentwicklung am besten durch einen S-förmigen Verlauf abbilden lässt. Der zunächst zunehmende und später abnehmende Grenzertrag der Werbewirkung wird dadurch begründet, dass erst ab einem bestimmten Budgetumfang die für das Lernen der Botschaft notwendige Kontaktdichte realisierbar ist. Zum anderen verweisen Experten auf Sättigungstendenzen, da die Kaufbereitschaft der Konsumenten begrenzt ist und ab einem bestimmten Niveau trotz weiter zunehmender Kommunikation nicht steigt (Nieschlag, Dichtl, Hörschgen 1997; Meffert 2000). Demnach wird eine bundesweite TV-Kampagne in einem Produktbereich mit mittlerer Werbeintensität unter einem Schwellenwert von etwa 7,5 Mio. EUR kaum wahrgenommen und fördert somit nicht die Markenbekanntheit. Bei Ausgaben zwischen 7,5 und 15 Mio. EUR wird dann – selbstverständlich abhängig von der Qualität der Kampagne – eine enorme Wirkung auf die Markenbekanntheit erreicht. Weitere Ausgaben jenseits der etwa 15 Mio. EUR pro Jahr in Deutschland bringen nur noch marginalen Zusatznutzen (Esser, Klein-Bölting, Schulz-Moll 2002). Je nach Branche, Wettbewerbsumfeld und Medium können die konkreten Schwellen deutlich niedriger oder höher liegen, der tendenziell S-förmige Wirksamkeitsverlauf aber hat übergreifende Gültigkeit.

Hieraus lässt sich ableiten, dass sich eine Kürzung des TV-Etats von 50 auf 40 Mio. EUR nicht negativ auf eine Marke auswirken muss, ein Rückgang in prozentual gleicher Höhe von 7 auf 5,5 Mio. EUR aber zu einem extremen Wirkungsverlust führen kann. Im letzteren Fall wäre die Streichung des gesamten Etats möglicherweise sinnvoller. Analog zur TV-Werbung existieren für jedes einzelne Marketinginstrument spezifische Wirkungsmechanismen, die auch von Art und Größe der Zielgruppe und natürlich dem jeweiligen Land abhängen, in dem geworben wird.

Die Kernfrage lautet also: Wie lassen sich die Marketingmittel möglichst effektiv und effizient zur Steigerung des Marketing-ROI einsetzen, und wie hoch muss das Gesamtbudget sein?

2 Marketing-ROI – ein Prozess in drei Schritten

Um der Forderung nach größerer Transparenz und Legitimierung der Investitionen im Marketing gerecht zu werden, empfiehlt sich ein systematischer Ansatz zur Erfassung, Evaluierung und Optimierung des Marketingbudgets. Hierbei sind drei Schritte nötig (vgl. *Abbildung 2*): erstens das Herstellen von Transparenz hinsichtlich aller Ziele, Ausgaben und Aktivitäten im Zusammenhang mit der Markenkommunikation an sämtlichen Kundenkontaktpunkten. Zweitens die Optimierung des Marketingbudgets hinsichtlich Effektivität (Aufteilung der Ausgaben auf Länder, Marken, Kundensegmente, Kaufprozessstufen, Botschaften und Medien) und Effizienz (Ermittlung der optimalen Ausgabenhöhe auf Basis des Verhältnisses von Aufwand zu Ergebnis). Drittens die Verankerung der Systeme, Instrumente und Prozesse, um deren Wirkung auf Dauer sicherzustellen (Riesenbeck, Perrey 2005).

Abbildung 2: Prozessstufen zur Steigerung des Marketing-ROI

2.1 Prozessstufe: Herstellen höchstmöglicher Budgettransparenz

Ziele, Ausgaben und zugehörige Aktivitäten für das gesamte Marken- bzw. Marketingbudget transparent zu machen, ist eine Grundvoraussetzung für den effektiven und effizienten Einsatz des Marketingbudgets. Vor allem ihre detaillierte Erhebung erweist sich immer wieder als eine Schlüsselherausforderung.

Dies gilt insbesondere für die Quantifizierung von Marketingzielen, bei Bedarf je Marke, Produkt und Land. Hier existiert nach wie vor das weit verbreitete Dogma der prinzipiellen Nicht-Quantifizierbarkeit von Marketingzielen. Der Grad der Zielerreichung ergibt sich dann in erster Linie aus der Betrachtung der Stärken und Schwächen einer Marke und aus der Analyse des Kaufentscheidungsprozesses. Hierzu bildet der Kauftrichter ein gut geeignetes Analyseinstrument. Er beruht auf dem AIDA-Modell (Attention, Interest, Desire, Action) und bildet den Kaufverhaltensprozess idealtypisch in den fünf Stufen Bekanntheit, Vertrautheit, engere Auswahl, Kauf und Loyalität ab.

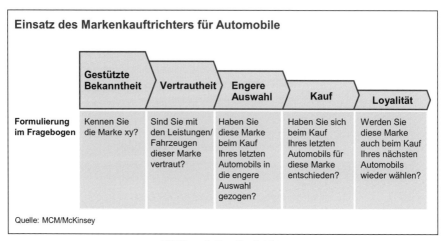

Abbildung 3: Der Kauftrichter

Diese Betrachtung zeigt sehr schnell geeignete Handlungsfelder auf: Defizite in der Bekanntheit beispielsweise lassen sich durch breit angelegte Massenkommunikation z.B. über TV, Plakat oder auch Bandenwerbung ausgleichen; einem deutlichen Abfall in der Kaufabsicht hingegen ist eher zu begegnen durch punktuelle Probieraktionen und Promotions oder eine stärkere Darstellung des Wertversprechens der Marke.

Die zweite Herausforderung besteht in der Erfassung der derzeitigen Ausgaben sowie der zu Grunde liegenden Aktivitäten. Diese sollten idealerweise nach eingesetzten Medien bzw. vollständig nach Kundenkontaktpunkten und Kauftrichterstufen erhoben werden. Die Budgets sind häufig auf eine Vielzahl von Unternehmenseinheiten verteilt. Die klassischen Etats werden von der Marketingabteilung bzw. einer speziellen Werbeabteilung und den Produktmanagements verwaltet, den PR-Etat verwaltet die PR-Abteilung oder die Geschäftsführung, Events und Promotions sind Aufgabe der Promotionabteilung. Zudem gibt es langjährig festgelegte Marketingausgaben für Außenwerbung, Sportsponsoring oder Markenkooperationen. Solche Engagements werden nicht selten außerhalb der Marketingabteilung verhandelt, sind zuweilen teils aus vertraglichen, teils aus historisch-politischen Gründen kaum antastbar und werden in der Regel jährlich gar nicht mehr betrachtet. Alle diese Ausgaben stärken die Marke oder schwächen sie – und müssen daher transparent gemacht werden. Je größer und komplexer das Unternehmen, desto aufwendiger gestaltet sich in der Regel die Erhebung vollständiger und transparenter Daten, vor allem für zurückliegende Zeiträume.

Eine weitere Komplikation bei der Budgeterfassung sind die Werbekostenzuschüsse (WKZ). So ist etwa im Einzelhandel die scheinbar kostenlose – weil durch den Hersteller finanzierte – Werbung oft mit großen Warenlieferungen des beworbenen Produkts verbunden, die zu erheblichen Beständen an Altware und letztlich Warenabschriften führen können. Auch solche möglichen Folgekosten müssen in die Betrachtung einbezogen werden.

Das Transparenzgebot muss also für ausnahmslos alle Budgetpositionen gelten. Dies schließt bei ganzheitlicher Betrachtung ausdrücklich auch nicht mediale und nicht kommunikative Aktivitäten ein, die der Kundenbeeinflussung dienen. Die beste Werbekampagne ist chancenlos, wenn etwa die Konkurrenz mit höheren Vertragsprämien und Rabatten, kostenlosem Kundendienst oder stark subventionierten Finanzierungsangeboten lockt. Daher gehören zu den Kontaktpunkten im weiteren Sinn auch Bereiche wie Callcenter, Kundendienst und Verkauf. Bezieht man solche Elemente mit ein, so wächst das zu betrachtende Marketingbudget schnell um ein Vielfaches. Ziel des Herstellens von Transparenz ist stets ein möglichst vollständiges Abbild der direkten und indirekten Kundenkontakte einer Marke. *Abbildung 4* zeigt deutlich, dass die dafür notwendigen Voraussetzungen oftmals erst mühsam geschaffen werden müssen. Im dargestellten Beispiel waren 20 % aller Marketingaufwendungen zunächst völlig intransparent und wurden im Marketingbudget-Planungsprozess nicht berücksichtigt. Darüber hinaus wurden zu 40 % Instrumente benutzt, deren Einsatz zwar transparent war, aber deren Wirkung nie erwiesen bzw. durch Tests überprüft wurde. Bei weiteren 20 % aller Marketingmittel war die Wirkung zwar zunächst erprobt worden, aber ihre Ergebnisse wurden nicht kontinuierlich gemessen, das heißt, es fand kein Tracking statt. Lediglich bei einem Fünftel aller Aufwendungen waren jene vollständigen und konsistenten Informationen vorhanden, ohne die sich kaum valide Zusammenhänge zwischen der Beeinflussung von (Ziel-)Kunden und der Wahrnehmung der beworbenen Marke herstellen lassen.

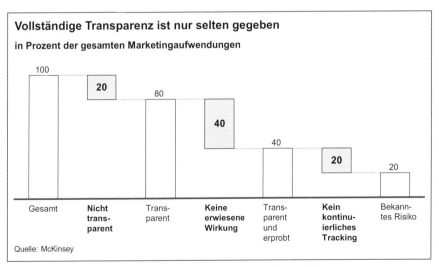

Abbildung 4: Transparenz von Marketingausgaben

2.2 Prozessstufe: Sicherstellung effektiver und effizienter Budgetverwendung

Auf Basis der detaillierten Erfassung aller Marketingausgaben einerseits und des Markenprofils bezüglich Image und Kauftrichter andererseits werden im zweiten Schritt die Wirkungszusammenhänge betrachtet und die Ausgaben bzw. Aktivitäten optimiert. Zum einen gilt es, zur Steigerung der Effektivität die Marketinginvestitionen auf Basis der betrachteten Länder, Marken, Zielgruppen und Kauftrichterstufen zu priorisieren und mit den richtigen Instrumenten (z.B. den passenden Medien) die richtigen Botschaften zu transportieren. Zum anderen ist das Verhältnis von Aufwand und Ergebnis zu optimieren – die Aktivitäten sind also auf ihre Effizienz hin zu überprüfen –, um schließlich die absolute Höhe des Marketingbudgets festzulegen.

Bis heute existiert jedoch keine einheitliche und vollständige quantitative Erfassung der Wirkung einzelner Marketinginstrumente. Ein Vergleich zwischen einzelnen Mediengattungen, wie Zeitschriften, TV, Rundfunk oder Plakatwerbung ist mangels einer einheitlichen Messgröße schwierig. Hier existieren zahlreiche teils konkurrierende, teils komplementäre Ansätze: von Kontaktchancen, wie sie etwa bei Printmedien verwendet werden, über die klassischen, fernsehtypischen Kundenkontakte (GRPs = Gross Rating Points) der Mediaagenturen und oft rätselhaften Zielkundenkontakte (TRPs = Targeted Rating Points), die von Nischenanbietern favorisiert werden, bis hin zu hoch aggregierten Erfahrungsindikatoren (BEPs = Brand Experience Points). Von einer „gemeinsamen Währung" zur instrumenteübergreifenden Messung von In- und Output ist man weit entfernt. Zudem dürften nur im Ausnahmefall umfassende Input- und Outputdaten in höchster Genauigkeit vorliegen, wie z.B. im Falle direkter Werbewirkungsquantifizierung im Einzelhandel durch den Vergleich von Promotionaktivitäten einerseits und Scannerkassendaten andererseits. Liegen derartige Daten nicht vor, ist ein so genannter Single-Source-Marktforschungsansatz für Kundenkontaktpunkte und Markenattribute zur verlässlichen Wirkungsmessung unverzichtbar. Nur so lassen sich sowohl der Einfluss der Ausgaben für verschiedene Medien als auch die Kauftrichterwirkung bestimmter Markenattribute zuverlässig bewerten und gegeneinander abwägen. Das Ziel der Wirkungsquantifizierung – und für die meisten Unternehmen die letzte von zahlreichen Ausbaustufen – ist, die Einflüsse der Ausgaben an den einzelnen Kundenkontaktpunkten mit inhaltlich thematisierten Markentreibern zu verknüpfen.

Von Bedeutung sind dabei vielfältige Wechselwirkungen, qualitative Faktoren wie Ausführung und Konsistenz der Werbung und allgemeine Grenzen der Messbarkeit. Deshalb wird eine vollständige Quantifizierung beider Dimensionen (Ausgaben nach Kontaktpunkten und Inhalten) selbst in einer idealen Welt kaum möglich (oder erstrebenswert) sein, geschweige denn eine „automatisierte" Eins-zu-eins-Überführung in einen Plan zur Budgetoptimierung. Geschäftssinn und Erfahrung sind gerade an dieser Schnittstelle ebenso wichtig wie eine solide analytische Grundlage.

McKinsey setzt sich weltweit seit geraumer Zeit mit dem Themenfeld der Marketingbudget-Optimierung auseinander und entwickelt in einigen Kooperationen mit Mediaunternehmen, Marktforschungsinstituten und Klienten Wirkungszusammenhänge sowie praktikable Ansätze zur zielgerichteten Steuerung und Messung eines

ROI der eingesetzten Marketingaufwendungen (Court, Gordon, Perrey 2005). Im Mittelpunkt steht dabei die Beantwortung verschiedener Fragen:

Werden die Ausgaben effektiv auf Länder, Geschäftsbereiche, Marken/Produkte, Kundensegmente und Kaufprozessstufen verteilt?

Als Erstes gilt es zu klären, ob die derzeitige Allokation der Marketingmittel auf die zu betrachtenden Einheiten (Länder, Geschäftsfelder, Marken etc.) den strategischen Geschäftszielen entspricht. Nur in den seltensten Fällen richtet sich die Verteilung der Mittel nach klaren Priorisierungsentscheidungen mit Blick auf die strategische Bedeutung einzelner Einheiten (z.B. Wachstum vs. Halten), nach der ökonomischen Relevanz für die Gesamtunternehmensentwicklung oder nach wirkungsbezogenen Aspekten (z.B. durch die Berücksichtigung des Lebenszyklus einzelner Geschäftsfelder). Außerdem sollten die Mittel so auf die Kundensegmente verteilt sein, dass sie maximale Wirkung erzielen können. Hierfür gilt es, Zielsegmente zu definieren, ihr Potenzial zu quantifizieren, den Status des Markenimages in den Segmenten zu messen und daraus die Marketingprioritäten abzuleiten. Nur auf Basis eines solchen einheitlichen Verständnisses innerhalb der Organisation können Wachstumssegmente zielgerichtet angesprochen werden. Schließlich ist die Allokation der Marketingausgaben auf die Engpässe im Kauftrichter abzustimmen. Oft zeigen sich an dieser Stelle zwei Optimierungspotenziale: Zum einen werden Ausgaben ohne direkten Einfluss auf den Kauftrichter aufgedeckt – etwa längst vergessene Sponsoringmaßnahmen ohne jegliche Werbewirkung in der relevanten Zielgruppe. Zum anderen ist häufig zu beobachten, dass die frühen Kauftrichterstufen wie Bekanntheit und Erwägung überproportional ausgestattet sind (z.B. durch den fast ausschließlichen Einsatz von Above-the-Line-Medien), während die hinteren Stufen wie Kauf und Loyalität vernachlässigt werden – auch wenn die Schwächen der Marke genau dort zu finden sind.

Welche Botschaften sind am überzeugendsten?

Häufig beziehen sich Anfragen zur Planung und Steuerung der Marketingmittel nach wie vor primär auf die Festlegung eines geeigneten Instrumente- bzw. Media-Mix. Dabei muss die transportierte Werbebotschaft stets der Ausgangspunkt aller Überlegungen zur Optimierung des Mitteleinsatzes sein. Werbewirkungsanalysen zeigen, dass die Relevanz der Werbebotschaft in der Zielgruppe einen deutlich höheren Einfluss hat als z.B. die Art des verwendeten Werbemediums.

Ein geeignetes Hilfsmittel zur Entwicklung wirksamer Botschaften ist etwa die Analyse der Markentreiber mittels des Kauftrichters. Diese Analyse verlangt zunächst eine genaue Kenntnis der relevanten Markenattribute und -nutzen. Darauf aufbauend sind diejenigen Attribute bzw. Nutzendimensionen zu identifizieren, die einen maximalen Einfluss auf den Kaufentscheidungsprozess ausüben. Hierzu kann der bereits beschriebene Kauftrichter herangezogen werden. *Abbildung 5* zeigt ein Beispiel aus dem Automobilbereich.

Der Kauftrichter erlaubt die Isolation relevanter Markeneigenschaften auf dem Entscheidungspfad von Bekanntheit bis hin zum endgültigen Kauf einer Marke. Mit ihm können diejenigen Markenattribute und -nutzen aufgedeckt werden, die von besonderer Relevanz beim Durchschreiten der Kaufentscheidung sind. Wie im Beispiel gezeigt, liegt hier ein besonderer Fokus auf den Eigenschaften „Spaß am Fahren", die weiteren vier Eigenschaften sind ähnlich relevant. Dagegen sind die Eigenschaften am Ende der Liste, wie beispielsweise „Lebhaftigkeit", als Markenblocker zu bezeich-

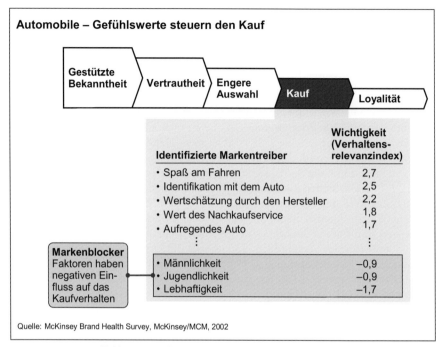

Abbildung 5: Kauftrichter-Beispiel aus der Automobilbranche

nen, da sie sich negativ auf den Kauf auswirken. Offensichtlich muss es das Ziel sein, die Markentreiber zu stärken, während Markenblocker abzuschwächen sind.

Welcher Instrumente- bzw. Mediaeinsatz verspricht die größte Wirkung?

Nach Entwicklung und erfolgreichem Test der Botschaft sind die geeigneten Instrumente zu identifizieren, um die priorisierten Zielgruppen optimal zu erreichen. Zur Quantifizierung der Wirkung alternativer Instrumente im Kauftrichter kann nur in den seltensten Fällen, im Handel etwa mit Hilfe von Scannerkassen, auf Daten über beobachtbare Effekte zurückgegriffen werden. Meist ist hier eine eigene Marktforschung oder zumindest eine faktenbasierte Abschätzung unerlässlich zur systematischen Quantifizierung des Beitrags einzelner Instrumente pro Kundenkontaktpunkt.

Zur analytisch fundierten Selektion der bestgeeigneten Instrumente sind drei Dimensionen zu beachten (*Abbildung 6*):

- Die tatsächliche Reichweite des Instruments
- Die daran angepassten Kosten
- Die Kontaktqualität.

Die tatsächliche Reichweite eines Instruments bzw. Mediums im Zielkundensegment basiert auf den insgesamt erzielten Kontakten. Daten zur Reichweite liegen für die meisten klassischen Medien – wenn auch mit der beschriebenen Problematik unterschiedlicher Messeinheiten je Mediengattung – auf Grund von Marktmedia-Studien vor. Diese Informationen werden für klassische Medien in der Regel von den Mediaagenturen ausgewiesen. Die Werte müssen um diejenigen Personen kor-

Marketing-ROI – Ein Ansatz zur Optimierung von Marketinginvestitionen

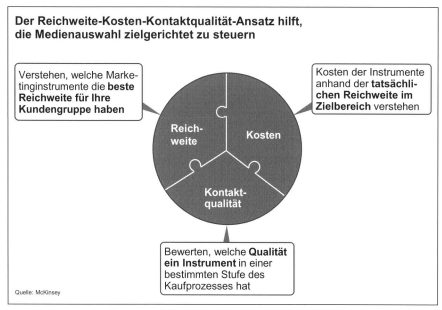

Abbildung 6: Der Reichweiten-Kosten-Kontaktqualität-Ansatz

rigiert werden, die nicht zur Zielgruppe gehören. Zu diesen Kontakten außerhalb des Zielsegments zählen z.B. Besucher einer Automobilmesse, die sich die relevante Marke nicht leisten können oder für die ein Autokauf in absehbarer Zeit nicht ansteht. Auf Basis der so ermittelten tatsächlichen Reichweite sowie der Relevanz eines Mediums je Kaufprozessstufe können dann die angepassten Kosten pro Kontakt und Stufe ermittelt werden. Sie weichen zum Teil drastisch von den zunächst ausgewiesenen Werten für den Tausender-Kontaktpreis (TKP) ab. Schließlich ist zu bewerten, welche Qualität ein Instrument in einer bestimmten Stufe des Kauftrichters hat. Als Indikatoren der Qualität können Größen wie die Kontaktintensität und -länge, Interaktivität, Glaubwürdigkeit oder Verhaltens- und Einstellungswirkung des Instruments dienen.

Durch die gemeinsame Betrachtung von Kosten je erreichtem Zielkunden einerseits und Kontaktqualität andererseits lässt sich ein differenziertes Bild der potenziell einsetzbaren Medien erstellen (*Abbildung 7*).

Abbildung 8 zeigt das Ergebnis einer Analyse der tatsächlichen Kosten pro qualifiziertem Kontakt. Viele Unternehmen stellen bei dieser Betrachtung fest, dass die von ihnen bisher eingesetzten Medien weit weniger effizient hinsichtlich der Erreichung ihrer Marketingziele sind, als sie bisher erwartet hatten.

Als Beispiel einer Optimierung des Medieneinsatzes kann ein Unternehmen aus dem gehobenen Konsumgüterbereich dienen: Es weist eine hohe Markenbekanntheit auf, hat im Kauftrichter aber einen Engpass bei der Umwandlung von Käufern in treue Kunden. In der Marktforschung stellte sich heraus, dass dieser Transfer vorrangig vom Markenattribut „Ist solide und langlebig" getrieben wird und sich besonders gut durch Zeitschriftenanzeigen beeinflussen lässt. Tatsächlich hat das Unternehmen aber in der Vergangenheit vor allem bekanntheitsfördernde Rundfunkspots geschal-

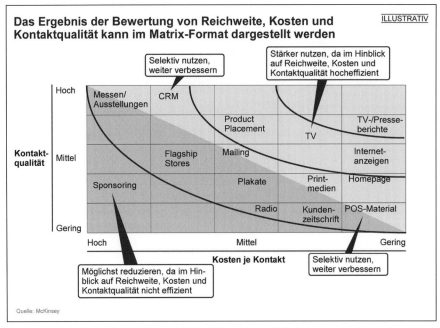

Abbildung 7: Kontaktqualität und -kosten

tet, und das auch noch unterhalb der Schwelle eines effizienten Ausgabenniveaus, wie vergleichende Analysen der Kosten pro Prozentpunkt zusätzlicher Markenbekanntheit zeigen. Hieraus lässt sich direkt die Empfehlung ableiten, die Rundfunkwerbung zu reduzieren und das Budget teilweise auf treuefördernde Zeitschriftenanzeigen umzuschichten, die inhaltlich auf Solidität und Langlebigkeit abzielen. Dies erlaubt eine bessere Performance im Kauftrichter trotz geringerem Gesamtbudget.

Abschließend sei betont, dass das Marketingbudget und seine Verwendung nicht nur einmalig, sondern kontinuierlich unter den beschriebenen Kernfragestellungen betrachtet werden müssen. Zur weiteren Steigerung der Effektivität und Effizienz der Marketingausgaben, also zur Erhöhung des Marketing-ROI, sind allerdings nicht ausschließlich analytisch geprüfte und erprobte Instrumente und Botschaften einzusetzen. Im Sinne einer 80:20-Regel und zur Verringerung von Risiken sind zu einem gewissen Anteil (in der Regel zwischen 5 und 10, höchstens jedoch 20%) gezielte Tests empfehlenswert, mit deren Hilfe sowohl innovative Instrumente (z.B. Sonderwerbeformen wie Product Placements, Viral Marketing) als auch leicht veränderte Botschaften (z.B. veränderte Ansprachen im Direct Mailing) sowie die Intensität und Frequenz eines Instrumenteneinsatzes verändert werden können.

2.3 Prozessstufe: Konsequente Umsetzung in Organisation, Prozessen und Systemen

Im letzten Schritt geht es darum, sicherzustellen, dass die erreichte Transparenz und die Optimierung dauerhaft im Unternehmen verankert werden. Hierzu sind zunächst die Wirkungen und Ergebnisse, wie Kampagnenerfolge, Entwicklung

Abbildung 8: Kosten pro qualifiziertem Kontakt (anonymisiertes Beispiel)

des Markenimages oder Kauftrichter-Performance mit Hilfe eines Markencockpits kontinuierlich zu messen. Darüber hinaus brauchen die Mitarbeiter Anreize und Leistungskennzahlen, die einen transparenten, effektiven und effizienten Einsatz von Marketinginvestitionen belohnen. Zu oft ist die Kürzung des Marketingbudgets mit einem Verlust von Ansehen und Macht innerhalb einer Organisation verbunden. Daher gilt es, differenzierte Performance-Management-Systeme zu entwickeln, die Marketinginvestitionen an Wirtschaftlichkeits- und Marken-Performance-Kennzahlen koppeln und somit die effiziente Verwendung von Marketinggeldern fördern. Zu den Aufgaben dieser dritten Prozessstufe gehört auch, klar definierte Prozesse zu etablieren, welche die Steuerung des Planungsprozesses für das Marketingbudget unterstützen.

3 Der Weg zu hohen Einsparungen und neuen Wachstumschancen

Der dreistufige Ansatz des Marketing-ROI hat seine Tauglichkeit vielfach bewiesen: Häufig war es möglich, sowohl kurzfristig ohne Einbußen an Wirkung und Umsatz die Marketingausgaben um 5 bis 15 % zu senken als auch mittelfristig ein Umsatzwachstum von 5 bis 10 % je nach Branche zu erreichen – durch Reallokation der Ausgaben auf Engpässe im Kauftrichter. Außerdem erhält das Unternehmen ein Instrumentarium, das eine systematische Budgetierung und Kontrolle der gesamten Marketingausgaben sicherstellt und die Überführung in ein kontinuierliches Tracking ermöglicht. Einem europäischen Getränkehersteller etwa ist es im Rahmen eines Marketing-ROI-Programms gelungen, 14 bis 22 % nicht oder kaum wirksamer Ausgaben zu identifizieren, etwa für Sponsoringaktivitäten in Sportarten, die nicht zur Zielgruppe passten. Diese Ausgaben konnten zur wirksameren Förderung von Marktanteil und Ergebnis sowie zur Erreichung neuer Ziele verwendet werden, und zu einem großen Teil konnten sie sogar vollständig eingespart werden. Zugleich führte eine Medienwirkungsanalyse dazu, dass rund ein Fünftel des Budgets auf Medien verteilt wurde, die angesichts der Marketingziele eine höhere Wirkung versprachen.

- Das Marketing-ROI–Instrumentarium bedeutet für das Markenmanagement vielleicht seine bislang größte Revolution. Denn nur was man messen kann, verändert sich. Die analytischen Instrumente ergänzen nicht nur das Bauchgefühl vieler Markenmanager, Agenturen und anderer Markenverantwortlicher. Sie beugen auch Bauchschmerzen vor, wenn das Bauchgefühl getrogen hat.
- Die Anwendung der Instrumente führt zwangsläufig zu erheblichen Veränderungen in Höhe und Struktur der Ausgaben. Das Endergebnis kann keiner der Markenbeteiligten vorhersehen; daher bevorzugt man nach der „Don't touch it"-Methode eher den Status quo.
- Die Unternehmensführung und das Controlling haben jedoch ein ernsthaftes und berechtigtes Interesse daran, auch diesen letzten noch verbliebenen Teil nicht quantitativer Unternehmensführung zu erfassen. Der Marketing-ROI-Ansatz von McKinsey stellt hierfür die idealen Instrumente zur Verfügung.

Eine vollständige Darstellung der Ansätze zum Marketing-ROI und der Entwicklung von Markenstrategien enthält das Buch „Mega-Macht Marke" von Hajo Riesenbeck und Jesko Perrey, das in zweiter Auflage bei Redline Wirtschaft erschienen ist.

Literaturverzeichnis

Court, D. C., Gordon, J. W., Perrey, J. (2005): Boosting Returns on Marketing Investments, in: The McKinsey Quarterly 2 (2005), S. 36–47.
Deutscher Direktmarketing Verband (2006): Aufwendungen für Direktmarketing, http://www.ddv.de/direktmarketing/index_direktmarketing-aufwendungen.html (Stand 10. Dezember 2006).
Esser, M., Klein-Bölting, U., Schulz-Moll, P. (2002): Effektives Marketing mit Brand Investment Controlling, in: BBDO Insights 3, November 2002, S. 4–13.
Meffert, H. (2000): Marketing – Grundlagen marktorientierter Unternehmensführung, 9. Aufl., Wiesbaden 2000.
Nielsen Media Research (2006): Nielsen Media Research veröffentlicht Gesamtbilanz der Bruttowerbeaufwendungen des Jahres 2005: Werbemarkt in den klassischen Medien Deutschlands wächst auf über 19 Mrd. EUR, Pressemitteilung vom 12. Januar 2006, Hamburg 2006.
Nieschlag, R., Dichtl, E., Hörschgen, H. (2002): Marketing, 19. Aufl., Berlin 2002.
Pilot (2006): Sponsor Visions 2006, Hamburg 2006.
Pleon (2006): Sponsoring Trends 2006, München 2006.
Riesenbeck, H., Perrey, J. (2005): Mega-Macht Marke, 2. Aufl., Heidelberg 2005.

State-of-the-Art der identitätsbasierten Markenführung

Christoph Burmann/Philip Maloney

Zusammenfassung	74
1 Grundkonzept der identitätsbasierten Markenführung	74
2 Konzeptionelle Ausgestaltung der Markenidentität	76
3 Umsetzung der Markenidentität im Verhalten der Mitarbeiter	78
3.1 Brand Commitment als Voraussetzung markenkonsistenten Verhaltens	78
3.2 Maßnahmen zur Erhöhung des Brand Commitment	79
3.3 Konsistente Umsetzung der Markenidentität durch Brand Citizenship Behavior	82
4 Fazit	84
Literaturverzeichnis	84

Zusammenfassung

Der Ansatz der identitätsbasierten Markenführung verfolgt eine funktionsübergreifende, ganzheitliche Ausrichtung des Markenmanagements und erweitert dabei die absatzmarktbezogene Sichtweise um eine innengerichtete, mitarbeiterbezogene Perspektive. Es ist aus Sicht der identitätsbasierten Markenführung nicht ausreichend, die Identität einer Marke konzeptionell korrekt herzuleiten und zu dokumentieren. Die Markenidentität muss darüber hinaus im Verhalten der Mitarbeiter umgesetzt werden. Zu diesem Zweck ist im Rahmen der identitätsbasierten Markenführung ein Ansatz für das innengerichtete Management von Marken konzipiert und weiterentwickelt worden, der im Beitrag dargelegt wird.

1 Grundkonzept der identitätsbasierten Markenführung

Ausgangspunkt der identitätsbasierten Markenführung ist die *Markenidentität*. Sie umfasst die essenziellen, wesensprägenden und charakteristischen Merkmale einer Marke aus interner Sicht. Die Markenidentität wird aus Sicht der identitätsbasierten Markenführung als eine Sonderform der Gruppenidentität interpretiert (Burmann et al. 2003, S. 5). Burmann und Meffert definieren sie als *„diejenigen raum-zeitlich gleichartigen Merkmale der Marke, die aus Sicht der internen Zielgruppen in nachhaltiger Weise den Charakter der Marke prägen"* (Burmann, Meffert 2005, S. 53).

Während die Markenidentität im Unternehmen durch Markenführungsmaßnahmen gezielt gestaltet werden kann, formt sich das *Fremdbild der Marke* bei den verschiedenen externen Zielgruppen erst zeitverzögert und über einen zumeist längeren Zeitraum. Es schlägt sich letztlich im Image der Marke nieder (Meffert, Burmann 1996). Das *Markenimage* stellt somit kein Managementkonzept dar, denn um im Markt positiv bewertet und akzeptiert zu werden, muss die Marke zunächst konzipiert und identitätskonform geführt werden (Kapferer 1992, S. 44 und S. 49ff.). Bei dem Markenimage handelt es sich um ein mehrdimensionales Einstellungskonstrukt, das ein *„in der Psyche relevanter externer Zielgruppen fest verankertes, verdichtetes, wertendes Vorstellungsbild von einer Marke"* wiedergibt (Burmann, Meffert 2005, S. 53).

In Anlehnung an Vershofen und Keller unterteilt der identitätsbasierte Markenführungsansatz das Markenimage in *drei Komponenten*: das Wissen des jeweiligen Nachfragers zu den Markenattributen sowie den daraus abgeleiteten Assoziationen zum funktionalen und symbolischen Nutzen der Marke (Vershofen 1940; Keller 1993). Das Markenimage umfasst sämtliche von den externen Zielgruppen wahrgenommenen Eindrücke von einer Marke. Das Ergebnis der Bewertung dieser Eindrücke ist der subjektiv wahrgenommene Nutzen der Marke (Keller 1993). Der *funktionale Nutzen* ergibt sich aus der mit physikalisch-funktionalen Merkmalen einer Marke einhergehenden Befriedigung von Basisbedürfnissen. Über die Basisbedürfnisse hinausgehend ist der *symbolische Nutzen* in der Lage, der Marke einen in der Regel emotional geprägten Mehrwert zu verleihen. Es kann sich dabei z.B. um die Aufwertung der eigenen Person durch den Konsum einer prestigeträchtigen Premiummarke oder die Verknüpfung einer Marke mit individuell wertvollen Erinnerungen wie z.B. Urlaubserlebnissen oder der ersten Liebe handeln.

Das Markenimage ist das Ergebnis der individuellen, subjektiven Wahrnehmung und Dekodierung aller von der Marke ausgehenden Impulse und entsprechend durch die markenführende Institution nicht direkt steuerbar. Es wird daher als *Marktwirkungskonzept* bezeichnet (Burmann et al. 2007). Es kann lediglich mittelfristig über eine Steuerung bzw. Weiterentwicklung der Markenidentität und deren Umsetzung beeinflusst werden. Auch die Markenidentität kann jedoch nicht kurzfristig (umfassend) modifiziert werden. Ihre Entwicklung vollzieht sich über einen langen Zeitraum und ist das Ergebnis des selbstreferenziellen Prozesses des sich Bewusstmachens auf Seiten der internen Zielgruppen einerseits, sowie der Interaktionserfahrungen mit externen Zielgruppen und deren Wahrnehmung der Marke andererseits. Die Markenidentität kann daher in einem engeren Sinne als *Aussagenkonzept* (Wer sind wir?) und in einem weiteren Sinne als *Führungsinstrument* verstanden werden (Burmann et al. 2007).

(1) Die Markenidentität als Aussagenkonzept kann das Selbstverständnis und Verhalten der markenführenden Institution (interne Zielgruppen) erklären.

(2) Die Markenidentität als Führungskonzept stellt die Grundlage der Ausgestaltung der Interaktionsbeziehungen zwischen internen und externen Zielgruppen dar. Hierbei sind zwei Dimensionen zu unterscheiden: Die Identifikation und Auslobung eines *Markennutzenversprechens* und die Erfüllung des Markennutzenversprechens durch das *Markenverhalten* aller an der Führung der Marke direkt oder indirekt Beteiligten.

Basis des Markennutzenversprechens sind die Komponenten der Markenidentität (vgl. die Ausführungen im nachfolgenden Abschnitt). Diese werden zu funktionalen und symbolischen Nutzendimensionen verdichtet. Dies kommunikativ umgesetzte Markennutzenversprechen sollte die *Markenerwartungen* auf Seiten der externen Zielgruppen treffen. Wird das Markennutzenversprechen durch das Markenverhalten an allen Marke-Kundenkontaktpunkten (Brand Touch Points) eingelöst, kann eine stabile Marke-Kunden-Beziehung entstehen. Andernfalls wird das Markennutzenversprechen durch konkrete *Markenerlebnisse* in positiver oder negativer Hinsicht

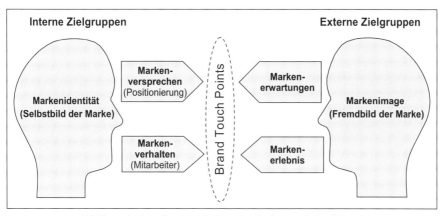

Abbildung 1: Grundkonzept der identitätsbasierten Markenführung (in Anlehnung an Meffert, Burmann 1996, S. 35)

korrigiert (*Abbildung 1*). Die Übereinstimmung von Markennutzenversprechen und Markenverhalten ist für die Glaubwürdigkeit einer Marke elementar.

2 Konzeptionelle Ausgestaltung der Markenidentität

Burmann et al. (2003) folgend, können sechs konstitutive Komponenten der Markenidentität identifiziert werden (*Abbildung 2*).

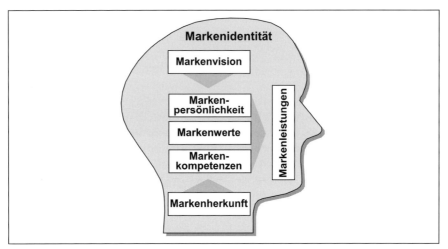

*Abbildung 2: Komponenten der Markenidentität
(in enger Anlehnung an Burmann et al. 2003, S. 18)*

Die Markenidentität hat ihre Wurzeln in der *Markenherkunft* („Woher kommen wir?"). Diese umfasst sämtliche *„Einflüsse, die festlegen von wo, wem oder was eine Marke entstammt"* (Blinda 2003, S. 39). Trotz des Vergangenheitsbezugs, kann die Wahrnehmung der Markenherkunft durch die Hervorhebung jeweils einzelner Aspekte partiell gestaltet werden. Im Idealfall ist sie in der Lage, der Marke Substanz und Glaubwürdigkeit zu verleihen. Ein weiteres Substanz verleihendes Element der Markenidentität sind die *Markenkompetenzen* („Was können wir?"). Diese basieren auf den organisationalen Fähigkeiten der markenführenden Institution und stellen den Radius dar, innerhalb dessen ein von einer Marke versprochener Kundennutzen mit Substanz versehen und damit eingelöst werden kann (Burmann, Blinda 2006).

Die symbolisch-emotionale Facette der Markenidentität spiegelt sich vor allem in den Komponenten Markenwerte und Markenpersönlichkeit wider. *Markenwerte* („Woran glauben wir?") repräsentieren die Werte und Normen der internen Bezugsgruppen einer Marke. Sie bilden die symbolische Essenz der Markenidentität und versehen den Kundennutzen einer Marke gegebenenfalls mit emotionalen Komponenten (Moser 2003, S. 11 ff.). Die *Markenpersönlichkeit* („Wie treten wir auf?") manifestiert sich im Kommunikationsstil einer Marke, welcher durch die kulturelle Verankerung, typische Markenverwender oder Markenrepräsentanten geprägt sein kann (Aaker 1997, S. 348). Wichtige Markenrepräsentanten sind bspw. auch die Absatzmittler, deren Verhalten gegenüber Endkunden die Wahrnehmung einer Marke mitunter stark beeinflusst. Der Markenpersönlichkeit kommt die Aufgabe zu, die emotionale Facette der Marke-Kunden-Beziehung zu begründen. So beeinflusst die Markenpersönlichkeit, ob eine Marke von den externen Zielgruppen als sympathisch wahrgenommen wird oder nicht (Moser 2003, S. 67 ff.).

Insbesondere auf den Markenkompetenzen, Markenwerten und der Markenpersönlichkeit basierend, stellen die *Markenleistungen* („Was tun wir?") die unmittelbarste Form der Manifestation des Kundennutzens einer Marke dar. Die Markenleistungen determinieren die grundsätzliche Form und Ausstattung der Produkte und Dienstleistungen, die eine Marke anbieten soll (Burmann, Meffert 2005, S. 60).

Die zukünftige Entwicklung der Marke wird schließlich durch die *Markenvision* („Wohin wollen wir?") geprägt. Diese beschreibt die langfristige Zielposition, die mit einer Marke erreicht werden soll. Die Markenvision soll dabei ein möglichst konkret greifbares Bild in den Köpfen der internen Zielgruppen erzeugen, welches eine hohe Motivationskraft entfaltet.

Als Essenz der sechs konstitutiven Komponenten der Markenidentität ergibt sich die Formulierung eines Kundennutzens, den die Marke aus Sicht der externen Bezugsgruppen erfüllen soll (Burmann, Meffert 2005, S. 52). Ziel der identitätsbasierten Markenführung ist letztlich die Erschaffung und glaubwürdige Umsetzung einer für den Nachfrager nutzenstiftenden Markenidentität. Dabei determiniert insbesondere die *Konsistenz* zwischen dem *Markennutzenversprechen* und dem *Markenverhalten* die Glaubwürdigkeit und das Vertrauen in eine Marke (*Abbildung 3*).

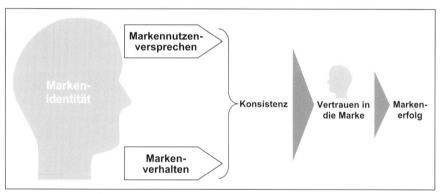

Abbildung 3: Übereinstimmung von Markennutzenversprechen und Markenverhalten als Grundlage des Vertrauens in eine Marke (in enger Anlehnung an Blinda 2007, S. 108)

Um eine starke Beziehung zwischen der Marke und ihren Kunden aufzubauen, ist daher eine *konsistente Umsetzung der Marke* an allen Marke-Kunden-Kontaktpunkten erforderlich.

3 Umsetzung der Markenidentität im Verhalten der Mitarbeiter

Um die Markenidentität konsistent umzusetzen, genügt es nicht, diese am „grünen Tisch" zu entwerfen und dann in Form eines Briefings an eine Werbeagentur weiterzuleiten. Für eine konsistente Umsetzung der Markenidentität an allen Marke-Kunden-Kontaktpunkten ist es notwendig, dass diese von sämtlichen Mitarbeitern der markenführenden Institution verstanden, gelebt und kommuniziert wird (Joachimsthaler 2002, S. 29). Dazu müssen alle Mitarbeiter, die direkt oder indirekt eine Marke vertreten bzw. die Marke betreffende Entscheidungen fällen, die Markenidentität zur Grundlage ihres Verhaltens machen. Nur dann kann die Markenidentität als Basis eines konsistenten Markenauftritts fungieren. Dafür muss zunächst sichergestellt sein, dass die Wahrnehmung der Markenidentität über alle Funktionsbereiche und Hierarchieebenen bei den internen Zielgruppen einheitlich ist (Davis 2001, S. 121; Bergstrom et al. 2002, S. 134 f.).

Der Herausforderung einer Umsetzung der Markenidentität im Mitarbeiterverhalten widmet sich die in jüngster Zeit viel beachtete Forschung zum *innengerichteten Markenmanagement* (De Chernatony 1999; Burmann, Zeplin 2004; Burmann, Zeplin 2005; Zeplin 2006; Henkel et al. 2007). Ziel des innengerichteten Markenmanagements ist die Erzeugung eines hohen *Brand Commitment* bei allen Mitarbeitern, d.h. eines hohen Ausmaßes psychologischer Verbundenheit der Mitarbeiter gegenüber ‚ihrer' Marke (Burmann, Zeplin 2005, S. 120). Hierdurch soll ein zur Markenidentität konsistentes Mitarbeiterverhalten (*Brand Citizenship Behavior*) bewirkt werden.

Dass ein hohes Commitment der Mitarbeiter gegenüber ihrer Unternehmensmarke nicht selbstverständlich ist, zeigen Untersuchungsergebnisse der *Gallup Organization* (Gallup 2007). Für diese Untersuchung wurden seit 2001 in jedem Jahr ca. 2000 deutsche Arbeitnehmer befragt, die repräsentativ für die deutsche Arbeitnehmerschaft sind. Für das Jahr 2006 zeigte sich folgendes Ergebnis: 19 % der deutschen Arbeitnehmer haben keinerlei emotionale Bindung zur Unternehmensmarke und 68 % leisten lediglich „Dienst nach Vorschrift". Sie sind also nur minimal an ihre Unternehmensmarke gebunden. Nur 13 % der Befragten gaben an, dass sie sich tatsächlich mit ihrer Unternehmensmarke verbunden fühlen.

Zur gezielten Steuerung des Brand Commitment und des Brand Citizenship Behavior wurde im Rahmen der identitätsbasierten Markenführung ein umfassender Ansatz zum innengerichteten Markenmanagement entwickelt. Dieser Ansatz wurde bereits in verschiedenen empirischen Untersuchungen erprobt und weiterentwickelt. Er hat sich dabei generell als tragfähig erwiesen. Nachfolgend werden die zentralen Erkenntnisse dieses Ansatzes dargestellt.

3.1 Brand Commitment als Voraussetzung markenkonsistenten Verhaltens

Entscheidend für die Erzielung eines hohen Brand Citizenship Behavior ist eine positive Einstellung der Mitarbeiter gegenüber ‚ihrer' Marke. Unter Rückgriff auf das Konstrukt des organisationalen Commitment haben Burmann und Zeplin daher das Konstrukt des *Brand Commitment* entwickelt (Burmann, Zeplin 2005, S. 120). Dieses Konstrukt setzt sich aus den beiden Dimensionen normatives Brand Commitment und instrumentelles Brand Commitment zusammen (Burmann, Maloney 2006, S. 98 ff.). Diese beiden Dimensionen können folgendermaßen charakterisiert werden:

- *Normatives Brand Commitment:* basiert auf der Identifikation mit einer Marke und der Internalisierung von gemeinsamen Werten. Es entspringt einer emotionalen Beziehung und führt zu psychologischer *Ver*bundenheit.
- *Instrumentelles Brand Commitment:* basiert auf rational-ökonomischen Kosten-Nutzen-Abwägungen. Es entspringt einer sachlichen Beziehung zu einer Marke. Instrumentelles Brand Commitment führt zu psychologischer *Ge*bundenheit aufgrund eines kognitiven Nutzenkalküls.

Empirische Ergebnisse haben gezeigt, dass insbesondere die normative Dimension des Brand Commitment einen großen Beitrag zur Erzielung eines markendienlichen Verhaltens der Mitarbeiter leistet (Burmann, Maloney 2006, S. 98 ff.). Vor diesem Hintergrund stellt sich die Frage, wie das Brand Commitment der Mitarbeiter gesteigert werden kann.

3.2 Maßnahmen zur Erhöhung des Brand Commitment

Dem Management stehen zur Förderung von Brand Commitment insbesondere drei *Stellhebel* zur Verfügung: markenorientiertes Personalmanagement, interne Markenkommunikation und markenorientierte Führung (Zeplin 2006). Nachfolgend werden diese Stellhebel, die im Rahmen einer Studie als Erfolg versprechend identifiziert werden konnten (*Abbildung 4*), im Einzelnen beschrieben.

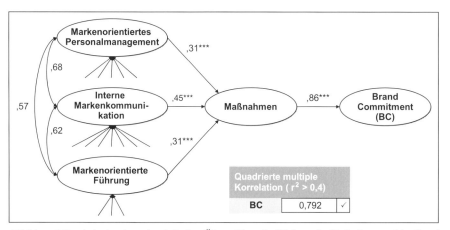

Abbildung 4: Ergebnis einer kausalanalytischen Überprüfung der Wirkung der Maßnahmen auf das Brand Commitment (Zeplin 2006, S. 214; Mitarbeiterbefragung, n=1.783; ***Signifikanzniveau von 0,05%)

(I) Markenorientiertes Personalmanagement: Zur Erzeugung von Brand Commitment kann das Personalmanagement beitragen, indem es sicherstellt, dass die Mitarbeiter einen hohen Personen-Markenidentitäts-Fit aufweisen, das heißt, dass ihr persönliches Wertesystem kongruent zu den Werten der Markenidentität ist. So sollte ein

markenorientiertes Personalmanagement anstreben, dass Bewerber mit einem hohen Personen-Markenidentitäts-Fit rekrutiert und selektiert werden und, dass die Mitarbeiter mit einem hohen Personen-Markenidentitäts-Fit bevorzugt befördert werden (Esch, Vallaster 2005, S. 1009 ff.). Das Markenidentitätskonzept muss entsprechend die Grundlage für das Arbeitgebermarketing, die Personalselektion und die Beurteilungs- und Beförderungskriterien sein. Ind bemerkt hierzu treffend: *„Recruitment is a branding exercise, it's part of the management of the corporate brand"* (Ind 1998, S. 325).

Dem Rekrutierungsprozess kommt im Rahmen des markenorientierten Personalmanagements eine entscheidende Bedeutung zu. Wenn es gelingt, diejenigen Personen anzuziehen und zu selektieren, die bereits vor Eintritt in die Organisation eine hohe Kongruenz zwischen ihrer persönlichen Identität und der Markenidentität haben, ist nach ihrem Eintritt in die Organisation weniger Aufwand nötig, bei ihnen ein hohes Brand Commitment zu erzeugen. Eine identitätskonforme Mitarbeiterselektion führt somit langfristig zu Effizienzgewinnen in der Markenführung. Darüber hinaus lassen sich auch Effektivitätsvorteile erzielen, weil Mitarbeiter mit hohem Fit zur Markenidentität in Situationen mit Entscheidungsspielräumen und ohne direkte Steuerung durch Vorgesetzte mit höherer Wahrscheinlichkeit die für die Stärkung der Marke wichtigen Entscheidungen treffen als Mitarbeiter ohne einen solchen Fit.

(II) Interne Markenkommunikation. Alle Mitarbeiter müssen die Markenidentität verstanden und verinnerlicht haben. In vielen Unternehmen ist es dafür zunächst notwendig, ein *Bewusstsein für die Relevanz der Marke* zu schaffen. Nicht selten wird die Verantwortung für die Marke an die Marketing-Abteilung delegiert, und der Rest des Unternehmens fühlt sich nicht zuständig. Erst wenn jeder einzelne Mitarbeiter erkennt, dass und wie er einen Einfluss auf das Markenerlebnis und die Markenwahrnehmung der Nachfrager hat, kann versucht werden, den Mitarbeitern ein *Verständnis für die Markenidentität* zu vermitteln. Dies erfordert eine Verbalisierung der Markenidentität, die sowohl verständlich als auch ansprechend für alle Mitarbeiter ist.

Zur Vermittlung der Markenidentität gegenüber den Mitarbeitern können verschiedene Instrumente wie z.B. Leitbilder oder Markenhandbücher zum Einsatz kommen. Wichtig ist dabei jedoch, dass die Vermittlung in dialogischer und auf einer für Mitarbeiter handlungsrelevanten Ebene erfolgt. Es muss ein klarer Bezug von der Markenidentität und dem damit verbundenen Handeln zum Unternehmenserfolg erkennbar sein. Den Mitarbeitern muss dadurch ihr persönlicher Beitrag für den Unternehmenserfolg aufgezeigt werden (Ind 2003, S. 400). Die *Ritz-Carlton Hotel Company* verteilt dazu an ihre Mitarbeiter kleine Faltblättchen, auf denen allgemeine Verhaltensgrundsätze niedergeschrieben sind. Die Hotelkette macht dabei gegenüber den Mitarbeitern deutlich, dass über ihre Dienstleistungsfunktion hinaus die Entwicklung und Einbringung einer eigenen Persönlichkeit in den Dienstleistungserstellungsprozess erwünscht ist. Die schriftlich fixierte Handlungsmaxime bei Ritz-Carlton lautet: „We are Ladies and Gentleman serving Ladies and Gentleman". Damit werden den Mitarbeitern sehr plastisch die Markenwerte vermittelt. Gleichzeitig wird den Mitarbeitern in der Interaktion mit den Bedienten so viel Handlungsspielraum eingeräumt, dass sie flexibel auf die individuelle Kontextsituation des Nachfragers eingehen können.

Die *interne Kommunikation* der Markenidentität ist teilweise dadurch erschwert, dass Mitarbeiter kein Interesse oder nicht ausreichend Zeit haben, um sich eingehend mit komplexen Sachverhalten wie einem umfassenden Markenhandbuch zu befassen. In solchen Fällen muss zu innovativeren Methoden gegriffen werden. Eine Möglichkeit stellt etwa die humorvolle Vermittlung der Markenidentität dar. So hat bspw. der Internet-Anbieter *Yahoo!* anstelle einer traditionellen Aufzählung der Markenwerte eine „What-sucks-and-aren't-you-glad-you-won't-find-these-at-Yahoo! List" entwickelt und den Mitarbeitern kommuniziert (Sartain 2005, S. 90). Eine andere Möglichkeit ist die komprimierte, visuelle Vermittlung der Markenidentität. Aaker und Joachimsthaler empfehlen etwa die Verwendung von visuellen Metaphern, da diese der Tatsache Rechnung tragen, dass optische Eindrücke wesentlich wirkungsvoller als verbale Kommunikation in der Wahrnehmung und Erinnerung sind (Aaker, Joachimsthaler 2001, S. 92).

Als eine weitere wirkungsvolle Methode der verbalen Kommunikation der Markenidentität gilt das *organisationale Storytelling*. Schein beschreibt die Wirkungsweise folgendermaßen: „Stories and myths about how the organization dealt with key competitors in the past, how it survived a downturn in the economy, how it developed a new and exciting product, how it dealt with a valued employee, and so on, not only spell out the basic mission and specific goals (and thereby reaffirm them) but also reaffirm the organization's picture of itself, its own theory of how to get things done and how to handle internal relationships" (Schein 1985, S. 80). Bei O_2 werden dazu so genannte „can do"-Stories im Intranet veröffentlicht. Diese Geschichten charakterisieren in verständlicher Weise das erwünschte Mitarbeiterverhalten.

Schließlich dürfen auch die Möglichkeiten zur Beeinflussung der internen Zielgruppen durch *externe Markenkommunikation* nicht unterschätzt werden (Gilly, Wolfinbarger 1998; McDonald et al. 2001, S. 347). So erreichen die nach außen gerichteten Werbe- und PR-Maßnahmen stets auch die Mitarbeiter. Dies kann ungeplant entstehen, indem Mitarbeiter dieselben Medien konsumieren wie die Zielgruppe der Marke, oder es kann bewusst geplant sein. Gilly und Wolfinbarger konnten empirisch nachweisen, dass Werbung dann positiv auf das Brand Commitment der Mitarbeiter wirkt, wenn sie von ihnen als ehrlich, als kongruent mit den Markenwerten und als effektiv in der Erreichung der Markenziele wahrgenommen wird. Werden Mitarbeiter in der Werbung portraitiert, dann verstärkt sich der positive Effekt (Gilly, Wolfinbarger 1998). Dies kann aber auch einen negativen Effekt haben, falls die Mitarbeiter sich als nicht korrekt wiedergegeben empfinden. So musste die Supermarktkette *Sainsbury's* einen Werbespot nachträglich modifizieren, nachdem sich Widerstand in der Belegschaft gebildet hatte, weil diese sich als „Dummköpfe" porträtiert empfand (Day 1998).

(III) Markenorientierte Führung: Der dritte zentrale Hebel zur Generierung von Brand Commitment ist markenorientierte Führung (Zeplin 2006, S. 123 ff.). Es ist anzunehmen, dass die Kommunikationsmaßnahmen nur dann Erfolg haben, wenn sie von entsprechender markenorientierter Führung unterstützt werden, die ihnen Glaubwürdigkeit und Dringlichkeit verleiht (Vallaster, De Chernatony 2005). Larkin und Larkin stellen fest: „The only effective way to communicate a value is to act in accordance with it and give others the incentive to do the same" (Larkin, Larkin 1996, S. 96). Eine bedeutende Rolle hat dabei vor allem die höchste Führungsebene in einem Unternehmen. Insbesondere das *Verhalten des CEO* stellt für viele Mitarbeiter eine wichtige Manifestation der Markenidentität dar. Die Kehrseite dieser herausgehobenen Rolle des CEO ist, dass wenige unbedachte Worte oder Taten des CEO das Ansehen einer Marke nachhaltig schädigen können. Dies geschah

beispielsweise durch den *Deutsche Bank* CEO Josef Ackermann, der als Angeklagter im Mannesmann-Prozess vor dem Gerichtssaal ein von der Presse als sehr arrogant wahrgenommenes Verhalten zeigte. Eine weitere Gefahr liegt darin, dass die Markenidentität so abhängig von der Persönlichkeit des CEO werden kann, dass sie nach einem Wechsel des CEO substanzlos und zu einer leeren Hülle wird. Dies war z.B. bei *Easyjet* nach dem Abgang des charismatischen Gründers Stelios Haji-Ionnou der Fall. Deshalb ist es notwendig, dass der CEO die Markenidentität stützt und nicht umgekehrt. Ein CEO mit Charisma und innerer Stärke kann die Markenidentität stärken, jedoch nur, wenn er bereit ist, seine Persönlichkeit der Markenidentität unterzuordnen (Pälike 2000).

Für alle drei Maßnahmenbereiche gilt, dass diese *kontinuierlich* durchgeführt werden müssen. Einmaliger Aktionismus wird dagegen nicht zu einem markenkonsistenten Verhalten der Mitarbeiter führen.

Damit die beschriebenen drei Maßnahmenbereiche ein hohes Brand Commitment bei den Mitarbeitern evozieren können, muss zusätzlich sichergestellt werden, dass zwei weitere Kontextfaktoren im Einklang mit der Markenidentität sind. Dabei handelt es sich um den Kultur-Fit und den Struktur-Fit. Der *Kultur-Fit* beschreibt die Kongruenz zwischen der Markenidentität und der Unternehmenskultur. Es wird angenommen, dass eine Internalisierung der Markenidentität verbunden mit der Entstehung von Brand Commitment nur möglich ist, wenn ein hoher Fit gegeben ist (Zeplin 2006, S. 131 ff.; De Chernatony, Cottam 2006, S. 55). Der *Struktur-Fit* bezieht sich auf Anreizsysteme und Organisationsstrukturen. Obwohl in ihrer Wirkung umstritten, sollen die Anreizsysteme derart gestaltet sein, dass die Markenziele grundsätzlich Berücksichtigung finden (Deckop et al. 1999; Decì et al. 1999; Zeplin 2006, S. 137 ff.). Ein markenkonformes Verhalten soll darüber hinaus durch Entscheidungskompetenzen und eine passende Organisationsstruktur unterstützt werden. Wenn die Maßnahmenbereiche Berücksichtigung finden und die Kontextfaktoren an die Markenidentität angepasst sind, dann sind die wesentlichen Voraussetzungen zur Entstehung von Brand Citizenship Behavior erfüllt.

3.3 Konsistente Umsetzung der Markenidentität durch Brand Citizenship Behavior

In der Markenführungsliteratur wird häufig der Anspruch vertreten, dass Mitarbeiter „die Marke leben" sollten (Ind 2001). Die damit verbundenen Erwartungen an die Mitarbeiter können durch das Konstrukt des *Brand Citizenship Behavior (BCB)* – zu Deutsch „Markenbürgertum" – veranschaulicht werden. Es ist abgeleitet vom Organizational Citizenship Behavior (OCB), einem Konstrukt aus der Organizational Behavior Forschung, welchem seit den Achtziger Jahren viel Aufmerksamkeit gewidmet wird (Organ 1988; Podsakoff et al. 2000). Das BCB ist definiert als ein *globales Konzept, welches alle markenrelevanten Verhaltensweisen eines Mitarbeiters umfasst, die in Summe die Markenidentität stärken.*

Konzeptionell ist das BCB an das Verständnis des OCB von Graham angelehnt (Graham 1991, S. 255). Die von Graham verwendeten Dimensionen wurden dazu auf einen Markenkontext übertragen. Das BCB besteht aus den drei Dimensionen Markenakzeptanz („Obedience"), Markenmissionierung („Loyalty") und Markenentwicklung („Participation"):

- *Markenakzeptanz* beschreibt die Akzeptanz von Regeln und Verhaltensrichtlinien, die den Umgang mit einer Marke seitens der Mitarbeiter betreffen. Sie umfasst damit Verhaltensweisen, die den formalen Regeln und Anforderungen einer Marke entsprechen.
- *Markenmissionierung* (Außenorientierung) beschreibt das bewusste Eintreten für die Belange der Marke. Es umfasst insbesondere sämtliche Verhaltensweisen, welche die Identität einer Marke in bestmöglicher Weise gegenüber Außenstehenden repräsentieren.
- *Markenentwicklung* (Innenorientierung) beschreibt Verhaltensweisen, die darauf ausgerichtet sind, aktiven Einfluss auf die Führung einer Marke zu nehmen, um diese dadurch zu stärken. Darüber hinaus umfasst es das eigenständige Fortbilden im Sinne der Marke. Grundsätzlich beschreibt diese Dimension sämtliche Maßnahmen, die von Mitarbeitern ergriffen werden, um die Marke im Sinne einer proaktiven Zusammenarbeit in bestmöglicher Weise zu unterstützen und weiterzuentwickeln.

Die große Eignung dieser drei Dimensionen für das Verhalten von Mitarbeitern mit direktem Kundenkontakt zeigt eine Untersuchung von Bettencourt et al. (Bettencourt et al. 2001, S. 29 f.). Diese greifen ebenfalls auf diese drei Dimensionen zurück und verwenden sie im Rahmen einer Untersuchung des Verhaltens der Mitarbeiter einer großen US-Amerikanischen Bank. Bettencourt et al. zufolge ist es für Mitarbeiter mit direktem Kundenkontakt zunächst besonders wichtig, die Marke gegenüber den Nachfragern gut zu vertreten und ihr gegenüber loyal zu sein (Dimension der Markenmissionierung). Daneben ist es durch den direkten Kundenkontakt möglich, unmittelbare Informationen z.B. über Kundenwünsche zu erlangen. Daher hat die Bereitschaft zur Partizipation an der Weiterentwicklung der Marke eine große Relevanz (Dimension der Markenentwicklung). Schließlich ist auch eine korrekte, markenkonforme Ausführung aller Tätigkeiten angesichts der unmittelbaren Nähe zum Endkunden und der damit verbundenen Möglichkeit einer direkten Leistungsevaluation durch den Endkunden besonders entscheidend (Dimension der

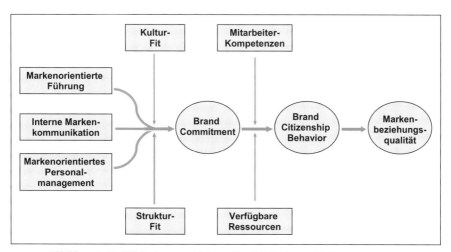

Abbildung 5: Modell des innengerichteten, identitätsbasierten Markenmanagements (Burmann, Zeplin 2005, S.123)

Markenakzeptanz). Auch Schmitz verwendet diese Dimensionen im Rahmen einer Untersuchung des Verhaltens der Mitarbeiter eines deutschen Versicherungsunternehmens und argumentiert dabei in ähnlicher Weise (Schmitz 2004, S. 20).

Als wesentlicher Einflussfaktor des BCB wird, wie Eingangs bereits erwähnt, das Brand Commitment der Mitarbeiter angesehen. Ein hohes Brand Commitment (‚Wollen') wird jedoch nur dann tatsächlich zu BCB führen, wenn die Mitarbeiter auch über die notwendigen *Ressourcen* und *Kompetenzen* ('Können') verfügen. Diese Kontextfaktoren moderieren daher die Wirkung des Brand Commitment auf das BCB.

Insgesamt wurde damit ein umfassendes Modell zur dauerhaften Implementierung eines innengerichteten, identitätsbasierten Markenmanagements aufgestellt. Dieses Modell ist in *Abbildung 5* noch einmal in der Übersicht dargestellt.

4 Fazit

Zentrale Aufgabe bei der Führung von Marken ist die Sicherstellung einer Konsistenz zwischen dem Markennutzenversprechen und dem Markenverhalten. Nur wenn diese miteinander übereinstimmen, kann ein hohes Vertrauen bei den Nachfragern erzeugt werden, welches wiederum die Grundlage einer stabilen Marke-Kunden-Beziehung ist und die Verhaltensrelevanz einer Marke begründet. Zur Erzielung von Konsistenz sind insbesondere zwei Schritte notwendig:

- Zunächst muss die Markenidentität sorgfältig konzeptualisiert werden, um damit ein umfassendes Verständnis von der Marke zu erlangen und ein relevantes Markennutzenversprechen abzuleiten.

- Im Anschluss daran muss sichergestellt werden, dass sämtliche Mitarbeiter die Markenidentität und das Markennutzenversprechen verinnerlicht haben und versuchen, diese in ihrer täglichen Arbeit bestmöglich umzusetzen. Insbesondere letzterer Aspekt hat bislang lediglich geringe Beachtung erfahren. Der hier skizzierte Ansatz für ein innengerichtetes, identitätsbasiertes Markenmanagement stellt daher einen wichtigen Schritt dar.

Literaturverzeichnis

Aaker, D. A. (1997): Dimensions of Brand Personality, Journal of Marketing Research, 34 (1997), Nr. August, S. 347–356.
Aaker, D., Joachimsthaler, E. (2001): Brand Leadership – Die Strategie für Siegermarken, München 2001.
Bergstrom, A., Blumenthal, D., Crothers, S. (2002): Why Internal Branding Matters: The Case of Saab, Corporate Reputation Review, 5 (2002), Nr. 2/3, S. 133–142.
Bettencourt, L. A., Gwinner, K. P., Meuter, M. L. (2001): A Comparison of Attitude, Personality, and Knowledge Predictors of Service-Oriented Organizational Citizenship Behaviors, Journal of Applied Psychology, 86 (2001), Nr. 1, S. 29–41.
Blinda, L. (2007): Markenführungskompetenzen eines identitätsbasierten Markenmanagements, Wiesbaden 2007.
Blinda, L. (2003): Relevanz der Markenherkunft für die identitätsbasierte Markenführung, Arbeitspapier Nr. 2 des Lehrstuhls für innovatives Markenmanagement (LiM®) der Universität Bremen, Bremen 2003.

Burmann, C., Blinda, L., Nitschke, A. (2003): Konzeptionelle Grundlagen des identitätsbasierten Markenmanagements, Arbeitspapier Nr. 1 des Lehrstuhls für innovatives Markenmanagement (LiM®) der Universität Bremen, Bremen 2003.

Burmann, C., Meffert, H., Feddersen, C. (2007): Identitätsbasierte Markenführung, in: Florack, A., Scarabis, M., Primosch, E. (Hrsg.): Psychologie der Markenführung, München 2007, S. 3–27.

Burmann, C., Blinda, L. (2006): Markenführungskompetenzen – Handlungspotenziale einer identitätsbasierten Markenführung, Arbeitspapier Nr. 20 des Lehrstuhls für innovatives Markenmanagement (LiM®) der Universität Bremen, Bremen 2006.

Burmann, C., Maloney, P. (2006): Absatzmittlergerichtetes Markenmanagement, Hamburg 2006.

Burmann, C., Meffert, H. (2005): Theoretisches Grundkonzept der identitätsorientierten Markenführung, in: Meffert, H., Burmann, C., Koers, M. (Hrsg.): Markenmanagement: identitätsorientierte Markenführung und praktische Umsetzung, Wiesbaden 2005, S. 37–72.

Burmann, C., Zeplin, S. (2004): Innengerichtetes identitätsbasiertes Markenmanagement – State-of-the-Art und Forschungsbedarf, Arbeitspapier Nr. 7 des Lehrstuhls für innovatives Markenmanagement (LiM®) der Universität Bremen, Bremen 2004.

Burmann, C., Zeplin, S. (2005): Innengerichtetes identitätsbasiertes Markenmanagement, in: Meffert, H., Burmann, C., Koers, M. (Hrsg.): Markenmanagement: identitätsorientierte Markenführung und praktische Umsetzung, Wiesbaden 2005, S. 115–139.

Davis, T. R. (2001): Integrating internal marketing with participative management, Management Decision, 39 (2001), Nr. 2, S. 121–130.

Day, J. (1998): Staff force Sainsbury's to recut ad, Marketing Week, (1998), Nr. October 1, S. 7.

De Chernatony, L., Cottam, S. (2006): From the inside out, Brand Strategy, (2006), Nr. June, S. 54–55.

De Chernatony, L. (1999): Brand Management Through Narrowing the Gap Between Brand Identity and Brand Reputation, Journal of marketing management, 15 (1999), Nr. 1–3, S. 157–180.

Deckop, J. R., Mangel, R., Cirka, C. C. (1999): Getting More than You Pay for: Organizational Citizenship Behavior and Pay-for-Performance Plans, Academy of Management: Academy of Management Journal, 42 (1999), Nr. 4, S. 420–428.

Deci, E. L., Koestner, R., Ryan, R. M. (1999): Articles – A Meta-Analytic Review of Experiments Examining the Effects of Extrinsic Rewards on Intrinsic Motivation, Psychological bulletin, 125 (1999), Nr. 6, S. 627–668.

Esch, F., Vallaster, C. (2005): Mitarbeiter zu Markenbotschaftern machen: die Rolle der Führungskräfte, in: Esch, F. (Hrsg.): Moderne Markenführung: Grundlagen, innovative Ansätze, praktische Umsetzungen, Wiesbaden 2005, S. 1009–1020.

Gilly, M. C., Wolfinbarger, M. (1998): Advertising's internal audience, Journal of Marketing, 62 (1998), S. 69–88.

Graham, J. W. (1991): An essay on organizational citizenship behavior, Employee Responsibilities and Rights Journal, 4 (1991), S. 249–270.

Henkel, S., Tomczak, T., Wentzel, T. (2007): Bringing the Brand to Life: Structural Conditions of Brand-Consistent Employee Behavior, THEXIS, 24 (2007), Nr. 1, S. 13–16.

Ind, N. (2001): Living the Brand: how to transform every member of your organization into a brand champion, London, Sterling 2001.

Ind, N. (1998): An Integrated Approach to Corporate Branding, Journal of Brand Management, 5 (1998), Nr. 5, S. 323–329.

Ind, N. (2003): Inside out: How employees build value, Journal of Brand Management, 10 (2003), Nr. 6, S. 393–402.

Joachimsthaler, E. (2002): Mitarbeiter – Die vergessene Zielgruppe für Markenerfolge, Absatzwirtschaft, (2002), Nr. 11, S. 28–34.

Kapferer, J. (1992): Die Marke – Kapital des Unternehmens, Landsberg/Lech 1992.

Keller, K. L. (1993): Conceptualizing, Measuring, and Managing Customer-Based Brand Equity, Journal of Marketing, 57 (1993), Nr. 1, S. 1–22.

Larkin, T. J., Larkin, S. (1996): Reaching and Changing Frontline Employees, Harvard Business Review, 74 (1996), Nr. 3, S. 95–104.

McDonald, M., De Chernatony, L., Harris, F. (2001): Corporate marketing and service brands – Moving beyond the fast-moving consumer goods model, European Journal of Marketing, 35 (2001), Nr. 3/4, S. 335–352.

Meffert, H., Burmann, C. (1996): Identitätsorientierte Markenführung – Grundlagen für das Management von Markenportfolios, Münster 1996.

Moser, M. (2003): United we brand: how to create a cohesive brand that's seen, heard, and remembered, Boston 2003.

Organ, D. W. (1988): Organizational Citizenship Behavior: The Good Soldier Syndrome, Lexington, MA 1988.

Podsakoff, P. M., Mackenzie, S. B., Paine, J. B., Bachrach, D. G. (2000): Organizational citizenship behaviors: a critical review of the theoretical and empirical literature and suggestions for future research, Journal of management, 26 (2000), Nr. 3, S. 513–564.

Pälike, F. (2000): 'Die Manager-Marke kommt! Persönlichkeit ist ein Added Value.', Absatzwirtschaft, 43 (Sondernummer Oktober) (2000), S. 16–18.

Sartain, L. (2005): Brand From the Inside Out at Yahoo!: HR's Roles as Brand Builder, Human Resource Management, 44 (2005), Nr. 1, S. 89–93.

Schein, E. H. (1985): Organizational Culture and Leadership, Washington 1985.

Schmitz, G. (2004): Organization Citizenship Behavior Intention des Kundenkontaktpersonals in Dienstleistungsunternehmen, Marketing ZFP, 26 (2004), Nr. "Spezialausgabe Dienstleistungsmarketing", S. 15–32.

The Gallup Organization (2007): Pressemitteilung: Engagement der ArbeitnehmerInnen in Deutschland verharrt noch immer auf niedrigem Niveau, Potsdam 2007.

Vallaster, C., De Chernatony, L. (2005): Internationalisation of Services Brands: The Role of Leadership During the Internal Brand Building Process, Journal of Marketing Management, 21 (2005), S. 181–203.

Vershofen, W. (1940): Handbuch der Verbrauchsforschung (Bd. 1), Berlin 1940.

Zeplin, S. (2006): Innengerichtetes identitätsbasiertes Markenmanagement, Wiesbaden 2006.

Messung von Markenimages –
Beispiele aus der Praxis der Dr. Ing. h.c. F. Porsche AG

Michael Löffler

Zusammenfassung	88
1 Warum Messung von Markenimages?	88
2 Markenimagemessung im praktischen Einsatz bei der Dr. Ing. h.c. F. Porsche AG	89
2.1 Auswahl der dargestellten Modelle	89
2.2 Imageprofile	90
2.3 Faktoranalytische Messung von Markenimages	91
2.4 Kausalanalytische Messung von Markenimages	93
2.5 Preispremium	94
3 Zusammenfassung	96
Literaturverzeichnis	96

Zusammenfassung

Nahezu einhellig ist die Einschätzung, dass die Bedeutung der „Marke" für den Unternehmenserfolg in Branchen mit starker technisch-funktionaler Produktkonvergenz weiter zunehmen wird. Als Teildisziplin des zugehörigen Markencontrollings hat sich die Messung von Markenimages herausgebildet. Anhand ausgewählter Beispiele aus dem Einsatz bei der Dr. Ing. h.c. F. Porsche AG werden Verfahren der Messung von Markenimages vorgestellt. Neben der praxisbezogenen Darstellung der jeweiligen Vor- und Nachteile werden einige wesentliche Ergebnisse skizziert.

1 Warum Messung von Markenimages?

Nach Angaben des Bundespatent- und Markenamtes umfasst die Warenklasse 12 („Fahrzeuge; Apparate zur Beförderung auf dem Lande, in der Luft oder auf dem Wasser") Ende November 2006 bereits 30.488 Marken. Besonders im Automobilbereich ist die Zunahme an Marken spürbar. Zwar sind manche Marken wie etwa Oldsmobile oder Matra in den vergangenen Jahren vom Markt verschwunden, ebenso sind aber neue Marken hinzugekommen (z.B. Scion, Lexus, ...). Gleichzeitig hat das Angebot an konzeptübergreifenden „cross overs" die Produkt- und damit die Auswahlvielfalt innerhalb der Marken deutlich erhöht.

Für die Automobilhersteller sind die wettbewerbsseitige Differenzierung und kundenseitige Präferenzbildung entscheidende Erfolgsfaktoren geworden. Ein wichtiger Stellhebel ist die Etablierung einer „starken Marke". Diese kann bei Kunden zur Aktivierung einer Vielzahl positiv belegter Assoziationen, zur positiven Prädisposition und bestenfalls Kaufentscheidung führen. Göttgens und Böhme (2005, S. 44) bringen dies auf den Punkt: „[...] die Marke [wird] zur wettbewerbsentscheidenden Größe im Automobilsektor werden".

Um den Erfolgsfaktor „Marke" langfristig zu erhalten und auszubauen, hat sich das „Markencontrolling" etabliert. Unterschiedliche Aufgabenfelder sind hierbei u.a. die Messung des Markenwissens (Markenbekanntheit, Markenimage), des Markenwertes sowie der Markenstärke.

Der vorliegende Beitrag greift speziell die *Markenimagemessung* heraus. Welche Teilaspekte hierbei im Automobilmarketing zu berücksichtigen sind, lässt sich am besten anhand gängiger Imagedefinitionen ableiten, wie sie in *Tabelle 1* dargestellt sind.

Tabelle 1: Imagedefinitionen und abgeleitete Handlungsfelder der Imagemessung

Ausgewählte Imagedefinitionen	Abgeleitete Aufgaben für die Markenimagemessung
„Image kann daher betrachtet werden als eine Art *hochverdichtetes* Informations-, Wert- und Emotionsgebilde, eine Art Assoziations-Kern." Buss, Fink-Heuberger (2000, S. 47) „Das Image wird auch als *mehrdimensionales Einstellungskonstrukt* beschrieben. Es kennzeichnet die ‚Einstellung einer Person zu einem Meinungsgegenstand'." Meffert (1998, S. 113)	• Darstellung des Markenimages auf *aggregierter Ebene*, aber gleichzeitig auch • geeignete *Disaggregation* zur Identifikation wesentlicher Treiber des Markenimages
„Image: Gesamtheit aller richtigen und falschen Vorstellungen, Einstellungen, Kenntnisse, Erfahrungen, Wünsche, Gefühle, usw., die Menschen […] mit einem bestimmten Meinungsgegenstand verbinden." Nieschlag et al. (1997, S. 1048)	*Absolute und relative Messung* des Markenimages, um durch Vergleiche z.B. mit dem Wettbewerb oder *Vorperiode(n)* die Stärken weiter auszubauen sowie die Schwächen als Ausgangspunkt geeigneter Gegenmaßnahmen zu identifizieren.

Es handelt sich bei dem vorherigen Überblick lediglich um eine Auswahl, die einige unterschiedliche Praxisanforderungen wie z.B.

- aggregierte vs. disaggregierte,
- relative vs. absolute,
- statische vs. dynamische
- Messung von Markenimages beleuchtet.

2 Markenimagemessung im praktischen Einsatz bei der Dr. Ing. h.c. F. Porsche AG

2.1 Auswahl der dargestellten Modelle

Die Literatur zu Markenmodellen und dem Marken- bzw. Marketingcontrolling ist außerordentlich vielfältig. Der vorliegende Abriss an Markenimagemessungen im Einsatz bei der Dr. Ing. h.c. F. Porsche AG verzichtet daher auf eine ausführliche methodische Diskussion und legt den Schwerpunkt auf die Praxisdarstellung. Eine Übersicht von kommerziell angebotenen Modellen findet sich etwa bei Zednik, Strebinger (2006, S. 62 ff.).

In *Tabelle 2* sind einige der Verfahren exemplarisch aufgeführt, die bei der Dr. Ing. h.c. F. Porsche AG zum Einsatz kommen. Dabei lassen sich beispielsweise die Erhebungsfrequenz und -ebene unterscheiden. Die periodisch eingesetzten Instrumente sind Bestandteil der regelmäßig durchgeführten Imagemessungen.

Tabelle 2: Auswahl von Markenimage-Erhebungsverfahren im Praxiseinsatz

		Erhebungsfrequenz	
		periodisch	projektbezogen
Erhebungsebene	disaggregiert	• *Imageprofile* • Imagedifferentiale • …	• *Kausalanalytische Verfahren* • Conjointanalyse • Einzelexploration, Fokusgruppen • …
	aggregiert	• *Faktoranalytische Verfahren* • Evoked Set-Analyse • Markenbekanntheit/-awareness • …	• *Preispremiumermittlung* • prospektive Techniken • …

Der Praxisabriss beleuchtet je Feld gemäß Tabelle 2 ein Verfahren genauer: kausalanalytische Verfahren und Preispremiumermittlungen werden eher projektbezogen eingesetzt und stellen einen disaggregierten bzw. aggregierten Blick auf das Markenimage dar. Auch Imageprofile und faktoranalytische Verfahren sind Beispiele für diese beiden Extremformen, werden allerdings – neben anderen Verfahren – periodisch eingesetzt.

Die Darstellungen intendieren keine wertende Aussagen über andere Hersteller oder Marken. Entsprechend wird nachfolgend anstelle der konkreten Namen mit zufällig zugeordneten, variierenden Platzhaltern für Wettbewerbsmarken gearbeitet.

2.2 Imageprofile

Imageprofile sind gut geeignet, um einzelne Facetten des Markenimages abzubilden. Die Vorgehensweise ist mit einem geringen methodischen Aufwand durchführbar.

Imageprofile können als Ausgangspunkt für die Identifikation von Markentreibern fungieren. Darunter sind Markenmerkmale zu verstehen, die eine hohe Differenzierung zum Wettbewerb bei gleichzeitig hoher Kaufverhaltensrelevanz aufweisen.

Eine Einschränkung bei der Anwendung von Imageprofilen besteht in der starken Fokussierung auf Verbalisierungen: im Wesentlichen werden nur Markenstatements aus dem Verbalgedächtnis abgerufen. Das Bildgedächtnis der (potenziellen) Kunden oder Probanden bleibt bei dieser Erhebung außen vor. Im Praxiseinsatz erfolgt daher oftmals eine Ergänzung um bildbezogene Messungen, da Kunden zunehmend in Bildern denken bzw. mit Bilderwelten erreicht werden. Dies belegen nicht zuletzt die zahlreichen Beiträge im Bereich der Imagery-Forschung.

Kritisch ist ferner die den Imageprofilen zugrunde liegende Annahme relativ einfacher Gedächtnisstrukturen: Das mit einem Markenimage verbundene komplexe „Assoziationsnetzwerk" wird ggf. nicht adäquat abgebildet; das Markenimage wird lediglich durch eine Attributauswahl („sportlich", „dynamisch", „zuverlässig", …) beschrieben. Eine Messung der Relevanz der einzelnen Attribute erfolgt nicht. Gerade im Praxiseinsatz zeigen sich Probleme bei der konkreten Umsetzung der gewonnenen Ergebnisse in entsprechende Maßnahmen. Diese werden bereits bei theoretischen

Diskussionen der Vorgehensweise z.B. von Decker und Wagner (2002, S. 251) im Zusammenhang mit semantischen Differentialen beschreiben.

Den weiteren Problempunkten „Vollständigkeit" und „Relevanz" der verwendeten Itembatterien kann z.B. durch Verwendung von sog. „repertory grids" im Rahmen einer Voranalyse begegnet werden.

Trotz möglicher Schwächen, die Trommsdorff (2004, S. 702 f.) noch weiter ausführt, werden Imageprofile in der Praxis auch bei Porsche eingesetzt: Zum einen treffen die eingangs genannten Vorteile zu, zum anderen werden bei Porsche die abgefragten Items auch einer regelmäßigen Überprüfung unterzogen. Sie haben als *Teil* einer umfassenden Markenimagebeschreibung ihre Berechtigung. Regelmäßig finden sie sich in den Angeboten kommerzieller Institute zur Messung von Automobil- bzw. Automobilmarkenimages.

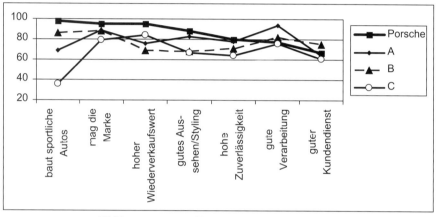

Abbildung 1: Imageprofil Porsche und Wettbewerber A–C

In *Abbildung 1* ist ein derartiges Imageprofil auszugsweise auf Basis der Daten „Die besten Autos 2006" der Motorpresse Stuttgart dargestellt. Dabei sind neben Porsche auch drei weitere deutsche Premiummarken abgebildet. Die zuvor genannten Vorteile aber auch Limitationen lassen sich anhand der dargestellten Items gut erkennen: Die Ausprägungen der einzelnen Markenfacetten werden klar aufgezeigt, ein gesamthaftes Markenverständnis ist auf dieser Grundlage aber schwer ermittel- bzw. messbar.

Interessant und für die Maßnahmenableitung wichtig ist auch, dass gerade bei spitz positionierten Marken wie Porsche manche Items von den Erhebungsteilnehmern nicht genannt werden, bei denen ebenfalls Bestwerte erreicht wurden (z.B. „gute Verarbeitung" als nicht primäre Imagedimension). Die bei Porsche verwendeten Itembatterien können aus Vertraulichkeitsgründen nicht dargestellt werden.

2.3 Faktoranalytische Messung von Markenimages

Eine aggregierte und damit gesamtheitlichere Erfassung von Markenimages bzw. -positionierungen innerhalb „relevanter" Dimensionen ist auf der Basis einer Faktorenanalyse möglich. Neben der multidimensionalen Skalierung werden derartige

Ansätze auch in aktuellen Marketinglehrbüchern propagiert (z.B. Homburg, Krohmer 2003, S. 307 und 327).

Wenngleich ebenfalls mit Problemen behaftet, weisen diese Verfahren eine Vielzahl von Vorteilen auf: die Ergebnisse sind gut interpretierbar und leicht zu visualisieren. Sie stellen die Marken im Wettbewerbsumfeld dar und bilden Konkurrenzeffekte zumindest implizit ab. Bei dynamischer Betrachtung etwa durch die Überprüfung mehrerer aufeinander folgender Jahre sind Indikationen zu veränderten Wettbewerbsbeziehungen sowie realisierten oder erodierten Imagedifferenzen zum Wettbewerb möglich.

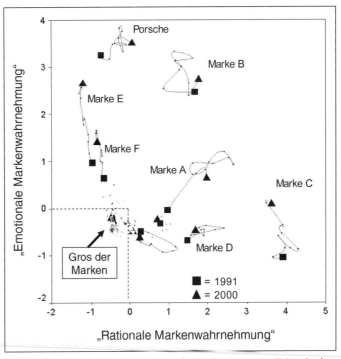

Abbildung 2: Faktoranalytisch ermittelte Markenimages im Zeitverlauf

Das Ergebnis einer entsprechenden dekadenumfassenden Betrachtung des Zeitraumes 1991 bis 2000 ist in *Abbildung 2* dargestellt. Die Unterteilung in eine emotionale und eine rationale Wahrnehmungsdimension ist (mittlerweile) weit verbreitete Praxis. Sie findet sich z.B. auch in der Darstellung des Markennutzens beim „Markendiamant" von McKinsey & Company (s. z.B. Caspar, Metzler 2002, S. 9). Beim betrachteten Zeitraum ist die Erstbeobachtung mit einem Quadrat, die Schlussbeobachtung mit einem Dreieck markiert. Es zeigt sich, dass etwa Porsche im Betrachtungszeitraum die Markenwahrnehmung sowohl hinsichtlich der rationalen als auch der emotionalen Komponente steigern konnte. Im Bereich der „emotionalen Markenwahrnehmung" werden Items wie z.B. „baut sportliche Autos" und „gutes Styling/Design" erfasst. Porsche markiert hier in der gesamten Dekade klar die Spitzenposition. In die „rationale Markenwahrnehmung" finden u.a. Items wie „gute Verarbeitung" und „hohe Sicherheitsstandards" Eingang.

Die hier gezeigte Auswertung beruht auf den jährlichen Ergebnissen der Automobilzeitschrift „Auto, Motor und Sport" der Motorpresse Stuttgart mit jährlich ca. 100.000 Teilnehmern in Deutschland. Details der Auswertung finden sich in Löffler (2005). Es zeigen sich z.B. die langjährige Spitzenstellung von Porsche im Bereich der emotionalen Markenwahrnehmung sowie die teils deutlichen Veränderungen der Wettbewerberimages; diese sind zumindest teilweise unmittelbar auf Produktmaßnahmen zurückführbar.

Die eingangs hervorgehobene Wichtigkeit differenzierter Images wird in *Abbildung 2* noch einmal deutlich: das Gros der Automobilmarken ist in der Wahrnehmung der (zahlreichen) Umfrageteilnehmer wenig differenziert und nahe des Koordinatenursprungs positioniert. Nur wenige Marken schaffen es, aus diesem Bereich durch ein profiliertes Markenimage herauszutreten. Geringe markenseitige Differenzierung und hohe technische Produktähnlichkeiten über die Wettbewerber hinweg lassen als komparativen Wettbewerbsvorteil oftmals nur noch Preismaßnahmen zu. Diese können gegenwärtig in Form von „Rabattschlachten" in den USA und zunehmend auch in Deutschland beobachtet werden.

Vor dem Hintergrund einer strategischen Markenführung sind auch die langfristigen Aktionsrichtungen der Wettbewerber gut ableitbar: Marke A hat sowohl die rationale als auch die emotionale Markenwahrnehmung deutlich gesteigert. Dies ist zum einen etwa auf einen hohen Standard der (technischen) Produktqualität, aber auch auf emotionale Fahrzeugmodelle zurückzuführen, deren Design einen hohen Aufforderungswert besitzt.

2.4 Kausalanalytische Messung von Markenimages

Im Gegensatz zur faktoranalytischen Vorgehensweise können mit der Kausalanalyse latente und manifeste Wirkungszusammenhänge identifiziert und quantifiziert werden. Ein bekanntes Einsatzbeispiel ist etwa das BASS (Brand Assessment System) der GfK. Dort werden u.a. die Zusammenhänge der einzelnen Marketingmix-Variablen mit dem „Brand Potential Index" (BPI) ermittelt. Die Effektivität der Marketingmix-Maßnahmen wird über die kausalanalytisch bestimmte Stärke des Einflusses der einzelnen „P's" auf den BPI abgeleitet. Der BPI stellt dabei im Wesentlichen einen Index zur Messung der Markenattraktivität dar.

Auszugsweise wird nachfolgend die Markenimage-Bestimmung mittels der Kausalanalyse bei der Dr. Ing. h.c. F. Porsche AG anhand eines *Partialmodells* in *Abbildung 3* vorgestellt. Der gängigen Notation folgend sind die Indikatorvariablen mit Rechtecken und die latenten Variablen mit Ellipsen gekennzeichnet.

Die *Kommunikation*, die *Produktleistung* und die *Distribution* wurden als latente exogene Variablen theoriegeleitet und auf Basis interner Experteninterviews festgelegt. Die Indikatoren der latenten endogenen Variablen *Emotion*, *Qualität* sowie *Markenimage* wurden analog ermittelt. Die Schätzung des Modells erfolgte für ein Mehrgruppen-Kausalmodell für Porsche Fahrer und Fahrer von Wettbewerbsmarken.

Interessante Ergebnisse der kausalanalytischen Untersuchung waren u.a., dass

- ein wesentlicher Markenimagetreiber zum damaligen Zeitpunkt mit geringer physischer Marktpräsenz des Cayenne (Einführung Ende 2002, Datenerhebung

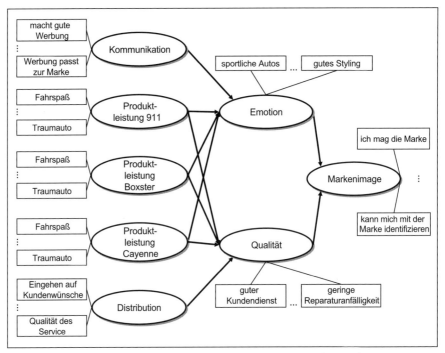

Abbildung 3: Kausalanalytische Markenimagemessung (Auszug)

Anfang 2003) die Baureihe 911 war (hohe Pfadkoeffizienten „Produktleistung 911" gleichermaßen auf „Qualität" sowie „Emotion"),

- die Leistung der Retail-Organisation („Distribution") einen deutlich höheren Totaleffekt auf das Markenimage hatte als die „Kommunikation", und
- die „Emotion" bei den Fahrern der Marke aufgrund der konkreten Produkterfahrung einen höheren Einfluss auf das Markenimage hatte als bei Wettbewerbskunden.

Es sind also die „erfahrbaren" Kernmarkenwerte des Produktangebotes (Handling, Straßenlage, Sound, ...), die neben dem Design bei Porsche hochgradig überzeugend und imagedeterminierend sind.

2.5 Preispremium

Durch Arbeiten wie Chaudhuri und Holbrook (2001) wird auch empirisch die plausible und häufig geäußerte Hypothese belegt, dass mit starken Marken Kundenloyalität gefördert, Preisspielräume etabliert sowie die Marktposition gefestigt werden. Für die Praxis bietet es sich an, nicht nur die Markenimages, sondern die am Point of Sale erzielbaren Mehrwerte zu überprüfen. Hierzu kommen etwa Loyalitätskennzahlen und realisierbare Mengen- oder Preispremien in Frage.

Gerade im Automobilbereich stellt die konsequente Realisierung einer Premiumpreisstrategie auch einen ökonomischen *Vorteil für den Kunden* dar: das Ausbleiben von Rabattaktionen und der Verzicht auf subventionierte Leasingraten unterstützen eine hohe Restwertstabilität mit entsprechend hohem Wiederverkaufswert bzw. geringen Refinanzierungskosten beim Fahrzeugersatz für die Kunden.

Bei der Ermittlung eines Preispremiums handelt es sich nicht um die Abbildung des Markenimages im engeren Sinn. Als aggregierte Gesamtkennzahl gibt sie die (Mehr-) Preisbereitschaft als Resultat einer im Wettbewerbsumfeld entsprechend (stark) positionierten bzw. kundenseitig wahrgenommenen Marke wieder. Eine derartige Verdichtung auf eine Kennzahl findet sich z.B. auch in der Bildung globaler Markenurteile bei Bekmeier-Feuerhahn (1998, S. 279 ff.).

Eine durchgängige Empfehlung der Preisforschung für die Praxis hinsichtlich der empirischen Erhebung von Preispremien liegt noch nicht umfassend vor. Methoden der direkten und der indirekten Befragung (hier insbesondere die Conjoint-Analyse) werden ebenso wie Lotterien oder Auktionen genannt (z.B. Wricke 2000, S. 68). Einen vorläufigen Vorgehensvorschlag sprechen Sattler und Nitschke (2001) aus. Demgemäß kann aufgrund von insgesamt robusten Validitätswerten für self explicated-Ansätze „unter praktischen Gesichtspunkten zu einem Einsatz der direkten Preisbefragung geraten werden" (ebd., S. 19). Unter Berücksichtigung von auswahlbasierten Conjoint-Ansätzen ist diese Empfehlung allerdings ggf. zu relativieren (z.B. Hartmann, Sattler 2004).

Verschiedenen Vorschlägen der Preisforschung folgend wird bei Porsche neben der Conjoint-Analyse auch ein mehrstufiger Ansatz zur Ermittlung von Mehrpreisbereitschaften angewendet. Er folgt der o. g. Befürwortung direkter Preisabfragen, bezieht aber zusätzlich die Darbietung eines externen Referenzpreises für die Marke mit der zweithöchsten Präferenz mit ein (vgl. *Abbildung 4* zur grundsätzlichen Vorgehensweise).

Abbildung 4: Mehrstufige Preispremium-Ermittlung

Die Ergebnisse werden um die Befunde aus den klassischen Ansätzen wie Gabor und Granger oder van Westendorp ergänzt.

Interessante Befunde der ergänzenden mehrstufigen Preispremium-Ermittlung gemäß des Vorgehens analog zu *Abbildung 4* sind u.a.

- die deutlich unterschiedlichen Preispremien in einzelnen Fahrzeugkategorien,
- die starke Heterogenität von Preispremien nach Kundensegmenten auch bei „starken Marken",
- der nicht-kompensatorische Charakter der „Marke" bei der Gesamtbeurteilung eines Automobils.

Besonders die letztgenannten beiden Punkte sind aus Praxissicht von Interesse: „Das Preispremium" gibt es nicht, vielmehr variiert dieses stark nach Kundengruppen – auch wenn das Image der dazugehörigen Marke klar und präsent ist. Entsprechend unterschiedlich kann auch das Markenimage bei verschiedenen Kundensegmenten nuanciert sein. Bei vielen der international anhand repräsentativer Samples überprüften Premiummarken lag auch ein Segment an Kunden vor, das eine oder mehrere der Marken nicht präferierte bzw. aktiv ablehnte.

Der nicht-kompensatorische Charakter der Markenbewertung zeigt sich darin, dass diese Subgruppe im experimentellen Umfeld nur bei unverhältnismäßig hohen (negativen) Preispremien zu einem Markenwechsel bereit wäre. Eine Auswertung ohne Berücksichtigung der Effekte bei unterschiedlichen Subgruppen führt zu falschen Rückschlüssen hinsichtlich des Preispremiums bzw. des Markenimages.

3 Zusammenfassung

- Der Vielzahl an Imagedefinitionen steht ein breites quantitatives und qualitatives Methodenspektrum zur Imagemessung gegenüber. Gerade im Praxiseinsatz zeigt sich, dass es „das beste" Verfahren nicht gibt.
- Je nach Erkenntnisziel oder Verwendungszweck der Imagemessung kommen verschiedene Verfahren zum Einsatz. Um dabei ein facettenreiches Bild zu erhalten, sich gleichzeitig aber nicht in einer Vielzahl unterschiedlich wichtiger Einzelitems zu verlieren, bietet sich die Kombination aggregierter und disaggregierter sowie periodischer und projektbezogener Verfahren an. Eine Auswahl an quantitativen Verfahren im Praxiseinsatz bei der Dr. Ing. h.c. F. Porsche AG wurde im vorliegenden Beitrag näher betrachtet.

Literaturverzeichnis

Bekmeier-Feuerhahn, S. (1998): Marktorientierte Markenbewertung. DUV, Wiesbaden.
Buss, E., Fink-Heuberger, U. (2000): Image Management. FAZ Verlag, Frankfurt.
Caspar, M., Metzler, P. (2002): Entscheidungsorientierte Markenführung- Aufbau und Führung starker Marken. In: Backhaus, K., Meffert, H., Meffert J., Perrey, J., Schröder, J. (Hrsg.), Arbeitspapier Marketing Centrum Münster/McKinsey & Company No. 3, o.O.
Chaudhuri, A., Hoolbrook, M. (2001): The Chain of Effects from Brand Trust and Brand Affect to Brand Performance: The Role of Brand Loyalty. In: Journal of Marketing, 65 Jg. (2001), Nr. 2, S. 81–93.
Decker, R., Wagner, R. (2002): Marketingforschung: Methoden und Modelle zur Bestimmung des Käuferverhaltens. Redline Wirtschaft, München.
Göttgens, O., Böhme, T. (2005): Strategische Bedeutung des Markenwertes. In: ZfAW, Nr. 1, S. 44–50.
Hartmann, A., Sattler, H. (2004): Wie robust sind Methoden der Präferenzmessung? In: zfbf, Nr. 56, S. 3–22.
Homburg, C., Krohmer, H. (2003): Marketingmanagement: Strategie – Instrumente – Umsetzung – Unternehmensführung. Gabler, Wiesbaden.
Löffler, M. (2005): Automobilimages im Dekadenvergleich. In: zfbf, Jahrgang 57, Ausgabe 9, S. 548–557.
Meffert, H. (1998): Marketing. Gabler, Wiesbaden.
Nieschlag, R., Dichtl, E., Hörschgen, H. (1997): Marketing. Duncker & Humblot, Berlin.
Sattler, H., Nitschke, T. (2001): Ein empirischer Vergleich von Instrumenten zur Erhebung der Zahlungsbereitschaft. Research Papers on Marketing and Retailing, University of Hamburg, No. 01, October 2001.
Trommsdorff, V. (2004): WISA – Ein kausalanalytisches Modell zur Erklärung und zum Controlling des Markenwertes, In: Der Wert der Marke, Schimansky, A. (Hrsg.), 2004, S. 698–719.
Wricke, M. (2000): Preistoleranz von Nachfragern. DUV, Wiesbaden.
Zednik, A., Straubinger, A. (2006): Marken-Modelle in der Praxis: Darstellung, Analyse und kritische Würdigung. DUV, Wiesbaden.

Brand Community
Definition, Theorien und empirische Befunde

Fabian von Loewenfeld/Andreas Herrmann/Jürgen Rösger/Mark Heitmann

Zusammenfassung	98
1 Brand Community als Erkenntnisgegenstand im Marketing	98
2 Spezifikation von Brand Communities	99
3 Ansätze zur Erklärung von Brand Communities	102
3.1 Der Symbolische Interaktionismus	102
3.2 Die soziale Identitätstheorie	105
3.3 Das Konzept des „Psychological Sense of Community"	107
4 Brand-Community-Studien	108
4.1 Die Studie von Muniz und O'Guinn	108
4.2 Die Studie von McAlexander, Schouten und Koenig	110
4.3 Die Studie von Algesheimer, Dholakia und Herrmann	111
5 Implikationen für das Marketing und weitere Forschungsaktivitäten	113
Literaturverzeichnis	115

Zusammenfassung

In Wissenschaft und Praxis hat das Phänomen Brand Community in jüngster Zeit beachtliches Interesse gefunden. Vielfältige Beiträge sind in den letzten Jahren (insbesondere ab 2000) zu diesem Thema entstanden. Ein Blick in die Literatur zeigt jedoch, dass noch keine gemeinsame Vorstellung darüber existiert, was eine Brand Community ausmacht, welchen ökonomischen Wert sie besitzt und wie sie in Erscheinung tritt. Insofern liegt es nahe, die Grundidee des Konzepts der Brand Community zu diskutieren und die theoretischen Grundlagen aufzuzeigen. Zudem sollen verschiedene empirische Studien diskutiert werden, die unterschiedlich bedeutsam für Managementtheorie und Managementpraxis sind.

1 Brand Community als Erkenntnisgegenstand im Marketing

Eine Untersuchung der Gewohnheiten von Individuen zeigt, dass konkret-funktionale Produktfacetten in vielen Märkten eine immer unwichtigere Rolle bei der Kaufhandlung spielen (hierzu etwa Esch, Langner 2003, S. 440 ff.; Keller 1998). Vielmehr richtet der Käufer sein Augenmerk bei der Produktwahl zunehmend auf imaginär-symbolische Leistungsdimensionen und hierbei insbesondere auf die von ihm erlebte Nähe seines Selbsts zu dem vom Erzeugnis repräsentierten Selbstbild (Aaker 1997, S. 350 ff.). Folglich zielen Unternehmen darauf ab, im Rahmen der Markenbildung Güter und Dienste mit Persönlichkeitsmerkmalen aufzuladen, die dem Kunden beim Ge- oder Verbrauch den Ausdruck seiner Persönlichkeit auf der Bühne des sozialen Lebens ermöglichen (Fournier 1998, S. 355 ff.). Aaker und Fournier (1995, S. 393) drücken diese Idee prägnant aus, indem sie eine Marke als einen „... active, contributing partner in the dyadic relationship that exists between the person and the brand ..." beschreiben.

Zumeist reicht jedoch eine dyadische Beziehung nicht aus, um die Bedeutung von Marken für das Individuum vollständig zu erfassen. Ohne Zweifel sind die emotionalen Aspekte des Konsums im Markenkonzept erfasst, was jedoch fehlt, sind die sozialen (O'Guinn, Muniz 2004, S. 70 ff.). Hier kommt das Konzept der Brand Community ins Spiel, dem die Idee zugrunde liegt, der Konsum einer bestimmten Marke generiert ein Gruppenzugehörigkeitsgefühl und erzeugt somit eine soziale Identität beim Individuum (hierzu Vestrate, Algesheimer 2004, die die ersten umfassenden Arbeiten zu diesem Thema in der deutschsprachigen Literatur vorgelegt haben; vgl. ferner von Loewenfeld, Herrmann 2004). Aus der dyadischen Beziehung zwischen Marke und Konsument entsteht eine Triade mit den Elementen Marke, Konsument und Gruppe, was eine Brand Community ausmacht (Muniz, O'Guinn 2001, S. 418 ff.). Beispiele hierfür sind Kundengruppen, die sich in den letzten Jahren etwa um Yahoo, ICQ oder eBay gebildet haben und aufgrund ihrer Markenorientierung als Brand Communities bezeichnet werden. Als Prototyp einer Brand Community gilt die Harley-Davidson Owner's Group, die eigenen Angaben zufolge, über 700.000 Mitglieder umfasst. Das Unternehmen organisiert diesen Club global über das Netz, unterstützt aber auch Ortsverbände, die zur Dachorganisation gehören, und initiiert für die Mitglieder gemeinsame Ausflüge oder bietet ihnen Kleider, Accessoires und Schmuck an.

Seit einigen Jahren findet sich in Wissenschaft und Praxis eine Diskussion über das Phänomen Brand Community. Viele Autoren betonen das Potenzial solcher Gruppen als neues Instrument der modernen Markenführung (Upshaw, Taylor 2000; Muniz, O'Guinn 2001; McAlexander, Schouten, Koenig 2002; Schubert 1999). Jedoch fällt auf, dass bislang kein einheitliches Verständnis darüber existiert, was eine Brand Community ist und welchen ökonomischen Beitrag sie leistet (hierzu eine der wenigen Studien von Bauer et al. 2001). Insofern soll im Folgenden zunächst das Phänomen Brand Community spezifiziert werden. Daraufhin erfolgt eine Diskussion dreier Theorien zur Erklärung dieser Erscheinung. Auf dieser begrifflichen und theoretischen Basis lassen sich die empirischen Befunde zur Erklärung einer Brand Community erörtern. Den Abschluss bildet ein Ausblick auf bislang noch nicht beantwortete Forschungsfragen zu diesem Thema.

2 Spezifikation von Brand Communities

Eine umfassende Arbeit zur begrifflichen Basis und zu den morphologisch-strukturalistischen Grundlagen von Brand Communities stammt von Muniz und O'Guinn (2001). Die beiden Autoren heben basierend auf einer Auswertung der soziologischen Literatur drei Hauptmerkmale von Communities hervor (Muniz, O'Guinn 2001, S. 412 ff.): Unter „consciousness of kind" verstehen sie die intrinsische Verbindung, die Mitglieder einer Community untereinander empfinden. Es ist ein Wir-Gefühl, das die Zugehörigkeit zur eigenen Community manifestiert und gleichzeitig die Unterschiede und Abgrenzung zu anderen Gruppierungen hervorhebt. Die gemeinsame Verbindung zur Marke gibt dem Einzelnen das Gefühl, andere Mitglieder auf eine gewisse Art und Weise zu kennen, obgleich er sie vielleicht noch nie gesehen hat. Charakteristisch für eine Brand Community ist somit nicht mehr die rein dyadische Beziehung zwischen Marke und Kunde, sondern vielmehr die Triade Marke – Kunde – Kunde.

„Shared rituals and traditions" sind die zentralen sozialen Prozesse, mit deren Hilfe die Bedeutung der Community reproduziert sowie innerhalb als auch außerhalb der Community verbreitet wird. Rituale und Traditionen dienen dazu, das gemeinsame Bewusstsein sowie die Geschichte und Kultur der Community aufrecht zu erhalten. Einem Bedeutungswandel innerhalb einer Community wird damit entgegen gewirkt, denn durch Rituale und Traditionen erhält die Community eine nach außen hin sichtbare Definition bezüglich ihrer verhaltensrelevanten Normen und Werte.

Schließlich gilt „a sense of moral responsibility", also das Gefühl des Einzelnen, der Community als Ganzer sowie ihren einzelnen Mitgliedern verpflichtet zu sein. Diese moralische Verpflichtung trägt zu gemeinsamen Handlungen und zur Gruppenkohäsion bei. In Bezug auf Brand Communities werden zwei Bereiche hervorgehoben, in denen die moralische Verpflichtung eine besondere Rolle spielt: Die Integration neuer und das Halten bestehender Mitglieder sowie die Unterstützung von Mitgliedern im Hinblick auf eine Nutzung der Marke.

Zudem greifen Muniz und O'Guinn das Konzept der Imagined Community auf. Insbesondere durch das Aufkommen der Massenmedien sind heutzutage Communities nicht mehr an einen geographischen Ort gebunden. Stattdessen tritt die gemeinsame Identität als verbindendes Merkmal in den Vordergrund. Es entstehen „imagined communities", d.h. Communities, die zu einem großen Teil nicht durch realen Kontakt zusammengehalten werden, sondern durch die auf einer gemeinsamen Identität basierenden wohlfundierten Vorstellung von der Community und ihren Mitgliedern. Muniz und O'Guinn schlagen folgende Merkmale für Brand Communities vor (Muniz, O'Guinn 2001, S. 415 ff.):

Brand Communities bestehen aus mehr oder weniger Mitgliedern, deren Beziehung durch Stabilität und Commitment sowohl gegenüber der Marke als auch gegenüber anderen Mitgliedern gekennzeichnet ist.

Solche Gruppen bilden sich in erster Linie um Marken mit einem starken Image, einer langen Geschichte und mit bedrohlichen Konkurrenzmarken.

- Öffentlich konsumierte Marken bieten ein größeres Potenzial für die Bildung von Brand Communities als nur privat konsumierte.
- Solche Gruppen müssen sich nicht vom Mainstream abgrenzen und sind nicht an einen bestimmten Ort gebunden.
- Die Ausrichtung von Brand Communities ist kommerziell und massenmedienaffin.

Im Hinblick auf die marketingpolitischen Implikationen betonen die Autoren, dass Brand Communities den Nachfragern mehr Einfluss bei der Markengestaltung verleihen. Zudem bilden sie eine wertvolle Informationsquelle zur Beantwortung von Fragen bezüglich der Marke. Außerdem liefern Brand Communities soziale Vorzüge, die durch die Interaktion mit anderen Mitgliedern innerhalb der Community entstehen. Im Vergleich zu den traditionellen Communities (z.B. Familie, Kirche, Gemeinde) haben Brand Communities ein hedonistisches und liberales Ethos, d.h. Spaß und Vergnügen werden gefördert, und das individualistische Freiheitsideal kann sich in den Grenzen der Community entfalten (dazu auch Cova, Cova 2002; Cova 2003 sowie Glynn 1986).

Für McAlexander, Schouten und Koenig (2002), die einen weiteren häufig zitierten Beitrag hierzu liefern, ist eine Community durch die Identifikation ihrer Mitglieder und daraus abgeleitete Symbole und Rituale gekennzeichnet. Bei einer Brand Community repräsentiert die Marke das zentrale Symbol. Grundlage ihres Verständnisses von Brand Community ist die von Muniz und O'Guinn vorgeschlagene Marke – Kunde – Kunde – Beziehung. Allerdings schlagen sie eine Erweiterung dieses Ansatzes vor: Der Fokus auf die Triade Marke – Kunde – Kunde mit der Marke als Symbol ignoriert, dass Kunden ebenso Beziehungen etwa zu den Verkäufern, den Außendienstlern oder anderen Unternehmensvertretern aufbauen. In ihrem Modell, in dem nicht die Marke, sondern der einzelne Kunde im Zentrum der Brand Community steht, hängen daher Existenz und Bedeutung der Brand Community von vier vom Kunden ausgehenden Beziehungen ab: die Beziehung zu anderen Kunden, die Beziehung zum Markenprodukt, die Beziehung zur Unternehmensmarke und die Beziehung zu den Marketers, verstanden als das Markenunternehmen inklusive aller mit dem Kunden interagierenden Mitarbeiter (Erweiterung des Modells). *Abbildung 1* stellt das kundenzentrierte Brand Community-Modell von McAlexander, Schouten und Koenig dem Triade-Ansatz von Muniz und O'Guinn gegenüber.

Brand Community: Definition, Theorien und empirische Befunde

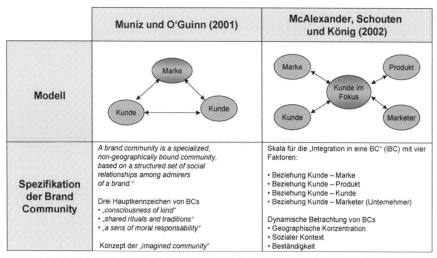

Abbildung 1: Zwei zentrale Ansätze zur Brand Community-Spezifikation im Überblick

Ein weiterer Unterschied im Vergleich zum Ansatz von Muniz und O'Guinn resultiert aus der Forderung von McAlexander, Schouten und Koenig nach einem dynamischen Verständnis von Brand Community (McAlexander, Schouten, Koenig 2002, S. 39 ff.). Eine Betrachtung im Zeitverlauf ist erforderlich, um die Herausbildung von pulsierenden und vielschichtigen Brand Communities zu erklären. Die Autoren nennen drei Dimensionen, die bisher statisch betrachtet worden sind: (1) Bezüglich der geographischen Konzentration ist zwischen geographisch konzentrierten, geographisch verteilten und nur im Internet existierenden Brand Communities zu unterscheiden. Betrachtet man diese Dimension dynamisch, lässt sich analysieren, wie eine geographisch verteilte Community auf eine zeitweise geographische Konzentration in Form von z.B. Markenevents reagiert. (2) Die Kommunikation in der Brand Community kann Face-to-Face ablaufen oder über elektronische Medien, oder aber es handelt sich um unternehmensgesteuerte massenmediale Kommunikation. Bei einer dynamischen Betrachtung könnte man beispielsweise sehen, wie sich eine Brand Community entwickelt, wenn statt massenmedialer Kommunikation persönliche Face-to-Face- Kommunikation eingesetzt wird. (3) Schließlich unterscheiden McAlexander, Schouten und Koenig in Bezug auf Beständigkeit zwischen stabilen und temporären bzw. periodischen Brand Communities. In einer dynamischen Betrachtung könnte z.B. die Frage interessant sein, was mit einer Brand Community geschieht, wenn ihre temporäre Relevanz endet.

Die Autoren weisen darauf hin, dass in vielen Märkten Wettbewerbsvorteile basierend auf Produktdifferenzierung sehr schnell von der Konkurrenz aufgeholt werden. Daher gilt es, den Begriff Wettbewerbsvorteil neu zu definieren und das Konzept der Brand Community aufzugreifen. Sofern Firmen proaktiv eine Umgebung schaffen, in der Beziehungen gefördert werden, lässt sich die Integration der Individuen in die Brand Community erhöhen, was zu einer Steigerung der Markenloyalität führt (Bauer et al. 2001).

3 Ansätze zur Erklärung von Brand Communities

Anknüpfend an die Definition des Terminus Brand Community interessieren Theorien, die eine Erklärung dieses Phänomens ermöglichen. Hierzu kommen der Symbolische Interaktionismus, die soziale Identitätstheorie und der „Psychological Sense of Community" in Betracht.

3.1 Der Symbolische Interaktionismus

Die Begriffsfestlegung vor Augen lässt sich der Symbolische Interaktionismus heranziehen, um die Existenz von Brand Communties zu erklären. Diese Theorie gehört zu den zentralen soziologischen Theorien des 20. Jahrhunderts und wurde im Marketing frühzeitig erkannt (Leigh, Gabel 1992). Gerade in den letzten Jahren hat mit der Erforschung von Communities der Symbolische Interaktionismus an Bedeutung gewonnen. In Anbetracht der Relevanz des Symbolischen Interaktionismus als theoretische Basis vielfältiger Studien erscheint es unerlässlich, seine Prämissen und die daraus resultierende Kraft zur Erklärung neuer Community-Formen im Marketing zu diskutieren. Die Grundidee des Symbolischen Interaktionismus besteht darin, die Gesellschaft als ein System von interpersoneller Kommunikation und Interaktion aufzufassen. Das Individuum interagiert mit anderen in ihrer Gesamtheit (Gesellschaft) wie auch mit einzelnen Referenzgruppen und ist ein Produkt dieser sozialen Interaktion. Wie jede andere Theorie liegen auch dem Symbolischen Interaktionismus einige Prämissen zugrunde, deren Diskussion unerlässlich ist, um die Leistungsfähigkeit des Ansatzes einzuschätzen (Blumer 1969, S. 16 ff.):

1. Prämisse: „The first premise is that human beings act toward things on the basis of the meanings those things have for them".

Damit weist Blumer auf die symbolische Bedeutung von Dingen hin und deutet bereits ihre daraus resultierende verhaltensprägende Wirkung an. Dinge können Produkte und andere reale Objekte sein, aber auch abstrakte Objekte sowie bestimmte Handlungen und Ereignisse (Leigh, Gabel 1992, S. 30 ff.). In den Ursprüngen des Symbolischen Interaktionismus spielten Produkte zunächst keine Rolle, vielmehr ist von bestimmten Stimuli die Rede, auf die der Einzelne nicht in direkter oder automatischer Weise wie bei einem Reflex reagiert, sondern unter Berücksichtigung der symbolischen Bedeutungen, die den Stimulus umgeben (Sandstrom, Martin, Fine 2001, S. 225 ff.). Erst Goffman (1951, S. 297 ff.) wies darauf hin, dass Produkte neben physikalisch-chemisch-technischen Eigenschaften auch symbolische (symbolic properties) aufweisen. Diese Idee fand in der Folgezeit vor allem im Rahmen der Diskussion über „product symbolism" (Lee 1990, S. 390 ff.) Beachtung. Dadurch wurde die Theorie des Symbolischen Interaktionismus immer stärker mit Erkenntnissen aus der Kauf- und Konsumforschung verzahnt. Beispielsweise steht BMW in den Augen vieler Individuen für Eleganz, Dynamik und Prestige (symbolische Bedeutung). Gerade diese abstrakten Attribute sind Blumers Gedanken zufolge die für die Wahlhandlung entscheidenden (aufgrund ihrer verhaltensprägenden Wirkung). Voraussetzung ist allerdings, dass sich die symbolische Bedeutung jedes Attributs im Selbst-Konzept des Individuums widerspiegelt.

Das Selbst-Konzept ist ein zentraler Begriff im Rahmen des Symbolischen Interaktionismus. Gergen (1971, S. 23) definiert das Selbst-Konzept als „… the system of concepts available to a person in attempting to define himself …". Hogg und Abrams (1988, S. 24) sprechen von „… the totality of self-descriptions and self-evaluations subjectively available to an individual …". Das Selbst-Konzept lässt sich als hypothetische, kognitive Struktur verstehen, die in geeigneten Umständen als Mediator zwischen sozialen Situationen und Verhalten wirkt. Das Stichwort „soziale Situation" leitet zu Blumers zweiten Prämisse über.

2. Prämisse: „The second premise is that the meaning of such things is derived from, or arises out of, the social interaction that one has with one's fellows".

Zinkhan (1990, S. 111) definiert ein Symbol als etwas „… that stands for or expresses something else". Was ein Symbol ausdrückt, entsteht nicht per se, sondern über die soziale Interaktion mit Personen aus bestimmten Referenzgruppen, wobei im Einzelfall auch die Gesellschaft als Ganzes gemeint ist. In Bezug auf das BMW-Beispiel ergibt sich hieraus, dass die symbolischen Bedeutungen Eleganz, Dynamik und Prestige erst dann entstehen, wenn eine bestimmte Gruppe sie der Marke BMW zuschreibt.

3. Prämisse: „The third premise is that these meanings are handled in, and modified through, an interpretive process used by the person in dealing with the things he [or she] encounters."

Diese Annahme hebt auf die gedankliche und interpretative Verarbeitung der symbolischen Bedeutungen ab. Dabei kommt es nicht zu einer direkten, spontanen Reaktion, vielmehr suggeriert Blumer die gedankliche Interpretation dieser Symbole. Solche gedanklichen Prozesse sind insbesondere von der Situation abhängig, in der sich der Einzelne befindet. Zudem spielt die positive bzw. negative Haltung gegenüber der Referenzgruppe eine wichtige Rolle (Leigh, Gabel 1992, S. 30 ff.). Diese gedanklichen Prozesse können zu einer aus der Perspektive des Individuums anderen symbolischen Bedeutung führen mit entsprechenden verhaltensprägenden Konsequenzen. Zum Beispiel mag ein älterer Kunde die genannten symbolischen Bedeutungen auch in die Richtung interpretieren, dass BMW ihm ein jugendliches, dynamisches Image verleiht, während für einen jüngeren Konsumenten vielleicht der Prestigegewinn im Vergleich zu seinen Freunden im Vordergrund steht. In beiden Fällen entsteht ein Bild, das zwar in Zusammenhang zum Bild der Referenzgruppe steht, d.h. von dieser maßgeblich geprägt wird, sich aber dennoch in zentralen Facetten davon abhebt.

Ausgehend von den zwei zentralen Begriffen des Symbolischen Interaktionismus, den Symbolen und der sozialen Interaktion, lässt sich die theoretische Erklärung des Markengemeinschafts-Phänomens in drei Schritten aufzeigen: Zunächst lässt sich ausgehend vom Symbolbegriff der Bezug zum Branding herstellen. Im zweiten Schritt erfolgt die Verbindung von sozialer Interaktion und Communities. Schließlich zeigt sich in der Synthese, dass der Symbolische Interaktionismus einen wichtigen Teil des theoretischen Bezugsrahmens für Markengemeinschaften darstellt.

Bezüglich des Symbolbegriffs ist zunächst zu fragen, wodurch Produkte Symbolkraft erlangen können. Einen Anhaltspunkt liefern Leigh und Gabel (1992, S. 29 f.), die auflisten, bei welchen Produkten der symbolische Wert bei der Kaufentscheidung eine Rolle spielt: hochpreisige Produkte (z.B. Boote, Designer-Kleidung, Luxusautomobile), Produkte mit Performance-Risiken (z.B. Sportwagen, Sportausstattung), komplexe Produkte (z.B. Home Entertainment Systeme), Specialty Goods (z.B. Feinkost, formelle Kleidung) sowie egobezogene Produkte (z.B. Eau de Toilette, Kleidung). Diese

Typologie setzt an den Eigenschaften von Produkten an, die bewirken, dass den Erzeugnissen symbolische Bedeutungen zugeordnet werden. Je mehr von diesen fünf Eigenschaften einem Produkt zugeordnet werden können, desto höher sein symbolischer Wert. So kann man einem Aston Martin beispielsweise alle genannten Eigenschaften zuordnen, woraus sich ein beachtlicher symbolischer Wert ableiten lässt (ferner Holt 1995).

Die wichtigste Rolle im Hinblick auf die Symbolkraft von Produkten spielt jedoch das Branding. Im Rahmen der Markenbildung werden bestimmte Produkteigenschaften gebündelt und mit einer symbolischen Bedeutung versehen, denn Marken sind „the consumer's idea of a product" (Ogilvy in: Blackston 2000, S. 101) und verkörpern die intangiblen, emotionalen Aspekte eines Produktes. Bedbury und Fenichell (2002, S. 27 ff.) vergleichen Marken auf anschauliche Weise mit der Ideenwelt des griechischen Philosophen Plato. Plato war der Ansicht, dass sich hinter jedem konkreten Gegenstand in der Realwelt eine Idee desselben verbirgt, die die immateriellen, ewigen und unveränderlichen Wesenheiten dieses Gegenstandes verkörpert. In vergleichbarer Weise hat auch jede erfolgreiche Marke ein Fundament, das nicht in dem realen Produkt begründet ist. Sofern eine bestimmte Anzahl von Individuen eine Marke in ähnlicher Weise wahrnimmt und beurteilt, entsteht ein Markenimage. Die theoretische Basis für die Existenz eines Markenimage, das mehr oder minder dasselbe für die Mitglieder eines sozialen Systems (z.B. Referenzgruppe) ist, liegt im Symbolischen Interaktionismus begründet (Lee 1990, S. 388 ff.). Menschen ordnen Produkte, mit denen sie in Kontakt kommen, in soziale Prozesse ein und lernen im Rahmen der damit verbundenen sozialen Interaktion die symbolischen Bedeutungen der Produkte kennen. Somit ist die mehrheitlich anerkannte symbolische Bedeutung (das Markenimage) das Ergebnis dieser sozialen Interaktion.

Mit dem Begriff der sozialen Interaktion wird gleichzeitig der zweite zentrale Begriff im Rahmen des Symbolischen Interaktionismus angesprochen. Lee (1990) sieht den Symbolischen Interaktionismus als theoretische Basis, um das „socially oriented self" zu konzeptualisieren. Soziale Orientierung in Form sozialer Interaktion stellt dabei ein häufig genanntes Merkmal bei der Beschreibung von Communities dar. Soziale Interaktion ist unerlässlich, um dem Einzelnen die Identitätsfindung über Symbole zu ermöglichen, denn „... as symbolic interactionists tell us, even sovereign identities require the interpretive support of others to give them ballast ..." (Holt 2002, S. 83). So gesehen fungiert der Symbolische Interaktionismus auch als eine theoretische Basis für die Erklärung von Communities. Im Rahmen des Symbolischen Interaktionismus werden Marken (verstanden als Symbole) zur „... pre-eminent site through which people experience and express the social world ..." (Holt 2002, S. 83). Dies geschieht insbesondere dadurch, dass Konsumenten Communities um Marken herum bilden, sogenannte Markengemeinschaften. Auch Wolf (1999, S. 171) spricht davon, dass gemeinsame Symbole zum Aufbau eines „sense of community" führen, der die Identifikation stärkt und das Selbst-Konzept erweitert. McMillan und Chavis (1986, S. 10 ff.) sind der Ansicht, dass ein Verständnis eines gemeinsamen Symbolsystems (hier die Marke) eine unabdingbare Voraussetzung für das Verständnis des Community-Gedankens ist.

Wesentlich für die zunehmende Bedeutung von Communities im Marketing ist jedoch nicht nur die Tatsache, dass sich Markengemeinschaften bilden, sondern dass diese auch eine hohe Verhaltensrelevanz haben (z.B. Wiederkauf bzw. Weiterempfehlung). Auch dies ist Inhalt des Symbolischen Interaktionismus, so betonte Blumers erste Prämisse die Verhaltensrelevanz der durch soziale Interaktion entstandenen symbolischen Bedeutungen. Empfindet ein Konsument ein deutliches Zugehörigkeitsgefühl zu einer Referenzgruppe, wie im Fall einer Markengemeinschaft, ist eine Kaufentscheidung basierend auf symbolischen Bedeutungen wahrscheinlich (Leigh, Gabel 1992). Für Unternehmen ist es wesentlich, diesen Prozess genau zu verstehen und mittels des marketingpolitischen Repertoires zu steuern.

3.2 Die soziale Identitätstheorie

Die soziale Identitätstheorie besagt, dass Individuen bestrebt sind, Selbstwertschätzung (self-esteem) durch Mitgliedschaft in sozialen Gruppen zu erlangen. Eine soziale Gruppe bietet die Voraussetzung für die Herausbildung der sozialen Identität (social identity). Diese ist definiert als „... that part of an individual's self-concept which derives from his knowledge of his membership in a social group (or groups) together with the value or emotional significance attached to that membership ..." (Tajfel 1978, S. 63). Die soziale Kategorie, in die eine Person fällt und zu der sie sich zugehörig fühlt, definiert die maßgeblichen Charakteristika der Person (Hogg, Terry, White 1995, S. 259). Zudem spielt die persönliche Identität (personal identity) als weiteres Element des Selbstkonzepts eine Rolle (Lantz, Loeb 1998, S. 486; Hogg, Abrams 1988, S. 57 ff.). Hierbei geht es um eine Einordnung bzw. Bewertung der eigenen Person im Vergleich zu anderen Personen, basierend auf individuellen Attributen wie Kompetenz, Fähigkeiten und Interessen.

Individuen neigen dazu, sich und andere in verschiedene soziale Kategorien einzuordnen (Ashforth, Mael 1989, S. 20 ff.). Diese Kategorisierung hat zwei Funktionen: Erstens lässt sich dadurch die soziale Umwelt ordnen, so dass andere Personen definiert werden können. Zweitens ermöglicht eine Kategorisierung dem Individuum, seine eigene Position in der sozialen Umwelt festzulegen. Dabei folgt die Herausbildung von Kategorien nach dem Prinzip des Meta-Kontrasts. Dieses besagt, dass für eine Kategorienbildung die Unterschiede zwischen den Mitgliedern einer Kategorie bzw. Gruppe (intra-category) zu minimieren sind, während die Unterschiede zwischen den Kategorien bzw. Gruppen (inter-category) zu maximieren sind.

Die Homogenität innerhalb einer Kategorie bzw. Gruppe lässt sich durch den Prozess der Entpersonalisierung erreichen. Dabei geben die Individuen ihre persönliche Identität zugunsten der sozialen Identität auf. Die Mitglieder der Gruppe agieren nicht mehr gemäß ihrer individuellen Besonderheiten, sondern als Prototypen der Gruppe. Der Prototyp stellt eine subjektive Repräsentation der die soziale Kategorie definierenden Attribute dar (z.B. Haltungen, Verhalten, Anschauungen) und er entsteht durch relevante soziale Informationen im interaktiven Kontext der Gruppe (Hogg, Terry, White 1995, S. 261 ff.). Der Prototyp verkörpert somit die soziale Identität und sorgt dafür, dass die soziale Kategorie in Erscheinung tritt.

Abbildung 2 zeigt diesen Prozess; am Anfang steht das einzelne Individuum, das durch seine persönliche Identität geprägt ist. Wie alle Personen strebt es danach, andere Individuen in soziale Kategorien einzuordnen, verdeutlicht durch die drei Gruppen. In gleicher Weise ist es bemüht, sich selbst einzuordnen beispielhaft in die erste Gruppe, weil das Individuum mit dieser Gruppe viele Gemeinsamkeiten aufweist. Durch die Mitgliedschaft in dieser Gruppe kommt es zu einer Entpersonalisierung der persönlichen Identität. Dieser Prozess der Angleichung führt zu einer beachtlichen Trennschärfe zwischen den Gruppen gemäß dem Prinzip des Meta-

Kontrasts (meta-contrast). Das Individuum entwickelt sich durch Entpersonalisierung zum Prototyp der Gruppe. Dieser verkörpert die im Rahmen des beschriebenen Prozesses entstandene soziale Identität (social identity) und sorgt dafür, dass die soziale Kategorie nach außen vermittelt wird. Dies führt dazu, dass getrieben vom Wunsch, sich über eine positive soziale Identität von anderen Gruppen abzugrenzen, die eigene Gruppe gegenüber anderen Gruppen im Rahmen des Ethnozentrismus stark aufgewertet und bevorzugt wird. Als Konsequenz des Ethnozentrismus entsteht eine klare Markenpräferenz für die von der ersten Gruppe verwendete Marke Mercedes-Benz. Die für die beiden anderen Gruppen charakteristischen Marken BMW bzw. Audi werden hingegen vom Individuum abgelehnt.

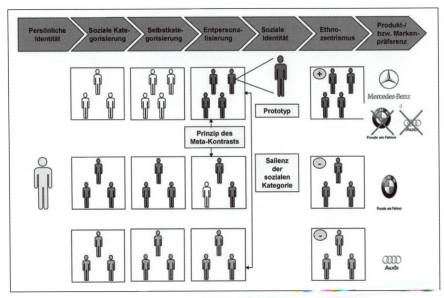

Abbildung 2: Grundstruktur des Meta-Kontrasts

Im Gegensatz zum Symbolischen Interaktionismus steht bei der sozialen Identitätstheorie nicht die verhaltensrelevante soziale Interaktion über Symbole im Zentrum, sondern der Prozess, der zur Identitätsbildung einer Gruppe führt. Obst, Smith und Zinkiewicz (2002, S. 122) sprechen daher von der soziale Identitätstheorie als der Grundlage zur Erklärung von Brand Communities. Während die Symbole im Mittelpunkt des Symbolischen Interaktionismus stehen, spielen sie im Rahmen der sozialen Identitätstheorie eine subtile Rolle. Laut Boorstin sind gemeinsame Symbole geeignete Instrumente, um eine Gruppenmitgliedschaft zum Ausdruck zu bringen (Friedman, Abeele, De Vos 1993, S. 40 ff.). Soziale Identität lässt sich in besonderer Weise durch Symbole prägen; ein wichtiges Symbol bildet die Marke. Entsteht um diese Marke eine Community, ist dies der Markenloyalität, der Beurteilung der Produktqualität sowie dem Weiterempfehlungsverhalten zuträglich (Lantz, Linh 2000, S. 5 ff.). Außerdem entwickelt sich bei den Mitgliedern der Brand Community eine Aversion gegenüber anderen Marken. Kozinets (1999, S. 258) bestätigt diese Auffassung, indem er behauptet, dass Markenloyalität auf sozialen Bedürfnissen basiert – dem Wunsch, an etwas zu glauben, dazu zu gehören und auch Dinge abzulehnen.

3.3 Das Konzept des „Psychological Sense of Community"

Bereits 1974 führte Sarason das Konzept des „Psychological Sense of Community" ein, das zentral für die Community-Psychologie werden sollte (Chavis, Pretty 1999, S. 636 ff.). McMillan und Chavis (1986, S. 9) beschreiben dieses Konzept als „… sense of community is a feeling that members have of belonging, a feeling that members matter to one another and to the group, and a shared faith that members' needs will be met through their commitment to be together …". Diese Definition beinhaltet im Wesentlichen zwei konstituierende Elemente:

- Mitgliedschaft (membership)

    McMillan und Chavis (1986, S. 9 ff.) sehen Mitgliedschaft (membership) als ein Gefühl der Zugehörigkeit, das in fünf Facetten zum Ausdruck kommt: (1) Gruppen nutzen Sprache, Kleidung oder auch Rituale, um Grenzen gegenüber anderen Gruppen zu errichten. Diese Grenzen dienen dabei dem Schutz der sozialen Verbindungen innerhalb der Gruppe. (2) Die Grenzen zu anderen Gruppen vermitteln ein Gefühl der Sicherheit mit der Folge, dass man bereit ist, sich gegenüber anderen Mitgliedern emotional zu öffnen. (3) Das Gefühl der Zugehörigkeit und Identifikation umfasst den Glauben, dass man zu einer Gruppe passt und von dieser akzeptiert wird. (4) Sind einzelne Personen durch Engagement Mitglied in der Gruppe geworden, entsteht das Gefühl, man habe sich den Platz in der Gruppe verdient. (5) Gemeinsame Symbole, Rituale, Zeremonien, aber auch eine Marke festigen die Gruppe nach innen und heben die Gruppengrenzen deutlicher hervor.

- Einfluss (influence)

    McMillan und Chavis (1986, S. 16 ff.) weisen darauf hin, dass das Beeinflussungskonzept von zwei Seiten aus betrachtet werden muss. Auf der einen Seite muss der Einzelne die Möglichkeit besitzen, die Gruppe zu beeinflussen, um eine Mitgliedschaft als attraktiv zu empfinden. Auf der anderen Seite ist für die Kohäsion der Gruppe entscheidend, dass die Gruppe auch einen Einfluss auf ihre Mitglieder hat. Studien zeigen, dass diese beiden Kräfte tatsächlich gleichzeitig wirksam sein können (Algesheimer, Dholakia, Herrmann 2005, S. 25 ff.), so dass sowohl der Grad der Anpassung als auch der Grad des Einflusses auf die Mitglieder Indikatoren für die Stärke der Bindung in einer Brand Community sind.

Im Unterschied zu den beiden anderen Theorien erschließt sich der Zusammenhang zwischen dem Konzept des „Psychological Sense of Community" und Communities bereits von der Namensgebung her. Dabei liegt der Bezug zur sozialen Identitätstheorie auf der Hand: Wie erinnerlich definiert Tajfel die soziale Identität als jenen Teil des Selbstkonzepts, der sich aus der Mitgliedschaft in einer Gruppe ergibt. In Analogie dazu identifizieren McMillan und Chavis (1986, S. 14 ff.) Mitgliedschaft und eine gemeinsame emotionale Verbindung als konstituierende Elemente für das Konzept des „Psychological Sense of Community", was Obst, Zinkiewicz und Smith (2002) empirisch bestätigen.

Allerdings liefert dieses Konzept mehr als die theoretische Basis zur Erklärung einer Brand Community. Es ist nicht nur die soziale Identität, die für die Herausbildung eines Gemeinschaftsgefühls eine Rolle spielt, sondern auch weitere Faktoren wie die Erfüllung von Bedürfnissen, die Einflussnahme auf die Community (und umgekehrt), Freundschaft, Unterstützung und Vertrauen. Neben einer Erfüllung traditioneller Community-Werte, zu denen Freundschaft, Unterstützung und Vertrauen gehören, hat sich mit der Zeit auch ein utilistisch geprägtes Momentum für die Community-Bildung gesellt, nämlich die Erfüllung von Bedürfnissen. Das heißt, die Mitgliedschaft in der Community muss dem Einzelnen vorteilhaft erscheinen (ferner Thompson, Holt 1996, S. 204 und 205).

Zentral für das Konzept des „Psychological Sense of Community" sind insbesondere die zwischenmenschlichen Beziehungen. Im Symbolischen Interaktionismus und der sozialen Identitätstheorie werden diese nur ganz allgemein mit sozialer Interaktion umschrieben. Im Zentrum stehen bei diesen Theorien die Beziehungen zwischen Mitglied und Marke bzw. zwischen Mitglied und Community als Ganzes. Im Konzept des „Psychological Sense of Community" tritt hingegen die zwischenmenschliche Beziehung in den Vordergrund; erst mit ihrer Hilfe entsteht das Gemeinschaftsgefühl.

4 Brand-Community-Studien

Obgleich die Relevanz von Brand Communities in Wissenschaft und Praxis unbestritten ist, liegen bislang nur sehr wenige Studien zu diesem Thema vor. Im Folgenden sollen die wichtigsten empirischen Untersuchungen zu Brand Communities dargestellt und gewürdigt werden.

4.1 Die Studie von Muniz und O'Guinn

Die von Muniz und O'Guinn (2001) vorgelegte Studie zielt darauf ab, den Begriff der Brand Community zu spezifizieren, die Existenz solcher Communities in der Realität nachzuweisen sowie die Charakteristika von Brand Communities herauszuarbeiten und in den Kontext der Marketingliteratur einzuordnen. Hierzu führen die beiden Autoren zwei empirische Untersuchungen durch: In einer ersten geht es darum, mehrere Haushalte zu besuchen, deren Mitglieder zu einer Saab- und einer Macintosh-Community gehören. Muniz und O'Guinn veranstalten Workshops mit diesen Individuen und nehmen an Veranstaltungen der beiden Communities teil. Eine zweite Studie verfolgt das Anliegen, die Existenz von Brand Communities im virtuellen Raum zu überprüfen. Dazu dient eine Analyse von Webseiten, die von privaten Usern oder Clubs erstellt wurden, bezüglich Saab, Macintosh und Ford Bronco. Die Ergebnisse der beiden Studie lassen sich anhand der drei Charakteristika von Communities diskutieren (auch Kozinets 2002a und 2002b):

- „Consciousness of kind"

  Die Mitglieder erleben ein soziales Band um eine Marke herum und betonen die Wichtigkeit dieser Brand Community.

  Brand Communities sind nicht an einen geographischen Ort gebunden, was insbesondere im Rahmen der analysierten Webseiten bestätigt werden konnte.

  In einigen Communities, wie z.B. Saab, ist eine Legitimierung für eine Mitgliedschaft erforderlich. Die Begeisterung für die Marke muss aufrichtig sein und darf nicht opportunistischem Verhalten entspringen.

Ein wichtiger Aspekt der Brand Community-Erfahrung ist eine kollektive Ablehnung von Konkurrenzmarken. Eine solche Opposition zeigt, was die Marke nicht ist und wofür die Mitglieder nicht stehen.

- „Shared rituals and traditions"

Rituale und Traditionen sind wichtig, um das Bewusstsein der Zugehörigkeit zu erhalten. Über eine Wertschätzung der Geschichte der Marke lassen sich die wahren Fans von den Opportunisten unterscheiden.

Von Bedeutung ist zudem, dass Geschichten über die Marke bisweilen aus dem kommerziellen Kontext, z.B. aus der Werbung, entstehen. Ein Beispiel sind die Werbekampagnen von Coca-Cola und Pepsi in den USA.

- „A sense of moral responsibility"

Sanktionsmechanismen spielen eine zentrale Rolle, um die Loyalität der Mitglieder zur Brand Community zu sichern.

Die moralische Verpflichtung gegenüber anderen Mitgliedern ist in den analysierten Communities besonders ausgeprägt.

Hieraus ergeben sich zahlreiche Implikationen (Muniz, O'Guinn 2001, S. 427 ff.): Zunächst belegt die Studie das soziale Wesen von Marken; Kunden verkörpern einen wichtigen Bestandteil einer Marke. Die Studie suggeriert darüber hinaus einen positiven Einfluss von Brand Communities auf den Wert der entsprechenden Marke. Die Autoren verweisen auf die Relevanz der Brand Community für die Loyalität der Kunden zur Marke. Schließlich postulieren Muniz und O'Guinn (2001, S. 427) die Bedeutung der Brand Community für das Relationship Marketing. „… a strong brand community can lead to a socially embedded and entrenched loyalty, brand commitment …, and even hyper-loyalty …" (Muniz, O'Guinn 2001, S. 427).

Die Studie von Muniz und O'Guinn liefert ohne Zweifel wertvolle Erkenntnisse zur Erfassung und ökonomischen Nutzbarmachung von Brand Communities. Jedoch tauchen Unklarheiten insbesondere im Hinblick auf den (nicht-)kommerziellen Charakter solcher Gruppen auf. Kritisch anzumerken ist, dass die Aussage, Brand Communities seien per Definition kommerziell, irreführend sein kann. Darunter kann man verstehen, dass Brand Communities kommerziell betrieben werden in dem Sinne, dass sie das entsprechende Markenunternehmen ins Leben ruft. Doch Muniz und O'Guinn schließen gerade solche Communities in ihrer empirischen Untersuchung aus. Gleichzeitig betonen sie die Bedeutung einer Brand Community für Markenloyalität und andere erfolgsrelevante Größen. Jedoch sind solche Communities für Unternehmen erst dann ein wertvoller, weil steuerbarer Hebel, wenn sie diese selbst ins Leben rufen, pflegen und ausbauen können (auch Holt 1998 und Rheingold 1993).

Interessant ist ferner, dass Brand Communities auch in kleinen sozialen Gebilden, z.B. Nachbarschaften, nachgewiesen werden können und dass solche Gruppen auch als „imagined communities" existieren. Offenbar sind keine regelmäßigen Treffen nötig, um das Gefühl zu entwickeln, einer Brand Community anzugehören. Weiterhin ist der qualitative Charakter der empirischen Untersuchung von Muniz und O'Guinn anzumerken. Dieses Vorgehen ist geeignet, um das Phänomen zu erfassen, nicht jedoch, um Wirkungszusammenhänge zwischen der Beschaffenheit von Brand Communities und Erfolgsvariablen zu analysieren.

4.2 Die Studie von McAlexander, Schouten und Koenig

Die Studie von McAlexander, Schouten und Koenig (2002) baut auf dem Ansatz von Muniz und O'Guinn (2001) auf, ist aber in vierfacher Hinsicht als Erweiterung angelegt: Zunächst umfasst die Definition von Brand Community nicht nur die Elemente der Triade (Kunde, Marke, Community), sondern auch die Unternehmensvertreter (ferner Schouten, McAlexander 1995, S. 50 ff.). Ferner werden wesentliche Merkmale einer Community, wie etwa geographische Nähe, nicht mehr statisch, sondern dynamisch betrachtet. Zudem interessieren Möglichkeiten zur Beeinflussung von Brand Communities, und die Kundenloyalität ist Teil des Brand Community-Konzepts. Gerade der letzte Punkt ist von Relevanz, zeigt er drei zentrale Unterschiede im Vergleich zum Ansatz von Muniz und O'Guinn auf:

Der Zusammenhang zwischen der Beschaffenheit einer Brand Community und der Markenloyalität ihrer Mitglieder steht im Mittelpunkt. Damit ist diese Studie auf eine zentrale Zielgröße der Markenführung fokussiert.

Eng damit verbunden ist die Ergänzung der ethnographischen qualitativen Untersuchung von Muniz und O'Guinn durch eine strukturanalytisch quantitative.

Die Konzeptualisierung von Kundenloyalität als integraler Bestandteil einer Brand Community führt zu einer Skala zur Erfassung der Brand Community-Qualität, aus der sich unmittelbar Implikationen für das Markenmanagement ergeben.

Die von McAlexander, Schouten und Koenig durchgeführte empirische Studie umfasst drei Phasen: In einer ethnographischen Studie analysieren die Autoren die Jeep- und die Harley-Davidson-Community. Hinzu kommen der Besuch von Markenevents und Tiefeninterviews mit einzelnen Mitgliedern dieser Communities. Es schließt sich eine quantitative Studie mit zwei wesentlichen Zielen an: Es geht darum, die Qualität der Brand Community mittels einer Skala zu erfassen und die Auswirkungen einzelner Community-Aktivitäten auf die Beziehungen Kunde – Marke, Kunde – Kunde, Kunde – Produkt und Kunde – Marketer offen zu legen. Hierzu dienen zwei Erhebungsrunden, einerseits zur Validierung der Skala und andererseits zur Analyse des Wirkungszusammenhangs zwischen den Variablen. Den Abschluss bildet eine weitere ethnographische Studie mit dem Anliegen, ein tieferes Verständnis über den Aufbau und die Entwicklung von Beziehungen in einer Brand Community zu erhalten. Aus den vielfältigen Analysen lassen sich die folgenden Erkenntnisse ableiten:

- Mitglieder einer Brand Community wirken als Markenmissionare („brand missionaries") und tragen die Markenbotschaft weiter.
- Sie sind weniger streng bei Produktfehlern oder Mängeln in der Servicequalität.
- Sie sind weniger geneigt, die Marke zu wechseln, auch dann nicht, wenn Produkte einer anderen Marke über bessere Leistungsmerkmale verfügen.
- Sie sind motiviert, dem Unternehmen Feedback zu geben.
- Sie bilden einen aufnahmefähigen Markt für Lizenzprodukte und Markenerweiterungen.
- Bisweilen sind sie auch bereit, Investitionen in die Aktie des Unternehmens zu tätigen.

Die Studie von McAlexander, Schouten und Koenig vermittelt Einblicke in den Wirkungszusammenhang zwischen den Charakteristika einer Brand Community und der Markenloyalität. Damit hat die Studie eine andere Ausrichtung als die von Muniz und O'Guinn, bei der die konzeptionellen Aspekte im Vordergrund stehen. Während Muniz und O'Guinn nicht-kommerziell ausgerichtete Communities betrachten, fokussieren McAlexander, Schouten und Koenig auf eine von DaimlerChrysler errichtete Jeep-Community. Folglich ergeben sich Hinweise für das Management kommerzieller Communities und aufgrund der dynamischen Betrachtung auch bezüglich der Relevanz einzelner Treiber der Markenloyalität. Ein weiteres Defizit der Studie von Muniz und O'Guinn, Daten auf dem Wege einer qualitativen Studie zu gewinnen, wird ebenfalls durch McAlexander, Schouten und Koenig behoben. Ihre umfassenden ethnographischen Untersuchungen werden ergänzt durch eine mehrere Zeitpunkte umfassende quantitative Studie. Dadurch ist es ihnen möglich, die Konzeptualisierung ihres Brand Community-Konzepts zu überprüfen und gleichzeitig die Auswirkungen etwa von spezifischen Community-Events auf die Zielgröße zu belegen (ferner Kozinets 2001, S. 70 ff.).

Kritisch zu sehen sind jedoch zwei Punkte: Bei der Operationalisierung der Konstrukte fehlt eine Diskussion, ob die Indikatoren formativ oder reflektiv sind. Die Autoren unterstellen eine durch reflektive Messgrößen geprägte Modellstruktur, obgleich man die Beziehung zwischen Konstrukt und Indikator an vielen Stellen auch formativ interpretieren könnte. Zudem berücksichtigen McAlexander, Schouten und Koenig nur einzelne Facetten der von Muniz und O'Guinn dargelegten Brand Community-Definition, obwohl sie in der Diskussion an den Beitrag dieser beiden Autoren anschließen. Hier müsste deutlich werden, dass McAlexander, Schouten und Koenig eigentlich von einer anderen Spezifikation der Brand Community ausgehen.

4.3 Die Studie von Algesheimer, Dholakia und Herrmann

Basierend auf einem umfassenden Datensatz zeigt die Studie von Algesheimer, Dholakia und Herrmann (2005) die Wirkung von Brand Communities auf unternehmerische Zielvariablen und das Zusammenspiel zwischen Marke und Brand Community. Die Befunde suggerieren die Relevanz von Brand Communities bei der Herausbildung der individuellen Markenwahl bzw. Weiterempfehlung. Lassen sich Individuen zur Teilnahme an Aktivitäten in der Community motivieren, entsteht eine dauerhafte Mitgliedschaft, die in der Treue zur Marke zum Ausdruck kommt.

Aus theoretischer Perspektive bieten Thibaut und Kelleys klassische Austauschtheorien und Festingers Theory of Informal Social Communication relevante Einsichten bezüglich Brand Communities. Auf dieser Basis konnte ein Modell abgeleitet werden, das die realen Gegebenheiten sehr gut reflektiert und die meisten der postulierten Hypothesen vorläufig bestätigt. Die Ergebnisse suggerieren, dass die Beziehung des Konsumenten zur Marke seine Beziehung zur Brand Community positiv beeinflusst. Weiterhin belegen die Resultate, dass die Mitgliedschaft in einer Brand Community einen positiven Effekt auf die Loyalität des Mitglieds zur Marke entfaltet. Die Markenloyalität ist daher nicht allein die Konsequenz einer positiv wahrgenommenen Beziehung zur Marke, sondern lässt sich deutlich durch die Qualität des sozialen Erlebnisses beeinflussen, das die Individuen mit Gleichgesinnten im Umfeld der Marke erfahren.

Weiterhin fällt auf, dass der Gruppensog, den Mitglieder einer Community erleben, ein wichtiger Treiber einer Vielzahl von unternehmerischen Zielvariablen ist, wie etwa die Absicht zur Weiterempfehlung der Community und der Wille, ihr gegenüber loyal zu sein. Im Rahmen der Nachfolgeuntersuchung konnte gezeigt werden, dass die Verhaltensabsicht signifikant das tatsächliche Verhalten zu einem späteren Zeitpunkt beeinflusst.

In Ergänzung zu existierenden Studien, die meist nur positive Einflüsse der Community auf das Verhalten betrachten, ließ sich belegen, dass von Brand Communities auch negative Einflüsse auf die Wahrnehmung ihrer Mitglieder und deren Verhalten ausgehen. Die Mitgliedschaft in einer Brand Community belohnt daher nicht nur das individuelle Verhalten, sondern bestraft es gleichzeitig durch einen eingeschränkten Entscheidungsspielraum. Der Gruppendruck, d.h. sich im Einklang mit den Werten, Regeln und Traditionen der Community zu verhalten, beeinflusst negativ die Konsequenzen der wahrgenommenen Beziehungsqualität zur Community. Fühlen die Mitglieder eine Einschränkung ihres persönlichen Spielraums durch die Community, entwickeln sie eine Reaktanz, um den ursprünglichen Freiraum wieder herzustellen. Dies äußert sich beispielsweise darin, dass sie sich nicht vorschreiben lassen wollen, welche Marke sie nutzen. Insgesamt unterstützten die gewonnenen Erkenntnisse die Auffassung, dass soziale Kräfte wie Gruppendruck und Gruppensog als normbestätigende Mechanismen funktionieren und Größen sind, die das Interaktionsverhalten der Mitglieder in der Community und damit ihr soziales Erlebnis mit der Marke (positiv wie negativ) beeinflussen (Thompson, Troester 2002, S. 555 ff.; Underwood, Bond, Baer 2001, S. 7 ff.).

Zudem konnte gezeigt werden, dass die Größe der Community sowohl das Ausmaß der wahrgenommenen Community-Qualität als auch die Stärke ihres Einflusses auf die Konsequenzen beeinflusst. Dieser moderierende Effekt der Community-Größe ist konsistent mit Beobachtungen von Dholakia, Bagozzi und Klein (2004, S. 7 ff.). Während die Beziehungsqualität zur Community und der Gruppensog in kleingruppenbasierten Communities stärker ausgeprägt sind, was einen höheren sozialen Einfluss demonstriert, sind die Wirkungen der Beziehungsqualität zur Community auf den Gruppensog und der Effekt des Gruppensogs auf die intendierte Weiterempfehlung der Community stärker entwickelt in netzwerkbasierten Communities. Offenbar spielt die Größe der Community dann eine zentrale Rolle, wenn die Kohäsion der Community wichtiger ist als die Bereitschaft der Individuen, diese weiter zu empfehlen.

Die Netzwerkidee manifestiert sich bereits in dem Villaging-Gedanken von Oliver (1999). Seine Überlegung basiert auf der Vorstellung, dass Konsumenten einen Gemeinschaftssinn dann spüren, wenn sie mit anderen gleiche Konsumwerte und gleiches Konsumverhalten teilen. Von ihm als konzeptionelle Gedanken präsentiert, erlauben die Ergebnisse der Studie den Schluss, dass Brand Communities über das Teilen einer gemeinsamen Marke tatsächlich Zugehörigkeit und auch Gemeinschaft bieten. Konsumenten erkennen die Regeln, Normen und Werte der Community an und unterwerfen sich diesen. Diesen physischen Kosten entgegen wirken die Mitgliedschaft, die Möglichkeit Freundschaften aufzubauen und der Schutz des Kollektivs als Belohnung.

In dem vorliegenden Modell wurde jedoch auch aufgezeigt, dass Brand Communities ihre Mitglieder auch negativ beeinflussen können. Dies steht im Unterschied zu anderen Studien, die sich lediglich auf positive Effekte beschränken. Ein Gruppendruck, der von den anderen Mitgliedern der Community auf ein Mitglied wirkt, kann dazu führen, dass es die Mitgliedschaft in der Community und die Treue zur Marke aufgibt. In diesem Zusammenhang ist zukünftig zu untersuchen, ob etwa aktives Sponsoring vom Markenhersteller ebenfalls zu negativen Konsequenzen bei den Mitgliedern führt. Hier besteht weiterer Forschungsbedarf.

5 Implikationen für das Marketing und weitere Forschungsaktivitäten

Hält man sich das Phänomen Brand Community und seine theoretische Basis vor Augen, so geht es im Kern um einen Wandel von der transaktions- zur relationsbezogenen Perspektive, was eine Neudefinition der Austauschbeziehung zwischen Anbieter und Nachfrager zur Folge hat. Während das Transaktionsmarketing episodenhaft und auf einzelne Geschäfte ausgerichtet ist, lässt sich die Relationsperspektive durch eine historisch-ganzheitliche Betrachtung der Beziehung zwischen Kunden und Unternehmen kennzeichnen. Hier dominiert die dynamische Perspektive, bei der das Verhalten der Marktakteure nicht nur in eine Richtung beeinflusst werden soll, sondern ein Wechselspiel darstellt (Backhaus 1998 sowie Diller 2002, S. 204 ff. und 2001, S. 165). *Abbildung 3* verdeutlicht diese unterschiedlichen Perspektiven anhand verschiedener Spielarten für die Transaktions- (Felder 1, 2 und 3) und die Beziehungsorientierung (Felder 4, 5 und 6).

An dieser Stelle interessiert die Netzwerkperspektive, die in unterschiedlichen Ausprägungen (Felder 7, 8 und 9) existiert. Allen Varianten gemeinsam ist die Idee, die Interaktionen zwischen Individuen zu analysieren und im Sinne des Unternehmens zu gestalten. Dahinter stehen die im Rahmen der Studien gewonnenen Erkenntnisse, dass der Gruppensog oder die Verbreitung von Markenwissen die Loyalität der Kunden zur Marke treiben. Gleichzeitig gilt es, negative Gruppeneinflüsse zu vermeiden, die zu einem reaktanten Verhalten der Betroffenen führen. Die erzielten Ergebnisse suggerieren die Notwendigkeit, Interaktionen zwischen Kunden nicht als gegeben zu akzeptieren, sondern sie auf den beschriebenen Wegen zu steuern, immer in Anbetracht der Tatsache, dass sich Effekte auf die Markenloyalität ergeben. So verstanden schließt sich die Netzwerkorientierung an die zwei bereits etablierten Perspektiven zur Gestaltung von Austauschbeziehungen zwischen Anbieter und Nachfrager an.

Die Resultate bestätigen zudem Covas Postulat (1997, S. 303 ff.) „... the link is more important than the thing ..." in der Hinsicht, dass bei zahlreichen Produkten der soziale Wert, hier verstanden als Fähigkeit des Erzeugnisses, Interaktion mit anderen Individuen zu ermöglichen, den funktionalen Wert übertrifft. Damit bieten Brand Communities einem Manager die Möglichkeit, eine neue Dimension des psychosozialen Produktnutzens zu eröffnen, die von zentraler Bedeutung im Kampf um nachhaltige Wettbewerbsvorteile sein kann. Ein Beispiel verdeutlicht diese Idee: In vielen Fällen lassen sich Erzeugnisse mit Produktmerkmalen versehen, die einer Formierung von Brand Communities zuträglich sind und den psycho-sozialen Wert des Guts verbessern. Ein Beispiel bilden Spielekonsolen wie Sony Playstation oder Microsoft Xbox, die in ihrer ersten Generation lediglich ein Spiel gegen den Compu-

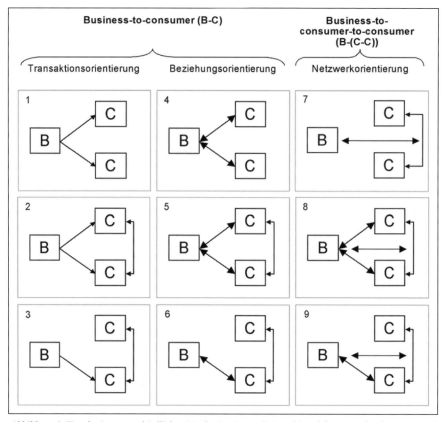

Abbildung 3: Typologie unterschiedlicher Marketing-Perspektiven (Angelehnt an: Algesheimer 2004)

ter ermöglichten. Die zweite Generation ließ bereits ein Spiel gegen einen Mitspieler zu, der jedoch physisch präsent sein musste. Konsolen der dritten Generation und Internet-Spiele erlauben Spielern auf der ganzen Welt, verbunden über das Internet, sich in Communities zu treffen und miteinander zu spielen. Die Spieler können Headsets mit Kopfhörer und Mikrofon verwenden, um mit den virtuell verknüpften Mitspielern in Echtzeit etwa über das Spiel zu diskutieren.

Trotz dieser Erkenntnisse sind eine Reihe von Fragen noch unbeantwortet, denen im Rahmen weiterer Forschungsaktivitäten die Aufmerksamkeit gelten muss:

- Anknüpfend an die Idee vom Upshaw und Taylor (2000, S. 226 ff.) ist die Frage zu beantworten, ob Communities nur durch Endkunden gebildet werden können. Es ist vorstellbar, dass auch eine Menge von Beschäftigten, Investoren, Zulieferern etc. solche Cluster verkörpern, mit der Folge einer umfassenderen Perspektive im Rahmen der Analyse dieses Phänomens.

- Die meisten empirischen Studien zu diesem Thema beziehen sich auf typische eine Brand Community konstituierende Marken, wie Pkw, Spielekonsolen etc. Dabei ist es wichtig zu wissen, inwieweit sich die gewonnenen Erkenntnisse auf andere Erzeugnisse und die sie umgebenden Communities übertragen lassen.

- Aus praktischer aber auch aus wissenschaftlicher Sicht ist die Wirkung unterschiedlicher Spielarten von Brand Communities auf relevante Zielgrößen (etwa Kundenbindung) von Interesse. Geht von zentralen (d.h. von Unternehmen gestalteten) Communities ein anderer Effekt auf die Zielvariablen aus als von den zentralen (d.h. von durch Kunden gebildeten)?
- Viele Brand Communities haben ihren Ursprung in der Online-Welt, wobei mittels Offline-Events auch realweltliche Erlebnisse vermittelt werden. Andere Gruppen, wie die Harley Owners Group, sind als Offline-Communities gestartet und zeichnen sich dadurch aus, dass Online-Aktivitäten an Bedeutung gewinnen. Dabei ist zu klären, welche Wirkung Online- bzw. Offline-Communities und mögliche Mischformen auf relevante Zielvariablen entfalten.
- In einer Community geht es um Erlebnisvermittlung, wie Freundschaft, soziale Identität etc., die in verschiedenen Kulturräumen eine unterschiedliche Bedeutung besitzen. Hinzu kommt, dass etwa Freundschaft auf variierende Art und Weise gelebt und erfahren wird, weshalb sich die Frage nach dem kulturellen Einfluss auf die Community-Gestaltung stellt.
- Alle bislang vorgelegten Studien sind statisch (mit Ausnahme der Untersuchung von McAlexander, Schouten und Koenig 2002) und erlauben damit lediglich eine Zeitpunktanalyse. Von Interesse ist eine dynamische Untersuchung in dem Sinne, dass ein tieferes Verständnis über die Wirkungszusammenhänge zwischen Gestaltungsdimensionen und Zielgrößen entsteht. Zudem ließe sich etwas über die Gründe der Entstehung und des Scheiterns solcher Gruppen sagen, was ins Thema der Erfolgsfaktoren von Brand Communities führt.

Literaturverzeichnis

Aaker, J. L. (1997): Dimensions of Brand Personality, Journal of Marketing Research, 34 (1997), S. 347–356.

Aaker, J. L., Fournier, S. (1995): A Brand as a Character, a Partner and a Person: Three Perspectives on the Question of Brand Personality, Advances in Consumer Research, 22 (1995), S. 391–395.

Algesheimer, R. (2004): Brand Communities. Begriff, Grundmodell und Implikationen, Wiesbaden 2004.

Algesheimer, R., Dholakia, U., Herrmann, A. (2005): The Social Influence of Brand Community: Evidence from European Car Clubs, Journal of Marketing, 69 (2005), S. 19–34.

Ashforth, B. E., Mael, F. (1989): Social Identity Theory and the Organization, Academy of Management Review, 14 (1989), S. 20–39.

Backhaus, K. (1998): Relationship Marketing. Ein neues Paradigma im Marketing?. In: Bruhn, M., Steffenhagen, H. (Hrsg.), Marktorientierte Unternehmensführung. Reflexionen, Denkanstöße, Perspektiven, Festschrift für Heribert Meffert zum 60. Geburtstag, 2. Auflage, Wiesbaden 1998, S. 19–35.

Bauer, H. H., Brünner, D., Grether, M., Leach, M. (2001): Die Virtuelle Gemeinschaft als Instrument des Customer Relationship Management. In: Fritz, Wolfgang (Hrsg.), Internet-Marketing, 2. Auflage, Stuttgart 2001, S. 325–371.

Bedbury, S., Fenichell, S. (2002): A New Brand World, New York 2002.

Blackston, M. (2000): Observations: Building Brand Equity by Managing the Brand's Relationships, Journal of Advertising Research, 17 (2000), S. 101–105.

Blumer, H. (1969): Symbolic Interactionism – Perspective and Method, Englewood Cliffs 1969.

Chavis, D., Pretty, G. H. (1999): Sense of Community: Advances in Measurement and Application, Journal of Community Psychology, 27 (1999), S. 635–642.

Cova, B. (1997): Community and Consumption – Towards a Definition of the „Linking Value" of Product or Services, European Journal of Marketing, 31 (1997), S. 297–316.

Cova, B. (2003): Analyzing and Playing with Tribes Which Consume, Finanza, Marketing e Produzione, 21 (2003), S. 66–89.

Cova, B., Cova, V. (2002): Tribal Marketing – The Tribalisation of Society and Its Impact on the Conduct of Marketing, European Journal of Marketing, 36 (2002), S. 595–620.

Dholakia, U., Bagozzi, R. P., Klein, L. R. (2004): A Social Influence Model of Consumer Participation in Network- and Small-Group-Based Virtual Communities, International Journal of Research in Marketing, 21 (2004), S. 241–263.

Diller, H. (2001): Beziehungsmarketing. In: Vahlens Großes Marketinglexikon, 2. Aufl., München 2001.

Diller, H. (2002): Grundprinzipien des Marketing, Nürnberg 2002.

Esch, F.-R., Langner, T. (2003): Branding als Grundlage zum Markenaufbau. In: Esch, F.-R. (Hrsg.), Moderne Markenführung, 3. Aufl., Wiesbaden 2003, S. 437–450.

Fournier, S. (1998): Consumers and Their Brands: Developing Relationship Theory in Consumer Research, Journal of Consumer Research, 24 (1998), S. 343–373.

Friedman, M., Abeele, P. V., De Vos, K. (1993): Boorstin's Consumption Community Concept: A Tale of Two Countries, Journal of Consumer Policy, 16 (1993), S. 35–60.

Gergen, K. J. (1971): The Concept of Self, New York 1971.

Glynn, T. J. (1986): Neighborhood and Sense of Community, Journal of Community Psychology, 14 (1986), S. 341–352.

Goffman, E. (1951): Symbols of Class Status, British Journal of Sociology, 34 (1951), S. 294–304.

Hogg, M. A., Abrams, D. (1988): Social Identifications: A Social Psychology of Intergroup Relations and Group Processes, London 1988.

Hogg, M. A., Terry, D. J., White, K. M. (1995): A Tale of Two Theories: A Critical Comparison of Identity Theory with Social Identity Theory, Social Psychology Quarterly, 58 (1995), S. 255–269.

Holt, D. B. (1995): How Consumers Consume: A Typology of Consumption Practices, Journal of Consumer Research, 22 (1995), S. 1–16.

Holt, D. B. (1998): Does Cultural Capital Structure American Consumption, Journal of Consumer Research, 25 (1998), S. 1–25.

Holt, D. B. (2002): Why Do Brands Cause Trouble? A Dialectical Theory of Consumer Culture and Branding, Journal of Consumer Research, 29 (2002), S. 70–90.

Keller, K. L. (1998): Strategic Brand Management: Building, Measuring, and Managing Brand Equity, Upper Saddle River 1998.

Kozinets, R. V. (1999): E-Tribalized Marketing?: The Strategic Implications of Virtual Communities of Consumption, European Management Journal, 17 (1999), S. 252- 264.

Kozinets, R. V. (2001): Utopian Enterprise: Articulating the Meanings of Star Trek's Culture of Consumption, Journal of Consumer Research, 28 (2001), S. 67–88.

Kozinets, R. V. (2002a): Can Consumers Escape the Market? Emancipatory Illuminations from Burning Man, Journal of Consumer Research, 29 (2002a), S. 20–38.

Kozinets, R. V. (2002b): The Field Behind the Screen: Using Netnography for Marketing Research in Online Communities, Journal of Marketing Research, 39 (2002b), S. 61–72.

Lantz, G., Linh, L. T. M. (2000): North is North and South is South: The Divergence of Community Identity in Vietnam's Leading Cities, Arbeitspapier präsentiert auf der Academy of Marketing Science 2000 Multi-Cultural Marketing Conference, Hong Kong SAR, China 2000.

Lantz, G., Loeb, S. (1998): An Examination of the Community Identity and Purchase Preferences Using the Social Identity Approach, Advances in Consumer Research, 25 (1998), S. 486–491.

Lee, D. H. (1990): Symbolic Interactionism: Some Implications for Consumer Self-Concept and Product Symbolism Research, Advances in Consumer Research, 17 (1990), S. 386–393.

Leigh, J. H., Gabel, T. (1992): Symbolic Interactionism: Its Effects on Consumer Behavior and Implications for Marketing Strategy, Journal of Consumer Marketing, 7 (1992), S. 27–38.

McAlexander, J. H., Schouten, J. W., Koenig, H. F. (2002): Building Brand Community, Journal of Marketing, 66 (2002), S. 38–54.

McMillan, D. W., Chavis, D. (1986): Sense of Community: A Definition and Theory, Journal of Community Psychology, 14 (1986), S. 6–23.

Muniz, A. M. Jr., O'Guinn, T. C. (2001): Brand Community, Journal of Consumer Research, 27 (2001), S. 412–432.

Obst, P., Zinkiewicz, L., Smith, S. G. (2002): Sense of Community in Science Fiction Fandom, Part 1: Understanding Sense of Community in an International Community of Interest, Journal of Community Psychology, 30 (2002), S. 87–103.

O'Guinn, T. C., Muniz, A. M. Jr. (2004): Communal Consumption and the Brand. In: Mick, D. G./Ratneshwar, S. (Hrsg.), Inside Consumption: Frontiers of Research on Consumer Motives, Goals, and Desires, New York 2004, S. 67–81.

Oliver, R. L. (1999): Whence Customer Loyalty?, Journal of Marketing, 63 (1999), S. 33–44.

Rheingold, H. (1993): The Virtual Community: Homesteading on the Electronic Frontier, Reading 1993.

Sandstrom, K. L., Martin, D., Fine, G. (2001): Symbolic Interactionism at the End of the Century. In: Ritzer, G., Smart, B. (Hrsg.), Handbook of Social Theory, London 2001, S. 217- 231.

Schouten, J. W., McAlexander, J. (1995): Subcultures of Consumption: An Ethnography of the New Bikers, Journal of Consumer Research, 22 (1995), S. 43–61.

Schubert, P. (1999): Virtuelle Transaktionsgemeinschaften im Electronic Commerce, Lohmar 1999.

Tajfel, H. (1978): Differentiation between Social Groups: Studies in the Social Psychology of Intergroup Relations, London 1978.

Thompson, C. J., Holt, D. B. (1996): Special Session Summary – Communities and Consumption: Research on Consumer Strategies for Constructing Communal Relationships in a Postmodern World, Advances in Consumer Research, 23 (1996), S. 204–205.

Thompson, C. J., Troester, M. (2002): Consumer Value Systems in the Age of Postmodern Fragmentation: The Case of the Natural Health Microculture, Journal of Consumer Research, 28 (2002), S. 550–571.

Underwood, R., Bond, E., Baer, R. (2001): Building Service Brands via Social Identity: Lessons from the Sports Marketplace, Journal of Marketing – Theory and Practice, 11 (2001), S. 1–13.

Upshaw, L. B., Taylor, E. L. (2000): The Masterbrand Mandate – The Management Strategy That Unifies Companies and Multiplies Value, New York 2000.

Vestrate, C. (2004): Virtuelle Markencommunities, Lohmar 2004.

von Loewenfeld, F., Herrmann, A. (2004): Wie Sie Markengemeinschaften hegen und pflegen, Absatzwirtschaft, (2004), S. 42–46.

Zinkhan, G. M. (1990): In Search of Brand Image: A Foundation Analysis, Advances in Consumer Research, 17 (1990), S. 110–119.

Branding mittels irrelevanter Attribute

Hans H. Bauer/Carmen-Maria Albrecht/Tobias E. Haber/Marcus M. Neumann

Zusammenfassung	120
1 Einleitung	120
2 Hypothesengenerierung	121
3 Empirische Untersuchung	126
4 Zusammenfassung und Implikationen	129
Literaturverzeichnis	130

Zusammenfassung

Der Auftritt von Marken ist heutzutage vielfach durch die werbliche Kommunikation von Produktattributen gekennzeichnet, die nur dem Anschein nach einen bedeutungsvollen Unterschied generieren. Die vorliegende Studie untersucht zum einen, wie sich die Verwendung eines solchen irrelevanten Attributs auf die Wahrnehmung und Beurteilung der Nachfrager auswirkt, und zum anderen, wie die Konsumenten die mit dem irrelevanten Attribut differenzierte Marke bewerten, wenn ihnen die Irrelevanz des Attributs vor der Bewertung aufgedeckt wird. In einem Experiment werden die diesbezüglich postulierten Effekte untersucht.

1 Einleitung

In der einschlägigen Literatur wird postuliert, dass eine im Vergleich zum Wettbewerb wirkungsvolle, positive Markendifferenzierung bestimmten Anforderungen genügen muss. Die Differenzierung muss ein relevantes Leistungsmerkmal betreffen, das bedeutungsvoll und wertvoll ist. Gleichzeitig muss sie tatsächlich wahrgenommen und längerfristig aufrechterhalten werden können (Esch, Langer 2005, S. 578 f.). Seit geraumer Zeit lässt sich jedoch beobachten, dass Unternehmen Marken erfolgreich an Hand von Merkmalen abgrenzen, die das Kriterium der objektiven Relevanz nicht erfüllen. So differenziert beispielsweise Henkel die Marke Gliss Kur „Liquid Silk Shampoo" durch den Zusatz von Seide von Konkurrenzmarken und suggeriert in der Kommunikation „Haare wie Seide", die geschmeidig glänzen und schimmern. Tatsächlich hat der vorhandene Zusatz von Seide in Shampoo auf dessen Leistung keine nachweisliche Wirkung. Es sind primär künstliche Zusatzstoffe wie Silikon, die das Haar glätten und zum Glänzen bringen. Exotische Stoffe haben dabei – wenn überhaupt – nur einen geringfügigen Effekt (o.V. 2005).

Solche Eigenschaften, die nach oberflächlicher Schlussfolgerung zwar einen bedeutungsvollen Unterschied auszumachen scheinen, objektiv aber zur Erzeugung der Leistung unerheblich sind, werden als irrelevante Attribute bezeichnet (Broniarczyk, Gershoff 2003, S. 161; Carpenter, Glazer, Nakamoto 1994, S. 339). Bei einem irrelevanten Attribut handelt es sich demzufolge entweder um ein objektiv irrelevantes Merkmal, welches keinen physikalisch-chemisch-technischen Nutzen (pct-Nutzen) stiftet, oder um ein Attribut, dessen Beitrag zur objektiven Qualität des Produkts so trivial oder geringfügig ist, dass dieses als irrelevant angesehen werden muss (Brown, Carpenter 2000). Der in der deutschsprachigen Literatur verwendete Begriff „irrelevantes Attribut" entstammt der Übersetzung des im angloamerikanischen Sprachraum gängigen Terminus „irrelevant attribute". Die Bezeichnung irrelevant bedeutet jedoch nicht, dass Konsumenten vor sowie während des Kaufentscheidungsprozesses dem irrelevanten Attribut keine Bedeutung zuschreiben. Vielmehr werden mit diesem Begriff Attribute bezeichnet, die für die Generierung des pct-Nutzens faktisch nicht von Relevanz sind.

Für Konsumenten ist es nahezu unmöglich, die impliziten Behauptungen eines Anbieters bezüglich der Verwendung des pct-Nutzens durch ein Attribut zu überprüfen

(Hoch, Deigthon 1989). Selbst durch Verwendung des Produkts kann der Konsument nicht erkennen, auf welche pct-Merkmale eine vorhandene Wirkung zurückzuführen ist. Die einzige Möglichkeit, die Irrelevanz eines Merkmals aufzudecken, besteht darin, unabhängige Quellen wie Verbraucherschutzverbände, Experten oder Testberichte zu Rate zu ziehen. Obwohl den Konsumenten damit objektive Informationen über die Leistung von Produkten zur Verfügung stehen, erfährt die Verwendung irrelevanter Attribute als Instrument der Markendifferenzierung in der Marketingpraxis einen stetigen Bedeutungszuwachs. Offensichtlich lässt das Merkmal die Marke für die Konsumenten vorteilhaft erscheinen, weil eine subjektiv empfundene Beziehung zwischen dem irrelevanten Attribut und der Produktqualität besteht. Obgleich diese Form der Markendifferenzierung in der Unternehmenspraxis zunehmend an Relevanz gewinnt, beschränken sich die Forschungsansätze auf spezifische Untersuchungskontexte. In der gängigen Literatur werden lediglich singulär separierte Effekte irrelevanter Attribute auf das Markenwahlverhalten von Konsumenten unter Verwendung von Choice-Experimenten analysiert. Das Ziel dieser Untersuchungen besteht darin herauszufinden, welche Marken von Konsumenten aus einem Auswahlset mehrerer Marken, die mit irrelevanten Attributen ausgestattet sein können, präferiert werden (Broniarczyk, Gershoff 1997; Broniarczyk, Gershoff 2003; Brown, Carpenter 2000; Carpenter, Glazer, Nakamoto 1994). Dementsprechend beschränken sich die aus den bisherigen Studien generierten Erkenntnisse immer auf eine konsumentenseitige Wahlentscheidungssituation, welche in Relation der offerierten Marken variiert. Obgleich sich dieser Ansatz durch eine hohe Praxisnähe auszeichnet, werden latente Konstrukte, die der eigentlichen Wahlentscheidung vorgelagert sind, wie z.B. die Aufmerksamkeit des Konsumenten, bis dato nicht betrachtet. Es sind jedoch gerade die der eigentlichen Kaufentscheidung vorgelagerten Konstrukte, die letztendlich erklären, aus welchen Gründen sich Konsumenten für oder gegen eine bestimmte Marke entscheiden und damit einen wesentlichen Erkenntnisfortschritt zu diesem Forschungsfeld ermöglichen. Diese Forschungslücke wird in der vorliegenden Arbeit aufgegriffen. Um die Auswirkungen irrelevanter Attribute differenziert zu prüfen, richtet sich das Erkenntnisinteresse dieser Studie darauf, deren Einfluss auf die Konstrukte Aufmerksamkeit des Konsumenten, wahrgenommene Einzigartigkeit der Marke, wahrgenommene Preisfairness, Einstellung gegenüber der Marke sowie Kaufabsicht der Marke festzustellen. Zur umfassenden Analyse irrelevanter Attribute wird deren Wirkung sowohl für den Fall der Aufdeckung der Irrelevanz vor der Bewertung als auch bei Nicht-Aufdeckung betrachtet.

2 Hypothesengenerierung

Aufmerksamkeit ist die Grundvoraussetzung für jegliche Wahrnehmungsvorgänge (Moser 2002, S. 127). Sie reduziert und steuert die Vielfalt an potenzieller Information, die auf den Organismus trifft. Nur diejenigen Reize, denen es gelingt, Aufmerksamkeit zu bewirken, d.h. zu einer vorübergehenden Erhöhung der Aktivierung des Individuums führen, werden selektiert und erhalten Zugang zum Informationsverarbeitungssystem (Ratneshwar et al. 1997). Studienergebnisse bestätigen den Einfluss neuartiger (Mukherjee, Hoyer 2001), salienter (Ratneshwar et al. 1997) und einzigartiger (Dhar, Nowlis 1999) Produktmerkmale auf den Beurteilungs- und Entscheidungsprozess der Konsumenten. Da mit erhöhter Wahrscheinlichkeit die

Merkmale, welche durch Aufmerksamkeitszuwendung wahrgenommen werden, den Beurteilungsprozess beeinflussen, ist anzunehmen, dass die Wirkung neuartiger, salienter und einzigartiger Produktmerkmale ihren Ursprung im aufmerksamkeitserzeugenden Charakter dieser Merkmale hat.

Durch die Verwendung eines irrelevanten Attributs kann sich eine Marke von Wettbewerbsmarken differenzieren. Das irrelevante Attribut kann dabei ein Merkmal sein, welches für den Konsumenten entweder völlig neu ist oder in dem Sinne neuartig ist, als es im Zusammenhang mit der Produktkategorie bisher nicht verwendet wurde. Wenn die Wettbewerbsmarken in der betrachteten Situation dieses Merkmal nicht aufweisen, ist das irrelevante Attribut sowohl einzigartig als auch salient in Relation zum Kontext. Es gilt:

H_{1a}: Die Verwendung eines irrelevanten Attributs im Rahmen eines werblichen Markenauftritts führt zu einer höheren Aufmerksamkeit des Konsumenten.

Die wahrgenommene Einzigartigkeit einer Marke determiniert ihre Positionierung innerhalb einer Produktkategorie (Sujan, Bettman 1989). Sie wird definiert als „the degree to which customers feel the brand is different from competing brands – how distinct it is relative to competitors" (Netemeyer et al. 2004, S. 211). Die enorme Bedeutung der wahrgenommenen Einzigartigkeit der Marke liegt darin begründet, dass Marken für den Konsumenten eine Identifikations- und Selbstdarstellungsfunktion übernehmen (Aaker 1997, S. 349). Die Wahrnehmung persönlicher Einzigartigkeit ist für das Selbstkonzept der Menschen überaus wichtig. Forschungsergebnisse belegen, dass Individuen das Bedürfnis verspüren, sich von anderen zu unterscheiden (Vignoles, Chryssochoou, Breakwell 2000). Da Konsumaktivitäten die Möglichkeit bieten, Einzigartigkeit auszudrücken, wirkt sie sich gleichfalls auf das Kaufverhalten aus (Lynn, Harris 1997a, S. 1861). Tian, Bearden und Hunter (2001, S. 52) argumentieren, dass das „Consumers' Need for Uniqueness", definiert als das Streben eines Individuums nach Differenzierung durch den Erwerb und die Nutzung von Konsumgütern, den Prozess der Aufrechterhaltung sowohl des Selbst-Images als auch des sozialen Images widerspiegelt. Objekte eignen sich zur Darstellung des eigenen Selbstkonzepts, da Menschen ihren Besitz bewusst oder unbewusst als Teil ihres Selbst betrachten. Das Eigentum von Individuen kann nach Belk (1988, S. 139 f.) auch als „erweitertes Selbst" verstanden werden. Dies verdeutlicht, dass Menschen sich über ihren Besitz definieren. Konsumenten streben demgemäß nach Produkten, die geeignet sind, der eigenen Einzigartigkeit Ausdruck zu verleihen (Lynn, Harris 1997b, S. 603). Die symbolische Nutzung einzigartiger Marken kommuniziert die außergewöhnliche Persönlichkeit und Individualität des Konsumenten.

Um das Motiv der Einzigartigkeit anzusprechen, bietet sich die Differenzierung einer Marke vom Wettbewerb und die kommunikative Umsetzung der Einzigartigkeit in Form einer Unique Selling Proposition (USP) an (Lynn, Harris 1997a, S. 1862; 1997b, S. 602), da die Beurteilung bezüglich der Einzigartigkeit einer Marke häufig aus der differenzierenden Kommunikationsbotschaft geschlossen wird (Netemeyer et al. 2004, S. 211). Bei einem irrelevanten Attribut handelt es sich um ein kommunizierbares Merkmal, das andere Marken nicht vorweisen. Da schon ein einzelnes neuartiges Produktmerkmal auf Grund der Attributdominanz die Bildung des Gesamteindruckes beeinflussen kann, ist anzunehmen, dass die Existenz eines irrelevanten Attributes einen Differenzierungseffekt bewirkt. Es gilt folgende Hypothese:

H$_{2a}$: Die Verwendung eines irrelevanten Attributs im Rahmen eines werblichen Markenauftritts führt zu einer höheren wahrgenommenen Einzigartigkeit der Marke.

In der wissenschaftlichen Literatur wird stets hervorgehoben, dass die Differenzierung der Marke vom Wettbewerb die Preissensibilität der Nachfrager reduziert und dem Markenanbieter dadurch einen „quasi-monopolistischen" Spielraum verschafft (Chaudhuri 2002, S. 34). In diesem Zusammenhang besitzt die vom Kunden wahrgenommene Preisfairness eine zentrale Bedeutung (Bolton, Warlop, Alba 2003, S. 474), die als Teil der Preiswahrnehmung das subjektive Empfinden über die Angemessenheit, Ehrlichkeit und Gerechtigkeit der Preisgestaltung eines Anbieters beschreibt (Homburg, Koschate 2005, S. 404).

Die einflussreichsten Forschungsarbeiten, in denen das Konstrukt der Preisfairness sowohl theoretisch als auch empirisch untersucht wurde, stammen von Kahneman, Knetsch und Thaler (1986a, 1986b). Als zentrale Determinante der wahrgenommenen Preisfairness spezifizieren die Autoren die Veränderung des unternehmerischen Gewinns. Gemäß dem Dual-Entitlement-Konzept ist der Produktkauf das Ergebnis einer Referenztransaktion, die durch einen Referenzpreis (z.B. Marktpreise, unverbindliche Preisempfehlungen oder ein in der Vergangenheit bezahlter Preis) und einen Referenzgewinn des Unternehmens gekennzeichnet ist (Kalapurakal, Dickson, Urbany 1991, S. 792). Kahneman, Knetsch und Thaler (1986a, 1986b) weisen nach, dass kostenbedingte Preiserhöhungen, die den Gewinn des Unternehmens nicht verändern, von den potenziellen Konsumenten als fair wahrgenommen werden (Urbany, Madden, Dickson 1989, S. 18).

Den wichtigsten Erklärungsbeitrag dazu, wie Individuen ein Urteil über die Preisfairness herausbilden, leistet die Equity-Theorie, die die wahrgenommene Gerechtigkeit von sozialen Austauschbeziehungen zum Gegenstand hat (Homans 1961, S. 235 ff.). Sie folgt der Prämisse, dass Individuen ihre eigenen Beiträge in einer Austauschbeziehung (Input) und das Ergebnis daraus (Output) mit den Beiträgen und Ergebnissen ihres Austauschpartners vergleichen. Fairness liegt dann vor, wenn das Verhältnis von Input und Output zwischen allen Beteiligten als gleichwertig wahrgenommen wird (Martins, Monroe 1994, S. 75). Aus Abnehmersicht bezeichnet der Input insbesondere den zu zahlenden Kaufpreis, während dem Output der Wert der erhaltenen Leistung, der Nutzen oder die soziale Wirkung subsumiert wird (Koschate 2002, S. 71).

Die Ausführungen zum Konstrukt der Preisfairness verdeutlichen, dass der Nachfrager eine Leistung immer als subjektiv wahrgenommene Kosten-Nutzenrelation bewertet. Da er auf Grund asymmetrischer Information Input- und Outputgrößen des Anbieters meist nicht erfassen kann, ist die Differenz zwischen einem subjektiv wahrgenommenen Angebotswert und dem zu zahlenden Preis für sein Fairnessurteil von hoher Bedeutung (Oliver, Swan 1989a, S. 32; 1989b, S. 379). Schätzt der Nachfrager das Preis-Leistungs-Verhältnis als sehr gut ein, so wird er der Marke auch Preisfairness zuschreiben (Kahneman, Knetsch, Thaler 1986b, S. 731). Netemeyer et al. (2004) konnten nachweisen, dass das wahrgenommene Verhältnis zwischen Nutzen und Kosten sowohl die Bereitschaft zur Zahlung eines Preis-Premiums als auch das Kaufverhalten gegenüber der Marke beeinflusst.

Überträgt man die Überlegungen zur Preisfairness auf den vorliegenden Untersuchungsgegenstand, ist es plausibel anzunehmen, dass auch ein irrelevantes Attribut die Wahrnehmung der Preisfairness positiv beeinflusst. Die Existenz eines irrelevanten Attributs suggeriert dem potenziellen Konsumenten gegenüber dessen Nicht-Existenz höhere erzeugerseitige Herstellungskosten, welche nicht auf den Produktpreis überwälzt werden und somit zwangläufig den unternehmerischen Gewinn mindern. Dies führt in Analogie zu den Erkenntnissen des Dual-Entitlement-Konzepts dazu, dass das preisliche Angebot als fair bewertet wird. Der durch die Verwendung des irrelevanten Attributes vermittelte Zusatznutzen dürfte sich ferner als gesteigerter Output des Kunden und als höherer Input des Anbieters nach der Equity-Theorie positiv auf das Equity-Verhältnis der Austauschbeziehung auswirken. Demnach gilt:

H_{3a}: Die Verwendung eines irrelevanten Attributs im Rahmen eines werblichen Markenauftritts führt zu einer höheren wahrgenommenen Preisfairness.

Einstellungen bilden das globale Werturteil eines Konsumenten bezüglich eines Leistungsangebots ab (Trommsdorff 2003, S. 149 ff.) Sie können sowohl auf Kognitionen als auch auf Affekten beruhen (Hoyer, MacInnis 2001, S. 132). Die werbliche Herausstellung des irrelevanten Attributs in Form einer vom Konsumenten positiv wahrgenommenen Unique Advertising Proposition (UAP) kann die Einstellung zur Marke positiv beeinflussen (Edell, Burkhe 1987). Im Rahmen der Kommunikationsbotschaft kann das irrelevante Attribut dazu benutzt werden, positive affektive Reaktionen seitens der Konsumenten auszulösen, indem z.B. Assoziationen zu Exklusivität angeregt werden. Diese Assoziationen können wiederum durch die Verbindung mit subjektiven Erlebnissen den Konsumenten in eine positive Stimmung versetzen und auf diese Weise auf seine Einstellungsbildung wirken. Auf kognitiver Ebene erlaubt die Existenz eines irrelevanten Attributs dem Konsumenten auf Grund der Einzigartigkeit Rückschlüsse hinsichtlich des Nutzens der Marke. Da der Markenanbieter durch die Kommunikation des irrelevanten Attributs solche Rückschlüsse induziert, sind sie dem Konsumenten kognitiv leicht zugänglich und erfordern keine Anstrengung (Johar, Simmons 2000, S. 309). Broniarczyk und Gershoff (1997, 2003) konnten empirisch nachweisen, dass Konsumenten tatsächlich Rückschlüsse aus einem irrelevanten Attribut ziehen. Da gemäß der Einstellungs-Verhaltenshypothese ein stark positiver Zusammenhang zwischen der Einstellung und der Kaufabsicht besteht (Bansch 2002, S. 42), ist zu erwarten, dass die Existenz eines irrelevanten Attributs auch die Kaufabsicht beeinflusst. Diese Überlegungen bilden die Grundlage für folgende Hypothesen:

H_{4a}: Die Verwendung eines irrelevanten Attributs im Rahmen eines werblichen Markenauftritts führt zu einer positiveren Einstellung des Konsumenten gegenüber der Marke.

H_{5a}: Die Verwendung eines irrelevanten Attributs im Rahmen eines werblichen Markenauftritts führt zu einer höheren Kaufabsicht für die Marke.

Bei Offenlegung der Irrelevanz des Attributs vor der Bewertung der Marke würde der Konsument gemäß der logisch-normativen Entscheidungstheorie erkennen, dass das irrelevante Attribut keinen Nutzen bietet und ihm demzufolge bei der Beurteilung der Marke keinen Wert beimessen (Felser 2001). Forschungsergebnisse induzieren jedoch, dass ein irrelevantes Attribut bei der Beurteilung und Entscheidung nicht ignoriert wird. Die Aufdeckung der Irrelevanz des Attributs stellt für den Konsumenten zwar eine negative Information dar, die Existenz eines solchen Attributs lässt die Marke in einem großen Auswahlset jedoch weiterhin einzigartig erscheinen und differenziert sie infolgedessen von anderen Marken. Da die differenzierte Marke in der Wahrnehmung des Konsumenten immer noch salient wirkt, wird sie beim Vergleich zwischen verschiedenen Marken weiterhin bevorzugt. Das irrelevante Attribut vereinfacht trotz seiner kommunizierten Irrelevanz die Entscheidungssituation (Carpenter, Glazer, Nakamoto 1994).

Dieser Effekt lässt sich durch eine Vielzahl auftretender kognitiver Verzerrungen bei der Beurteilung begründen. So zeigt Gilovich (1981), dass die Konfrontation mit irrelevanter Information die Bildung von Assoziationen bewirkt, die sich trotz offensichtlicher Irrelevanz nicht auflösen. Konsistent zu dieser Erkenntnis belegen Forschungsergebnisse die Existenz sowohl des „hindsight bias" (Fischhoff 1975), der die verzerrte Beurteilung vergangener Ereignisse beschreibt, nachdem Informationen über deren Ausgang bekannt sind (Brehm, Kassin, Fein 1999, S. 66), als auch des Ankereffektes (Tversky, Kahneman 1974), der darin besteht, dass durch die Vorgabe einer beliebigen Zahl Personen dazu veranlasst werden, sich bei einem numerischen Urteil an dieser Zahl zu orientieren (Felser 2001, S. 102). Beide Beispiele belegen den Einfluss von Informationen, die eigentlich nicht berücksichtigt werden sollten. Adaptiert man diese Erkenntnisse auf den vorliegenden Untersuchungsgegenstand, so ist anzunehmen, dass der Konsument auch ein Attribut, das er als irrelevant erkennt, bei der Entscheidungsfindung berücksichtigen wird.

Des Weiteren haben Individuen gemäß dem „perseverance effect" die grundsätzliche Neigung, an ihren Überzeugungen und Meinungen festzuhalten. Bereits in früheren Untersuchungen hat sich gezeigt, dass erste Eindrücke fortbestehen, auch wenn neue Informationen diese nicht bestätigen (Asch 1946; Kelley 1950). Neuere Untersuchungen erforschen die Reaktion von Personen auf die Diskreditierung ursprünglicher Überzeugungen durch entsprechende Nachweise. Die Ergebnisse bestätigen, dass Individuen auf ihren Meinungen beharren, auch wenn eindeutig nachgewiesen wird, dass die ursprüngliche Basis, auf der ihre Meinung gründet, falsch oder nicht existent ist (Lepper, Ross, Lau 1986). Die Negation einer Information führt also nicht zur Aufgabe einer Überzeugung, sondern zur Abwertung der negativen Information. Nach Davies (1997) ist dieser Effekt für selbst generierte Attributionen extrem ausgeprägt, da diese ein stützendes kognitives Gerüst erzeugen, so dass die gebildete Erklärung für einen Sachverhalt trotz Diskreditierung weiterhin gedanklich verfügbar bleibt. Dies hat zur Folge, dass eine nachweislich korrekte Information ignoriert wird und die irrtümliche Assoziation bestehen bleibt.

Johar und Simmons (2000) legen in ihrer Untersuchung dar, dass es sich bei der Berichtigung falscher Rückschlüsse um einen zweistufigen Prozess handelt, in dem bekannt gemachte, aufklärende oder korrigierende Informationen zuerst enkodiert und später verwendet werden. Die tatsächliche Nutzung der enkodierten Informationen findet jedoch nur bei sehr hoher Verarbeitungsintensität statt. Die Erkenntnis, dass es sich bei der Korrektur eines Urteils um einen sehr aufwendigen Prozess handelt, fand durch zahlreiche Untersuchungen Unterstützung (z.B. Gilbert, Krull, Malone 1990).

Johar und Simmons (2000, S. 319) betonen, dass marketinginduzierte Rückschlüsse, z.B. auf die Qualität einer Marke, durch entsprechende Hinweisreize auf Grund ihrer kognitiven Verfügbarkeit intuitiv gezogen werden und es nicht einfach ist, sie zu blockieren, d.h., dass solche Rückschlüsse unweigerlich und unabhängig von vorliegenden Kenntnissen aufklärender Informationen gemacht werden. Folglich werden Informationen, die einen irrtümlichen Rückschluss aufdecken, nicht als Heuristik für die Beurteilung einer Marke verwendet, sondern – wenn überhaupt

– zur nachträglichen Berichtigung falscher Schlüsse. Hutchinson und Alba (1991, S. 327) belegen, dass auch die analytischen Fähigkeiten des Konsumenten von der wahrgenommenen Salienz eines Attributs beeinflusst werden. Ist ein irrelevantes Attribut salient, verhindert es Lernprozesse und inhibiert die erforderliche analytische Verarbeitung aufklärender Informationen (Broniarczyk, Gershoff 1997, S. 225 f.; Carpenter, Glazer, Nakamoto 1994, S. 343 f.).

Auf Basis dieser Ausführungen kann plausibel geschlussfolgert werden, dass die Aufdeckung von Informationen, die die Irrelevanz des betreffenden Attributs offenbaren, von den Konsumenten zwar zur Kenntnis genommen wird, d.h. sie erkennen, dass das irrelevante Attribut keinen Wert besitzt. Jedoch ist zu erwarten, dass Konsumenten diese Informationen bei der Beurteilung der Marke nicht vollständig integrieren, da es hierfür an der notwendigen Verarbeitungskapazität mangelt. Demzufolge ist anzunehmen, dass Konsumenten die Marke, die sich durch ein irrelevantes Attribut differenziert, auch dann positiver beurteilen, wenn sie von der Irrelevanz des differenzierenden Attributs zuvor erfahren. Aus diesem Grund lassen sich für die vorliegende Studie in Analogie zu den Überlegungen der Wirkung eines irrelevanten Attributs ohne aufklärende Informationen Hypothesen für die ausgewählten Konstrukte ableiten, welche die Wirkung des Attributs unter der Bedingung analysieren, dass die Konsumenten von dessen Irrelevanz vor der Bewertung erfahren:

H_{1b}: Die Verwendung eines irrelevanten Attributs, dessen Irrelevanz dem Konsumenten vor der Bewertung aufgedeckt wird, führt im Rahmen eines werblichen Markenauftritts zu einer höheren Aufmerksamkeit des Konsumenten.

H_{2b}: Die Verwendung eines irrelevanten Attributs, dessen Irrelevanz dem Konsumenten vor der Bewertung aufgedeckt wird, führt im Rahmen eines werblichen Markenauftritts zu einer höheren wahrgenommenen Einzigartigkeit der Marke.

H_{3b}: Die Verwendung eines irrelevanten Attributs, dessen Irrelevanz dem Konsumenten vor der Bewertung aufgedeckt wird, führt im Rahmen eines werblichen Markenauftritts zu einer höheren wahrgenommenen Preisfairness für die Marke.

H_{4b}: Die Verwendung eines irrelevanten Attributs, dessen Irrelevanz dem Konsumenten vor der Bewertung aufgedeckt wird, führt im Rahmen eines werblichen Markenauftritts zu einer positiveren Einstellung gegenüber der Marke.

H_{5b}: Die Verwendung eines irrelevanten Attributs, dessen Irrelevanz dem Konsumenten vor der Bewertung aufgedeckt wird, führt im Rahmen eines werblichen Markenauftritts zu einer höheren Kaufabsicht für die Marke.

3 Empirische Untersuchung

Um empirisch gesicherte Aussagen über die Wirkung einer Markendifferenzierung an Hand eines irrelevanten Attributs zu erhalten, wird das aufgestellte Hypothesensystem mittels eines experimentellen Forschungsansatzes überprüft. Das internetbasierte Experiment simuliert die Konfrontation des Konsumenten mit einer Marke, die sich durch den Zusatz eines fiktiven irrelevanten Attributs von anderen Marken differenziert. Zur Vermeidung systematischer Verzerrungen, die durch potenzielle

Einflüsse von Markennamen und der damit verbundenen Markenvertrautheit auftreten können, wurde hierzu eine fiktive Shampoo-Marke als Untersuchungsgegenstand eingesetzt. Die Auswahl des Produkts Shampoo erfolgte nicht nur auf Grund der fortgeschrittenen Verbreitung der Markendifferenzierungsstrategie an Hand eines irrelevanten Attributs in dieser Produktkategorie (Broniarczyk, Gershoff 2003, S. 161), sondern auch auf Grund der dominanten Stellung, die dieses Basisprodukt innerhalb der Kosmetik und Körperpflege einnimmt. (o.V. 2003, S. 33). Ferner ist der Haarpflegemarkt durch einen starken Verdrängungswettbewerb internationaler Konzerne und durch eine große Zahl von Neuprodukteinführungen gekennzeichnet (Hagendorf, Prümke 2003, S. 112).

Das experimentelle Design basiert auf drei Treatments: Die Experimentalgruppe 1 (IA), die Experimentalgruppe 2 ($IA_{aufgedeckt}$) und die Kontrollgruppe 3 (IA_{ohne}). In allen Treatments wird den Probanden ein werblicher Markenauftritt mit einer nichtvariierenden Preisauszeichnung präsentiert. Der angegebene Produktpreis wurde auf Basis des Mittelwertes des in einer führenden Handelskette erhältlichen Shampoos auf 2,39 EUR festgesetzt. Um den Probanden einen intuitiven Zugang zu der verwendeten Produktkategorie zu ermöglichen, wird der werbliche Markenauftritt durch die Darbietung einer Anzeige mit einer markierten Shampoo-Verpackung repräsentiert. In den Experimentalgruppen 1 und 2 beinhaltet die Produktabbildung einen Verweis auf die fiktive Ingredienz Kurkumin. Während Probanden der ersten Gruppe keine Informationen über das irrelevante Attribut Kurkumin erhielten, wurden die Probanden der zweiten Gruppe mit einem aufklärenden Text konfrontiert, der die Irrelevanz des betreffenden Attributs aufdeckt. Den Probanden der Kontrollgruppe wird die markierte Shampoo-Verpackung ohne das irrelevante Attribut dargeboten. Die bildliche und textliche Gestaltung der Shampoo-Verpackung war über alle drei Treatmentgruppen mit Ausnahme der Integration des irrelevanten Attributs identisch. Die Ingredienz Kurkumin stellt somit die unabhängige Variable des Experiments dar. Auf Grund des gewählten Forschungsdesigns, welches gerade keine Präferenzrangfolge unter mehreren Marken abfragt, wurde darauf verzichtet, dem Konsumenten parallel mehrere Alternativen zur Bewertung vorzulegen.

Der Ablauf des Experiments erfolgt in drei Phasen. Nach einem kurzen Einleitungstext gelangen die Probanden zum ersten Fragebogen, der Fragen zu Soziodemografika beinhaltet. Anschließend erfolgt die Zuteilung der Probanden in die Untersuchungsgruppen (Zufallsgruppenbildung durch Randomisierung). In der zweiten Phase wird den Probanden zunächst die Shampoo-Verpackung der fiktiven Marke „Suprema X" präsentiert. Die Wahl einer fiktiven Marke wurde vorgenommen, um Ausstrahlungseffekte auf Grund von früheren Erfahrungen mit dem Anbieter a priori auszuschließen (Bauer, Neumann, Mäder 2005, S. 104). Der Darbietungszeitraum des Stimulus wurde, um durch Ermüdungserscheinungen bedingte Reaktanzen der Probanden vorzubeugen, auf eine Minute festgesetzt. In dem internetbasierten Experimentaldesign sicherte die Verwendung von Zeitstempeln eine exakte Einhaltung der Darbietungszeit für sämtliche Versuchsteilnehmer. Nach Ablauf dieser Zeitvorgabe wurde den Probanden der Experimentalgruppe 2 ein Ausschnitt aus einem Testbericht dargeboten, der die Irrelevanz des Attributs enthüllt. In der dritten Phase werden die Probanden aller Experimentalgruppen zum zweiten Fragebogen weitergeleitet, der Fragen zu den latenten Konstrukten beinhaltete.

Einheitlich gestaltete fünfstufige Likert-Skalen (1 = höchster Grad der Ablehnung; 5 = höchster Grad der Zustimmung) dienten der Abfrage der Indikatorvariablen, welche zur Messung der Modellkonstrukte herangezogen wurden. Bei der Fragebogenkonzeption wurde ausnahmslos auf existierende Inventare (Laczniak, Muehling 1993; Netemeyer et al. 2004; Bearden, Carlson, Hardesty 2003; Schlosser, Shavitt, Kanfer 1999; Dodds, Monroe, Grewal 1991) rekurriert, die eine streng reflektive Messung der latenten Konstrukten gewährleisten. Im Rahmen eines Pretests mit 31 Probanden wurde die Reliabilität sämtlicher Messinstrumente überprüft. Cronbachs α, die Item-to-Total-Korrelation, die empirische Korrelationsmatrix und eine varimax-rotierte exploratorische Faktorenanalyse unter Berücksichtigung des *Kaiser-Meyer-Olkin*-Kriteriums dienten als Orientierungshilfen für die Beurteilung der Reliabilität sowie Validität im Rahmen der Konstruktmessung. Sämtliche Skalen weisen hervorragende Werte auf.

Die Online-Umfrage wurde im Sommer 2004 durchgeführt. 894 Probanden durchliefen das Experiment vollständig. Von den Versuchsteilnehmern sind 415 (46,4%) weiblichen und 479 (53,6%) männlichen Geschlechts. Das Altersspektrum der Stichprobe umfasst bei einem Durchschnittsalter von 29,7 Jahren eine Spanne von 18 bis 73 Jahren. Die angewandte Zufallsgruppenbildung durch Randomisierung führt zu einer äquivalenten Gruppengröße in den drei experimentellen Gruppen ($n_1 = 298$; $n_2 = 296$; $n_3 = 300$). Der U-Test nach Mann und Whitney zum Vergleich von nichtparametrischen unabhängigen Stichproben (Hair et al. 1995) offenbart, dass sich die Probanden innerhalb der einzelnen Experimentalgruppen hinsichtlich der Merkmale Geschlecht, Alter und höchster erreichter Bildungsgrad nicht signifikant voneinander unterscheiden ($p \geq 0,4$).

Die postulierten Zusammenhangsvermutungen werden nachfolgend an Hand des empirisch erhobenen Datenmaterials auf ihre Gültigkeit hin untersucht. Hierzu findet die einfaktorielle multivariate Varianzanalyse (MANOVA) mit anschließendem Post-Hoc-Mittelwertsvergleich Anwendung (Hussy, Jain 2002). Der unabhängige Faktor „Treatment" beinhaltet die drei Faktorstufen „mit irrelevantem Attribut (IA)", „mit irrelevantem Attribut und aufgedeckter Irrelevanz ($IA_{aufgedeckt}$)" und „ohne irrelevantem Attribut (IA_{ohne})". Die Konstrukte „Aufmerksamkeit", „Wahrgenommene Einzigartigkeit", „Wahrgenommene Preisfairness", „Einstellung" und „Kaufabsicht" stellen die abhängigen Variablen dar. Die beobachteten Daten erfüllen zudem alle Voraussetzungen für die Anwendung der Varianzanalyse (Hair et al. 1995, S. 274ff.).

Vor der eigentlichen Ergebnisauswertung wurde zur Überprüfung der vorgenommenen experimentellen Manipulationen der hierzu entworfene Manipulation Check analysiert (Koschate 2002, S. 120). Um festzustellen, ob für die Probanden der Treatmentgruppe $IA_{aufgedeckt}$ das irrelevante Attribut tatsächlich irrelevant ist, wurde ein T-Test auf Mittelwertunterschiede durchgeführt. Dieser untersucht, ob die von den Probanden angegebene Wichtigkeit des Attributs zwischen der Experimentalgruppen IA und $IA_{aufgedeckt}$ variiert. Das Ergebnis zeigt, dass die Probanden in der Gruppe mit aufgedeckter Irrelevanz diese erkennen und diesem Attribut eine signifikant geringere Wichtigkeit zuschreiben ($T = 5,448$; $p \leq 0,001$). Die Manipulation des experimentellen Faktors variiert demnach in intendierter Weise die unabhängige Variable „Treatment".

Die multivariaten Tests der Prozedur der MANOVA ergeben für die Prüfgrößen Pillai-Spur ($F = 3,547$; $p \leq 0,001$), Wilks-Lambda ($F = 3,569$; $p \leq 0,001$), Hotelling-Spur ($F = 3,591$; $p \leq 0,001$) sowie die größte charakteristische Wurzel nach Roy ($F = 6,670$; $p \leq 0,001$) hoch signifikante Resultate. Damit dürfen die nachfolgenden Ergebnisse interpretiert werden. Die Auswirkung der unabhängigen Variable „Treatment" mit den drei Ausprägungen IA, IA$_{aufgedeckt}$ und IA$_{ohne}$ wird auf die Wahrnehmungskonstrukte sowie auf die Prädiktoren des Kaufverhaltens analysiert. In Bezug auf die abhängige Variable „Aufmerksamkeit" kann aus dem signifikanten Ergebnis der Varianzanalyse geschlussfolgert werden, dass ein vom Treatment abhängiger, hochsignifikanter Unterschied hinsichtlich der Aufmerksamkeit gegenüber der Marke vorliegt (F = 7,177; p ≤ 0,001). Nach dem Ergebnis des F-Tests kann davon ausgegangen werden, dass die Gruppenmittelwerte nicht äquivalent ausfallen. Dies bedeutet jedoch noch nicht, dass sich alle Mittelwerte signifikant voneinander unterscheiden. Um herauszufinden, zwischen welchen Gruppen ein signifikanter Mittelwertunterschied besteht, wurde mit dem Scheffé-Test ein multipler Vergleichstest durchgeführt, der die einzelnen Gruppen paarweise auf mögliche Mittelwertunterschiede untersucht. Ein Vergleich der Treatmentgruppe IA mit der Kontrollgruppe IA$_{ohne}$ liefert bei einer mittleren Differenz von 0,3729 einen signifikanten Mittelwertunterschied zwischen diesen beiden Gruppen (p ≤ 0,01). Dies bedeutet, dass die Differenzierung einer Marke an Hand eines irrelevanten Attributs zu einer signifikant höheren Aufmerksamkeit der Konsumenten gegenüber der Marke führt. Somit wird die Hypothese H$_{1a}$ unterstützt. Auch beim Vergleich der Treatmentgruppe IA$_{aufgedeckt}$ mit der Kontrollgruppe IA$_{ohne}$ kann ein hochsignifikanter Einfluss auf die Aufmerksamkeit nachgewiesen werden (Mittlere Differenz = 0,3809; p ≤ 0,01). Folglich findet auch Hypothese H$_{1b}$ Unterstützung. Nachfolgende *Tabelle 1* gibt die Mittelwerte der Treatmentgruppe wieder.

Tabelle 1: Mittelwerte der Konstrukte

Konstrukt	Mittelwerte			F	p
	IA	IA$_{aufgedeckt}$	IA$_{ohne}$		
Aufmerksamkeit	3,065	3,073	2,654	7,177	≤ 0,001
Wahrgenommene Einzigartigkeit	2,612	2,654	2,119	15,378	≤ 0,001
Wahrgenommene Preisfairness	4,294	4,300	3,980	4,280	≤ 0,01
Einstellung	3,666	3,607	3,350	5,422	≤ 0,01
Kaufabsicht	3,247	3,129	2,806	7,034	≤ 0,001

Die Überprüfung der Ergebnisse auf die abhängigen Variablen „wahrgenommene Einzigartigkeit", „wahrgenommene Preisfairness", „Einstellung" und „Kaufabsicht" erfolgte in gleicher Weise. Alle Hypothesen bezüglich der Wirkung irrelevanter Attribute konnten bestätigt werden.

4 Zusammenfassung und Implikationen

Die Ergebnisse der vorliegenden Studie müssen unter Berücksichtigung des spezifischen Untersuchungsdesign interpretiert werden. In dem Experiment wurden bewusst unbekannte Marken verwendet, um mögliche Ausstrahlungseffekte einer „starken" Marke zu unterbinden. Um die Wirkung irrelevanter Attribute zu separieren, wurde zudem die Annahme der Nicht-Existenz einer Vergleichsmarke getroffen. Es sollte ferner berücksichtigt werden, dass die Aufdeckung der Irrelevanz vor der Kaufentscheidung erfolgte.

Als zentrale Erkenntnisse lassen sich die folgenden Aussagen festhalten:

- Die Differenzierung einer Marke durch das Hinzufügen eines irrelevanten Attributs führt zu einer höheren Aufmerksamkeit des Konsumenten gegenüber der Marke, einer höheren wahrgenommenen Einzigartigkeit der Marke, einer höheren wahrgenommenen Preisfairness der Marke, einer positiveren Einstellung gegenüber der Marke sowie einer höheren Kaufabsicht.

- Die positiven Effekte des irrelevanten Attributs auf die Markenwahrnehmung und die Kaufverhaltensprädiktoren treten selbst dann auf, wenn den Probanden die Irrelevanz des Attributs zuvor aufgedeckt wird.

- Der gezielte Einsatz eines irrelevanten Attributs bietet dem Markenanbieter ein wirksames Instrument zur Differenzierung der eigenen Marke von der Konkurrenz. Durch die entsprechende werbliche Herausstellung des irrelevanten Attributs können sämtliche im Rahmen dieser Forschungsarbeit untersuchten Konstrukte positiv beeinflusst werden. Diese stellen zudem direkte oder indirekte Quellen des konsumentenorientierten Markenwerts dar (Aaker 1996; Chaudhuri 2002; Farquhar 1989; Netemeyer et al. 2004). Der Zusatz eines irrelevanten Attributs dient folglich der Steigerung des konsumentenorientierten Markenwerts. Die Wahrnehmung des irrelevanten Attributs als zusätzliche Leistung und der davon ausgehende Einfluss auf die wahrgenommene Preisfairness der Marke vergrößern zudem den Preisspielraum des Markenanbieters. Die Ergebnisse implizieren, dass das irrelevante Attribut zu einer aus Konsumentensicht beachtlichen Differenzierung der Marke führen kann, obwohl in Wirklichkeit kein bedeutungsvoller Unterschied besteht. Daraus resultiert ein Wettbewerbsvorteil für die Marke, die sich mittels irrelevanten Attributs differenziert, nicht zuletzt, weil auf Anbieterseite nur vergleichsweise geringe Kosten für die Differenzierung anfallen.

- Es ist jedoch eine ständige Reproduktion der irrelevanten Attribute nötig, da eine erfolgreiche Markendifferenzierungsstrategie Imitationen seitens der Konkurrenz hervorrufen wird. Die Reaktionen der Wettbewerber können den Einfluss eines irrelevanten Attributs reduzieren, da z.B. die Einführung verschiedener irrelevanter Attribute durch Konkurrenzmarken die Salienz des eigenen irrelevanten Attributs verringert. Zu berücksichtigen ist ferner, dass mit der Zeit potentiell Wear-out-Effekte auftreten, wodurch sich das Beeinflussungspotenzial irrelevanter Attribute verringert. Aus diesen Gründen können die in dieser Studie beobachteten positiven Ergebnisse für das irrelevante Attribut nicht als perpetuum mobile für den Marketingerfolg genutzt werden.

Literaturverzeichnis

Aaker, D. A. (1996): Building Strong Brands, New York 1996.
Aaker, J. L. (1997): Dimensions of Brand Personality, in: Journal of Marketing Research, Vol. 34 (1997), pp. 347–356.
Asch, S. (1946): Forming Impressions of Personality, in: Journal of Abnormal and Social Psychology, Vol. 41 (1946), pp. 258–290.
Bänsch, A. (2002): Käuferverhalten, 9. Aufl., München, Wien, Oldenburg 2002.
Bauer, H. H., Neumann, M. M. , Mäder, R. (2005): Die Wirkung von Avataren im elektronischen Handel – Eine experimentelle Untersuchung unter besonderer Berücksichtigung des Vertrauenskonstrukts, in: Marketing – Zeitschrift für Forschung und Praxis, 26. Jg. (2005), Nr. 2, S. 98–114.

Bearden, W. O., Carlson, J. P., Hardesty, D. M. (2003): Using invoice price information to frame advertised offers, in: Journal of Business Research, Vol. 56 (2003), No. 5, pp. 355–366.
Belk, R. (1988): Possessions and the Extended Self, in: Journal of Consumer Research, Vol. 15 (1988), No. 2, pp. 139–167.
Bolton, L. E., Warlop, L., Alba, J. (2003): Consumer Perceptions of Price (Un)Fairness, in: Journal of Consumer Research, Vol. 29 (2003), No. 4, pp. 474–491.
Brehm, S. S., Kassin, S. M., Fein, S. (1999): Social Psychology, 4 th ed., Boston, New York 1999.
Broniarczyk, S. M., Gershoff, A. D. (1997): Meaningless Differentiation Revisited, in: Advances in Consumer Research, Vol. 24 (1997), pp. 223–228.
Broniarczyk, S. M., Gershoff, A. D. (2003): The Reciprocal Effects of Brand Equity and Trivial Attributes, in: Journal of Marketing Research, Vol. 40 (2003), No. 2, pp. 161–175.
Brown, C. L., Carpenter, G. S. (2000): Why is the Trivial Important? A Reasons-Based Account for the Effects of Trivial Attributes on Choice, in: Journal of Consumer Research, Vol. 26 (2000), No. 4, pp. 372–385.
Carpenter, G. S., Glazer, R., Nakamoto, K. (1994): Meaningful Brands From Meaningless Differentiation: The Dependence on Irrelevant Attributes, in: Journal of Marketing Research, Vol. 31 (1994), No. 3, pp. 339–350.
Chaudhuri, A. (2002): How Brand Reputation Affects the Advertising-Brand Equity Link, in: Journal of Advertising Research, Vol. 42 (2002), No. 3, pp. 33–43.
Davies, M. F. (1997): Belief Persistence after Evidential Discrediting: The Impact of Generated versus Provided Explanations on the Likelihood of Discredited Outcomes, in: Journal of Experimental Social Psychology, Vol. 33 (1997), pp. 561–578.
Dhar, R., Nowlis, S. M. (1999): The Effect of Time Pressure on Consumer Choice Deferral, in: Journal of Consumer Research, Vol. 25 (1999), No. 4, pp. 369–384.
Dodds, W. B., Monroe, K. B., Grewal, D. (1991): Effects of Price, Brand, and Store Information on Buyers' Product Evaluations, in: Journal of Marketing Research, Vol. 28 (1991), No. 3, pp. 307–319.
Edell, J. A., Burkhe, M. C. (1987): The Power of Feelings in Understanding Advertising Effects, in: Journal of Consumer Research, Vol. 14 (1987), pp. 421–433.
Esch, F. – R., Langner, T. (2005): Branding als Grundlage zum Markenaufbau, in: Esch, F.-R. (Hrsg.): Moderne Markenführung, 4. Aufl., Wiesbaden 2005, S. 573–586.
Farquhar, P. H. (1989): Managing Brand Equity, in: Marketing Research, Vol. 1 (1989), No. 3, pp. 24–33.
Felser, G. (2001): Werbe- und Konsumentenpsychologie, 2. Aufl., Heidelberg, Berlin 2001.
Fischhoff, B. (1975): Hindsight ≠ foresight: The effect of outcome knowledge on judgement under uncertainty, in: Journal of Experimental Psychology: Human Perception and Performance, Vol. 1 (1975), pp. 288–299.
Gilbert, D. T., Krull, D. S., Malone, P. S. (1990): Unbelieving the Unbelievable: Some Problems in the Rejection of False Information, in: Journal of Personality and Social Psychology, Vol. 59 (1990), pp. 601–613.
Gilovich, T. (1981): Seeing the Past in the Present: The Effect of Associations to Familiar Events on Judgements and Decisions, in: Journal of Personality and Social Psychology, Vol. 40 (1981), pp. 797–808.
Hagendorf, J., Prümke, A. (2003): Imagetransfer zwischen Marken und Prominenten, in: Herbst, D. (Hrsg.): Der Mensch als Marke: Konzepte – Beispiele – Experteninterviews, Göttingen (2003), S. 94–117.
Hair, J. F. et al. (1995): Multivariate Data Analysis, Englewood Cliffs 1995.
Hoch, S. J., Deighton, J. (1989): Managing What Consumers Learn from Experience, in: Journal of Marketing, Vol. 53 (1989), No. 2, pp. 1–20.
Homans, G. C. (1961): Social Behavior: It's Elementary Forms, New York 1961.
Homburg, Ch., Koschate, N. (2005): Behavioral Pricing-Forschung im Überblick – Teil 1: Grundlagen, Preisinformationsaufnahme und Preisinformationsbeurteilung, in: ZFB-Zeitschrift für Betriebswirtschaft , 75. Jg. (2005), Nr. 4, S. 383–423.
Hoyer, W. D., MacInnis, D. J. (2001): Consumer Behavior, 2nd ed., Boston 2001.
Hutchinson, J. W., Alba, J. W. (1991): Ignoring Irrelevant Information: Situational Determinants of Consumer Learning, in: Journal of Consumer Research, Vol. 18 (1991), pp. 325–345.

Hussy, W., Jain, A. (2002): Experimentelle Hypothesenprüfung in der Psychologie, Göttingen, Bern 2002.

Johar, G. V., Simmons, C. J. (2000): The Use of Concurrent Disclosures to Correct Invalid Inferences, in: Journal of Consumer Research, Vol. 26 (2000), pp. 307–322.

Kahneman, D., Knetsch, J. L., Thaler, R. (1986a): Fairness and the Assumptions of Economics, in: Journal of Business, Vol. 59 (1986), No. 4, pp. 285–300.

Kahneman, D., Knetsch, J. L. ,Thaler, R. (1986b): Fairness as a Constraint on Profit Seeking: Entitlements in the Market, in: The American Economic Review, Vol. 76 (1986), No. 4, pp. 728–741.

Kalapurakal, R., Dickson, P. R., Urbany, J. E. (1991): Perceived Price Fairness and Dual Entitlement, in: Advances in Consumer Research, Vol. 18 (1991), No. 1, pp. 788–793.

Kelley, H. H. (1950): The warm-cold variable in first impressions of persons, in: Journal of Personality, Vol. 18 (1950), pp. 431–439.

Koschate, N. (2002): Kundenzufriedenheit und Preisverhalten – Theoretische und empirisch experimentelle Analysen, Wiesbaden 2002.

Laczniak, R. N., Muehling, D. D. (1993): The Relationship between Experimental Manipulations and Tests of Theory in Advertising Message Involvement Context, in: Journal of Advertising, Vol. 22 (1993), No. 3, pp. 59–74.

Lepper, M. R., Ross, L., Lau, R. R. (1986): Persistence of Inaccurate Beliefs about the Self: Perseverance Effects in the Classroom, in: Journal of Personality and Social Psychology, Vol. 50 (1986), pp. 482–491.

Lynn, M., Harris, J. (1997a): Individual Differences in the Pursuit of Self-Uniqueness Through Consumption, in: Journal of Applied Social Psychology, Vol. 27 (1997), No. 21, pp. 1861–1883.

Lynn, M., Harris, J. (1997b): The Desire for Unique Consumer Products: A New Individual Differences Scale, in: Psychology & Marketing, Vol. 14 (1997), No. 6, pp. 601–616.

Martins, M., Monroe, K. B. (1994): Perceived Price Fairness: A New Look at an Old Construct, in: Advances in Consumer Research, Vol. 21 (1994), No. 1, pp. 75–78.

Moser, K. (2002): Markt- und Werbepsychologie, Göttingen et al.

Mukherjee, A., Hoyer, W. D. (2001): The Effect of Novel Attributes on Product Evaluation, in: Journal of Consumer Research, Vol. 28 (2001), No. 3, pp. 462–472.

Netemeyer, R. G. et al. (2004): Developing and validating measures of facets of customer-based brand equity, in: Journal of Business Research, Vol. 57 (2004), No. 2, pp. 209–224.

Oliver, R. L., Swan, J. E. (1989a): Consumer Perception of Interpersonal Equity and Satisfaction in Transactions: A Field Survey Approach, in: Journal of Marketing, Vol. 53, (1989), pp. 21–35.

Oliver, R. L., Swan, J. E. (1989b): Equity and Disconfirmation Perceptions as Influences on Merchant and Product Satisfaction, in: Journal of Consumer Research, Vol. 16 (1989), No. 3, pp. 372–383.

o.V. (2003): Märkte: Kosmetik und Körperpflege, in: Marketing Anzeigen, Hamburg 2003.

o.V. (2005): Große Versprechen: Mehr Schein als sein, in: ÖKO-TEST, o. Jg. (2005), Nr. 5, S. 100–109.

Ratneshwar, S. et al. (1997): Benefit Salience and consumers' selective attention to product features, in: International Journal of Research in Marketing, Vol. 14 (1997), pp. 245–259.

Schlosser, A. E., Shavitt, S., Kanfer, A. (1999): Survey of Internet users' attitudes toward Internet advertising, in: Journal of Interactive Marketing, Vol. 13 (1999), No. 3, pp. 34–54.

Sujan, M., Bettman, J. R. (1989): The Effects of Brand Positioning Strategies on Consumers' Brand and Category Perceptions: Some Insight From Schema Research, in: Journal of Marketing Research, Vol. 26 (1989), pp. 454–467.

Tian, K. T., Bearden, W. O., Hunter, G. L. (2001): Consumers' Need for Uniqueness: Scale Development and Validation, in: Journal of Consumer Research, Vol. 28 (2001), No. 1, pp. 50–66.

Trommsdorff, V. (2003): Konsumentenverhalten, 5. Aufl., Stuttgart 2003.

Tversky, A., Kahneman, D. (1974): Judgement under uncertainty: Heuristics and biases, in: Science, Vol. 185 (1974), pp. 1124–1131.

Urbany, J. E., Madden, T. J., Dickson, P. R. (1989): All's Not Fair in Pricing: An Initial Look at the Dual Entitlement Principle, in: Marketing Letters, Vol. 1 (1989), pp. 17–25.

Vignoles, V. L., Chryssochoou, X., Breakwell, G. M. (2000): The Distinctiveness Principle: Identity, Meaning, and the Bounds of Cultural Relativity, in: Personality and Social Psychology Review, Vol. 4 (2000), No. 4, pp. 337–354.

Markenpersönlichkeit als Erfolgsfaktor des Markenmanagements: Ein Segmentierungsansatz zum Markenpersönlichkeitsmanagement am Beispiel des Automobilmarkts

Ralf Mäder/Marcus Hattula/Robert Hartl/Wolfgang Breyer

Zusammenfassung	134
1 Das Markenpersönlichkeitskonzept	134
1.1 Der Begriff der Markenpersönlichkeit	134
1.2 Messung von Markenpersönlichkeit	136
1.3 Wirkung von Markenpersönlichkeit	137
2 Management konsumentenindividueller Markenpersönlichkeitsbedürfnisse	138
2.1 Zielsetzung	138
2.2 Empirische Datenbasis	138
2.3 Bestimmung individueller Markenpersönlichkeitsbedürfnisse	138
2.4 Segmentierung nach individuellen Markenpersönlichkeitsbedürfnissen	139
3 Zusammenfassung und Implikationen	140
Literaturverzeichnis	141

> **Zusammenfassung**
>
> Markenpersönlichkeit bildet in vielen Märkten eine entscheidende Determinante der Präferenz und Loyalität von Konsumenten. Wissenschaftliche Untersuchungen zeigen, dass die der Wirkung von Markenpersönlichkeit zugrunde liegenden Mechanismen komplex sind und sich konsumentenindividuell stark unterscheiden können. Dies stellt eine erhebliche Barriere für eine effektive Nutzung des Markenpersönlichkeitskonzepts in der Unternehmenspraxis dar. Im vorliegenden Beitrag wird ein Ansatz entwickelt, der die konsumentenindividuellen Wirkungen von Markenpersönlichkeit berücksichtigt, ohne dass hierfür die Kenntnis der zugrunde liegenden Mechanismen beim einzelnen Konsumenten erforderlich ist. Zur Veranschaulichung des empirisch fundierten Vorgehens dient eine exemplarische Anwendung im Automobilmarkt.

1 Das Markenpersönlichkeitskonzept

1.1 Der Begriff der Markenpersönlichkeit

Die Bedeutung von Marken als zentraler Erfolgsfaktor für die Vermarktung von Produkten und Dienstleistungen ist ungebrochen. Monetäre Markenbewertungen zeigen, dass der immaterielle Wert einer Marke oft einen wesentlichen Teil des Gesamtwerts eines Unternehmens ausmacht (Homburg, Krohmer 2003, S. 515). Befragt nach dem Wert ihrer Marken nannten Top-Manager der 100 größten deutschen Unternehmen im Durchschnitt eine Zahl von mehr als 50 % des Unternehmenswerts, mit steigender Tendenz (PriceWaterhouseCoopers, Sattler 1999). Im Hinblick auf eine effektive Markenpolitik erscheint daher die Klärung der Frage, worin Markenwert begründet ist, bedeutsamer denn je.

Die Märkte der Gegenwart sind in vielen Branchen durch eine weitgehende Austauschbarkeit der funktionalen Leistungsmerkmale konkurrierender Angebote gekennzeichnet. Daher gewinnen abstrakte, oftmals nicht unmittelbar mit dem Produkt in Verbindung stehende Merkmale bei der Wahrnehmung und Beurteilung von Markenprodukten an Bedeutung. Das Konstrukt der Markenpersönlichkeit hat daher in der jüngeren Vergangenheit ein erhebliches Maß an Aufmerksamkeit auf sich gezogen. Befragt nach der Wichtigkeit für den Markenwert stuften Markenexperten die Markenpersönlichkeit zusammen mit der Markensympathie und der wahrgenommenen Produktqualität als fünftwichtigstes Kriterium ein (Schimansky 2004, S. 19). Als wichtigstes Kriterium wurde das Markenvertrauen genannt, welches unmittelbar aus einer Markenpersönlichkeit resultiert. Eine weitere Zunahme der Bedeutung von persönlichkeitsorientierten Ansätzen des Markenmanagements ist zu erwarten.

In der Marketingpraxis erlangte das Markenpersönlichkeitskonstrukt frühzeitig seine Daseinsberechtigung. So verwendeten bereits Mitte des 20. Jahrhunderts Kommunikationsagenturen das Konzept für nicht produktbezogene, nicht funktionale Eigenschaften einer Marke (Gardner, Levy 1955). Es bereitet im Allgemeinen keine Schwierigkeiten, Marken anhand von Persönlichkeitsmerkmalen zu charakterisieren.

Im Vergleich mit vielen anderen Automobilmarken verfügt die Marke BMW beispielsweise über eine besonders „dynamische" und „jugendliche" Persönlichkeit. Während Siemens mit den Merkmalen „innovativ" und „kompetent" treffend charakterisiert sein mag, könnte Lufthansa als sehr „zuverlässige" und „vertrauenswürdige" Fluglinie wahrgenommen werden. Marlboro wirkt als Zigarettenmarke eher „männlich", Virginia Slims oder Eve 120 dagegen eher „weiblich".

Konsistent mit den genannten Beispielen verstehen wir den Begriff der Markenpersönlichkeit als *die Menge menschlicher Charaktereigenschaften, die mit einer Marke in Verbindung gebracht werden* (Aaker 1997, S. 347). Der Markenpersönlichkeitsbegriff wird oft synonym mit dem des Markenimage benutzt, obwohl eine Abgrenzung sinnvoll und problemlos möglich ist. Definiert man das Markenimage als die Menge aller Assoziationen, die ein Konsument mit einer Marke in Verbindung bringen kann (Trommsdorff 1998, S. 152), so stellt die Markenpersönlichkeit einen Teilbereich des Markenimage dar (Bauer, Mäder, Huber 2000, S. 6).

Ein Markenimage weist eine Vielzahl von Imagekomponenten auf. Die Gesamtheit dieser Assoziationen bildet die Grundlage für die Wertschätzung durch den Konsumenten und damit den Wert der Marke (*Abbildung 1*). Die Merkmale einer Marke lassen sich in konkrete, produktbezogene Merkmalsassoziationen (z.B. physikalisch-chemisch-technische „PCT"-Eigenschaften) und abstrakte Merkmalsassoziationen unterscheiden. Die Markenpersönlichkeit zählt zu den abstrakten Merkmalsassoziationen. Konkrete Merkmalsassoziationen bestimmen maßgeblich funktionale Nutzenassoziationen, während abstrakte Merkmalsassoziationen insbesondere die Grundlage für symbolische Nutzenassoziationen liefern (Mäder 2005, S. 7 ff.).

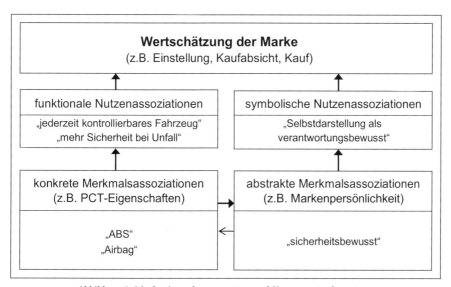

Abbildung 1: Markenimagekomponenten und Konsumentenbewertung

Konkrete Assoziationen und abstrakte Markenpersönlichkeitsassoziationen sind jedoch keineswegs voneinander unabhängig. Es ist leicht nachvollziehbar, dass Produktmerkmale wie „ABS" und „Airbag" einen zentralen Beitrag zur Wahrnehmung einer Automobilmarke als „sicherheitsbewusst" leisten. Darüber hinaus beeinflussen jedoch viele nicht unmittelbar produktbezogene Determinanten eine Markenpersönlichkeit, wie z.B. Vorstellungen von Mitarbeitern des Unternehmens und von typischen Markenverwendern (Aaker 2001, S. 95). In der Markenkommunikation eingesetzte prominente Personen stellen eine effektive und durch das Markenmanagement gezielt beeinflussbare Bestimmungsgröße der Markenpersönlichkeit dar (Mäder 2005, S. 39 ff.).

1.2 Messung von Markenpersönlichkeit

Die Nutzung des Markenpersönlichkeitskonzepts erfordert eine valide Messung von Markenpersönlichkeit. Je nach Zielsetzung können hierzu indirekt-qualitativ fundierte Ansätze oder direkt-quantitativ messende Methoden zum Einsatz kommen. Innerhalb der zweiten Kategorie haben sich in Wissenschaft und Unternehmenspraxis Konzeptionen bewährt, die sich in ihrer Vorgehensweise an menschlichen Persönlichkeitstheorien orientieren. Unter diesen zeichnen sich faktoranalytische Ansätze dadurch aus, dass sie konsequent auf das Ziel ausgerichtet sind, Persönlichkeit mit abstrakten Dimensionen messbar zu machen (Amelang, Bartussek 1997).

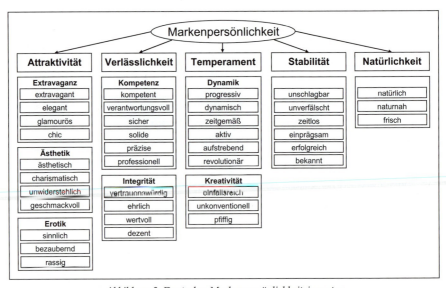

Abbildung 2: Deutsches Markenpersönlichkeitsinventar

Das bewährte Prinzip der faktoranalytischen Persönlichkeitsforschung, eine umfassende Menge von Persönlichkeitsmerkmalen auf eine überschaubare Anzahl zentraler Merkmale zu reduzieren, lässt sich vom Untersuchungsgegenstand Mensch auf den Untersuchungsgegenstand Marke übertragen. Basierend auf einer Ausgangsmenge von 5.160 Persönlichkeit beschreibenden Merkmalen und einer für den deutschen Markt repräsentativen Auswahl von 45 Produkt- und Dienstleistungsmarken konnte eine fünfdimensionale Struktur zur Messung von Markenpersönlichkeit aufgedeckt und validiert werden (Mäder 2005, S. 58 ff.). Analog zu den Inventaren zur Messung menschlicher Persönlichkeit ist das Messinstrument hierarchisch organisiert. Die höchste Aggregationsstufe stellt die fünf zentralen Markenpersönlichkeitsdimensionen Attraktivität, Verlässlichkeit, Temperament, Stabilität und Natürlichkeit dar. Die inhaltlichen Bedeutungsnuancen der drei ersten Dimensionen werden durch insgesamt sieben Persönlichkeitsfacetten weiter aufgeschlüsselt (z.B. „Extravaganz", „Ästhetik" und „Erotik" bei der Dimension „Attraktivität"). Schließlich konkretisiert sich die Messung von Markenpersönlichkeit auf der untersten Ebene durch 39 Persönlichkeitsmerkmale (*Abbildung 2*).

1.3 Wirkung von Markenpersönlichkeit

Der Stand der Forschung belegt, dass Markenpersönlichkeiten einen zentralen Treiber einer starken Kunde-Marke-Beziehung darstellen. Die zugrunde liegenden Wirkungsmechanismen sind jedoch vielschichtig. So bietet einerseits eine Markenpersönlichkeit als „Information Chunk" kognitive Entlastung, indem sie von der Vielzahl funktionaler Merkmale einer Marke abstrahiert (Aaker 1997, S. 153 ff.). So repräsentiert bei einer Automobilmarke die Persönlichkeitseigenschaft „zuverlässig" effizient eine Vielzahl wünschenswerter Funktionsmerkmale der Produkte und dürfte daher in aller Regel Nutzen stiften („mehr ist besser").

Gleichzeitig entscheidet – in Analogie zu zwischenmenschlichen Beziehungen – auch die Interaktion der Persönlichkeiten von Marke und Konsument über den gegenseitigen Umgang (Aaker, Fournier, Brasel 2004, S. 2). Kunden nutzen Marken, um sich Aspekte ihrer eigenen Persönlichkeit zu vergegenwärtigen, diese zu ergänzen und sie durch die Markenverwendung gegenüber anderen zum Ausdruck zu bringen (symbolisches Konsumverhalten). Diese Effekte fallen umso stärker aus, je symbolischer eine Produktkategorie ist. Ein auf Selbstkongruenz ausgerichtetes Markenpersönlichkeitsmanagement ist daher z.B. in der Automobil- oder Modebranche von größerer Bedeutung als im Markt für Hygienepapiere (Bauer, Mäder, Wagner 2006, S. 839 ff.; Bauer, Mäder, Huber 2002, S. 687 ff.). Die dem Selbstkongruenzeffekt zugrunde liegenden Mechanismen sind jedoch komplex. So können Konsumenten einerseits Produkte präferieren, deren Markenpersönlichkeit kongruent mit ihrer tatsächlichen Persönlichkeit ist. Dies kann beispielsweise dazu führen, dass ein altmodischer Konsument eine für bewährte Problemlösungen stehende Marke gegenüber einer innovativen bevorzugt. Andererseits können auch Idealvorstellungen von der eigenen Persönlichkeit ausschlaggebend für das Kaufverhalten sein. Hierdurch erklärt sich, warum gerade auch unsportliche Menschen eine Präferenz für sportliche Automobilmarken entwickeln können (Sirgy 1986, S. 1 ff.; Fischer, Mäder 2001, S. 4). Konsumenten suchen also nach dem Selbstkongruenzprinzip in einer Marke den Spiegel eines Referenz-Persönlichkeitsprofils (Idealpunkt). Im Hinblick auf die optimalen Ausprägungen von Markenpersönlichkeitseigenschaften gilt daher, dass „mehr" „besser" sein kann, aber nicht muss.

2 Management konsumentenindividueller Markenpersönlichkeitsbedürfnisse

2.1 Zielsetzung

Der vorliegende Beitrag verfolgt die Zielsetzung, die vielschichtigen Wirkungen von Markenpersönlichkeit im Hinblick auf das Kaufverhalten für das Markenmanagement effektiv nutzbar zu machen. So ist über einzelne Konsumenten hinweg mit sehr unterschiedlichen Bedeutungen der verschiedenen Wirkungsmechanismen zu rechnen. Eine *explizite* Bestimmung der im Einzelfall wirksamen Mechanismen wäre höchst aufwändig und es ist zu hinterfragen, ob eine Trennung der Effekte der funktionalen Abstraktion und der Selbstkongruenz überhaupt möglich ist. Darüber hinaus sind, z.B. aufgrund von Effekten der sozialen Erwünschtheit, Einschränkungen hinsichtlich der Validität zu erwarten.

Der vorliegende Beitrag verfolgt daher die Zielsetzung, die im Hinblick auf das Kaufverhalten wichtigen Mechanismen für das Markenmanagement durch einen in der Unternehmenspraxis handhabbaren Ansatz nutzbar zu machen. Der Grundgedanke ist, die individuelle Gesamtwirkung von Markenpersönlichkeit *implizit* zu bestimmen. Hierdurch kann der Befragungs- und Analyseaufwand erheblich reduziert und die Validität der Ergebnisse gesteigert werden.

Zur Illustration des Ansatzes dient eine exemplarische Anwendung im Automobilmarkt mit besonderer Berücksichtigung des symbolträchtigen Premium-Segments. Aufgrund der generell hohen Produktsymbolik von Automobilen ist in dieser Branche ein systematisches Markenpersönlichkeitsmanagement grundsätzlich von besonderer Bedeutung.

2.2 Empirische Datenbasis

Die empirische Basis der Untersuchung wurde im Rahmen einer persönlichen Befragung von 373 deutschen Autofahrern gewonnen. Jeder Befragte wurde um eine Beurteilung seiner aktuell hauptsächlich gefahrenen Marke gebeten. Zur Abbildung des Premium-Marktes dienten die fünf PKW-Marken mit dem höchsten Durchschnittspreis und einem Jahresvolumen von mindestens 20.000 Einheiten (Porsche, BMW, Mercedes-Benz, Audi und Volvo). Weiterhin wurden zwei volumenstarke Marken (VW, Toyota) mit einem Preisniveau unter € 25.000 berücksichtigt, um eine mögliche Differenzierung zwischen Marken mit unterschiedlichem Premiumanspruch in der persönlichkeitsorientierten Bedürfnisstrukturen zu prüfen. Die Operationalisierung der Markenpersönlichkeit erfolgte anhand der neun Facetten des Inventars von Mäder (*Abbildung 2*). Als kaufverhaltensnahe Variable wurde ein Index erhoben, welcher zentrale Aspekte der Markenstärke (u.a. Aspekte der globalen Bewertung, Markenvertrauen, Markenidentifikation) abbildet. Die Beurteilung aller erhobenen Merkmale erfolgte anhand einer 5-stufigen Likert-Skala nach dem Schulnotenprinzip.

2.3 Bestimmung individueller Markenpersönlichkeitsbedürfnisse

Zur Ermittlung der Wirkung der neun Markenpersönlichkeitsfacetten auf den Markenstärkeindex diente eine Hierarchische Bayes-Modellierung (Rossi, Allenby, Mc-

Culloch 2005). Im Gegensatz zu konventionellen Verfahren der Dependenzanalyse, die typischerweise Durchschnittsparameter für die betrachtete Grundgesamtheit schätzen, ermöglichen Hierarchische Bayes-Verfahren die Bestimmung individueller Effekte. Aufgrund dieser aus der Perspektive des Marketings äußerst wünschenswerten Eigenschaft haben Hierarchische Bayes-Verfahren in der jüngeren Vergangenheit stark an Bedeutung gewonnen (z.B. bei der Schätzung konsumentenindividueller Präferenzstrukturen im Rahmen von Conjoint-Analysen). Im vorliegenden Fall dient die Hierarchische Bayes-Modellierung zur Schätzung der konsumentenindividuellen Wirkung von Markenpersönlichkeit, ohne dass hierzu die nähere Kenntnis der individuell wirksamen Mechanismen erforderlich ist.

2.4 Segmentierung nach individuellen Markenpersönlichkeitsbedürfnissen

Um Segmente mit homogenen Markenpersönlichkeitsbedürfnissen innerhalb des betrachteten Teilmarktes zu identifizieren, kam eine Clusterzentrenanalyse zum Einsatz (Backhaus et al. 2006, S. 489 ff.). Hierbei werden die Fälle anhand ihres Abstandes zum iterativ optimierten Clusterzentrum auf Basis der individuellen Relevanzen der neun Persönlichkeitsfacetten klassifiziert. Aufgrund der Distanzentwicklung der Euklidischen Quadratsumme der Fälle zum Clusterzentrum erscheint eine Vier-Cluster-Lösung optimal. Die Mittelwerte der individuellen Relevanzen je Cluster und Facette, welche für eine relative Betrachtung auf einer Skala von 1–10 gleichverteilt wurden, zeigt *Abbildung 3*.

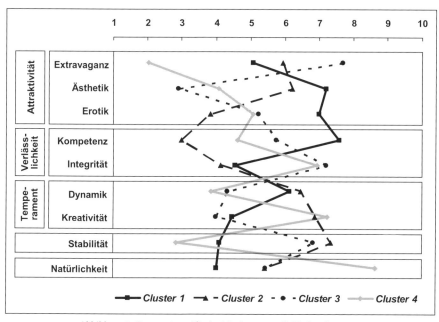

Abbildung 3: Segmentspezifische Markenpersönlichkeitsrelevanzen

Cluster 1 subsumiert Personen mit starken Bedürfnissen nach Ästhetik, Erotik, Dynamik und Kompetenz. Die hohen Relevanzen weisen darauf hin, dass die Facetten für diesen Personenkreis zentrale Treiber der Markenstärke darstellen. Die Personen in diesem Cluster besitzen meist moderne und emotionale Konzeptformen wie Roadster, Cabrio oder Geländewagen der Premiummarken Audi, BMW, Mercedes-Benz oder Porsche. Man vertritt aufstiegsorientierte und postmoderne Ansichten. Es ist das Cluster mit dem höchsten Einkommen.

Cluster 2 stellt neben Ästhetik und Dynamik das Bedürfnis nach Stabilität in den Vordergrund. Als Fahrzeuge werden vor allem Kombis der Marken Audi, BMW und Volvo gefahren. Die Wertewelt der Befragten lässt sich ebenfalls als aufstiegsorientiert, teilweise aber auch modern-bürgerlich beschreiben.

Der Wunsch nach einem stabilen und kompetenten Partner mit elegantem und glamourösem Ausdruck kennzeichnet *Cluster 3*. Es dominieren Limousinen der Marke Mercedes-Benz. Die Fahrer sind meist männlich und verfolgen konservative Wertansichten.

Wogegen die ersten drei Cluster den Premiummarkt differenzieren, formieren sich Fahrer der Marken VW und Toyota in *Cluster 4*, womit eine bedürfnisseitige Differenzierung bei Marken mit geringerem Preisniveau gegeben ist. Es dominieren Bedürfnisse nach Natürlichkeit sowie Kreativität. Die Personengruppe besitzt den höchsten Frauenanteil, ein vergleichsweise geringes Alter sowie Einkommen und gehört meist dem bürgerlichen Milieu an.

3 Zusammenfassung und Implikationen

Ziel der vorliegenden Untersuchung war die Entwicklung eines Ansatzes, der einerseits die komplexen Wirkungsmechanismen von Markenpersönlichkeit umfassend berücksichtigt, andererseits aber einen für die Unternehmenspraxis vertretbaren Aufwand im Hinblick auf die erforderlichen Datenerhebungen und -analysen sowie die Gewinnung von Handlungsimplikationen besitzt.

Unsere exemplarische Anwendung im Automobilmarkt zeigt, dass die Bestimmung individueller Wichtigkeiten von Markenpersönlichkeitsbedürfnissen möglich ist, ohne die beim einzelnen Konsumenten dominanten Wirkungsmechanismen explizit zu kennen. Aus den individuellen Bedürfnisstrukturen können in einem zweiten Schritt mittels Clusteranalysen homogene Teilgruppen abgeleitet werden. Diese Segmentierung bildet die Basis für eine zielgerichtete Ausrichtung des Markenpersönlichkeits-Managements auf die heterogenen Markenpersönlichkeitspräferenzen von Konsumenten.

- Während die vorliegende beispielhafte Anwendung das grundsätzliche Potenzial des Ansatzes belegt, empfehlen sich bei einer praktischen Umsetzung zusätzliche Modifikationen. So zeigt sich, dass branchenübergreifend entwickelte Instrumente zur Messung von Markenpersönlichkeit, wie das in dieser Untersuchung eingesetzte, immer nur einen „besten Kompromiss" in Bezug auf eine einzelne Branche darstellen können (Mäder 2005, S. 207 f.). Um eine bestmögliche Validität für die Untersuchung innerhalb einer Branche zu erzielen, sollte ein spezifisches Messinstrument für einzelne Marken oder Branchen entwickelt und eingesetzt werden. Um ein valides Gesamtbild der Markenpersönlichkeitsbedürfnisse des relevanten Marktes zu erhalten, ist es wichtig, dass sich der Fokus des Messinstruments

nicht auf die positionierungsrelevanten Merkmale der eigenen Marke (Identität der Marke) beschränkt, sondern sämtliche für das Marktgeschehen relevanten Markenpersönlichkeitsmerkmale berücksichtigt werden.
- Um einzelne Bedürfnissegmente anhand ökonomischer Überlegungen priorisieren zu können, muss der für ein Unternehmen relevante Markt durch die empirische Untersuchung vollständig und repräsentativ abgedeckt werden. Weiterhin sollten neben abstrakten Assoziationen wie der Markenpersönlichkeit konkrete Merkmale als eher funktionale und rationale Kategorien berücksichtigt werden, um die Bedürfnisstruktur ganzheitlich abzubilden.

Literaturverzeichnis

Aaker, J. L. (1997): Dimensions of Brand Personality. In: Journal of Marketing Research, 34. Jg., August, S. 347–356.
Aaker, J. L. (2001): Dimensionen der Markenpersönlichkeit. In: Esch, F.-R. (Hrsg.): Moderne Markenführung, 3. Auflage, Wiesbaden, S. 91–102.
Aaker, J. L., Fournier, S., Brasel, S. A. (2004): When Good Brands Do Bad. In: Journal of Consumer Research, 31. Jg., S. 1–16.
Amelang, M., Bartussek, D. (1997): Differentielle Psychologie und Persönlichkeitsforschung, Stuttgart.
Backhaus, K., Erichson, B., Plinke, W., Weiber, R. (2006): Multivariate Analysemethoden, 11. Auflage, Berlin.
Bauer, H. H., Mäder, R., Huber, F. (2000): Markenpersönlichkeit als Grundlage von Markenloyalität – Eine kausalanalytische Studie, Wissenschaftliches Arbeitspapier Nr. W41, Institut für Marktorientierte Unternehmensführung, Mannheim.
Bauer, H. H., Mäder, R., Huber, F. (2002): Markenpersönlichkeit als Determinante von Markenloyalität. In: Zeitschrift für betriebswirtschaftliche Forschung, 54. Jg., Dezember, S. 687–709.
Bauer, H. H., Mäder, R., Wagner, S.-N. (2006): Übereinstimmung von Marken- und Konsumentenpersönlichkeit als Determinante des Kaufverhaltens – Eine Metaanalyse der Selbstkongruenzforschung. In: Zeitschrift für betriebswirtschaftliche Forschung, 58. Jg., November, S. 687–709.
Fischer, M., Mäder, R. (2001): Enhancing Brand Preference through Sponsorship – A Self-Congruity Model. In: Proceedings of the 2001 Academy of Marketing Science Annual Conference, San Diego.
Gardner, B. B., Levy, S. J. (1955): The Product and the Brand. In: Harvard Business Review, 33. Jg., S. 33–39.
Homburg, C., Krohmer, H. (2003): Marketingmanagement: Strategie – Instrumente – Umsetzung – Unternehmensführung, Wiesbaden.
Mäder, R. (2005): Messung und Steuerung von Markenpersönlichkeit – Entwicklung eines Messinstruments und Anwendung in der Werbung mit prominenten Testimonials, Wiesbaden.
PriceWaterhouseCoopers, Sattler, H. (1999): Praxis von Markenbewertung und Markenmanagement in Deutschen Unternehmen, Frankfurt am Main.
Rossi, P., Allenby, G., McCulloch, R. (2005): Bayesian Statistics and Marketing, New York.
Schimansky, A. (2004): Markenbewertungsverfahren aus Sicht der Marketingpraxis, in: Schimansky, A. (Hrsg.): Der Wert der Marke – Markenbewertungsverfahren für ein erfolgreiches Markenmanagement, München, S. 14–27.
Sirgy, M. J. (1986): Self-Congruity: Toward a Theory of Personality and Cybernetics, New York u.a.
Trommsdorff, V. (1998): Konsumentenverhalten, 3. Auflage, Stuttgart.

2. Teil:
Markensteuerung

Kaufprozessorientierte Modelle der Markenführung auf dem Prüfstand: Ein Vergleich mit einem ganzheitlichen, verhaltenswissenschaftlichen Modell der Markenführung

Franz-Rudolf Esch/Christian Brunner/Kerstin Hartmann

Zusammenfassung	146
1 Anforderungen an die Markenkontrolle	146
2 Kaufprozessorientierte Modelle am Beispiel des Markenkauftrichters	147
3 Verhaltenswissenschaftliches Kausalmodell nach Esch et al.	150
4 Vergleich und Bewertung der Modelle	153
Literaturverzeichnis	156

Zusammenfassung

Marken stellen zentrale immaterielle Werttreiber im Unternehmen dar. Deshalb ist für die Markenführung die Kontrolle der Marketingaktivitäten von zentraler Bedeutung. In diesem Beitrag wird ein kaufprozessorientiertes Modell der Markenführung kritisch analysiert und einem ganzheitlichen Wirkungsmodell gegenübergestellt. Es zeigt sich, dass prozessorientierte Modelle mit Vorsicht zu betrachten sind, da sie suggerieren, durch einfache Analysen scheinbar wirksame Maßnahmen aufdecken zu können, um die Effizienz des Marketings zu erhöhen. Dies kann jedoch zu fatalen Fehlern im Markenmanagement führen, wenn das Instrument von Marketingmanagern in undifferenzierter Form eingesetzt wird, ohne das dahinterstehende Modell zu hinterfragen. In dem Kausalmodell von Esch et al. hingegen werden die Wirkungszusammenhänge von markenwissens- und beziehungsbezogenen Größen auf vergangene und zukünftige Käufe dargestellt. Die markenbeziehungsbezogenen Größen wirken hierbei als Mediator auf das Kaufverhalten. Durch ein solches Wirkungsgeflecht gelingt es, eine ganzheitliche Sichtweise zu erhalten, die die Voraussetzung für eine erfolgreiche Markensteuerung und -kontrolle darstellt.

1 Anforderungen an die Markenkontrolle

Marken kommt als zentralen immateriellen Werttreibern eine besondere Bedeutung für den Unternehmenserfolg zu. Das Markencontrolling muss deswegen sicherstellen, dass Investitionen in die Marke systematisch gesteuert und kontrolliert werden, ebenso wie dies bei Investitionen in das materielle Anlagevermögen der Fall ist (Esch 2007; Esch, Langner, Brunner 2005, S. 1229). Auch hier gilt: „What gets measured, gets done" (Klingebiel 1997, S. 658). Ohne eine anschließende Kontrolle der im Rahmen der Markenführung gesetzten Ziele, Strategien und Maßnahmen wäre die Kontrolle selbst schlichtweg überflüssig (Esch, Herrmann, Sattler 2006, S. 38). In der Praxis ist die Forderung nach einem nachweislichen Beleg für den Erfolg von geplanten Marketingmaßnahmen groß. So gaben in einer Studie des Marketing Leadership Council (2001) 66 % der befragten Marketingmanager an, dass sie den „Return on Marketing" nachweisen müssen, da ihnen andernfalls der Geldhahn zugedreht wird. Des Weiteren fanden die Befragten, dass 26 % des Marketingbudgets schlichtweg verschwendet wird. In einer Studie von Rosset und Reinecke (2005) waren lediglich 13 % der befragten Führungskräfte mit dem Marketingcontrolling (sehr) zufrieden, während 32 % (sehr) unzufrieden waren (Reinecke, Herzog 2006, S. 86).

Daher ist die Steuerung und Kontrolle von Marken im Rahmen des Markenmanagements von zentraler Bedeutung. Ungeachtet dieser Tatsache fehlt in der Praxis in vielen Unternehmen ein effizientes Steuerungs- und Kontrollsystem für die Markenführung (Ambler 2003, S. 1; Esch, Langner, Brunner 2005, S. 1229).

Um die Markenkontrolle effizient gestalten zu können, müssen die relevanten *Zielgrößen der Messung* definiert werden. In der Markenführung und -kontrolle stellt das Ziel aller Maßnahmen den Erhalt bzw. die Steigerung des Markenwertes dar (Esch, Langner, Brunner 2005, S. 1230), der wiederum zum Unternehmenswert beiträgt.

Hinsichtlich des Markenwerts kann zwischen einer finanziellen und marketingorientierten Sichtweise unterschieden werden (Esch 2007; Esch, Geus 2005, S. 1265 ff.). Der finanzielle Markenwert dient dazu, den Wert einer Marke durch eine monetäre Größe zu erfassen, wohingegen der marketingorientierte Markenwert auf die Markenstärke in den Köpfen der Konsumenten abzielt (Esch 2007). Da für eine erfolgreiche Markensteuerung und -kontrolle nicht nur von Interesse ist, wie hoch der Markenwert selbst ist, sondern insbesondere, auf welche Größen dieser Wert zurückzuführen ist und wie man ihn erhöhen kann, erscheint folgende verhaltenswissenschaftliche Sichtweise des Markenwerts sinnvoll: Der Markenwert wird als Ergebnis unterschiedlicher Reaktionen von Konsumenten auf Marketingmaßnahmen einer Marke im Vergleich zu identischen Maßnahmen einer fiktiven Marke aufgrund spezifischer, im Gedächtnis gespeicherter Markenvorstellungen verstanden (Keller 1993, S. 13). Durch eine solche Definition des Markenwerts können diagnostische und therapeutische Rückschlüsse für die Markensteuerung geliefert werden, die Aufschluss darüber geben, durch welche Maßnahmen ein Markenwert gesteigert bzw. erhalten werden kann (Esch, Geus 2005, S. 1269). Änderungen in der Markenwahrnehmung der Konsumenten zeigen sich zunächst in den verhaltenswissenschaftlichen Zielgrößen und erst zeitlich nachgelagert in den ökonomischen Größen (Andresen, Esch 2001). Nur über die Schaffung von Markenpräferenzen bei den Konsumenten können die ökonomischen Ziele, wie Umsatz oder Gewinn, gesteigert werden, was sich positiv auf den Unternehmenswert auswirkt. Gleichzeitig müssen diese Größen gut operationalisierbar und den Marketingaktivitäten direkt zurechenbar sein. Eine alleinige Fokussierung auf ökonomische Größen als Zielgrößen der Messung ist folglich nicht zu empfehlen (Esch 2007). Wichtiger als die Ermittlung ökonomischer Zielgrößen erscheint damit die Überprüfung von vorgelagerten Einflussfaktoren, wie bspw. Markenbekanntheit, Markenimage, Markensympathie und Markenzufriedenheit, welche die ökonomischen beeinflussen.

2 Kaufprozessorientierte Modelle am Beispiel des Markenkauftrichters

Kaufprozessorientierte Modelle des Markencontrolling gliedern den Entscheidungsprozess, den ein Konsument beim Kauf eines Produktes durchläuft, in verschiedene, aufeinander folgende Phasen. Hierbei wird analysiert, welche Zielgrößen der Markenführung dafür verantwortlich sind, damit ein Konsument von einer Phase des Entscheidungsprozesses auf die nachfolgende gelangt, um somit die zentralen Markentreiber zu ermitteln, die zum Kauf führen.

Der Grundgedanke der prozessorientierten Modelle ist auf das AIDA-Modell der Werbewirkungsforschung zurückzuführen. Hierbei durchläuft nach Lewis (1898) ein Konsument die festgelegten Stufen Attention, Interest, Desire und Action (Strong, 1925, S. 76). Shocker, Ben-Akiva, Boccara und Nedungadi (1991) entwickelten hierauf aufbauend und in Anlehnung an die zweistufigen Entscheidungsmodelle zur Reduktion der Entscheidungskomplexität (Bettman 1979; Gensch 1987; Jonson, Payne 1985; Wrigth, Barbour 1977) ein sequentielles Prozessmodell: Von allen im Markt erhältlichen Marken (universal set) kann der Konsument lediglich eine begrenzte Anzahl an Marken erinnern (awareness set). Von diesen kommen nur bestimmte

Marken für den Konsumenten in einer bestimmten Situation in die engere Auswahl (consideration set), unter welchen er sich letztlich zum Kauf einer bestimmten Marke entscheidet. Kardes et al. (1993, S. 72) stellten fest, dass ein Entscheidungsprozess von geringer Komplexität in lediglich zwei Phasen abläuft, wohingegen bei hoher Komplexität der Prozess aus drei Phasen besteht.

Prozessorientierte Modelle finden sich bei zahlreichen Agenturen und Unternehmensberatungen. Der Grundgedanke, dass der Konsument entlang des Kaufprozesses einer starren Abfolge von Stufen folgt, ist allen Modellen gemeinsam, lediglich die Zahl der Stufen und deren Bezeichnungen variieren. Während bspw. die Markenerfolgsleiter von PwC und der GfK vier Prozessstufen unterscheidet (Bekanntheit, Kauferwägung, Kauf und Loyalität), weisen der Kauftrichter von McKinsey, die Brand Pipeline von icon added value, die BrandDynamics-Pyramide von J. Walter Thompson bzw. Millward Brown und die Brand Screen Analysis von BBDO fünf Stufen auf (z.B. BrandDynamics-Pyramide: Bekanntheit, Image, Kaufbereitschaft, Kauf und Loyalität). Bei der Brand-Equity-Pyramide der Boston Consulting Group werden sechs Stufen differenziert (Bekanntheit, Sympathie, Kaufbereitschaft, Kauf, Treue und Weiterempfehlung).

Der Grundgedanke von sequentiell aufeinander folgenden Stufen ist in allen Modellen gleich. Nachfolgend soll als Beispiel eines prozessorientierten Modells der Markenkauftrichter von McKinsey dargestellt werden. Dieser unterteilt den Kaufprozess in aufeinander aufbauende Stufen, um zu ermitteln, wie viel Prozent der Zielgruppe einer Marke

- die Marke kennt (gestützte Bekanntheit),
- mit ihren Produkten und Leistungen im Vorhinein vertraut ist (Vertrautheit),
- die Marke bereits in ihre engere Wahl gezogen hat (engere Auswahl),
- sie schon einmal erworben hat (Kauf) und
- die Marken noch einmal erneut kaufen würde (Loyalität)

(Caspar, Metzler 2002, S. 14; Perrey, Riesenbeck, Schröder 2002, S. 19) (*Abbildung 1*).

Bei der Kauftrichteranalyse wird ermittelt, inwieweit es eine Marke schafft, von der ersten Stufe der Bekanntheit über die nachfolgenden Stufen hinweg, tatsächliche Käufe und Wiederkäufe zu erlangen. Hierzu werden die abgefragten Daten des Konsumentenverhaltens auf Individualebene aggregiert, um letztlich entlang des Kaufprozesses darüber Aufschluss geben zu können, welcher Anteil der Kunden von einer Stufe auf die nachfolgende erhalten bleibt (Riesenbeck, Perrey 2004, S. 101).

Abbildung 1 stellt den Markenkauftrichter am Beispiel der Mercedes C-Klasse und des VW Passat dar. Bei dem Vergleich zwischen zwei Produkten bzw. Marken zeigen die jeweiligen Prozessstufenwerte auf, wie viel Prozent der Zielgruppe die jeweilige Stufe erreicht hat, wohingegen die Transferraten aufzeigen, welcher Anteil der Zielgruppe von einer Stufe auf die nachfolgende erhalten bleibt. Bei einem Vergleich beider Marken fällt auf, dass der Passat von der ersten zur zweiten Stufe und von der zweiten zur dritten Stufe höhere Transferraten aufweist, hingegen die C-Klasse besser auf den nachfolgenden Stufen abschneidet. So würden 79 % der Kunden, die die C-Klasse in die engere Auswahl ziehen, diese auch kaufen, was beim Passat lediglich bei 59 % der Kunden der Fall ist. Durch den direkten Vergleich des Passats mit der C-Klasse soll die Lücke zum Wettbewerb aufgezeigt werden. Laut Riesenbeck (2004) kann mittels multivariater Analysen weiter ermittelt werden, dass man durch Stärkung des Markenimages des VW Passats 6 % bei der Kundengewinnung und

Kaufprozessorientierte Modelle der Markenführung auf dem Prüfstand 149

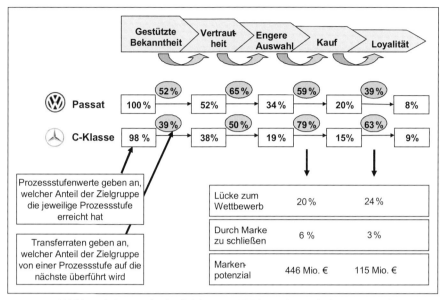

Abbildung 1: Der Markenkauftrichter von McKinsey (Riesenbeck 2004, S. 510)

3 % bei der Kundenbindung hinzugewinnen kann. Weiterhin sollen mittels eines Kundenbewertungsmodells die entsprechenden Umsatzpotentiale der jeweiligen Stufen ermittelt werden können, welche durch Imagestärkung des VW Passats erschlossen werden. So ergibt sich ein angebliches Markenpotential im Bereich der Kundengewinnung von 466 Mio. EUR und von 114 Mio. EUR bei der Kundenbindung (Riesenbeck 2004, S. 511).

Nach Aufdeckung der jeweiligen Stärken und Schwächen einer Marke im Vergleich zu Wettbewerbern, werden anschließend diejenigen *Markentreiber und Markenblocker* ermittelt, die bewirken, dass ein Kunde von einer Stufe auf die nachfolgende kommt. So stellt für den VW Passat das Attribut „Spaß am Fahren" den größten Markentreiber dar, um von der Stufe „engere Auswahl" auf die Stufe „Kauf" zu gelangen, wohingegen die Assoziationen „Jugendlichkeit" und „Lebendigkeit" die größten Markenblocker bilden (Riesenbeck, Perrey 2004, S. 124 f.; Riesenbeck 2004, S. 511 f.). Anschließend folgt eine *Stärken-Schwächen-Analyse*, bei der untersucht wird, bei welchen Treibern die eigene Marke über eine starke und differenzierende Position verfügt, und wo sie Wettbewerbern unterlegen ist (Riesenbeck 2004, S. 512). Im Vergleich zur C-Klasse ist der Passat bei fast allen Markentreibern unterlegen, insbesondere bei den Assoziationen „Spaß am Fahren" und „aufregendes Auto". Sogar gegenüber dem Branchendurchschnitt werden erhebliche Schwächen genannt (Perrey, Riesenbeck, Schröder 2002, S. 20 f.; Riesenbeck 2004, S. 512).

Auf Grundlage der Markentreiber- und Stärken-Schwächen-Analyse werden anschließend *Handlungsoptionen* abgeleitet. Ziel ist es, konkrete Stoßrichtungen für das Markenmanagement zu liefern (Riesenbeck 2004, S. 513). Schwächen, die die eigene Marke bei wichtigen Markenelementen aufweist, liefern dabei Ansatzpunkte zur Verbesserung des Markenimages. Stärken der eigenen Marke im Wettbewerbsvergleich gilt es, beizubehalten und weiter auszubauen. Dagegen müssen Markenblocker mit hoher Relevanz möglichst schnell beseitigt werden (Caspar, Metzlar 2002, S. 21 ff.; Riesenbeck, Perrey 2004, S. 126 f.).

Prozessorientierte Modelle stellen in sehr vereinfachter Form den Kaufprozess einer Marke im Vergleich zu Wettbewerbern dar. Sind dabei die Marken vergleichbar, können solche Modelle sicherlich den Vorteil aufweisen, dass sie die Stärken und Schwächen der eigenen Marke aufdecken können. Allerdings sollten die Modelle nicht alleine im Markencontrolling eingesetzt werden, da sie eine Reihe von Schwächen aufweisen, die deutlich werden, wenn man das nachfolgende Kausalmodell von Esch et al. betrachtet und mit ihnen vergleicht (siehe Gliederungspunkt 4).

3 Verhaltenswissenschaftliches Kausalmodell nach Esch et al.

Im Gegensatz zu den Stufenmodellen betrachtet das verhaltenswissenschaftliche Modell von Esch, Langner, Schmitt und Geus (2006) die Zusammenhänge zwischen den verschiedenen Wirkungsgrößen und nicht nur den Übergang von einer Stufe auf die nächste.

Die für die Markenkontrolle zentralen Größen sollen im Folgenden kurz vorgestellt werden. Anschließend wird ihr Zusammenhang im Kausalmodell von Esch, Langner, Schmitt und Geus dargestellt, in dem der Einfluss von markenwissens- und markenbeziehungsbezogenen Größen auf die vergangenen und zukünftigen Käufe aufgezeigt wird.

Ausgangspunkt der Überlegungen bildet das *Markenwissen*, das in Markenbekanntheit und Markenimage operationalisiert wird.

„Markenbekanntheit umschreibt die Fähigkeit eines potentiellen Käufers, zu erkennen oder sich daran zu erinnern, dass eine Marke zu einer bestimmten Produktkategorie gehört" (Aaker 1992, S. 83). Markenbekanntheit bedeutet, dass die Marke im Gedächtnis des Konsumenten in Form eines Knotens vorhanden ist. Wiederholte Kontakte mit der Marke erhöhen die Stärke des Markenknotens im Gehirn (Keller 2003, S. 69). Die Markenbekanntheit ist eine notwendige Bedingung für das Markenimage: Der Markenknoten muss im Gehirn erst einmal vorhanden sein, damit Anknüpfungspunkte für Assoziationen bestehen (Esch 1993, S. 59; Esch 2007; Esch, Andresen 1994, S. 221; Esch, Geus 2005, S. 1271; Keller 1993, S. 3; Keller 2003, S. 68). Die Markenbekanntheit kann durch eine Vielzahl von gestützten und ungestützten Verfahren gemessen werden (Keller 1993, S. 12). So lässt sich die Messung der Markenbekanntheit in Markenrecall und -recognition unterteilen (Keller 1993, S. 2 f.; Rossiter, Percy 1987, S. 140 f.). Markenrecall bezieht sich auf die Fähigkeit des Konsumenten, sich an eine Marke zu erinnern, wenn bspw. die Produktkategorie, die Bedürfnisse, die diese Kategorie erfüllt, oder eine Kauf- oder Verwendungssituation gegeben sind (Keller 1993, S. 3). Unter Recognition versteht man das Wiedererkennen der Marke, d.h. wenn der Konsument die Marke als Hinweis bekommen hat und bestätigt, dass er mit dieser Marke zuvor schon einmal in Kontakt gekommen ist, also diese Marke irgendwo schon einmal gesehen oder von ihr gehört hat (Keller 1993, S. 3). Mittels Recall kann die aktive Markenbekanntheit und mittels Recognition die passive Markenbekanntheit gemessen werden (Esch, Andresen 1994, S. 223; Esch, Geus 2005,

S. 1275). Beispiele für die Messung der aktiven Bekanntheit mittels Recall wäre die Aufforderung, alle Softdrinkmarken zu nennen, die dem Probanden einfallen. Die Messung der passiven Markenbekanntheit würde über die Darbietung verschiedener Markennamen oder Logos erfolgen, bei denen der Proband diejenigen kennzeichnen soll, die er (er-)kennt.

Das *Markenimage* wird definiert als alle Assoziationen zu einer Marke, die der Konsument im Gedächtnis gespeichert hat (Keller 1993, S. 3). Nach Esch lässt sich das Markenimage hinsichtlich Art (emotional vs. kognitiv), Stärke, Repräsentation (verbal vs. nonverbal), Zahl, Einzigartigkeit, Relevanz, Richtung (angenehm vs. unangenehm) und Zugriffsfähigkeit der Assoziationen unterscheiden (Esch 2007). Dabei gilt als zentrales Merkmal starker Marken, dass diese insbesondere über emotionale Gedächtnisinhalte sowie über besonders viele Assoziationen, die über das Produktschema hinausgehen, verfügen (Esch 2007; Esch, Wicke, Rempel 2005). Der Zugriff auf die emotionalen Inhalte sollte leicht abrufbar sein und sofort bei dem Denken an die Marke erfolgen (Keller 2003, S. 90). Zur Messung des Markenimages bieten sich freie Assoziationentests (Keller 1993, S. 12; Keller 2005, S. 1312) bzw. Protokolle lauten Denkens an. Die Probanden werden bei dieser Art der Messung aufgefordert, alles zu äußern, was ihnen zur Marke einfällt (Esch, Andresen 1994, S. 224; Esch, Geus 2005, S. 1275).

Neben den eben dargestellten markenwissensbasierten Größen sind die *markenbeziehungsbezogenen Größen* für das Markenkontroll-Cockpit von hoher Bedeutung. Markenbeziehungen weisen starke Ähnlichkeit zu zwischenmenschlichen Beziehungen auf (Fournier 1998; Fournier, Yao 1997). Die Forschung zu Markenbeziehungen basiert auf Arbeiten von Susan Fournier, die aufbauend auf qualitativen Interviews verschiedene Markenbeziehungsformen ableiten konnte (Fournier 1998, 2005).

Beziehungen lassen sich grundsätzlich in zwei Dimensionen unterscheiden: die „exchange"-Dimension und die „communal"-Dimension (Clark 1984; Clark, Mills 1979; Clark, Mills, Powell 1986). Während die Austauschbeziehung (exchange-Dimension) sich auf die Befriedigung rationaler Nutzen bezieht, ist die communal-Dimension von mit der Beziehung verbundenen Gefühlen geprägt (Clark 1984; Clark, Mills 1979; Clark, Mills, Powell 1986; Esch et al. 2006). Die Austauschseite der Beziehungen wird in dem vorgestellten Modell von dem kognitiv dominierten Konstrukt Zufriedenheit und die communal-Dimension von dem eher affektiv geprägten Konstrukt Vertrauen repräsentiert (Esch et al. 2006).

Die *Zufriedenheit* bezieht sich auf die Kosten-Nutzen-Relation von Beziehungen (Esch et al. 2006). Sie stellt das Ergebnis eines komplexen psychologischen Soll-Ist-Vergleichs von Konsumerlebnissen dar (Kaas, Runow 1984, S. 452; Esch et al. 2006). Der Konsument hat vor dem Kauf gewisse Erwartungen an die Marke, die nach dem Kauf mit den Erfahrungen abgeglichen werden. Das Ergebnis dieses Vergleichs resultiert in Markenzufriedenheit bzw. -unzufriedenheit.

Neben der Zufriedenheit stellt das *Markenvertrauen* eine weitere zentrale Erfolgsgröße für Beziehungen dar (Esch et al. 2006). Markenvertrauen ist dadurch gekennzeichnet, dass sich der Konsument auf die Marke verlässt (Esch 2007; Esch, Rutenberg 2006, S. 201). Der Aufbau von Vertrauen zu Marken ähnelt, wie für Markenbeziehungen typisch, dem Aufbau von Vertrauen zu Menschen. Der Vertrauensaufbau beginnt damit, dass der Konsument der Marke vor der Verwendung Vertrauen schenkt. Bestätigt die Marke das in sie gesetzte Vertrauen, kommt es zu einer Festigung der

Vertrauensbeziehung (Esch, Rutenberg 2006, S. 201). Vertrauen gilt im Marketing als eine Dimension der vom Kunden wahrgenommen Beziehungsqualität, die wesentlich langfristige und profitable Beziehungen determiniert (Georgi, Hadwich, Bruhn 2006, S. 312).

Sowohl Zufriedenheit als auch Markenvertrauen tragen zur *Markenbindung* (brand attachment) bei. Die Markenbindung als emotionales Konstrukt (Esch, Langner, Brunner 2005, S. 1237; Thomson, MacInnis, Park 2005) manifestiert sich in dem Gefühl, dass die Marke nicht ersetzbar ist (Thomson, MacInnis, Park 2005, S. 79). Gleichzeitig ist dies mit einer starken Verlustangst verbunden (Bowlby 1980; Hazan, Zeifman 1999; Esch et al. 2006).

Die vorgestellten Größen wurden von Esch et al. in einem ganzheitlichen Modell der Wirkungsbeziehungen empirisch überprüft (Esch et al. 2006). Ziel dieser Untersuchung war die kausalanalytische Überprüfung der Zusammenhänge zwischen den wissensbezogenen Konstrukten Markenbekanntheit und -image und den beziehungsbezogenen Konstrukten Markenbindung, -vertrauen und -zufriedenheit und deren Wirkung auf vergangene und zukünftige Käufe (*Abbildung 2*). Das Modell wurde empirisch mit 400 Studenten der Wirtschaftswissenschaften überprüft. Die Hälfte der Probanden war weiblich. Unvollständige Datensätze begründeten den Ausschluss von 45 Fragebögen. Nach zwei Vorstudien wurden für die Hauptstudie die Marken Milka (starke Marke, n=99) und Alpia (schwache Marke, n=86) in der geringer involvierenden Produktkategorie Schokolade ausgewählt. In der stärker aktivierenden Produktkategorie Laufschuhe wurden Adidas (n=98) als starke Marke und Fila (n=72) als schwache Marke verwendet. Insgesamt wurden 14 Hypothesen zwischen sieben Konstrukten überprüft. Das geschätzte Modell weist folgende Fit-Werte auf: RMR = 0,053, RMSEA = 0,056, GFI = 0,960, NFI = 0,969, CFI = 0,984, BIC =

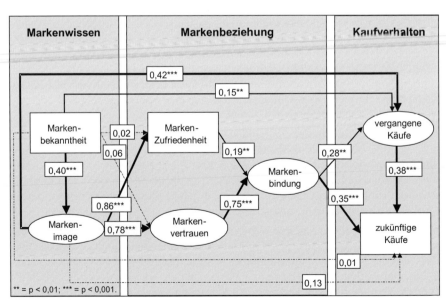

Abbildung 2: Wirkung von Markenwissen und Markenbeziehungsgrößen auf bisherige und zukünftige Käufe (in Anlehnung an Esch et al. 2006, S. 102)

294,040 (BIC$_{saturatedmodel}$ = 456,247), CAIC = 329,040 (CAIC$_{saturatedmodel}$ = 534,247). Diese Werte weisen auf einen zufriedenstellenden Modellfit hin (Esch et al. 2006, S. 102). Ingesamt erklärt das Modell 53% der Varianz der vergangenen Käufe und 59% der Varianz der zukünftigen Käufe (Esch et al. 2006, S. 102).

Die Ergebnisse zeigen, dass die markenwissensbezogenen Größen vor allem auf die vergangenen Käufe wirken (Esch et al. 2006). Die Markenbekanntheit hat einen signifikanten Einfluss auf das Markenimage, welches wiederum signifikant auf die vergangenen Käufe wirkt. Beide Größen weisen jedoch keinen direkten Einfluss auf die zukünftigen Käufe auf. Daraus folgt, dass die markenwissensbezogenen Größen allein die zukünftigen Käufe nicht erklären können, sondern dass deren Einfluss nur indirekt über die markenbeziehungsbezogenen Größen nachweisbar ist.

Bei der Betrachtung des Einflusses der markenwissensbezogenen auf die beziehungsbezogenen Größen zeigt sich, dass das Markenimage positiv auf Markenzufriedenheit und Markenvertrauen wirkt. Es gilt hierbei: je besser das Markenimage, desto eher vertraut man der Marke und desto zufriedener ist der Konsument. Im Gegensatz zum Markenimage lässt sich bei der Markenbekanntheit kein signifikanter Einfluss auf Markenzufriedenheit und Markenvertrauen nachweisen. Die standardisierten Gesamteffekte (direkte und indirekte Effekte) zeigen, dass das Markenimage einen Gesamteinfluss von 0,63 auf die vergangenen Käufe und 0,62 auf die zukünftigen Käufe hat.

Markenzufriedenheit und Markenvertrauen tragen wie erwartet zur Markenbindung bei. Diese kann hierbei als zentrales Konstrukt identifiziert werden, da sie sowohl auf die vergangenen als auch auf die zukünftigen Käufe wirkt.

Bei der Betrachtung der Wirkungsverläufe innerhalb des Kaufverhaltens zeigt sich, dass die vergangenen Käufe die zukünftigen Käufe höchst signifikant beeinflussen.

Zusammenfassend lässt sich festhalten, dass der Aufbau von Markenbekanntheit und -image alleine nicht zur Sicherstellung zukünftiger Käufe ausreicht. Vielmehr muss ebenfalls in den Aufbau einer lang anhaltenden Markenbeziehung investiert werden. Die Markenführung darf sich deshalb bei der Steuerung und Kontrolle von Marken nicht alleine auf die markenwissensbezogenen Größen konzentrieren, sondern muss die Markenführung und -kontrolle unter Einbeziehung der beziehungsbezogenen Größen gesamtheitlich gestalten. Diese gilt es, genauso wie die markenwissensbezogenen Größen, regelmäßig im Rahmen von Trackings zu überprüfen und zu kontrollieren.

4 Vergleich und Bewertung der Modelle

Die Umsetzung eines ganzheitlichen Markencontrollings setzt voraus, dass auch alle relevanten verhaltenswissenschaftlichen und ökonomischen Zielgrößen und deren Wirkungsgeflecht Berücksichtigung finden. Ansonsten können falsche Rückschlüsse gezogen werden und dem Interpretationsspielraum, insbesondere hinsichtlich diagnostischer und therapeutischer Maßnahmen innerhalb der Markenführung, sind Tür und Tor geöffnet.

Wie der Vergleich beider Arten von Modellen nachfolgend aufzeigt, ist es keineswegs so, dass das Blickfeld der Markenkontrolle immer ganzheitlich ist. Oft ist die

Sichtweise zu eng. Daraus resultieren gefährliche Fehlschlüsse. Dies ist insbesondere bei den dargestellten prozessorientierten Modellen der Fall:

Prozessorientierte Modelle folgen der tradierten Denkweise des klassischen AIDA-Modells, nachdem Werbung fest aufeinander folgenden Wirkungsstufen folgt. Diese Sichtweise ist allerdings längst überholt, da die Werbewirkung abhängig von verschiedenen Wirkungsdeterminanten ist (Involvement des Beworbenen, sprachliche oder bildliche, emotionale oder informative Gestaltung der Werbung, Zahl der Wiederholungen) (Kroeber-Riel, Esch 2004, S. 164 ff.). Genauso versuchen prozessorientierte Modelle, den Kaufprozess in einen strikt immer gleich ablaufenden Stufenprozess zu stülpen, um zu ergründen, weshalb ein Konsument eine Marke letztendlich kauft. Diese Sichtweise greift allerdings zu kurz, da wichtige Aspekte keine Berücksichtigung finden und damit der freien Interpretation Tür und Tor geöffnet wird.

Folgende Kritikpunkte sollten Marketingmanager, die sich vielleicht schnell durch die scheinbar bestechende Einfachheit solcher Modelle überzeugen lassen, berücksichtigen (siehe auch Reinecke 2006, S. 13 f.):

- Prozessorientierte Modelle stellen einen direkten Vergleich zwischen der eigenen Marke und einer Konkurrenzmarke her. Allerdings wird in keinster Weise berücksichtigt, wie die Marke selbst aufgestellt ist (Markenpositionierung, Markenarchitektur, in der sich die Marke befindet; Produkte, die unter der Marke geführt werden usw.). So wird anhand von einfachen Wahrscheinlichkeiten eine Marke mit einer anderen verglichen ohne zu berücksichtigen, ob überhaupt die Marken miteinander vergleichbar sind. Dies kann schnell dazu führen, dass man Äpfel mit Birnen gleichsetzt. So wird (bei vergleichbarer Markenstärke) ein VW Passat, der sich an eine breitere Zielgruppe richtet als eine Mercedes C-Klasse, zwangsläufig zu Beginn höhere Werte im Kauftrichter aufweisen und umgekehrt der Mercedes im Laufe des Kauftrichters zulegen und dies gerade auf den Stufen von der engeren Auswahl zum Kauf.

- Hinsichtlich der Zielgruppe selbst geht man bei diesen Modellen von einem vollkommen homogenen Markt aus und folgert, dass bei allen Kunden wohl die gleichen Gründe vorliegen, warum sie von einer Stufe auf die nächste gelangen. Eine seit langem in der Praxis gängige Segmentierung der Kunden bleibt hierbei unberücksichtigt. Es ist jedoch anzunehmen, dass z.B. der Kombi der C-Klasse ein ganz anderes Segment anspricht als der Passat-Kombi. Die Ansprache unterschiedlicher Kunden durch verschiedene unter einer Marke geführte Produkte wird ebenso wenig in ein solches Modell mit einbezogen.

- Des Weiteren berücksichtigen solche Modelle keine spezifischen Aspekte der Branche, in welcher man einen Vergleich zwischen Marken anstrebt. Allerdings steht es außer Frage, dass den einzelnen Stufen entlang des Kauftrichters je nach Branche ein ganz unterschiedliches Gewicht zukommt. Dies lässt sich am konkreten Beispiel einer Versicherung verdeutlichen: Dort wurde in einer Kauftrichteranalyse als Hemmnis von der Stufe der engeren Auswahl auf den Kauf der Preis identifiziert. Diese Identifikation stützte sich alleine auf die Analysen des Übergangs von der Stufe der engeren Auswahl auf den Kauf und ließ alle weiteren Aspekte unberücksichtigt. Als Empfehlung wurde für die Versicherung abgeleitet, dass der Preis gesenkt werden müsste. Unberücksichtigt blieb bei dieser Analyse, dass diese Versicherung gerade von ihrer Nähe zum Kunden lebt und deswegen zwangsläufig höhere Kosten für den Außendienst haben muss als ein Direktversicherer. Eine solche Empfehlung ist aus zwei Gründen nicht zweckmäßig: Zum einen kann man davon ausgehen, dass Personen, die diese Versicherung schon in die engere Wahl einbezogen haben, deren Preis-Leistungsverhältnis akzeptieren, sonst würde diese Versicherung wohl kaum als relevante Alternative wahrgenommen. Zum anderen lässt eine solche Empfehlung nicht ausschließlich unter Berücksichtigung des Übergangs von nur einer Stufe auf die nächste ableiten, da bspw. bei dieser Versicherung die Nähe zum Kunden (und die damit verbundenen Kosten des Kundendienstes) zentraler Bestandteil des Images dieser Versicherung ist. Wie das Kausalmodell zeigt, schlägt das Image auf alle Stufen durch. Es ist folglich nicht zielführend eine Empfehlung umzusetzen, da sie im Widerspruch zum Image der Marke steht.

- Grundlage prozessorientierter Modelle bilden aggregierte Daten des Konsumentenverhaltens. Dies wirft allerdings die Frage auf, wie zuverlässig und valide diese Daten überhaupt sind. Werden lediglich auf Grundlage eines prozessorientierten Modells Marketinginvestitionen beschlossen, müssen vergleichbare Daten über den Zeitablauf hinweg zur Verfügung gestellt werden (Reinecke 2006, S. 14).

Bei einem direkten Vergleich prozessorientierter Modelle mit dem Kausalmodell von Esch et al. (2006) fällt auf, dass prozessorientierte Modelle keinen direkten Bezug zwischen markenwissensbezogenen Größen und vergangenen Käufen herstellen, sondern lediglich indirekt über mehrere zwischengelagerte Stufen hinweg. Allerdings zeigt das kausalanalytische Modell von Esch et al., dass gerade die verhaltenswissenschaftlichen Größen Markenbekanntheit und Markenimage einen enormen Einfluss auf vergangene Käufe ausüben. Darüber hinaus stellen prozessorientierte Modelle einen direkten Bezug zwischen den Stufen „Kauf" und „Loyalität" her und erklären deren Wirkungszusammenhang anhand von markenwissensbezogenen Größen. Allerdings wirken sich laut dem Modell nach Esch et al. die Markenbekanntheit und das Markenimage nicht direkt auf zukünftige Käufe aus, sondern nur indirekt über markenbeziehungsbezogene Größen. Folglich können im Kauftrichter nicht die relevanten und wichtigen Gründe identifiziert werden, die dazu führen, warum ein Konsument eine Marke wiederkauft, da keine markenbeziehungsbezogenen Größen berücksichtigt werden.

Weiterhin wird das Beziehungsgeflecht zwischen Markenwissen, markenbeziehungsbezogenen Größen und dem Kaufverhalten im kaufprozessorientierten Modell zu sehr vereinfacht. So werden die Moderatorvariablen Markenzufriedenheit und -vertrauen, die zwischen Markenwissen und Kaufverhalten wirken, gänzlich vernachlässigt. Es wird lediglich betrachtet, wie vergangene auf zukünftige Käufe wirken. Markenbeziehungsbezogene Größen findet man jedoch nicht. Dies kann zur Folge haben, dass willkürliche Gründe bei einem prozessorientierten Modell aufgeführt werden, warum ein Kunde von der Stufe „Kauf" auf die der „Loyalität" gelangt.

Marketingmanager sollten daher immer selbst an der Implementierung eines Marketingcontrolling-Systems beteiligt sein und nicht blind einem auf den ersten Blick einfachen und scheinbar logischen Modell – wie den vorgestellten prozessorientierten Modellen – vertrauen. Der effektive und effiziente Einsatz von Marketingressourcen kann eben nicht nach einem einfachen Modell aufeinander folgenden Stufen erklärt werden (Reinecke 2006, S. 13 f.), sondern muss einer ganzheitlichen Betrachtung der verschiedenen Wirkungsgrößen unterzogen werden.

Als Learnings für die praktische Umsetzung eines ganzheitlichen Markencontrollings lassen sich somit folgende Punkte festhalten:

- Die Markenkontrolle und -steuerung muss nach einem ganzheitlichen Wirkungsmodell erfolgen. Dabei sind sowohl markenwissensbezogene Größen als auch markenbeziehungsbezogene Größen in einem verhaltenswissenschaftlichen Modell zu berücksichtigen. Die Zusammenhänge dieser Größen verdeutlicht das Modell von Esch et al. Ohne die Berücksichtigung sowohl von markenwissens- als auch von markenbeziehungsbezogenen Größen kann kein ganzheitliches Markencontrolling erfolgen, da dies ansonsten zu Fehlinterpretationen bei der Planung zukünftiger Ziele, Strategien und Maßnahmen führen würde.

- Das Modell von Esch et al. zeigt, dass das Markenimage einen starken Einfluss auf die Markenzufriedenheit und das -vertrauen hat. Es ist daher wichtig, das Markenimage durch die Kommunikation konsequent zu stärken und die in der Kommunikation gegebenen Versprechen von der Marke auch zu halten. Zudem ist es unumgänglich, dass die Markenführung den Erhalt und die Stärkung der Markenbeziehungen sichert. Hier gilt es insbesondere durch viele gehaltene Versprechen dafür zu sorgen, dass die Markenzufriedenheit und das -vertrauen bei den Konsumenten steigen. Eine wichtige Maßnahme kann in diesem Zusammenhang ein effizientes Beschwerdemanagement darstellen.

Ein ganzheitliches Markencontrolling kann eine wertvolle Informationsbasis für die Markenführung und -steuerung darstellen. Allerdings müssen zukünftige Entscheidungen in Bezug auf die eigene Marke immer noch die Manager selbst fällen und nicht ein Controlling-System. Deshalb bedarf es eines gut ausgebildeten Managements, dass sich nicht von einseitig ausgerichteten Controlling-Modellen blenden lässt, sondern vielmehr aufbauend auf Informationen aus der Vergangenheit und dem Wirkungsgeflecht von markenwissensbezogenen, markenbeziehungsbezogenen Größen und dem Kaufverhalten eine ganzheitliche Sichtweise verinnerlicht und diese für die zukünftigen Ziele, Strategien und Maßnahmen der eigenen Marke heranzieht.

Literaturverzeichnis

Aaker, D. A. (1992): Management des Markenwerts, Frankfurt (Main), New York 1992.

Ambler, T. (2003): Marketing and the bottom line: the marketing matrics to pump up cash, London 2003.

Bettman, J. R. (1979): An Information Processing Theory of Consumer Choice. New York 1979.

Bowlby, J. (1980): Loss: Sadness and despression, New York 1980.

Caspar, M., Metzler, P. (2002): Entscheidungsorientierte Markenführung – Aufbau und Führung starker Marken, Arbeitspapier Nr. 3 des 1. Kooperationsprojektes zwischen dem Marketing Centrum Münster und McKinsey & Co Inc., Münster 2002.

Clark, M. S. (1984): Record keeping in two types of relationships. In: Journal of Personality and Social Psychology, Vol. 47, S. 549–557.

Clark, M. S., Mills, J. (1979): Interpersonal attraction in exchange and communal relationships. In: Journal of Personality and Social Psychology, Vol. 37, S. 12–24.

Clark, M. S., Mills, J., Powell, M. C. (1986): Keeping track of needs in communal and exchange relationships. In: Journal of Personality and Social Psychology, Vol. 51, S. 333–338.

Esch, F.-R. (1993): Markenwert und Markensteuerung – Eine verhaltenswissenschaftliche Perspektive. In: Thexis, 10. Jg., Heft 5, S. 56–64.

Esch, F.-R. (2007): Strategie und Technik der Markenführung, 4. Aufl., München 2007 (in Druck).
Esch, F.-R., Andresen, T. (1994): Messung des Markenwertes. In: Tomczak, T. (Hg.): Marktforschung, St. Gallen 1994, S. 212–230.
Esch, F.-R., Geus, P. (2005): Ansätze zur Messung des Markenwerts. In: Esch, F.-R. (Hg.): Moderne Markenführung – Grundlagen, Innovative Ansätze, Praktische Umsetzungen, 4. Aufl., Wiesbaden 2005, S. 1263–1305.
Esch, F.-R., Geus, P., Kernstock, J., Brexendorf, T. O. (2006): Controlling des Corporate Brand Management. In: Esch, F.-R., Tomczak, R., Kernstock, J., Langner, T. (Hg.): Corporate Brand Management – Marken als Anker strategischer Führung von Unternehmen, 2. Aufl., Wiesbaden 2006, S. 313–346.
Esch, F.-R., Herrmann, A., Sattler, H. (2006): Marketing: Eine managementorientierte Einführung, München 2006.
Esch, F.-R., Langner, T., Brunner, C. (2005): Kundenbezogene Ansätze des Markencontrolling. In: Esch, F.-R. (Hg.): Moderne Markenführung – Grundlagen, Innovative Ansätze, Praktische Umsetzungen, 4. Aufl., Wiesbaden 2005, S. 1227–1261.
Esch, F.-R., Langner, T., Schmitt, B. H., Geus, P. (2006): Are brands forever? How brand knowledge and relationships affect current and future purchases. In: Journal of Product and Brand Management, Vol. 15, Nr. 2, S. 98–105.
Esch, F.-R., Rutenberg, J. (2006): Komplexitätsreduktion durch Vertrauen – kognitive Entlastung für Konsumenten. In: Bauer, H., Neumann, M. M., Schüle, A. (Hg.): Konsumentenvertrauen – Konzepte und Anwendungen für ein nachhaltiges Kundenbindungsmanagement, München 2006, S. 193–205.
Esch, F.-R., Wicke, A., Rempel, J. E. (2005): Herausforderungen und Aufgaben des Markenmanagements. In: Esch, F.-R. (2005): Moderne Markenführung – Grundlagen, Innovative Ansätze, Praktische Umsetzungen, 4. Aufl., Wiesbaden 2005, S. 3–55.
Fournier, S. M. (1998): Consumers and their brands: Developing relationship theory. In: Journal of Consumer Research, Vol. 24, S. 343–373.
Fournier, S. M. (2005): Markenbeziehungen – Konsumenten und ihre Marken. In: Esch, F.-R. (Hg.): Moderne Markenführung – Grundlagen, Innovative Ansätze, Praktische Umsetzungen, 4. Aufl., Wiesbaden 2005, S. 209–237.
Fournier, S. M., Yao, J. L. (1997): Reviving brand loyalty: A reconceptualization within the framework of consumer-brand relationships. In: International Journal of Research in Marketing, Vol. 14, S. 451–472.
Gensch, D. (1987): A Two-Stage Disaggregate Attribute Choice Model. In: Marketing Letters, Vol. 2, Nr. 1, S. 223–231.
Georgi, D., Hadwich, K., Bruhn, M. (2006): Vertrauen und Vertrautheit als Dimensionen der Beziehungsqualität – Konzeptionalisierungen, Determinanten und Wirkungen. In: Bauer, H., Neumann, M. M., Schüle, A. (Hg.): Konsumentenvertrauen – Konzepte und Anwendungen für ein nachhaltiges Kundenbindungsmanagement, München 2006, S. 311–324.
Hazan, C., Zeifman, D. (1999): Pair bonds as attachments: Evaluating the evidence. In: Cassidy, J., Shaver, P. R. (Hg.): Handbook of Attachment, New York 1999, S. 336–354.
Johnson, E. J., Payne, J. W. (1985): Effort and Accuracy in Choice. In: Management Science, Vol. 31, Nr. 4, S. 395–414.
Kaas, K. P., Runow, H. (1984): Wie befriedigend sind die Ergebnisse der Forschung zur Verbraucherzufriedenheit?. In: Die Betriebswirtschaft, 44. Jg. S. 451–460.
Kardes, F. R., Kalyanaram, G., Chandrashekaran, M., Dornoff, R. J. (1993): Brand Retrieval, Consideration Set Composition, Consumer Choice, and the Pioneering Advantage. In: Journal of Consumer Research, Vol. 20, Nr. 1, S. 62–75.
Keller, K. L. (1993): Conceptualizing, Measuring, and Managing Customer-Based Brand Equity. In: Journal of Marketing, Vol. 57 (January), S. 1–22.
Keller, K. L. (2003): Strategic Brand Management – Building, Measuring, and Managing Brand Equity, Upper Saddle River, New Jersey 2003.

Keller, K. L. (2005): Kundenorientierte Messung des Markenwerts. In: Esch, F.-R. (Hg.): Moderne Markenführung – Grundlagen, Innovative Ansätze, Praktische Umsetzungen, 4. Aufl., Wiesbaden 2005, S. 1307–1327.
Klingebiel, N. (1997): Performance Measurement Systeme. In: Wirtschaftsstudium, 26. Jg., Heft 7, S. 655–663.
Kroeber-Riel, W., Esch, F.-R. (2004): Strategie und Technik der Werbung – Verhaltenswissenschaftliche Ansätze. 6. Aufl., Stuttgart 2004.
Marketing Leadership Council (2001): Measuring Marketing Performance. Cambridge 2004.
Perrey, J., Riesenbeck, H., Schröder, J. (2002): So lohnen sich Investitionen in die Marke. In: akzente, Nr. 25, Sept., S. 16–25.
Perrey, J., Schröder, J. (2003): Vom Brand Positioning zum operativen Marketing. In: akzente, Nr. 28, Juni, S. 2–9.
Reinecke, S. (2006): Return on Marketing? Möglichkeiten und Grenzen eines Erfolgsnachweises des Marketing. In: Reinecke, S.; Tomczak, T. (Hg.): Handbuch Marketingcontrolling: Effektivität und Effizienz einer marktorientierten Unternehmensführung, 2. Aufl., Wiesbaden 2006, S. 3–37.
Reinecke, S., Herzog, W. (2006): Stand des Marketingcontrollings in der Praxis. In: Reinecke, S.; Tomczak, T. (Hg.): Handbuch Marketingcontrolling: Effektivität und Effizienz einer marktorientierten Unternehmensführung, 2. Aufl., Wiesbaden 2006, S. 81–95.
Riesenbeck, H. (2004): Die McKinsey MarkenMatik: Ein Ansatz zur systematischen Bewertung und Gestaltung von Marken. In: Schimansky, A. (Hg.): Der Wert der Marke: Markenbewertungsverfahren für ein erfolgreiches Markenmanagement, München 2004, S. 500–517.
Riesenbeck, J., Perrey, J. (2004): Mega-Macht Marke: Erfolg messen, machen, managen, Frankfurt/Main 2004.
Rosset, R., Reinecke, S. (2005): Marketing-Effizienz und -Effektivität: Wo steht die Schweiz?, Studie der IHA-GfK für die Schweizerische Gesellschaft für Marketing, Hergiswil.
Rossiter, J. R., Percy, L. (1987): Advertising & Promotion Management, New York et. al. 1987.
Shocker, A. D., Ben-Akiva, M., Boccara, B., Nedungadi, P. (1991): Consideration Set Influences on Consumer Decision-Making and Choice: Issues, Models, and Suggestions. In: Marketing Letters Vol. 2, Nr. 3, S. 181–197.
Strong, E. K. (1925): Theories of Selling. In: Journal of Applied Psychology, Vol. 9, S. 75–86.
Thomson, M., MacInnis, D. J., Park, C. W. (2005): The Ties That Bind: Measuring the Strength of Consumers' Emotional Attachments to Brands. In: Journal of Consumer Psychology, Vol. 15, Nr. 1, S. 77–91.
Wright, P., Barbour, F. (1977): Phased Decision Strategies: Sequels to an Initial Screening. In: Starr, M. K.; Zeleny, M. (Hg.): Multiple Criteria Decision Making, Amsterdam 1977, S. 91–109.

Der Einfluss der Mitarbeitenden auf den Markenerfolg – Konzeptualisierung und Operationalisierung Interner Markenbarometer

Manfred Bruhn

Zusammenfassung	160
1 Bedeutung der Mitarbeitenden für den Marken-Erfolg	160
2 Konzeptualisierung eines Internen Marken-Barometers	161
2.1 Interne Markenerfolgskette als konzeptionelle Grundlage	161
2.2 Entwicklung eines Modells mit Konstrukten auf drei Wirkungsebenen	163
2.2.1 Interne Markenführung als Input	164
2.2.2 Image als Konstrukt der Markenebene	164
2.2.3 Konstrukte der Beziehungsebene	165
2.2.3.1 Zufriedenheit	165
2.2.3.2 Commitment	166
2.2.3.3 Vertrauen	167
2.2.4 Markenbindung als Konstrukt der Verhaltensebene	168
2.2.5 Ökonomische Wirkungen als Output	169
2.2.6 Moderierende Variablen	170
3 Operationalisierung eines Internen Markenbarometers	171
4 Nutzungspotenziale Interner Markenbarometer	173
5 Schlussbemerkungen	174
Literaturverzeichnis	175

Zusammenfassung

In der Marketingforschung und -praxis wird zunehmend die Bedeutung der Mitarbeitenden für den Markenerfolg erkannt. Der vorliegende Beitrag greift diese Thematik auf und schlägt für Unternehmen die Institutionalisierung eines Internen Markenbarometers vor, mit dessen Hilfe es möglich ist, den Beitrag der Mitarbeitenden auf den Markenerfolg zu ermitteln. Insbesondere wird aufgezeigt, wie die Konzeptionalisierung und Operationalisierung eines Internen Markenbarometers erfolgen kann. Darüber hinaus werden die Nutzungspotenziale eines Internen Markenbarometers für die Unternehmenspraxis dargelegt sowie Managementimplikationen für eine erfolgreiche interne Markenführung abgeleitet.

1 Bedeutung der Mitarbeitenden für den Marken-Erfolg

Häufig als das „Megathema" schlechthin tituliert und als wichtigster Werttreiber eines Unternehmens identifiziert, steht die Marke in der Marketingforschung und -praxis seit Jahren im Zentrum des Interesses (Esch, Wicke, Rempel 2005, S. 5). Bei Durchsicht der zahlreichen hierzu veröffentlichten Publikationen bzw. in der Praxis geführten Diskussionen ist allerdings eine hauptsächlich nach außen gerichtete, d.h. kundenfokussierte Auseinandersetzung mit dem Thema Marke zu konstatieren. Erst in den letzten Jahren ist zunehmend die Bedeutung der internen Markenführung als Voraussetzung für den externen Markenerfolg erkannt worden. Die *interne Markenführung*, d.h. die Vermittlung der Marke an die Mitarbeitenden eines Unternehmens, ist deshalb von so hoher Relevanz, weil Mitarbeitende großen Einfluss auf die Markenwahrnehmung bzw. das Markenimage der Kunden ausüben (Tomczak, Brexendorf 2003, S. 58). Wenn es Unternehmen gelingt, den Kern der Marke glaubhaft den eigenen Mitarbeitenden zu transportieren, können diese das Markenversprechen gegenüber den Kunden halten und als „Markenbotschafter" fungieren (Joachimsthaler 2002, S. 29). Neben den Kunden stellen somit auch die Mitarbeitenden eines Unternehmens eine Anspruchsgruppe der Marke dar. Die interne Markenführung verfolgt dabei die Zielsetzung, ein konsistentes Markenbild gegenüber den Mitarbeitenden zu vermitteln, das mit dem extern kommunizierten Markenbild möglichst kongruent ist (Tomczak, Brexendorf 2003, S. 58). In diesem Zusammenhang ist auf das so genannte *„Employer Branding"*, d.h. die markenstrategisch fundierte, interne und externe Positionierung eines Unternehmens als Arbeitgebermarke und damit als attraktiver und glaubwürdiger Arbeitgeber, hinzuweisen (Deutsche Employer Branding Akademie 2006). Zwischen dem Employer Branding und der internen Markenführung besteht insofern ein Zusammenhang, als beide die Marke innerhalb des Unternehmens implementieren – mit dem Ziel, die Mitarbeiterbindung nachhaltig zu optimieren, über die Steigerung der Mitarbeiterleistung das Markenimage des Unternehmens und seiner Produkte für die Kunden zu verbessern sowie mittelbar den Markenwert und das Geschäftsergebnis zu steigern.

Aufgrund der Bedeutung, die den Mitarbeitenden für den externen Markenerfolg zukommt, ist die Kenntnis des internen Markenerfolgs zwingend notwendig. Hierfür sind diejenigen Faktoren zu identifizieren, die für den internen Erfolg einer Marke verantwortlich sind, und es ist – ähnlich wie beim externen Markenmanagement – ein geeignetes Mess- sowie Steuerungsinstrument zu entwickeln, das die Wirkungen einer Marke bei den Mitarbeitenden abbildet, um darauf aufbauend Ansatzpunkte für eine systematische und effiziente interne Markenführung ableiten zu können (Bruhn 2005, S. 1040). Der vorliegende Beitrag greift diese Notwendigkeit auf, indem die Zielsetzung verfolgt wird, ein so genanntes *Internes Markenbarometer* zu entwickeln, das es ermöglicht, die relevanten Erfolgsgrößen empirisch zu überprüfen. Diese Faktoren sind dabei als interne mitarbeiterrelevante Markenziele zu interpretieren, deren Erreichung durch das Unternehmen anzustreben ist. Darauf aufbauend ist ein weiteres Ziel des Beitrags aufzuzeigen, wie die Operationalisierung des Internen Markenbarometers erfolgen kann.

Im Folgenden wird eine *Interne Markenerfolgskette* als konzeptionelle Grundlage für die Entwicklung eines Internen Markenbarometers vorgestellt. Im Anschluss daran wird das Augenmerk auf den Hauptteil des Beitrags, der Konzeptualisierung des Internen Markenbarometers, gelegt. Hierbei wird ein verhaltenswissenschaftliches Modell für ein innengerichtetes Markenmanagement entwickelt. Die verhaltenswissenschaftliche Perspektive wurde deshalb gewählt, weil sich diese Sichtweise besonders gut zur Markensteuerung und Wahrung der Markenkontinuität eignet (Esch, Geus 2005, S. 1270). Auf Basis des entwickelten Modells liefert der Beitrag anschließend Ansatzpunkte zur Operationalisierung des Internen Markenbarometers. Bevor im abschließenden Kapitel die Ableitung von Managementimplikationen erfolgt, werden darüber hinaus die Nutzungspotenziale, die der Einsatz Interner Markenbarometer für die Managementpraxis bietet, dargelegt.

2 Konzeptualisierung eines Internen Marken-Barometers

2.1 Interne Markenerfolgskette als konzeptionelle Grundlage

In einer internen Markenerfolgskette werden diejenigen Konstrukte als mitarbeiterrelevante Markenziele aufgeführt, die das markenkonforme Verhalten der Mitarbeitenden und letztlich den ökonomischen Erfolg der Marke determinieren. Diese Markenwertbestandteile sind durch die Unternehmenstätigkeit aufzubauen und zu pflegen. Den modelltheoretischen Zusammenhang stellen dabei die Wirkungszusammenhänge zwischen den psychologischen Konstrukten, den Verhaltensabsichten der Mitarbeitenden sowie ihrem tatsächlichen Verhalten und dem ökonomischen Markenerfolg dar. Die *Grundstruktur einer internen Markenerfolgskette* besteht somit aus vier Gliedern (Bruhn 2005, S. 1042; vgl. *Abbildung 1*):

(1) Input des Unternehmens, die interne Markenführung des Unternehmens,

(2) Psychologische Wirkungen, v.a. die Markenbeurteilung durch die Mitarbeitenden,

(3) Verhaltenskonsequenzen, v.a. das tatsächliche Markenverhalten der Mitarbeitenden,

(4) Output des Unternehmens, der ökonomische Erfolg der internen Markenführung.

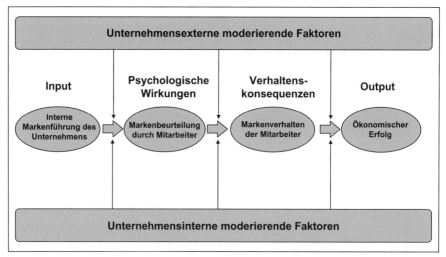

Abbildung 1: Interne Markenerfolgskette (Bruhn 2005, S. 1043)

Entscheidend bei der internen Markenerfolgskette ist es, die Verbindung der anbieterbezogenen und mitarbeiterbezogenen (Wirkungs-)Größen zu betrachten. Dabei ist zu untersuchen, mit welchen unternehmerischen Maßnahmen (Input) welche psychologischen Wirkungen bei den Mitarbeitenden zu erreichen sind. Ferner ist zu eruieren, welche psychologischen Wirkungen bei den Mitarbeitenden zu welchen Verhaltenswirkungen führen. Schließlich ist der Einfluss des Markenverhaltens der Mitarbeitenden auf den ökonomischen Erfolg zu ermitteln (Bruhn 2005, S. 1043). Zwischen den verschiedenen Kettengliedern liegen aufgrund so genannter moderierender Faktoren allerdings nicht immer eindeutige Zusammenhänge vor (Bruhn 2001, S. 58 f.; zu moderierenden Faktoren vgl. z.B. Giering 2000). In diesem Zusammenhang ist zwischen unternehmensexternen und -internen moderierenden Faktoren zu differenzieren. Auf Seiten der unternehmensexternen Faktoren kann beispielsweise das persönliche Umfeld (durch negative Reaktionen auf eine bestimmte Marketingmaßnahme) die Markenbeurteilung durch den Mitarbeitenden beeinflussen. Das Arbeitsklima, die Dauer der Betriebszugehörigkeit oder die Unternehmensstrukturen sind hingegen als Beispiele für unternehmensinterne Faktoren aufzufassen, die ebenfalls auf die Erfolgskette wirken (Bruhn 2005, S. 1043 f.).

Im vorliegenden Fall ist die *interne Markenführung* des Unternehmens als Inputvariable zu verstehen. Durch den Einsatz der Instrumente des innengerichteten Markenmanagements gibt der Anbieter ein Leistungs- und Qualitätsversprechen nach innen ab, das bei den Mitarbeitenden *psychologische Wirkungen* erzielt. Aus der Beurteilung und den psychologischen Wirkungsgrößen einer Marke resultieren die *Verhaltenskonsequenzen* der Mitarbeitenden. Das Verhalten der Mitarbeitenden hat schließlich Auswirkungen auf den *ökonomischen Erfolg* der Marke. Als Kennzahlen des ökonomischen Erfolgs können hierbei ökonomische Zielgrößen wie Umsatz, Marktanteil oder Profitabilität dienen (Schuster 2005, S. 222 f.), aber auch psychologische Zielgrößen in Zusammenhang mit dem Markenwert (Aaker 1992, S. 32).

Auf Basis der internen Markenerfolgskette wird in den folgenden Abschnitten ein Modell für ein Internes Markenbarometer entwickelt, in das Konstrukte aus *drei*

Wirkungsebenen inkludiert werden. In einem ersten Schritt wird zunächst das Image als Konstrukt der *Markenebene* vorgestellt. Viele Forscher sind aber der Überzeugung, dass Menschen eine Marke nicht nur wahrnehmen, sondern zu Marken eine Beziehung aufbauen, die den Beziehungen, die sie zu anderen Personen haben, sehr ähnlich sind (Aggarwal 2004, S. 87). Dies, so wird an dieser Stelle vermutet, gilt nicht nur für Menschen in ihrer Rolle als Konsumenten, sondern auch für Mitarbeitende, denn diese können durch ihre (direkte oder indirekte) Arbeit für die Marke zu dieser ebenso eine Beziehung aufbauen. Daher werden in einem zweiten Schritt die Konstrukte Zufriedenheit, Commitment und Vertrauen als Konstrukte der *Beziehungsebene* aufgezeigt. In einem letzten Schritt wird schließlich auf die Markenbindung eingegangen, die im vorliegenden Beitrag als ein aus den Dimensionen markenkonformes Verhalten bzw. markenkonforme Verhaltensabsicht bestehendes Konstrukt konzeptualisiert wird. Im Unterschied zu den Konstrukten der Marken- und Beziehungsebene, die in der internen Markenerfolgskette den psychologischen Wirkungsgrößen zuzuordnen sind, stellt die Markenbindung gemäß dieser Konzeptualisierung eine Verhaltenskonsequenz dar und ist daher als Konstrukt der *Verhaltensebene* aufzufassen. Zugleich wird die Markenbindung im hier zu entwickelnden Modell als Zielgröße betrachtet, da sie das Ausmaß angibt, zu dem die Mitarbeitenden durch ihr Markenverhalten zum ökonomischen Erfolg der Marke beitragen. Nach dieser Auffassung kann der interne Markenerfolg somit über das Konstrukt Markenbindung ermittelt werden.

2.2 Entwicklung eines Modells mit Konstrukten auf drei Wirkungsebenen

Um einen besseren Überblick zu erhalten, ist in der nachstehenden *Abbildung 2* das in diesem Beitrag entwickelte Modell, eingebettet in die interne Markenerfolgskette, grafisch dargestellt. Im Folgenden wird auf die einzelnen Konstrukte sowie auf die postulierten Zusammenhänge zwischen den jeweiligen Konstrukten eingegangen.

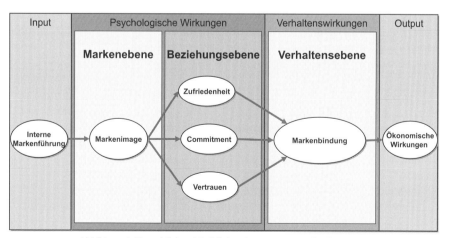

Abbildung 2: Entwickeltes Modell für ein Internes Markenbarometer

2.2.1 Interne Markenführung als Input

Durch die interne Markenführung dokumentiert der Anbieter sein Leistungsangebot beziehungsweise -versprechen an die Mitarbeitenden. Die interne Markenführung kann als „innengerichteter Managementprozess zur Verankerung einer angestrebten Markenidentität im Mitarbeiterverhalten" (Wittke-Kothe 2001, S. 7) verstanden werden. Als Instrumente der internen Markenführung lassen sich die interne Kommunikation, personalpolitische Instrumente sowie der mitarbeiterbezogene Einsatz externer Marketinginstrumente enumerieren (Wittke-Kothe 2001, S. 11; Stauss 1995, Sp. 1049 ff.).

Eine der klassischen *internen Kommunikationsmaßnahmen* ist die Mitarbeiterschulung. Dazu gehören bspw. interne Workshops, bei denen Mitarbeitende in Projektgruppen zusammenarbeiten, sowie Mitarbeitertagungen oder -events. Mit dem Einsatz dieser Kommunikationsmaßnahmen wird das Ziel verfolgt, die Marke für die Mitarbeitenden greifbar und erlebbar zu machen, um so ein gesteigertes Verständnis für die Marke zu erreichen (Esch, Langner, Tomczak, Kernstock, Strödter 2005, S. 419). Das „story telling" als weitere interne Kommunikationsform leistet ebenfalls einen wertvollen Beitrag zur internen Implementierung einer Marke. Hierbei geben die Führungskräfte eines Unternehmens gezielt Geschichten über das Unternehmen und die Marke an die Mitarbeitenden weiter, um deren emotionale Beziehung zum Unternehmen auszubauen und ein Gemeinschaftsgefühl zu entwickeln (Burmann, Zeplin 2005, S. 1035).

Als Beispiel für den Einsatz *personalpolitischer Instrumente* sind Anreizmechanismen zu nennen. Das Ziel ist hierbei die Förderung und Belohnung von Mitarbeiterverhalten, wenn dieses den im Voraus festgelegten Anforderungen entspricht bzw. zur Realisierung zuvor spezifizierter Ziele beiträgt (hierzu ausführlich Wittke-Kothe 2001, S. 13; Bierwirth 2003, S. 193). Markenkonformes Mitarbeiterverhalten kann auch durch die Implementierung eines Sanktionssystems bei Fehlverhalten gefördert werden. Durch den Einsatz bestimmter Sanktionsmechanismen wird so die kontinuierliche Einhaltung von Verhaltensrichtlinien gewährleistet (Frigge, Houben 2002, S. 34).

Beim *mitarbeiterorientierten Einsatz externer Marketinginstrumente* sind die Mitarbeitenden als „Second Audience" Rezipienten der externen Unternehmenskommunikation anzusehen. Diese bietet die Möglichkeit, die Erreichung der Ziele der internen Markenführung aktiv zu unterstützen. Insbesondere ist dies der Fall, wenn Mitarbeitende des Unternehmens in die externen Kommunikationsmaßnahmen eingebunden werden, indem sie bspw. in Zeitungsanzeigen Aussagen zum Unternehmen und seinen Leistungen zur Erfüllung des Markenversprechens treffen (Bruhn 1999, S. 30).

Durch die Implementierung der internen Markenführung werden bei den Mitarbeitenden dauerhafte und werthaltige Wirkungen erzielt. Die psychologischen Wirkungsgrößen, die aufgrund der Unternehmensaktivitäten beim Mitarbeitenden entstehen, werden im Folgenden diskutiert.

2.2.2 Image als Konstrukt der Markenebene

In der Literatur wird eine Vielzahl von psychologischen Wirkungsgrößen unterschieden, die ein Resultat unternehmerischer Maßnahmen darstellen. Als ein zentrales Konstrukt wird auf der Markenebene das Image angesehen.

Das *Markenimage* lässt sich beschreiben als die Summe aller perzipierten und im Gedächtnis gespeicherten Assoziationen, die Menschen mit der Marke verbinden (Esch, Langner, Brunner 2005, S. 1235). Diese Assoziationen können in jeder Form vorliegen und reflektieren die direkten Charakteristika einer Marke oder auch Aspekte, die sowohl abhängig als auch unabhängig von der eigentlichen Leistung sind und/oder die Bedeutung der Marke für ein Individuum widerspiegeln. Beispielsweise lassen sich hierunter die bildlichen Vorstellungen eines Individuums von der Marke subsumieren, aber auch die Produkteigenschaften, das Umfeld, in dem das Produkt genutzt wird, die Assoziationen zum Unternehmen, die Markenpersönlichkeit sowie die mit der Marke verbundenen Symbole. Da sich die mit einer Marke verbundenen Assoziationen aus einer Vielzahl von Ideen, Fakten und Erinnerungen zusammensetzen, bilden sie ein komplexes Netzwerk an Markenwissen. Aus diesem Grund besteht eine wesentliche Aufgabe der Markenpflege darin, festzulegen, welche Assoziationen zu entwickeln sind, um darauf aufbauend Programme zu schaffen, die diese Assoziationen mit der Marke verbinden (Bruhn, Hennig-Thurau, Hadwich 2004, S. 404).

Verkörpert eine Marke die von einem Mitarbeitenden als wichtig erachteten und von ihm gelebten Werte, Normen und Denkhaltungen, erfährt der Mitarbeitende die Bestätigung eines positiven Selbstimages. Da dem Mitarbeitenden durch diese Bestätigung bspw. die Arbeit für die Marke grundsätzlich Spaß machen wird, kann angenommen werden, dass auch seine Zufriedenheit mit der Marke steigt (Wittke-Kothe 2001, S. 30). Ferner ist zu erwarten, dass aufgrund dieser Bestätigung das Vertrauen des Mitarbeitenden in die Marke zunimmt. Ein positives Markenimage ermöglicht dem Mitarbeitenden zudem die Annäherung an sein angestrebtes, ideales Selbstimage. Eine derartige Annäherung an das ideale Selbstimage kann z.B. durch die Arbeit für eine Marke erreicht werden, deren Identität in der Wahrnehmung des Mitarbeitenden Eigenschaften umfasst, die wichtige Bestandteile des angestrebten Images sind (Wittke-Kothe 2001, S. 30). Als Folge ist zu erwarten, dass der Stolz auf die Markenzugehörigkeit, eine gesteigerte Selbstwertschätzung sowie die Reduktion innerer Spannungen aufgrund der Verringerung der Diskrepanz zwischen dem realem und idealem Selbstimage dazu führen, dass sich Mitarbeitende stärker an die Marke gebunden fühlen und sich somit deren Commitment in Bezug auf die Marke erhöht. Basierend auf diesen Annahmen wird vermutet, dass zwischen dem Markenimage und den Konstrukten Zufriedenheit, Commitment und Vertrauen ein positiver Kausalzusammenhang besteht.

An anderer Stelle wurde bereits postuliert, dass Mitarbeitende durch ihre Arbeit für eine Marke zu dieser eine Beziehung aufbauen. Im Folgenden werden die in diesem Zusammenhang relevanten Konstrukte aufgezeigt.

2.2.3 Konstrukte der Beziehungsebene

2.2.3.1 Zufriedenheit

Um die *Markenzufriedenheit* zu erklären, wird in der Literatur häufig auf das Confirmation/Disconfirmation-Paradigma als Basismodell zurückgegriffen. Nach diesem Erklärungsansatz stellt die Markenzufriedenheit das Ergebnis eines Soll-Ist-Vergleichs zwischen den Erwartungen eines Individuums und den von der Marke tatsächlich erbrachten Leistungen dar. Entspricht die wahrgenommene Leistung der Marke den Erwartungen, wird von Konfirmation, d.h. Bestätigung, gesprochen, und es entsteht

Zufriedenheit. Liegt die Ist-Leistung über der Soll-Leistung (positive Diskonfirmation) führt dies ebenfalls zu Zufriedenheit, wohingegen aus einer Ist-Leistung, die unter der Soll-Leistung liegt (negative Diskonfirmation), Unzufriedenheit resultiert. Eine wesentliche Aufgabe des Anbieters besteht nun darin, die Erwartungen eines Kunden zumindest zu treffen, will er den entsprechenden Kunden zufrieden stellen (Homburg, Koschate, Becker 2005, S. 1396).

Die angeführte Definition von Markenzufriedenheit als Ergebnis eines Soll-Ist-Vergleichs stellt die Basis für das in diesem Beitrag gelegte Verständnis des Konstruktes Zufriedenheit dar. Im Unterschied zur genannten Definition steht im hier interessierenden Kontext jedoch nicht die Zufriedenheit der Kunden mit der Marke im Mittelpunkt, sondern die Zufriedenheit der Mitarbeitenden. Abzugrenzen ist das hier betrachtete Konstrukt ebenso vom klassischen Verständnis des Konstrukts Mitarbeiterzufriedenheit. Während Letzteres Bezug auf das Arbeitsumfeld nimmt und daher definiert werden kann als das Resultat, das sich ergibt aus einem Vergleich zwischen dem erwarteten Arbeitsumfeld (Soll) und dem tatsächlich wahrgenommenen Arbeitsumfeld (Ist) (hierzu ausführlich Stock 2003, S. 16), bezieht sich die hier interessierende Mitarbeiterzufriedenheit auf die Marke und wird als das Ergebnis eines Soll-Ist-Vergleichs zwischen den Erwartungen der Mitarbeitenden und den von der Marke tatsächlich erbrachten Leistungen verstanden. Zudem ist darauf hinzuweisen, dass sich die Zufriedenheit der Mitarbeitenden mit der Marke nicht nur durch deren Rolle als Leistungs-erbringer (z.B. durch das eigene Arbeiten an der Marke), sondern auch durch deren Rolle als Konsument (z.B. durch die eigene Verwendung bzw. Nutzung der Marke) herausbildet.

Es konnte bereits nachgewiesen werden, dass eine hohe Markenzufriedenheit das Kaufverhalten von Konsumenten im Sinne der Marke begünstigt und somit deren Abwanderung zu einem anderen Markenanbieter verringert (Esch, Geus, Langner 2002, S. 475). Übertragen auf den mitarbeiterbezogenen Kontext wird daher vermutet, dass die Zufriedenheit mit der Marke das markenkonforme Verhalten von Mitarbeitenden positiv beeinflusst sowie deren Bereitschaft, als Konsument bzw. Arbeitnehmer zu einem anderen Markenanbieter zu wechseln, reduziert. Aus diesem Grund wird ein positiver Kausalzusammenhang zwischen der Zufriedenheit und der Bindung der Mitarbeitenden zur Marke erwartet.

2.2.3.2 Commitment

Das Konstrukt *Commitment* hat seinen Ursprung in der Organisational Behavior Forschung und lässt sich gemäß dieser Forschungsrichtung definieren als ein psychologischer Bindungszustand zwischen Mitarbeitenden und verschiedenen Objekten (Meyer, Allen 1991, 1997). Unter Berücksichtigung der traditionellen Perspektiven des Einstellungs- und Verhaltenscommitments wird das Commitment in der Literatur häufig als ein aus drei Komponenten bestehendes Konstrukt konzeptualisiert (Esch, Strödter, Fischer 2006, S. 419 f.). Das *affektive Commitment* bezieht sich auf die emotionale Bindung, über die Mitarbeitende zu ihrem Unternehmen verfügen. Mitarbeitende, die ein hohes affektives Commitment aufweisen, bleiben demzufolge ihrem Arbeitgeber treu, weil sie dies gerne möchten. Das *fortsetzungsbezogene Commitment* als zweite Komponente bezieht sich auf die Kosten, die aus Sicht der Mitarbeitenden mit dem Wechsel des Arbeitgebers verbunden sind. Mitarbeitende, die über ein hohes fortsetzungsbezogenes Commitment verfügen, beabsichtigen demnach, weiterhin im Unternehmen zu arbeiten, weil dies aufgrund der mit einem Arbeitsplatzwechsel verbundenen Kosten als notwendig erscheint. Das *normative Commitment* beschreibt schließlich die von den Mitarbeitenden empfundene Verpflichtung, im Unternehmen zu bleiben, d.h. Mitarbeitende, bei denen diese Commitmentkomponente stark ausgeprägt ist, fühlen sich moralisch dazu verpflichtet, weiterhin für das Unternehmen zu arbeiten (Meyer, Allen 1991, S. 67).

Das Markencommitment lässt sich hier beschreiben als eine langfristige Bindung bestimmter Anspruchsgruppen, d.h. in diesem Falle Mitarbeitende, an die Marke (zu einer ähnlichen Definition des Markencommitments: Chaudhuri, Holbrook 2002, S. 38; Esch, Strödter, Fischer 2006, S. 420). Wie aus dieser Begriffsbestimmung ersichtlich wird, lehnt sich diese Form des Commitments zwar stark an die des organisationalen Commitments an, ist aber nicht mit dieser identisch. So bestehen zwischen dem organisationalen Commitment und dem Markencommitment immer dann Unterschiede, wenn Unternehmens- und Markenwerte voneinander divergieren (hierzu ausführlich Esch, Strödter, Fischer 2006, S. 421). Ferner ist anzumerken, dass ähnlich – wie beim zuvor behandelten Konstrukt Zufriedenheit – Mitarbeitende nicht nur als Leistungserbringer (z.B. durch eine starke Markenorientierung des Arbeitsteams bzw. durch eine gelebte Markenkultur im Unternehmen), sondern auch als Kunden (z.B. durch eine positive Einstellung gegenüber der Marke nach Verwendung) ein Commitment zur Marke entwickeln können (weitere, wesentliche Einflussfaktoren des Commitments sind z.B. die Internalisierung bzw. Identifikation der Mitarbeitenden mit der Marke, vgl. hierzu ausführlich Burmann, Zeplin 2005, S. 1027).

Da empirische Untersuchungen zum Markencommitment bei Mitarbeitenden bislang noch ausstehen, ist zur Ableitung möglicher Wirkungen auf die Ergebnisse, die im Kontext des Markencommitments bei Konsumenten gewonnen wurden, Rekurs zu nehmen. Studien belegen, dass Konsumenten, die über ein hohes Markencommitment verfügen, zu einem positiven Weiterempfehlungsverhalten tendieren sowie eine höhere Bereitschaft zeigen, die Marke wiederzukaufen (z.B. Fullerton 2005, S. 105 f.). Ähnliche Wirkungen werden für das Markencommitment bei Mitarbeitenden erwartet: Wenn Mitarbeitende ein hohes Commitment für die Marke aufweisen, werden sie sich als Leistungserbringer bzw. Konsument markenkonform verhalten (indem sie z.B. als Promotoren für die Marke agieren) und weniger dazu tendieren, für die Marke eines anderen Markenanbieters zu arbeiten bzw. eine andere Marke zu kaufen. Demzufolge wird postuliert, dass zwischen dem Markencommitment und der Markenbindung ein positiver Kausalzusammenhang besteht.

2.2.3.3 Vertrauen

Das *Vertrauen* in eine Marke lässt sich definieren als die positive Erwartung des Kunden bezüglich des zukünftigen Verhaltens des Markenartikelanbieters. Diese positive Erwartung basiert auf einer Bewertung der Leistungsfähigkeit des Unternehmens („Competence") und dessen Leistungswilligkeit („Benevolence") als Dimensionen von Vertrauen (Sirdeshmukh et al. 2002, S. 17 f.). Das Vertrauen, das einer Marke entgegengebracht wird, ist dabei wesentlich durch die Qualitätskonstanz geprägt. Eine konstante Produktqualität bewirkt eine Reduktion des Kaufrisikos sowie der mit dem Kauf verbundenen Kosten für den Konsumenten und fördert auf diese Weise den Aufbau von Vertrauen in das Produkt und seine Leistung. Durch die Vermittlung einer hohen Qualitätskonstanz bewegt ein Unternehmen die Kunden darüber hinaus zum Wiederkauf der Marke und beeinflusst so die Bindungsbereitschaft der Kunden an eine Marke (Bruhn, Hennig-Thurau, Hadwich 2004, S. 407).

In Anlehnung an die oben genannte Definition wird im vorliegenden Kontext das Vertrauen verstanden als die persönliche Überzeugung von Mitarbeitenden, sich auf die Marke des Arbeitgebers verlassen zu können. Letzteres bezieht sich insbesondere auf das kontinuierliche Qualitäts- bzw. Leistungsversprechen der Marke. Zentrale Determinanten des Vertrauensaufbaus der Mitarbeitenden gegenüber der Marke sind z.B. der nachhaltige Erfolg der Marke im Markt (für die Mitarbeitenden als Leistungserbringer) bzw. die Vermittlung einer konstanten Produktqualität und eine Kontinuität im Markenauftritt (für die Mitarbeitenden als Konsumenten). Indem eine Marke das Leistungsversprechen gegenüber den Mitarbeitenden einhält, wird nicht nur Vertrauen aufgebaut, sondern es sinkt zugleich auch das von den Mitarbeitenden wahrgenommene Risiko, was z.B. einen möglichen Arbeitsplatz- oder Einkommensverlust der Mitarbeitenden als Leistungserbringer betrifft bzw. was die mit dem Kauf verbundenen Kosten für die Mitarbeitenden als Konsumenten angeht. Die Marke erfüllt daher für die Mitarbeitenden eine Vertrauens- und Risikoreduktionsfunktion (Bruhn 2005, S. 1050 f.).

Sachlogische Überlegungen führen zu der Annahme, dass sich Mitarbeitende, die großes Vertrauen in die Marke des Arbeitgebers haben, dazu neigen, sich markenkonform zu verhalten (z.B. eine geringe Fluktuationsabsicht aufweisen) bzw. dieses Verhalten auch tatsächlich zeigen. Auf Basis dieser Überlegungen wird daher vermutet, dass zwischen dem Vertrauen und der Bindung der Mitarbeitenden zur Marke ein positiver Kausalzusammenhang besteht.

2.2.4 Markenbindung als Konstrukt der Verhaltensebene

Wie aus den bisherigen Ausführungen hervorgeht, besteht die Annahme, dass eine als positiv empfundene Beziehung zwischen den Mitarbeitenden und der Marke auf Seiten der Mitarbeitenden zu einer Erhöhung der Markenbindung führt. Auf die Markenbindung als Konstrukt der Verhaltensebene wird im Folgenden eingegangen.

Das hier zugrunde liegende Verständnis der *Markenbindung* basiert auf dem Konstrukt der Kundenbindung. Aus einer nachfragerbezogenen Perspektive betrachtet, ist die Kundenbindung mit der Kundenloyalität gleichzusetzen und beschreibt die verringerte Bereitschaft eines Kunden, zu einem anderen Anbieter zu wechseln. Die Kundenbindung wird in der Forschungspraxis häufig als zweidimensionales Konstrukt konzeptualisiert. Die Dimension faktisches Verhalten umfasst hierbei den Wiederkauf sowie das Weiterempfehlungsverhalten von Kunden. Die Dimension Verhaltensabsicht beinhaltet die Wiederkauf-, Cross-Buying- und Weiterempfehlungsabsichten der Kunden (Homburg, Bruhn 2003, S. 8 f.).

In Anlehnung an das Konstrukt Kundenbindung kann die Bindung der Mitarbeitenden an die Marke ebenfalls als zweidimensionales Konstrukt konzeptualisiert werden. Die Dimension faktisches Verhalten bezieht sich hierbei auf das *markenkonforme Verhalten* der Mitarbeitenden, d.h. auf ein Verhalten im Sinne der Marke, mit dem Ziel, ein starkes Bild der Marke nach außen zu vermitteln. In der Literatur findet man in diesem Zusammenhang mit dem *Brand Citizenship Behavior* ein eigenständiges Konstrukt, das dieser Dimension sehr ähnlich ist. Das Konstrukt des Brand Citizenship Behavior basiert auf dem Konstrukt des Organizational Citizenship Behavior, das freiwillige Verhaltensweisen von Mitarbeitenden außerhalb von Rollenerwartungen beschreibt, die nicht durch das formale Entlohnungssystem anerkannt werden, und die in ihrer Gesamtheit die Leistungsfähigkeit der Organisation steigern. In Anlehnung an diese Begriffsbestimmung lässt sich Brand Citizenship Behavior demnach definieren als ein Konstrukt, das verschiedene Mitarbeiterverhaltensweisen beinhaltet, die freiwillig und außerhalb von formalisierten Rollenerwartungen gezeigt werden. Diese Verhaltensweisen können analog zum Konstrukt des Organizational Citizenship Behavior zu verschiedenen Dimensionen gebündelt werden und führen bei Einhaltung dazu, dass ein markenkonformes Verhalten über alle Kundenkontaktpunkte hinweg gewährleistet und dadurch ein geschlossenes und konsistentes Markenbild nach außen transportiert wird (Burmann, Zeplin 2005, S. 1025 f.). Das hier interessierende markenkonforme Verhalten setzt sich aus den Komponenten des Brand Citizenship Behavior zusammen, wie z.B. aus der Markeninitiative (d.h. das besondere Engagement bei markenbezogenen Tätigkeiten im Kundenkontakt) oder der Markenmissionierung (d.h. die Empfehlung der Marke gegenüber anderen, auch in nicht arbeitsbezogenen Situationen) (zu den jeweiligen Komponenten Burmann, Zeplin 2005, S. 1026). Über die Dimensionen des Brand Citizenship Behavior hinaus stellt die wiederholte Markennutzung bzw. -verwendung der Mitarbeitenden als Konsumenten der Marke eine weitere markenkonforme Verhaltensweise dar.

Neben dem markenkonformen Verhalten beinhaltet die Markenbindung als weitere Dimension die *markenkonforme Verhaltensabsicht* der Mitarbeitenden, die deren Neigung kennzeichnet, sich im Sinne der Marke zu verhalten. Diese Neigung bezieht sich dabei auf die oben angesprochenen Verhaltensweisen. In Analogie zur Konzeptualisierung der Verhaltensabsicht beim Konstrukt Kundenbindung umfasst diese Dimension zudem die fehlende Absicht der Mitarbeitenden, zu einem anderen Markenanbieter zu wechseln, auch wenn das Konkurrenzunternehmen ein höheres Gehalt bietet sowie die geringe Bereitschaft, als Kunden eine andere Marke als die eigene zu kaufen.

2.2.5 Ökonomische Wirkungen als Output

Die aus der Markenbindung der Mitarbeitenden resultierenden ökonomischen Wirkungen lassen sich nach direkten und indirekten Wirkungen differenzieren. Die direkten und indirekten Wirkungen selbst können wiederum weiter unterteilt werden in marken- bzw. unternehmensbezogene Wirkungen.

Direkte Wirkungen beziehen sich auf denjenigen Teil des ökonomischen Erfolgs, der direkt den Mitarbeitenden zuzuschreiben ist. Als direkte, markenbezogene Erlöswirkung ist bspw. der Umsatz anzusehen, der dem Mitarbeitenden als Kunde der Marke zuzuordnen ist. Direkte, unternehmensbezogene Wirkungen hingegen sind z.B. Kostensenkungspotenziale, die auf Einsparungen durch Erfahrungseffekte oder, aufgrund der mangelnden Wechselbereitschaft der Mitarbeitenden, z.B. auf die Einsparung von Re-cruitingkosten zurückzuführen sind.

Im Gegensatz dazu ist unter die indirekten Wirkungen derjenige Teil des ökonomischen Erfolgs zu subsumieren, der direkt anderen Personen, z.B. den Konsumenten der Marke, und nur indirekt den Mitarbeitenden zuzuordnen ist. Indirekte, markenbezogene Wirkungen stellen bspw. die durch das Kaufverhalten der Konsumenten generierten Umsätze dar, die auf eine Steigerung der Kundenzufriedenheit als Folge des markenkonformen Mitarbeiterverhaltens, zurückzuführen sind. Ein weiteres Beispiel hierfür sind Umsätze, die dadurch generiert werden, dass Mitarbeitende in privaten Situationen durch positive Mund-zu-Mund-Kommunikation andere Konsumenten zum Kauf der Marke persuadieren. Indirekte, unternehmensbezogene Wirkungen hingegen können entstehen, wenn durch ein markenkonformes Mitarbeiterverhalten die Attraktivität des Unternehmens als potenzieller Arbeitgeber steigt, so dass die Akquisition von hoch qualifizierten Mitarbeitenden zu niedrigen Recruitingkosten ermöglicht wird.

Durch die aufgezeigten ökonomischen Wirkungen werden die Schwierigkeiten, die sich bei der Messung des ökonomischen Erfolgs ergeben, deutlich. So besteht insbesondere bei den indirekten Wirkungen das Problem der Zuordenbarkeit, da bspw. das Kaufverhalten von Konsumenten nicht nur durch ein markenkonformes Mitarbeiterverhalten im Kundenkontakt bestimmt wird, sondern darüber hinaus weitere Faktoren existieren, die Einfluss auf deren Kaufentscheidung nehmen. Eine Zuordnung der generierten Umsätze lediglich auf das Verhalten der Mitarbeitenden würde daher zu ungenauen Aussagen führen. Ein weiteres Problem besteht in der Quantifizierung der Kostensenkungspotenziale, die sich bspw. aus den niedrigeren bzw. entfallenden Recruitingkosten ergeben.

Aufgrund der genannten Schwierigkeiten bei der Messung der ökonomischen Wirkungen ist zur Ermittlung des internen Markenerfolgs auf eine dem ökonomischen Erfolg vorgelagerte Größe auszuweichen. Wie bereits aufgezeigt, ist dies im hier entwickelten Modell die Markenbindung.

2.2.6 Moderierende Variablen

Bei der Analyse der Zusammenhänge zwischen den Konstrukten sind die bereits angesprochenen moderierenden Variablen zu berücksichtigen. Im Folgenden werden beispielhaft einige mögliche moderierende Effekte aufgezeigt.

Die *Zusammenhänge zwischen der internen Markenführung des Unternehmens und dem Image als Konstrukt der Markenebene* können *unternehmensextern* dadurch beeinflusst werden, welche Meinungen und Reaktionen das persönliche Umfeld der Mitarbeitenden bzgl. der Markenpolitik des Unternehmens haben. So können gesellschaftlich kontrovers diskutierte kommunikative Auftritte der Marke dazu führen, dass es trotz der Implementierung der internen Markenführung im Unternehmen nicht zu einer positiven Markenwahrnehmung der Mitarbeitenden kommt. Hinsichtlich der *unternehmensinternen* moderierenden Faktoren beeinflusst bspw. die Dauer der Betriebszugehörigkeit die Markenwahrnehmung. Ist ein Mitarbeiter erst sehr kurze Zeit für das Unternehmen und die Marke tätig, bestehen möglicherweise bestimmte Vorurteile gegenüber der Marke, so dass die Markenwahrnehmung der Mitarbeitenden weniger stark durch die interne Markenführung im Unternehmen beeinflusst wird.

Die *Zusammenhänge zwischen dem Image als Konstrukt der Markenebene* und *den Konstrukten der Beziehungsebene* können unternehmensextern z.B. durch negative Marktprognosen in Bezug auf die Marke beeinflusst werden. So können sich derartige Nachrichten insofern negativ auf die Markenbeurteilung von Mitarbeitenden auswirken, als diese, trotz einer positiven Markenwahrnehmung, kein Vertrauen zur Marke aufbauen können. Hinsichtlich der *unternehmensinternen* moderierenden Faktoren beeinflusst z.B. das vorherrschende Arbeitsklima die Markenbeurteilung. So führt ein schlechtes Arbeitsklima dazu, dass die Unzufriedenheit der Mitarbeitenden in Bezug auf die Marke steigt, obwohl die Marke an sich als positiv wahrgenommen wird.

Die Stärke des *Zusammenhangs zwischen den Konstrukten der Beziehungsebene* und *der Markenbindung als Konstrukt der Verhaltensebene* kann ebenfalls aufgrund moderierender Variablen variieren. Als unternehmensexterne moderierende Variable sind z.B. die finanziellen Verhältnisse von Mitarbeitenden zu nennen. So ist es denkbar, dass Mitarbeitende zwar ein hohes Commitment für die Marke aufweisen, dennoch aber einen Wechsel des Arbeitgebers in Erwägung ziehen, da das Konkurrenzunternehmen ein bedeutend höheres Gehalt bietet. In Bezug auf die unternehmensinternen moderierenden Faktoren führt bspw. die finanzielle Lage, in der sich das Unternehmen befindet dazu, dass das Markenengagement der Mitarbeitenden trotz eines hohen Commitments nicht in ausreichendem Maße zum Ausdruck kommen kann, da die Kosten für die hierfür notwendigen markenbezogenen Mitarbeiterschulungen zu hoch sind.

Die im Rahmen von Marketingaktivitäten angesprochene Zielgruppe stellt einen *unternehmensexternen* moderierenden Faktor für den *Zusammenhang zwischen dem Markenverhalten der Mitarbeitenden und dem ökonomischen Erfolg* dar. Verhält sich die angesprochene Zielgruppe bereits einer anderen Marke gegenüber loyal, kommt es trotz des markenkonformen Verhaltens der Mitarbeitenden nicht zum ökonomischen Erfolg der Marke. Auf Seiten der *unternehmensinternen* moderierenden Faktoren tragen eine mangelnde Qualifikation oder eine niedrige Mitarbeiterproduktivität dazu bei, dass ein hohes Markenengagement der Mitarbeitenden nicht zum gewünschten ökonomischen Erfolg führt.

3 Operationalisierung eines Internen Markenbarometers

Bei den im entwickelten Modell enthaltenen Größen handelt es sich um theoretische Konstrukte, die sich einer direkten Messung entziehen. Um die Konstrukte empirisch erfassbar zu machen, ist daher die Beziehung zwischen dem Konstrukt und den jeweils dazugehörigen beobachtbaren Variablen, d.h. den Indikatorvariablen, zu ermitteln (Homburg, Giering 1996, S. 6). Für die erforderliche *Operationalisierung der Konstrukte* wird in der Literatur die Entwicklung eines Messinstrumentes empfohlen, das sich aus mehreren Indikatoren zusammensetzt (Churchill 1979, S. 66; Jacoby 1978, S. 93). Für die Auswahl der Indikatoren kann dabei auf bestehende Skalen für die Messung der einzelnen Konstrukte zurückgegriffen werden, die gegebenenfalls auf den konkreten zu untersuchenden Sachverhalt anzupassen sind, oder es sind auf Basis von Mitarbeiterinterviews, mit deren Hilfe detaillierte Kenntnisse über die Teilbereiche der einzelnen Konstrukte gewonnen werden, eigene Skalen zu entwickeln. Ist die Skalenentwicklung und der auf dieser Basis entwickelte Fragebogen fertiggestellt, empfiehlt es sich, einen schriftlichen Pretest bei den Mitarbeitenden durchzuführen, um bei Bedarf den Fragebogen nochmals zu überarbeiten. Die eigentliche Befragung ist anschließend durch eine möglichst neutrale Institution bzw. durch die interne Marktforschungsabteilung mittels periodischer Erhebung in einem Unternehmen durchzuführen. Eine regelmäßige empirische Erhebung kann beispielsweise in Form von jährlichen Mitarbeiterbefragungen durchgeführt werden. Im Anschluss an die Erhebung ist zu überprüfen, ob die herangezogenen Indikatoren aus statistischer Sicht geeignet sind, die jeweiligen Konstrukte zu messen. Erst wenn dies gegeben ist, kann die Datenanalyse erfolgen (zu diesem Vorgehen Homburg, Giering 1996).

Nach der Erhebung der Ausprägungen der Indikatorvariablen bei den Mitarbeitenden bietet sich zur *Überprüfung der postulierten Beziehungszusammenhänge* der Einsatz der *Kausalanalyse* an. Diese stellt ein Verfahren der Dependenzanalyse dar und ermöglicht die Untersuchung von Beziehungen zwischen latenten Variablen, die durch manifeste Variablen operationalisiert werden (Bollen 1989; Homburg, Hildebrandt 1998). Kausalmodelle bestehen zum einen aus einem Strukturmodell, das die Beziehungen zwischen den latenten Variablen beschreibt, und zum anderen aus Messmodellen, durch die die Beziehung zwischen den latenten Variablen und den dazugehörigen Indikatoren ausgedrückt wird. Durch die Ermittlung der Stärke der Zusammenhänge zwischen den Konstrukten wird ersichtlich, in welchem Ausmaß die abhängigen Variablen durch die unabhängige Variable beeinflusst werden (Homburg, Hildebrandt 1998, S. 20 f.). Zur Schätzung von Kausalmodellen existieren zwei verschiedene Ansätze. Zum einen die Kovarianzstrukturanalyse (Linear Structural Relationships), die durch die Softwareanwendungen AMOS sowie LISREL unterstützt wird sowie zum anderen der varianzbasierte Partial-Least-Squares (PLS)-Ansatz, der insbesondere mit Hilfe der Software PLS-Graph und Smart-PLS Anwendung findet (Ringle 2004, S. 11).

Um im Rahmen der Operationalisierung eines Internen Markenbarometers die *Analyse moderierender Effekte* durchzuführen, stehen insbesondere zwei verschiedene Verfahren zur Verfügung. Zum einen die Analyse von Interaktionseffekten und zum anderen die Mehrgruppen-Kausalanalyse. Ein *Interaktionseffekt* wird durch das Zusammenwirken einer Moderatorvariable mit einer unabhängigen Variable verursacht. Erweist sich dieser als signifikant, so liegt ein moderierender Effekt vor. Hierfür wird neben dem Zusammenhang zwischen unabhängiger und abhängiger Variable auch der Einfluss der Interaktionsvariable untersucht, die das Produkt aus der unabhängigen Variable und Moderatorvariable darstellt (Eggert, Fassott, Helm 2005, S. 107 ff.; Steffen 2006, S. 212 f.). Um eine Mehrgruppen-Kausalanalyse durchzuführen, ist eine Unterteilung des Datensatzes in mehrere Gruppen vorzunehmen (Sharma, Durand, Gur-Arie 1981, S. 295). Anschließend erfolgt die eigentliche Durchführung der Mehrgruppen-Kausalanalyse, die zwei Durchgänge beinhaltet. Im ersten Durchgang wird das Kausalmodell für die Teildatensätze ohne Restriktion simultan geschätzt. Der zweite Durchgang der Mehrgruppen-Kausalanalyse besteht darin, dass eine Identitätsrestriktion bestimmter Modellparameter vorgenommen und unter Berücksichtigung dieser Identitätsrestriktion erneut eine Parameterschätzung durchgeführt wird (Sauer, Dick 1993, S. 638; Giering 2000, S. 97). Die Zielsetzung beim Vergleich der verschiedenen Subgruppen ist es herauszufinden, ob die ermittelten Pfadstärken zufällig voneinander abweichen oder ob es sich um statistisch signifikante Unterschiede handelt (Steffen 2006, S. 214).

Darüber hinaus ist auf Basis der Zusammenhangsanalyse die *Bildung von Indizes* für jedes theoretische Konstrukt (z.B. Interner Markenimageindex, Markenbindungsindex) möglich, indem die Mittelwerte der Indikatorvariablen über die ermittelten Gewichtungsparameter aggregiert werden. Diese Methodik ermöglicht auch die für ein Benchmarking erforderliche Vergleichbarkeit der Ergebnisse. Die ermittelten Indizes liefern eine faire Basis für Vergleiche, da sie standardisiert sind, zugleich berücksichtigen sie aber die (internen) Besonderheiten des Markenanbieters (Bruhn 2005, S. 1058).

4 Nutzungspotenziale Interner Markenbarometer

Der Einsatz Interner Markenbarometer bietet verschiedene interne Nutzungspotenziale. Zum einen besteht die Möglichkeit, Interne Markenbarometer als *Messinstrument* zur Verbesserung des internen Markenerfolgs zu nutzen. Zum anderen können Interne Markenbarometer als *Steuerungsinstrument* für unterschiedliche Managementsysteme dienen (Bruhn 2005, S. 1058 f.).

Die Ausgangsbasis für das Management der internen Markenführung stellen die im Rahmen von Mitarbeiterbefragungen ermittelten Messergebnisse dar. Hierbei bietet es sich in einem ersten Schritt an, auf Grundlage der ermittelten Werte eine Situationsanalyse des internen Markenerfolgs durchzuführen. In diesem Zusammenhang gilt es, die Stärken und Schwächen der internen Markenführung zu identifizieren, um daraus Optimierungspotenziale zu erkennen und Verbesserungsmaßnahmen abzuleiten. In einem zweiten Schritt sind dann systematische Steuerungsmaßnahmen zu ergreifen, mit dem Ziel, die einzelnen Phasen der internen Markenerfolgskette, d.h. die Markenführung, die Markenbeurteilung und das markenkonforme Verhalten der Mitarbeitenden, zu verbessern (Bruhn 2005, S. 1059). Interne Markenbarometer können in verschiedenen Bereichen zur Anwendung kommen. Im Folgenden werden mögliche Einsatzgebiete aufgezeigt.

Die Ergebnisse eines Internen Markenbarometers ermöglichen aufgrund der objektiven Vergleichbarkeit ein *internes Benchmarking* zwischen den einzelnen Unternehmenseinheiten, indem die beteiligten Bereiche miteinander verglichen werden. Das bedeutet, dass z.B. eine Unternehmenseinheit, die einen niedrigen mitarbeiterbezogenen Markenwert aufweist, diejenige Unternehmenseinheit als Benchmark für Verbesserungen verwendet, die den größten Beitrag zum internen Markenerfolg leistet. Dies ist aufgrund des hohen Interaktionsgrades zwischen Mitarbeitenden und Kunden insbesondere für die verschiedenen Vertriebseinheiten von Bedeutung.

Ein weiteres Einsatzgebiet Interner Markenbarometer stellt der Bereich der *internen Kommunikation* dar. Hier besteht die Möglichkeit, Abteilungen, die wesentlich zum internen Markenerfolg beitragen, in internen Mitarbeiterzeitungen, in elektronischen In-House-Newslettern oder im Intranet hervorzuheben. Darüber hinaus können die Ergebnisse der Geschäftsleitung kommuniziert werden und somit als Grundlage für Managemententscheidungen dienen.

Ferner können Interne Markenbarometer auch im Bereich des *Personalmanagements* zum Einsatz kommen, indem die Ergebnisse zur Steigerung der Mitarbeitermotivation an Leistungsbeurteilungen bzw. an das interne Anreiz- und Vergütungssystem gekoppelt werden. Darunter ist zu verstehen, dass bspw. verschiedene Incentives von den Ergebnissen des Internen Markenbarometers abhängig gemacht werden (Bruhn 2005, S. 1059). Diesem Gedanken liegt das Führungsmodell des Management by Objectives (MbO) zugrunde, das auf der Annahme basiert, dass durch Führung über Ziele die Initiative, Kreativität und Flexibilität der Mitarbeitenden gefördert werden (Oechsler 2006).

Wie bereits an anderer Stelle erwähnt, stellt die interne Markenführung eine wichtige Voraussetzung für den externen Markenerfolg dar. Indem im Rahmen der Nutzung eines Internen Markenbarometers Maßnahmen zur Optimierung der internen Markenführung durchgeführt werden, wird daher zugleich die Voraussetzung dafür geschaffen, dass die Marke extern am Markt erfolgreich ist.

5 Schlussbemerkungen

Der Einfluss der Mitarbeitenden auf den Markenerfolg konnte empirisch bereits nachgewiesen werden (Stock, Krohmer 2005). Mitarbeitende stellen somit eine strategische Unternehmensressource dar, da sie wesentlich zur Gestaltung der Marke nach innen und außen beitragen und auf diese Weise den Markenerfolg bestimmen. Um eine effiziente, langfristige Beziehung mit profitablen Kunden zu erreichen, ist es notwendig, dass Markenanbieter eine langfristige Beziehung zu ihren Mitarbeitenden aufbauen und diese pflegen (Mellor 1999, S. 26). Die Effizienz der Leistungserstellung den Kunden gegenüber und die unternehmensexterne Durchsetzung des Markenimages und damit der langfristige Markenerfolg sind demnach nur möglich, wenn Mitarbeiter- und Kundenorientierung als parallele Zielgrößen verstanden werden. Die Herausforderung des Markenerfolgs besteht demnach in einem Markenmanagement, in dem sowohl die Besonderheiten der internen als auch die der externen Markenführung Beachtung finden (Bruhn 2005, S. 1059 f.). Im Rahmen der internen Markenführung sind dabei folgende vier Ansatzpunkte zu berücksichtigen:

- Es ist zu gewährleisten, dass die Marke den Mitarbeitenden stets präsent ist. Nur wenn Mitarbeitende ständig Kontakt mit der Marke haben, kann ein Wissen und Verständnis um die Marke geschaffen werden. Das Wissen über die Inhalte und Charakteristika der Marke stellt wiederum die Grundlage für die Beziehung der Mitarbeitenden zur Marke dar.

- Eine weitere Aufgabe ist es, eine Beziehung zwischen der Marke und den Mitarbeitenden bzw. dem Unternehmen und den Mitarbeitenden aufzubauen, damit sich die Mitarbeitenden mit der Marke bzw. dem Arbeitgeber verbunden fühlen. Dies wird erreicht, indem den Mitarbeitenden ihre Bedeutung für das Unternehmen und insbesondere für den Markenerfolg vermittelt wird. Wenn diese erkennen, wie wichtig sie für das Unternehmen sind, steigt auch deren Engagement für die Marke.

- Um das markenkonforme Verhalten der Mitarbeitenden zu fördern, sind gemeinsam mit den Mitarbeitenden markenspezifische Zielgrößen zu definieren. Das Erreichen dieser Zielgrößen kann z.B. durch personalpolitische Maßnahmen, wie die Ausarbeitung von bestimmten Vergütungssystemen, die sich am internen Markenerfolg orientieren, vorangetrieben werden.

- Darüber hinaus ist mithilfe eines Internen Markenbarometers in regelmäßigen Abständen der Stand der internen Markenführung im Unternehmen zu erfassen, um Defizite frühzeitig zu erkennen und Optimierungen vorzunehmen.

Aufgrund der großen Bedeutung der Mitarbeitenden für den Markenerfolg ist das markenkonforme Verhalten über die Marketingabteilung hinaus als gesamtunternehmerische Aufgabe zu verstehen. Der Einsatz des Internen Markenbarometers als Mess- und Steuerungsinstrument kann dabei für sämtliche Abteilungen eines Unternehmens hilfreiche Funktionen erfüllen.

Literaturverzeichnis

Aaker, D. A. (1992): Management des Markenwerts, Frankfurt a. M., New York 1992.
Aggarwal, P. (2004): The Effects of Brand Relationship Norms on Consumer Attitudes and Behavior, in: Journal of Consumer Research, Vol. 31 (2004), No. 1, S. 87–101.
Bierwirth, A. (2003): Die Führung der Unternehmensmarke: ein Ansatz zum zielgruppenorientierten Corporate Branding, Frankfurt a.M. 2003.
Bollen, K. A. (1989): Structural Equations with Latent Variables, New York 1989.
Bruhn, M. (1999): Internes Marketing als Forschungsgebiet der Marketingwissenschaft – Eine Einführung in die theoretischen und praktischen Probleme, in: Bruhn, M. (Hrsg.): Internes Marketing. Integration der Kunden- und Mitarbeiterorientierung. Grundlagen – Implementierung – Praxisbeispiele, 2. Aufl., Wiesbaden 1999, S. 15–44.
Bruhn, M. (2005): Interne Markenbarometer – Konzept und Gestaltung, in: Esch, F.-R. (Hrsg.): Moderne Markenführung. Grundlagen – Innovative Ansätze – Praktische Umsetzungen, 4. Aufl., Wiesbaden 2005, S. 1037–1060.
Bruhn, M., Grund, M. A. (1999): Interaktionen als Determinante der Zufriedenheit und Bindung von Kunden und Mitarbeitern – Theoretische Erklärungsansätze und empirische Befunde, in: Bruhn, M. (Hrsg.): Internes Marketing. Integration der Kunden- und Mitarbeiterorientierung. Grundlagen – Implementierung – Praxisbeispiele, 2. Aufl., Wiesbaden 1999, S. 495–524.
Bruhn, M., Henning-Thurau, Th., Hadwich, K. (2004): Markenführung und Relationship Marketing, in: Bruhn, M. (Hrsg.): Handbuch Markenführung, Band 1, 2. Aufl., Wiesbaden 2004, S. 391–420.
Burmann, C., Zeplin, S. (2005): Innengerichtetes identitätsbasiertes Markenmanagement als Voraussetzung für die Schaffung starker Marken, in: Esch, F.-R. (Hrsg.): Moderne Markenführung. Grundlagen – Innovative Ansätze – Praktische Umsetzungen, 4. Aufl., Wiesbaden 2005, S. 1021–1036.
Chaudhuri, A., Holbrook, M. B. (2002): Product-Class Effects on Brand Commitment and Brand Outcomes: The Role of Brand Trust and Brand Affect, in: Brand Management, Vol. 10 (2002), No. 1, S. 33–58.
Churchill, G. A. (1979): A Paradigm for Developing Better Measures of Marketing Constructs, in: Journal of Marketing Research, Vol. 16 (1979), No. 1, S. 64–73.
Deutsche Employer Branding Akademie (2006): Werttreiber Employer Branding: Geringere Kosten, bessere Leistung, zufriedenere Kunden, mehr Umsatz, Online im Internet: http://www.competence-site.de/personalmanagement.nsf/D07B6860C0EC7141C12571EA00286740/$File/werttreiber%20employer%20branding.pdf, Zugriff am 18.01.2007.
Eggert, A., Fassott, G., Helm, S. (2005): Identifizierung und Quantifizierung mediierender und moderierender Effekte in komplexen Kausalstrukturen, in: Bliemel, F., Eggert, A., Fassott, G., Henseler, J. (Hrsg.): Handbuch PLS-Pfadmodellierung. Methode, Anwendung, Praxisbeispiele, Stuttgart 2005, S. 101–116.
Esch, F.-R., Geus, P. (2005): Ansätze zur Messung des Markenwerts, in: Esch, F.-R. (Hrsg.): Moderne Markenführung. Grundlagen – Innovative Ansätze – Praktische Umsetzungen, 4. Aufl., Wiesbaden 2005, S. 1263–1305.
Esch, F.-R., Geus, P., Langner, T. (2002): Performance-Measurement zur wirksamen Markennavigation, in: Controlling, 14. Jg. (2002), Nr. 8/9, S. 473–481.
Esch, F.-R., Langner, B., Brunner, J. E. (2005): Kundenbezogene Ansätze des Markencontrolling, in: Esch, F.-R. (Hrsg.): Moderne Markenführung. Grundlagen – Innovative Ansätze – Praktische Umsetzungen, 4. Aufl., Wiesbaden 2005, S. 1227–1261.
Esch, F.-R., Wicke, A., Rempel, J. E. (2005): Herausforderungen und Aufgaben des Markenmanagements, in: Esch, F.-R. (Hrsg.): Moderne Markenführung. Grundlagen – Innovative Ansätze – Praktische Umsetzungen, 4. Aufl., Wiesbaden 2005, S. 3–55.
Esch, F.-R., Langner, T., Tomczak, T., Kernstock, J., Strödter, K. (2005): Aufbau und Führung von Corporate Brands, in: Esch, F.-R. (Hrsg.): Moderne Markenführung. Grundlagen – Innovative Ansätze – Praktische Umsetzungen, 4. Aufl., Wiesbaden 2005, S. 404–426.

Esch, F.-R., Strödter, K., Fischer, A. (2006): Behavioral Branding – Wege der Marke zu Managern und Mitarbeitern, in: Strebinger, A., Mayerhofer, W., Kurz, H. (Hrsg.): Werbe- und Markenforschung: Meilensteine – State of the Art – Perspektiven, Wiesbaden 2006, S. 403–433.

Esch, F.-R., Rutenberg, J., Strödter, K., Vallaster, C. (2005): Verankerung der Markenidentität durch Behavioral Branding, in: Esch, F.-R. (Hrsg.): Moderne Markenführung. Grundlagen – Innovative Ansätze – Praktische Umsetzungen, 4. Aufl., Wiesbaden 2005, S. 985–1008.

Frigge, C., Houben, A. (2002): Mit der Corporate Brand zukunftsfähiger werden, in: Harvard Business Manager, 24. Jg. (2002), Nr. 1, S. 28–35.

Fullerton, G. (2005): The Impact of Brand Commitment on Loyalty to Retail Service Brands, in: Canadian Journal of Administrative Sciences, Vol. 22 (2005), No. 2, S. 97–110.

Giering, A. (2000): Der Zusammenhang zwischen Kundenzufriedenheit und Kundenloyalität: eine Untersuchung moderierender Effekte, Wiesbaden 2000.

Homburg, C., Bruhn, M. (2003): Kundenbindungsmanagement – Eine Einführung in die theoretischen und praktischen Problemstellungen, in: Bruhn, M., Homburg, C. (Hrsg.): Handbuch Kundenbindungsmanagement, 4. Auflage, Wiesbaden 2003, S. 3–37.

Homburg, C., Giering, A. (1996): Konzeptualisierung und Operationalisierung komplexer Konstrukte – Ein Leitfaden für die Marketingforschung, in: Marketing ZFP, 18. Jg. (1996), Nr. 1, S. 5–24.

Homburg, C., Hildebrandt, L. (1998): Die Kausalanalyse: Bestandsaufnahme, Entwicklungsrichtungen, Problemfelder, in: Hildebrandt, L., Homburg, C. (Hrsg.): Die Kausalanalyse: Ein Instrument der empirischen betriebswirtschaftlichen Forschung, Stuttgart 1998, S. 15–43.

Homburg, C., Koschate, N., Becker, A. (2005): Messung von Markenzufriedenheit und Markenloyalität, in: Esch, F.-R. (Hrsg.): Moderne Markenführung. Grundlagen – Innovative Ansätze – Praktische Umsetzungen, 4. Aufl., Wiesbaden 2005, S. 1393–1408.

Jacoby, J. (1978): Consumer Research: How Valid and Useful are all Our Consumer Behavior Research Findings? A State of the Art Review, in: Journal of Marketing, Vol. 42 (1978), No. 2, S. 87–96.

Joachimsthaler, E. (2002): Mitarbeiter. Die vergessene Zielgruppe für Markenerfolge, in: Absatzwirtschaft, 45. Jg. (2002), Nr. 11, S. 28–34.

Mellor, V. (1999): Delivering Brand Values through People, in: Strategic Communication Management, Vol. 3 (1999), No. 2, S. 26–29.

Meyer, J. P., Allen, N. J. (1991): A Three-Component Conceptualization of Organizational Commitment, in: Human Resource Management Review, Vol. 1 (1991), No. 1, S. 61–89.

Meyer, J. P., Allen, N. J. (1997): Commitment in the Workplace: Theory, Research and Application, Thousand Oaks 1997.

Oechsler, W. A. (2006): Personal und Arbeit. Grundlagen des Human Resource Management und der Arbeitgeber-Arbeitnehmer-Beziehungen, 8. Aufl., München, Wien 2006.

Ringle, C. M. (2004): Messung von Kausalmodellen. Ein Methodenvergleich. Arbeitspapier Nr. 14 des Instituts für Industriebetriebslehre und Organisation der Universität Hamburg, Hamburg 2004.

Sauer, P. L., Dick, A. (1993): Using Moderator Variables in Structural Equation Models, in: Advances in Consumer Research, Vol. 20 (1993), No. 1, S. 637–640.

Schuster, H. (2005): Wie misst man Markenerfolg? Eine Systematisierung entlang der Markenerfolgskette, in: GfK – Jahrbuch der Absatz und Verbrauchsforschung, 51. Jg. (2005), Nr. 3, S. 220–241.

Sharma, S., Durand, R. M., Gur-Arie, O. (1981): Identification and Analysis of Moderator Variables, in: Journal of Marketing Research, Vol. 18 (1981), No. 3, S. 291–300.

Sirdeshmukh, D., Singh, J., Sabol, B. (2002): Customer Trust, Value, and Loyalty in Relational Exchanges, in: Journal of Marketing, Vol. 66 (2002), No. 1, S. 15–37.

Stauss, B. (1995): Internes Marketing, in: Tietz, B., Köhler, R., Zentes J. (Hrsg.): Handwörterbuch des Marketing, 2. Aufl., Stuttgart 1995, Sp. 1045–1056.

Steffen, D. (2006): Die Potenzialqualität von Dienstleistungen. Konzeptualisierung und empirische Prüfung, Wiesbaden 2006.

Stock, R. (2003): Der Zusammenhang zwischen Mitarbeiter- und Kundenzufriedenheit: Direkte, indirekte und moderierende Effekte, 2. Aufl., Wiesbaden 2003.

Stock, R., Krohmer, H. (2005): Interne Ressourcen als Einflussgrößen des internationalen Markenerfolgs: Ressourcenorientierte Betrachtung und empirische Analyse, in: Die Unternehmung, 59. Jg. (2005), Nr. 1, S. 79–100.

Tomczak, T., Brexendorf, O. (2003): Wie viel Brand Manager hat ein Unternehmen wirklich?, in: persönlich – Die Zeitschrift für Marketing und Unternehmensführung, o. Jg. (2003), Januar/Februar, S. 58–59.

Wittke-Kothe, C. (2001): Interne Markenführung. Verankerung der Markenidentität im Mitarbeiterverhalten, Wiesbaden 2001.

Markenorientierte Mitarbeiterführung

Torsten Tomczak/Felicitas Morhart/Wolfgang Jenewein

Zusammenfassung	180
1 Einleitung	180
2 Markenorientiertes Mitarbeiterverhalten	181
3 Markenorientierte Mitarbeiterführung	182
3.1 Markenorientierte transaktionale Führung	182
3.2 Markenorientierte transformationale Führung	183
4 Das Zusammenwirken der Führungsstile	187
4.1 Erkenntnisse aus der Motivationspsychologie	187
4.2 Erkenntnisse aus der empirischen Führungsforschung	188
5 Implikationen für die Praxis der markenorientierten Mitarbeiterführung	189
Literaturverzeichnis	190

Zusammenfassung

Im Sinne eines holistischen Brandmanagement-Ansatzes sollten Führungskräfte ihre Mitarbeiter zu markenorientiertem Verhalten motivieren, und zwar im Sinne von *markenstützendem Intra-Rollen-Verhalten* und *markenstärkendem Extra-Rollen-Verhalten*. Im Hinblick darauf erweist sich ein Führungskonzept als geeignet, das Elemente eines transaktionalen Führungsstils mit denen eines transformationalen Führungsstils kombiniert. Allerdings kommt es dabei auf aktives Motivationsmanagement durch die richtige Gewichtung der Komponenten an. Bei einer zu starken Betonung transaktionaler Beeinflussungsmaßnahmen (leistungsabhängige Belohnung, Vorschriften, Kontrollen) besteht die Gefahr, die Eigenmotivation der Mitarbeiter zu markenorientiertem Verhalten und in Folge deren Leistung als Markenbotschafter zu schmälern.

1 Einleitung

Mitarbeiter spielen für den Markenerfolg eines Unternehmens eine zentrale Rolle. Sie sind es, die die Marke nach außen hin verkörpern und durch ihr Verhalten an den Kundenkontaktpunkten das Markenerlebnis der Kunden wesentlich prägen (Berry 2000; Hartline, Maxham, McKee 2000). Die Relevanz markenorientierten Mitarbeiterverhaltens belegt zudem eine neue empirische Studie (Henkel et al 2007), die zeigt, dass der Markenerfolg eines Unternehmens wesentlich davon abhängt, inwieweit die Mitarbeiter das offiziell kommunizierte Markenversprechen in der Interaktion mit den Kunden leben. Mitarbeiter müssen deshalb zu Markenchampions werden. Eine Herausforderung, der sich vor allem Führungskräfte stellen müssen, denn ihr Verhalten hat innerhalb des Unternehmens eine ganz besondere Signalwirkung – im Positiven wie im Negativen. Man denke nur an den neuen Ford-Chef Alan Mulally, der bei seiner Antrittspressekonferenz erklärte, er selbst fahre privat keinen Ford, sondern einen Lexus, weil es das beste Auto auf der Welt sei. Abgesehen von dem PR-Debakel, das dieser Fauxpas nach außen auslöste, gab Mulally der Belegschaft damit zu verstehen, dass das eigene Produkt keines ist, mit dem man sich wirklich identifizieren kann. Stolz auf die eigene Marke fördert hingegen ein Manager bei seiner Belegschaft, wenn er selbst zum „Reklameläufer" für sein Unternehmen wird. Puma-Vorstandschef Joachim Zeitz z.B. ist dafür bekannt, dass er selbst bei hochoffiziellen Anlässen die hauseigenen Sneakers zum Anzug trägt, und Freenet-Chef Eckhard Spoerr ist selten ohne eine der grasgrünen Taschen anzutreffen, die sein Unternehmen als Werbegeschenk verteilt (Reppesgaard 2007).

Im Folgenden wird aufgezeigt, mit welchem Führungsverhalten Manager das Markenbotschaftertum bei ihren Mitarbeitern fördern können. Basierend auf der aktuellen Literatur zu Führung, Verhalten in Organisationen, Motivation und Corporate Branding sowie auf Erkenntnissen aus eigenen empirischen Studien[1], wird ein kom-

---

[1] Im aktuellen Forschungsprogramm „Behavioral Branding" des Instituts für Marketing und Handel an der Universität St. Gallen (in Kooperation mit Prof. Herrmann, Universität St. Gallen und Prof. Esch, Universität Giessen) werden die Einflussfaktoren und Konsequenzen

2 Markenorientiertes Mitarbeiterverhalten

Bevor auf die einzelnen Führungsstile zur Förderung markenorientierten Mitarbeiterverhaltens eingegangen werden soll, ist zu klären, welches die Verhaltensweisen sind, die ein Vorgesetzter unter dem Aspekt des Markenmanagements bei seinen Mitarbeitern fördern sollte. Aus der Literatur und aus Gesprächen mit Praktikern lassen sich eine Reihe von Verhaltensweisen ableiten, die sich grundsätzlich in zwei Kategorien einteilen lassen: Intra-Rollen-Verhalten und Extra-Rollen-Verhalten.

Intra-Rollen-Verhalten: Beim Intra-Rollen-Verhalten geht es darum, dass die Mitarbeiter im Kundenkontakt gemäß den Standards agieren, wie es ihnen ihre Rolle als Repräsentant der Marke vorgibt. Ziel hierbei ist die Gewährleistung eines Markenerlebnisses beim Kunden, das konsistent zu dem Markenversprechen ist, mit dem das Unternehmen öffentlich wirbt. Die Bank, die auf ihrer Website mit dem Slogan „Wir sind ein Partner, der Sie und Ihre Wünsche und Bedürfnisse präzis versteht" wirbt, weckt beim Kunden die Erwartung, dass sich der Mitarbeiter im Beratungsgespräch Zeit für ihn nimmt, ihm aktiv zuhört und sich für seine Belange interessiert. Wenn Mitarbeiter es nicht vermögen, im Kundenkontakt eben solche durch die Werbung geschürten Erwartungen zu erfüllen, sind meist Unzufriedenheit der Kunden und sogar deren Abwanderung die Folge (Berry 2000). Intra-Rollen-Verhalten ist somit ein Hygienefaktor, der, wenn nicht erfüllt, zur Unzufriedenheit bei den Kunden sorgt.

Extra-Rollen-Verhalten: Beim Extra-Rollen-Verhalten geht es um solche Aktionen, die Mitarbeiter jenseits ihrer vorgeschriebenen Rolle freiwillig zum Wohle der Marke tätigen. Zwei Arten des Extra-Rollen-Verhaltens sind im Hinblick auf die Steigerung des Markenwerts besonders interessant: Zum einen ist das die *Markenentwicklung*, bei der Mitarbeiter z.B. das markenrelevante Wissen, das sie aufgrund ihrer Nähe zu den Kunden besitzen, intern weitergeben, um Verbesserungen im Markenauftritt zu bewirken. Auf diese Weise ersparen sie ihren Unternehmen einiges an Marktforschungskosten. Zum anderen können sie auch außerhalb des Jobs durch *positive Mund-zu-Mund-Kommunikation* enorm zur Stärkung der Marke beitragen. Erwiesenermaßen lassen sich Konsumenten durch persönliche Weiterempfehlungen stärker beeinflussen als durch irgendeine Form der gesteuerten Unternehmenskommunikation (Buttle 1998). Mit der Weiterempfehlungsbereitschaft von Mitarbeitern verfügt ein Unternehmen über ein hocheffektives Mittel der Kundenakquisition, das zudem beträchtliche Kosten im Sinne von Werbeaufwendungen spart. Anders als das Intra-Rollen-Verhalten, das vornehmlich dazu dient, das Markenimage *aufrechtzuerhalten*, trägt Extra-Rollen-Verhalten wesentlich zur *Steigerung* des Markenwerts bei (Heskett 2002; Heskett et al. 1994; Reichheld 2003).

Markenorientierten Mitarbeiterverhaltens untersucht. Praxispartner dieses Projekts sind die BMW Group, REWE Group, Zurich Financial Services, Swisscom Mobile AG, Deutsche Telekom AG, Holcim Group Support Ltd., UBS AG, ENBW AG und Nestlé AG.

3 Markenorientierte Mitarbeiterführung

Im Hinblick auf die Unterscheidung des markenorientierten Mitarbeiterverhaltens in Intra-Rollen- und Extra-Rollen-Verhalten erweist sich die Theorie der transaktionalen und transformationalen Führung nach Bass (1985) als besonders relevant.

3.1 Markenorientierte transaktionale Führung

Eine transaktionale Führungskraft gestaltet ihre Beziehung zu den Mitarbeitern im Sinne eines Austauschprozesses bzw. eines Handels. Nach dem Prinzip „Du gibst mir und ich gebe Dir" bekommt jeder für seine Leistung eine faire Gegenleistung. Diese Art der Führung basiert auf dem rationalen Kalkül der beteiligten Partner und auf vorwiegend extrinsischen Motivationsprozessen (Fry 2003). Der Vorgesetzte definiert die Aufgaben, Verantwortlichkeiten und Erwartungen und stellt den Mitarbeitern entsprechende Honorierung in Aussicht. Transaktionale Manager setzen auf Zielvereinbarungen und Anweisungen, klären Strukturen und Konditionen und übernehmen die Kontrolle, indem sie ein strenges Auge auf Fehler bzw. Abweichungen vom vorgegebenen Standard haben. Je nach gezeigter Leistung greifen sie auf Belohnung oder Bestrafung zurück im Sinne von positiver oder negativer Verstärkung. Bass benennt dieses Nebeneinander von Sanktionen (positiv und negativ) und Kontrolle mit den Begriffen „Contingent Reward" (zu deutsch „leistungsorientierte Belohnung") und „Management-by-Exception" (zu deutsch „Führung durch aktive Kontrolle").

Übertragen auf den vorliegenden Kontext bedeutet dies: Ein Vorgesetzter, der seine Mitarbeiter mittels eines *transaktionalen Führungsstils* zu markenorientiertem Verhalten bringen möchte,

- gibt Verhaltensstandards vor, wie die Mitarbeiter ihre Rolle als Repräsentanten der Marke auszuüben haben, und sanktioniert deren Einhaltung
- überwacht aktiv das Verhalten der Mitarbeiter im Hinblick auf Konformität mit den vorgegebenen Rollen-Standards und schreitet korrigierend bei Abweichungen ein.

Dieser Führungsstil lässt sich vorwiegend bei Unternehmen beobachten, die einen großen Wert auf standardisierten Service legen, um einen einheitlichen und stimmigen Markenauftritt zu gewährleisten. So hat z.B. der Handelskonzern REWE die Markenwerte wie „Frischekompetenz", „Verantwortung" und „kontrollierte Qualität" in eindeutige Verhaltensvorgaben für die Beschäftigten an den Frischetheken übersetzt, deren Einhaltung durch Kontroll-Instrumente wie Mystery-Shopping in den einzelnen Filialen überwacht wird.

Vorteile: Der transaktionale Führungsstil hat eine Vielzahl positiver Effekte, weshalb er insgesamt als ein effektiver und notwendiger Führungsstil gilt (Lowe, Kroeck, Sivasubramaniam 1996). Transaktionale Vorgesetzte schaffen bei ihren Mitarbeitern Klarheit über deren Rollen, Aufgaben und Leistungskriterien. Dies wiederum fördert eine Atmosphäre von Vertrauen, Fairness und Sicherheit, in der die Mitarbeiter motiviert sind, die vorgegebenen Ziele entsprechend den Erwartungen ihrer Vorgesetzten zu erfüllen.

Nachteile: Zwar mögen klare Verhaltensregeln und enge Kontrollen ein hoch zuverlässiges und einheitliches Auftreten der Mitarbeiter im Kundenkontakt gewährleisten. Allerdings besteht die Gefahr, dass die Mitarbeiter bei der Umsetzung der Vorgaben wie Roboter wirken und ihr Verhalten den Charakter des Angelernten und Unauthentischen hat. Man denke nur an die Kassiererin bei Kaufmarkt, die – nett lächelnd – den jungen Mann beim Bezahlen fragt: „War bei Ihrem Einkauf alles in Ordnung?" Leider hat sie genau diese Frage auch dem vorhergehenden Kunden gestellt, und dem nächsten wird sie sie wieder stellen. Regeln und Skripte können für die Mitarbeiter zu einengenden Korsetts werden, die sie ihrer Spontaneität und Flexibilität im Umgang mit ihrer Rolle berauben. Die Mitarbeiter haben dann zwar gelernt, eine Rolle zu „spielen", aber nicht, sie zu „leben".

Im Kontext der markenorientierten Mitarbeiterführung hat der transaktionale Ansatz durchaus seine Berechtigung. Gerade *zu Beginn* einer unternehmensweiten Initiative, die Marke im Verhalten der Mitarbeiter zu verankern („Brand Engagement Programm", vgl. Esch 2005), erscheint es sinnvoll, den Mitarbeitern durch klare Vorgaben und Verhaltensregeln ihre Rolle als Repräsentanten der Marke zu erklären. Mit einer konkreten Vorstellung darüber, was in ihrem Unternehmen als markenkonformes Verhalten gilt, sind sie in der Lage, die entsprechenden Rollenhandlungen in ihr routinisiertes Handlungsset aufzunehmen und ein konsistentes Auftreten im Kundenkontakt zu gewährleisten. Im Hinblick auf die oben gewählte Unterscheidung zwischen Intra-Rollen- und Extra-Rollen-Verhalten zielt der markenorientierte transaktionale Führungsstil somit klar auf das *Intra-Rollen-Verhalten*.

3.2 Markenorientierte transformationale Führung

Anders als transaktionale Führungskräfte, die im Rahmen eines stabilen Austauschprozesses die bestehenden individuellen Interessen ihrer Mitarbeiter zu befriedigen suchen, gehen transformationale Führungskräfte einen Schritt weiter. Wie der Begriff „transformational" bereits andeutet, geht es hier darum, die Bedürfnisse, Motive und Ziele der Geführten zum Wohle der ganzen Unternehmung zu verändern. An die Stelle kurzfristiger, egoistischer Ziele sollen langfristige, übergeordnete Werte und Ideale treten. Transformationale Führungskräfte zielen auf das emotionale Involvement ihrer Mitarbeiter, um Identifikation, Commitment und Vertrauen in sie und ihre Mission zu fördern, und basiert somit auf vorwiegend intrinsischen Motivationsprozessen (Fry 2003). Sie mobilisieren ihre Mannschaft unter anderem dadurch, dass sie attraktive, sinnstiftende Visionen vermitteln, überzeugend kommunizieren, wie Ziele gemeinsam erreicht werden können, selbst als Vorbild agieren und die intellektuelle wie persönliche Entwicklung der Mitarbeiter unterstützen. Diese Verhaltensweisen repräsentieren die vier Dimensionen der transformationalen Führung, wie sie derzeit in Forschung und Praxis anerkannt sind: „Inspirational Motivation" („Motivation durch begeisternde Visionen"), „Idealized Influence" („Einfluss durch Vorbildlichkeit und Glaubwürdigkeit"), „Intellectual Stimulation" („Anregung und Förderung von kreativem und unabhängigem Denken") und „Individualized Consideration" („Individuelle Unterstützung und Förderung").

Übertragen auf den Bereich der markenorientierten Mitarbeiterführung bedeutet dies: Ein Vorgesetzter, der seine Mannschaft mittels eines *transformationalen Führungsstils* zu markenorientiertem Verhalten bringen möchte,

- artikuliert eine bestechende und differenzierende Markenvision, die bei den Mitarbeitern Begeisterung und Stolz für die Unternehmensmarke weckt
- lebt die im Markenversprechen enthaltenen Werte in seinem täglichen Verhalten authentisch vor
- bringt seine Mitarbeiter dazu, ihren Job aus der Perspektive eines Markenverantwortlichen zu betrachten, und hilft ihnen, das Markenversprechen vor dem Hintergrund ihres jeweiligen Jobprofils zu interpretieren und für sich entsprechende Implikationen für ihr tägliches Handeln abzuleiten
- steht seinen Mitarbeitern als Coach und Mentor zur Seite, um diese bei ihrem Entwicklungsprozess in ihrer Rolle als Markenrepräsentanten zu unterstützen.

In praxi findet man einige Unternehmen, die einzelne Dimensionen der transformationalen Führung im Kontext der internen Markenbildung bereits umsetzen. Zu Beginn wurden z.B. Puma-Vorstandschef Joachim Zeitz und Freenet-Chef Eckhard Spoerr genannt, die sich ganz im Sinne von „Idealized Influence" als lebende Werbeträger öffentlich zu ihren Unternehmensmarken bekennen. Durch Vorbildlichkeit und Glaubwürdigkeit überzeugen z.B. aber auch das Management der Discount-Textilkette Kik, das sich nicht zu schade ist, die hauseigene Mode zu tragen oder die Führungsriege von Nestlé, die die Business-Partner zum Lunch ins Maggi-Kochstudio zu Tütensuppe und Maggi Fix China Pfanne bittet. Durch „Intellectual Stimulation" hat das Management des Festspielhauses Baden-Baden seine Mitarbeiter zum Umdenken in Richtung Markenverantwortung gebracht. Ausgehend von der zentral vorgegebenen Markenpersönlichkeit der „perfekten Gastgeberin" hat jeder Bereich – von der Putzkolonne bis hin zum Geschäftsleitungsteam – in Einzelworkshops für sich erarbeitet, wie perfektes Gastgebertum in der alltäglichen Arbeit gelebt werden kann. Dass ein Unternehmen markenorientierte transformationale Führung in allen vier Dimensionen umsetzt, ist allerdings noch selten. Ein Vorreiter in dieser Hinsicht ist z.B. Microsoft. Mit dem Slogan „Your potential. Our passion" steht die Softwarefirma für Werte wie Innovation, Fortschritt, Selbstverwirklichung und Leidenschaft – auch oder gerade gegenüber den eigenen Mitarbeitern. Mit der Markenvision „Wir möchten Menschen und Unternehmen weltweit ermöglichen, ihr volles Potenzial auszuschöpfen" spricht die Unternehmensführung die Mitarbeiter in ihren persönlichen Entwicklungspotenzialen an und wirkt dadurch ganz im Sinne von „Inspirational Motivation" sinnstiftend und identifizierend. Die Anregung und Förderung von kreativem Denken („Intellectual Stimulation") ist bei Microsoft institutionalisiert. Jeder Angestellte, egal welchen Rangs, wird dazu ermuntert, sich mit seinen Ideen in Form von Strategiepapieren direkt an die Unternehmensspitze zu wenden, die Bill Gates in seiner alljährlichen „Denkwoche" persönlich auswertet und mitsamt Kommentaren und Anmerkungen ins Unternehmen zurückspielt, um den internen Diskurs und Fortschritt anzuregen. Um jeden Mitarbeiter in die Microsoft-Community zu integrieren und zum aktiven Beitrag zur gemeinsamen Vision zu befähigen, hat das Unternehmen umfassende Mentoring- und Fortbildungsprogramme installiert, die der Einzelne individuell und seinen Bedürfnissen entsprechend nutzen kann (vgl. „Individualized Consideration"). Das Bild der markenorientierten transformationalen Führung bei Microsoft komplettieren schließlich die beiden schillernden Führungspersonen Steve Ballmer und Bill Gates, die es jeweils auf ihre eigene Art schaffen, bei den Mitarbeitern den „Microsoft-Spirit" zu verbreiten und damit Stolz und Begeisterung für die Marke zu wecken: der eine in seiner extrovertierten Art durch mitreißende Ansprachen („I have four words for you: I love this company!"), der andere in seiner eher introvertierten Art durch die gelebte Leidenschaft für Technologie („I love your visions!"-Emails an Strategiepapier-Autoren) und sein philantrophisches Engagement.

Vorteile: Gemäß den Ergebnissen des internationalen Forschungsprojekts GLOBE (DenHartog et al. 1999) gilt transformationale/charismatische Führung als der Inbegriff exzellenter Mitarbeiterführung. In zahlreichen Studien konnte der Zusammenhang zwischen transformationaler Führung und den unterschiedlichsten subjektiven und objektiven Erfolgskriterien bestätigt werden, wie z.B. die Metaanalysen von Fuller et al. (1996) oder Lowe et al. (1996) belegen. Vor allem konnte der positive Einfluss transformationaler Führung auf einstellungs- und verhaltensbezogene Kriterien wie Mitarbeiterzufriedenheit, -commitment, -identifikation und organisationales Extra-Rollen-Verhalten (Kark, Shamir, Chen 2003; Podsakoff, MacKenzie, Bommer 1996) gezeigt werden. Im Gegensatz zur transaktionalen Führung, die auf rein instrumentellem Gehorsam basiert, funktioniert der Prozess der transformationalen Führung somit über einen Prozess der Internalisierung (Kark, Shamir, Chen 2003; Kelman 1958; MacKenzie, Podsakoff, Rich 2001). Übertragen auf den vorliegenden Kontext bedeutet dies, dass Mitarbeiter eines markenorientiert transformational führenden Vorgesetzten ihre Rolle als Repräsentanten der Marke voll und ganz annehmen und in ihr Selbstkonzept integrieren. Markenorientiertes Verhalten wird für die Mitarbeiter somit ganz automatisch zu einem natürlichen Ausdruck ihres Selbst, das auch außerhalb der vorgegebenen Standardsituationen stattfindet und in die verschiedensten Kontexte übertragen werden kann. Oder anders ausgedrückt: Markenorientiertes Verhalten heißt für diese Mitarbeiter nicht mehr nur eine Rolle zu spielen, sondern diese Rolle zu leben und situationsadäquat zu interpretieren. Diese durch transformationale Führung ausgelöste Änderung des Selbstkonzepts der Mitarbeiter führt nicht nur zu markenstützendem Verhalten im Sinne von adäquatem *Intra-Rollen-Verhalten*, sondern auch zu markenstärkendem Verhalten im Sinne von *Extra-Rollen-Verhalten* (Shamir, House, Arthur 1993). Aufgrund der menschlichen Tendenz zu Selbstbestätigung und Selbsterhöhung sind Mitarbeiter, die den Identitätsaspekt des Markenrepräsentanten in ihr Selbstkonzept integriert haben, dazu motiviert, diese Identitätsfacette durch außerordentliches Engagement für das Markenimage zu bestärken. Verhaltensweisen zum Wohle der Marke wie positive Mund-zu-Mund-Kommunikation und aktive Teilhabe an Markeninnovationen sind auf diese Weise eng an das eigene Selbstwertgefühl gekoppelt und daher nicht fremd-, sondern selbstmotiviert.

Nachteile: In manchen Situationen kann transformationale Führung Mitarbeiter überfordern. Vor allem neue Mitarbeiter können mit dem hohen Ausmaß an Autonomie und Eigenverantwortung, das ihnen gewährt wird, oft nicht umgehen und geraten in Orientierungslosigkeit darüber, wie sie die globale Vision in konkretes Handeln umsetzen können. Zusätzlich mag der Aspekt der intellektuellen Stimulation bei den Geführten zu Verunsicherung, Druck und Vertrauensverlust führen, wenn sie ständig dazu aufgefordert werden, den bestehenden „Way of Doing" zu hinterfragen und nach Verbesserungen zu suchen (MacKenzie, Podsakoff, Rich 2001). Hier kommt es dann besonders auf die Fähigkeiten der Vorgesetzten an, die Mitarbeiter im Sinne der individuellen Förderung in ihrer Entwicklung zu begleiten und zu coachen. Des Weiteren besteht die Gefahr, dass die Mitarbeiter gerade zu Beginn eine sehr starke Bindung zu ihrem transformationalen Vorgesetzten aufbauen, die sich zu einer starken Abhängigkeit entwickeln kann (Kark, Shamir, Chen 2003). Im Falle des Ausscheidens dieser Führungskraft aus dem Unternehmen bleiben die Mitarbeiter dann mit einem Gefühl von Führungs- und Hilflosigkeit zurück. Gerade im Kontext der markenorientierten Führung bedeutet dies, dass ein Vorgesetzter streng darauf achten muss, das durch ihn erzeugte emotionale Commitment der Mitarbeiter zu kanalisieren und auf die Marke zu lenken, damit sich die Mitarbeiter nicht mit ihm, sondern mit der Marke identifizieren. Damit ist zugleich der Aspekt angesprochen, durch den sich die hier gemeinte funktionale, authentische transformationale Führung von dysfunktionaler „pseudo"-transformationaler Führung unterscheidet (Bass, Steidlmeier 1999), bei der die Führungskraft ihre charismatische Wirkung aus persönlichem Machtstreben und Narzissmus zum eigenen Nutzen missbraucht. Gerade aber die historischen Erfahrungen mit den „dunklen Seiten" charismatischer Führung führen im europäischen Kulturraum zu Akzeptanzproblemen (Felfe, Tartler, Liepmann 2004; Kuchinke 1999). Nicht zuletzt vor diesem Hintergrund ist markenorientierte transformationale Mitarbeiterführung ein anspruchsvoller Balanceakt, der nicht in Manipulation und Indoktrination umkippen darf.

Bei so genannten Brand Engagement Programmen (s.o.), die zum Ziel haben, markenorientiertes Verhalten unternehmensweit zu implementieren, handelt es sich um einen Prozess fundamentalen Wandels. Wenn es um die „Transformation" einer gesamten Unternehmung hin zu Markenorientierung geht, ist der markenorientierte transformationale fraglos der zu wählende Ansatz. Wie oben bereits erwähnt, kann transaktionale Führung dabei hilfreich sein, bei den Betroffenen erste Veränderungen im sichtbaren Verhalten zu bewirken und somit graduellen Wandel („1st oder change") anstoßen. Ein markenorientierter Transformationsprozess erfordert allerdings ein fundamentales Umdenken in der gesamten Unternehmung („2nd order change"). Transformationale Führungskräfte helfen ihren Mitarbeitern, den nötigen Perspektivenwechsel zu vollziehen, um ihre Aufgaben zukünftig aus der Sicht eines Markenverantwortlichen anzugehen. Indem sie das Ziel- und Wertesystem des Un-

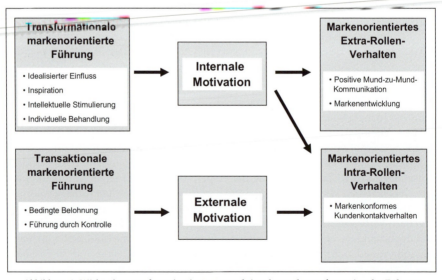

Abbildung 1: Wirkweisen markenorientierter transaktionaler und transformationaler Führung

ternehmens vor dem Hintergrund der Marke neu interpretieren, fungieren sie als „Bedeutungsmanager", so dass die Mitarbeiter Sinn in ihrer Rolle als Markenrepräsentanten erkennen und diese Schritt für Schritt internalisieren mit dem Ergebnis, dass diese Rolle sie in ihrem täglichen Wahrnehmen, Denken und Handeln prägt.

Die postulierten Wirkzusammenhänge markenorientierter transaktionaler und transformationaler Mitarbeiterführung veranschaulicht *Abbildung 1*.

4 Das Zusammenwirken der Führungsstile

In einem Überblicksartikel über mehr als zwanzig Jahre Forschung zur transformationalen Führung resümiert Bernard Bass (1999): „The best leaders are both transformational and transactional" (S. 21). Ganz nach dem Motto „Viel bringt viel" dominiert in Forschung und Praxis bisher die Ansicht, dass zwischen transaktionaler und transformationaler Führung eine additive Beziehung besteht, das heißt dass transformationales Führungsverhalten die Effektivität eines Vorgesetzten auf der Basis transaktionaler Führung erhöht. Dieser „augmentation" Effekt wurde auch mehrfach belegt (z.B. MacKenzie, Podsakoff, Rich 2001; Waldmann, Bass, Yammarino. 1990). Allerdings bleibt hier die Betrachtung komplexerer Zusammenhänge (z.B. dynamische, multiplikative) zwischen beiden Führungsstilen außer Acht. Bevor eine Empfehlung für ein Erfolg versprechendes Führungskonzept ausgesprochen werden kann, ist es aber unbedingt nötig, eben solche Zusammenhänge aus theoretischer und empirischer Sicht zu betrachten.

4.1 Erkenntnisse aus der Motivationspsychologie

Wie in *Abbildung 1* verdeutlicht, unterscheiden sich der transaktionale und der transformationale Führungsstil u.a. durch den Prozess, durch den ein Vorgesetzter seine Mitarbeiter motiviert. Während es sich bei transaktionaler Führung um einen *extrinsischen* (externalen) Motivationsprozess handelt, basiert transformationale Führung auf einem *intrinsischen* (internalen) Motivationsprozess (Fry 2003). Zwischen extrinsischer und intrinsischer Motivation besteht allerdings keine rein additive Beziehung, wie überzeugende empirische Ergebnisse zeigen (Deci, Koestner, Ryan 1999; Frey, Jegen 2001). Frey (1997) unterscheidet in seiner Motivation Crowding Theory zwei mögliche Beziehungen zwischen den beiden Motivationsformen, die er als *Crowding-In* und *Crowding-Out* bezeichnet. Crowding-Out beschreibt den Fall einer negativen Beziehung: Wenn extrinsische Beeinflussungsmaßnahmen, z.B. in Form von Belohnungen und Feedback, vom Empfänger als kontrollierend bzw. als Einschränkung seiner Selbstbestimmtheit empfunden werden, untergraben diese dessen intrinsische Motivation. Hingegen beschreibt Crowding-In den Fall einer positiven Beziehung: Externe Beeinflussungsmaßnahmen können die intrinsische Motivation beim Empfänger steigern, wenn dieser sie als Anerkennung für gute Leistung wahrnimmt. Diese Unterscheidung hat unmittelbare Bedeutung für den vorliegenden Kontext. Führungskräfte müssen bei ihren Beeinflussungsversuchen unbedingt aktives Motivationsmanagement betreiben. Für einen Vorgesetzten, der gemäß Bass und seiner Kollegen transaktional *und* transformational führen will, muss darauf achten, die transaktionale Komponente (z.B. leistungsabhängige Belohnung, Vorschriften, Kontrollen) nicht zu stark zu betonen, um die durch transformationale Führung erzeugte Eigenmotivation der Mitarbeiter nicht zu unterminieren. Vielmehr gilt es, Belohnungen und Feedback im Sinne von Symbolen des Lobes und der Anerkennung einzusetzen.

4.2 Erkenntnisse aus der empirischen Führungsforschung

Empirische Unterstützung für eine derart dynamische Beziehung zwischen transaktionaler und transformationaler Führung findet man in der neueren Führungsforschung. Brown und Dodd (1999) untersuchten in ihrer Studie u.a. die Interaktion zwischen einer Komponente der transaktionalen Führung (bedingte Belohnung) und transformationaler Führung im Hinblick auf Mitarbeiterzufriedenheit. Sie fanden, dass die Mitarbeiterzufriedenheit steigt, wenn transformational führende Vorgesetzte zusätzlich das transaktionale Instrument der bedingten Belohnung einsetzen. Allerdings steigt die Mitarbeiterzufriedenheit stärker an, wenn transformational führende Vorgesetzte bedingte Belohnung nur in reduziertem Maße einsetzen, als wenn sie diese in hohem Maße einsetzen. Die Autoren verweisen auf den instrumentellen Charakter, den die Arbeitssituation schnell in den Augen der Mitarbeiter bekommen kann, wenn ein Vorgesetzter einen zu starken Fokus auf das Anreizsystem legt, mit der Folge, dass auch bei den Mitarbeitern rationales Kalkül an die Stelle echter Begeisterung tritt. Die Forscher ziehen den Schluss, dass eine Führungskraft die positivsten Effekte erzielt, wenn sie den transformationalen Führungsstil mit dem begrenzten Einsatz transaktionaler Komponenten kombiniert.

Aufgrund dieser Befunde aus der Motivationspsychologie und Führungsforschung wird zwischen transaktionaler und transformationaler Führung im Hinblick auf mitarbeiterbezogene Erfolgskriterien ein nicht-linearer Interaktionseffekt in einer Form, wie sie *Abbildung 2* schematisch zeigt, postuliert. Danach erzielt ein Vorgesetzter die positivsten Effekte, wenn er zugleich *stark* transformational und *moderat* transaktional führt.

Zudem zeigt die Graphik, dass die Effektivitätskurve in Abhängigkeit der beiden Führungsstile keinem symmetrischen Verlauf folgt. Der Bereich links des Scheitelpunktes zeigt, dass im Bereich geringer transaktionaler Führung die Effektivität mit zunehmender transformationaler Führung beständig steigt. Im Bereich mittlerer transaktionaler Führung steigt die Effektivität hoher transformationaler Führung in Analogie zu einem Crowding-In Effekt nochmals an. Im Bereich hoher transaktionaler Führung (Bereich rechts des Scheitelpunktes) nimmt die Effektivität hoher transformationaler Führung in Analogie zu einem Crowding-Out Effekt schnell ab. Auf einem Kontinuum zunehmender Effektivität sind die verschiedenen relevanten Kombinationen aus den beiden Führungsstilen folgendermaßen anzuordnen: gering transaktional/gering transformational → hoch transaktional/gering transformational → hoch transaktional/hoch transformational → gering transaktional/hoch transformational → moderat transaktional/hoch transformational. Erste empirische Ergebnisse aus eigenen Studien bestätigen diese Zusammenhänge (Morhart, Herzog, Tomczak 2007).

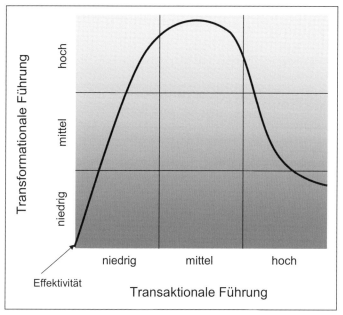

Abbildung 2: Schema des Zusammenwirkens von transaktionaler und transformationaler Führung im Hinblick auf Effektivität

5 Implikationen für die Praxis der markenorientierten Mitarbeiterführung

Bei der markenorientierten Mitarbeiterführung geht es darum, bei den Mitarbeitern markenunterstützendes Verhalten in Form von Intra-Rollen-Verhalten sowie markenstärkendes Verhalten in Form von Extra-Rollen-Verhalten zu erzielen. Je nach Art des Verhaltens bietet sich ein anderer Führungsansatz an. Um den Mitarbeitern Orientierung darüber zu liefern, wie sie das Markenversprechen in konkretes Verhalten umsetzen können und um dementsprechend einen zuverlässigen und einheitlichen Markenauftritt an den Kundenkontaktpunkten zu gewährleisten, ist ein transaktionaler Ansatz in Form von klaren sanktionierten Verhaltensstandards geeignet. Da es aber unmöglich (und unerwünscht, siehe Kap. 3.1) ist, alle möglichen Kundenkontakt-Situationen im Voraus zu definieren und das Verhalten der Mitarbeiter entsprechend eindeutig zu evaluieren, ist es nötig, dass sich die Mitarbeiter mit ihrer Rolle als Markenrepräsentanten identifizieren und diese flexibel zu leben verstehen. Hier ist der transformationale Ansatz gefragt.

Ein Konzept für die markenorientierte Mitarbeiterführung muss daher Komponenten aus beiden Führungsansätzen integrieren. Allerdings ist dabei auf aktives Motivationsmanagement zu achten, d.h. es ist dafür Sorge zu tragen, dass die Eigenmotivation der Mitarbeiter zu markenorientiertem Handeln nicht durch einen zu starken Einsatz transaktionaler Beeinflussungsinstrumente gemindert wird. Konkret bedeutet dies für den markenorientierten Führungsalltag:

- eine bestechende und differenzierende Markenvision überzeugend kommunizieren, um bei den Mitarbeitern Begeisterung und Stolz für die Unternehmensmarke zu wecken
- das Markenversprechen bzw. die Markenwerte im Öffentlichen und Privaten authentisch vorleben
- den Mitarbeitern im Sinne von Bedeutungsmanagement helfen, über ihr eigentliches Stellenprofil hinauszudenken und ihren Job aus der Perspektive eines Markenverantwortlichen zu betrachten und auszufüllen
- die eigenen Mitarbeiter in markenrelevanten Dingen zu schulen und sie beim Hineinwachsen in ihre Rolle als Markenrepräsentanten zu coachen
- konkrete Vorgaben bzgl. markenkonsistenten Verhaltens nur im Sinne von Orientierungshilfen einsetzen und bewusst auf deren Variierbarkeit hinweisen
- Kontrollen und Feedback über die Markenkonsistenz des Verhaltens nicht zur Zurechtweisung der Mitarbeiter, sondern als Basis für deren persönliche Verbesserung und Weiterentwicklung als Markenrepräsentanten nutzen
- Belohnungen für markenstützendes und -stärkendes Verhalten der Mitarbeiter nicht als Lockmittel, sondern Symbole echter Anerkennung einsetzen

Letztendlich geht es darum, die unternehmensweite Zweckgemeinschaft in eine Brand-Community zu verwandeln, bei der alle Mitarbeiter Fans der eigenen Marke sind. Um dies zu erreichen, sollte man es mit Timo Schneckenburger, Vice President Marketing bei O$_2$ Germany, halten: „Fans lassen sich nicht kaufen, Fans muss man begeistern."

Literaturverzeichnis

Bass, B. M. (1985): Leadership and Performance Beyond Expectations, New York 1985.
Bass, B. M. (1999): Two Decades of Research and Development in Transformational Leadership, European Journal of Work & Organizational Psychology, 8. Jg. (1999), Nr. 1, S. 9–26.
Bass, B. M., Steidlmeier, P. (1999): Ethics, Character, and Authentic Transformational Leadership Behavior, Leadership Quarterly, 10. Jg. (1999), Nr. 2, S. 181–217.
Berry, L. L. (2000): Cultivating Service Brand Equity, Journal of the Academy of Marketing Science, 28. Jg. (2000), Nr. 1, S. 128–137.
Brown, F. W., Dodd, N. G. (1999): Rally the Troops or Make the Trains Run on Time: The Relative Importance and Interaction of Contingent Reward and Transformational Leadership, Leadership and Organization Development Journal, 20. Jg. (1999), Nr. 6, S. 291–299.
Buttle, F. A. (1998): Word-of-Mouth: Understanding and Managing Referral Marketing, Journal of Strategic Marketing, 6. Jg. (1998), Nr. 3, S. 241–254.
Deci, E. L., Koestner, R., Ryan, R. M. (1999): A Meta-Analytic Review of Experiments Examining the Effects of Extrinsic Rewards on Intrinsic Motivation, Psychological Bulletin, 125. Jg. (1999), Nr. 6, S. 627–668.
DenHartog, D. N., House, R., Hanges, P. J., Ruiz-Quintanilla, S. A., Dorfman, P. W. (1999): Culture Specific and Cross-Culturally Generalizable Implicit Leadership Theories: Are Attributes of Charismatic/Transformational Leadership Universally Endorsed?, Leadership Quarterly, 10. Jg. (1999), Nr. 2, S. 219–256.
Felfe, J., Tartler, K., Liepmann, D. (2004): Advanced Research in the Field of Transformational Leadership, Zeitschrift für Personalforschung, 18. Jg. (2004), Nr. 3, S. 262–288.
Fuller, J. B., Patterson, C. E. P., Hester, K., Stringer, D. Y. (1996): A Quantitative Review of Research on Charismatic Leadership, Psychological Reports, 78. Jg. (1996), S. 271–287.
Esch, F.-R. (2005): Strategie und Technik der Markenführung (3. Auflage), München 2005.

Frey, B. S., Jegen, R. (2001): Motivation Crowding Theory, Journal of Economic Surveys, 15. Jg. (2001), Nr. 5, S. 589–611.
Frey, B. S., (1997): Not Just for the Money. An Economic Theory of Personal Motivation, Cheltenham, UK/Brookfield, USA 1997.
Fry, L. W. (2003): Toward a Theory of Spiritual Leadership, Leadership Quarterly, 14. Jg. (2003), Nr. 6, S. 693–727.
Hartline, M. D., Maxham III, J. G., McKee, D. O. (2000): Corridors of Influence in the Dissemination of Customer-Oriented Strategy to Customer Contact Service Employees, Journal of Marketing, 64. Jg. (2000), Nr. 2, S. 35–50.
Henkel, S., Tomczak, T., Heitmann, M., Herrmann, A. (2007): Managing Brand Consistent Employee Behaviour: Relevance and Managerial Control of Behavioral Branding, Journal of Product and Brand Management, (2007, forthcoming).
Heskett, J. L. (2002): Beyond Customer Loyalty, Managing Service Quality, 12. Jg. (2002), Nr. 6, S. 355–357.
Heskett, J. L., Jones, T. O., Loveman, G. W., Sasser Jr, W. E., Schlesinger, L. A. (1994): Putting the Service-Profit Chain to Work, Harvard Business Review, 72. Jg. (1994), Nr. 2, S. 164–170.
MacKenzie, S. B., Podsakoff, P. M., Rich, G. A. (2001): Transformational and Transactional Leadership and Salesperson Performance, Journal of the Academy of Marketing Science, 29. Jg. (2001), Nr. 2, S. 115–134.
Morhart, F. M., Herzog, W., Tomczak, T. (2007): Driving Employees' Brand-Building Behavior: The Relative Importance and Interaction of Brand-Specific Transformational and Transactional Leadership, unveröffentlichtes Arbeitspapier, St. Gallen 2007.
Kark, R., Shamir, B., Chen, G. (2003): The Two Faces of Transformational Leadership: Empowerment and Dependency, Journal of Applied Psychology, 88. Jg. (2003), Nr. 2, S. 246–255.
Kelman, H. C. (1958): Compliance, Identification, and Internalization: Three Processes of Attitude Change, The Journal of Conflict Resolution, 2. Jg. (1958), Nr. 1, S. 51–60.
Kuchinke, K. P. (1999): Leadership and Culture: Work-Related Values and Leadership Styles Among One Company's U.S. and German Telecommunication Employees, Human Resource Development Quarterly, 10. Jg. (1999), Nr. 2, S. 135–154.
Lowe, K. B., Kroeck, K. G., Sivasubramaniam, N. (1996): Effectiveness Correlates of Transformational and Transactional Leadership: A Meta-Analytic Review of the MLQ Literature, Leadership Quarterly, 7. Jg. (1996), Nr. 3, S. 385–425.
Podsakoff, P. M., MacKenzie, S. B., Bommer, W. H. (1996): Transformational Leader Behaviors and Substitutes for Leadership as Determinants of Employee Satisfaction, Commitment, Trust, and Organizational Citizenship Behaviors, Journal of Management, 22. Jg. (1996), Nr. 2, S. 259–298.
Reichheld, F. F. (2003): The One Number You Need to Grow, Harvard Business Review, 81. Jg. (2003), Nr. 12, S. 46–54.
Reppesgaard, L. (2007): Der Chef ist Reklameläufer, Handelsblatt, Nr. 9, Karriere & Management, S. 6.
Shamir, B., House, R. J., Arthur, M. B. (1993): The Motivational Effects of Charismatic Leadership: A Self-Concept Based Theory, Organization Science, 4. Jg. (1993), Nr. 4, S. 577–594.
Waldman, D. A., Bass, B. M., Yammarino, F. J. (1990): Adding to Contingent-Reward Behavior: The Augmenting Effect of Charismatic Leadership, Group and Organization Studies, 15. Jg. (1990), Nr. 4, S. 381–394.

Steigerung der Marketingeffizienz mit Produkt-Vorankündigungen: Die Automobilindustrie als Vorbild für andere Branchen?

Oliver Merkel/Heiko Schäfer

Zusammenfassung	194
1 Marketing-Effizienz als zentrale Herausforderung für Automobilhersteller	194
1.1 Die Marke als Kernhebel zur Differenzierung	194
1.2 Neue Ansätze im Automobil-Marketing	197
2 Steigerung der Marketing-Effizienz durch Einsatz von Produkt-Vorankündigungen	199
2.1 Chancen und Risiken von Produkt-Vorankündigungen	199
2.2 Ansätze zum effektiven Einsatz von Produkt-Vorankündigungen	200
3 Handlungsempfehlungen für die Praxis	204
Literaturverzeichnis	205

Zusammenfassung

Viele Unternehmen sehen sich bei der Einführung neuer Produkte mit zwei zentralen Herausforderungen konfrontiert: Steigender Innovationsdruck führt zu einer hohen Anzahl an Neuprodukteinführungen und damit zu hohem Wettbewerb um die Aufmerksamkeit der Konsumenten. Gleichzeitig führt die Informationsüberflutung der Konsumenten zu einer sinkenden Effizienz der eingesetzten Werbemaßnahmen. Am Beispiel der Automobilindustrie zeigen wir, wie Unternehmen die Markteinführung mit Hilfe von Produkt-Vorankündigungen unterstützen und gleichzeitig die Effizienz ihrer Marketingmaßnahmen erhöhen können. Basierend auf aktuellen empirischen Erkenntnissen werden Ansätze zur wirkungsoptimalen Gestaltung von Vorankündigungen erarbeitet. Abschließend wird die Übertragbarkeit der Erkenntnisse aus der Automobilindustrie auf andere Branchen diskutiert.

1 Marketing-Effizienz als zentrale Herausforderung für Automobilhersteller

1.1 Die Marke als Kernhebel zur Differenzierung

In Zeiten qualitativ zunehmend vergleichbarer Produkte rückt die Marke wieder stärker in den Fokus von Automobilmanagern (Bauer 1983; Bauer, Dichtl, Herrmann 1996). Früher noch stark differenzierende Qualitätsvorteile deutscher Hersteller z.B. gegenüber japanischen oder koreanischen Wettbewerbern fallen heute deutlich weniger ins Gewicht. Dies zeigen z.B. aktuelle Pannenstatistiken oder diverse Verbraucherumfragen zur Zufriedenheit mit dem aktuellen Fahrzeug, in denen selbst starke Marken wie Mercedes-Benz oder Volkswagen nur noch mittlere Plätze belegen (ADAC 2006). Um nun einem unerbittlichen Preiswettbewerb aus dem Weg zu gehen, suchen etablierte Hersteller nach Optionen, sich durch weitere technische (z.B. leistungsbezogene) sowie emotionale Benefits von ihren Wettbewerbern abzugrenzen. Jedes Jahr investieren die Hersteller enorme Summen in die „Emotionalisierung" ihrer Marken – allein in Deutschland lagen die Ausgaben für autobezogene Werbung in den klassischen Medien TV, Radio, Plakat und Print bei ca. 1,6 Mrd. EUR.

Die Steigerung der Marketing-Effizienz gilt daher in der Automobilbranche seit geraumer Zeit als eine der Kernherausforderungen (Bauer, Staat, Hammerschmidt 2006). Erschwert wird dies jedoch u.a. durch:

- die immer stärker werdende Fragmentierung des Angebots,
- die zunehmende Werbereaktanz der Konsumenten sowie
- den „Ausgabenwettlauf", insbesondere bei Produktneueinführungen.

Der deutsche Automobilmarkt gilt als gesättigt. Die Fahrzeugdichte ist bezogen auf die Einwohnerzahl höher als in den meisten anderen Ländern (ACEA 2007) und für die kommenden Jahre wird mit eher stagnierendem Absatz gerechnet. Die Hersteller reagieren auf die sinkende Nachfrage mit immer kürzer werdenden Produktlebenszyklen der Modelle: So hat sich die durchschnittliche Lebenszyklusdauer neuer Automobile in den vergangenen zwei Jahrzehnten um rund 4 Jahre verkürzt, etwa alle 6 Jahre wird bei einer bestehenden Baureihe ein neues Modell herausgebracht (Kalmbach 2003). Die Mehrzahl der Automobilhersteller plant darüber hinaus die Einführung neuer Modelle, um potenziellen Kunden eine Auswahlmöglichkeit in jeder Fahrzeugkategorie unterbreiten zu können. Ein prominentes Beispiel für diese Strategie ist der VW-Konzern, der in den letzten Jahren konsequent Lücken im Produktportfolio geschlossen hat. Interessanterweise zeigt sich, dass selbst ein Mehrmarken-Konzern wie VW mit seinem breiten Produktportfolio längst nicht alle Größen- und Karosserievarianten abdeckt. Eine weitere Schließung von Segmentlücken steht somit zu erwarten.

Die *Fragmentierung* des Angebotes durch den Eintritt in neue Fahrzeugklassen und die Einführung neuer Baureihen hat für Hersteller Vor- und Nachteile. Derartige Markendehnungen eröffnen einerseits Wachstumsmöglichkeiten und unterstützen die Auslastung vorhandener Produktionskapazitäten. Auf der anderen Seite ist diese Modellpolitik – verbunden mit den immer kürzeren Produktlebenszyklen – auch mit steigenden Komplexitätskosten in der Entwicklung, Beschaffung, Produktion und insbesondere in der Vermarktung verbunden (Kalmbach 2003).

Verstärkt wird die Fragmentierung des Angebots durch den Markteintritt neuer Wettbewerber, die Absatzmöglichkeiten außerhalb ihrer Heimatmärkte suchen. Neben den bekannten Beispielen der koreanischen Hersteller (z.B. Hyundai und Kia) oder der von Renault reanimierten rumänischen Marke Dacia mit dem Modell Logan werden in absehbarer Zeit auch chinesische Hersteller auf etablierten Automobilmärkten wie Deutschland zu kompetitiven Preisen erhältlich sein (Bundesagentur für Außenwirtschaft 2006).

Für die Konsumenten hat die hohe Produktvielfalt sicherlich Vorteile, jedoch fällt in der Vorkaufphase die Orientierung immer schwerer. Die Design-Sprachen der Hersteller gleichen sich immer stärker an. Ein Großteil der Kunden kann verschiedene Modelle nicht zweifelsfrei den entsprechenden Herstellern zuordnen. Darüber hinaus gleichen sich die Qualitäts-Standards immer weiter an. Wie eingangs erwähnt, gewinnen somit die Marke und deren emotionale Ladung einen höheren Stellenwert als Orientierungshilfe und Ankerpunkt im Kaufentscheidungsprozess des Konsumenten. Eine empirische Untersuchung des Verlagshauses Gruner + Jahr verdeutlicht die Masse an Werbebotschaften, die Konsumenten allein von den Herstellern der Automobilindustrie empfangen: Im Untersuchungszeitraum hatten die befragten Personen monatlich allein rund 54 Kontakte mit PKW-Werbung im Fernsehen (Gruner + Jahr AG 2004). In einer kürzlich durchgeführten Analyse stellten wir ferner fest, dass Kunden in den Wochenendausgaben ihrer Tageszeitungen oft deutlich mehr als 15 preisbezogene Werbebotschaften für PKW empfangen, davon mitunter die Hälfte bezogen auf eine einzige Marke.

Vor diesem Hintergrund verwundert es nicht, dass Autokäufer klassischer Werbung gegenüber eine zunehmende *Werbereaktanz* entwickeln (Diez 2001). Diese ablehnende Reaktion eines Individuums auf eine wahrgenommene Beeinflussung tritt auf, wenn es den Beeinflussungsversuch für illegitim hält und ihn als Einschränkung seiner Entscheidungsfreiheit empfindet. Sie hängt dabei nicht nur vom wahrgenommenen Werbedruck, sondern auch von der wahrgenommenen Qualität des Werbekontexts und der Glaubwürdigkeit der Werbebotschaft ab (Esch 1999). Insbesondere bei letzterem Punkt hat klassische Werbung gegenüber neueren Werbeformen (z.B. „Viral Marketing") bzw. sekundärer Presseberichterstattung deutliche Nachteile.

Es mag nun überraschen, dass trotz dieser Trends die Werbeausgaben der Automobilindustrie in Deutschland insgesamt relativ konstant geblieben sind, wie in *Abbildung 1* ersichtlich ist. Allerdings wird deren sinkende Effizienz deutlich, wenn man die Anzahl der PKW-Neuzulassungen mit den jährlichen Werbeausgaben vergleicht. Bei nahezu konstanten Ausgaben sank die Zahl der Neuzulassungen in den Jahren 1999 bis 2006 um rund 11 %. Anders ausgedrückt haben sich die durchschnittlichen Werbeausgaben je Neufahrzeug im gleichen Zeitraum von 416 EUR auf 472 EUR (+ 13 %) erhöht.

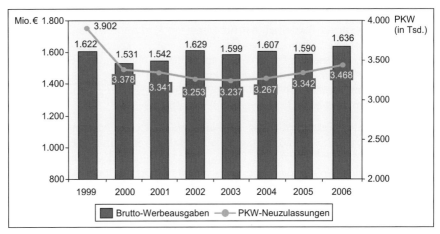

Abbildung 1: Brutto-Werbeausgaben und PKW-Neuzulassungen in Deutschland

Dieses Bild wird umso drastischer, wenn man den *Ausgabenwettlauf* betrachtet, in dem sich Automobilhersteller insbesondere bei Produktneueinführungen befinden. In hart umkämpften Segmenten wie der Kompaktklasse („Golf-Klasse") können klassische Markteinführungskampagnen allein in Deutschland schnell über 35 Mio. EUR kosten, wobei sich dies nur auf Ausgaben für TV, Print und Radio bezieht. *Abbildung 2* stellt für ausgewählte Kompaktmodelle den Anteil an den Brutto-Ausgaben innerhalb dieser Klasse im Zeitablauf dar. Auffällig sind hierbei insbesondere die hohen Investitionen in Modelle wie den VW Golf, den Opel Astra oder den Peugeot 307, bei denen es sich um Launch-Kampagnen mit Brutto-Werbeausgaben von rund 30–45 Mio. EUR handelte (Nielsen Media Research 2006). Klassische TV- oder Print-Kampagnen, deren Kosten deutlich unter derartigen Schwellenwerten liegen, dringen dagegen oft nicht durch das „Grundrauschen" („White Noise") der diversen automobilen Werbebotschaften.

Als Maßzahl für die Effizienz interessiert jedoch weniger die absolute Höhe der Ausgaben, sondern eher die Höhe der Ausgaben pro neu gewonnenem Kunden. In einigen Projekten fanden wir, dass die durchschnittlichen Ausgaben pro Neukunde deutlich über den oben genannten durchschnittlichen Werbeausgaben pro Neufahrzeug liegen können. Zum anderen zeigt sich, dass Premiummarken deutlich geringere „Akquisitionskosten" haben als Volumenmarken, die oftmals über 1.500 EUR in Neukunden orientierte Werbung investieren. Hierbei sind im Übrigen

Steigerung der Marketingeffizienz mit Produkt-Vorankündigungen 197

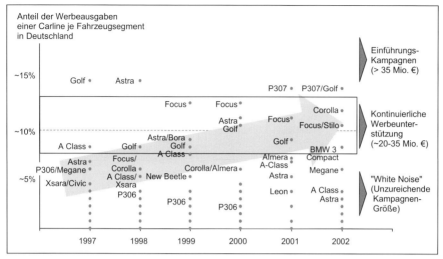

Abbildung 2: Anteil der Brutto-Werbeausgaben je Kategorie im Zeitverlauf

die hohen Rabattmittel von oftmals mehr als 2.000 EUR pro Neufahrzeug nicht berücksichtigt. Es zeigt sich also, dass die vielerorts laufenden Bemühungen, die Marke sowie vor allem die Effizienz des Markenmanagements wieder stärker in den Fokus zu rücken, unabdingbare Voraussetzungen sind, um im Wettbewerb weiter bestehen zu können.

1.2 Neue Ansätze im Automobil-Marketing

Angesichts der hohen Kosten für klassische Werbung stellt sich die Frage, welche sonstigen Optionen Hersteller zur Vermarktung ihrer Produkte nutzen können. Natürlich wird klassische TV- oder Printwerbung immer ein wesentlicher Teil des Marketinginstrumentariums bleiben. Jedoch kann die Marketing-Effizienz durch einen geschickten Mix von traditionellen und neuen Instrumenten gesteigert werden. *Abbildung 3* führt eine Reihe von Instrumenten auf und unterscheidet diese zum einen nach traditionellen und innovativen Ansätzen sowie zum anderen nach der Phase im Produkt-Lebenszyklus, in denen diese vornehmlich zum Einsatz kommen.

Traditionell werden neue Fahrzeugmodelle in der Pre-Launch-Phase auf Automessen vorgestellt, um die Markteinführung vorzubereiten. Aus der Diskussion der heutigen Rahmenbedingungen im Automobil-Marketing wird deutlich, dass mit der Messepräsentation allein der Markterfolg neuer Modelle kaum erreicht werden kann. Vielmehr muss die Kommunikation vor der Markteinführung einer klaren Strategie folgen und mit konkreten, messbaren Zielen hinterlegt sein. Maßnahmen und Inhalte der Vorankündigung sollten zudem mit der Kommunikation nach der Markteinführung abgestimmt sein. Der Marketingdirektor eines deutschen Automobilherstellers beschreibt die veränderte Situation wie folgt: *„Seit ein paar Jahren starten wir die Produktkommunikation für jedes neue Modell ein paar Monate vor der Markteinführung. Früher war das anders. Da wurde nur eine Pressemitteilung verschickt und das Auto auf einer Automobilmesse vorgestellt."* Als Mercedes-Benz die neue E-Klasse

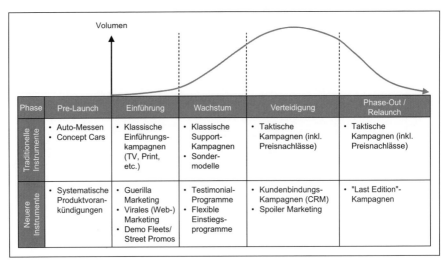

Abbildung 3: Überblick traditioneller und innovativer Marketinginstrumente

2002 im Rahmen einer umfangreichen Produkt-Vorankündigungskampagne auch im Hollywood-Spektakel „Men in Black II" mehr als ein Jahr vor dem offiziellen Launch platzierte, erreichte das Modell – nicht zuletzt auf Grund der intensiven Sekundärberichterstattung – Awareness-Werte von rund 70 % zum Launch.

Klassische Kampagnen in der Einführungsphase haben wir bereits oben diskutiert. Immer mehr Hersteller gehen jedoch mittlerweile dazu über, zusätzlich noch unkonventionelle Guerilla- oder Viral-Marketingmaßnahmen einzusetzen. Als Erfolgsbeispiel kann hier sicherlich die Einführung des Mini durch BMW betrachtet werden, die auf einen bunten Strauß innovativer Maßnahmen zurückgriff: Minis, die scheinbar die Außenfassaden von Hochhäusern hochfuhren, auf Dächer von SUVs geschnallt waren („The fun things always come on top") oder auf den Zuschauerrängen bei Sportveranstaltungen platziert waren, generierten im Jahr 2000 beträchtliche Aufmerksamkeit für das Fahrzeug. Aber auch nach der Einführung gibt es in den Wachstums-, Verteidigungs-, oder Phase-Out-Phasen zahlreiche Möglichkeiten, innovative Marketinginstrumente zu nutzen. Als VW beispielsweise 1992 nach 13 Jahren die Produktion des T3 Bulli auslaufen ließ, wurde mit relativ geringem Aufwand eine „Last Edition" aufgelegt, die gegen Ende des Lebenszyklus nochmals zu signifikanten Absatzsteigerungen führte.

Gemein ist vielen neueren Marketinginstrumenten wie ihre oftmals relativ höhere *Effizienz* – im Vergleich zu traditionellen Maßnahmen können hohe Aufmerksamkeitswerte mit relativ geringerem Mitteleinsatz erzeugt werden. Eine besondere Rolle spielt dabei die Kommunikation *vor* der Markteinführung: Grundsätzliches Ziel von kundenorientierten Produkt-Vorankündigungen ist es, Aufmerksamkeit und Interesse zu generieren, um letztlich eine Umorientierung der Kaufentscheidung zugunsten des neuen Produktes zu erreichen. Angesichts der hohen Anzahl an Neuprodukteinführungen und der Möglichkeit, das Kaufverhalten von Konsumenten bereits vor der Markteinführung beeinflussen zu können, verwundert es nicht, dass Anzahl und Umfang von Vorankündigungs-Kampagnen zunehmen (Merkel 2007).

Es stellt sich folglich die Frage, wie Hersteller Produkt-Vorankündigungen optimal für sich nutzen können.

2 Steigerung der Marketing-Effizienz durch Einsatz von Produkt-Vorankündigungen

2.1 Chancen und Risiken von Produkt-Vorankündigungen

Durch die *Vorankündigung* neuer Produkte versuchen Unternehmen die Effizienz ihrer Marketingmaßnahmen zu erhöhen, indem sie z.B. potenzielle Nachfrager bereits vor der Markteinführung über kommende Innovationen informieren. Man spricht bei Vorankündigungen auch von der psychologischen oder virtuellen Markteinführung, da die Kommunikationsmaßnahmen der physischen Verfügbarkeit des Produktes vorgelagert sind (Brockhoff, Rao 1993). Der Einsatz von Produkt-Vorankündigungen ist für ein Unternehmen grundsätzlich mit Vor- und Nachteilen verbunden, die bei der Entscheidungsfindung im Sinne einer Kosten-Nutzen-Analyse zu berücksichtigen sind.

Als Vorteile, die sich Unternehmen durch den Einsatz von kundenorientierten Vorankündigungen erhoffen, werden in der Literatur die Beschleunigung und die Vertiefung der Produktdiffusion genannt (Eliashberg, Robertson 1988; Preukschat 1993). Darüber hinaus können Unternehmen Produkt-Vorankündigungen auch zur gezielten Image-Verbesserung und zur Gewinnung von Marktforschungsinformationen über bestehende und potenzielle Kunden einsetzen.

Entscheidet sich ein Unternehmen für den Einsatz einer Vorankündigung, so wird die Informationsdiffusion der Produktdiffusion zeitlich vorgelagert. Bezogen auf den Adoptionsprozess können mit Hilfe von Vorankündigungen somit bereits vor der Markteinführung (1) Aufmerksamkeit und (2) Interesse erzeugt und (3) eine Bewertung der Innovation durch potenzielle Kunden erreicht werden. Eine vorankündigungsbedingte Steigerung der Aufnahmebereitschaft zum Markteinführungszeitpunkt kann im weiteren Verlauf des Produktlebenszyklus die Diffusion (und damit die Umsatzentwicklung) nicht nur beschleunigen, sondern auch erhöhen. Im Sinne einer Diffusionsvertiefung können entsprechend zusätzliche Kunden gewonnen werden. Voraussetzung für die Beschleunigung und Vertiefung der Produktdiffusion ist die Erkenntnis, dass auch nicht-erhältliche Produkte als echte Kaufalternativen eingeschätzt werden können, sofern subjektiv überzeugende Informationen bereitgestellt werden, die eine solche Einschätzung erlauben (Farquhar, Pratkanis 1987). Die Kommunikation von produktbezogenen Informationen vor der Markteinführung bietet dem Hersteller auch die Möglichkeit, sein aktuelles Image durch die noch nicht verfügbaren Produkte zu prägen und damit indirekt auch auf das Verhalten potenzieller Nachfrager Einfluss zu nehmen. In der Automobilindustrie wird vor allem die Vorankündigung von Produktdetails genutzt, um das neue Modell und die Marke selbst als innovativ und technisch leistungsfähig zu positionieren. Positive Ausstrahlungseffekte von der Innovation auf die Herstellermarke und ggf. auch auf das aktuelle Produktprogramm sind dabei durchaus erwünscht (Pepels 1995).

Es wurde darüber hinaus festgestellt, dass Unternehmen Vorankündigungen auch als Mittel zur gezielten Provokation von Reaktionen der Zielgruppe einsetzen, um die

Akzeptanz bestimmter Produktmerkmale zu testen und um ggf. noch Änderungen vor der Markteinführung vornehmen zu können (Chaney, Devinney 1995). Voraussetzung für die Gewinnung derartiger Kundeninformationen ist die Möglichkeit des Unternehmens, die Reaktion von Nachfragern auch kurzfristig erfassen zu können. In der Automobilindustrie bieten die großen Automobilmessen eine geeignete Plattform, um neu entwickelte Fahrzeugkonzepte der Öffentlichkeit vorzustellen und die Reaktionen von Presse und Publikum aufzunehmen. So wurde beispielsweise die Entscheidung für das Design des Modells BMW 1er entscheidend von den positiven Reaktionen von Fachpresse und Messebesuchern auf die vorhergehende Studie „CS1" beeinflusst, wie der damalige BMW-Entwicklungsvorstand Göschel in seiner Rede am Vorabend der Messeeröffnung verdeutlichte: *„Mit der heutigen Weltpremiere der Concept Studie CS1 zeigen wir Ihnen nun, welcher Designrichtung das Exterieur eines zukünftigen ‚kleinen BMW' folgen könnte"* (Göschel 2002, S. 2).

Mit dem Einsatz von Vorankündigungen gegenüber bestehenden und potenziellen Kunden können auch verschiedene Risiken verbunden sein, die es zu berücksichtigen gilt. Es besteht zum einen die Gefahr der Nachfrageverlagerung von den bisherigen Produkten hin zum neuen Produkt eines Anbieters. Evident ist die Gefahr der Kannibalisierung bei der Einführung eines Nachfolgemodells. Ein Hersteller steht hier vor der Herausforderung, einerseits bestehende Kunden zu einem möglichst späten Zeitpunkt von der Markteinführung in Kenntnis zu setzen, um den Absatz des aktuell im Markt befindlichen Modells nicht zu gefährden (Kohli 1999). Schließlich könnten sich aktuelle Kunden entscheiden, geplante Käufe hinauszuzögern, um auf das neue Modell zu warten. Andererseits sollen möglichst viele Kunden anderer Hersteller über das neue Fahrzeug informiert werden, um Aufmerksamkeit und Interesse für das Modell aufzubauen.

Während sich das Risiko von Kannibalisierungseffekten direkt auf die Absatzentwicklung niederschlägt, kann die Nichteinhaltung einer Produkt-Vorankündigung zur Schädigung der Reputation und einem Image-Verlust des vorankündigenden Unternehmens führen. Potenzielle Kunden könnten das Vertrauen in die technologische Leistungskraft des Unternehmens verlieren und sich für den Kauf alternativer Produkte von Wettbewerbern entscheiden. Auch könnten sich für den potenziellen Nachfrager wirtschaftliche Nachteile aus der Nichteinhaltung des angekündigten Markteintritts ergeben, z.B. wenn ein Konsument sein aktuelles Fahrzeug zur Finanzierung eines neuen Autos verkauft hat und das neue Modell nun nicht wie geplant erhältlich ist. Das vorankündigende Unternehmen muss prinzipiell davon ausgehen, dass sowohl das eingeführte Produkt als auch das Unternehmen selbst an den kommunizierten Versprechungen gemessen wird.

2.2 Ansätze zum effektiven Einsatz von Produkt-Vorankündigungen

Aktuelle Forschungsergebnisse zeigen, dass die Vorankündigung neuer Modelle in der Automobilindustrie heute offensichtlich zum Standardrepertoire der Marketingkommunikation zählt: PVA werden bei rund 88 % aller neuen Modelleinführungen eingesetzt (Merkel 2007). Die starke Verbreitung kann einerseits als Indiz für die Wirksamkeit von Vorankündigungen gewertet werden, da davon auszugehen ist, dass dem Einsatz eine mehr oder weniger detaillierte Kosten-Nutzen-Analyse vorausgeht. Andererseits wird deutlich, dass sich Automobilhersteller heute nicht mehr allein durch den Einsatz von Vorankündigungen im Kommunikationswettbewerb differenzieren können, sondern über deren Gestaltung differenzieren müssen.

Es stellt sich somit die Frage, wie Produkt-Vorankündigungen für neue Modelle wirkungsoptimal gestaltet werden können. Ähnlich dem idealtypischen Prozess der Kommunikationspolitik sind auch für die Erarbeitung einer Vorankündigungsstrategie verschiedene Gestaltungskriterien zu beachten. Dies sind:

- die Bestimmung der relevanten Zielgruppe,
- die Auswahl geeigneter Kommunikationskanäle sowie
- die zeitliche Gestaltung und
- die inhaltliche Gestaltung der Produkt-Vorankündigung.

Es ist zunächst wenig überraschend, dass Vorankündigungen für PKW vor allem auf Konsumenten mit zeitnaher, konkreter Kaufabsicht abzielen. Dahinter liegt die Erkenntnis, dass die Wirkung einer Vorankündigung auf die Kaufentscheidung umso größer ist, je näher der geplante Kaufzeitpunkt des Konsumenten zum Zeitpunkt der Wahrnehmung der Vorankündigung.

Darüber zeigen die empirischen Befunde von Merkel (2007), dass Hersteller bei der Markteinführung einer *neuen Baureihe* ihre Vorankündigungsmaßnahmen vor allem auf Kunden mit hoher Wechselneigung fokussieren sollten. Je größer die Wechselneigung, desto häufiger nehmen Konsumenten Vorankündigungen für neue Modelle in der für sie relevanten Produktkategorie wahr und desto stärker ist der Einfluss der Vorankündigung auf die Kaufentscheidung. Im Gegensatz dazu verspricht die Vorankündigung für *Nachfolgemodelle bestehender Baureihen* vor allem dann Erfolg, wenn sie sich an bestehende Kunden der Baureihe mit geringer Wechselneigung richtet. Es erscheint unmittelbar einsichtig, dass Kunden, die mit einem bestimmten Modell zufrieden sind, grundsätzlich auch den Kauf des Nachfolgemodells in Betracht ziehen. Als valider Näherungswert für die Wechselneigung kann z.B. das historische Kaufverhalten eines Konsumenten dienen: Ein häufiger Wechsel von Marke und Fahrzeugklasse in der Vergangenheit ist als Indikator für eine relativ hohe Wechselneigung in der Zukunft zu werten, während Konstanz im bisherigen Kaufverhalten eher auf eine geringe Wechselneigung schließen lässt. Bereits heute erfassen Automobilhersteller zahlreiche Daten von potenziellen Nachfragern, z.B. wenn diese Informationen zu bestimmten Modellen anfordern oder wenn sie sich für den Zugang zu den Webseiten der Hersteller registrieren müssen (Bauer, Grether, Brüsewitz 2000). Konkret könnten zusätzlich zur aktuellen Marken- und Modellwahl auch die letzten zwei zurückliegenden Käufe erfasst werden, um Schlüsse auf die Wechselneigung ziehen zu können.

Eine weitere Möglichkeit, den Verbreitungskreis und den Wirkungsgrad einer Vorankündigung zu erhöhen, bietet die Ansprache von Kunden mit hoher gradueller Meinungsführerschaft. Da sie als Ratgeber zum Thema Auto innerhalb ihres sozialen Umfelds fungieren, können sie auch die Kaufentscheidung anderer Konsumenten entscheidend beeinflussen. Feick und Price zeigen u.a., dass Meinungsführer besonders gut über die redaktionelle Presseberichterstattung erreicht werden können (Feick, Price 1987). Die Platzierung von Informationen über neue Modelle im redaktionellen Teil der Medien kann gelingen, wenn aufmerksamkeitsstarke Ereignisse kreiert werden oder Journalisten exklusive Hintergrundinformationen zur Verfügung gestellt werden. Als konkretes Beispiel für die gezielte Information der Presse kann der Ansatz eines süddeutschen Automobilherstellers dienen: Ausgewählte Motor-Journalisten werden halbjährlich zu einem „Round-Table-Gespräch" mit dem Entwicklungsvorstand eingeladen, bei dem kommende Modelle exklusiv vorab präsentiert werden.

Die Auswahl geeigneter Kommunikationskanäle folgt dem Ziel, die anvisierte Zielgruppe zum optimalen Zeitpunkt und mit minimalen Streuverlusten zu erreichen. Bei über 50% der untersuchten Modelleinführungen wurde die Vorankündigung auch über die reichweitenstarken klassischen Kommunikationskanäle TV und Radio kommuniziert, um relativ schnell hohe Wahrnehmungswerte zu erzielen. Es ist davon auszugehen, dass die Wirkung von Vorankündigungen durch den verstärkten Einsatz klassischer Kommunikationsmittel erhöht werden kann. Vor allem für neue Baureihen setzen Hersteller interaktive Kommunikationskanäle ein, um den Aufbau spezifischer Gedächtnisbilder, die zur Präferenzbildung notwendig sind, zu erleichtern. Da die Nichtverfügbarkeit eines vorangekündigten Produktes eine abschließende Einschätzung des Kunden verhindert, kann die Wirkung von Vorankündigungen durch Integration interaktiver Kanäle, wie z.B. das Anbieten von Probefahrten vor der Markteinführung erhöht werden. Bislang wird diese Möglichkeit nur sehr selektiv genutzt. Eine Ausnahme stellt dabei die Modelleinführung des BMW 1er dar, wo potenzielle Kunden die Möglichkeit hatten, das Modell vor Markteinführung zu testen.

Von zentraler Bedeutung ist zudem die engstmögliche Verzahnung der Werbemittel, die vor und nach der Markteinführung eingesetzt werden. In der aktuellen Literatur zum Konsumentenverhalten wird die Wichtigkeit der Verzahnung aller Kommunikationsmaßnahmen im Sinne einer integrierten Kommunikation betont (vgl. z.B. Tomczak, Reinecke 1999). Dementsprechend sollte auch die Vorankündigung nicht als isolierte Kommunikationsmaßnahme betrachtet werden, sondern als Teil eines sequentiellen Prozesses, der inhaltlich mit der Kommunikation nach der Markteinführung abgestimmt ist. Da sich Vorankündigungen in der Regel über verschiedene Phasen des Produktentwicklungsprozesses erstrecken, ist darüber hinaus auch eine enge inhaltliche Abstimmung der geplanten Vorankündigungsmaßnahmen mit anderen Unternehmensbereichen, wie z.B. Forschung und Entwicklung, Produktion oder Vertrieb notwendig. Hersteller wie BMW installieren aus diesem Grund interdisziplinär besetzte „Launch-Teams", welche die Maßnahmen zur Markteinführung neuer Modelle gemeinsam erarbeiten, abstimmen und deren Umsetzung kontrollieren.

Auch die zeitliche Gestaltung der Vorankündigung hat Einfluss auf ihre Wirkung. Die Vorankündigungsdauer, also der Zeitraum zwischen erstmaliger Ankündigung und dem Zeitpunkt der Markteinführung, hängt vom Innovationsgrad des angekündigten Modells ab. Im Vergleich zur Vorankündigung neuer Baureihen mit einer durchschnittlichen Dauer von 8,6 Monaten werden Nachfolgemodelle mit 5,2 Monaten eher kurzfristig angekündigt. Die Hersteller begründeten dieses Vorgehen vor allem mit der Befürchtung, den Absatz des Vorgängermodells durch eine zu frühe Bekanntgabe des Nachfolgers negativ zu beeinflussen. Auf Basis der Konsumentenbefragung konnte gezeigt werden, dass selbst loyale Konsumenten, die über keinerlei Wechselneigung verfügen, geplante Käufe im Durchschnitt nur um maximal 3 bis 4 Monate zurückstellen würden. Vergleicht man diese Aussage mit der ermittelten Vorankündigungsdauer für Nachfolgemodelle von 5,2 Monaten, so scheint sich aus einer längeren Vorankündigung kein zusätzliches Kannibalisierungsrisiko zu ergeben. Gleichzeitig erhöht sich die Chance, die Kaufentscheidung der Empfänger im Sinne des Unternehmens zu beeinflussen.

Begreift man die Beeinflussung der Kaufentscheidung potenzieller Nachfrager als Wirkung einer Vorankündigung, so sind Wahrnehmung und Glaubwürdigkeit der Vorankündigung sowie die Relevanz des neuen Produktes als Voraussetzungen dieser Wirkung zu sehen. Vorangekündigte Produkte befinden sich gegenüber erhältlichen Produktalternativen allerdings im Nachteil, da eine objektive Beurteilung der Leistungsmerkmale nicht möglich ist. Jedoch können die Nachteile der Nichtverfügbarkeit durch eine geeignete Dramaturgie der Kommunikation abgeschwächt werden. Vereinfachend folgt die inhaltliche Gestaltung von Vorankündigungen für PKW den drei Stufen (1) verbale Vorankündigung, (2) visuelle Vorankündigung und (3) physische Vorankündigung. Im Rahmen einer Pressemitteilung wird das Modell vorgestellt, einige Zeit später werden erste offizielle Bilder veröffentlicht und das Modell schließlich physisch z.B. auf einer Automobilmesse präsentiert. In *Abbildung 4* sind die zeitlichen Unterschiede dargestellt. Ziel der inhaltlichen Ausgestaltung muss es sein, dass potenzielle Nachfrager die Vorankündigung wahrnehmen und als glaubwürdig einstufen. Ergänzend dazu wurde herausgearbeitet, dass Konsumenten vorangekündigte Modelle nur dann als ernsthafte Kaufalternative betrachten, wenn bestimmte Merkmale kommuniziert werden, die für die Einschätzung der Relevanz eines neuen Automobils unverzichtbar sind. Demnach sollten Hersteller zur Steigerung der Wirkung ihrer Vorankündigungen die inhaltliche Gestaltung derart ausrichten, dass sie Informationen über (1) den Preis, (2) das Design und (3) mögliche Ausstattungsvarianten des künftigen Modells enthalten.

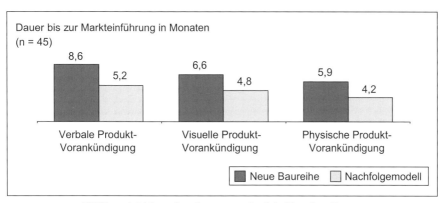

Abbildung 4: Mehrstufiger Prozess von Produkt-Vorankündigungen

Darüber hinaus setzen Hersteller besondere inhaltliche Akzente, um die Aufmerksamkeit der Konsumenten zu gewinnen und die Wahrnehmung der Vorankündigung sicherzustellen. Folgende Beispiele sollen das Spektrum an Möglichkeiten verdeutlichen: Opel gewährte für Bestellungen des Astra vor der Markteinführung einen „Frühbucher-Rabatt", der Opel Zafira war vor dem offiziellen Verkaufsstart als „Limited Edition" erhältlich und Mercedes-Benz erlaubte potenziellen Interessenten Monate vor der Markteinführung einen „Blick hinter die Kulissen" bei der Entwicklung des CLS.

Die Ausführungen haben gezeigt, dass systematische Produkt-Vorankündigungen zur Steigerung der Effektivität und Effizienz der Kommunikation im Rahmen der Markteinführung neuer Produkte beitragen können. Im letzten Abschnitt werden einige Handlungsempfehlungen für den Einsatz von PVA zusammengefasst.

3 Handlungsempfehlungen für die Praxis

Systematisch geplante und durchgeführte Produkt-Vorankündigungen stellen eine effiziente Möglichkeit dar, bestehende und potenzielle Kunden über die Absicht der zukünftigen Markteinführung eines Produktes zu informieren und somit die Produktdiffusion zu beschleunigen und zu vertiefen. Hersteller, die diesen Hebel effektiv nutzen wollen, sollten sich jedoch eine Reihe von kritischen Fragen stellen:

- *Eignet sich meine Branche für den Einsatz von Produkt-Vorankündigungen?* Hier bestehen sicherlich Unterschiede: Vorankündigungen werden von Unternehmen besonders häufig bei der Markteinführung von Produkten eingesetzt, die erklärungsbedürftig, mit hohen Wechselkosten für den Nachfrager verbunden sind oder denen ein zeitintensiver Kaufentscheidungsprozess vorangeht (Lilly, Walters 1997). Insofern sind langlebige, komplexe Konsumgüter wie Automobile oder Produkte der Unterhaltungselektronik unter Umständen besser geeignet für den Einsatz von PVA als Konsumgüter wie Schokoriegel oder Waschpulver.

- *Wie stark wirken Produkt-Vorankündigungen in meiner Branche?* Die absolute Wirkung einer Vorankündigung ist branchen- und produktspezifisch und wird von verschiedenen Faktoren beeinflusst (vgl. z.B. Crawford 1994). So fördert u.a. der relative Wettbewerbsvorteil des neuen Produktes die Wirkung der PVA, ähnlich wie die Produktkomplexität und -kompatibilität mit existierenden Technologien. Auch bestehendes Wissen potenzieller Anwender sowie die Möglichkeit zur Erprobung vor der Markteinführung kann den Effekt einer Produktvorankündigung deutlich steigern. Darüber hinaus spielt auch der Etablierungsgrad des vorankündigenden Unternehmens und seine Bedeutung im Markt eine entscheidende Rolle.

- *Zu welchem Zeitpunkt macht eine Produkt-Vorankündigung Sinn?* Hier lassen sich nur schwer generelle Regeln ableiten, da sich u.a. die Dauern der Vorkaufphasen nach Produktkategorien unterscheiden. Ziel sollte es sein, ausreichend viele Kunden in der warmen bzw. heißen Phase vor dem Kauf zu erreichen. In der Automobilindustrie ist der Zeithorizont zwischen erstmaliger Vorankündigung und Markteinführung zudem abhängig vom Innovationsgrad des Modells. Die durchschnittliche Vorankündigungsdauer für neue Baureihen beträgt rund 8,6 Monate und 5,2 Monate für Nachfolgemodelle.

- *Wie sollte eine Produkt-Vorankündigung sinnvollerweise ausgestaltet sein?* Prinzipiell gelten hier die gleichen Regeln wie für alle Marketingkampagnen. Das heißt PVAs sollten hinsichtlich der Botschaft und der Auswahl der für den Kunden bei der Informationssuche relevanten Medien zielgruppengenau erfolgen. Ferner sollte man mit abnehmendem zeitlichen Abstand zur Markteinführung den Detaillierungsgrad der Informationen – und somit die Relevanz für die Kaufentscheidung – erhöhen. Schließlich kann die Glaubwürdigkeit einer Produkt-Vorankündigung ggf. durch objektive Nachweise der Produktvorteile (wie z.B. Patente für neue Technologien) gesteigert werden.

- *Wie sollte der Prozess zur Durchführung der PVA gesteuert werden?* In die Planung und Durchführung einer Produkt-Vorankündigungskampagne sind im Allgemeinen nicht nur Verantwortliche für Marketing- und Produktmanagement, sondern auch Wissensträger aus der Entwicklung sowie Vertreter der PR- und Unternehmenskommunikation eingebunden. Die Beteiligung vieler Funktionen verlangt aber umso mehr nach zentraler Steuerung. Es ist essenziell, dass keine ungewollten Produktbotschaften während einer PVA nach außen dringen. So ist z.B. in der Automobilindustrie der Umgang mit „Erlkönigen" besonders sensibel, da Fotos von Vorserien- und Testfahrzeugen von Kunden bereits als Bestandteil der PVA interpretiert werden. Kritisch ist nach unserer Erfahrung auch, dass bereits während der Planungsphase feste zeitliche Meilensteine und Ziele gesetzt werden, an denen die Effekte der Vorankündigung systematisch gemessen werden. Wir konnten z.B. bei Automobilherstellern beobachten, dass selbst für vollkommen neue Produktmarken im Rahmen erfolgreicher PVA-Kampagnen sechs Monate vor dem Launch Aufmerksamkeitswerte von 40–60 % erzielt wurden. Denn wenn frühzeitig absehbar ist, dass man auch mit Hilfe der geplanten PVA-Aktivitäten beim Launch deutlich unterhalb der angepeilten Werte liegen wird, ist ein massiver Werbeeinsatz immerhin noch rechtzeitig planbar und teure Last-Minute-Aktivitäten können vermieden werden.

Marketingmanager verfügen heutzutage über ein breites Spektrum an Stellhebeln zum Aufbau von starken Marken. Die Produkt-Vorankündigung hat auf Grund ihrer hohen Effizienzpotenziale mittlerweile in vielen Branchen zu Recht einen festen Platz in der Marketing-Toolbox. Es bleibt zu wünschen, dass Manager diese Effizienzpotenziale durch sorgfältige Planung und Durchführung von Vorankündigungen auch tatsächlich heben können.

Literaturverzeichnis

ACEA – European Automobile Manufacturers Association, Key Figures Report, abgerufen auf www.acea.be am 11.April 2007.
ADAC (2006): AutoMarxX, München 2006
Bauer, H. H. (1983): Die Determinanten der Markentreue beim Automobilkauf, in: Dichtl, E., Raffée, H., Potucek, V. (Hrsg.), Marktforschung im Automobilsektor, Frankfurt, 1983, S. 15–37.
Bauer, H. H., Dichtl, E., Herrmann, A. (Hrsg.) (1996): Automobilmarktforschung, Nutzenorientierung von PKW-Herstellern, München, 1996.
Bauer, H. H., Grether, M., Brüsewitz, K. (2000): Der Einsatz des Internet zur Vertriebsunterstützung im vertraglichen Automobilhandel, in: Bliemel, F., Fassott, G., Theobald, A. (Hrsg.): Electronic Commerce, 3. Auflage, Gabler Verlag, Wiesbaden 2000, S. 401–442.
Bauer, H. H., Staat, M., Hammerschmidt, M. (Hrsg.) (2006): Marketingeffizienz: Messung und Steuerung mit der DEA – Konzept und Einsatz in der Praxis, München, Vahlen, 2006.
Brockhoff, K. K., Rao, V. R. (1993): Toward a Demand Forecasting Model for Preannounced New Technological Products, Journal of Engineering and Technology Management, Vol. 10, No. 3 (1993), S. 211–228.
Bundesagentur für Außenwirtschaft (2007): VR China erstmals Kfz-Netto-Exporteur, abgerufen am 27.03.2007 unter http://www.bfai.de/fdb-SE,MKT20060126105708,Google.html.
Chaney, P. K., Devinney, T. M. (1995): Who Are the Innovators and What Do They Gain?, Working Paper, Owen Graduate School of Management, Vanderbilt University, Nashville 1995.
Crawford, C. M. (1994): New Products Management, 4. Aufl., Burr Ridge (IL) 1994.
Diez, W. (2001): Automobilmarketing: Erfolgreiche Strategien, praxisorientierte Konzepte, effektive Instrumente, 4., völlig überarb. Aufl., Landsberg/Lech 2001.
Eliashberg, J., Robertson, T. S. (1988): New Product Preannouncing Behavior: A Market Signaling Study, Journal of Marketing Research, Vol. 25, No. 3 (1988), S. 282–292.
Esch, F.-R. (1998): Wirkung integrierter Kommunikation. Ein verhaltenswissenschaftlicher Ansatz für die Werbung. Wiesbaden: Deutscher Universitäts-Verlag 1998.

Esch, F.-R. (2005): Moderne Markenführung. Grundlagen. Innovative Ansätze. Praktische Umsetzung, Wiesbaden 2005.

Farquhar, P. H., Pratkanis, A. R. (1987): Phantom Choices: The Effects of Unavailable Alternatives on Decision Making, Working Paper, Graduate School of Industrial Administration, Carnegie-Mellon University, Pittsburgh (PA) 1987.

Feick, L. F., Price, L. L. (1987): The Market Maven: A Diffuser of Marketplace Information, Journal of Marketing, Vol. 51, No. 1 (1987), S. 83–97.

Frink, L. (2005): Maturing Skoda Adds Models, Terratory, Automotive News Europe vom 17.10.2005, S. 8.

Göschel, B. (2002): Automobilsalon Genf 2002, Manuskript zur Rede vom 04.03.2002.

Gruner + Jahr AG (2004): Das PKW Werbewirkungspanel: Informationsverhalten und Entscheidungsprozess vor PKW-Käufen, Werbewirkung und PKW-Kauf, Hamburg 2004.

Kalmbach, R. (2003): Von der Technik zum Kunden, in: Gottschalk, B./Kalmbach, R. (Hrsg.), Markenmanagement in der Automobilindustrie: Die Erfolgsstrategien internationaler Top-Manager, Wiesbaden 2003, S. 35–59.

Kohli, C. (1999): Signaling New Product Introductions: A Framework Explaining the Timing of Preannouncements, Journal of Business Research, Vol. 46, No. 1 (1999), S. 45–56.

Lilly, B., Walters, R. G. (1997): Toward a Model of New Product Preannouncement Timing, Journal of Product Innovation Management, Vol. 14, No. 1 (1997), S. 4–20.

Merkel, O. (2007): Die Wirkung kundenorientierter Produkt-Vorankündigungen: Eine empirische Untersuchung am Beispiel der Automobilindustrie, Göttingen 2007.

Möhrle, M. (1995): Prämarketing: Zur Markteinführung neuer Produkte, Wiesbaden 1995.

Nielsen Media Research (2004): Dokumentation der Werbestatistik, Hamburg 2004.

Pepels, W. (1995): Käuferverhalten und Marktforschung: Eine praxisorientierte Einführung, Stuttgart 1995.

Porsche AG (2004): Weiterentwickelte Keramik-Bremsscheiben erstmals auch für neuen 911 Carrera, Pressemitteilung vom 08.06.2004.

Preukschat, U. (1993): Die Vorankündigung von neuen Produkten, Wiesbaden 1993.

Schnoor, A. (2000): Kundenorientiertes Qualitäts-Signaling: Eine Übertragung auf Signaling in Produkt-Vorankündigungen, Wiesbaden 2000.

Tomczak, T., Reinecke, S. (1999): Der aufgabenorientierte Ansatz als Basis eines marktorientierten Wertmanagements, in: Grünig, R./Pasquier, M. (Hrsg.), Strategisches Management und Marketing, Bern 1999, S. 293–327.

Produktdesign für Brand Extensions und Nachfolgeprodukte

Heribert Gierl/Michael Plantsch

Zusammenfassung	208
1 Problemstellung	208
2 Theoretische Überlegungen	209
2.1 Brand Extension und neuer Markenname	209
2.2 Brand Extension und bekannter Markenname	211
2.3 Nachfolgeprodukt innerhalb einer Produktlinie	212
2.4 Zwischenfazit	213
3 Empirische Studie	213
3.1 Studie zum vorteilhaften Design des Produkts eines Marktfolgers (Brand Extension)	213
3.2 Studie zum vorteilhaften Design eines Nachfolgeprodukts eines am Markt etablierten Anbieters	218
4 Empfehlung für das Markenmanagement	219
Literaturverzeichnis	221

Zusammenfassung

In diesem Beitrag behandeln wir die Frage, unter welchen Bedingungen für neue Konsumgüter Designs gewählt werden sollten, die sich an vertraute Designs anlehnen oder sich von diesen abgrenzen. Wir unterscheiden die Situation eines auf einem Markt bereits etablierten Unternehmens von der eines Marktfolgers und differenzieren ferner nach der Verfügbarkeit einer bekannten Marke für das Neuprodukt. Auf Grund von theoretischen Überlegungen folgern wir, dass der optimale Grad an Ähnlichkeit des Designs eines Neuprodukts verglichen mit bekannten Designs von dieser Fallunterscheidung abhängt. Wir belegen diese These durch zwei empirische Studien.

1 Problemstellung

Wir behandeln die Situation, in der ein Konsumgüterunternehmen ein neues Produkt auf den Markt bringen möchte und die Frage zu beantworten ist, welches Design verwendet werden soll. Unter Design (Formgestaltung bzw. Formgebung) verstehen wir die Form des Produkts und der Verpackung.

Es erscheint sinnvoll, hier drei Fälle zu unterscheiden.

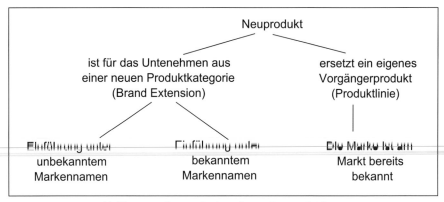

Abbildung 1: Fallunterscheidung für Designentscheidungen

Der erste Fall ist dadurch beschrieben, dass das Unternehmen in der Produktkategorie, in der das Neuprodukt angesiedelt sein wird, noch nicht tätig war und ein für die Konsumenten unbekannter Markenname verwendet wird, d.h. eine neue Marke „aufgebaut" werden soll. Eine neue Marke zu verwenden bietet den Vorteil, dass sich eine Verwässerung des Images der bisher verwendeten Marken vermeiden lässt. Beispielsweise bietet Mars (Masterfoods) unter dem weitgehend unbekannten Markennamen Dove Amicelli Waffeln, die Nusscreme enthalten und mit Schokolade umhüllt sind, an. Die hier relevante Frage lautet, inwieweit für ein derartiges Neuprodukt das Design des Produkts des Marktführers (oder eines anderen beliebten Produkts) übernommen werden sollte oder ob sich im Design eine

Abgrenzung empfiehlt. Um das Beispiel Dove Amicelli nochmals aufzugreifen: für dieses Neuprodukt wurde in Unterscheidung zum „kugelförmigen" Ferrero Rocher (Marktführer) eine stäbchenförmige Gestalt gewählt.

Der zweite hier betrachtete Fall besteht darin, dass ein Unternehmen zwar ebenfalls ein Neuprodukt aus einer Kategorie auf den Markt bringen möchte, aus der es bisher kein Produkt angeboten hat, aber dafür einen Markennamen zu verwenden beabsichtigt, der am Markt bereits etabliert ist. Ferrari, ein bekannter Automobilhersteller, bot unter seiner Marke eine Ferrari-Edition von Notebooks an. In diesem Fall setzt dieser Anbieter für ein Produkt aus einer Kategorie, die mit ihm bislang nicht assoziiert war, seinen bekannten Markennamen ein. Auch hier stellt sich die Frage, ob das Design des Neuprodukts stark am Design eines Produkts, welches der Marktführer (oder ein anderes bekanntes Unternehmen) anbietet, angelehnt werden sollte oder ob es sich hiervon deutlich unterscheiden sollte.

Der dritte von uns betrachtete Fall liegt vor, wenn ein Anbieter sein eigenes Vorgängerprodukt durch ein Nachfolgeprodukt ersetzt. Hier ist über die Beibehaltung oder die Veränderung des Designs bzw. über das Ausmaß der Veränderung zu entscheiden. Denn das Design des Nachfolgeprodukts kann sich mehr oder minder vom Design des Vorgängerprodukts unterscheiden.

In den ersten beiden Fällen haben sich die Konsumenten an das Design des Produkts des Marktführers oder anderer beliebter Marken gewöhnt, im dritten Fall an das Design des Vorgängerprodukts. Insofern ist es eine für den Erfolg der Markenpolitik wichtige Frage, inwieweit Aktivitäten, die diesem gewohnten Bild widersprechen, Erfolg versprechend oder problematisch sind.

2 Theoretische Überlegungen

2.1 Brand Extension und neuer Markenname

Das Design von Produkten von Marktführern oder von anderen beliebten Produkten ist den Konsumenten vertraut. Vertrautheit löst bestimmte Effekte bei den Konsumenten aus. Diese Effekte können mit der Piecemeal-and-Category-based Theorie von Fiske und Pavelchak (1986) und mit der Schema-Congruity-Theorie von Mandler (1982) vorhergesagt werden.

Nach der Piecemeal-and-Category-based Theorie werden neue Reize von den Konsumenten zunächst dahingehend bewertet, ob sie mit im Gedächtnis vorhandenen Schemata entweder kongruent oder inkongruent sind. Dies wird als Kategorisierung bezeichnet (Rosch 1978). Fiske und Pavelchak (1986, S. 170) definieren Kategorisierung als „the process of identifying a stimulus as a member of its class, similar to other members and dissimilar from non-members". Dieser Vorgang, in welchem die Eigenschaften eines neuen Reizes mit Inhalten vorhandener Schemata verglichen werden, läuft automatisch, d.h. ohne kognitive Kontrolle durch die Konsumenten, ab. In Abhängigkeit vom Resultat dieses Prozesses erfolgt „category-based processing" oder „piecemeal-based processing". Besitzt ein neuer Reiz nach flüchtiger Kenntnisnahme seiner Eigenschaften oder seines Aussehens die Attribute, die für eine Kategorie typisch sind, findet „category-based processing" von Informationen über diesen Reiz statt. Die Vorstellungen über die Kategorie und die Bewertungen dieser Kategorie werden auf den neuen Reiz übertragen, ohne den weiteren Informationen über den neuen Reiz besondere Aufmerksamkeit zu schenken (Fiske, Pavelchack 1986, S. 174). Die Beurteilung des neuen Reizes erfolgt mit vergleichsweise geringem kognitivem Aufwand und rasch. Dieser Mechanismus wird auch als ein Affekt-Transfer bezeichnet. Widerspricht die Information über einen neuen Reiz jedoch den vorhandenen Schemata, d.h. lässt sich ein neuer Reiz nicht unmittelbar in eine im Gedächtnis bereits vorhandene Kategorie einordnen, erfolgt „piecemeal-based processing". Ein neuer Reiz wird in diesem Fall „attribute-by-attribute" bewertet (Fiske 1982, S. 60 f.). Diese Art der Informationsverarbeitung ist systematischer bzw. analytischer als „category-based processing", d.h. sie erfordert von den Konsumenten einen höheren kognitiven Aufwand (Fiske, Pavelchack 1986, S. 174, 193).

Diese Theorie kann auf Neuprodukte als für Konsumenten neue Reize übertragen werden. Der Konsument kann am Design des Neuprodukts feststellen, wie hoch die Ähnlichkeit zwischen dem neuen Produkt und den ihm aus der Kategorie bekannten Produkten ist. Es kann vermutet werden, dass ein neues Produkt mit hoher „Typicality" (bzw. synonym: „Prototypicality") dem Konsumenten von vorne herein als vertraut anmutet, so dass er das neue Produkt ohne eine intensivere Überprüfung der Vor- und Nachteile in sein „Consideration Set" aufnimmt, wenn darin auch die ähnlichen, d.h. die imitierten Produkte enthalten sind, und dass er in diesem Fall die positiven und negativen Eigenschaften der Kategorie auf das neue Produkt überträgt. Liegt hingegen eine große Abweichung zwischen dem Design des neuen Produkts und den typischen Designs von Produkten aus der jeweiligen Kategorie vor, so fällt dies den Konsumenten auf. Garber (1995) argumentiert, dass ein neues Produkt auch deshalb in ein „Consideration Set" aufgenommen werden könnte, weil es eine hohe Aufmerksamkeitswirkung auslöst. In diesem Fall wird erwartet, dass die Konsumenten in einem kognitiv aufwendigeren Prozess die Vor- und Nachteile des neuen Produkts gegeneinander abwägen und auf diese Weise möglicherweise Präferenzen für dieses Produkt entstehen können.

Eine zweite Theorie, mit der die Reaktion auf ähnliche bzw. unähnliche Reize erklärt wird, ist die Schema-Congruity-Theorie von Mandler (1982). Mandler betrachtet im Gegensatz zur „Piecemeal-and-Category-based Theorie", die kognitive Reaktionen vorhersagt, affektive Reaktionen auf einen mehr oder minder mit vorhandenen Schemata kongruenten Reiz. Ist ein neuer Reiz mit den Erwartungen an eine Reizkategorie kongruent, so entsteht das positive Gefühl der Vertrautheit, das sich auf den neuen Reiz übertragen kann. Dies wird damit erklärt, dass Personen Reize bevorzugen, die ihren Erwartungen entsprechen, weil vertraute Reize in einer reizüberfluteten Umwelt ein angenehmes Gefühl erzeugen (Mandler 1982, S. 3; Loken, Ward 1990, S. 120). Besteht hingegen eine moderate Unähnlichkeit zwischen dem neuen Reiz und Schemata, so liegt eine überraschende Konstellation vor, die zu einer erhöhten Bereitschaft, sich mit dem neuen Reiz auseinanderzusetzen, führt. Überraschung kann als ein Gefühl von Unsicherheit, das auf etwas Plötzliches und Unerwartetes folgt, definiert werden. Nach Mandler (1982, S. 22) empfinden Menschen derartige Reize als interessant. Der Konsument kann durch erhöhte kognitive Anstrengungen eine Erklärung für die beobachtete Inkongruenz (Unähnlichkeit) finden, so dass er den Reiz dennoch in ein vorhandenes Schema einordnen kann. Weil der Konsument dabei ein Erfolgserlebnis verspürt, resultiert eine positive Emotion (Mandler 1982, S. 22), die sich auf die Bewertung des neuen Reizes auswirkt. Besteht hingegen eine starke Unähnlichkeit zwischen einem neuen Reiz und Erwartungen, so besteht die Gefahr, dass er diesen nicht sinnvoll bewerten kann, was Frustration erzeugt, die sich als eine starke negative Emotion auf den neuen Reiz überträgt.

Auch diese Theorie lässt sich auf Designs von Neuprodukten als neue Reize anwenden. Vertraute Designs können positive Gefühle erzeugen, die sich auf das neue Produkt übertragen und einen Präferenzvorteil bewirken können. Veryzer und Hutchinson (1998) stellten beispielsweise fest, dass die ästhetische Wertschätzung von Produkten (z.B. Telefonen und Kühlschränken) umso geringer war, je stärker ein Design vom üblichen Design abwich. Aber auch besonders neuartige Designs könnten positive Gefühle bewirken, wenn der Konsument durch kognitive Anstrengungen erkennt, warum dieses andersartige Design vorteilhaft ist oder besonderen ästhetischen Idealen entspricht.

Diese Überlegungen liefern also Argumente, das Design eines neuen Produkts entweder innerhalb des rechtlich zulässigen Rahmens soweit als möglich dem Design eines auf dem Markt führenden Produkts anzunähern oder ein Design zu wählen, das sich von bekannten Designs stark abhebt. Es ergibt sich folgende Hypothese:

H1: Will ein Unternehmen neu auf einen Markt eintreten und verwendet es eine unbekannte Marke, so ist entweder die starke Anpassung oder die starke Abgrenzung von den Designs der Produkte, die bereits in diesem Markt angeboten werden, vorteilhaft.

2.2 Brand Extension und bekannter Markenname

Im zweiten Fall stellt nicht nur das für ein Neuprodukt möglicherweise imitierte Design des Produkts eines Marktführers, sondern auch die Verwendung der bekannten Marke eine Basis für Vertrautheit bzw. Ähnlichkeit zwischen einem Neuprodukt und bekannten Produkten dar. Das heißt, setzen Marktfolger ihre bekannte Marke für ein Neuprodukt ein, so können Konsumenten die Konnotationen, die sie mit dieser Marke und den unter dieser Marke bereits angebotenen Produkten gebildet haben, auf das Neuprodukt übertragen. Die Konsumenten haben daher die Möglichkeit, das Neuprodukt einem Schema zuzuordnen, welches sie nicht hätten, handelte es sich um eine unbekannte Marke. Wenn beispielsweise Ferrari ein neues Notebook auf den Markt bringt (bzw. die Firma Acer, die an diesem Co-Branding mitwirkte), so kann das Produkt von den Konsumenten – ohne weiteres Nachdenken – einer Kategorie zugeordnet werden (elegantes Design, besonders „schnelles" Produkt usw.). Dies bedeutet in der Quintessenz, dass bei Verwendung eines bekannten Markennamens die Vorteile eines Produktdesigns, das dem Produktdesign, welches Marktführer oder andere am Markt etablierte Unternehmen wählten, sehr ähnlich ist, verloren gehen. Das gleiche bzw. das ähnliche Design wird dann weder zur Kategorisierung benötigt noch wird es das positive Gefühl der Vertrautheit erhöhen, da die bekannte Marke bereits dieses Gefühl bewirkt. Aus diesen Überlegungen leitet sich die zweite Hypothese ab:

H2: Will ein Unternehmen neu auf einen Markt eintreten und verwendet es dafür eine Marke, die bereits gut bekannt ist, so ist eine starke Abgrenzung vom Design der Produkte, die auf diesem Markt erhältlich sind, empfehlenswert.

2.3 Nachfolgeprodukt innerhalb einer Produktlinie

Der dritte, hier behandelte Fall beschreibt die Situation, dass ein Unternehmen sein derzeitiges Produkt durch ein Nachfolgeprodukt ersetzen möchte, das sich unter anderem durch eine neue Produktform (oder Verpackung) vom alten Produkt unterscheiden soll. Auch in dieser Situation steht das Unternehmen vor der Frage, wie ähnlich das neue dem bisherigen Produktdesign sein soll. Diese Situation unterscheidet sich von den beiden ersten Fällen, weil das Ähnlichkeitsurteil, welches die Konsumenten bilden, nun im Wesentlichen auf dem Vergleich mit dem Design des Vorgängerprodukts basiert.

Wir nehmen an, dass der Konsument den Grad, in dem sich das Design des Nachfolgeprodukts vom Design des Vorgängerprodukts unterscheidet, heranzieht, um auf die Änderung anderer, relevanter Produkteigenschaften zu folgern. Der Konsument könnte annehmen, dass ein wenig verändertes Design zum Ausdruck bringt, dass auch andere Produkteigenschaften nahezu unverändert geblieben sind, und dass ein stark verändertes Design eine erhebliche Modifikation anderer Produkteigenschaften vorhersagt. Insofern wird die Reaktion der Konsumenten auf die Änderung des Designs davon abhängen, ob sie ein geringes oder ein hohes Ausmaß an Änderung anderer Attribute (technischer Eigenschaften, Inhaltsstoffe etc.) bevorzugen. Oftmals wird davon ausgegangen, dass eine moderate Änderung, also weder eine sehr geringe noch eine sehr starke Änderung von Produkteigenschaften in Nachfolgeprodukten bevorzugt wird. Diese Annahme lässt sich mit der Zwei-Faktor-Theorie von Berlyne (1970) begründen.

Berlyne nimmt an, dass ein Reiz wegen seiner Neuartigkeit für den Empfänger sowohl einen positiven als auch einen negativen Effekt hat. Neues wirkt stimulierend bzw. trägt dazu bei, Langeweile zu vermeiden. Neues wird jedoch auch mit Unsicherheiten assoziiert und löst Konflikte, Irritationen u.ä. aus. Insgesamt wird daher einer moderaten Neuartigkeit eines neuen Reizes die positivste Wirkung unterstellt und es wird angenommen, dass Abweichungen von diesem optimalen Level als weniger positiv bewertet oder als unangenehm empfunden werden.

Überträgt man diese allgemeine Überlegung auf Designentscheidungen bei Neuprodukten, so könnte der Anbieter, der für sein Nachfolgeprodukt ein Design wählt, welches kaum vom Design des Vorgängerprodukts abweicht, signalisieren, dass das Produkt im Wesentlichen gleich geblieben ist, was dem Bestreben von Konsumenten, durch Konsum Langeweile zu beseitigen, zuwiderläuft. In diesem Fall besteht sogar die Gefahr, dass die Konsumenten gar nicht erkennen, dass es sich um ein Nachfolgeprodukt handelt. Weicht das neue Design hingegen erheblich vom Design des Vorgängerprodukts ab, so könnten die Konsumenten auf grundsätzlich andere Produkteigenschaften schließen, weswegen sie das neue Produkt in den Zustand der Unsicherheit und der Konflikte versetzt. Sie könnten sich z.B. fragen, ob die positiven Eigenschaften, die das Vorgängerprodukt aufwies, im neuen Produkt noch enthalten sind. Somit besteht die Gefahr, dass die positiven Einstellungen zum Vorgängerprodukt gedanklich nicht auf das Nachfolgeprodukt übertragen werden.

Aus diesen Überlegungen ist zu folgern, dass ein moderates Maß an Ähnlichkeit des Designs des Nachfolgeprodukts – verglichen mit dem Design des Vorgängerprodukts – vorteilhaft ist. Wir formulieren also folgende Hypothese:

H3: Will ein Unternehmen ein bereits am Markt existierendes Produkt durch ein Nachfolgeprodukt ersetzen, so ist eine moderate Abweichung vom Produktdesign des Vorgängerprodukts vorteilhaft.

2.4 Zwischenfazit

Abbildung 2 verdeutlicht die erwarteten Effekte des Designs auf Präferenzen für ein Neuprodukt in Abhängigkeit von der hier vorgenommenen Fallunterscheidung. Diese Zusammenhänge werden in den im Folgenden dargestellten empirischen Studien überprüft.

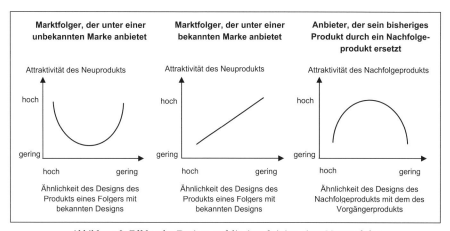

Abbildung 2: Effekte des Designs auf die Attraktivität eines Neuprodukts

3 Empirische Studie

Wir stellen die Befunde als zwei Studien vor, mit denen untersucht werden sollte, ob die vermuteten Zusammenhänge gültig sind. Die erste Studie zielte darauf ab, die Wirkung der Neuartigkeit des Designs von Produkten von Marktfolgern zu untersuchen und dabei danach zu unterscheiden, ob der Marktfolger das Neuprodukt unter einer unbekannten oder unter einer bekannten Marke anbietet. In der zweiten Studie sollte die Wirkung einer Designänderung eines am Markt bekannten Produkts analysiert werden.

3.1 Studie zum vorteilhaften Design des Produkts eines Marktfolgers (Brand Extension)

Zunächst diente ein erster Pretest dazu, bekannte bzw. vertraute Designs in verschiedenen Kategorien häufig gekaufter Konsumgüter zu identifizieren (n = 22 Studenten). Auf der Basis der Angaben dieser Probanden wurden die Fünf-Minuten-Terrine von Maggi im Bereich der Instantsuppen, die quadratische Tafelschokolade von Ritter Sport, die „Flinke Flasche" von Uhu im Bereich der Alleskleber und typische Designs für einen Desktop-Personalcomputer, für einen DVD-Player und für eine

Kaffeemaschine ausgewählt. Ein zweiter Pretest hatte die Funktion, für diverse Designs, die für diese Studie entweder neu entwickelt wurden oder die weniger verbreitete, aber am Markt bereits erhältliche Produkte aufwiesen, festzustellen, inwieweit Konsumenten diese Designvarianten als sehr ähnlich, als moderat unähnlich oder als sehr unähnlich in Bezug auf die Designs, die am Markt vorherrschen, bewerten. Auch an dieser Vorstudie wirkten Studenten (n = 22) mit. *Tabelle 1* enthält die Häufigkeit der Personen, die das jeweilige Design – wie intendiert – den drei Designvarianten zuordneten. Beispielsweise klassifizierten 90 % der Probanden das Design einer Verpackung einer Instantsuppe, welches wir in die Hauptstudie als das „moderat unähnliche Design" einbeziehen werden, als ein moderat unähnliches Design in Bezug auf das bekannte Design der Fünf-Minuten-Terrine von Maggi. Im Durchschnitt sind 77 % der vorgelegten Designs so zugeordnet worden, wie wir dies intendierten, um eine ausreichende Differenzierung nach der Ähnlichkeit der Designs mit bekannten Designs zu erzielen.

Tabelle 1: Anteil der Personen, die die für die Hauptstudie ausgewählten Designvarianten als den üblichen Designs sehr ähnlich, moderat unähnlich oder sehr unähnlich bezeichneten

Design	Instant-suppe	Tafel-schokolade	Alles-kleber	Desk-top-PC	DVD-Player	Kaffee-maschine
sehr ähnlich	77 %	82 %	68 %	82 %	82 %	73 %
moderat unähnlich	90 %	68 %*)	68 %	77 %	77 %	59 %
sehr unähnlich	77 %	68 %	59 %	91 %	95 %	86 %

*) Leseanweisung: 68 % der Probanden, die eine Zwischenform zwischen quadratischer und üblicher länglicher Tafelschokoladenform sahen, gaben an, die Form des neuen Produkts sei dem Design üblicher Produkte im Bereich Schokolade moderat unähnlich.

Im nächsten Schritt mussten mögliche Marktfolger identifiziert werden, die unter ihrer bekannten Marke ein fiktives Neuprodukt auf einen von ihnen bisher unbearbeiteten Markt bringen könnten. Diese Marken sollten darüber hinausgehend eine positive Reputation haben und – um Verzerrungseffekte bei der späteren Analyse zu vermeiden – sich über die Produktkategorien hinweg nicht in ihrer Reputation unterscheiden. Daher fand ein dritter Pretest statt (n = 22 Studenten). Aus den Ergebnissen dieses Pretests resultierten die in Tabelle 2 angegebenen Markennamen. Beispielsweise wird unter der Marke Miracoli noch keine Instantsuppe angeboten, die Marke Miracoli weist ein positives Qualitätsimage auf (M = 6,35 auf der Skala von 1 bis 7, Statement: „Bei Produkten von … kann man generell auf die hohe Produktqualität zählen!") und dieses Qualitätsimage entspricht in etwa auch der Reputation, die für die Marken ermittelt wurde, die als fiktive Marktfolger für die anderen fünf Produktkategorien in die Hauptstudie einbezogen worden sind (ANOVA der Mittelwerte des Qualitätsimages der sechs fiktiven Marken: $F(5, 126) = 1{,}039$, n.s.). Um auch die Effekte des Designs eines Produkts eines Marktfolgers, der mit einer unbekannten Marke in den Markt eintritt, untersuchen zu können, mussten auch fiktive Markennamen für diesen Fall identifiziert werden. Die gewählten Namen sind ebenfalls in *Tabelle 2* aufgeführt.

Produktdesign für Brand Extensions und Nachfolgeprodukte 215

Tabelle 2: Fiktive Marktfolger mit bekanntem und unbekanntem Markennamen

	Instant-suppe	Tafel-schokolade	Alles-kleber	Desk-top-PC	DVD-Player	Kaffee-maschine
Marktfolger, der unter einer bekannten Marke anbietet*)	Miracoli (6,35)	Haribo (6,35)	Edding (6,40)	Ferrari (6,75)	Jaguar (6,60)	Bianchi (6,50)
Marktfolger, der unter einer unbekannten Marke anbietet	Ruck-Zuck	Vivella	Haftefix	LifeTech Computers	Home-Tronics	Home-Tronics

*) in Klammern: Mittelwert Qualitätsimage

Im weiteren Fortgang des Experiments war das Stimulusmaterial für die Hauptstudie zu erstellen. Die Probanden, die an der Hauptstudie mitwirkten, konnten die unterschiedlichen Varianten nur auf Printanzeigen sehen. Das heißt, die Produkte waren deutlich in den Werbeanzeigen abgebildet und darüber hinaus enthielten die Anzeigen eine kurze Produktbeschreibung und den Markennamen. Die Produktbeschreibungen waren für alle Designvarianten pro Kategorie identisch. Einen Überblick über die Produktabbildungen gibt *Abbildung 3*.

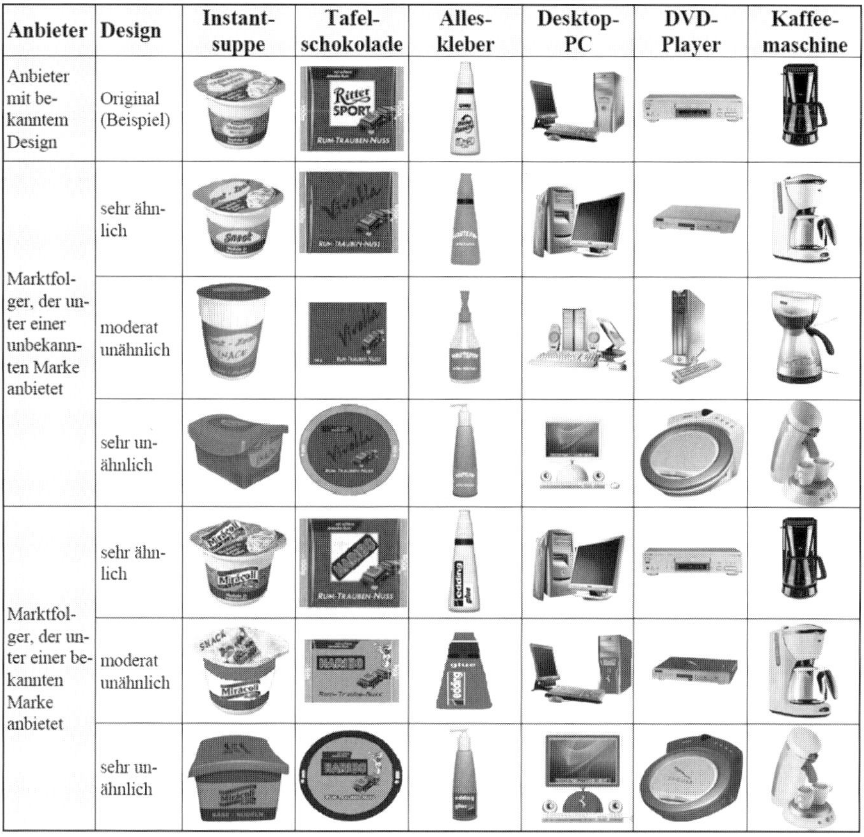

Abbildung 3: Produktabbildungen in den Printanzeigen in Studie 1

An der Hauptstudie wirkten insgesamt 245 Studenten mit, die sich auf sieben Experimentalgruppen mit jeweils 35 Personen aufteilten. Die Personen aus jeder Gruppe sahen aus jedem der sechs Produktbereiche jeweils eine Werbeanzeige. Die Aufteilung der Probanden auf die Testanzeigen kann *Tabelle 3* entnommen werden. Jede Person hatte pro Anzeige ca. zehn Sekunden lang Zeit, die Werbung zu betrachten. Nach dem Kontakt mit einer Anzeige musste sie das jeweilige Produkt bewerten. Die hierfür verwendeten vier Statements, denen auf 7-stufigen Skalen mehr oder minder zuzustimmen war, lauteten: „Ich kann mir durchaus vorstellen, dieses Produkt zu kaufen", „Die Produktgestaltung regt zu einem Kauf an", „Dieses Produkt kann man weiterempfehlen" und „Bei einem Kauf dieses Produkts macht man nichts falsch" (Cronbachs Alpha = 0,907). Als Kenngröße für die Einstellung zum jeweiligen Produkt diente der Mittelwert über diese vier Messvariablen.

Tabelle 3: Experimentelles Design in Studie 1

Anbieter	Design	Instant-suppe	Tafel-schokolade	Alles-kleber	Desk-top-PC	DVD-Player	Kaffee-maschine
Anbieter mit bekanntem Design	Original (Beispiel)	A	B	C	D	E	F
Marktfolger, der unter einer unbekannten Marke anbietet	sehr ähnlich	G	A	B	C	D	E
	moderat unähnlich	F	G	A	B	C	D
	sehr unähnlich	E	F	G	A	B	C
Marktfolger, der unter einer bekannten Marke anbietet	sehr ähnlich	D	E	F	G	A	B
	moderat unähnlich	C	D	E	F	G	A
	sehr unähnlich	B	C	D	E	F	G

Buchstabe kennzeichnet die Experimentalgruppe.

Tabelle 4 enthält die Bewertungen des Originalprodukts sowie der pro Produktkategorie dargestellten sechs fiktiven Produkte potenzieller Marktfolger.

Mit Ausnahme der Konstellation „Marktfolger, der unter einer bekannten Marke einen Alleskleber anbietet", resultierten Befunde, die gemäß den Hypothesen H1 und H2 zu erwarten waren. Marktfolger, die unter einer unbekannten Marke ein Neuprodukt auf den Markt bringen, erzeugen eine hohe Präferenz für ihr Neuprodukt, wenn dessen Design entweder einem sehr bekannten Design stark ähnelt oder wenn dessen Design besonders innovativ ist.

Tabelle 4: Bewertung von Produkten in Abhängigkeit von ihrem Design

Anbieter	Design	Instant-suppe	Tafel-schoko-lade	Alles-kleber	Desk-top-PC	DVD-Player	Kaffee-maschine	Ge-samt
Anbieter mit bekanntem Design	Original (Beispiel)	2,94	3,23	3,31	3,75	3,82	3,30	3,39
Marktfolger, der unter einer unbekannten Marke anbietet	sehr ähnlich	2,91	3,94	3,14	3,74	3,79	3,74	3,55
	moderat unähnlich	2,28	3,50	2,99	3,66	3,56	3,52	3,25
	sehr unähnlich	4,13	4,16	3,47	4,66	4,54	4,26	4,20
Marktfolger, der unter einer bekannten Marke anbietet	sehr ähnlich	3,07	4,11	4,09	3,84	3,62,	3,63	3,73
	moderat unähnlich	3,51	4,31	3,97	4,17	4,02	3,74	3,96
	sehr unähnlich	3,66	4,81	3,83	4,36	4,21	4,28	4,19

Skala: 1 = negative Bewertung bis 7 = positive Bewertung

Demgegenüber steigt die Attraktivität eines Neuprodukts eines Marktfolgers, der dieses Produkt unter einer bekannten Marke anbietet, mit zunehmender Unähnlichkeit des Designs seines Produkts zu bekannten Designs. In *Abbildung 4* sind die Ergebnisse für die über die Kategorien gepoolten Daten grafisch dargestellt.

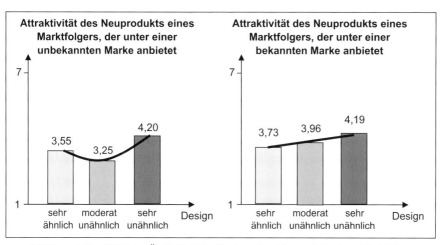

Abbildung 4: Der Effekt der Ähnlichkeit des Designs eines Neuprodukts eines Marktfolgers auf die Attraktivität dieses Produkts

Im Fall der Verwendung einer unbekannten Marke sinkt die Attraktivität des Neuprodukts eines Marktfolgers, wenn anstelle eines – im Vergleich zum Design des Produkts des Marktführers – sehr ähnlichen Designs ein moderat unähnliches

Design verwendet wird (3,25 < 3,55, t = –2,376, p < 1 %), und sie nimmt zu, wenn anstatt des moderat unähnlichen Designs ein sehr unähnliches Design eingesetzt wird (4,20 > 3,25, t = 6,749, p < 0,1 %). Dieses Datenmuster stützt Hypothese H1. Demgegenüber nimmt die Attraktivität eines Neuprodukts eines Marktfolgers, der unter einer bekannten Marke anbietet, zu, wenn der Marktfolger anstelle des sehr ähnlichen Designs ein moderat unähnliches Design wählt (3,96 > 3,73, t = 1,747, p < 5 %), und sie erhöht sich nochmals, wenn anstatt des moderat unähnlichen Designs ein sehr unähnliches Design verwendet wird (4,19 > 3,96, t = 1,645, p < 5 %). Dieses Ergebnis ist mit Hypothese H2 konform.

3.2 Studie zum vorteilhaften Design eines Nachfolgeprodukts eines am Markt etablierten Anbieters

In der zweiten Studie sollte für eine bekannte Marke untersucht werden, wie sich das Ausmaß einer Änderung des Designs auf die Attraktivität des Nachfolgeprodukts auswirkt. Für ein derartiges Experiment wurde das Produkt bebe Bodylotion ausgewählt. In *Abbildung 5* sind die realen Designs dieses Produkts dargestellt, und zwar auf der linken Seite das Aussehen des Vorgängerprodukts und auf der rechten Seite das Aussehen des Nachfolgeprodukts.

Abbildung 5: In Studie 2 verwendete Teststimuli

Die beiden in *Abbildung 5* dargestellten Varianten wurden von jeweils 71 Studenten bewertet. Die betreffende Variante wurde den Probanden in die Hand gegeben, und sie hatten ausreichend Zeit, sie zu betrachten. Die zur Erfassung der Attraktivität des Produkts verwendeten Statements, denen auf 7-stufigen Skalen mehr oder minder zugestimmt werden konnte, lauteten: „Ich kann mir vorstellen, Bodylotion von bebe bei Bedarf zu kaufen", „Ich kann mir vorstellen, Bodylotion von bebe weiterzuempfehlen" und „Bodylotion von bebe würde ich gerne ausprobieren" (Cronbachs Alpha = 0,899). Die Probanden, die das Nachfolgeprodukt präsentiert erhielten, mussten auch die Ähnlichkeit des Nachfolgeprodukts mit dem Vorgängerprodukt bewerten. Hierfür dienten Zustimmungen zu verschiedenen Adjektivpaaren, wie z.B. modern/altmodisch oder innovativ/veraltet. Nach Maßgabe der Terzile dieser Messwerte wurden diese Auskunftspersonen in drei Gruppen eingeteilt: in Personen, die das neue Design als vergleichsweise veraltet empfinden, in Personen, die bezüglich dieser Messvariablen durchschnittliche Angaben machten, und in Personen, die das neue Design als sehr neuartig erachteten; diese Angaben interpretieren wir als Ausdruck der wahrgenommenen Ähnlichkeit zwischen dem Design des Nachfolgeprodukts mit dem Design des Vorgängerprodukts. *Abbildung 6* bietet einen Überblick über die Ergebnisse aus diesem Experiment.

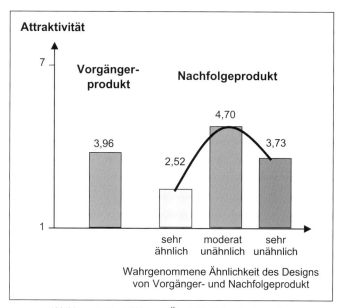

Abbildung 6: Der Effekt der Ähnlichkeit des Designs eines Nachfolgeprodukts auf die Attraktivität dieses Produkts

Der umgekehrt u-förmige Verlauf zwischen der Ähnlichkeit, die die Designs des Nachfolgeprodukts und des Vorgängerprodukts aufweisen, und der Attraktivität des Nachfolgeprodukts erweist sich als statistisch signifikant (4,70 > 2,52, t = 3,278, p < 1 % und 3,73 < 4,70, t = -1,697, p < 5 %). Daher kann auch Hypothese H3 als gestützt bezeichnet werden.

4 Empfehlung für das Markenmanagement

Durch die erste Studie konnte gezeigt werden, dass die Wahl des Designs einen wichtigen Beitrag dazu leistet, ob ein Konsumgüterunternehmen, welches vergleichsweise spät in einem Markt tätig wird, sein Produkt erfolgreich am Markt platzieren kann. Wir weisen ferner darauf hin, dass bei der Wahl des Designs unterschieden werden sollte, ob das neue Produkt unter einem bekannten Markennamen oder unter einer unbekannten Marke eingeführt wird.

Konnte sich der Marktfolger, der eine bekannte Marke nutzen möchte, durch erfolgreiche Produkte bereits eine positive Reputation in anderen Produktkategorien aufbauen, so sollten die Marketinginstrumente darauf abzielen, dass die Konsumenten ihre positiven Einstellungen auf das neue Produkt übertragen. In diesem Fall sollte das Unternehmen in idealer Weise ein ausgefallenes Produktdesign wählen, da es für den Transfer des positiven Images ausreicht, dass die Marke bekannt ist.

Entschließt sich ein Marktfolger hingegen dazu, das neue Produkt unter einem unbekannten Markennamen anzubieten, so ist entweder eine möglichst geringe oder eine möglichst große Abweichung des gewählten Designs von vertrauten Designs Erfolg versprechend. In diesem Fall weckt entweder das ähnliche Design das Gefühl der Vertrautheit, welches sich positiv auf die Produktbewertung auswirkt, oder das unähnliche Design hat eine besondere Auffälligkeitswirkung, so dass sich Konsumenten intensiver mit dem Neuprodukt auseinandersetzen und Präferenzen aufgrund von Vorteilen, die es besitzt, entwickeln. Welche Strategie zu empfehlen ist, hängt von der Innovativität und Kreativität des Marktfolgers und von den Kosten, ein originelles Design zu entwickeln und entsprechend gestaltete Produkte herzustellen, ab.

Steht ein Konsumgüterhersteller vor der Situation, dass ein erfolgreiches Produkt durch ein Nachfolgeprodukt ersetzt werden soll, so kann ihm auf der Basis der Ergebnisse der zweiten Studie empfohlen werden, eine moderate Abweichung des neuen Designs vom bisherigen Design des Vorgängerprodukts anzustreben. Die moderate Unähnlichkeit zum Vorgängerprodukt kann einerseits ein gewisses Gefühl der Vertrautheit beim Konsumenten bewirken, so dass dieser seine positiven Einstellungen gegenüber dem Vorprodukt auch auf das Nachfolgeprodukt überträgt. Mit der moderaten Unähnlichkeit des Nachfolgeproduktes kann andererseits der Eindruck erweckt werden, dass der Hersteller das Nachfolgeprodukt vorteilhaft weiterentwickelt hat.

Die Problematik dieser Empfehlungen besteht naturgemäß darin, dass für die Marketingpraxis unklar bleibt, was „sehr ähnlich", „moderat unähnlich" oder „sehr unähnlich" für ein konkretes Produkt bzw. dessen Design inhaltlich bedeuten. Ein Expertenurteil allein ist hierfür nicht hilfreich. Es bedarf daher der Marktforschung, um verschiedene Designvorschläge anhand von Konsumentenurteilen dahingehend bewerten zu können, welchen Grad an Ähnlichkeit sie verglichen mit bekannten Designs oder mit Vorgängerdesigns aufweisen. Unsere theoretischen Überlegungen könnten daher allein darauf aufmerksam machen, dass die Ähnlichkeit des Designs ein wichtiger Erfolgsfaktor für Neuprodukte ist und bei der Gestaltung des Designs a priori eine gewisse Richtung verfolgt werden sollte, so dass nicht beliebige Designs als mögliche Varianten entwickelt werden, sondern z.B. für ein Nachfolgeprodukt eine „moderate Unähnlichkeit" angestrebt und auf die Entwicklung sehr ähnlicher oder sehr unähnlicher Designvarianten verzichtet wird. Welches „moderat unähnliche" Design in diesem Fall letztlich zu einer besonders guten Bewertung des Nachfolgeprodukts führt, ist daher im Wege von Marktforschung zu ermitteln.

- Das Design eines Produkts stellt einen wichtigen Erfolgsfaktor für einen Marktnachfolger dar.

- Kann der Marktnachfolger sein Produkt auf einer etablierten Marke aufbauen, empfiehlt sich ein eher ausgefallenes Produktdesign. Wird das neue Produkt auch unter einer neuen Marke angeboten, empfiehlt sich eine möglichst geringe oder aber möglichst große Abweichung des Designs von der vertrauten Anmutung des etablierten Wettbewerbers.

- Soll ein erfolgreiches Produkt durch ein Nachfolgeprodukt ersetzt werden, empfiehlt sich eine moderate Abweichung des Designs, damit sowohl Vertrautheit als auch Fortschritt symbolisiert werden.
- Die Bewertung der Abweichungen zwischen zu vergleichenden Designs ist auf empirische Marktforschung zu stützen.

Literaturverzeichnis

Berlyne, D. E. (1970): Novelty, Complexity and Hedonic Value. In: Perception and Psychophysics, Vol. 8, S. 279–286.

Fiske, S. T. (1982): Schema-Triggered Affect: Applications to Social Perception. In: Clark, M.S./ Fiske, S.T. (Eds.): Affect and Cognition: The Seventeenth Annual Carnegie Symposium on Cognition, Hillsdale, S. 55–78.

Fiske, S. T., Pavelchak, M. A. (1986): Category-Based versus Piecemeal-Based Affective Responses: Developments in Schema-Triggered Affect. In: Sorrentino, R.M./Higgins, E.T. (Eds.): Handbook of Motivation and Cognition: Foundations of Social Behavior, Chichester, S. 167–203.

Garber, L. L. Jr. (1995): The Package Appearance in Choice. In: Advances in Consumer Research, Vol. 22, S. 653–660.

Loken, B., Ward, J. (1990): Alternative Approaches to Understanding the Determinants of Typicality. In: Journal of Consumer Research, September 1990, Vol. 17, S. 111–126.

Mandler, G. (1982): The Structure of Value: Accounting for Taste. In: Clark, M.S./Fiske, S.T. (Eds.): Affect and Cognition: The 17 th Annual Carnegie Symposium, Hillsdale, S. 3–36.

Rosch, E. (1978): Principles of Categorization. In: Rosch, E./Lloyd, B.B. (Eds.): Cognition and Categorization, Hillsdale NJ, S. 27–47.

Veryzer, R. W. Jr., Hutchinson, J. W. (1998): The Influence of Unity and Prototypicality on Aesthetic Responses to New Product Designs,. In: Journal of Consumer Research, Vol. 24, S. 374–394.

Der Einfluss von Corporate- und Company-Brands auf die Wahrnehmung von Vertical-Extensions

Frank Huber/Kai Vollhardt/Frederik Meyer

Zusammenfassung	224
1 Zur Relevanz der Untersuchung von Vertical-Extensions	224
2 Chancen und Risiken von Vertical Extensions	225
3 Ein Modell zur Erklärung der Kaufabsicht von Vertical-Co-Extensions	226
4 Empirische Studie zur Überprüfung des Kausalmodells der Wirkungseinflüsse	229
4.1 Untersuchungsdesign und Datenbasis	229
4.2 Operationalisierung der Modellkonstrukte	229
4.3 Der Wirkungszusammenhang zwischen den Modellelementen	230
5 Implikationen für das Marketingmanagement	231
Literaturverzeichnis	233

Zusammenfassung

Zur Ausweitung der Konsumentenansprache finden in vielen Unternehmen verschiedene Formen von Markentransfers Anwendung. Während bei einer Vertical Extension das neue Produkt von dem bereits bestehenden Image einer Dachmarke profitieren kann, erhoffen sich Unternehmen durch die Markierung der Produkte mit der Corporate- und der Company-Brand einen zusätzlichen Mehrwert. Bislang existieren jedoch kaum Erkenntnisse über die Auswirkungen einer solchen Strategie. Um dieses Defizit zu beseitigen, wurde ein Hypothesensystem entwickelt, das die Auswirkungen dieser Brandingstrategie zu quantifizieren im Stande ist. Die Ergebnisse bestätigen zum einen die Relevanz dieser Strategie, zum anderen lassen sich Faktoren identifizieren die die Kaufabsicht des Markentransferproduktes erhöhen.

1 Zur Relevanz der Untersuchung von Vertical-Extensions

Neuprodukte, die ohne eine bereits etablierte Marke eingeführt werden, weisen eine hohe Floprate auf (Reiter 1991, S. 210). Vor diesem Hintergrund gewinnt die Übertragung eines bereits etablierten Markennamens auf ein neues Produkt immer größere Beliebtheit (John, Loken, Joiner 1998, S. 19; Zatloukal 2002, S. 1). In den USA fallen ca. 80 bis 90% der Produktneueinführungen in die Kategorie der Line Extensions, die die Übertragung eines bereits bestehenden Markennamens auf ein Neuprodukt innerhalb einer bestehenden Produktkategorie kennzeichnet (Keller 2003, S. 581). Handelt es sich bei der Produktneueinführung dabei im Gegensatz zu den alten Produkten, die unter der Muttermarke geführt werden, um ein höheres oder niedrigeres Preisniveau, so spricht man von einer Vertical Extension. Diese lässt sich weiter in eine Step up- oder Step Down Extension unterscheiden (Kim, Lavack 1996, S. 24). Im Gegensatz zu den zahlreichen empirischen Untersuchungen zur Einführung neuer Produkte unter einer etablierten Muttermarke in neuen Produktkategorien (Brand Extensions), existieren nur wenige empirische Studien über Line Extensions und Vertical Extensions (Kirmani, Sood, Bridges 1999, S. 88; Kim, Lavack, Smith 2001, S. 211).

Dies ist umso verwunderlicher, als dass die Strategie der Vertical Extension in der Praxis relativ weit verbreitet ist. Vor allem in der Automobilindustrie wird eine bestehende Produktkategorie zur Ansprache neuer Zielgruppen häufig mit zusätzlichen Produkten jenseits des bisherigen Preisgefüges erweitert (Pitta, Katsanis 1995, S. 60). In diesem Zusammenhang lässt sich in den letzten Jahren vermehrt beobachten, dass Unternehmen Vertical Extensions sowohl mit einer Company Brand als auch mit einer Corporate Brand markieren. So verwendet beispielsweise das Unternehmen Nestlé neben der Company Brand Schöller zusätzlich die Corporate Brand Nestlé zur Markierung der Eisprodukte. Eine Untersuchung der Wirkung dieser Strategie hinsichtlich der Wahrnehmung und Beurteilung gegenüber (neuen) Produkten ist in der Literatur bislang noch nicht erfolgt (Burmann, Meffert 2005, S. 168). Die vorliegende Studie soll deshalb einen Beitrag dazu leisten, diese Markenarchitekturform zu evaluieren (Burmann, Schäfer 2005, S. 4). Die Markierung eines neuen Produktes mit einer Corporate Brand sowie einer Company Brand, das in ein für die Company Brand höheres Preis- und Qualitätsniveau gegenüber den bestehenden Produkten der Produktkategorie eingeführt wird, soll im Laufe dieser Studie unter dem Begriff Vertical Co-Extension subsumiert werden.

2 Chancen und Risiken von Vertical Extensions

Bei Markentransfers unterscheidet man zwischen der Markenerweiterung (Brand Extension) und der Markendehnungsstrategie bzw. Produktlinienerweiterung (Line Extension). Während bei einer Brand Extension in der Regel ein eingeführter Markenname benutzt wird, um in einer komplett unterschiedlichen Produktgruppe Fuß zu fassen, findet bei einer Line Extension ein gängiger Markenname Verwendung, um in ein neues Marktsegment der eigenen Produktgruppe einzudringen (Mayerhofer 1995, S. 106). Handelt es sich bei den Line Extensions im Gegensatz zu den alten Produkten um ein höheres oder niedrigeres Preis- und Qualitätsniveau, so spricht man von Vertical Extensions (Kim, Lavack, Smith 2001, S. 211).

Unternehmen, die sich entschließen, ihre Marken in ein Marktsegment ober- oder unterhalb ihrer aktuellen Position zu dehnen, müssen sich der damit verbundenen Chancen und Risiken bewusst sein. Aaker betont in diesem Zusammenhang: „[..] leveraging a brand to access upscale or downscale markets is more dangerous than it first appears. In fact, the battlefield is littered with dead and wounded brands that should serve as a warning to managers who are thinking about such extensions" (Aaker 1997, S. 135). Manager müssen deshalb Chancen und Risiken miteinander abwägen, bevor sie in ein vermeintlich lukratives Marktsegment ober- oder unterhalb ihrer derzeitigen Marktpräsenz vordringen. Die Herausforderung besteht bei Vertical Extensions insbesondere darin, „[..] to leverage and protect the original brand while taking advantage of the new opportunity" (Aaker 1997, S. 136). Es geht also nicht nur um einen Erfolg oder Misserfolg des Transferproduktes, sondern auch um die Vermeidung möglicher negativer Rückwirkungen der Qualitäts- oder Billigprodukte auf die Muttermarke.

Zur Beeinflussung der Rückwirkungen des Transferprodukts auf die Muttermarke stehen den Unternehmen Descriptive Brands, Subbrands oder Endorsed Brands zur Markierung zusätzlich zur Verfügung. Nach Aaker kommt diesen Optionen folgende Funktion zu: „they help managers differentiate their new [..] offerings from the original brands while using the equity of those parent brands to influence consumers' purchase decisions" (Aaker 1997, S. 142). Die Wahl der Markenarchitekturform zur Ausgestaltung einer Vertical Extension ist dabei vom Fit zwischen der neuen Marke bzw. des neuen Produktes und der bereits bestehenden Dachmarke abhängig (Schultz 2002, S. 9). Der Fit dient somit als Grundlage für Entscheidungen über die Ausgestaltung von Vertical Extensions. Ist die Ähnlichkeit zwischen Produkt und Marke nicht gewährleistet, besteht die Gefahr einer Schädigung der Dachmarke. In diesem Fall bietet sich eine weniger nahe Positionierung an. Bei gegebenem Fit ist eine enge Beziehung zwischen Produkt und Stammmarke zur Unterstützung der Produkteinführung geeignet, da der Transfer positiver Imageeigenschaften als Starthilfe für die Extension dient.

Bei den für diese Studie relevanten Vertical Co-Extensions besteht die Schwierigkeit dagegen nicht nur im Vergleich zwischen dem Image des wahrgenommenen Produkts und dem Image der jeweiligen Dachmarke (Produkt-Marken-Fit), sondern zusätzlich im Imagevergleich zwischen der Corporate- und der Company-Brand (Markenfit). Hierbei ist es von erheblicher Bedeutung, ob der Konsument das Produkt eher der Corporate- oder der Company Brand zuordnet und welche Auswirkungen auf die Einstellung des Konsumenten gegenüber der Vertical Co-Extensions hieraus resultieren (Bräutigam 2004, S. 79). Im Folgenden steht daher die Analyse der Wirkungseffekte der Corporate- und Company-Brand auf die Beurteilung von Vertical Co-Extensions im Mittelpunkt des Interesses. Der Untersuchungsgegenstand berücksichtigt dabei im Folgenden lediglich die Einführung eines neuen hochpreisigen Produkts unter einem Dachmarkenteam (Step Up Extension).

3 Ein Modell zur Erklärung der Kaufabsicht von Vertical-Co-Extensions

Die Literatur zu Informationsverarbeitungsprozessen zeigt, dass die Bildung der Einstellung gegenüber einer Marke oder einem Produkt aus dem wahrgenommenen Image resultiert (Kroeber-Riel, Weinberg 1996). Auch Trommsdorff betont die Relevanz des Images für die Einstellungsbildung (Trommsdorff 1998, S. 145 ff.). Der Autor stützt seine Annahme darauf, dass das Image als ganzheitliche Grundlage der Einstellung dient und folglich ein Einfluss auf die Einstellung existiert (Trommsdorff 1998, S. 152 f.). Die Sichtweise, dass es sich hierbei tatsächlich um unterschiedliche Konstrukte handelt, ist in der Literatur weit verbreitet. (Aaker, Keller 1990, S. 29).

Ein positives Markenimage basiert auf starken, positiven und einzigartigen Assoziationen (Keller 2003, S. 67). Gleichzeitig ist es notwendig, dass der Konsument diese Assoziationen als relevant für die Befriedigung seiner Bedürfnisse erachtet (Keller 1993, S. 5), wodurch sie kontextabhängig und für verschiedene Produkte unterschiedlich gut geeignet sind (Day, Shocker, Srivastava 1979, S. 14). Eine positive Netto-Valenz als relative Gesamtbewertung aller positiven und negativen Assoziationen resultiert letztlich in einer grundsätzlichen Zuneigung für die Marke (Dacin, Smith 1994, S. 236). Demnach wird ein Konsument mit einem positiven Vorstellungsbild von einer Marke oder einem Produkt auf Basis des Images eine positive Einstellung bilden. Hieraus lassen sich folgende Hypothesen postulieren:

H1a: Je positiver das Produktimage, desto positiver ist die Einstellung zum Produkt.

H1b: Je positiver das Image der Corporate Brand, desto positiver ist die Einstellung zur Corporate Brand.

H1c: Je positiver das Image der Company Brand, desto positiver ist die Einstellung zur Company Brand.

H1d: Je positiver das Image der Vertical Co-Extension, desto positiver ist die Einstellung zur Vertical Co-Extension.

Angesichts der bislang unzureichend erforschten Wirkung des Fit bei Line Extensions sowie im Speziellen bei Vertical Extensions, kommt der Fitbestimmung eine große Bedeutung zu. Dies mag daran liegen, dass bisherige Studien lediglich auf den

Fit zwischen den Produktkategorien der jeweiligen Marken abzielten, ohne dabei den Fit zwischen den Markenimages zu berücksichtigen (Grime, Diamantopoulos, Smith 2002, S. 1426). Für die Interpretation des Fit als wahrgenommene Ähnlichkeit konstatiert Tauber, dass „the definition of fit appears to be a good predictor in the case of Line Extensions when the brand is extended in the same product category" (Tauber 1988, S. 28).

In Anlehnung an die Ausarbeitungen von Hadjicharalambous umfasst die Fitbestimmung dieser Studie den Transferfit zwischen Marke A und Marke B mit dem Produkt (Fit A und Fit B) sowie den Markenfit (Hadjicharalambous 2001, S. 51 f.). Als Transferfit wird der Fit zwischen den einzelnen Marken und dem Produkt verstanden, während der Markenfit die Konsistenz der beiden Images der Dachmarken untereinander bezeichnet. Die beiden Transferfits sowie der Markenfit beeinflussen die Beurteilung der Vertical Co-Extension nicht direkt, sondern ergeben den Globalfit (Overall Fit). Dieser subsumiert den Fit der beiden Dachmarken (im Sinne eines Markenteams) und dem Produkt der Vertical Co-Extension (Hadjicharalambous 2001, S. 49). Ein Mindestmaß an wahrgenommenem Overall Fit stellt die Voraussetzung für eine Übertragung des Images und der Einstellung der an der Konstitution der Vertical Co-Extension beteiligten Faktoren dar (Hadjicharalambous 2001, S. 53 f.). In Anlehnung an die Schema- und Kategorisierungstheorie sollte es dem Konsumenten gelingen, die beteiligten Marken in eines der beteiligten Schemata zu integrieren bzw. ein neues aufzubauen (Bräutigam 2004, S. 78). Gelingt es dem Konsumenten, die Marken- und das Produktimage kognitiv zu verarbeiten und miteinander aufgrund ähnlicher Markenkonzepte in Einklang zu bringen, so ist ein hoher Fit zu erwarten (Hadjicharalambous 2001, S. 53).

Der Overall Fit sollte aufgrund des Strebens nach Konzeptkonsistenz umso höher ausfallen, je größer die Übereinstimmung des Images des Markenteams mit denen für das Produkt typischen Imageeigenschaften ist. In diesem Fall, fällt die Beurteilung der Vertical Co-Extension entsprechend positiv aus (Hadjicharalambous 2001, S. 53 f.). Hieraus resultiert folgende Hypothese:

H2: Je höher der Overall Fit zwischen dem Markenteam und dem Produkt, desto positiver ist die Einstellung gegenüber der Vertical Co-Extension.

Die Annahme der indirekten Einflüsse der Transferfits und des Markenfits auf die Beurteilung der Vertical Co-Extension erfordert eine nähere Analyse ihres Zusammenhangs mit dem Overall Fit. Der Fit zwischen Markenteam und Prestigeprodukt hängt einerseits von den Transferfits und andererseits vom Markenfit ab. Je höher die wahrgenommenen Transferfits aufgrund gemeinsamer Fitbasen sind, desto eher wird vom Konsumenten angenommen, dass die jeweiligen Marken über Imageeigenschaften verfügen, die auch bei dem Markenteam zu erwarten sind. Insofern ist anzunehmen, dass der Overall Fit höher ausfällt, wenn der Transferfit hoch ist (Hadjicharalambous 2001, S. 56). Hieraus resultieren folgende Zusammenhänge:

H3a: Je höher der Transferfit zwischen Company Brand und Produkt, desto höher ist der Overall Fit.

H3b: Je höher der Transferfit zwischen Corporate Brand und Produkt, desto höher ist der Overall Fit.

Analog zu den Transferfits bestimmen die Images beider konstituierenden Dachmarken die Höhe des wahrgenommenen Brand Fits. Bei wahrgenommener Ähnlichkeit der Images der Dachmarken wird auch das Markenteam als passend erlebt, was zu einem hohen Overall Fit führt (Hadjicharalambous 2001, S. 58). Im umgekehrten Fall könnten die Konsumenten die Zusammenarbeit des Markenteams in Frage stellen, da sie keine gemeinsame Basis zwischen den Marken feststellen. Insofern kann vermutet werden, dass ein geringer Brand Fit zu einem geringen Overall Fit zwischen dem Markenteam und dem Produkt führt. Somit kann folgende Hypothese postuliert werden:

H4: Je höher der Fit zwischen den beiden Dachmarken, desto höher ist der Overall Fit.

Die einzelnen Schemata der Dachmarken und das des Produktes versucht der Konsument miteinander in Einklang zu bringen. Das Image der Vertical Co-Extension konstituiert sich damit aus den Dachmarkenimages und dem Produktimage. Insofern ist davon auszugehen, dass das Image des Produktes von den Dachmarkenimages modifiziert und daraufhin das Image der Vertical Co-Extension gebildet wird. Gelingt es dem Konsument diese drei Images zu diesem komplexen Image zusammenzusetzen, kann eine positive Wirkung auf das Image der Vertical Co-Extension vermutet werden. Aufgrund dieses Zusammenhangs können folgenden Hypothesen formuliert werden:

H5a: Je positiver das Produktimage, desto positiver ist das Image der Vertical Co-Extension.

H5b: Je positiver das Image der Corporate Brand, desto positiver ist das Image der Vertical Co-Extension.

H5c: Je positiver das Image der Company Brand, desto positiver ist das Image der Vertical Co-Extension.

Durch die Interpretation der Vertical Co-Extension als komplexes Schema integriert der Konsument neben den Images auch die Einstellungen der konstituierenden Marken und die des Produktes in den Prozess der Einstellungsbildung gegenüber der Vertical Co-Extension. In Anlehnung an Hätty spricht man hierbei von einem Einstellungstransfer (Hätty 1989, S. 93 f.). Demnach strahlt eine positive oder negative Einstellung gegenüber der Corporate Brand auf die Beurteilung der Vertical Co-Extension aus. In bisherigen Studien konnte bereits ein positiver Einfluss der Markeneinstellung auf die Einstellung gegenüber erweiterten Marken beobachtet werden (Kwun 2004, S. 55; Simonin, Ruth 1998, S. 36). Dieser Zusammenhang kann gleichermaßen für die Company Brand und das Produkt formuliert werden. Die jeweiligen Hypothesen lauten:

H6a: Je positiver die Einstellung gegenüber dem Produkt, desto positiver ist die Einstellung gegenüber der Vertical Co-Extension.

H6b: Je positiver die Einstellung gegenüber der Corporate Brand, desto positiver ist die Einstellung gegenüber der Vertical Co-Extension.

H6c: Je positiver die Einstellung gegenüber der Company Brand, desto positiver ist die Einstellung gegenüber der Vertical Co-Extension.

In Anlehnung an Kroeber-Riel und Weinberg bringt eine vom Konsumenten geäußerte Kaufabsicht dessen Einstellung gegenüber einem Produkt zum Ausdruck (Kroeber-Riel, Weinberg 1996). Dementsprechend müsste mit einer hohen Kaufabsicht der Vertical Co-Extension eine positive Einstellung gegenüber den jeweiligen

Dachmarken, dem unmarkierten Produkt und der Vertical Co-Extension einhergehen (Huber 2005, S. 157). Es kann folgende Hypothese formuliert werden:

H7: Je positiver die Einstellung gegenüber der Vertical Co-Extension, desto höher ist die Kaufabsicht der Vertical Co-Extension.

4 Empirische Studie zur Überprüfung des Kausalmodells der Wirkungseinflüsse

4.1 Untersuchungsdesign und Datenbasis

Eine empirische Untersuchung dient nunmehr der Überprüfung, inwieweit das auf Basis der theoretischen Überlegungen hergeleitete Modell die Realität adäquat abbildet. Dafür ist zunächst die Präzision des Untersuchungsobjekts notwendig (Hildebrandt 2000, S. 40). Die Produktkategorie und die Marke sollten den Probanden vertraut sein, um ein ausreichendes Maß an Involvement sicher zu stellen. Die Wahl der Automobilindustrie als Untersuchungsobjekt scheint zusätzlich durch die Verbreitung der Vertical Extension Strategie in der Branche gerechtfertigt zu sein.

In der Untersuchung fanden lediglich solche Automobilhersteller Berücksichtigung, die neben der Corporate- auch mit einer Company-Brand im Automobilmarkt vertreten sind (z.B. GM und OPEL oder DaimlerChrysler und Mercedes). Das Produkt durfte den Probanden zum Zweck einer unvoreingenommenen Beurteilung nicht bekannt sein, so dass die Wahl auf ein „Concept-Car" aus der Kategorie der inzwischen populären Sports Utility Vehicles (SUV) fiel. Die zu prüfende Step Up Extension wurde mittels Manipulation des Kaufpreises hergestellt, der in Anlehnung an Kirmani, Sood und Bridges um 20 % über dem teuersten Modell der bestehenden Produkte der Kategorie lag (Kirmani, Sood, Bridges 1999, S. 88). Zu Beginn der schriftlichen Befragung wurde den Probanden das Bild eines unmarkierten SUV-Modells vorgelegt sowie Informationen zu Preis und Modelltyp vermittelt. An späterer Stelle des Fragebogens wurde das mit den entsprechenden Corporate- und Company Brands markierte SUV-Modell gezeigt, um dadurch die Grundlage für eine Analyse der Wirkung von Corporate- und Company Brands auf die Beurteilung von Vertical Co-Extensions zu schaffen.

Die Datenerhebung fand im März 2005 statt. Die Abfrage der Indikatorvariablen erfolgte über siebenstufige Likert-Skalen. An der Studie nahmen insgesamt 166 Personen teil. Die Grundvoraussetzung für die Teilnahme bestand in einem ausreichenden Maß an Involvement mit der Automobilindustrie. Nach der Selektion der vollständig ausgefüllten Fragebögen gingen 147 Datensätze in die Schätzung des Kausalmodells ein.

4.2 Operationalisierung der Modellkonstrukte

Hinsichtlich der Messung des Images besteht in der Literatur keine Einigkeit (Martinez, Chernatony 2004, S. 41). Freter betont die weite Verbreitung einer Messung subjektiver Wahrnehmungsdimensionen (Freter 1976a, S. 18). Grundsätzlich gilt es dabei solche Eigenschaften in die Operationalisierung des Konstruktes Image einzubeziehen, die für die Probanden Einstellungs- bzw. Kaufrelevanz besitzen. Nach Sichtung der Literatur sowie einer darauf aufbauenden Vorstudie an 30 Probanden kamen 10 Indikatoren zur Operationalisierung des formativen Konstrukts Image zum Einsatz (Freter 1976b, S. 5; Hätty 1989, S. 240; Wehr 2001, S. 200). Die Messung der Operationalisierung erfolgt mittels eines semantischen Differentials (Hammann, Erichson 1994, S. 280). Zur Messung der Assoziationsstärke werden die Assoziationen mit Ratingskalen verknüpft. Im Rahmen dieser Studie kamen 7er-Skalen zum Einsatz. Die Skala bezieht sich somit auf unterschiedliche Intensitäten der Eigenschaften. In Anlehnung an Wehr erfolgt die Operationalisierung der Dachmarken- und Produktimages sowie des der Vertical Co-Extension mit dem identischen semantischen Differential (Wehr 2001, S. 12). Die Operationalisierung des reflektiven Konstrukts Einstellung als affektiv konnotatives Globalurteil erfolgte in Anlehnung an Simonin und Ruth (Simonin, Ruth 1998, S. 35). Die Autoren operationalisieren die Einstellung anhand der konnotativen Eigenschaftspaare „schlecht – gut", „unsympathisch – sympathisch" und „negativ – positiv" (Simonin, Ruth 1998, S. 35). Die Einstellungsmessung erfolgt sowohl für das Produkt, die Dachmarken als auch die Vertical Co-Extension einheitlich. Als Grundlage zur Messung der latenten Variable Kaufabsicht diente eine Studie von Baumgarth, der das Item „wahrscheinlich – unwahrscheinlich" verwendet (Baumgarth 2003, S. 357). Zur Operationalisierung des formativen Konstrukts Fit findet das Modell von Hadjicharalambous Berücksichtigung (Hadjicharalambous 2001, S. 82). Es dient der Operationalisierung der Transferfits (Fit A und Fit B), des Markenfits (Brand Fits) und des Overall Fits.

Wie die Resultate zeigen, überschreiten sämtliche Indikatoren den geforderten t-Wert von 1,98 bei formativen und 1,66 bei reflektiven Inventaren (Herrmann, Huber, Kressmann 2006, S. 61). Auch die Gütekriterien der Konvergenzvalidität, der Unidimensionalität, der Diskriminanzvalidität sowie der Vorhersagevalidität sind bei den reflektiven Konstrukten ausnahmslos erfüllt. Die formativen Konstrukte weisen für die Multikollinearität sowie die Diskriminanzvalidität zufriedenstellende Werte auf (Herrmann, Huber, Kressmann 2006, S. 61).

4.3 Der Wirkungszusammenhang zwischen den Modellelementen

Zur Schätzung des Hypothesensystems diente die Software PLS-Graph 3.0. PLS ist ein Strukturgleichungsverfahren, das die Varianz der Fehlerterme aller abhängigen Variablen minimiert. Ziel der Durchführung einer PLS-Schätzung ist die Identifikation signifikanter Beziehungspfade im Untersuchungsmodell (Fornell, Bookstein 1982, S. 443). Die Signifikanz drückt sich durch die t-Werte für die Ladungen aus, die PLS mittels der Bootstrap-Prozedur bereitstellt (Hahn 2002, S. 105), wobei eine Beziehung mit einem t-Wert von über 1,66 (Signifikanzniveau von 10 %) im Strukturmodell als signifikant gilt (Herrmann, Huber, Kressmann 2006, S. 61). Weiterhin gibt das Bestimmtheitsmaß R^2 Auskunft darüber, wie hoch der Anteil der erklärten Varianz an der Gesamtvarianz ist und zeigt an, wie gut das Modell die realen Gegebenheiten abbildet.

Die unterstellten Zusammenhänge zwischen dem Image des Produktes (H1a), der Corporate Brand (H1b), der Company Brand (H1c) und der VCE (H1d) auf die Einstellung gegenüber diesen Konstrukten lassen sich eindrucksvoll bestätigen. Mit Pfadkoeffizienten von 0,86 (H1c), 0,81 (H1b), 0,77 (H1a) sowie 0,53 (H1d) und ausnahmslos signifikanten t-Werten lassen sich die Hypothesen H1a bis H1d ausnahmslos unterstützen. Hypothese H2, die eine Wirkung des Overall Fit auf die Einstellung gegenüber der Vertical Co-Extension postuliert, konnte mit einem Pfadkoeffizienten von 0,67 und einem t-Wert von 4,67 als signifikant getestet werden. Die Hypothesen H3a und H3b finden für das 5%-Signifikanzniveau Bestätigung. Der Parameterwert von 0,28 impliziert ebenso einen positiven Zusammenhang zwischen dem Fit B und dem Overall Fit (H3b) wie der Parameterwert von 0,29 für den Fit A (H3a). Neben den Transferfits übt der Brand Fit, dem in Hypothese H_4 ein positiver Zusammenhang mit dem Overall Fit unterstellt wird, mit einem Parameterwert von 0,40 den stärksten Einfluss auf den Overall Fit aus. Hypothese H4 gilt somit als bestätigt. Die Ergebnisse bestätigen weiterhin, den Einfluss des Produktimages (H5a) sowie des Corporate- (H5b) und Company-Brand Images (H5c) auf das Image der Vertical Co-Extension. Mit einem Pfadkoeffizienten von 0,72 fällt der Einfluss des Produktimages am stärksten aus. Die Einflüsse der Corporate- und Company Brand-Images fallen zugleich mit Pfadkoeffizienten von 0,21 und 0,15 wesentlich moderater aus. Auch die Hypothesen H6a – H6c lassen sich bestätigen. Während der Einfluss der Produkteinstellung auf die Einstellung gegenüber der Vertical Co-Extension (H6a) auf dem 5%-Signifikanzniveau angenommen werden kann, lassen sich die Zusammenhänge zwischen der Einstellung zur Corporate Brand bzw. der Company Brand und der gegenüber der Vertical Co-Extension nur auf dem 10%-Niveau bestätigen. Den stärksten positiven Einfluss hat dabei die Produkteinstellung mit einem Strukturparameter von 0,26 gefolgt von den Pfadkoeffizienten der Company Brand mit 0,18 und der Corporate Brand von 0,15. Des Weiteren lässt sich mit einem Pfadkoeffizienten von 0,37 Hypothese H7 eindrucksvoll bestätigen. Die Vorzeichen der Strukturparameter sind alle entsprechend den Vorüberlegungen. Die Plausibilität ist somit gewährleistet.

Das R^2 des postulierten Modells überschreitet bei allen endogenen Größen den geforderten Mindestwert von 0,3. Anzumerken bleibt, dass die im Modell berücksichtigten Determinanten die Einstellung gegenüber der Vertical Co-Extensions in einer sehr guten Höhe ($R^2 = 0,78$) erklären. Auch die Kaufabsicht der Vertical Co-Extensions erreicht mit einem R^2 von 0,37 ein zufrieden stellendes Ergebnis. Weiterhin sind die endogenen Konstrukte des Modells auf Strukturmodellebene hinsichtlich Multikollinearität und Vorhersagevalidität (nur reflektiv) zu überprüfen. Die Untersuchung auf Multikollinearität ergab für alle endogenen Konstrukte VIF-Werte kleiner als 10. Somit kann Multikollinearität ausgeschlossen werden. Die Berechnung von Stone-Geissers Q^2 für die reflektiven, endogenen Konstrukte ergab bei allen einen Wert über Null, so dass ihnen Vorhersagevalidität zugeschrieben werden kann. Die Pfadkoeffizienten sowie die t-Werte des Strukturmodells sind *Abbildung 1* zu entnehmen.

5 Implikationen für das Marketingmanagement

Die anhand der empirischen Untersuchung ermittelten Ergebnisse zeigen, dass die zusätzliche Markierung eines neuen Produktes mit einer Company Brand die Beurteilung der Vertical Co-Extension positiv beeinflusst. Damit die Mehrfachmarkierung zu einer positiveren Beurteilung des Produktes und damit zu einer erhöhten Kaufabsicht bei dem Konsumenten führt, gilt es für das Markenmanagement einige Punkte zu beachten.

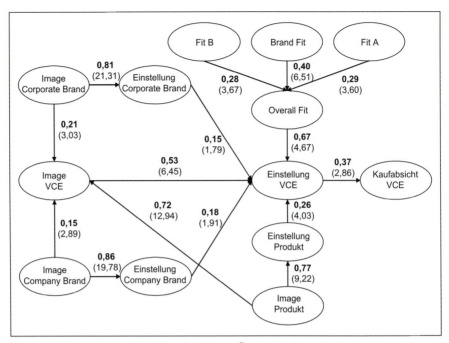

Abbildung 1: Das Wirkungsgefüge im Überblick (t-Werte in Klammern)

Zunächst steht das Markenmanagement vor der Herausforderung zwei Dachmarken zu identifizieren, die jeweils nicht nur zum Produkt, sondern auch zueinander passen und somit ein harmonierendes Markenteam bilden. Die Images der Dachmarken sollten sich jedoch nicht zu ähnlich sein, da sonst die vom Image und der Einstellung gegenüber der Company Brand ausgehenden Wirkungseffekte von der Corporate Brand absorbiert werden können. Der Konsument muss die Marken also als zueinander passend erleben, gleichzeitig aber ist die Bewahrung des individuellen Gesichts der beteiligten Marken notwendig, um einen Synergieeffekt durch die gemeinsame Markierung zu generieren. Dieser Synergieeffekt besteht darin, dass der Konsument auf Basis des wahrgenommenen Overall Fit einen Imagetransfer vollzieht, bei dem neben den Fitbasen auch die spezifischen Eigenschaften der Marken auf das Produkt übertragen werden. Das Produkt kann auf diese Weise von beiden Marken profitieren. Eine wahrnehmbare und integrative Umsetzung der Markenimages ist deshalb für die Ausschöpfung der jeweiligen Markenwerte unabdingbar.

Der geschilderte Sachverhalt macht es notwendig, vor Einführung eines neuen Produkts unter einem Dachmarkenteam die Positionierungen aller Marken der eigenen Markenarchitektur zu erfassen. Eine solche präzise Wiedergabe der Markenimages wird durch qualitative Imageanalysen ermöglicht und eröffnet gleichzeitig die optimale Ausschöpfung der Markenwerte (Esch, Redler 2004, S. 188). Die Ermittlung eines ausreichenden Fits zwischen der Produktkategorie und der am Markenteam beteiligten Marken, gelingt durch Berücksichtigung des Betätigungsfeldes und der Produktkategorie der Vertical Co-Extension. Darauf aufbauend ist es erforderlich, dass der Fit zwischen den jeweiligen Dachmarken und dem Produkt auf den für ein Produkt charakteristischen und für den Konsumenten kaufrelevanten Eigenschaften basiert. Darüber hinaus sollten beide Partnermarken aber über weitere spezifische Imageeigenschaften verfügen, die für die avisierte Kategorie kaufrelevant sind.

- Die Markierung eines (neuen) Produktes mit einer Corporate- als auch einer Company-Brand kann zu einer Steigerung der Kaufabsicht der Konsumenten führen.
- Die Bildung harmonierender Markenteams ist als Voraussetzung einer erfolgreichen Vertical Co-Extension zu sehen.
- Kommunikationsaktivitäten können zu einem besseren Fit des Markenteams beitragen.

Literaturverzeichnis

Aaker, D. A. (1997): Should You Take Your Brand to Where the Action is?. In: Harvard Business Review, September-October, S. 135–143.

Aaker, D. A., Keller, K. L. (1990): Consumer Evaluations of Brand Extensions. In: Journal of Marketing. 54 (1990), Nr. 1, S. 27–41.

Baumgarth, C. (2003): Wirkungen des Co-Brandings, Wiesbaden, 2003.

Bräutigam, S. (2004): Management von Markenarchitekturen: Ein verhaltenswissenschaftliches Modell zur Analyse und Gestaltung von Markenportfolios.

Burmann, C., Meffert, H. (2005): Gestaltung von Markenarchitekturen. In: Meffert, H., Burmann, C., Koers, M. (Hrsg.), Markenmanagement: Grundfragen der identitätsorientierten Markenführung, Wiesbaden, 2005, S. 163–182.

Burmann, C., Schäfer, K. (2005): Das Branchenimage als Determinante der Unternehmensmarkenprofilierung. Lehrstuhl für innovatives Markenmanagement Bremen (LiM), Arbeitspapier 17, S. 1–81.

Dacin, P. A., Smith, D. C. (1994): The Effect of Brand Portfolio Characteristics on Consumer Evaluations of Brand Extensions. In: Journal of Marketing Research, 31 (1994), Nr. 5, S. 229–242.

Day, G. S., Shocker, A. D., Srivastava, R. K. (1979): Customer-Oriented Approaches to Identifying Product-Markets. In: Journal of Marketing, 43 (1979), Nr. 3, S. 8–19.

Esch, F. R., Redler, J. (2004): Markenallianzen gestalten. In: Esch, F. R., Tomczak, T., Kernstock, J., Langner, T. (Hrsg.), Corporate Brand Management: Marken als Anker strategischer Führung von Unternehmen, Wiesbaden, 2004, S. 173–194.

Fornell, C., Bookstein, F. L. (1982): Two Structural Equation Models: LISREL and PLS Applied to Consumer Exit-Voice Theory. In: Journal of Marketing Research, 19 (1982), S. 440–452.

Freter, H. (1976a): Mehrdimensionale Einstellungsmodelle im Marketing: Interpretation, Vergleich und Aussagewert, Arbeitspapiere des Instituts für Marketing an der Universität Münster. Arbeitspapier Nr. 12, S. 1–83.

Freter, H. (1976b): Mehrdimensionale Einstellungsmodelle im Marketing: Eine empirische Untersuchung zur Beurteilung von Auto-Marken, Arbeitspapiere des Instituts für Marketing der Universität Münster. Arbeitspapier Nr. 13, S. 1–61.

Grime, I., Diamantopoulos, A., Smith, G. (2002): Consumer Evaluations of Extensions and their Effects on the Core Brand: Key Issues and Research Propositions. In: European Journal of Marketing, 36 (2002), Nr. 11/12, S. 1415–1438.

Hadjicharalambous, C. (2001): Show me your Friends and I Will Tell you who are, Dissertation, University of Michigan, Ann Arbor 2001.

Hahn, C. H. (2002): Segmentspezifische Kundenzufriedenheitsanalyse: Finite Mixture Partial Least Squares- und hierarchische Bayes-Ansätze zur Berücksichtigung der unbeobachtbaren Heterogenität in Kundenzufriedenheitsurteilen, Wiesbaden 2002.

Hammann, P., Erichson, B. (1994): Marktforschung, Stuttgart et al. 1994.

Hätty, H. (1989): Der Markentransfer, Heidelberg 1989.

Herrmann, A., Huber, F., Kressmann, F. (2006): Varianz- und kovarianzbasierte Strukturgleichungsmodelle – Ein Leitfaden zu deren Spezifikation, Schätzung und Beurteilung. In: Schmalenbachs Zeitschrift für betriebswirtschaftliche Forschung, 58 (2006), Februar, S. 34–66.

Hildebrandt, L. (2000): Hypothesenbildung und empirische Überprüfung. In: Herrmann, A., Homburg, C. (Hrsg.), Marktforschung, 2. Auflage, Wiesbaden 2000, S. 33–57.

Huber, J. (2005): Co-Branding als Strategieoption der Markenpolitik: Kaufverhalten bei Co-Brand-Produkten und negative Rückwirkungseffekte auf die Muttermarken, Wiesbaden 2005.

John, D. R., Loken, B., Joiner, C. (1998): The Negative Impact of Extensions: Can Flagship Products Be Diluted?. In: Journal of Marketing, 62 (1998), Nr. 1, S. 19–32.

Keller, K. L. (1993): Conceptualizing, measuring, and managing customer-based brand equity. In: Journal of Marketing, 57 (1993), Nr. 1, S. 1 – 22.

Keller, K. L. (2003): Strategic Brand Management: Building, Measuring, and Managing Brand Equity, Second Edition, New Jersey 2003.

Kim, C. K., Lavack, A. (1996): Vertical Brand Extension: Current Research and Managerial Implications. In: The Journal of Product and Brand Management. 5 (1996), Nr. 6, S. 24–37.

Kim, C. K., Lavack, A. M., Smith, M. (2001): Consumer Evaluation of Vertical Brand Extensions and Core Brands. In: Journal of Business Research, 52 (2002), S. 211–222.

Kirmani, A., Sood, S., Bridges, S. (1999): The Ownership Effect in Consumer Responses to Brand Line Stretches. In: Journal of Marketing. 63 (1999), Nr. 1, S. 88–101.

Kroeber-Riel, W., Weinberg, P. (1996): Konsumentenverhalten, München 1996.

Kwun, J. W. (2004): Consumers' Evaluation of Brand Portfolios, Dissertation. Iowa State University 2004.

Martinez, E., de Chernatony, L. (2004): The Effect of Brand Extension Strategies upon Brand Image. In: The Journal of Consumer Marketing. 21 (2004), Nr. 1, S. 39–50.

Mayerhofer, W. (1995): Imagetransfer: Die Nutzung von Erlebniswelten für die Positionierung von Ländern, Produktgruppen und Marken, Wien 1995.

Pitta, D. A., Katsanis, L. P. (1995): Understanding Brand Equity for Successful Brand Extension. In: The Journal of Consumer Marketing. 12 (1995), Nr. 4, S. 51–64.

Reiter, G. (1991): Strategien des Imagetransfers. In: Jahrbuch der Absatz- und Verbrauchsforschung. 37 (1991), Nr. 3, S. 210–222.

Schultz, D. E. (2002): Getting your House in Order. In: Marketing Management, 11 (2002), Nr. 6, S. 8–9.

Simonin, B. L., Ruth, J. A. (1998): Is a Company Known by the Company it Keeps?. In: Journal of Marketing Research, 35 (1998), Nr. 1, S. 30–42.

Tauber, E. M. (1988): Brand Leverage: Strategy for Growth in a Cost-Control World. In: Journal of Advertising Research, 28 (1988), August/September, S. 26–30.

Trommsdorff, V. (1998): Konsumentenverhalten, Stuttgart u.a. 1998.

Wehr, A. (2001): Imagegestaltung in der Automobilindustrie: Eine kausalanalytische Untersuchung zur Quantifizierung von Imagetransfereffekten, Wiesbaden 2001.

Zatloukal, G. (2002): Erfolgsfaktoren von Markentransfers, Wiesbaden 2002.

Imageeffekte des Ein- und Austritts von Marken in Markenallianzen

Manuel Michaelis/Christof Backhaus/David Woisetschläger

Zusammenfassung	236
1 Die „Dunkle Seite" von Markenallianzen	236
2 Theoretischer Hintergrund der Untersuchung	237
2.1 Begriff der Markenallianz	237
2.2 Markenallianzen in der Wahrnehmung der Konsumenten	238
3 Empirische Ergebnisse des Experiments	240
3.1 Untersuchungsdesign und Stichprobe	240
3.2 Messung der Konstrukte und Prüfung der Modellgüte	241
3.3 Test der Hypothesen und Ergebnisse	241
4 Implikationen für das Markenmanagement	243
5 Zusammenfassung und Key Learnings	244
Literaturverzeichnis	245

Zusammenfassung

Dass Marken bei einem Zusammenschluss zu einer Allianz vom Image der jeweils anderen Marke(n) profitieren können, ist sowohl in der Praxis als auch in der Wissenschaft hinlänglich bekannt. Im Gegensatz zu diesen positiven Imageeffekten wurden negative Effekte, z.B. beim Austritt von Marken aus solchen Allianzen, trotz ihrer praktischen Relevanz bisher kaum näher betrachtet. Ziel des vorliegenden Beitrages ist es daher, Imageeffekte des Ein- und Austritts von Marken in Allianzen am Beispiel des Luftfahrtbündnisses Star Alliance zu analysieren. Die Ergebnisse unserer experimentellen Studie zeigen, dass der Austritt eines Partners aus einer Allianz dessen Markenimage negativ beeinflussen kann. Gleichzeitig kann dadurch das Markenimage der Allianz gefährdet werden. Da dies insbesondere für den Austritt von starken Marken gilt, sollte das Markenmanagement einer Allianz den Verlust eben dieser Partner verhindern, um die Reputation der gesamten Allianz zu sichern.

1 Die „Dunkle Seite" von Markenallianzen

Markenallianzen sind in einer Vielzahl von Branchen anzutreffen (Levin, Levin 2000, S. 43; McCarthy, Norris 1999, S. 267). Dementsprechend erfahren Markenallianzen auch als Objekt der wissenschaftlichen Forschung in den letzten Jahren eine erhöhte Aufmerksamkeit (Gammoh, Voss, Chakraborty 2006, S. 466). Häufig sind dabei die positiven Bekanntheits- und Imagetransferwirkungen (Esch, Redler, Winter 2005, S. 484) Gegenstand der Diskussion. So konnte bspw. in mehreren Untersuchungen gezeigt werden, dass eine schwache Marke vom Eintritt in eine Allianz mit einem positiven Markenimage profitiert (Rao, Rueckert 1994, S. 89 ff.; Simonin, Ruth 1998, S. 40; Washburn, Till, Priluck 2000, S. 591 ff.). Negative Effekte von Markenallianzen sind dagegen bislang wenig erforscht. Dennoch ist diese „dunkle Seite" von Markenallianzen ebenso existent – beispielsweise in Fällen, in denen ein Mitglied mit Qualitätsproblemen zu kämpfen hat (McCarthy, Norris 1999, S. 279) oder wenn wichtige Partner aus einer Allianz ausscheiden. Jüngstes Beispiel hierfür ist der Rückzug der Baumarktkette OBI aus dem Bonusprogramm Payback, wobei OBI aus Sicht der Konsumenten einer der interessantesten Partner des Loyalitätsprogramms war (Schlautmann 2007, S. 14). Auch im Bereich der Luftfahrt finden sich Allianzen, die sich in ihrer Mitgliederstruktur ändern. Star Alliance, die Mutter aller Luftverkehrsallianzen und Paradebeispiel für Markenallianzen, expandiert aktuell verstärkt in den asiatischen Raum. Mitte des Jahres 2006 wurde für das Jahr 2007 der Beitritt von Air China und Shanghai Airlines zum Bündnis beschlossen (Hoffbauer 2006, S. 17). Ende des Jahres 2006 musste dagegen das Ausscheiden des brasilianischen Partners Varig verkündet werden (o.V. 2006). Bereits zwei Jahre zuvor trat Mexicana, die zweitgrößte Fluggesellschaft Mexicos, aus der Allianz aus, so dass Star Alliance aktuell über keine Partner im südamerikanischen Markt verfügt.

Die Dynamik, der solche Netzwerke unterliegen, wird durch die genannten Beispiele von Ein- und Austritten in Markenallianzen deutlich (auch *Abbildung 1*). Dabei ist davon auszugehen, dass Austritte von Marken in Allianzen zu negativen Einstellungsänderungen von Konsumenten sowohl gegenüber der Marke des einzelnen

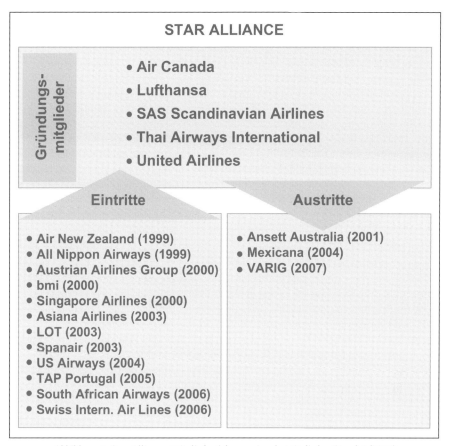

Abbildung 1: Star Alliance-Mitglieder (ohne regionale Mitglieder, Stand: 1/2007)

Partners als auch gegenüber der Marke der Allianz führen können. Dies empirisch zu belegen, ist Ziel der vorliegenden Untersuchung.

Im Folgenden wird zunächst ein kurzer Überblick über den theoretischen Rahmen der Untersuchung gegeben. Auf Basis der entsprechenden Literatur wird ein Modell vorgestellt, das die Imageeffekte des Ein- bzw. Austritts eines Partners in einer Markenallianz am Beispiel der Star Alliance aufzeigt. Aus den Ergebnissen der empirischen Untersuchung werden Handlungsempfehlungen für das Markenmanagement abgeleitet.

2 Theoretischer Hintergrund der Untersuchung

2.1 Begriff der Markenallianz

Der Begriff der Markenallianz ist in der Marketingliteratur nicht einheitlich definiert. Dies wird insbesondere dadurch deutlich, dass sich bislang kein einheitliches Verständnis über die verschiedenen Arten von Markenallianzen herausgebildet hat.

Washburn et al. (2004) unterscheiden zwischen Joint-Promotions, Dual-Branding und Co-Branding. Andere, in der Literatur verwendete Begriffe für Markenallianzen sind das Affinity Partnering (Swaminathan, Reddy 2000), Complementary Branding (Thompson 1998), Symbiotic Marketing (Varadarajan, Rajaratnam 1986), Co-Advertising (Bergen, John 1997; Esch, Redler, Winter 2005), Cross Promotion (Varadarajan 1986), Component Branding (Venkatesh, Mahajan 1997) und das Ingredient Branding (Vaidyanathan, Aggarwal 2000; Smit 1999; Norris 1992; Esch, Redler, Winter 2005). Diese Begriffsvielfalt zeigt, dass der Begriff der Markenallianz sehr weit gefasst werden kann. Im Folgenden soll der Auffassung Aakers (1996) gefolgt werden, der zwischen horizontalen (Composite Branding) und vertikalen (Ingredient Branding) Markenallianzen unterscheidet. Im Fall einer vertikalen Markenallianz sind die beteiligten Marken auf unterschiedlichen Stufen der Wertschöpfungskette angesiedelt (bspw. im Fall von Intel als Zulieferunternehmen und Acer als Hersteller), während eine horizontale Markenallianz von Unternehmen einer vergleichbaren Wirtschaftsstufe eingegangen wird (bspw. im Fall von Haribo und Smarties).

Allianzen zwischen Fluggesellschaften, wie im Beispiel der Star Alliance, sind damit den horizontalen Allianzen zuzuordnen. Sie unterscheiden sich aber vom Co-Branding insofern, als ihre Gründung mit der Bildung einer neuen „Master"-Marke einhergeht (Blacket, Russell 1999). Je nach Dominanz lassen sich hier auf einem Kontinuum zwei grundsätzliche Ausprägungen unterscheiden (Esch, Bräutigam 2005, S. 858). Einerseits kann diese „Master"-Marke als dominante Marke auftreten, die um die Mitgliedsmarken ergänzt wird. Andererseits – wie im hier vorliegenden Fall – nimmt die Mitgliedsmarke eine dominante und die Netzwerkmarke eine ergänzende Rolle ein. So führen Partner der Star Alliance in ihrer Kommunikation zusätzlich zum eigenen Unternehmenslogo den Hinweis „a star alliance member". Im Folgenden soll diese „Master"-Marke, also die Marke Star Alliance, als Netzwerkmarke bezeichnet werden.

2.2 Markenallianzen in der Wahrnehmung der Konsumenten

In der jüngsten Vergangenheit sind die *Wirkungen von Netzwerkmarken* auf Seiten der Konsumenten Gegenstand mehrerer empirischer Untersuchungen, wobei in der Regel auf die positiven Effekte abgestellt wird (Washburn, Till, Priluck 2004, S. 487 ff.). Rao und Rueckert (1994) konnten am Beispiel einer Dienstleistung zeigen, dass der Eintritt in eine Markenallianz positive Auswirkungen auf die Qualitätswahrnehmung aus Konsumentensicht haben kann (Rao, Rueckert 1994, S. 94). Dies gilt insbesondere für schwache Marken. Denn aus Konsumentensicht ist anzunehmen, dass eine starke Marke nur mit einer anderen starken Marke eine Allianz eingehen wird, um die eigene Markenstärke nicht zu gefährden (Levin, Levin 2000, S. 51). Geht eine starke Marke gegen die Erwartung des Konsumenten eine Allianz mit einer schwächeren Marke ein, kann dies als positives Signal für den Konsumenten gewertet werden und zu einer Aufwertung der schwachen Marke führen (Rao, Qu, Rueckert 1999, S. 267; Park, Jun, Shocker 1996, S. 264 f.; Wernerfelt 1988, S. 458 ff.). Somit scheint es gerade für schwächere Marken sinnvoll, Markenallianzen mit stärkeren Marken zu bilden (Rao, Qu, Rueckert 1999, S. 266). Simonin und Ruth (1998) gehen allerdings davon aus, dass beide an einer Allianz beteiligten Marken, also auch die stärkere Marke, von Transfereffekten durch die Einstellung der Konsumenten gegenüber der Allianz profitieren können (Simonin, Ruth 1998, S. 39). Über mögliche Effekte von

Ein- bzw. Austritten in Allianzen *auf die Netzwerkmarke* existieren dagegen bislang kaum Erkenntnisse.

Gleiches gilt für die Analyse negativer Imagetransfereffekte, die Markenallianzen nach sich ziehen können (Hillyer, Tikoo 1995; Washburn, Till, Priluck 2000, S. 600). Im Rahmen mehrerer Experimente konnten Janiszewski und van Osselaer (2000) nachweisen, dass es zu einer Abwertung der Marken beider an einer Allianz beteiligten Partner kommen kann – insbesondere dann, wenn die Allianz zwischen jungen Marken einerseits und bereits etablierten Marken andererseits geschlossen wird (Janiszewski, van Osselaer 2000, S. 348). Pullig et al. (2006) zeigten, dass auch Marken ähnlicher Produktkategorien sich gegenseitig negativ beeinflussen können, wenn sie unterschiedlich positioniert sind (Pullig, Simmons, Netemeyer 2006, S. 54 f.). In unserem Beispiel der Luftverkehrsallianzen kann sich nach Weber (2005) der schlechte Service einer Airline negativ auf die Marken anderer Mitglieder auswirken. Dies gilt insbesondere auch dann, wenn diese Mitglieder eine hohe Reputation über gute Serviceleistungen aufgebaut haben.

Mit Bezug auf bisherige Forschungsergebnisse ist davon auszugehen, dass sich der Eintritt einer Airline in eine Luftfahrtallianz positiv auf das Image der Airline auswirkt, soweit die Allianz selbst als positiv bewertet wird. Dieser Effekt sollte bei einer (relativ) unbekannten (schwächeren) Marke höher sein als bei einer bekannten (starken) Marke, da die Allianz als Endorsement für die (relativ) unbekannte Marke wirkt. Im Gegensatz dazu kann davon ausgegangen werden, dass der Austritt einer Airline aus einer Allianz zu negativen Effekten für die Marke der betroffenen Fluggesellschaft führt. Aus zweierlei Gründen ist anzunehmen, dass diese negativen Effekte im Fall der schwächeren Marke stärker ausfallen: Zum einen könnten die Konsumenten den Grund für den Austritt bei der Airline mit der schwächeren Marke suchen, zum anderen leidet die schwächere Marke in größerem Maße darunter, dass positive Transfereffekte von der Netzwerkmarke ausbleiben.

Es kann erwartet werden, dass die Einstellungsänderung gegenüber der Netzwerkmarke nach Bekanntgabe des Eintritts (Austritts) in das (aus dem) Netzwerk von der Markenstärke der Airline abhängt. Demnach ist der Eintritt (Austritt) einer starken

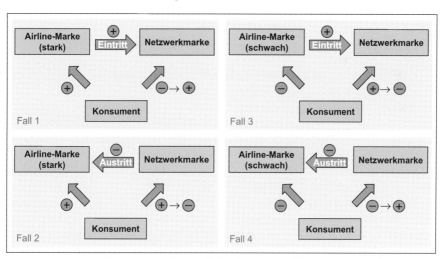

Abbildung 2: Kongruenzeffekte zwischen Konsument, Airline und Netzwerk

Fluggesellschaft beim Reisenden mit einem positiven (negativen) Imageeffekt auf die Netzwerkmarke verbunden. Tritt eine Fluggesellschaft in eine Allianz ein, so wird der Konsument dies als Signal einer positiven Beziehung zwischen Fluggesellschaft und Allianz auffassen (siehe Fall 1 bzw. 3 in *Abbildung 2*). Handelt es sich dabei um eine starke Fluggesellschaft, werden die Kunden dieses positive Image auf das Netzwerk übertragen (Fall 1), was mit der Kongruenztheorie begründet werden kann (Osgood, Tannenbaum 1955). Der umgekehrte Fall lässt sich beobachten, wenn eine schwache Marke dem Bündnis beitritt. Hier findet aufgrund des Strebens des Kunden nach Markenkonsistenz ein negativer Imagetransfer auf die Netzwerkmarke statt (Fall 3). Ähnliche Effekte lassen sich im Falle des Netzwerkaustritts einer Fluggesellschaft beobachten (Fall 2 bzw. 4).

Es wird weiterhin erwartet, dass die oben beschriebenen Effekte durch die Heterogenität der Untersuchungsobjekte, insbesondere durch die Flughäufigkeit der Reisenden und die Teilnahme an Frequent-Flyer-Programmen, moderiert werden. So kann vermutet werden, dass Vielflieger und Teilnehmer von Frequent-Flyer-Programmen (Weber 2005) das Image der Netzwerkmarke in der Regel deutlich besser einschätzen als Normalflieger, denn gerade ihnen bieten Luftfahrtallianzen besondere Leistungen und Vorteile. In *Abbildung 3* ist abschließend unser Untersuchungsmodell dargestellt.

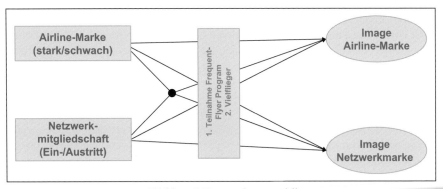

Abbildung 3: Untersuchungsmodell

3 Empirische Ergebnisse des Experiments

3.1 Untersuchungsdesign und Stichprobe

Zur Überprüfung der oben dargestellten Zusammenhänge wurde ein experimentelles Design entworfen, das auf einer Online-Befragung basierte. Als Stimuli wurden vier fiktive Szenarien entworfen, die den Befragten als Meldung in einer großen deutschen Tageszeitung präsentiert wurden:

Air France/Aeroflot tritt der Star Alliance bei. Wie gestern in Frankfurt bekannt wurde ist die Air France/Aeroflot (aus) der Star Alliance beigetreten (ausgetreten). Die Star Alliance wurde 1997 gegründet und umfasst aktuell 17 Mitglieder. Air France/Aeroflot ist eine internationale Fluglinie, die täglich Flüge von fünf deutschen Flughäfen zu über 100 Destinationen anbietet.

In einer Vorstudie wurde Air France als starke und Aeroflot als schwache Marke bewertet. Gleichzeitig wurde sichergestellt, dass die beiden Airlines nicht unmittelbar mit einer bestimmten Luftfahrtallianz in Verbindung zu bringen waren. So war kaum bekannt, dass Air France Mitglied der SkyTeam-Allianz ist. Aeroflot ist ebenfalls Mitglied bei SkyTeam, trat aber bei, nachdem die Studie durchgeführt wurde. Die Star Alliance wurde aufgrund ihrer Größe und Bekanntheit (der Marktanteil der Star Alliance liegt bei etwa 25 %; vgl. IATA 2005; staralliance.com) als Netzwerkmarke gewählt. Nach Abschluss der Befragung wurden die Teilnehmer über das fiktionale Design der Szenarien informiert.

Insgesamt beteiligten sich 415 Personen an der Befragung, wobei einige Fragebögen aufgrund fehlender Werte nicht mit in die Analyse einfließen konnten, so dass insgesamt 372 Fragebögen (93 pro Szenario) in die Auswertung einbezogen wurden. Das Durchschnittsalter der Befragten betrug 31,1 Jahre, der Anteil der männlichen (weiblichen) Befragten lag bei 58 % (39 %; 3 % k. A.). Nach Vergleich des Anwortverhaltens der ersten und zweiten Hälfte der Teilnehmer kann eine systematische Verzerrung im Antwortverhalten ausgeschlossen werden (Armstrong, Overton 1977).

3.2 Messung der Konstrukte und Prüfung der Modellgüte

Die Messung der Einstellung gegenüber den jeweiligen Marken erfolgte unter Rückgriff auf entsprechende Skalen aus der Literatur, die einem Pretest durch 35 Studenten unterzogen wurden. Zur Messung der Images der drei Marken wurden fünf Items herangezogen, die in der Literatur in diesem Zusammenhang häufig Verwendung finden (bspw. Keller 1993; Mitchell 1986; Markenimage: α = 0,889; FR = 0,895; DEV = 0,682; Image der Netzwerkmarke: α = 0,912; FR = 0,915; DEV = 0,731). Die Teilnahme an einem Frequent-Flyer-Programm sowie die Flughäufigkeit wurden als Kovariablen in das Modell aufgenommen. Alle übrigen Items wurden mittels 7er-Likert-Skalen abgefragt. Die üblicherweise im Rahmen multivariater Analysen zu überprüfenden Gütekriterien wie die Diskriminanzvalidität der Konstrukte (Fornell, Larcker 1981, S. 46) und die globalen sowie lokalen Gütekriterien des Modells liegen alle über (CFI, TLI, Faktorreliabilitäten) bzw. unter (RMSEA, SRMR) den geforderten Schwellen.

3.3 Test der Hypothesen und Ergebnisse

Nach Überprüfung der Modellannahmen (Tabachnik, Fidell 2001) bestätigte die Durchführung der MANCOVA zwei signifikante Haupteffekte (Airline-Marke: F-Wert 58,087, Eta-Quadrat 27,5 %, Netzwerkeintritt: F-Wert 2,436, Eta-Quadrat 1,6 %) sowie einen signifikanten Interaktionseffekt (F-Wert 2,518, Eta-Quadrat 1,6 %) zwischen Airline-Marke und Netzwerkeintritt. Der Einfluss der Kovariablen „Teilnahme an einem Frequent-Flyer-Programm" war ebenfalls signifikant (F-Wert 16,421, Eta-Quadrat 9,7 %). Bei der zweiten Kovariable (Flughäufigkeit) konnte keine signifikante Wirkung beobachtet werden, so dass diese nicht weiter betrachtet wird und Hypothese H_{3a} abgelehnt werden muss (F-Wert 2,174, Eta-Quadrat 1,4 %).

Mit Hilfe von Follow-Up-ANCOVAs wurden die Effekte der Stimuli und Kovariablen auf jedes einzelne der abhängigen Konstrukte überprüft (hierzu Woisetschläger 2006, S. 152 f.). Gemäß den von Cohen (1988) angeführten Richtwerten sind diese als kleine Effekte einzuschätzen, lediglich die Teilnahme an einem Frequent-Flyer-Programm fällt in den Bereich der Effekte mittlere Stärke (> 5,9%; vgl. Cohen 1988, S. 280 ff.). Wie in *Tabelle 1* ersichtlich, sind die Haupteffekte des Ein- bzw. Austritts in Bezug auf die Marke der Fluggesellschaft signifikant, wenn auch gering ($\eta^2 = 1{,}4\%$). Das Markenimage der Netzwerkmarke (Star Alliance) unterliegt einem Interaktionseffekt (Marke der Airline * Ein- bzw. Austritt mit einem η^2 von 1,5%). Der in Hypothese H_{1b} angenommene Interaktionseffekt auf das Markenimage der Airline konnte nicht bestätigt werden. Die Teilnahme an einem Frequent-Flyer-Programm übt einen Einfluss auf beide abhängigen Konstrukte aus, wobei der Effekt auf das Image der Fluggesellschaft als klein ($\eta^2 = 1{,}7\%$) und der auf das Image der Netzwerkmarke als mittel ($\eta^2 = 7{,}8\%$) zu bezeichnen ist.

Tabelle 1: Ergebnisse der Follow-Up-ANCOVAs

Faktor	Markenimage der Airline (adj. $R^2 = 29{,}1\%$)		Image der Netzwerkmarke (adj. $R^2 = 9{,}4\%$)	
Airline-Marke	115,203***	(27,2%)	0,215	(0,1%)
Ein- bzw. Austritt	4,421**	(1,4%)	0,670	(0,2%)
Airline-Marke * Ein- bzw. Austritt	0,181	(0,1%)	4,730**	(1,5%)
Teilnahme an einem Frequent-Flyer-Programm	5,204**	(1,7%)	26,098***	(7,8%)
Flughäufigkeit	2,774*	(0,9%)	1,323	(0,4%)

F-Werte (η^2 in %) der Follow-Up-ANCOVAs; ***$p<0{,}01$; **$p<0{,}05$; *$p<0{,}1$.

Mittels Post-Hoc-Tests wurden die identifizierten Effekte schließlich auf ihre Wirkungsrichtung hin überprüft. Die unterschiedlichen Faktor-Mittelwerte der Markenimages der Fluggesellschaften (*Tabelle 2*) bestätigen zunächst die Eignung der beiden Stimuli als „starke" (Air France) bzw. „schwache" Marke (Aeroflot). Der Ein- bzw. Austritt hat einen signifikanten Effekt auf das Markenimage der Airline: Die Ankündigung des Eintritts einer Airline in die Allianz ist im Vergleich zur Ankündigung eines Austritts mit einer positiveren Einschätzung des Markenimages der Airline verbunden.

Tabelle 2: Ergebnisse der Post-Hoc-Tests

abhängige Variable	Airline-Marke			Mitgliedstatus im Netzwerk		
	Brown-Forsythe	MW (SA) stark	schwach	Brown-Forsythe	MW (SA) Eintritt	Austritt
Image der Airline-Marke	126,221***	0,50 (0,81)	-0,53 (0.90)	6,863***	0,15 (1,03)	-0,13 (0.95)
Image der Netzwerkmarke (Interaktionseffekt)						
starke Marke				2,774*	0,11 (0,98)	-0,14 (0.94)
schwache Marke				0,747	-0,07 (1,06)	0,08 (1,04)

***$p<0{,}01$; **$p<0{,}05$; *$p<0{,}1$; MW = Mittelwert; SA = Standardabweichung

Aufgrund des Interaktionseffektes, der das Image der Netzwerkmarke beeinflusst, muss der Stimulus des Ein- bzw. Austritts für den Fall der starken sowie der schwachen Marke getrennt voneinander betrachtet werden: Das Image der Netzwerkmarke profitiert signifikant von (0,11) (leidet signifikant unter (-0,14)) der Aufnahme (dem Austritt) der Fluggesellschaft mit der starken Marke. Im Fall der schwachen Marke ist ein negativer Effekt des Eintritts in das Netzwerk zu beobachten (-0,07), wohingegen der Austritt der schwachen Marke zu einer positiveren Bewertung führt (0,08). Diese Unterschiede in der Bewertung sind allerdings nicht signifikant.

Tabelle 3: Ergebnisse der Post-Hoc-Tests bei den Moderatoren

abhängige Variable	Teilnahme an einem Frequent-Flyer-Programm		
	Brown-Forsythe	MW (SA)	
		ja	nein
schwache Marke tritt aus…			
Image der Airline-Marke	5,959**	−0,97 (0,73)	−0,55 (0,86)
Image der Netzwerkmarke	20,269***	0,63 (0,67)	−0,24 (1,08)
schwache Marke tritt ein …			
Image der Airline-Marke	1,072	−0,52 (1,01)	−0,27 (0,91)
Image der Netzwerkmarke	8,428***	0,49 (1,02)	−0,29 (1,01)
starke Marke tritt aus …			
Image der Airline-Marke	0,030	0,39 (0,73)	0,42 (0,71)
Image der Netzwerkmarke	7,220***	0,21 (0,83)	−0,31 (0,95)
starke Marke tritt ein…			
Image der Airline-Marke	1,274	0,38 (1,11)	0,68 (0,81)
Image der Netzwerkmarke	4,631**	0,49 (0,86)	−0,01 (0,97)

***$p<0,01$; **$p<0,05$; *$p<0,1$; MW = Mittelwert; SA = Standardabweichung

Tabelle 3 zeigt schließlich, dass die Mitglieder von Frequent-Flyer-Programmen das Image der Netzwerkmarke in jedem der Szenarien positiver bewerten als Nicht-Mitglieder. Im Hinblick auf die Images der Airlines ist festzustellen, dass lediglich der Austritt der schwachen Marke zu einer signifikant unterschiedlichen Bewertung der Airline im Gruppenvergleich führt: Teilnehmer eines Frequent-Flyer-Programms bewerten das Image der schwachen Marke, die aus der Allianz austritt, signifikant schlechter als Nicht-Mitglieder. Der Austritt der starken Marke führt im Gegensatz nicht zu einer signifikant unterschiedlichen Einschätzung durch die beiden Gruppen.

4 Implikationen für das Markenmanagement

Zunächst ist der im Rahmen der experimentellen Untersuchung bestätigte positive (negative) Haupteffekt, der beim Eintritt (Austritt) einer Marke beobachtet werden konnte, von hoher Relevanz für das Markenmanagement. Das Beispiel der irischen Fluglinie Aer Lingus, die im Mai 2006 aus der Luftverkehrsallianz Oneworld austrat (Dudley, Choueke 2006), zeigt, dass die Wahrscheinlichkeit des Auftretens von

Konflikten unter den Netzwerkpartnern im Laufe der Zeit zunimmt. Daher sollten sich (potenzielle) Netzwerkpartner der negativen Rückkopplungseffekte auf die eigene Marke bewusst sein, die im Falle eines Austritts aus dem Netzwerk auftreten können. Dabei ist es denkbar, dass durch eine geeignete Kommunikationsstrategie solche negativen Imageeffekte abgemildert werden können, bspw. durch Abgabe einer für den Konsumenten nachvollziehbaren Begründung für den Austritt. Im vorliegenden Beispiel der Aer Lingus könnte hier etwa ein Austritt mit der strategischen Neuausrichtung als „No-Frills"-Carrier begründet werden, so dass die im Rahmen einer Allianz erforderlichen Standards für Business-Class-Plätze nicht mehr zur Unternehmensstrategie passen.

Der Interaktionseffekt des Ein- bzw. Austritts im Fall der starken Marke deutet darauf hin, dass das Image der Netzwerkmarke relativ stärker von einem Ein- bzw. Austritt einer starken Marke abhängt. Während der Eintritt der starken Marke zu einer positiveren Bewertung der Netzwerkmarke führt, ist der Eintritt der schwachen Marke mit einem gegenteiligen Effekt verbunden, der allerdings weniger stark ins Gewicht fällt. Damit ist das Image der Netzwerkmarke durch Änderungen der Mitgliedschaft schwacher Marken weniger stark betroffen, während das Management der Netzwerkmarke den Austritt starker Partner möglichst vermeiden sollte. Dies gilt insbesondere dann, wenn wie im Fall der brasilianischen Fluglinie Varig das betreffende Mitglied der einzige Partner in einem bestimmten Markt ist. Der schwachen Marke kann das Management der Netzwerkmarke härtere Bedingungen auferlegen, ohne Gefahr zu laufen, die eigene Netzmarke zu beschädigen, wenn die schwache Marke das Bündnis verlässt. Dieses Ergebnis ist insbesondere für schwache Fluggesellschaften kritisch, da langfristig bspw. die Teilnehmer an Frequent-Flyer-Programmen die Mitgliedschaft in einer Allianz von der betreffenden Airline als Qualitätsindikator verlangen (Dudley, Choueke 2006). Dies setzt insbesondere solche Fluglinien unter Druck, die bisher noch kein Mitglied einer Allianz sind und gleichzeitig nicht zu einem Low-Cost-Carrier avancieren wollen. Die verstärkte Bildung von Allianzen im Luftverkehr kann somit als ein Zwischenschritt der weiteren Konsolidierung der gesamten Branche gesehen werden.

Die gewonnenen Erkenntnisse sind jedoch nicht nur für Luftfahrtallianzen gültig, sondern lassen sich auch auf andere Dienstleistungsunternehmen übertragen, bei denen durch Netzwerkbildung ebenso „Master-Brands" entstehen können. Dazu gehören z.B. die bereits erwähnten Kundenkartenprogramme wie Payback oder HappyDigits. Aber auch für Branchen ohne Dienstleistungsbezug scheinen Allianzen ein probates Mittel. So soll nach den Vorstellungen des Vorstandsvorsitzenden der Software AG für den europäischen IT-Sektor eine Allianz á la Star Alliance entstehen, um sich so der US-amerikanischen Übermacht in dieser Branche zu erwehren (Koenen 2006, S. 13).

5 Zusammenfassung und Key Learnings

Vor dem Hintergrund der zunehmenden Netzwerkbildung, insbesondere im Dienstleistungssektor, und der Dynamik, der solche Netzwerke unterliegen, war es das Ziel der vorliegenden Untersuchung, Erkenntnisse über die Wirkung von Ein- und Austritten von Marken in solche Netzwerke zu gewinnen. Dabei wurden am Beispiel der Luftfahrtallianzen sowohl Effekte auf die individuellen Marken als auch auf die Netzwerkmarke untersucht. Dabei ist zu beachten:

- Ein- bzw. Austritte in Markenallianzen führen zu positiven (negativen) Effekten auf die Netzwerkmarke und die Einzelmarken.
- Die Netzwerkmarke wird vor allem durch ihre starken Mitglieder getragen.
- Das Management der Netzwerkmarke sollte den Austritt starker Marken verhindern, um die Reputation der Netzwerkmarke nicht zu gefährden.
- Austritte aus Allianzen haben für schwache Marken negative Imagefolgen, der Netzwerkmarke schaden diese jedoch nicht.
- Sind Austritte unausweichlich, sollten diese dem Konsumenten gegenüber offen kommuniziert und nachvollziehbar begründet werden.

Die Autoren bedanken sich für die Unterstützung des Bundesministeriums für Bildung und Forschung im Rahmen des Projekts IMADI.net – Internationale Markenführung in Dienstleistungsnetzwerken, Förderkennzeichen 01HQ0523.

Literaturverzeichnis

Aaker, D. A. (1996): Building Strong Brands, New York, 1996.
Armstrong, J. S., Overton, T. S. (1977): Estimating Nonresponse Bias in Mail Surveys. In: Journal of Marketing Research, 14. Jg. (1977), S. 396–402.
Bergen, M., John, G. (1997): Understanding Corporate Advertising. In: Journal of Marketing Research, 34. Jg. (1997), Nr. 3, S. 357–369.
Blackett, T., Russel, N. (1999): What is Co-Branding. In: Blackett, T., Boad, B (Hg.): Co-Branding: The Science of Alliance, London, 1999, S. 1–21.
Cohen, J. (1988): Statistical Power Analysis for the Behavioral Sciences, Hillsdale, 1999.
Dudley, D., Chouke, M. (2006): Rebels against the Alliance. In: Marketing Week, 29. Jg. (2006), Nr. 23, S. 26–27.
Esch, F.-R., Bräutigam, S. (2005): Analyse und Gestaltung komplexer Markenarchitekturen. In: Esch, F.-R. (Hg.): Moderne Markenführung, 4. Auflage, Wiesbaden, 2005, S. 839–861.
Esch, F.-R., Redler, J., Winter, K. (2005): Management von Markenallianzen. In: Esch, F.-R. (Hg.): Moderne Markenführung, 4. Auflage, Wiesbaden, 2005, S. 481–501.
Fornell, C., Larcker, D. F. (1981): Evaluating Structural Equation Models With Unobservable Variables and Measurement Error. In: Journal of Marketing Research, 18. Jg. (1981), Nr. 1, S. 39–50.
Gammoh, B. S., Voss, K. E., Chakraborty, G. (2006): Consumer Evaluation of Brand Alliance Signals. In: Psychology & Marketing, 32. Jg. (2006), Nr. 6, S. 465–486.
Hillyer, C., Tikoo, S. (1995): Effect of Cobranding on Consumer Product Evaluations. In: Advances in Consumer Research, 22. Jg. (1995), Nr. 1, S. 123–127.
Hoffbauer, A. (2006): Lufthansa lockt Air China: Das Luftfahrtbündnis Star Alliance gewinnt die Staatslinie im Reich der Mitte als Partner. In: Handelsblatt vom 23.05.2006, Nr. 99, S. 17.
Janiszewski, C., van Osselaer, S. M. J. (2000): A Connectionist Model of Brand-Quality Associations. In: Journal of Marketing Research, 37. Jg. (2000), Nr. 3, S. 331–350.
Keller, K. L. (1993): Conceptualizing, Measuring, Managing Customer-Based Brand Equity. In: Journal of Marketing, 57. Jg. (1993), Nr. 1, S. 1–22.
Koenen, J. (2006): Der Aufholjäger. In: Handelsblatt vom 13.11.2006, Nr. 219, S. 13.
Levin, I. P., Levin, A. M. (2000): Modelling the Role of Brand Alliances in the Assimilation of Product Evaluations. In: Journal of Consumer Psychology, 9. Jg. (2000), Nr. 1, S. 43–52.
Mitchell, A. A. (1986): The Effect of Verbal and Visual Components of Advertisements on Brands Attitudes and Attitude toward the Advertisement. In: Journal of Consumer Research, 13. Jg. (1986), Nr. 1, S. 12–24.

McCarthy, M. S., Norris, D. G. (1999): Improving Competitive Position Using Branded Ingredients. In: Journal of Product and Brand Management, 8. Jg. (1999), Nr. 4, S. 267–285.

Norris, D. G. (1992): Ingredient Branding: A Strategy With Multiple Beneficiaries. In: The Journal of Consumer Marketing, 9. Jg. (1992), Nr. 3, S. 19–31.

Osgood, Ch. E., Tannenbaum, P. E. (1955): The Principle of Congruity in the Prediction of Attitude Change. In: Psychological Review, 62. Jg., Nr. 1, S. 42–55.

o.V. (2006): VARIG to leave Star Alliance, Pressemitteilung der Star Alliance, www.staralliance.com, letzter Zugriff: 28.01.2007.

Park, C. W., Jun, S. Y., Shocker, A. D. (1996): Composite Branding Alliances: An Investigation of Extension and Feedback Effects. In: Journal of Marketing Research, 33. Jg. (1996), Nr. 4, S. 453–466.

Pullig, C., Simmons, C. J., Netemeyer, R. G. (2006): Brand Dilution: When Do New Brands Hurt Existing Brands? In: Journal of Marketing, 70. Jg. (2006), Nr. 2, S. 52–66.

Rao, A. R., Qu, L., Rueckert, R. W. (1999): Signaling Unobservable Product Quality through a Brand Ally. In: Journal of Marketing Research, 36. Jg. (1999), Nr. 2, S. 258–268.

Rao, A. R., Rueckert, R. W. (1994): Brand Alliances as Signals of Product Quality. In: Sloan Management Review, 36. Jg. (1994), Nr. 1, S. 87–97.

Schlautmann, C. (2007): Rückschlag für Payback. In: Handelsblatt vom 29.01.2007, Nr. 20, S. 14.

Simonin, B. L., Ruth, J. A. (1998): Is a Company Known by the Company it Keeps? Assessing the Spillover Effects of Brand Alliances on Consumer Brand Attitutes. In: Journal of Marketing Research, 35. Jg. (1998), Nr. 1, S. 30–42.

Smit, M. (1999): Ingredient Branding. In: Blackett, T., Boad, B. (Hg.): Co-Branding: The Science of Alliance, London, 1999, S. 66–83.

Swaminathan, V., Reddy, S. K. (2000): Affinity Partnering, Conzeptualization and Issues. In: Sheth, J. N., Parvatiyar A. (Hg.): Handbook of Relationship Marketing, Thousand Oaks, CA, 2000, S. 381–405.

Tabachnik, B. G., Fidell L. S. (2001): Using Multivariate Statistics, Needham Heights, MA, 2001.

Thompson, S. (1998): Brand buddies – co-branding meal solutions. In: Brandweek, 39. Jg. (1998), Nr. 8, S. 26–30.

Vaidyanathan, R., Aggarwal, P. (2000): Strategic Brand Alliances: Implications for Ingredient Branding for National and Private Label Brands. In: Journal of Product and Brand Management, 9. Jg. (2000), Nr. 4, S. 214–228.

Varadarajan, P. R. (1986): Horizontal Cooperative Sales Promotion: A Framework for Classification and Attitudinal Perspective. In: Journal of Marketing, 50. Jg. (1986), Nr. 2, S. 61–73.

Varadarajan, P. R., Rajaratnam, D. (1986): Symbiotic Marketing Revisited. In: Journal of Marketing, 50. Jg. (1986), Nr. 1, S. 7–17.

Venkatesh, R., Mahajan, V. (1997): Products with Branded Components: An Approach for Premium Pricing and Partner Selection. In: Marketing Science, 16. Jg. (1997), Nr. 2, S. 146–165.

Washburn, J. H., Till, B. D., Priluck, R. (2004): Brand Alliances and Customer-Based Brand Equity Effects. In: Psychology and Marketing, 21. Jg. (2004), Nr. 7, S. 487–508.

Washburn, J. H., Till, B. D., Priluck, R. (2000): Co-branding: Brand Equity and Trial Effects. In: Journal of Consumer Marketing, 17. Jg. (2000), Nr. 7, S. 591–604.

Weber, K. (2005): Traveler's Perceptions of Airline Alliance Benefits and Performance. In: Journal of Travel Research, 43. Jg. (2005), S. 257–265.

Wernerfelt, B. (1988): Umbrella Branding as a Signal of New Product Quality: An Example of Signaling by Posting a Bond. In: Rand Journal of Economics, 19. Jg. (1988), Nr. 3, S. 458–466.

Woisetschläger, D. (2006): Markenwirkung von Sponsoring: Eine Zeitreihenanalyse am Beispiel des Formel 1 – Engagements eines Automobilherstellers, Wiesbaden 2006

Der neue Luxus und die Konsequenzen für die Markenführung

Alexandra Valtin

Zusammenfassung	248
1 Hintergründe zum Luxuskonzept	248
1.1 Der Luxusbegriff	248
1.2 Entwicklung und Beurteilung des Luxuskonzepts im Zeitverlauf	249
2 Der „neue" Luxus	250
2.1 Aktuelle Rahmenbedingungen des „neuen" Luxus	250
2.2 Formen des „neuen" Luxus	253
3 Implikationen des „neuen" Luxus für die Markenführung	255
4 Zusammenfassung	256
Literaturverzeichnis	257

Zusammenfassung

Die Definition von Luxus hat sich in der historischen und gesellschaftlichen Entwicklung immer wieder verändert. Während der Luxuskonsum klassischerweise oft mit Status und Prestige assoziiert worden ist, stehen beim „neuen" Luxus Aspekte wie individuelles Wohlbefinden, Zeit, Erlebnisqualität und Nachhaltigkeit im Vordergrund. Diese Entwicklung hat erhebliche Konsequenzen für die Führung von Luxusmarken. Unter Berücksichtigung der verschiedenen Ausgestaltungsformen des „neuen" Luxus werden im folgenden Beitrag Ansatzpunkte für ein erfolgreiches Luxusmarkenmanagement dargestellt.

1 Hintergründe zum Luxuskonzept

1.1 Der Luxusbegriff

„No other moral or social issue is as unclarified as that of luxury, and what behavior toward it can be considered to be well befit" (Kambli 1890, Preface). Angesichts der zweitausendjährigen Geschichte des Luxusbegriffs und der immer wieder kontroversen Diskussion über diesen Terminus, existieren *zahlreiche verschiedene Definitionen von Luxus* (Grugel-Pannier 1996, S. 17 ff.; Berry 1994, S. 28 ff.). Dabei handelt es sich bis heute vor allem um normative Interpretationen, die nicht frei von Wertungen und vielfach durch negative Konnotationen geprägt sind (Pöll 1980, S. 12 f.; Grugel-Pannier 1996, S. 45). Die Schwierigkeit mit dem Begriff Luxus liegt darin, dass er gleichzeitig ein Konzept bzw. eine Kategorie, ein subjektives Empfinden und eine unterschwellige moralische Kritik beinhaltet (Kapferer 2001, S. 347). Die Einstellung der meisten Menschen zum Luxus ist komplex und ambivalent (Dubois, Laurent, Czelllar 2001, S. 3). Einerseits ist Luxus mit einer besonderen Begehrlichkeit und Bewunderung für die technischen oder ästhetischen Feinheiten eines gewissen Objekts verbunden. Andererseits wird Luxus häufig mit Übermäßigkeit und Verschwendung assoziiert (Diez 2002, S. 2).

Etymologisch kann der Luxusbegriff von den lateinischen Wörtern *„luxus"* und *„luxuria"* hergeleitet werden. Als Grundbedeutung kann bei beiden Wörtern die „Abweichung vom Geraden, Normalen bzw. normalen Maß" angenommen werden (Mühlmann 1975, S. 22 ff.; Grugel-Pannier 1996, S. 18 f.). Allerdings hat der Luxusbegriff mit der Zeit seine absolute und äußerst negative Deutung verloren und ist zu einer Bezeichnung für den Aufwand geworden, der über das Notwendige, d.h. das allgemein als notwendig anerkannte Maß der Anspruchsbefriedigung bzw. den durchschnittlichen Lebensstandard, hinausgeht (Kambli 1890, S. 23; Sombart 1996, S. 85; Sommerlad 1925, S. 446). Die zentrale Frage ist jedoch, was das Notwendige ist und wer festlegt, was heute, morgen oder in 50 Jahren in Deutschland, Europa, der Dritten Welt etc. notwendig ist (Mutscheller 1992, S. 64). Anhand dieser Frage wird deutlich, dass Luxus ein *subjektiver und relativer Begriff* ist. Nur anhand subjektiver Beurteilung kann entschieden werden, was notwendiger Standard und was Luxus ist. Das, was für eine Person Luxus bedeutet, stellt für eine andere Person eine Notwendigkeit dar (Berry 1994, S. 32, 239 f.).Das Gleiche gilt auch für die Beurteilung von

Marken. Bestimmte Marken tragen für einige Konsumenten das Etikett des Luxus, während sie für andere ganz einfach gehobene Marken sind (Quelch 1987, S. 40).

Die Relativität zeigt sich darin, dass sich der Luxusstatus in Abhängigkeit von Zeit und Ort verändern kann (Braun 1997, S. 28). So haben sich Luxusgüter im Lauf der Zeit in unterschiedlichen Bereichen zu alltäglichen Massenprodukten gewandelt (Pöll 1980, S. 12; Berry 1994, S. 18).Vor 50 Jahren galt ein Auto bspw. noch als Luxusgut, wohingegen es heute, zumindest in industrialisierten Ländern, diesen Status verloren hat (Diez 2002, S. 1). Gründe für derartige „Statusverluste" von Produkten können darin gesehen werden, dass die Knappheit, welche Luxusgüter allgemein ausmacht, mit der Zeit aufgehoben wurde und immer mehr neue Luxusprodukte eingeführt wurden (Jäckel, Kochan 2000, S. 76). Dementsprechend kann der Luxusbegriff erst konkretisiert werden, wenn das „Notwendige" subjektiv und relativ zum gesellschaftlichen Kontext bekannt ist.

1.2 Entwicklung und Beurteilung des Luxuskonzepts im Zeitverlauf

Der Begriff Luxus ist abhängig von zeitlichen Epochen, den jeweiligen politisch-ökonomischen Rahmenbedingungen und moralisch-ethischen Interpretationen teilweise sehr unterschiedlich konzeptualisiert worden (Lasslop 2002, S. 331; Grugel-Pannier 1996, S. 17 ff.; Berry 1994, S. 28 ff.). Luxus ist in allen Gesellschaften über die griechisch-römische Antike bis zum Beginn der Neuzeit als ein „schichtspezifisches Kennzeichen" (Pöll 1980, S. 9), das die Herrschenden bezüglich ihrer Kleidung, Wohnung, Ernährung und Freizeit von den Untertanen trennte, zu finden. Umfang und Art des Luxuskonsums waren einerseits von den Machtstrukturen und somit von der Verfügbarkeit von Finanzmitteln und andererseits vom Entwicklungsstand der gewerblichen Produktion, Handelsbeziehungen zu exotischen Märkten etc. abhängig.

Während sich im Mittelalter Reichtum vor allem in Grundbesitz ausdrückte, bildeten sich ab dem 14. (Italien), 16. (Deutschland) und 17. Jahrhundert (Holland, Frankreich England) durch Handel, Kolonialismus, Sklaverei etc. rasch größere Geldvermögen außerhalb des Adelsstandes. Gleichzeitig erfolgte die Einrichtung des modernen Geldwesens und öffentlicher Finanzinstitute (Pöll 1980, S. 10). Durch den Abbau hemmender Vorschriften (z.B. Luxussteuern) und die Zunahme internationaler Handelsbeziehungen erfuhr die Wirtschaft mit der Einführung neuer Güter und auch neuer Produktionsverfahren deutliche Impulse (Sombart 1996, S. 172 ff.). Im 18. und 19. Jahrhundert wirkten sich die technischen Entwicklungen und sozialen Veränderungen auf den Luxusverbrauch dahingehend aus, dass der feudale Luxus von Staatsrepräsentanten und Industrie übernommen und durch Massenproduktion und -kaufkraft eine vertikale Diffusion von bestimmten Luxusgütern ermöglicht wurde. Da bei steigenden Durchschnittseinkommen die Einkommensverteilung annähernd konstant blieb, umfasste der Luxus der Oberschichten aber nach wie vor aufwendige und vor allem immer neue Güter, wie z.B. Automobile, Urlaubsreisen und Yachten.

Nach den beiden Weltkriegen begann ab Mitte des 20. Jahrhunderts eine anhaltende Phase der Prosperität, die zu einer immer rascheren Verschmelzung von Notwendigkeits- und Luxuskonsum und einer voranschreitenden „Demokratisierung des Luxus" geführt hat. Das mit bestimmten Luxusgütern verbundene Prestige hat sich bis in die Gegenwart zunehmend von materiellen auf symbolische Qualitäten verlagert, wobei das gestiegene Markenbewusstsein Teil dieser Veränderung ist. Einstige Luxusgüter werden heute erst durch die Verwendung bestimmter Marken zu wirklichen Luxusprodukten (Jäckel, Kochhan 2000, S. 88).

Zusammenfassend bleibt festzuhalten, dass sich die Auseinandersetzung um Notwendigkeit und Luxus in Abhängigkeit der ökonomischen und gesellschaftlichen Bedingungen verändert hat. Während in der vorindustriellen Zeit Luxus für die Oberschicht ein wichtiges Instrument der Statusdemonstration darstellte, erweiterte sich dieser Prestigefaktor mit dem Aufkommen von Massenproduktion und -konsum auch auf statusniedrigere Schichten. Diese Entwicklung ermöglichte, dass „überflüssiger" Luxus für viele Konsumenten immer erreichbarer wurde. Damit ging notwendigerweise auch eine Neubewertung von Luxusgütern einher und die Vorstellungen von einem angemessenen Lebensstandard erfuhren eine Anhebung (Peterson, Kern 1996, S. 904.). Angesichts sich verändernder sozialer Bedingungen wird Luxus auch zukünftig immer wieder neue Ausdrucksformen annehmen. Die aktuelle Entwicklung, die mit einer Ablösung des demonstrativen Statuskonsums und einer Hinwendung zu neuen, subtileren Formen des Luxuskonsums charakterisiert werden kann (Jäckel, Kochhan 2000, S. 90), macht dies deutlich. Diese neue Auffassung von Luxus, die auch als *„neuer" Luxus* bezeichnet wird, soll im Folgenden genauer dargestellt und die Konsequenzen für die Markenführung aufgezeigt werden.

2 Der „neue" Luxus

2.1 Aktuelle Rahmenbedingungen des „neuen" Luxus

Die *wirtschaftliche Bedeutung* des Luxusgütermarktes ist in den letzten beiden Jahrzehnten beträchtlich gestiegen. Mit einem Marktvolumen von nahezu 100 Mrd. US-$ (Bear, Stearns 2005, S. 87) und einem im Vergleich zu anderen Segmenten überdurchschnittlichen Wachstum hat der Luxussektor deutlich an Attraktivität gewonnen. *Abbildung 1* zeigt die Anteile der einzelnen Produktkategorien am weltweiten Luxusgüterumsatz (Bear, Stearns 2005, S. 87).

Bereits das Ende der 80er Jahre war durch eine große Euphorie für Luxusprodukte und ein deutliches Wachstum des Luxusgütermarktes geprägt. Angesichts hoher Umsätze und Gewinne wurde der Luxussektor als sehr vielversprechend angesehen (Braun 1997, S. 33; Mutscheller 1992, S. 74). Anfang der 90er Jahre führten die Entstehung der New Economy, die Mitarbeitern und Privatanlegern schnellen finanziellen Aufstieg ermöglichte (Meffert, Lasslop 2003, S. 3.), und insbesondere der Wirtschaftsboom in Asien (Song 1994, S. 68 ff.) zu einer weiter steigenden Nachfrage nach Luxusmarken. Die japanischen Konsumenten trugen bis zum Jahr 2000 allein mit mehr als 35 % zum globalen Luxusgüterumsatz bei (Kniehl 2003, S. 20). Europäische Luxusunternehmen profitierten von den niedrigen Wechselkursen des Euros, welche ihre Umsätze auf den Weltmärkten beflügelten.

Bedingt durch die Ende des Jahres 2000 einsetzende weltweite Rezession und die stark sinkenden Aktienkurse erfuhr schließlich aber auch die Luxusgüterindustrie einen tief greifenden Umsatzeinbruch (Goldman Sachs 2001). Da die meisten Luxusunternehmen 75 % bis 80 % ihrer Umsätze im Ausland, insbesondere in den USA und in Asien, machen, wurde der Abschwung durch die Terroranschläge vom 11. September 2001, den Irak-Krieg und die in Asien und Kanada grassierende Lungen-

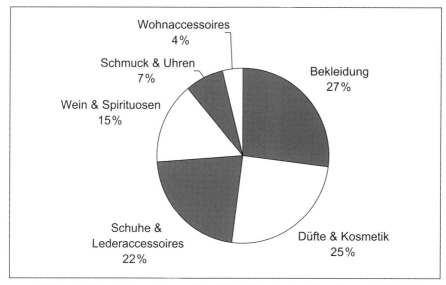

Abbildung 1: Globaler Luxusgütermarkt nach Produktkategorien (Bear, Stearns 2005, S. 87)

krankheit SARS im Jahr 2003 noch verschärft. Angesichts der aus diesen Ereignissen resultierenden Kaufzurückhaltung und des Einschnitts beim weltweiten Tourismus mussten die Hersteller von Luxusgütern erhebliche Ergebnisrückgänge hinnehmen (o.V. 2002a, S. 63).

Allerdings erholte sich der Luxusgütermarkt relativ schnell wieder. Aktuelle Prognosen erwarten für die nächsten Jahre jährliche Wachstumsraten des Luxussektors von 5% in den USA, 8% in Russland, 14% in Indien und 15% in China (Deutsche Börse Group 2007). Die Tatsache, dass die Luxushersteller offensichtlich nur unter vorübergehenden Einbußen zu leiden hatten und von der Konjunkturerholung sogar überdurchschnittlich profitiert haben (Deutsche Börse Group 2007; Morgan Stanley Dean Witter 2001, S. 3), kann damit erklärt werden, dass die Faktoren, die das Wachstum der Luxusgüterindustrie hauptsächlich begründen, struktureller und damit primär langfristiger Natur sind.

Aus ökonomischer Sicht stellt sich der *gestiegene Wohlstand* in den westlichen Industrienationen als ein entscheidender Wachstumsfaktor der Luxusgüterindustrie dar. Höhere Realeinkommen und gestiegene Kaufkraft stellten die notwendige Bedingung für eine Demokratisierung des Luxus dar (Fiske, Silverstein 2002, S. 1). Diese beinhaltet, dass Luxusgüter, die ehemals nur einem kleinen elitären Kreis sehr reicher Konsumenten vorbehalten waren, heutzutage einer breiteren Öffentlichkeit zugänglich sind (Dubois, Laurent 1996, S. 470 f.; Braun 1997, S. 36). Fiske und Silverstein beschreiben dieses Phänomen als „the selective trading-up of middle-market consumers to higher levels of quality, taste and aspiration" (Fiske, Silverstein 2002, S. 1). Zusätzlich tragen auch *gesellschaftliche Veränderungen*, wie das wachsende Segment der berufstätigen Frauen (Morgan Stanley Dean Witter 2001, S. 9; Mei-Pochtler 2003, S. 92; Silverstein, Fiske 2003, S. 30 ff.) und die zunehmende Zahl der Single-Haushalte, zu den gestiegenen Luxusgüterumsätzen bei (Mei-Pochtler 2003, S. 92 f.; Silverstein, Fiske 2003, S. 32 ff.).

Neben den traditionellen Luxusgüterkäufern hat sich ein neues, zahlenmäßig größeres Segment, das der Gelegenheitskäufer von Luxusprodukten (excursionists), entwickelt (Dubois, Laurent 1996, S. 470 f.). In diesem Zusammenhang lässt sich der Trend eines zunehmend *hybriden bzw. multioptionalen Konsumentenverhaltens* (Schmalen 1994, S. 1222) beobachten. Die neuen Luxus-Konsumenten kaufen in Abhängigkeit ihres Produktinvolvements und der jeweiligen Situation einmal teure Luxusmarken, dann wieder Billigmarken, die lediglich einen Grundnutzen erfüllen (o.V. 2002a, S. 63 f.). So verhalten sich die Nachfrager bspw. bei Gütern des täglichen Bedarfs, wie bei Körperpflegeprodukten und Lebensmitteln, „asketisch" und kaufen Handelsmarken im Discounter, wohingegen sie sich in anderen Bereichen wie Kleidung und Freizeitgestaltung mehr Luxus gönnen. Als Resultat dieses Verhaltens polarisieren sich die Märkte zugunsten gehobener Premium- und Luxusmarken einerseits und günstiger (Handels-) Marken andererseits bei einer gleichzeitigen Schrumpfung des mittleren Segments (Michael 2002, S. 4).

Eine weitere soziologische Erklärung für die zunehmende Bedeutung von Luxus liefert die grundsätzlich *veränderte Funktion des Konsums* (Nueno, Quelch 1998, S. 61 ff.). Angesichts voranschreitender Nivellierung von Schichtunterschieden nimmt der Konsum heute über die reine Grundbedürfnisbefriedigung hinaus auch eine soziale Funktion ein. Die Markenwahl dient zunehmend dem Ausdruck der eigenen Persönlichkeit, der Selbstverwirklichung und des eigenen Wertesystems. Zudem haben auch die gestiegene Genussorientierung und der Trend zum „well being" (Morgan Stanley Dean Witter 2001, S. 9) und „pamper yourself" (Twitchell 2002, S. 6) für das Kaufverhalten an Bedeutung gewonnen und die Nachfrage nach höherwertigen Gütern und Marken gefördert (Lasslop 2002, S. 328 f.).

Die grundsätzliche *Einstellung* der modernen Verbraucher *zum Luxuskonsum* hat sich positiv verändert. Besonders die Deutschen, die dem Luxus lange kritisch gegenüberstanden, haben heute weniger Gewissensbisse, sich zum Luxus zu bekennen und ihn zu genießen (o.V. 2002b, S. 17). Die luxusaffinen Konsumenten sind vor allem in den gebildeten, einkommensstarken und urbanen Bevölkerungsschichten zu finden. Sie besitzen nicht nur eine hohe Präferenz für Luxusmarken, sondern können sich diese auch leisten. Die Bedeutung und das Interesse an dieser Nachfragergruppe, insbesondere an den High Net Worth Individuals (HNWI) (Deutsche Börse Group 2007; Menkes 2006) zeigt sich u.a. darin, dass neben den Lifestyle-Magazinen aktuell auch die Wirtschaftszeitschriften versuchen, sie mit spezifischen Luxus-Supplements anzusprechen („How to spend it" von der Financial Times, „Five to Nine" von der Wirtschaftswoche, „Lebensart" von Capital und „Inspiration" von der Zeit) und sich von den Anzeigenkunden der Luxusbranche konjunkturresistente Einnahmen erhoffen.

Während es immer noch einen bedeutenden Markt für traditionelle Premium- und Luxusgüter gibt, befindet sich der Luxusbegriff zu Beginn des 21. Jahrhunderts im Umbruch. Luxus koppelt sich tendenziell ab von sozialer Differenzierung und Status und wird künftig nicht mehr nur mit Prestigekonsum, sondern verstärkt mit immateriellen Werten wie mehr Zeit, Lebensqualität und Wohlergehen assoziiert (Faas 2006, S. 8). Luxus hat heute weniger mit Preis als mit Werten, weniger mit Exklusivität als mit Erlebnis zu tun. Diese Entwicklung wird als *„neuer" Luxus* bezeichnet (American Express 2006, S. 1). Eine aktuelle Studie des Zukunftsinstitutes in Deutschland beschreibt, wie dieser neue Luxus Branchen und Märkte verändert und die Luxusanbieter vor neue Herausforderungen stellt. Die Studie spricht von der Entwicklung so genannter „Pleasure Markets", die sich auf die vielfältigen Wunschökonomien der Menschen konzentrieren (Jurik 2006, S. 122). Die mit dem neuen Luxusbegriff einhergehende Veränderung von Kundenbedürfnissen ist in *Tabelle 1* dargestellt.

Tabelle 1: Die Veränderung des Luxusbegriffs (Jurik 2006, S. 122)

	Klassischer Status Luxus	**New Luxury**
Soziale Funktion	Status, Prestige	Mehr Lebensqualität
Konsummotiv	Soziale Differenzierung	Individuelles Wohlergehen
Tiefenstruktur	Konkurrenz	Inneres Wachstum
Epoche	Massengesellschaft	Gesellschaft der Individuen
Objekte	Cadillac, Patek, Gucci	Mass Customization
Objektbezug	Fetisch	Service- und Erlebnisqualität
Lebensziel	Mehr Geld	Mehr Zeit

Im Folgenden soll auf die Ausgestaltungsformen des „neuen" Luxus und die Konsequenzen für die Führung von Luxusmarken eingegangen werden.

2.2 Formen des „neuen" Luxus

Es existieren grundsätzlich vier verschiedene Phasen des Luxuskonsums, die entsprechend der jeweiligen ökonomischen Voraussetzungen und der persönlichen Einstellung jedes einzelnen Konsumenten durchlaufen werden. Die erste Phase wird als „acquisitive luxury" oder Geltungskonsum bezeichnet und beinhaltet den reinen Status- und Prestigekonsum von Luxusprodukten. Diese Form des Luxuskonsums findet vor allem in sich stark entwickelnden Ökonomien wie Brasilien, Russland, Indien und China statt (Miller 2006). Die zweite Stufe, der „inquisitive luxury", geht mit einem kritischeren Verständnis von Luxus einher. Nachfrager verbringen mehr Zeit, um Luxusprodukte vor allem hinsichtlich ihrer Qualität zu vergleichen. In der dritten Phase, die als „authoritative luxury" beschrieben wird, zeigen die Konsumenten ein größeres Urteilsvermögen als in den Stufen zuvor und werden zu Sammlern und wahren Kennern bestimmter Luxusgüter. Viele weit entwickelte Ökonomien betreten derzeit die vierte Phase des Luxuskonsums, den „meditative luxury". In dieser Periode löst sich der Luxus vom Objekt und bewegt sich in Richtung der immateriellen Werte. Luxus ist nicht mehr nach außen, sondern nach innen gerichtet und wird zu einer persönlichen, individuellen Angelegenheit (American Express 2006, S. 3; Miller 2006).

In Abhängigkeit der Phase, in der sich ein Konsument befindet, variiert auch seine Einstellung zum Luxus. Eine Umfrage mit dem Titel „21st Centurion Living", für die American Express 100 anerkannte Trendsetter zur Zukunft des Luxus befragt hat, kommt zu dem Ergebnis, dass es grundsätzlich vier Schlüsselfaktoren gibt, die zukünftig darüber entscheiden, ob Produkte als luxuriös wahrgenommen und entsprechend nachgefragt werden (American Express 2006). Die Luxuskonsumenten des 21. Jahrhunderts wollen sich nicht mehr nur allein mit teuren, sondern mit zeitlosen, qualitativ herausragenden Produkten umgeben. Erster Faktor für dieses neue

Luxusbewusstsein ist das *Erleben*. Luxuriös ist heute zu tun, was einem die besten und schönsten Erlebnisse beschert. Nirgendwo sonst hat der Wunsch nach Erlebnis einen größeren Einfluss als im Reisesektor. Die wohlhabenden Touristen suchen nicht nach einer Standardreise, sondern nach besonderen und unvergesslichen Erlebnissen. Das kann eine einfache Form des Luxus sein, wie bestes landestypisches Essen und Wein in authentischer Umgebung, oder eine extremere Form des Luxus, wie eine Wanderung zu einem entlegenen Gipfel, um absolute Einsamkeit zu genießen (American Express 2006, S. 5).

Auch im Design gewinnt das Erlebniskonzept an Bedeutung. Die Verbraucher sind eher geneigt, ein Luxusprodukt zu kaufen, wenn sein Design als auch die Gestaltung der Einkaufsstätte alle Sinne anspricht. So wird immer mehr Wert auf eine imposante und einzigartige Architektur von Fashion Stores gelegt. Zudem nimmt die Zahl an Geschäften, die nicht nur Produkte anbieten, sondern mit einer vielfältigen Mischung aus Mode, Kunst, Gastronomie u.a. aufwarten und somit Genuss-, Einkaufs- und Kulturerlebnisse gleichzeitig vermitteln, deutlich zu. Ein Beispiel für diesen Trend ist der *Gucci*-Store auf der Luxusmeile Ginza in Tokio, der sich über acht Etagen erstreckt, dessen Beleuchtung mit der Tageszeit wechselt und der sowohl ein Restaurant als auch eine Galerie beinhaltet.

Der zweite Luxusfaktor ist das *Wissen* um den Wert der Marke. Die neue Generation der Luxuskonsumenten benutzt ihr Wissen, um das beste und nicht unbedingt das teuerste Produkt zu finden. In diesem Zusammenhang gewinnt das Internet eine ungeheure Bedeutung, da es den Konsumenten die Möglichkeit gibt, sich umfassend zu informieren und Kenntnisse anzueignen. Die heutige Wissensgesellschaft mit anspruchsvollen und kritischen Verbrauchern stellt die Anbieter von Luxusprodukten vor gestiegene Herausforderungen. Versuche der Luxusindustrie, die steigenden Erwartungen zu erfüllen und sogar zu übertreffen, zeigen sich bspw. im Technologiesektor, der branchenübergreifend die besten Ideen aus Kunst, Design, Mode und Wissenschaft bündelt, um Produkte zu kreieren, die beim Konsumenten immer wieder Faszination und Staunen hervorrufen.

Der *Wert*, den eine Marke für einen Konsumenten hat, stellt den dritten Luxusfaktor dar. Dabei stehen nicht der Preis bzw. die Kosten im Vordergrund, sondern vielmehr ob die Marke als beste ihrer Klasse wahrgenommen wird. Haute Couture, der Gipfel der maßgeschneiderten Bekleidung, veranschaulicht diesen Trend. Die Käufer schätzen fehlerlose Schneiderkunst mit langer Tradition, Liebe zum Detail, persönlichem Fitting und einmaliger Exklusivität. Der „value luxury" meint nicht immer das teuerste Produkt; es hängt von der individuellen Wertvorstellung eines jeden einzelnen ab, was als wahrer Luxus empfunden wird. So kann nicht nur das Haute Couture Kleid, sondern auch das von einem Freund selbst gefertigte Kleidungsstück als Luxusgut gesehen werden.

Der vierte Faktor ist das *Gewissen*. Die Luxusverbraucher möchten durch den Konsum heute auch zeigen, dass sie ihrer gesellschaftlichen Verantwortung nachkommen, d.h. sie fragen Marken nach, die sie für ethisch korrekt, umweltfreundlich und sozial verträglich halten. Durch den Kauf solcher Luxusmarken wollen sie ihren moralischen Vorstellungen Ausdruck verleihen. Die US-Medien sprechen von der neuen „Loha" (= Lifestyle of Health and Sustainability)-Bewegung, deren Anhänger einen gesunden und nachhaltigen Lebensstil verfolgen, indem sie biologische

Lebensmittel konsumieren, Öko-Mode tragen und Autos mit Hybridantrieb fahren (Ragaller 2007, S. 58).

Besonders im Tourismus- und Lebensmittelsektor hat der so genannte „conscience luxury" in den letzten Jahren eine bedeutende Rolle gespielt. Sehr wohlhabende Reisende besuchen in Scharen CRT (Cause Related Tourism)-Resorts, wie z.B. die Seychellen-Insel North Island oder das Vumbura Plains Resort in Botswana, wo extra zu entrichtende Gebühren die Bemühungen reflektieren, die Umweltbelastungen zu minimieren. Im Lebensmittelbereich befassen sich insbesondere die europäischen Konsumenten seit fast zehn Jahren intensiv mit dem Anbau, der Herkunft und den Arbeitsbedingungen bei der Herstellung von Nahrungsmitteln. Für viele Verbraucher bedeutet der Konsum von biologisch angebauten, ethisch hergestellten, hochwertigen Lebensmitteln den ultimativen Luxus. Auch in der Mode ist das gestiegene ökologische Bewusstsein ein Thema. Das zeigt sich u.a. in dem aktuellen Boom der Öko-Jeans. Besonders im Premium-Denim-Bereich setzen die Hersteller zunehmend auf Jeans aus Organic Denim, d.h. aus biologisch angebauter Baumwolle. Bio-Mode ist insbesondere bei den modisch interessierten, intelligenten, kaufkräftigen jungen Konsumenten zum Lifestylethema avanciert und Premium-Labels, wie die US-Marke Prps, verkaufen heute problemlos Öko-Jeans für 300 EUR (Ragaller 2007, S. 58).

3 Implikationen des „neuen" Luxus für die Markenführung

Immer weniger Verbraucher assoziieren das reine „Geldausgeben" mit Luxus. Das hat Konsequenzen sowohl für die Industrie als auch für den Handel. In Zukunft werden innovative Produktkonzepte und intelligentere Dienstleistungen mit einem Zusatznutzen für den Konsumenten weiter an Bedeutung gewinnen. Daher ist eine genaue Analyse der veränderten Kundenprioritäten erforderlich, um die Bedürfnisse besser identifizieren zu können (Jurik 2006, S. 124).

Die „Pleasure Markets" (auch Abschnitt 2.1.), die als Folge vielfältiger Luxusbedürfnisse entstanden sind und die Wünsche der neuen hybriden Nachfrager reflektieren, beziehen sich in der Regel auf branchenübergreifende Kontexte. Sie erfordern die Bereitschaft, von fremden Branchen zu lernen und „out of the box" zu denken. Für Unternehmen kann das bspw. bedeuten, dass branchenübergreifende Kooperationen, so genannte *hybride Produktpartnerschaften*, immer wichtiger werden, um innovative Projekte in Netzwerken zu entwickeln. Darüber hinaus kann nur mit einem *viralen und integrierten Marketingansatz* eine individualisierte Ansprache des neuen Luxuskonsumenten, der schwer erreichbar ist und oft abseits der gängigen Informationskanäle nach dem Besonderen sucht, realisiert werden (Faas 2006, S. 9). Dem Kunden, der sich als einzigartig fühlen möchte, muss glaubhaft vermittelt werden, dass er durch das Produkt bzw. die Dienstleistung einen Zugewinn persönlicher Souveränität erlangt und sein eigenes Selbst zum Ausdruck bringen kann.

Die Erlebniskultur bedeutet für globale Luxusmarken, dass sie verstärkt daran arbeiten müssen, ihre Konsumenten immer wieder zu beeindrucken und deren Erwartungen zu übertreffen. Ein kostenloser, fehlerfreier Service 24 Std. und 7 Tage die Woche ist heutzutage Standard (Shand 2006). Wirkliche Erlebnismarken zielen darauf ab, den Kunden *mit allen Sinnen anzusprechen*. So versuchen Hotels über das gängige fünf-Sterne-Erlebnis hinaus eine extravagante, intime und persönliche Atmosphäre zu kreieren. Für Urlauber, die auch in den Ferien nicht auf ein behagliches Zuhause verzichten möchten, gibt es so genannte „Hometels", eine Mischung aus Hotel und Zuhause, die Privatatmosphäre und äußerst individuellen Service bieten. Der Trend des *„fractional luxury travel"* kennzeichnet darüber hinaus das gemeinsame Teilen und gemeinsame Erleben von Luxus. So werden eine Yacht oder ein Privatjet gemeinsam mit anderen angeschafft und so nicht nur die Kosten, sondern auch der Spaß geteilt und zugleich maximiert (American Express 2006, 5 ff.).

Luxuskonsumenten wollen Marken, die sie intellektuell stimulieren und einen erstklassigen, persönlichen Service bieten. Der so genannte „cross-platform luxury" ist der Beginn einer zunehmenden Verflechtung von Produkt- und Dienstleistung, die Luxusmarken heutzutage bieten müssen. In Frankreich und Österreich werden Weinhändler bspw. zu Weinbibliotheken umgestaltet, in denen der interessierte und anspruchsvolle Kunde Wein nicht nur probieren und kaufen, sondern auch etwas über ihn lernen und sich weiterbilden kann.

Da die Wahrnehmung und Beurteilung von wahrem Luxus individuell differiert, werden die *emotionalen, symbolischen Nutzenwerte* eines Produkts mindestens ebenso wichtig wie die funktionalen. Konsumenten verfolgen zunehmend einen „Weniger-ist-mehr"-Ansatz und leisten sich eher eine Sache, die sie wirklich lieben, als mehrere Dinge, die ihren Wertansprüchen nicht vollkommen genügen. Luxus ist heute eher nach innen gerichtet und strahlt nicht nach außen. Er wird lieber still genossen und als persönliche Angelegenheit und intime Kostbarkeit angesehen. Vor diesem Hintergrund sollten Luxusmarken das Ziel verfolgen, nicht unbedingt „laute", schnelllebige und prestigeträchtige Produkte anzubieten, sondern stattdessen *wahre, beständige Werte* zu vermitteln. Die „Logo-freie" Marke Bottega Veneta, die den Ausspruch kreierte „When your initials are just enough", hat diese Interpretation des Luxusbegriffs perfekt verinnerlicht (Menkes 2006).

Genuss wird bei den modernen Zielgruppen mit Ethik, Authentizität und Gesundheit verbunden. Der Trend zu einem Konsum, der von *Ethik, Nachhaltigkeit* und *Verantwortungsbewusstsein gegenüber der Umwelt* geprägt ist, ist für die Manager von Luxusmarken äußerst bedeutsam. Das Festhalten an fairen Handelsprinzipien entlang der gesamten Wertschöpfungskette ist eine Voraussetzung, um die wachsende Anhängerschaft des „conscience luxury" zu erreichen. Insbesondere Marken im Mode-, Nahrungs- und Reisesektor müssen beweisen, dass sie nicht nur nach wirtschaftlichen, sondern eben auch nach sozialen und moralischen Werten handeln. So wird Wellness im Tourismussektor heute mit Umweltbewusstsein und sozialer Gerechtigkeit kombiniert. Dementsprechend liegt in „Eco-luxe Resorts" der Fokus darauf, die Umwelt zu schützen und in Einklang mit der Natur zu leben. Im Camping Resort Tena Tena in Sambia werden bspw. Zelte und Serviceeinrichtungen so positioniert, dass sich die Natur ständig regenerieren kann.

4 Zusammenfassung

Auch wenn die traditionellen Auffassungen von Luxus nicht vollkommen überholt sind, ist der alte besitz- und prestigeorientierte Luxusbegriff großteils vom „neuen" Luxus abgelöst worden. Dieser „neue" Luxus zeichnet sich durch eine erlebnisorientierte, auf das individuelle Wohlergehen bezogene Einstellung der Nachfrager aus. Immaterielle Werte wie Zeit, Lebensqualität, Wohlbefinden, Gesundheit, Familie, Kultur und moralische Integrität stehen im Mittelpunkt. Der „neue" Luxus verlangt von den Marken neben Qualität, Perfektion im Detail und der Vermittlung beständiger Werte Subtilität und Understatement.

- Um den heutigen Luxuskonsumenten als Kunden zu gewinnen, ist die Individualisierung von Produkten und Dienstleistungen ebenso entscheidend wie der Kontext der Transaktion und die Werte und Träume, die sie vermitteln.
- Der Besitz und passive Konsum alleine führt nicht mehr zu vollständiger Bedürfniserfüllung; vielmehr sucht der Luxuskonsument nach aktiven Erfahrungen und Erlebnissen. Er möchte sich Wissen über Produkte und ihre Besonderheiten aneignen und wird teilweise sogar zu einem distinguierten Connaisseur.
- Der wirkliche Wert und die Authentizität von Produkten und Services werden erkannt und sind kaufrelevant.
- Der „neue" Luxus ist zudem geprägt von einer positiven Beziehung zu Gesellschaft und Umwelt, so dass Produkte und Dienstleistungen auch den gestiegenen ethischen und moralischen Ansprüchen genügen müssen.

Literaturverzeichnis

American Express (2006): 21st Centurion Living – The trends changing our perception of luxury in the 21st century, Summer 2006, S. 1–11.
Bear, S. (2005): The Luxury Goods Market, 2005, S. 1–111.
Berry, C. J. (1994): The Idea of Luxury: A Conceptual and Historical Investigation, Cambridge.
Braun, M. W. (1997): Becoming an Institutional Brand. A Long-Term Strategy for Luxury Goods, Dissertation Nr. 1973, Universität St. Gallen, Bamberg.
Deutsche Börse Group (2007): Launch of World Luxury Index of BNP Paribas, 02. Februar 2007.
Diez, W. (2002): Vom Nutzen des scheinbar Nutzlosen. Maybach oder Ein Plädoyer für den Luxus, der nicht nur Neid, sondern auch technologischen Fortschritt provoziert, in: Wochenendbeilage der Stuttgarter Zeitung, 12. Oktober, S. 1–4.
Dubois, B., Laurent, G. (1996): The Functions of Luxury: A Situational Approach to Excursionism, in: Advances in Consumer Research, Vol. 23, Issue 1, S. 470–477.
Dubois, B., Laurent, G., Czellar, S. (2001): Consumer Rapport to Luxury: Analyzing Complex and Ambivalent Attitudes, Working Paper.
Faas, G. (2006): Die neuen Luxus- und Genussmärkte, in: Digest, Februar 2006, S. 8–9.
Fiske, N., Silverstein, M. J. (2002): Trading Up: The New Luxury and Why We Need It, Opportunities for Action in Consumer Markets, The Boston Consulting Group, April.
Goldman Sachs (2001): Luxury Goods & Cosmetics, September.
Grugel-Pannier, D. (1996): Luxus: eine begriffs- und ideengeschichtliche Untersuchung unter besonderer Berücksichtigung von Bernard Mandeville, Frankfurt am Main u.a.
Jäckel, M., Kochhan, C. (2000): Notwendigkeit und Luxus. Ein Beitrag zur Geschichte des Konsums, in Rosenkranz, D./Schneider, N.F. (Hrsg.): Konsum: soziologische, ökonomische und psychologische Perspektiven, Opladen, S. 73–93.
Jurik, M. (2006): Der neue Luxus, in: Cash, April 2006, S. 122–124.
Kambli, C. W. (1890): Der Luxus nach seiner sittlichen und sozialen Bedeutung, Frauenfeld.
Kapferer, J.-N. (2001): Luxusmarken, in: Esch, Franz-Rudolf (Hrsg.): Moderne Markenführung: Grundlagen, innovative Ansätze, praktische Umsetzungen, 3. erw. Aufl., Wiesbaden, S. 345–365.

Kniehl, A. (2003): Wachstumsstrategien für Luxusgüterunternehmen, McKinsey&Company, 09. Juli, Berlin.

Lasslop, I. (2002): Identitätsorientierte Führung von Luxusmarken, in: Meffert, H./Burmann, C./Koers, M. (Hrsg.): Markenmanagement. Grundfragen der identitätsorientierten Markenführung, 1. Aufl., Wiesbaden, S. 327–352.

Meffert, H., Lasslop, I. (2003): Luxusmarkenstrategie, Arbeitspapier Nr. 164, Wissenschaftliche Gesellschaft F. Marketing e.V., Münster.

Mei-Pochtler, A. (2003): Auf- oder Abstieg?, in: Absatzwirtschaft Sonderheft, Dossier Luxus-Marketing, S. 92–96.

Menkes, S. (2006): Extreme luxury for the jet set, in: Herald Tribune, December 11, 2006, http://www.iht.com/bin/print.php?id=3854737 [27.03.2007].

Michael, B. M. (2002): Von der Kunst der Begehrlichkeit. Markenführung für Luxus, in: Markenartikel, Nr. 2, S. 4–15.

Miller, L. (2006): The Future of Luxury, in: WGSN, 15.08.2006, http://www.wgsn.com/members/business-resource/research/br2006aug15_017610 [27.03.2007].

Morgan Stanley Dean Witter (2001): Luxury Goods, Equity Research Europe, March 6 t^h.

Mühlmann, H. (1975): Luxus und Komfort – Wortgeschichte und Wortvergleich, Bonn, 1975.

Mutscheller, P. M. (1992): Success Factors and Milestones in the Luxury Goods Universe, Dissertation Nr. 1294, St. Gallen.

Nueno, J. L., Quelch, J. A. (1998): The Mass Marketing of Luxury, in: Business Horizons, Vol. 41, Issue 6 (November/December), S. 61–69.

o.V. (2002a): Every Cloud Has a Satin Lining, Special Report – Luxury Goods, in: The Economist, March 23 th, Vol. 362, Issue 8265, S. 63–66.

o.V. (2002b): Verschwendung statt Verzicht, in: Horizont, Nr. 48, S. 17.

Peterson, R. A., Kern, R. M. (1996): Changing Highbrow Taste: From Snob to Omnivore, in: American Sociological Review, Vol. 4, S. 900–907.

Pöll, G. (1980): Luxus – Eine wirtschaftstheoretische Analyse, Heft 295, Berlin.

Quelch, J. A. (1987): Marketing the Premium Product, in: Business Horizons, May-June, S. 38–45.

Ragaller, S. (2007): New Ecology, in: Textilwirtschaft, Nr. 13, 29. März 2007, S. 58–61.

Schmalen, H. (1994): Das hybride Konsumentenverhalten und seine Konsequenzen für den Handel, in: Zeitschrift für Betriebswirtschaft, 64. Jg., Nr. 10, S. 1221–1240.

Shand, T. (2006): What luxury means now, in: WGSN, 25.09.2006, www.wgsn.com/members/think-tank/features/ti2006sep25_017966 [27.03.2007].

Silverstein, M., Fiske, N. (2003): Trading Up: The New American Luxury, New York, NY.

Sombart, W. (1996): Liebe, Luxus und Kapitalismus: Über die Entstehung der modernen Welt aus dem Geist der Verschwendung, 4.–5. Tausend, Berlin (erste Auflage 1912 in Leipzig).

Sommerlad, T. (1925): Luxus, in: Elster, Ludwig/Weber, Adolf/Wieser, Friedrich (Hrsg.): Handwörterbuch der Staatswissenschaften, Bd. 6: Kriminalstatistik-Reklamesteuer, Jena, S. 445–454.

Song, X. (1994): Lust auf Luxus, in: Top Business, August, S. 68–71.

Twitchell, J. B. (2002): Living It Up: America's Love Affair with Luxury, New York et al., NY.

Erfolgsfaktoren des Markentransfers von Luxusmarken

Dirk Totzek/Karin Herrmann

Zusammenfassung	260
1 Einleitung	260
2 Charakteristika von Luxusmarken	261
3 Markentransfers als Kernelement des strategischen Luxusmarkenmanagements	263
4 Erfolgsfaktoren von Luxusmarkentransfers: Stand der Forschung und Ergebnisse einer qualitativen Untersuchung	265
4.1 Vorbemerkungen	265
4.2 Produktspezifische Erfolgsfaktoren	266
4.2.1 Charakteristika der Stammmarke	266
4.2.2 Charakteristika des Transferproduktes	267
4.2.3 Beziehung zwischen Stammmarke und Transferprodukt	268
4.3 Strategische Erfolgsfaktoren	269
5 Implikationen für die Praxis	271
Literaturverzeichnis	272

Zusammenfassung

Luxusgüterhersteller versuchen, durch Markentransfers neue Zielgruppen zu erschließen. Während Markentransfers enorme Wachstumschancen bei moderatem Ressourceneinsatz bieten, riskieren gerade Luxusmarken die Zerstörung ihres exklusiven Images. Der Beitrag zeigt auf Basis einer umfassenden Literaturauswertung sowie von Interviews mit Experten der Luxusgüterbranche, dass Luxusmarkentransfers insbesondere dann erfolgreich sind, wenn diese mit der Positionierung der Stammmarke konform, nachhaltig angelegt und glaubwürdig sind. Darüber hinaus sind Luxusmarkentransfers nur dann erfolgreich, wenn sowohl Stammmarke als auch Transferprodukt von hoher wahrgenommener Qualität sind und zwischen beiden eine hohe Ähnlichkeit hinsichtlich Markenphilosophie, Markenkonzept und Markenimage sowie Produktkategorie und Produktmerkmalen vorliegt.

1 Einleitung

Markentransfers erfreuen sich in der Unternehmenspraxis einer außerordentlichen Beliebtheit. Immer mehr Unternehmen wählen bei der Einführung neuer Produkte und der Erschließung neuer Märkte den Weg über ihre bereits etablierte Marke und verzichten auf die Erschaffung eines neuen Markennamens. Aktuelle Beispiele hierfür sind *Mövenpick*-Marmelade, *Mars*-Eisriegel, *Nivea*-Kosmetik oder *Dove*-Shampoo.

Die Wurzeln des Markentransfers liegen jedoch nicht in der Konsumgüterindustrie, sondern in der Luxusbranche. So wurden Luxusmarken, insbesondere aus dem Bereich der Haute Couture, als erste erweitert – auf Produktkategorien wie Parfums, Accessoires, Uhren oder Tischgeschirr. Bekanntestes Beispiel ist *Coco Chanel*, die erstmals einen Markentransfer wagte und das berühmte Parfum *Chanel Nr. 5*, bis heute der meistverkaufte Duft der Welt, im Jahr 1921 auf den Markt brachte (Mazzalovo 2003).

Die zunehmende Beliebtheit von Markentransfers liegt vor allem darin begründet, dass ein geringerer Ressourceneinsatz im Vergleich zum Aufbau einer neuen Marke erwartet wird (z.B. Boush, Loken 1991). Darüber hinaus soll der bekannte Markenname beim Kunden das wahrgenommene Risiko beim Kauf des neuen Produktes reduzieren und so zu einer erhöhten Kaufbereitschaft führen (Smith, Park 1992).

Trotz dieser zentralen Vorteile birgt die Markentransferstrategie jedoch zahlreiche Risiken. Hauptrisiko ist die langfristige Verwässerung oder Erosion der Muttermarke, mit negativen Konsequenzen für sämtliche Produkte, die unter ihr angeboten werden. Grund hierfür ist insbesondere die mangelnde Akzeptanz vieler Markentransfers bei den Kunden (Esch et al. 2005). So scheitern in der Praxis bis zu 80 % aller Markentransfers (Sattler, Völckner 2003; Sharp 1993).

Während sich bereits zahlreiche Arbeiten mit den Erfolgsfaktoren von Transfers klassischer Marken befasst haben (z.B. Sattler, Völckner 2003), hat die Forschung bisher nur sehr vereinzelt Transfers von Luxusmarken betrachtet. Der vorliegende Beitrag hat daher das Ziel, zentrale Erfolgsfaktoren des Markentransfers bei Luxusmarken herauszuarbeiten. Dies ist aus zwei zentralen Gründen von hoher Relevanz.

Erstens kann eine unbedachte Markentransferpolitik bei Luxusmarken aufgrund ihrer Exklusivität zu besonders schweren Imageverlusten führen. Im schlimmsten Fall ist eine völlige Entwertung der Luxusmarke die Folge (Roux, Lorange 1993). So wurde die einst exklusive Designermarke *Pierre Cardin* in den 1980er-Jahren übermäßig erweitert und hat seitdem erheblich an Faszinationskraft verloren (Reddy, Terblanche 2005).

Zweitens gewinnt der Luxusgütermarkt rasant an wirtschaftlicher Bedeutung. So wurden im Jahr 2006 mit Luxusgütern rund 150 Milliarden USD umgesetzt (z.B. Fritschi 2006). Um von diesem Boom zu profitieren, dringen Luxusgüterhersteller in ständig neue Produktfelder und Preisklassen vor. Dieser Trend ist insbesondere zurückzuführen auf eine stark gestiegene Zahl potenzieller Käufer und Käuferschichten, die bereit und finanziell in der Lage sind, Luxusartikel zu kaufen (z.B. Valtin 2005).

Um sich dem Phänomen von Markentransfers bei Luxusmarken anzunähern, werden zunächst zentrale Charakteristika von Luxusmarken herausgearbeitet (Abschnitt 2) und die hohe Bedeutung von Markentransfers im strategischen Luxusmarkenmanagement aufgezeigt (Abschnitt 3). Nach diesen grundlegenden Ausführungen werden produktspezifische und strategische Erfolgsfaktoren des Transfers von Luxusmarken entwickelt (Abschnitt 4). Zum einen integrieren wir die Erkenntnisse der geringen Zahl von Arbeiten zu Markentransfers von Luxusmarken. Zum anderen stützen wir uns auf die Ergebnisse einer qualitativen Befragung von Experten der Luxusgüterbranche. Der vorliegende Beitrag schließt mit Implikationen für die Praxis (Abschnitt 5).

2 Charakteristika von Luxusmarken

Bislang konnte in der Marketingwissenschaft nicht eindeutig geklärt werden, wodurch eine Luxusmarke eigentlich definiert ist. Gleiches gilt für die Praxis: „[…] auch die Luxusexperten zögern, wenn man sie nach einer klaren Definition des Begriffs fragt" (Kapferer 2001, S. 347). Eine Annäherung an den Begriff der Luxusmarke kann aus drei grundlegenden Perspektiven erfolgen:

- ökonomisch,
- angebotsorientiert und
- wirkungsbezogen.

Aus einer *ökonomischen Perspektive* werden diejenigen Marken als Luxusmarken bezeichnet, deren Preis-Qualitäts-Verhältnis über dem Marktniveau liegt und die dieses Preispremium über einen langen Zeitraum rechtfertigen können. Dabei wird unter Qualität lediglich das verstanden, was objektiv messbar ist (Kapferer 2001; Nueno, Quelch 1998). Diese rein ökonomische Perspektive greift jedoch zu kurz, da sie primär auf Preisunterschiede abzielt. Darüber hinaus wird eine starre Trennung zwischen Marke und Luxusmarke impliziert.

Gemäß der *angebotsorientierten* Perspektive ist die Klassifizierung einer Luxusmarke primär von der Produktkategorie abhängig. So können, wie in *Abbildung 1* dargestellt,

Luxusmarken von „klassischen" Marken, Premiummarken und Luxusunikaten abgegrenzt werden. Die Zuordnung des jeweiligen Markenniveaus hängt von der Erfüllung spezifischer Kriterien ab, wie dem Preis, dem Grad der Einzigartigkeit, der Produktqualität und der Art der Produktion, Vermarktung und Distribution.

Die oberste Stufe in einer angebotsorientierten Klassifikation stellt das Luxusunikat dar. Dieses unterscheidet sich von den anderen Luxusebenen dadurch, dass es ein einzigartiges, üblicherweise handgefertigtes Produkt höchster Qualität ist. Auf der zweiten Ebene ist die Luxusmarke angesiedelt, der jene Produkte zugeordnet werden, die in kleiner Serienfertigung hergestellt werden und sich qualitativ auf höchstem Niveau bewegen. Es folgt die Premiummarke, die verglichen mit klassischen Marken qualitativ hochwertiger und teurer ist, verglichen mit Luxusmarken jedoch extensiver für breitere Kundenschichten vertrieben wird (Kapferer 2001; Valtin 2005).

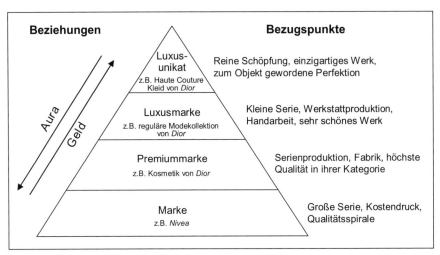

Abbildung 1: Charakteristika von Luxusmarken aus angebotsorientierter Perspektive (in Anlehnung an Kapferer 2001, S. 352)

In einer *wirkungsorientierten Perspektive* erfolgt die Klassifizierung als Luxusmarke hingegen unabhängig von funktionalen Eigenschaften des Produktes. Vielmehr erfolgt die Klassifizierung anhand des Vorstellungsbildes, das eine Luxusmarke in den Köpfen der Kunden hervorruft (z.B. Homburg, Krohmer 2006). Für Luxusmarken wurden empirisch sechs zentrale wahrgenommene Merkmale von Luxusmarken ermittelt (Dubois, Laurent, Czellar 2001; Valtin 2005): hoher wahrgenommener Preis, exzellente Qualität, Einzigartigkeit, Ästhetik, Historie und Nicht-Notwendigkeit.

In ihrem Zusammenspiel schaffen diese wahrgenommenen Merkmale beim Kunden einen ideellen bzw. symbolischen Nutzen. So können Kunden durch Erwerb und Besitz einer Luxusmarke ihre eigenen Wertvorstellungen und ihre Zugehörigkeit zu einer sozialen Schicht demonstrieren (z.B. Meffert, Lasslop 2004). Gleichzeitig treten die bei klassischen Marken dominierenden Markenfunktionen der Risikoreduktion und Entlastung bei der Informationsverarbeitung mit zunehmender „Luxushaltigkeit" in den Hintergrund (Fischer, Hieronimus, Kranz 2002; Homburg, Richter 2003). Folglich sind Luxusmarken durch einen symbolischen oder sozialen Zusatznutzen gekennzeichnet, der sie von anderen Marken differenziert (Lallement 1999).

Fasst man diese drei Herangehensweisen zusammen, kann eine Luxusmarke definiert werden als ein vom Kunden in der Psyche fest verankertes Vorstellungsbild, das sich in spezifischen Assoziationen (Einzigartigkeit, exzellente Qualität, hoher Preis, Ästhetik, Historie und Nicht-Notwendigkeit) und der daraus resultierenden Dominanz des symbolischen Markennutzens ausdrückt (z.B. Valtin 2005).

Bei der Gegenüberstellung dieses Verständnisses mit der grundlegenden wirkungsbezogenen Definition einer *klassischen* Marke (z.B. Homburg, Krohmer 2006) wird deutlich, dass der *Unterschied* zwischen Luxusmarken und klassischen Marken zum einen in der Spezifik der Assoziationen (spezifisch vs. nicht spezifisch) und zum anderen im Nutzen für den Kunden (symbolisch vs. funktional) besteht.

3 Markentransfers als Kernelement des strategischen Luxusmarkenmanagements

Um ein Verständnis dafür zu entwickeln, warum Anbieter von Luxusgütern häufig auf Markentransfers zurückgreifen, sollen zunächst die Besonderheiten des strategischen Marketing von Luxusgütern dargelegt werden.

Aus strategischer Perspektive können vier grundlegende Phasen in der Führung von Luxusmarken identifiziert werden, die sich an die Phasen eines Lebenszyklusmodells anlehnen (Homburg, Krohmer 2006, S. 452 sowie *Abbildung 2*). Dabei stellen insbesondere in den späteren Phasen des Lebenszyklus Wachstum und eine ständige Revitalisierung die zentralen Zielsetzungen des Luxusmarkenmanagements dar (Braun 1997).

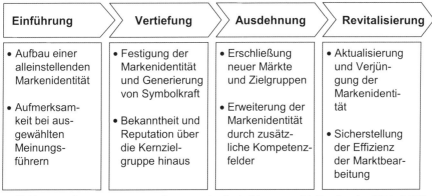

Abbildung 2: Phasen von Luxusmarkenstrategien (in Anlehnung an Meffert, Lasslop 2004, S. 938)

Im Rahmen der *Einführungsphase* ist das primäre Ziel die Entwicklung einer alleinstellenden Markenpositionierung bzw. Markenidentität (Park, Jaworski, MacInnis 1986; Homburg, Richter 2003). Das Differenzierungspotenzial der Marke gegenüber dem Wettbewerb ergibt sich insbesondere aus den Ressourcen und Kompetenzen des Anbieters. Die Identität herausragender Luxusmarken wird beispielsweise geprägt durch den Firmengründer (z.B. *Coco Chanel*, die verwitwete *Barbe-Nicole Clicquot*), handwerkliches Geschick (z.B. bei *Cartier*) oder Trend setzende Haute Couture (z.B. bei *Chanel*) (Meffert, Lasslop 2004).

Ein weiterer wichtiger Faktor zur Etablierung einer Luxusmarkenidentität ist ein möglichst schneller Aufbau eines Netzwerkes aus Markenliebhabern. Hier spielen insbesondere Prominente und andere Meinungsführer eine wichtige Rolle (z.B. Braun 1997).

In der *Vertiefungsphase* gilt es, die aufgebaute Markenidentität zu festigen und die Bekanntheit und Reputation der Luxusmarke in einer größeren Zielgruppe zu gewährleisten. Anbieter müssen sicherstellen, dass die angestrebte Positionierung (die Markenidentität) der Luxusmarke von den Nachfragern in den erweiterten Zielgruppen tatsächlich so wahrgenommen wird (ihr Markenimage) (z.B. Homburg, Richter 2003). Zentral ist dabei die Identifikation der Facetten der Luxusmarkenidentität, die langfristig die notwendige Symbolkraft und ein unverwechselbares Markenimage generieren können (Meffert, Lasslop 2004).

Im Rahmen der *Ausdehnungsphase* ist das primäre Anliegen der Markenführung die Erschließung neuer Zielgruppen und Märkte zur Sicherung des langfristigen Wachstums (z.B. Esch et al. 2005). Dabei sind zwei Strategien zentral:

- die Markentransferstrategie sowie
- die Akquisitionsstrategie.

Die Entscheidung, eine Marke zu transferieren, stellt eine Weiterentwicklung der Markenarchitektur eines Unternehmens dar (z.B. Homburg, Krohmer 2006). Beim Markentransfer wird eine bestehende Marke auf die Produkte einer anderen Produktgruppe übertragen (vgl. *Abbildung 3*). Hierbei wird die bestehende Marke auch als Mutter- oder Stammmarke und das Produkt, auf das der Markenname übertragen wird, als Transferprodukt bezeichnet (Günther 2002).

Die Übertragung einer Marke in neue Produktkategorien kann in Eigenregie oder durch Vergabe von Markenlizenzen erfolgen. Beide Optionen unterscheiden sich im Wesentlichen hinsichtlich der Verteilung des wirtschaftlichen und imageorientierten Risikos: Während bei einer Lizenzierung das wirtschaftliche Risiko hauptsächlich auf den Lizenznehmer übergeht, steigt die Gefahr einer Schädigung des Markenimages

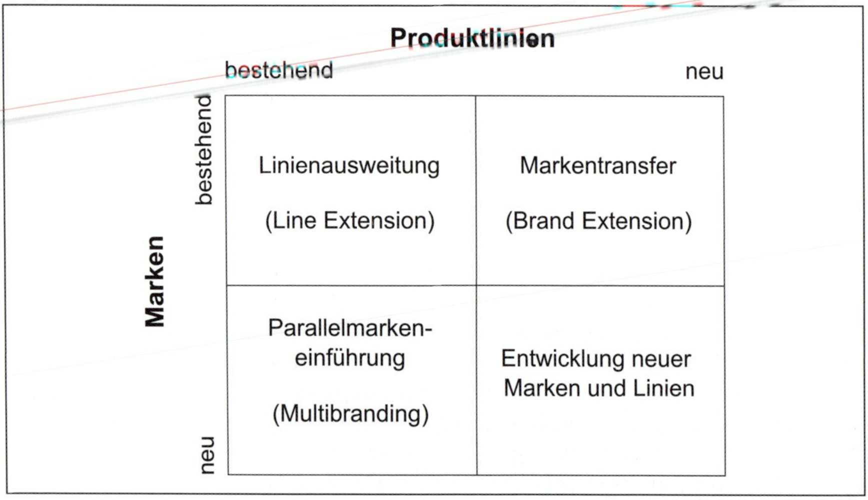

	Produktlinien	
	bestehend	neu
Marken bestehend	Linienausweitung (Line Extension)	Markentransfer (Brand Extension)
Marken neu	Parallelmarkeneinführung (Multibranding)	Entwicklung neuer Marken und Linien

Abbildung 3: Markentransfers als Option der Weiterentwicklung der Markenarchitektur (Homburg, Krohmer 2006, S. 643)

durch den Lizenznehmer (Meffert, Lasslop 2004). Luxusmarken wählen häufig die Lizenzvergabe anstelle eines selbstständigen Markentransfers, vor allem bei Transfers in Produktgruppen, die breitere Kundenschichten ansprechen (z.B. Parfums, Sonnenbrillen und Accessoires; Binder 2005).

Neben der Markentransferstrategie verfolgen Luxusgüterhersteller zunehmend die Akquisitionsstrategie. Eine solche Akquisitionsstrategie dient primär der Bündelung luxusspezifischer Kompetenzen, z.B. in den Bereichen Design oder Vertrieb. So sollen Skaleneffekte realisiert und Markteintrittsbarrieren auf den eigenen Zielmärkten aufgebaut werden (z.B. Meffert, Lasslop 2004). Hierzu verfolgen Luxusgüterhersteller vor allem eine Parallelmarkenstrategie (Multibranding) (vgl. *Abbildung 3*). So gehören zum Markenportfolio des französischen Konzerns *LVMH* beispielsweise die Champagnermarken *Moët & Chandon, Dom Pérignon, Krug, Veuve Clicquot, Ruinart* und *Mercier*.

Zentrales Ziel der *Revitalisierungsphase* im Rahmen der Luxusmarkenstrategie ist es, das Markenimage aktuell und jung zu halten und die Marktbearbeitung noch effizienter zu gestalten. Der symbolische Nutzen der Luxusmarke muss durch das Setzen von Trends in Form von echten Innovationen sowie durch das Verfolgen einer innovativen Kommunikationsstrategie neu begründet werden (Mazzalovo 2003; Meffert, Lasslop 2004). Das bekannteste Beispiel für eine erfolgreiche Revitalisierung ist die Marke *Gucci* unter dem Designer *Tom Ford* ab Mitte der 1990er-Jahre.

4 Erfolgsfaktoren von Luxusmarkentransfers: Stand der Forschung und Ergebnisse einer qualitativen Untersuchung

4.1 Vorbemerkungen

Insgesamt hat sich bislang nur eine sehr geringe Zahl wissenschaftlicher Arbeiten mit der Frage beschäftigt, unter welchen Voraussetzungen Luxusmarkentransfers tendenziell erfolgreich sind. Deren Erkenntnisse werden im Folgenden zusammengeführt und mit Beispielen aus der Praxis verbunden.

Zusätzlich wurden Experten der Luxusbranche zu Voraussetzungen, Erfolgsfaktoren und Umsetzungsaspekten von Markentransfers befragt. Insgesamt wurden elf halbstrukturierte, explorative Interviews mit Marketing- und Vertriebsleitern von Luxusgüterherstellern geführt. Hiervon waren drei Vertreter von Unternehmen, die Markentransfers in Eigenregie durchführen (I1, I2, I3), drei Vertreter lizenzgebender Luxusgüterhersteller (G1, G2, G3) und fünf Vertreter lizenznehmender Firmen (N1, N2, N3, N4, N5). Die transferierten Marken stammten aus den Produktgruppen Oberbekleidung, Uhren, Schreibgeräte und Automobil. Im Folgenden werden Einschätzungen und Zitate der Experten mit den entsprechenden Kürzeln wiedergegeben.

Hinsichtlich der Erfolgsfaktoren von Luxusmarkentransfers können zwei grundlegende Betrachtungsebenen unterschieden werden:

- produktspezifische Erfolgsfaktoren (Abschnitt 4.2) sowie
- strategische Erfolgsfaktoren (Abschnitt 4.3).

Auf diese wird im Folgenden eingegangen.

4.2 Produktspezifische Erfolgsfaktoren

Der Erfolg von Luxusmarkentransfers hängt auf Produktebene von Charakteristika der Stammmarke, des Transferproduktes sowie insbesondere von der Beziehung zwischen beiden ab. *Abbildung 4* fasst die zentralen produktspezifischen Erfolgsfaktoren von Luxusmarkentransfers zusammen. Diese werden in den folgenden Abschnitten näher erläutert.

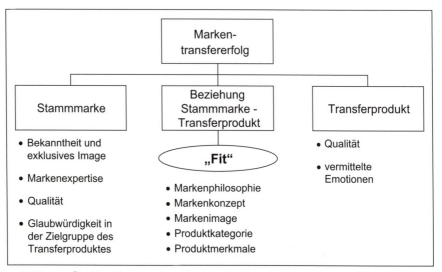

Abbildung 4: Überblick über zentrale produktspezifische Erfolgsfaktoren des Luxusmarkentransfers

4.2.1 Charakteristika der Stammmarke

Die Stammmarke bildet den Ausgangspunkt jedes Markentransfers. Bei Luxusmarken sind dabei die folgenden Charakteristika der Stammmarke Voraussetzung eines erfolgreichen Transfers (vgl. *Abbildung 4*):

- die Bekanntheit und das exklusive Image der Stammmarke,
- die Markenexpertise des Herstellers,
- die Qualität der Stammmarke und
- die Glaubwürdigkeit der Stammmarke in der Zielgruppe des Transferproduktes.

Roux und Boush (1996) zeigen, dass der Transfererfolg einer Luxusmarke positiv mit dem Markenwissen der Kunden korreliert ist. Dabei wird das Markenwissen insbesondere durch die Erfahrung bestimmt, über die der Kunde mit den Produkten der Marke verfügt. Je mehr Erfahrungen der Kunde mit einer Luxusmarke hat, desto positiver wird der Luxusmarkentransfer tendenziell beurteilt. So liegt einer der entscheidenden Unterschiede zwischen erfolgreichen und erfolglosen Luxusmarkentransfers zunächst im *Bekanntheitsgrad der Stammmarke*.

Diese grundlegende Anforderung wird auch von der Mehrheit der befragten Experten bestätigt. Eine hohe Markenbekanntheit alleine ist nach Einschätzung der Experten jedoch nicht ausreichend. Hat eine Luxusmarke die nötige Bekanntheit erreicht, muss ihr Image besonders exklusiv und viel versprechend, kurz begehrlich, sein:

„Der entscheidende Faktor ist wirklich, die Marke muss bei den Kunden Begehrlichkeit wecken." (N1)

Ein begehrliches, exklusives Luxusimage soll dem Kunden die Gewissheit geben, dass die hohen Erwartungen, die er an Ursprungsprodukte der Marke stellt, auch in der Transferkategorie erfüllt werden.

Die *Markenexpertise des Luxusgüterherstellers* ist „the usefulness of original brand know-how to make the extension" (Roux 1995, S. 1973). So zeigen Roux (1995) sowie Roux und Boush (1996), dass die wahrgenommene Markenexpertise des Herstellers das Ansehen bzw. Prestige der Luxusmarke steigert.

Ähnlich der wahrgenommenen Markenexpertise spielt die wahrgenommene *Qualität der Stammmarke* eine zentrale Rolle für die Beurteilung von Transferprodukten einer Luxusmarke. Dies verdeutlicht z.B. folgende Aussage unserer befragten Experten:

„Wir versuchen in allem, was wir tun, die höchstmögliche Qualität zu bringen." (N2)

Die konstant hohe Qualität einer Luxusmarke ist für die Kunden eine Garantie für hohe Zufriedenheit mit Produkten, die sie zum ersten Mal kaufen. Insofern führt eine beständig hohe wahrgenommene Markenqualität tendenziell zum Erfolg eines Luxusmarkentransfers.

Ein weiteres Kriterium für erfolgreiche Transfers wird in der *Glaubwürdigkeit der Stammmarke bei der Zielgruppe des Transferproduktes* gesehen (Buchenau 2006; Kewes 2006a). Ein Beispiel hierfür ist die Marke *Porsche*. Unter dem Dach der *Porsche Lizenz- und Handelsgesellschaft* werden Uhren, Brillen und Schreibwaren sowie Merchandising-Produkte angeboten. Der entscheidende Vorteil der Marke *Porsche* ist, dass deren Ursprung nicht, wie z.B. im Fall der Luxusmarken *Gucci* oder *Versace*, in der Mode, sondern in der Welt der Technik liegt. Daher genießt die Marke insbesondere bei Accessoires für Männer eine hohe Glaubwürdigkeit (Buchenau 2006).

4.2.2 Charakteristika des Transferproduktes

Hinsichtlich des Transferproduktes sind

- die Qualität des Transferproduktes und
- die mit dem Transferprodukt vermittelten Emotionen

grundlegend für einen erfolgreichen Luxusmarkentransfer (vgl. *Abbildung 4*).

Hinsichtlich der *Qualität des Transferproduktes* konnte gezeigt werden, dass diese die Erfolgswahrscheinlichkeit der Erweiterung einer Luxusmarke tendenziell positiv beeinflusst (z.B. Lye, Venkateswarlu, Barrett 2001). Dabei ist die wahrgenommene Qualität des Transferproduktes positiv mit der wahrgenommenen Qualität der Stammmarke korreliert (Roux 1995; Roux, Boush 1996). Dieser Zusammenhang ist ein luxusspezifisches Phänomen.

Die herausgehobene Bedeutung der Qualität des Transferproduktes wird ebenfalls von den befragten Experten bestätigt:

„Die Qualität des transferierten oder diversifizierten Produktes muss mindestens auf dem Niveau dessen der Kernmarke sein, weil sonst alles für die Katz ist, wenn Sie so wollen." (N5)

Die *Emotionen, die Kunden mit dem Transferprodukt einer Luxusmarke in Verbindung bringen*, werden positiv von den mit der Stammmarke verbundenen Emotionen beeinflusst. Je positiver die Emotionen sind, die Kunden mit einer spezifischen Luxusmarke in Verbindung bringen, desto höher ist die Erfolgswahrscheinlichkeit des Luxusmarkentransfers (Bhat, Reddy 2001).

Dieser Punkt wird von den befragten Experten als besonders wichtig eingeschätzt. Die Emotionalität von Transferprodukten spielt eine große Rolle bei der Vermittlung eines spezifischen Lebensgefühls, anhand dessen die Zielgruppe der Luxusmarke ihre Individualität ausdrücken kann:

„Wir verkaufen hier Emotionen. Wir verkaufen keine Uhren, […] sondern wir verkaufen Geschichten und Emotionen. Das ist der entscheidende Punkt." (N5)

4.2.3 Beziehung zwischen Stammmarke und Transferprodukt

„Das Transferprodukt muss immer Rückschlüsse ziehen lassen auf das originäre Produkt." (N5)

Hinsichtlich der Beziehung zwischen Stammmarke und Transferprodukt gilt für Luxusmarken das Gleiche wie für klassische Marken: Sie ist zentraler Erfolgsfaktor und anzustreben ist die *Ähnlichkeit bzw. der „Fit" von Stammmarke und Transferprodukt* (z.B. Esch et al. 2005; Mazzalovo 2003; Reddy, Terblanche 2005; Sattler, Völckner 2003).

Die Erfolgswahrscheinlichkeit von Luxusmarkentransfers steigt mit zunehmender Ähnlichkeit von Stammmarke und Transferprodukt. Dabei ist jedoch nicht eindeutig, worauf sich Ähnlichkeit bezieht. Im Allgemeinen ist der Fit zwischen Stammmarke und Transferprodukt in fünf zentralen Bereichen anzustreben (vgl. *Abbildung 4*):

- Markenphilosophie,
- Markenkonzept,
- Markenimage,
- Produktkategorie und
- Produktmerkmale.

Mit Fit im Sinne der Passung der *Markenphilosophie* ist das Verfolgen einer klaren Leitlinie durch den Anbieter der Luxusmarke gemeint (Kewes 2006a, b). Dieses Prinzip kann anhand der Beispiele *Montblanc* und *Louis Vuitton* veranschaulicht werden. In seinem Sortiment folgt *Montblanc* dem Prinzip des klassischen und zeitlosen Designs. Dies gilt sowohl für das Ursprungsprodukt Schreibgeräte als auch für die Erweiterungen Uhren, Lederwaren und Schmuck. Auch *Louis Vuitton* folgt einem Grundprinzip: Das Portfolio umfasst nur Produkte, die mit auf Reisen genommen werden können (z.B. Mode, Uhren, Schmuck und Städteführer; Kewes 2006a).

Die Konsistenz auf der Ebene der *Markenkonzepte* wird auch „konzeptueller Fit" genannt. Empirische Untersuchungen zeigen, dass die Übereinstimmung der Markenkonzepte (symbolisch vs. funktional) von Ursprungs- und Transferproduktgruppen zu einer höheren Erfolgswahrscheinlichkeit des Luxusmarkentransfers führt (z.B. Park, Milberg, Lawson 1991; Park, Lawson, Milberg 1989).

Die Ähnlichkeit von Stammmarke und Transferprodukt kann darüber hinaus auf einer Übereinstimmung der *Images* beruhen. So zeigen Bhat und Reddy (2001, S. 119), dass die Ähnlichkeit der Images von Stammmarke und Transferprodukt zu einer höheren Kaufabsicht des Transferproduktes führt. Dabei ist die Ähnlichkeit der Images an Eigenschaften der Stammmarke, z.B. deren wahrgenommene Qualität, gebunden.

Im Falle einer fehlenden Passung auf dieser Ähnlichkeitsebene sind schwere Imageschäden und ein Verlust der Exklusivität der Luxusmarken die Folge.

Weiterhin kann der Fit von Stammmarke und Transferprodukt in der Ähnlichkeit der *Produktkategorien* begründet sein. Lye, Venkateswarlu und Barrett (2001) zeigen, dass der Transfer der Luxusmarke *Rolex*, die ursprünglich für Armbanduhren steht, auf die Produktgruppe Taschenuhren (hohe Ähnlichkeit der Produktkategorien) signifikant positiver beurteilt wird als ein Transfer auf die Produktgruppe Geldbörsen (geringe Ähnlichkeit). Dennoch haben Marken mit symbolischem Markenkonzept im Gegensatz zu funktionalen Marken tendenziell ein höheres Potenzial zum Transfer auf sehr unterschiedliche Produktklassen (Park, Milberg, Lawson 1991).

Somit kann für Luxusmarken festgehalten werden, dass diese tendenziell in geringerem Ausmaß auf eine Ähnlichkeit der Produktkategorie von Stammmarke und Transferprodukt angewiesen sind als klassische Marken. Ein Beispiel einer Luxusmarke, bei deren Transfer diese Form der Ähnlichkeit jedoch nicht gegeben war, stellt *Diane von Fürstenberg* dar. Der Versuch, die Modemarke in entfernte Produktkategorien wie Gepäck oder Bücher zu erweitern, scheiterte. Auch *Pierre Cardin* misslang der Markentransfer in Kategorien wie Zigaretten und Baseballkappen (Reddy, Terblanche 2005).

Die letzte der Ähnlichkeitsdimensionen bezieht sich auf *Produktmerkmale* und die Frage, inwiefern ein gemeinsamer Bezugspunkt zwischen Ursprungs- und Transferprodukten hergestellt werden kann. Dies kann durch Übereinstimmung von Produkteigenschaften oder von Gebrauchssituationen gegeben sein. Park, Milberg, und Lawson (1991) finden einen positiven Effekt der wahrgenommenen Ähnlichkeit der Produktmerkmale auf den wahrgenommenen Fit von Transferprodukt und Stammmarke und auf die Beurteilung des Luxusmarkentransfers.

4.3 Strategische Erfolgsfaktoren

Während in den bisherigen wissenschaftlichen Arbeiten vor allem Betrachtungen auf Produktebene durchgeführt wurden, haben insbesondere unsere Expertengespräche die Notwendigkeit der Diskussion strategischer Aspekte aufgeworfen. So wurden in unseren Gesprächen strategische Aspekte des Markentransfers sowie des Managements von Luxusmarken als zentrale Erfolgsfaktoren herausgestellt. Diese lassen sich auf drei Faktoren verdichten:

- mit den Markenwerten konforme Produktpositionierung,
- Nachhaltigkeit der Markentransferstrategie und
- Glaubwürdigkeit der Markenerweiterung.

Der am häufigsten genannte Erfolgsfaktor des Luxusmarkentransfers ist die Stringenz in der Positionierung der Luxusmarke, d.h. ein einheitlicher Markenauftritt von Ursprungs- und Transferprodukten (vgl. Abschnitt 3). So muss der Kunde aus dem Kauf eines Transferproduktes darauf schließen können, für welche Werte, welches Nutzenversprechen und welche Emotionen die Marke steht:

„Also, wir müssen sehr stringent bleiben in dem, wie die Marke positioniert ist. […] Wichtig ist, dass die gleiche Strategie, der gleiche Markenauftritt auf alle Produkte angewandt wird." (G1)

Hierzu ist es erforderlich, an dem Markenkonzept und den Markenwerten, für die die Ursprungsprodukte stehen, mit der neuen Produktgruppe anzuknüpfen und diese an die Gegebenheiten der neuen Kategorie anzupassen. Hierzu bemerkt ein Experte:

„What is important is to be capable to export in different product categories the core values of the brand. If you are a brand and if you want to expand your area of control, you have to have a very strong personality in the business, people have to recognize you somehow, who you are, what you do, what are your strengths and what is your own personality, and what are the emotions that you convey in your main products. When you have this kind of strong personality, when you are moving to a new category, you have to try to understand how those values can be mixed up with the characteristics of the category in which you are entering." (I3)

Eine weitere zentrale Anforderung an einen erfolgreichen Luxusmarkentransfer ist, die Erweiterung einer Luxusmarke *strategisch und nachhaltig zu planen*.

Zu diesem Zweck muss zunächst die Tragfähigkeit der Stammmarke gegeben sein, d.h. es muss im Vorfeld eines Markentransfers sichergestellt werden, dass ein Scheitern der neuen Produktgruppe die Stammmarke nicht ruinieren würde. Das Problem hierbei ist jedoch:

„Man weiß am Anfang nicht, ob sich ein negativer oder ein positiver Transfer einstellen wird. Um richtig planen zu können, muss man damit rechnen, dass ein negativer Transfer die Kernmarke nicht ruiniert. Man kann dafür Marktforschung machen bis zu einem gewissen Punkt, aber der Markt belehrt einen meistens später eines Besseren." (N5)

Die Forderung nach Nachhaltigkeit der Markentransferstrategie bringt zwei Konsequenzen mit sich. Zum einen ist die Planung eines Markentransfers im Luxussegment zumeist mit langen Entwicklungszeiten verbunden:

„Wir brauchen einen relativ langen Zeitraum, um ein neues Produkt zu lancieren. Bei uns ist der Entwicklungszyklus drei bis vier Jahre, bis ein Produkt auf den Markt kommt." (N2)

Zum anderen müssen die neuen Produkte – genau wie die originären – höchsten Ansprüchen in Konzeption und Vermarktung entsprechen:

„Das Wichtige ist bei so einer Marke, man muss wirklich kontinuierlich einen guten Job machen. Es bringt nichts, sich auf den Lorbeeren auszuruhen. Gerade weil die Konkurrenz einfach sehr stark ist und nicht schläft. Um in diesem Segment bestehen zu können, muss man einfach der Beste sein." (G3)

Ein weiterer Aspekt, den die befragten Experten im Zusammenhang mit der Nachhaltigkeit der Transferstrategie aufwerfen, ist die Notwendigkeit einer langfristig angelegten Personalpolitik. Während nach Auffassung eines Experten Produktmanager klassischer Konsumgütermarken die von ihnen verantworteten Produkte zumeist nur über einen Zeitraum von ein bis drei Jahren betreuen, ist im Luxussegment die langfristig angelegte Markenbetreuung zentral für den Erfolg eines Markentransfers und für den Erhalt des Markenimages.

Der letzte der strategischen Erfolgsfaktoren des Luxusmarkentransfers bezieht sich auf die Glaubwürdigkeit der Luxusmarke, die durch ein vorsichtiges und glaubhaftes Vorgehen bei der Markenerweiterung gewahrt bleibt. Laut Expertenaussagen ist eine Luxusmarke dann glaubwürdig, wenn sich die Persönlichkeit und der Stil des Designers in den Ursprungs- und Transferprodukten wieder finden. Darüber hinaus ist von einer zu schnellen Markentransferpolitik abzuraten (Homburg, Krohmer 2006): „What was interesting is that the company approached this category in a very I would say sensitive way and very [...] carefully." (I3)

5 Implikationen für die Praxis

Der vorliegende Beitrag hatte zum Ziel, Erfolgsfaktoren für Transfers von Luxusmarken zu identifizieren. Hierzu wurden im vorherigen Abschnitt produktspezifische und strategische Faktoren identifiziert, die den Erfolg von Luxusmarkentransfers nachhaltig beeinflussen. Diese lassen sich auf sieben Faktoren zusammenfassen, die in *Abbildung 5* dargestellt sind.

	Strategische Erfolgsfaktoren
Unternehmens-perspektive	(1) Die Positionierung des Transferproduktes muss markenwertkonform erfolgen.
	(2) Die Markentransferstrategie muss nachhaltig sein.
	(3) Die Erweiterung darf die Glaubwürdigkeit der Stammmarke nicht gefährden.
	Produktspezifische Erfolgsfaktoren
Kunden-perspektive	(4) Die Luxusmarke sollte bekannt und mit einem positiven Image belegt sein.
	(5) Die Luxusmarke sollte als qualitativ hochwertig wahrgenommen werden.
	(6) Stammmarke und Transferprodukt sollten einander ähnlich sein.
	(7) Das Transferprodukt sollte der Zielgruppe spezifische Emotionen vermitteln.

Abbildung 5: Sieben zentrale Erfolgsfaktoren von Markentransfers von Luxusmarken

Aus ihnen ergeben sich für Unternehmen, die die Erweiterung ihrer Luxusmarke anstreben, folgende zentrale Implikationen:

- Die Erweiterung einer Luxusmarke muss strategisch und nachhaltig geplant werden. Die personelle Betreuung einer Luxusmarke im Brand Management muss langfristig angelegt sein, eine kurzfristige Optimierung von Umsatz und Gewinn auf Kosten der Marke ist zu vermeiden.
- Zur Gewährleistung eines einheitlichen Markenauftritts müssen bei der Positionierung eines Transferproduktes das Konzept und die Werte, für die eine Luxusmarke steht, auf die neue Produktkategorie übertragen werden. Die Kunden müssen aus dem Transferprodukt auf die Werte, Emotionen und Nutzenversprechen der Stammmarke schließen können, auch ohne die Ursprungsprodukte zu kennen.
- Die Markentransferstrategie muss auf die vorsichtige Erweiterung der Luxusmarke angelegt sein und darf ausschließlich in Produktkategorien stattfinden, die zur Marke passen. Hierfür müssen im Vorfeld der Einführung eines Transferproduktes dessen Marktchancen möglichst präzise abgeschätzt werden.

Die Wahrnehmung des Markentransfers aus Sicht der Kunden stellt grundsätzlich die größte Herausforderung dar. Folgende Empfehlungen können ausgesprochen werden:

- Eine Luxusmarke sollte nur dann erweitert werden, wenn sie bereits über einen hinreichend großen Bekanntheitsgrad, ein positives Image und eine hohe wahrgenommene Qualität verfügt.
- Zwischen Ursprungs- und Transferprodukten einer Luxusmarke sollte stets eine Verbindung bestehen, die sich auf den Markenauftritt, die Markenwerte, einzelne Produktmerkmale oder ein spezifisches Prinzip beziehen kann.
- Die Transferprodukte müssen Emotionen an die Zielgruppe vermitteln und ihnen die Möglichkeit des Ausdrucks ihrer individuellen Persönlichkeit geben.

Literaturverzeichnis

Bhat, S., Reddy, S. K. (2001): The Impact of Parent Brand Attribute Associations and Affect on Brand Extension Evaluation, Journal of Business Research, 53, 3 (2001), S. 111–122.

Binder, C. U. (2005): Lizenzierung von Marken. In: Esch, F.-R. (Hrsg.), Moderne Markenführung, 4. Auflage, Wiesbaden 2005, S. 523–548.

Boush, D. M., Loken, B. (1991): A Process-Tracing Study of Brand Extension Evaluation, Journal of Marketing Research, 28 (1) (1991), S. 16–28.

Braun, M. W. (1997): Becoming an Institutional Brand. A Long-Term Strategy for Luxury Goods, Bamberg 1997.

Buchenau, M. W. (2006): Porsche schlägt aus seinem Mythos Kapital, Handelsblatt, 42 (28.02.2006), S. 14.

Dubois, B., Laurent, G., Czellar, S. (2001): Consumer Rapport to Luxury: Analyzing Complex and Ambivalent Attitudes, Working Paper 736, HEC School of Management, Jouy-en-Josas 2001.

Esch, F.-R., Fuchs, M., Bräutigam, S., Redler, J. (2005): Konzeption und Umsetzung von Markenerweiterungen. In: Esch, F.-R. (Hrsg.), Moderne Markenführung, 4. Auflage, Wiesbaden 2005, S. 905–946.

Fischer, M., Hieronimus, F., Kranz, M. (2002): Markenrelevanz in der Unternehmensführung – Messung, Erklärung und empirische Befunde für B2C-Märkte, Arbeitspapier Nr. 1, Marketing Centrum Münster 2002.

Fritschi, H. (2006): Wachstums-Serie: Luxusbranche. La Vie en Rose, Bilanz, 3 (2006), S. 60–63.

Günther, S. (2002): Wahrnehmung und Beurteilung von Markentransfers, Wiesbaden 2002.

Homburg, Ch., Krohmer, H. (2006): Marketingmanagement: Strategie – Instrumente – Umsetzung – Unternehmensführung, 2. Auflage, Wiesbaden 2006.

Homburg, Ch., Richter, M. (2003): Branding Excellence, Arbeitspapier M75 der Reihe Management Know-how, Institut für Marktorientierte Unternehmensführung (IMU), Mannheim 2003.

Kapferer, J.-N. (2001): Luxusmarken. In: Esch, F.-R. (Hrsg.), Moderne Markenführung, 3. Auflage, Wiesbaden 2001, S. 345–364.

Kewes, T. (2006): Grenzenloser Luxus, Handelsblatt, 34 (16.02.2006, a), S. 18.

Kewes, T. (2006): Die Spitze des Eisbergs, Handelsblatt, 69 (06.04.2006, b), S. 10.

Lallement, O. (1999): Caractérisation des éléments spécifiques de la marque de luxe dans l'esprit du consommateur. Une étude des images mentales associées a un visuel publicitaire, Strasbourg 1999.

Lye, A., Venkateswarlu, P., Barrett, J. (2001): Brand Extensions: Prestige Brand Effects, Australasian Marketing Journal, 9, 2 (2001), S. 53–65.

Mazzalovo, G. (2003): Neue Wege zum Wachstum, Absatzwirtschaft, 46 [Sonderheft] (2003), S. 84–91.

Meffert, H., Lasslop, I. (2004): Luxusmarkenstrategie. In: Bruhn, M. (Hrsg.), Handbuch Markenführung, 2. Auflage, Wiesbaden 2004, S. 927–947.

Nueno, J. L., Quelch, J. A. (1998): The Mass Marketing of Luxury, Business Horizons, 41, 6 (1998), S. 61–68.

Park, C. W., Jaworski, B. J., MacInnis, D. J. (1986): Strategic Brand Concept-Image Management, Journal of Marketing, 50, 4 (1986), S. 135–145.

Park, C. W., Lawson, R., Milberg, S. (1989): Memory Structure of Brand Names, Advances in Consumer Research, 16 (1989), S. 726–731.

Park, C. W., Milberg, S., Lawson, R. (1991): Evaluation of Brand Extensions: The Role of Product Feature Similarity and Brand Concept Consistency, Journal of Consumer Research, 18, 2 (1991), S. 185–194.

Reddy, M., Terblanche, N. (2005): How Not to Extend Your Luxury Brand, Harvard Business Review, 83, 12 (2005), S. 20–24.

Roux, E. (1995): Consumer Evaluation of Luxury Brand Extensions, Proceedings of the 24 th European Marketing Academy Conference, Paris 1995, S. 1971–1980.

Roux, E., Boush, D. M. (1996): The Role of Familiarity and Expertise in Luxury Brand Extension Evaluation, Proceedings of the 25 th European Marketing Academy Conference, Vol. II, Budapest University of Economic Sciences 1996, S. 2053–2061.

Roux, E., Lorange, F. (1993): Brand Extension Research: A Review, European Advances in Consumer Research, 1 (1993), S. 492–500.

Sattler, H., Völckner, F. (2002): Bestimmungsfaktoren des Markentransfererfolgs. Eine Replikation der Studie von Zatloukal (2002), Zeitschrift für Betriebswirtschaft, 73, 10 (2003), S. 1077–1102.

Sharp, B. M. (1993): Managing Brand Extension, Journal of Consumer Marketing, 10, 3 (1993), S. 11–17.

Smith, D. C., Park, C. W. (1992): The Effects of Brand Extensions on Market Share and Advertising Efficiency, Journal of Marketing Research, 29 (3) (1992), S. 296–313.

Valtin, A. (2005): Der Wert von Luxusmarken, Wiesbaden 2005.

Die Kausalitäten von Brand Placements als Werbewirkungsmodell

Hans H. Bauer/Melchior D. Bryant/Marcus M. Neumann

Zusammenfassung	276
1 Brand Placements als neuer Kommunikationstrend	276
2 Herleitung des Werbewirkungsmodells	276
2.1 Forschungsstand zur Wirkung auf Einstellung und Kaufabsicht	276
2.2 Einstellungswirkung zum filmspezifischen Brand Placement	277
2.3 Stimmungswirkungen	278
2.4 Wirkungen der Kongurenz zwischen Marke und ihrem Umfeld	279
2.5 Attraktivitätswirkung des Kommunikators	280
2.6 Das Werbewirkungsmodell für Brand Placements	280
3 Implikationen für das Marketingmanagement	282
Literaturverzeichnis	283

Zusammenfassung

Mit einer weltweiten Wachstumsrate von 39 % in 2006 etablieren sich Brand Placements als erfolgreiche Werbemaßnahme. In 2007 strebt die Europäische Union zudem eine Liberalisierung des Einsatzes von Brand Placements an. Die zunehmende Verbreitung von Brand Placements in Unterhaltungsprogrammen weckt das Bedürfnis der Industrie für ein näheres Verständnis der Werbewirkung. In diesem Kontext liefert vorliegende Arbeit auf Basis bisheriger Forschungsergebnisse ein theoretisches Wirkungsmodell, dass verschiedene vom Management beeinflussbare Determinanten von Brand Placements identifiziert.

1 Brand Placements als neuer Kommunikationstrend

Unter Brand Placements werden grundsätzlich alle gezielten Platzierungen von Markenprodukten und -dienstleistungen in Unterhaltungsprogrammen zu werblichen Zwecken verstanden (d'Astous, Chartier 2000). Obgleich der Begriff Product Placement häufig in diesem Kontext benutzt wird (Law, Braun-LaTour 2004), erfasst dieser jedoch die Essenz dieser Aktivität nur unzureichend. In der werblichen Praxis wird meist die kommunikative Wirkung durch die Platzierung eines Produktes in Verbindung mit dem jeweiligen Markennamen angestrebt (Karrh 1998). Folglich garantieren Brand Placements eine sichtbare Werbeeinblendung der Marke innerhalb des laufenden Programms. Diese Methode wird für die Werbeindustrie zunehmend wichtiger, da Zuschauer verstärkt Werbeunterbrechungen meiden (Harvey 2001).

Nach Berechnungen des Marktforschungsinstituts PQ Media (2006) haben sich die weltweiten Umsätze von gezielten Markenplatzierungen für das Jahr 2006 um 39 % auf 3,1 Mrd. USD erhöht. In Europa ist der Einsatz von Brand Placements aufgrund von gesetzlichen Beschränkungen bisher nur vereinzelt möglich. Die EU-Kommission strebt jedoch bis zum Ende des Jahres 2007 eine Liberalisierung an, weswegen in Europa zukünftig ein deutliches Nachfragewachstum nach Brand Placements prognostiziert wird.

Die erwartete europäische Liberalisierung und der Mangel an Erfahrung europäischer Marketingmanager mit Brand Placements macht ein näheres Verständnis der Wirkungsweise dieses Instruments dringend erforderlich. Zahlreiche Studien fokussieren sich bisher auf Teilaspekte der Werbewirkung von Brand Placements. Leider hat eine umfassende Betrachtung von Determinanten und Konsequenzen bis dato nicht stattgefunden. Das Ziel der vorliegenden Arbeit ist es daher, ein umfassendes Wirkungsmodell von Brand Placements auf Basis bisheriger Forschungsergebnisse zu entwickeln, das als Grundlage für zukünftige empirische Wirkungsnachweise dienen soll.

2 Herleitung des Werbewirkungsmodells

2.1 Forschungsstand zur Wirkung auf Einstellung und Kaufabsicht

Die Einstellung zur beworbenen Marke ist ein zentrales Element zum Nachweis der Wirksamkeit von Kommunikationsinstrumenten (MacKenzie, Lutz 1989). Dementsprechend konzentriert sich eine Vielzahl an Publikationen auf den Nachweis der Wirkung von Brand Placements auf die Einstellung zur platzierten Marke. Wie die Auswahl an empirischen Studien anfolgend zeigt, deuten die Befunde allerdings auf konträre Ergebnisse bezüglich der Einstellungswirkung von Markenplatzierungen hin.

Auer und Kalweit (1988) weisen in einer Vorher-Nachher-Messung mit Hilfe von Polaritäten-Profilen eine positive Einstellungswirkung zur platzierten Marke nach. Weaver und Oliver (2000) zeigen zusätzlich zum positiven Einstellungseffekt, dass dieser umso höher ausfällt, je höher die Einstellung zur untersuchten Serie ist. Demnach kann das Platzierungsumfeld (in diesem Fall die Serie) als wichtige Wirkungsdeterminante der Einstellungsänderung angesehen werden. Russel (2002) untersucht die Werbewirkung auf die Einstellung in Abhängigkeit von der Art der Informationsübermittlung und dem Grad der Programmintegration. Der Autor weist hierbei für prominente/auditive und für weniger prominente/visuelle Brand Placements positive Veränderungen auf die Einstellung zur Marke nach. Babin und Carder (1996) können in ihrer empirischen Studie keine signifikanten Effekte auf die Markeneinstellung nachweisen und beschränken den Kommunikationseffekt von Brand Placements ausschließlich auf Lern-, Erinnerungs- und Bekanntheitswirkungen.

Auch bei der Wirkung von Brand Placements auf die Kaufabsicht finden sich in der Literatur widersprüchliche Befunde. Morton und Friedman (2002) belegen, dass eine positive Korrelation zum beabsichtigten Kaufverhalten vorliegt, wenn das Brand Placement von einem Schauspieler benutzt wird, der von den Probanden positiv bewertet wird, das Markenprodukt in einer positiven Art und Weise im Film dargestellt wird und das Produkt zur Realitätsnähe des Films beiträgt. Law und Braun (2000) untersuchen hingegen den Effekt der Art der Informationsübermittlung und den Grad der Handlungsintegration der Markenplatzierung auf die Kaufabsicht. Ihnen gelingt der Nachweis, dass Brand Placements einen Einfluss auf die Kaufabsicht ausüben und zudem nicht erinnert werden müssen, um eine Kaufabsichtswirkung zu erzeugen. Zwei weitere Studien entkräften wiederum explizit die angeführten Studienergebnissen. So weisen Tiwasakul, Hackley und Szmigin (2005) sowie Ong und Meri (1994) in ihren Untersuchungen keine signifikanten Effekte von Brand Placements auf die Kaufabsicht nach.

Die betrachtete Literatur offenbart widersprüchliche Resultate in Bezug auf Einstellungswirkungen zur platzierten Marke und deren Kaufabsicht. Weiterhin basiert der überwiegende Anteil der Untersuchungen auf Experimenten, wodurch zwar isolierte Einflussfaktoren identifiziert werden, deren quantifizierte Wirkungsstärke auf die Werbewirkung dadurch allerdings nicht ermittelt wird. Die Wirkungsanalyse von Brand Placements macht daher die Entwicklung eines holistischen kausalanalytischen Werbewirkungsmodells notwendig. Damit lassen sich zum einen die Wirkungsstärken einzelner Gestaltungsdeterminanten ermitteln, zum anderen ist die Wirkung von Brand Placements im Zusammenspiel mit mehreren gleichzeitig erfassten Einflussfaktoren determinierbar.

2.2 Einstellungswirkung zum filmspezifischen Brand Placement

Die Einstellung zur Werbung stellt einen der wichtigsten Indikatoren sowohl für die nachgelagerte Einstellung zur Werbemaßnahme oder Marke als auch für die Kaufabsicht dar (Haley, Baldinger 1991). Modelle, die explizit diese Kausalzusammenhänge beschreiben, sind als Attitude toward the Ad-Modelle (ATTA-Modelle) bekannt. Im Wesentlichen integriert das ATTA-Modell die Determinanten der Einstellung zur Werbemaßnahme sowie zur Marke. Zusätzlich findet häufig der Einfluss auf die Kaufabsicht Berücksichtigung (MacKenzie, Lutz 1989).

In der Literatur wird der werbliche Charakter von Brand Placements vielfach herausgestellt (McKechnie, Zhou 2003; Tiwsakul, Hackley 2005). Daher scheint eine generelle Übertragung der im ATTA-Modell postulierten Wirkungsbeziehungen auf das Forschungsobjekt Brand Placement plausibel. Die Transformation des Modells auf Brand Placements gebietet jedoch die Einbindung einer zusätzlichen Wirkungsstufe zwischen der allgemeinen Einstellung zur Werbung und der konkreten Einstellung zur Werbemaßnahme. Zunächst wird im Folgenden ein Einfluss der allgemeinen Einstellung zur Werbung auf die konkrete Einstellung zur Werbeform Brand Placement angenommen. Gupta, Balasubramanian und Klassen (2000) bestätigen, dass die allgemeine Einstellung zum Brand Placement höher ausfällt, je positiver die Probanden der Werbung allgemein gegenüber stehen. Es gilt:

P_1: Je positiver die Einstellung zur Werbung allgemein, desto positiver ist die Einstellung zum Brand Placement allgemein.

Weiterhin wird angenommen, dass die allgemeine Einstellung zur Werbemaßnahme einen Einfluss auf die konkrete Einstellung zur Werbemaßnahme besitzt. Demnach weisen Gupta und Gould (1997) einen positiven Effekt der allgemeinen Einstellung zum Brand Placement auf die Einstellung zum konkreten Brand Placement im Film nach. Dieser Zusammenhang wird auch für das zu erarbeitende Wirkungsmodell übernommen:

P_2: Je positiver die Einstellung zum Brand Placement allgemein, desto positiver ist die Einstellung zum Brand Placement im Film.

Der im ATTA-Modell postulierte Kausalzusammenhang zwischen der Einstellung zur Werbemaßnahme und der Einstellung zur Marke sowie der Kaufabsicht findet durch zahlreiche empirische Untersuchungen Bestätigung (MacKenzie, Lutz, Belch 1986; Brown, Stayman 1992). Auch für den Untersuchungsgegenstand Brand Placement wird der gleiche Ursache-Wirkungszusammenhang unterstellt:

P_3: Je positiver die Einstellung zum Brand Placement im Film, desto positiver ist die Einstellung zur platzierten Marke.

P_4: Je positiver die Einstellung zur platzierten Marke, desto höher ist die Kaufabsicht.

2.3 Stimmungswirkungen

In der Marketingforschung wird angenommen, dass die Stimmung eines Konsumenten in hohem Maße dessen Verhalten beeinflusst (Adaval 2001; Barone, Miniard, Romeo 2000). Die Annahme, dass Stimmungen auch eine direkte Konsequenz des situationalen Filmkontextes darstellen, findet in einigen Begriffsverständnissen explizit Erwähnung (Lutz 1985).

Gemäß der Stimmung-als-Information-Hypothese ziehen Individuen ihre Stimmung als Information über einen Meinungsgegenstand heran, sofern sie ihre Stimmung darauf zurückführen (Silberer, Jaekel 1996). Entscheidend für eine informative Funktion der Stimmung ist, dass ein Individuum subjektiv annimmt, dass ein bestimmtes

Objekt oder Ereignis seine Stimmung verursacht hat, ungeachtet dessen, ob es sich um das tatsächlich stimmungsauslösende Objekt oder Ereignis handelt. Die Stimmungslage dient in dieser Situation als Entscheidungsheuristik, die den komplexen Evaluationsvorgang vereinfacht.

Untersuchungsergebnisse belegen, dass speziell Filme in der Lage sind, positive Stimmungen bei den Rezipienten hervorzurufen (Alpert, Alpert 1991; Park, Young 1986). Vor diesem Hintergrund erscheint auch eine entsprechende Markenplatzierung im Film geeignet zu sein, um Stimmungen auszulösen und eine positive Werbewirkung zu initiieren (Karrh 1998). Ferner kann auf Basis der Stimmung-als-Information-Hypothese davon ausgegangen werden, dass Rezipienten ihre Stimmung zur Beurteilung der wahrgenommenen Werbemaßnahme anwenden. In empirischen Studien wird dieser Effekt bereits für klassische Werbeformen bestätigt (Goldberg, Gorn 1987; Holbrook, Batra 1987). Analog wird daher postuliert:

P_5: Je positiver die durch den Film induzierte Stimmung, desto positiver ist die Einstellung zum Brand Placement im Film.

2.4 Wirkungen der Kongurenz zwischen Marke und ihrem Umfeld

Die wahrgenommene Kongruenz zwischen einer platzierten Marke und ihrem Umfeld ist als ein Erfolgsfaktor für Brand Placements bereits bestätigt (Karrh, McKee, Pardun 2003). Einen hohen Erkenntnisgehalt zur Erklärung dieses Zusammenhangs bieten die Theorien der psychologischen Reaktanz und der Attributionstheorie.

Nach der psychologischen Reaktanztheorie wird davon ausgegangen, dass in Fällen wahrgenommener Beeinflussungsversuche beim beeinflussten Individuum ein emotionaler Spannungszustand entsteht, der eine ablehnende Haltung gegenüber einer Botschaft evoziert. Dabei gilt, dass Reaktanzeffekte umso eher und stärker auftreten, je intensiver die Beeinflussungsabsicht wahrgenommen wird (Bussmann, Unger 1986).

Die Attributionstheorie beschreibt dagegen, wann einer Kommunikationsbotschaft eine werbliche Intention zugeschrieben wird. Demnach versuchen Individuen stets, eine kausale Erklärung für beobachtete Phänomene zu finden. Dabei greifen sie auf Schemata zurück, welche die im Gedächtnis gespeicherten, impliziten Annahmen über die Ursachen von Ereignissen beschreiben (Crocker 1984). Erst dann, wenn ein Ereignis nicht mit den implizit gespeicherten Schemata übereinstimmt, wird ein aktiver Attributionsprozess zur Analyse kausaler Zusammenhänge ausgelöst (Weiner 1985).

Damit ein Brand Placement mit dem dazugehörigen Schema des Rezipienten vereinbar ist, erfordert es zunächst eine Übereinstimmung des beim Rezipienten implizit verankerten Images der platzierten Marke mit dem Image des Films. Nur wenn eine hohe Kongruenz zwischen dem Markenimage und dem Filmimage gegeben ist, wird die Markenplatzierung als authentisch für den gewählten Film angesehen und eine Umdeutung als störender werblicher Beeinflussungsversuch bleibt aus. Es gilt:

P_6: Je höher die Kongruenz zwischen dem Image der platzierten Marke und dem Image des Films, desto positiver ist die Einstellung zum Brand Placement im Film.

Vergleichbares lässt sich auf die Vereinbarkeit des implizit gespeicherten Schemas des Markenimages mit dem Image des jeweiligen Kommunikators, also der Filmfigur, übertragen. Zudem kann nach Fiske (1982) ein Affekttransfer im Rahmen einer positiven Einstellungsänderung nur dann stattfinden, wenn die Schemata der beiden Stimuli übereinstimmen. Die positive Wirkungsweise einer wahrgenommenen Kongruenz zwischen Kommunikator und Marke wird mit dem Begriff der „Match-up-Hypothese" umschrieben (Misra, Beatty 1990), die als theoretische Basis für die Effektivitätsmessung von Testimonialwerbung gilt (Kahle, Homer 1985; Peterson, Kerin 1977). Demnach kann die Kongruenz zwischen Marke und Filmfigur die von einer Werbemaßnahme induzierten Einstellungswirkungen auf die Marke verbessern. Daher gilt:

P_7: Je höher die Kongruenz zwischen dem Image der platzierten Marke und dem Image der Hauptfigur, desto positiver ist die Einstellung zur platzierten Marke.

2.5 Attraktivitätswirkung des Kommunikators

Die physische Attraktivität eines Kommunikators stellt im Allgemeinen einen auffälligen und ansprechenden Reiz dar, der die Aufmerksamkeit des Rezipienten fördern und ihn zur Nachahmung anregen kann (Bandura 1979). Die Wirkung attraktiver Bezugspersonen ist im Wesentlichen durch die Theorie des Lernens begründet.

Die bekannteste und leistungsfähigste Theorie des Lernens stammt von Bandura (1979). Nach dieser Theorie kann für attraktive Kommunikatoren erwartet werden, dass Rezipienten dazu neigen, im Rahmen einer Nachahmung mit ihnen zu interagieren. Durch die Imitation glaubt der Rezipient, bestimmte Merkmale oder Erfolge des attraktiven und bewunderten Vorbildes auf sich zu übertragen (Dion, Berscheid, Walster 1972).

Für die Brand Placement-Praxis ist davon auszugehen, dass Markenpräsentationen im Film durch eine attraktiv wahrgenommene Hauptfigur Imitationsprozesse seitens des Rezipienten auslösen. Der Schauspieler nimmt die Rolle eines Präsenters ein, indem er seine positive Wertschätzung zur platzierten Marke demonstriert. Die von der Hauptfigur präsentierte Marke wird vom Zuschauer als „Mittel-zum-Zweck" für das Erreichen des beobachteten Status der Hauptfigur angesehen. Der Wirkungsverlauf beginnt mit einer möglichen Internalisierung der Botschaft durch den Zuschauer. Die Folge einer solchen Einstellungsänderung ist wiederum eine mögliche Änderung des Markenwahlverhaltens. Diese Effekte finden durch Studienergebnisse Bestätigung (Balasubramanian 1994; Karrh, Frith, Callison 2001). Es gilt daher:

P_8: Je positiver die wahrgenommene Attraktivität der Hauptfigur, desto positiver ist die Einstellung zur platzierten Marke.

2.6 Das Werbewirkungsmodell für Brand Placements

Zusammenfassend ergibt sich auf Basis bisheriger Forschungsarbeiten und etablierter Theorien aus dem Konsumentenverhalten ein umfassendes Werbewirkungsmodell für Brand Placements bestehend aus acht Wirkungszusammenhängen und neun Konstrukten. Die zentralen Werbeeffektivitätsmaße stellen dabei die Einstellung zur platzierten Marke und die diesbezügliche Kaufabsicht dar (vgl. *Abbildung 1*). Das hier vorgestellte Werbewirkungsmodell stellt ein grundlegendes Leitmodell für folgende empirische Untersuchungen dar, mit der die Wirkungsweise von Brand Placements systematisch und ganzheitlich analysiert werden kann.

Die Vorteile einer kausalanalytischen Untersuchung anhand des vorgestellten Werbewirkungsmodells beruhen im Wesentlichen auf zwei Merkmalen. Zum einen lassen sich mittels der Kausalanalyse die Wirkungsstärken einzelner Determinanten der Werbewirkungsmaße Einstellung zur Marke und Kaufabsicht identifizieren. Zum anderen ist das simultane Zusammenspiel mehrer Einflussfaktoren auf die Werbewirkung analysierbar. Die Vernachlässigung dieses Effekts kann ursächlich für die divergierenden Befunde bisheriger experimenteller Untersuchungen sein, die bis dato einen eindeutigen Nachweis der Werbewirkung von Brand Placements nicht erbringen können.

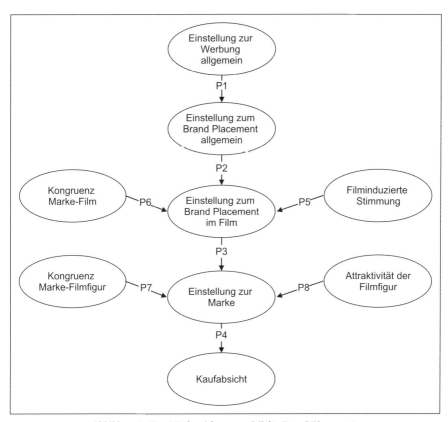

Abbildung 1: Das Werbewirkungsmodell für Brand Placements

3 Implikationen für das Marketingmanagement

Für Marketingmanager ist der Wirkungsnachweis einzelner Gestaltungsdeterminanten von Brand Placements notwendig, um den erfolgreichen Einsatz von Brand Placements in Unterhaltungsprogrammen sicherzustellen. Das auf Basis bisheriger Forschungserkenntnisse vorgestellte Werbewirkungsmodell zeigt, dass der Einsatz von Brand Placements wünschenswerte Dispositionen des Kaufverhaltens beeinflusst.

Obgleich erarbeitete Propositionen noch einer empirischen Überprüfung bedürfen, lassen sich im Rahmen der konkreten Ausgestaltung für einen effektiven Einsatz von Brand Placements bereits erste Handlungsempfehlungen ableiten. Die Wirkungszusammenhänge deuten an, dass die Marke in einem positiven Stimmungsumfeld platziert werden sollte. Zur Erhöhung der Glaubwürdigkeit und Verbesserung der Akzeptanz der Botschaft ist es ferner von Bedeutung, eine hohe Kongruenz zwischen dem Markenimage und dem Filmimage sicherzustellen. Bei einer zu offensichtlichen und nicht passenden Platzierung vermindert sich die Vorteilhaftigkeit dieser Werbeform insofern, als dass dieser von den Rezipienten als Beeinflussungsversuch wahrgenommen wird. Ferner ist bei der Planung von Brand Placements auf eine möglichst hohe Übereinstimmung zwischen dem Image der Filmfigur und der zu bewerbenden Marke zu achten. Die Attraktivität der Filmfigur stellt zudem einen Faktor dar, der rezipientenseitige Identifikationsprozesse auslösen und damit die Wirkung von Brand Placements erhöhen kann.

Neben der empirischen Validierung des aufgestellten Wirkungsmodells sollten weitere Forschungsbemühungen sich vor allem auf die Identifizierung von Faktoren, die mögliche moderierende Effekte auf die bestehenden Wirkungszusammenhänge ausüben, fokussieren. So ist anzunehmen, dass beispielsweise dem Medien-, Produkt- oder Situationsinvolvement sowie dem rezipientenseitigen Self-Monitoring-Level in diesem Kontext eine wesentliche Bedeutung zukommt. Schließlich empfiehlt es sich, die Integration einer Brand Placement-Kampagne in die übergeordnete Marketingstrategie und die Abstimmung mit den übrigen Marketing-Mix-Instrumenten zu untersuchen. Grundsätzlich liegt es im Interesse der Marketingpraxis, Aufschluss über die Effekte einer ganzheitlich abgestimmten Brand Placement-Maßnahme im Sinne einer integrierten Kommunikationspolitik zu erhalten.

Learnings:

- Erfolgreiche Brand Placements müssen auf das Image des jeweiligen Unterhaltungsprogramms und auf das Image der jeweiligen Hauptfigur im Sinne einer hohen Kongruenz abgestimmt sein.
- Eine positive Stimmungsinduktion des Unterhaltungsprogramms fördert zudem den Erfolg von Brand Placements. Im Umkehrschluss bedeutet dies, dass Markenplatzierungen in Live-Sendungen wie Shows oder Sportübertragungen durch die nicht prognostizierbare Stimmungsinduktion negative Effekte verursachen können.
- Schließlich begünstigt die Präsentation einer Marke durch attraktive Filmfiguren Nachahmungseffekte seitens des Zuschauers, wodurch sowohl die Einstellung

als auch die Kaufabsicht gegenüber der präsentierten Marke positiv beeinflusst werden.

Literaturverzeichnis

Adaval, R. (2001): Sometimes It Just Feels Right. In: Journal of Consumer Research, 28. Jg. (2001), Nr. 1, S. 1–17.
Alpert, J. I., Alpert, M. I. (1991): Contributions from a Musical Perspective on Advertising and Consumer Behavior. In: Advances in Consumer Research, 18. Jg. (1991), Nr. 1, S. 232–238.
Auer, M., Kalweit, U. (1988): Product Placement: Die neue Kunst der geheimern Verführung, Düsseldorf 1988.
Babin, L. A., Carder, S. T. (1996): Viewers' Recognition of Brands Placed Within a Film. In: International Journal of Advertising, 15. Jg. (1996), Nr. 2, S. 140–152.
Balasubramanian, S. K. (1994): Beyond Advertising and Publicity: Hybrid Messages and Public Policy Issues. In: Journal of Advertising, 23. Jg. (1994), Nr. 4, S. 29–46.
Bandura, A. (1979): Sozial-kognitive Lerntheorie, Stuttgart 1979.
Barone, M. J., Miniard, P. W., Romeo, J. B. (2000): The Influence of Positive Mood on Brand Extension Evaluations. In: Journal of Consumer Research, 26. Jg. (2000), Nr. 4, S. 386–400.
Brown, S. P., Stayman, D. M. (1992): Antecedents and Consequences of Attitude toward the Ad. In: Journal of Consumer Research, 19. Jg. (1992), Nr. 1, S. 34–51.
Bussmann, W., Unger, F. (1986): Kognitive sozialpsychologische Theorien in ihrer Bedeutung für das Konsumgüter-Marketing. In: Unger, Fritz (Hrsg.): Konsumentenpsychologie und Markenartikel, Heidelberg 1986, S. 56–96.
Crocker, J. (1984): A Schematic Approach to Changing Consumer's Beliefs. In: Advances in Consumer Research, 11. Jg. (1984), Nr. 1, S. 472–477.
d'Astous, A., Chartier, F. (2000): A Study of Factors Affecting Consumer Evaluations and Memory of Product Placements in Movies. In: Journal of Current Issues and Research in Advertising, 22. Jg. (2000), Nr. 2, S. 31–40.
Dion, K. K., Berscheid, E., Walster, E. (1972): What is Beautiful is Good. In: Journal of Social Psychology, 12. Jg. (1972), Nr. 4, S. 285–290.
Fiske, S. T. (1982): Schema-Triggered Affect: Applications to Social Perception. In: Clark, M. S., Fiske, S. T. (Hrsg.): Affect and Cognition – The 17 th annual Carnegie Symposium on Cognition, Hillsdale, New York, 1982, S. 55–78.
Goldberg, M., Gorn, G. J. (1987): Happy and Sad TV Programs. In: Journal of Consumer Research, 14. Jg. (1987), Nr. 3, S. 387–403.
Gupta, P. B., Balasubramanian, S. K., Klassen, M. (2000): Viewers' Evaluations of Product Placements in Movies. In: Journal of Current Issues & Research in Advertising, 22. Jg. (2000), Nr. 2, S. 41–52.
Gupta, P. B., Gould, S. J. (1997): Consumers' Perceptions of the Ethics and Acceptability of Product Placements in Movies. In: Journal of Current Issues and Research in Advertising, 19. Jg. (1997), Nr. 1, S. 37–50.
Haley, R., Baldinger, A. L. (1991): The ARF Copy Research Validity Project. In: Journal of Advertising Research, 31. Jg. (1991), Nr. 2, S. 11–32.
Harvey, B. (2001): Measuring the Effects of Sponsorship. In: Journal of Advertising Research, 41. Jg. (2001), Nr. 1, S. 59–65.
Holbrook, M. B., Batra, R. (1987): Assessing the Role of Emotions as Mediators of Consumer Responses to Advertising. In: Journal of Consumer Research, 14. Jg. (1987), Nr. 3, S. 404–420.
Kahle, L. R., Homer, P. M. (1985): Physical Attractiveness of the Celebrity Endorser: A Social Adaptation Perspective. In: Journal of Consumer Research, 11. Jg. (1985), Nr. 4, S. 954–961.
Karrh, J. A. (1998): Brand Placement: A Review. In: Journal of Current Issues & Research in Advertising, 20. Jg. (1998), Nr. 2, S. 31–49.
Karrh, J. A., Frith, K. T., Callison, C. (2001): Audience Attitudes towards Brand (Product) Placement: Singapore and the United States. In: International Journal of Advertising, 20. Jg. (2001), Nr. 1, S. 3–24.

Karrh, J. A., McKee, K. B., Pardun, C. J. (2003): Practitioners' Evolving Views on Product Placement Effectiveness. In: Journal of Advertising Research, 43. Jg. (2003), Nr. 2, S. 138–149.

Law, S., Braun, K. A. (2000): I'll Have What She's Having: Gauging the Impact of Product Placements on Viewers. In: Psychology and Marketing, 17. Jg. (2000), Nr. 12, S. 1059–1075.

Law, S., Braun-LaTour, K. A. (2004): Product Placements: How to Measure Their Impact. In: Shrum, L. J. (Hrsg.): Psychology of Entertainment Media, New Jersey 2004, S. 63–78.

Lutz, R. L. (1985): Affective and Cognitive Antecedents of Attitude Toward the Ad: A Conceptual Framework. In: Alwitt, Linda F., Mitchell, Andrew (Hrsg.): Psychological Processes and Advertising Effects, Hillsdale, 1985, S. 45–63.

MacKenzie, S. B., Lutz, R. J. (1989): Am Empirical Examination of the Structural Antecedents of Attitude Toward the Ad in an Advertising Pretesting Context. In: Journal of Marketing, 53. Jg. (1989), Nr. 2, S. 48–65.

MacKenzie, S. B., Lutz, R. J., Belch, G. E. (1986): The Role of Attitude Toward the Ad as a Mediator of Advertising Effectiveness, 23. Jg. (1986), Nr. 2, S. 130–143.

McKechnie, S. A., Zhou, J. (2003): Product Placement in Movies. In: International Journal of Advertising, 22. Jg. (2003), Nr. 3, S. 249–374.

Misra, S., Beatty, S. E. (1990): Celebrity Spokesperson and Brand Congruence. In: Journal of Business Research, 21. Jg. (1990), Nr. 2, S. 159–173.

Morton, C. R., Friedman, M. (2002): "I Saw it in the Movies": Exploring the Link between Product Placement Beliefs and Reported Usage Behavior. In: Journal of Current Issues and Research in Advertising, 24. Jg. (2002), Nr. 2, S. 33–40.

Ong, B. S., Meri, D. (1994): Should Product Placement in Movies be Banned? In: Journal of Promotion Management, 2. Jg. (1994), Nr. 3/4, S. 159–176.

Park, W. C., Young, M. S. (1986): Consumer Response to Television Commercials. In: Journal of Marketing Research, 23. Jg. (1986), Nr. 1, S. 11–24.

Peterson, R. A., Kerin, R. A. (1977): The Female Role in Advertisements: Some Experimental Evidence. In: Journal of Marketing, 41. Jg. (1977), Nr. 4, S. 59–64.

PQ Media (2006): Global Paid Product Placement Spending Surged 42.2% to $2.21 Billion in 2005, http://www.pqmedia.com/about-press-20060816-gppf2006.html [13.10.2006].

Russell, C. A. (2002): Investigating the Effectiveness of Product Placements in Television Shows: The Role of Modality and Plot Connection Congruence on Brand Memory and Attitude. In: Journal of Consumer Research, 29. Jg. (2002), Nr. 3, S. 306–318.

Silberer, G., Jaekel, M. (1996): Marketingfaktor Stimmungen, Stuttgart 1996.

Tiwsakul, R., Hackley, C., Szmigin, I. (2005): Explicit, Non-Integrated Product Placement in British Television Programmes. In: International Journal of Advertising, 24. Jg. (2005), Nr. 1, S. 95–111.

Weaver, D. T., Oliver, M. B. (2000): Television Programs and Advertising: Measuring the Effectiveness of Product Placement within Seinfeld. In: Proceedings of the 50 th annual conference of the International Communication Association, Washington 2000, S. 1–7.

Weiner, B. (1985): Spontaneous Causal Thinking. In: Psychological Bulletin, 97. Jg. (1985), Nr. 1, S. 74–84.

Markenkommunikation im Internet – Dank Targeting mehr als nur ein weiteres Massenmedium

Mark Grether/Rosa Markarian

Zusammenfassung	286
1 Die Marke und das Internet	286
1.1 Die wachsende Bedeutung des Mediums Internet	286
1.2 Markenkommunikation online und die Bedeutung von Zielgruppen	287
2 Targeting: Zielgruppen Online Präzise erreichen	288
2.1 Targeting: Grundlagen und Entwicklung	288
2.2 Target Group Planning (TGP®): das Targeting der 3. Generation	289
2.2.1 WEB.Demographic™ – Gezielt werben kann so einfach sein	290
2.2.2 WEB.Affinity™ – Affinität muss keine Reichweite kosten	291
2.2.3 WEB.Milieu™ – Milieus jetzt auch im Internet buchbar	292
2.2.4 WEB.Consumer™ – Reales Kaufverhalten online buchen	293
3 Target Group Planning: Die Fallstudien	294
3.1 Volkswagen: Verschiedene Zielgruppen – Verschiedene Werbewirkung	294
3.2 Toyota AYGO: Neue Markeneinführung mit enormer Wirkung in der Zielgruppe	296
4 Zusammenfassung	297
Literaturverzeichnis	297

Zusammenfassung

Das Internet hat sich als Massenmedium in der Gesellschaft etabliert und ist ein fester Bestandteil der Markenkommunikation. Das World Wide Web ist aber viel mehr als nur ein weiteres Massenmedium. Wie das Internet mit zielgruppenorientierter Werbeaussteuerung, also Targeting, der Markenkommunikation neue Dimensionen eröffnet, erläutert der folgende Beitrag. Zunächst wird die grundlegende Bedeutung von zielgruppenorientierter Werbung für die Markenkommunikation beschrieben. Daran schließt die Entwicklung des Targeting und seine Umsetzung bei United Internet Media, dem Vermarkter von WEB.DE, GMX und 1&1 an. Die Charakteristika von Target Group Planning (TGP®), dem Targeting-System von United Internet Media, das präzise Zielgruppenansprache mit großer Reichweite verbindet, werden aufgezeigt. Anhand zweier Fallstudien wird schließlich die Werbewirkung von TGP® untersucht.

1 Die Marke und das Internet

1.1 Die wachsende Bedeutung des Mediums Internet

Weltweit nutzen inzwischen rund 1 Milliarde Menschen das Internet. Rund 57 % der Deutschen (37,20 Mio.) sind laut AGOF inzwischen online. Über 85 % davon waren innerhalb der letzten Woche im Web, innerhalb des letzten Monats waren es sogar 94 % – ein klares Indiz für die hohe Nutzungsfrequenz des Internets und seine Etablierung als Alltagsmedium in der Gesellschaft.

Die Vernetzung der Gesellschaft und Wirtschaft durch das Internet stellt aber auch immer größere Anforderungen an die Marktstrategien der Unternehmen. Fast jede Zielgruppe ist inzwischen online. Und der Fair-Share der Online-Werbung am Media-Mix wird heftig diskutiert. Im Durchschnitt nutzte 2005 jeder Deutsche das Internet täglich 59 Minuten, las aber nur 21 Minuten Zeitungen und 15 Minuten Zeitschriften (Time Budget 12 SevenOne Media). Andererseits verteilte sich das Werbebudget zwischen diesen drei Medien wie folgt: 1,65 Mrd. EUR Internet, 5,33 Mrd. EUR Zeitungen und 4,65 Mrd. EUR Fach- und Publikumszeitschriften (Online-Vermarkterkreis im Bundesverband Digitale Wirtschaft e.V.).

Insofern ist es nur folgerichtig, dass Online-Werbung in Deutschland boomt. Das Internet ist das einzige Werbemedium, dessen Umsätze in den letzten vier Jahren deutlich gewachsen sind. 2006 stiegen die Umsätze für Online-Werbung um 84 % gegenüber dem Vorjahr (Online-Vermarkterkreis im Bundesverband Digitale Wirtschaft e.V.). Erstmalig steigt das Internet damit zum viertgrößten Werbeträger in Deutschland auf.

Für immer mehr Media- und Marketingentscheider wird das Internet zum relevanten Werbemedium, da das Internet einen festen Platz im Mediennutzungsverhalten der Deutschen erlangt hat und somit eine ganzheitliche Markenkommunikation nicht mehr am World Wide Web vorbeikommt. Doch das Internet ist mehr als nur ein weiteres Massenmedium, das als breiter Werbeträger dient. Das Internet bietet

Möglichkeiten der Kommunikation mit Konsumenten, die einzigartig sind und in keinem anderen Medium umgesetzt werden können. Zum einen zählt dazu die bislang nicht dagewesene Interaktivität zwischen Konsument und Unternehmen oder der nahtlose Übergang von Werbung zu einer Online-Kaufhandlung ohne Medienbruch. Zum anderen revolutioniert das Internet die werbliche Ansprache und damit Markenkommunikation durch die Möglichkeit, Zielgruppen präzise und daher ohne Streuverluste und mit erhöhtem Werbeerfolg zu erreichen.

1.2 Markenkommunikation online und die Bedeutung von Zielgruppen

Ein Ziel der Markenpolitik ist es, mittels Marken den Markt differenziert zu bearbeiten (Bruhn 2001, S. 35). Marken erfüllen die unterschiedlichen Bedürfnisse verschiedener Zielgruppen und vermitteln jeder Zielgruppe den Nutzen, der für sie relevant ist. Transportiert eine Marke genau diesen Nutzen, der das Bedürfnis einer bestimmten Zielgruppe befriedigt, besser als die Konkurrenz, ist die Zielgruppe bereit, für diesen Mehrwert einen höheren Preis zu bezahlen und baut Vertrauen und Loyalität gegenüber der Marke auf. Dabei kann dieser Nutzen materieller oder immaterieller Natur sein. Der Ursprung für die Schaffung und den Erfolg von Marken liegt also in der Heterogenität von Märkten. Je heterogener und differenzierter die Verbraucherbedürfnisse sind, umso mehr müssen sich auch Produkte differenzieren und über ihre Markenidentität verschiedene Zielgruppen ansprechen. Zu Beginn der Entwicklung einer Marke und der Markenpositionierung steht also die Marktsegmentierung, die die Aufgabe hat, den Markt in sinnvolle Zielgruppen aufzuteilen (Meffert 2000, S. 851). Aus den heterogenen Konsumenten sollen in sich möglichst homogene Gruppen mit ähnlichen Bedürfnisstrukturen gebildet werden, die eine effiziente Marktbearbeitung ermöglichen (Freter 1983, S. 18). Die gesamte Markenkommunikation richtet sich dann auf diese bestimmte Zielgruppe, um bei ihr eine höhere Markenbekanntheit zu erreichen, ein positives Markenimage aufzubauen und schließlich eine Kaufabsicht zu bewirken (Meffert 2000, S. 680 f.).

Da die Marke also für bestimmte Zielgruppen geschaffen ist, ist es zielführend, Markenkommunikation vor allen Dingen auf diese Zielgruppen zu richten. Markenwerbung, die sich an Verbraucher richtet, die nicht zur Zielgruppe gehören, produziert ineffiziente Streuverluste und kann zudem das Markenprofil ungewollt verändern (Schneider et al. 2003, S. 241). In der werblichen Ansprache in klassischen Medien lassen sich diese Effekte kaum vermeiden. Dort wird in der Werbeplanung folgender Prozess durchlaufen: Zunächst wird die Zielgruppe nach demografischen, kaufverhaltensorientierten oder psychografischen Kriterien definiert. Da diese Zielgruppe aber nicht direkt adressiert werden kann, bedient man sich in der klassischen Mediaplanung einem simplem Trick: Die Werbung wird in dem thematischen Medienumfeld mit der höchsten Zielgruppenaffinität platziert. Um z.B. einen hochwertigen Sportschuh für Damen auf dem Markt einzuführen, wird Werbung in der Zeitschrift Fit for Fun geschaltet. Durch diese Rückübersetzung von Zielgruppendefinition zu Medienumfeld verliert die Zielgruppe jedoch an Exaktheit und Schärfe. Nicht alle Frauen, die für den Kauf des neuen Sportschuhs in Betracht kommen, sind Leser der Fit for Fun. Zudem lesen auch viele Männer die Fit for Fun, die sich sicherlich nicht für einen Damensportschuh interessieren. Dieses einfache Beispiel lässt sich auf zahlreiche andere Werbekampagnen übertragen und verdeutlicht die Schwachpunkte der klassischen Mediaplanung: Werbung in affinen Umfeldern erreicht nur Teile der

Zielgruppe und produziert ineffiziente Streuverluste, indem auch Menschen, die gar nicht zur Zielgruppe gehören, angesprochen werden.

2 Targeting: Zielgruppen Online Präzise erreichen

2.1 Targeting: Grundlagen und Entwicklung

Die technologischen Möglichkeiten des Internets setzen an diesem Schwachpunkt der klassischen Werbeplanung, Zielgruppen nur über Umfelder zu erreichen, an. Zielgruppenspezifische Online-Werbung orientiert sich nicht an dem entsprechenden Umfeld, um die gewünschten Verbraucher zu erreichen, sondern stellt den Verbraucher an sich in den Mittelpunkt der werblichen Ansprache und spricht diesen direkt an. Dazu werden online kontinuierlich Daten über die Nutzer gesammelt und erlauben schließlich eine Zuordnung der Nutzer zu Zielgruppen. Datenquellen sind dabei z.B. die Daten aus Nutzerbefragungen oder die Analyse des Surfverhaltens, die Aussagen über die Interessen der Nutzer macht. Die gesammelten Informationen werden in Cookies, also anonymisierten digitalen Kennungen, gespeichert und formen so ein immer umfassenderes Profil der Nutzer. Bei jeder Surfsession werden dem Nutzer also aufgrund ihrer Cookie-Informationen passende Werbung angezeigt, die ihrem Profil und damit ihrer Persönlichkeit und ihren Bedürfnissen entspricht. Diese zielgruppenspezifische Werbeauslieferung ist unter dem Stichwort Targeting bekannt. Targeting erreicht also Nutzer ganz unabhängig davon, in welchem Umfeld sie sich gerade aufhalten. Nutzer werden kontinuierlich als Mitglieder einer Zielgruppe identifiziert und auf jeder Website, egal ob sie gerade ihre E-Mails abrufen, sich über ihr nächstes Reiseziel informieren oder Nachrichten lesen, mit Werbung, die zu ihrer Persönlichkeit passt, angesprochen. Targeting macht daher die Rückübersetzung von Zielgruppen in affine Umfelder gänzlich unnötig und orientiert sich am Nutzer selbst, um ihn präzise anzusprechen. Damit revolutioniert Targeting die bisherige Werbe- und Mediaplanung gemäß dem Targeting-Leitspruch: „It's all about people, not places".

Auch diese junge Technologie hat bereits einige Entwicklungsstufen hinter sich gebracht. Das Targeting begann im Internet mit soziodemografischem Targeting (Targeting der 1. Generation). Dabei erfolgte die Zielgruppenqualifizierung und -ansprache auf Basis von Kriterien wie Alter, Postleitzahl und Geschlecht, aber auch technischer Parameter wie Bandbreite, Browsertyp o.ä. Erstmals tauchte diese erste Targeting-Generation in Deutschland im Jahr 2000 auf. Diese Form des Targeting nutzt jedoch das weitreichende Potenzial, welches das Internet als Datenquelle bietet, nur spärlich.

Viel weiter geht Behavioral Targeting, die 2. Generation des Targeting. Hierbei wird Werbung auf Basis des Surfverhaltens ausgesteuert. Jede Surfsession stellt eine unermessliche Datenquelle dar, bei der Nutzermerkmale quasi nebenbei gesammelt werden und zu denen passende Werbung ausgeliefert werden kann. Ein Beispiel dafür ist das Keyword-Advertising: Ein Online-Nutzer gibt einen Begriff in die Suchmaske ein und erhält Werbung eingeblendet, die auf diesen Begriff Bezug nimmt. Der prominenteste und erfolgreichste Anbieter dieser Werbeform ist natürlich Google, der einen erheblichen Teil vom derzeit 115%-igen Wachstum des Marktes für Keyword-Advertising ausmacht (Online-Vermarkterkreis im Bundesverband Digitale

Wirtschaft e.V.). Die Einschränkung bei Keyword-Advertising ist jedoch, dass diese Art der Zielgruppenansprache nur in einem Suchumfeld funktioniert – aber nicht auf einem ganzen Portal. Darüber hinaus setzt Keyword-Advertising die aktive Eingabe eines Suchwortes, also die Preisgabe eines Interesses seitens des Nutzers, voraus und stellt nur ein momentanes Interessenssignal dar. Eine zweite Variante des Behavioral Targeting ist die Analyse von Logfiles. Surft ein Onliner z.B. häufig auf einer Seite, die dem Thema Auto zugeordnet wird, ist die Folgevermutung, dass er autoaffin ist und dementsprechende Werbung erhalten sollte. Allerdings geht aus dem Surfverhalten beispielsweise nicht direkt hervor, ob er eher BMW- oder eher Mercedes-interessiert ist. Hierzu müssen noch weitere Merkmale bekannt sein, um eine starke Differenzierung zu ermöglichen.

2.2 Target Group Planning (TGP®): das Targeting der 3. Generation

Um Zielgruppen, die sich im Internet aufhalten, aussagekräftig beschreiben zu können und sie für die Werbetreibenden ohne Streuverluste planbar, buchbar und direkt ansprechbar zu machen, hat United Internet Media, Deutschlands größter Online-Vermarkter mit den Portalen WEB.DE, GMX und 1&1 (AGOF internet facts 2006-II), Target Group Planning (TGP®), das Targeting der 3. Generation, entwickelt:

TGP® ist ein integriertes Planungs-, Buchungs- und Targetingsystem, mittels dessen sich Zielgruppen in der Reichweite von Massenmedien wie WEB.DE, GMX und 1&1 direkt werblich ansprechen lassen. Dazu fügt United Internet Media soziodemografischen und Behavorial-Daten bei TGP® jetzt erstmals zwei neue Datenklassen zur Zielgruppenansprache hinzu. Psychografische Daten, d.h. Parameter wie Einstellungen, Interessen und Meinungen fließen in die Zielgruppenbeschreibungen ein. Darüber hinaus kommen auch reale Kaufverhaltensdaten aus dem GfK-ConsumerScan in diesem Targetingsystem zur Anwendung.

Im Rahmen der „Hypervariaten Similaritätsmodellierung" werden die Daten der vier Säulen statistisch verarbeitet, so dass für alle Nutzer genaue, umfassende und zugleich tagesaktuelle Merkmalsbeschreibungen in Form von komplett anonymisierten Zielgruppenzugehörigkeitsprofilen vorliegen.

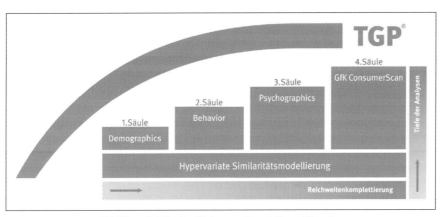

Abbildung 1: Die vier Säulen von Target Group Planning

Ausgangspunkt der „Hypervariaten Similaritätsmodellierung" sind die soziodemografischen Merkmale Alter, Geschlecht und Postleitzahl der Nutzer der United Internet Media-Portale, die aus den Nutzerregistrierungen für E-Mail-Accounts vorliegen. Die verhaltensorientierten Daten werden aus der täglichen Analyse des kompletten Surfverhaltens aller Nutzer auf den Portalen WEB.DE, GMX und 1&1 gewonnen. Als Erhebungsinstrument zur Gewinnung der psychografischen Merkmale dient eine Online-Befragung nach dem n-ten Verfahren: Eine repräsentative Stichprobe von ca. 4.000 Nutzern füllt dazu alle vier Wochen einen ca. 20-minütigen Fragebogen aus und beantwortet dabei anhand der klassischen AIO- (Activities, Interest, Opinion) Itembatterien u.a. Fragen zu Einstellungen, Lebensstilen etc. Von der GfK werden in einem weiteren Schritt Kaufverhaltensdaten eingespielt, welche die GfK bei ihrem ConsumerScan-Panel bei repräsentativen Haushalten generiert.

Insgesamt 2.500 Merkmale können so über TGP® für jeden Nutzer erfasst werden. Natürlich liegen nicht für jeden Nutzer Informationen zu diesen 2.500 Merkmalen vor, da beispielsweise nicht alle Nutzer an den Online-Befragungen teilnehmen. Dennoch können alle Nutzer Zielgruppen zugeordnet werden. Über umfangreiche, täglich durchgeführte Datamining-Analysen werden Nutzerprofile miteinander auf ähnliche Merkmalsstrukturen verglichen. Liegt eine starke Ähnlichkeit zwischen einem Profil A mit weniger ausgefüllten Merkmalen und einem Profil B mit mehr ausgefüllten Merkmalen vor, werden die fehlenden Ausprägungen von Profil A mit den Ausprägungen von Profil B aufgefüllt. Auf Basis dieser Hochrechnung wird eine komplette Reichweitenabdeckung für jede Zielgruppe für die Portale WEB.DE, GMX und 1&1 erreicht. Daneben resultiert aus dieser Hochrechnung eine gewollte Unschärfe, die es ermöglicht, das gesamte Potenzial einer Zielgruppe zu erreichen. Damit deckt TGP®, im Gegensatz zu vielen anderen Internet-Werbeformen, die gesamten vier Werbewirkungsstufen gemäß dem klassischen AIDA-Modell ab. Im Internet werden Konsumenten häufig erst mit passender Werbung angesprochen, wenn sie bereits selbst durch ihr Surfverhalten, wie zum Beispiel einer Keyword-Eingabe, ihr Interesse an einem Produkt geäußert haben. Dann erreicht die Werbung sie erst, wenn sie sich schon in einem fortgeschrittenen Entscheidungsprozess (Desire) befinden. Werbung hat aber auch die Aufgabe, die Menschen in der Zielgruppe zu erreichen, die noch am Beginn eines Entscheidungsprozesses sind und die auf ein Produkt aufmerksam gemacht werden sollen (Attention). Der TGP® Ansatz erschließt ein viel größeres Werbepotenzial, da auch die Nutzer werblich angesprochen werden, die sich potenziell für ein Produkt interessieren, da sie den Nutzern, die bereits Interesse geäußert haben, ähneln. Damit können mit TGP® also komplexe Zielgruppen in ihrem gesamten Potenzial direkt und unabhängig vom Umfeld erreicht und gebucht werden.

Aus der Vielzahl von gesammelten Daten in TGP® ergeben sich vielfältige Möglichkeiten der Zielgruppenansprache. Das Ziel ist es dabei, klassische Zielgruppendefinitionen ins Internet zu übertragen und ihre Ansprechbarkeit über die technologischen Möglichkeiten des Internets zu optimieren. Bisher können vier Zielgruppentypologien über TGP® angesprochen werden.

2.2.1 WEB.Demographic™ – Gezielt werben kann so einfach sein

Demografische Kriterien sind die wohl ältesten Marktsegmentierungskriterien und werden nach wie vor am häufigsten angewandt. Analog dazu können mit WEB.Demographic™ demografische Zielgruppen definiert und reichweitenstark angesprochen werden. Die sieben relevantesten Kriterien stehen dabei zur Verfügung. Die Merkmale Geschlecht, Postleitzahl, Alter, Haushaltsgröße, Haushaltsnettoeinkommen, Bildung und Berufsstand können laut den Ausprägungen in Abbildung 2 frei miteinander kombiniert werden. Im Ergebnis werden also beispielsweise alle Männer zwischen 20 und 39 Jahren, die über ein Einkommen von mehr als 3.500 EUR verfügen, in der gesamten Reichweite der Portale von United Internet Media angesprochen.

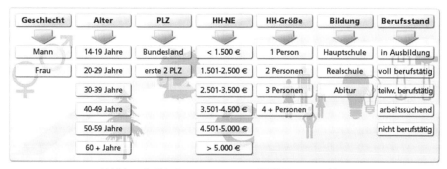

Abbildung 2: Die Ausprägungen von WEB.Demographic™

2.2.2 WEB.Affinity™ – Affinität muss keine Reichweite kosten

Mit WEB.Affinity™, dem zweiten Produkt der TGP®-Generation, werden themenaffine Zielgruppen angesprochen. Für affine Zielgruppen galt in den klassischen Medien bisher: Je höher die Affinität, desto geringer die Reichweite. Dies rührte aus einem Trade-off zwischen der Belegung von Umfeldern mit hoher Affinität und daher zwangsläufig geringerer Reichweite oder der Buchung in der Reichweite unter Inkaufnahme von Streuverlusten. Bisher war es im Grunde also nicht möglich, die volle Reichweite in einer Zielgruppe auf einem Werbeträger voll auszuschöpfen.

WEB.Affinity™ ändert dies grundlegend, da affine Zielgruppen weit über den Special Interest-Bereich hinaus erreicht werden. Bei WEB.Affinity™ werden die Nutzer zu einer Zielgruppe zusammengefasst, die ähnliche Themeninteressen haben. Acht Interessenszielgruppen können dann ganz unabhängig vom Umfeld, in dem sie sich bewegen, werblich angesprochen werden. Die Reichweite einer WEB.Affinity™-Zielgruppe hört also nicht mit den passenden Special Interest-Seiten auf, sondern umfasst alle Nutzer, die sich für ein bestimmtes Thema interessieren, ganz unabhängig davon, wo sie surfen.

Abbildung 3: Die acht Interessenzielgruppen von WEB.Affinity™

Auf diese Weise lassen sich über die General-Interest-Reichweitenmedien wie WEB. DE und GMX z.B. 9,2 Mio. Auto- und Motorinteressierte erreichen – mehr als der Special-Interest-Titel Auto Motor Sport Leser (4,9 Mio.) oder der Online-Automarktplatz mobile.de Nutzer (3,7 Mio.) ermöglicht (ag.ma MA Print 2006; Nielsen; AGOF internet facts 2006-II). Auto-Fans werden dann nicht nur werblich angesprochen, wenn sie gerade auf Auto-Seiten surfen, sondern auch wenn sie gerade E-Mails lesen oder sich über die neuesten Nachrichten informieren. Damit ist WEB.Affinity™ das elegantere Umfeld, das den Trade-off zwischen Affinität und Reichweite auflöst.

2.2.3 WEB.Milieu™ – Milieus jetzt auch im Internet buchbar

Das Ziel der Marktsegmentierung ist es, „einen hohen Identitätsgrad zwischen der angebotenen Marktleistung und den Bedürfnissen der Zielgruppe zu erreichen" (Meffert 2000, S. 183). Früher reichte es aus, Menschen im gleichen Alter, mit gleichem Einkommen oder gleicher Bildung zu Gruppen mit gleichen Bedürfnissen zusammenzufassen. Heute sind Verbraucher hybrid, Bedürfnisse viel differenzierter und Kaufentscheidungen lassen sich in vielen Fällen über simple soziodemografische Klassifizierungen schlicht nicht erklären. Ein Beispiel aus dem Autokauf verdeutlicht dies. Wohlhabende, ältere Menschen mit einer konservativen, traditionellen Lebenseinstellung werden sich vielleicht einen Mercedes kaufen, aber wohl kaum einen BMW Mini. Die Lebensauffassung hat hier also einen entscheidenden Einfluss auf die Kaufentscheidung. Um dieses unterschiedliche Markenkaufverhalten greifbar zu machen, werden ganzheitliche Beschreibungen von Zielgruppen gefordert. Daher eignen sich „Milieu-Typologien", die bei einer Zielgruppe soziodemografische Merkmale mit Einstellungen und Wertvorstellungen kombinieren, in vielen Branchen hervorragend für ein zielgruppengerichtetes Marketing (Bauer et al. 2003, S. 16). In der klassischen Marketing- und Kommunikationsforschung werden Milieus folglich seit langem als ganzheitlicher Ansatz zur Marktsegmentierung eingesetzt und sind unverzichtbare Planungsgrundlage zur Positionierung von Produkten und Marken. Aufbauend auf lebensstilorientierten Marktsegmentierungsansätzen kann angefangen von der Produktentwicklung bis hin zur Werbemittelaussteuerung der komplette Marketing-Mix der jeweiligen Lebenswelt angepasst werden. Damit können nicht nur bedürfnisgerechtere Produkte für Konsumenten erstellt werden, sondern es wird auch eine Differenzierung mit dem Wettbewerber geschaffen.

In der Klassik gibt es schon lange etablierte Milieu-Studien wie Sinus Soziovision, Sigma oder AWA, die als Grundlage für Produktplanung und Werbeansprache dienen. Während für TV und Print also schon lange diese Zielgruppen-Methodik existiert, gingen im Internet Typologien bislang über Soziodemografien oder Behavioral-Modelle nicht hinaus. United Internet Media hat mit WEB.Milieu™ erstmals eine valide Milieu-Typologie für über 50% der Internetnutzer in Deutschland gebildet (AGOF internet facts 2006-II). Ähnlich den klassischen Milieutypologien sind die WEB.Milieus auf Basis von umfangreichen Daten, wie der Soziodemografie und den klassischen AIO-Items gebildet worden. Aus der Analyse dieser Daten ergaben sich neun Milieus, welche die Internet-Nutzerschaft medienadäquat abbilden.

Im Internet können klassische Zielgruppenmodelle jedoch nicht nur abgebildet werden. Darüber hinaus ermöglicht die Dynamik des Internets eine Verbesserung der klassischen Zielgruppenansprache. Dem „Young Urban Professional" begegnet man im „richtigen" Leben nicht nur in der Szene-Bar oder im Büro, sondern auch beim Einkaufen und im Freundeskreis. Das Gleiche gilt im Internet: „Yuppies"

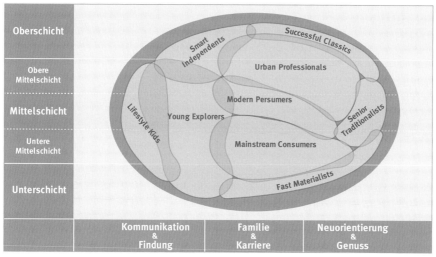

Abbildung 4: Die neun Lebenswelten von WEB.Milieu™

trifft man nicht nur im Umfeld „Lifestyle", sondern ebenso beim E-Mail-Schreiben, Online-Shopping oder auf einem beliebigen Redaktionsumfeld. WEB.Milieu™ hebt auf Basis der TGP®-Technologie die bisherige Einschränkung auf, Milieus hilfsweise nur über Themenumfelder anzusprechen. Über TGP® werden Milieu-Mitglieder unabhängig von ihrem aktuellen Nutzungsverhalten überall auf den Portalen von United Internet Media angesprochen und Werbung erreicht sie in Echtzeit nach Vorgabe der Milieu-Zuordnung.

Klassische Lebensweltmodelle haben aber noch eine weitere Einschränkung. In der heutigen, unbeständigen Zeit können gesellschaftliche, politische und wirtschaftliche Ereignisse schnell das Leben eines jeden einzelnen verändern und haben Konsequenzen für das persönliche Umfeld und damit auch für die aktuelle Lebenswelt. Klassische Milieutypologien werden in sehr langen Abständen aktualisiert und erfassen daher einschneidende Veränderungen nur mit Verzögerung. Diese Veränderungen werden mit TGP® sofort nachvollzogen und über die gesamte Reichweite auf alle Nutzer hochgerechnet. Damit gewährleistet WEB.Milieu™ Lebenswelten, die stets der Gegenwart entsprechen.

2.2.4 WEB.Consumer™ – Reales Kaufverhalten online buchen

Im klassischen Marketing werden je nach Unternehmen und Branche verschiedene Zielgruppendefinitionen verwendet. Mit WEB.Consumer™, dem Ergebnis einer Kooperation zwischen der Gesellschaft für Konsumforschung (GfK) und United Internet Media, werden Zielgruppen, die speziell auf die FMCG-Branche zugeschnitten sind, erstmals online buchbar. In der Automobilbranche beispielsweise sind Lebensweltmodelle weit verbreitet, da der Lebensstil einen großen Einfluss auf die Wahl des passenden Autos hat (Bauer et al. 2003, S. 19; Meffert 2000, S. 204). Wohl kaum würde zum Beispiel ein sogenannter Yuppie einen Fiat Punto fahren, ein Einkauf bei Aldi dagegen ist nicht ausgeschlossen („hybrides Kaufverhalten"). Bei den schnelldrehenden Konsumgütern hängt es hingegen vielmehr vom vergangenen Kaufverhalten und von Testkäufen ab, zu welchem Konsumprodukt der Verbraucher greift. Zur

Ermittlung des Kaufverhaltens werden üblicherweise Panels eingesetzt. So erfasst beispielsweise die GfK in ihrem ConsumerScan-Panel regelmäßig das Kaufverhalten von 20.000 Haushalten. Zusätzlich werden umfangreiche soziodemografische und psychografische Daten der Haushalte abgefragt. Dank dieser Systematik erhalten Unternehmen das Wissen, wer ihre Produkte kauft und durch welche Merkmale sich diese Personen auszeichnen. Die Verbreitung dieser Art der Zielgruppenbestimmung ist enorm: 83% der FMCG- und 100% der Handelsunternehmen bilden ihre Zielgruppen auf Basis des ConsumerScans der GfK. Bei diesen Unternehmen sind vor allem zwei Zielgruppentypologien weit verbreitet. Zum einen lässt sich das Kaufverhalten danach differenzieren, ob Konsumenten zu hochpreisigen Markenprodukten oder günstigen Handelsmarken greifen. Zum anderen unterscheidet sich das Kaufverhalten von Konsumenten danach, wie viel sie von einem Produkt kaufen. Daraus bildete die GfK zwei Zielgruppentypologien, einerseits die Premium-, Marken-, Promotion- und Handelsmarkenkäufer und andererseits die Heavy-, Medium- und Light-Buyer. Genau diese Zielgruppen sind mit WEB.Consumer™ direkt online buchbar. Die umfangreichen Daten aus dem ConsumerScan fließen als vierte Datensäule in TGP® ein, bereichern damit die Profile der Nutzer der United Internet Media-Portale und machen Zielgruppen nach GfK-Definition erstmals online buchbar. Die GfK-Zielgruppen sind standardmäßig für 22 relevante Warengruppen verfügbar und können darüber hinaus für jedes weitere Produkt in Kooperation mit der GfK individuell erstellt werden.

Mit diesen vier Zielgruppen: WEB.Demographic™, WEB.Affinity™, WEB.Milieu™ und WEB.Consumer™ stellt Target Group Planning einen einzigartigen Targeting-Ansatz dar. Über die umfangreiche Sammlung von Daten aus verschiedensten Datenquellen können komplexe Zielgruppen abgebildet werden, die dank der hypervariaten Similaritätsmodellierung in der gesamten Reichweite umfeldunabhängig angesprochen werden. Die Akzeptanz dieses Ansatzes im Markt wird dadurch belegt, dass 60% der Kunden von United Internet Media TGP® buchen. Darüber hinaus belegen zahlreiche Fallstudien die Effizienz und Effektivität von TGP®.

3 Target Group Planning: Die Fallstudien

3.1 Volkswagen: Verschiedene Zielgruppen – Verschiedene Werbewirkung

Als Beispiel für die praktische Umsetzung von TGP® wird im Folgenden eine Kampagne von Volkswagen für die 1,9%-Finanzierung des VW Passat Variant auf WEB.DE aus dem Jahre 2006 betrachtet. Zu Beginn der Kampagne musste aus der Vielzahl der Möglichkeiten die richtige Zielgruppe für die Werbung ausgewählt werden. Der Wahl der richtigen Zielgruppe kommt eine entscheidende Bedeutung zu, da präzises Targeting natürlich nur, wenn die perfekte Zielgruppe getargeted wird, zielführend ist. Für die Thematik Auto-Finanzierung für einen VW kristallisierte sich das WEB.Milieu™ Urban Professionals als optimale Zielgruppe heraus. Die Urban Professionals sind qualitäts- und karriereorientierte Konsumenten, die über einen eher hohen sozialen Status verfügen, sich außerordentlich für das Thema Finanzen und Finanzierungsangebote interessieren und einen PKW der Mittelklasse fahren. Um die Effektivität von TGP® vergleichbar zu machen, wurde diese Kampagne auch an drei weitere Zielgruppen ausgeliefert. Die Kampagne wurde ohne Targeting an alle WEB.DE-Nutzer und separat an die WEB.Affinity™-Zielgruppe Auto & Motor ausgeliefert. Zusätzlich wurde die Werbung auch im Special Interest Auto-Magazin von WEB.DE geschaltet. Die Werbewirkung wurde anhand einer Online-Befragung sowohl vor als auch während der Kampagne bei allen Zielgruppen erforscht.

Drei Ergebnisse aus dieser Studie sollen näher betrachtet werden. Die Kaufabsicht eines VW wurde bei allen Zielgruppen durch die Kampagne gesteigert. Die höchste Steigerung von fast 19 % wurde beim WEB.Milieu™ erreicht. Während die Kaufabsicht bei allen WEB.DE-Nutzern um knapp 13 % und bei der WEB.Affinity™-Zielgruppe noch um über 5 % gesteigert wurde, wurde im Special Interest-Bereich lediglich eine Steigerung von 2,5 % erzielt. Dass sich die Kaufabsicht gerade im Special Interest-Umfeld nur geringfügig erhöhte, zeigt, dass hier Werbung, die sich an Menschen und nicht an Umfeldern orientierte, einen größeren Erfolg verbuchte. Dieser Effekt wird dadurch bewirkt, dass Auto-Werbung in einem Auto-Umfeld geradezu erwartet wird und somit in der Flut von Auto-Informationen leicht untergeht. Trifft Werbung einen affinen Menschen in einem beliebigen Umfeld, in dem er es nicht erwartet, ist er überrascht und schenkt der Werbung seine Aufmerksamkeit. Dass die Auswahl von passenden affinen Menschen eine nicht zu unterschätzende, komplexe Aufgabe ist, zeigt die weitere Betrachtung der Studie. Für diese Kampagne war es entscheidend, Menschen anzusprechen, die nicht nur für den Kauf eines VW Passat in Betracht kommen, sondern für die gerade auch eine günstige Finanzierung ein wichtiger Treiber bei der Kaufentscheidung ist. Die Frage nach dem Einfluss der 1,9 %-Finanzierung auf den Kaufentscheidungsprozess legt offen, dass eine günstige Finanzierung vor allem die Urban Professionals für einen Autokauf bei Volkswagen begeistert. Im Vergleich mit allen WEB.DE-Nutzern messen die Urban Professionals der Auto-Finanzierung mit einem Index von 157 die größte Wichtigkeit bei, während

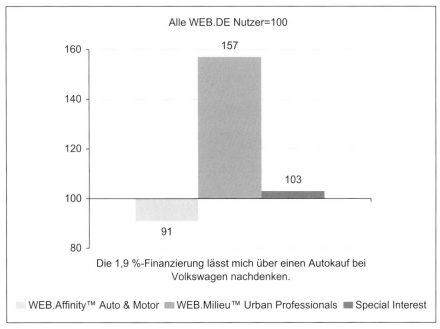

Abbildung 5: Einfluss der 1,9 %-Finanzierung auf den Kaufentscheidungsprozess

der Index bei der Special Interest-Zielgruppe bei 103 und bei der WEB.Affinity™-Zielgruppe Auto & Motor lediglich bei 91 liegt.

Diese Ergebnisse verdeutlichen die Wichtigkeit einer umfassenden Kenntnis über die Targeting-Zielgruppe. Aufgrund der zahlreichen Datenquellen, die in TGP® einfließen, liegt für jede Zielgruppe ein detailliertes Profil vor. Aus diesem Profil lässt sich auch ablesen, dass sich die WEB.Affinity™-Zielgruppe Auto & Motor unterdurchschnittlich für die Themen Wirtschaft und Finanzen interessiert. Damit erklärt sich, dass diese Zielgruppe von einer Werbung für eine Autofinanzierung nur unterdurchschnittlich gut angesprochen wird. Die Auswahl der richtigen Zielgruppe hat aber nicht nur Auswirkungen auf die Werbebotschaft, also die günstige Finanzierung, die hier im Mittelpunkt steht, sondern darüber hinaus auch auf das wahrgenommene Markenimage. Bei einem Vergleich mit allen WEB.DE-Nutzern stimmen die Urban Professionals mit einem Index von 122 der Aussage zu, dass der Passat Variant der eleganteste Kombi seiner Klasse ist. Der Index beträgt bei der Special Interest-Zielgruppe nur 92 und bei der WEB.Affinity™-Zielgruppe nur 86. Es ist also lohnend, sich genaue Gedanken über die Auswahl der Zielgruppe zu machen und diese mit wenig Streuverlust anzusprechen, da jede Werbung einen Eindruck hinterlässt und das Bild einer Marke formt.

3.2 Toyota AYGO: Neue Markeneinführung mit enormer Wirkung in der Zielgruppe

Gerade bei Produktneueinführungen ist es entscheidend, mit Werbung einen starken positiven Eindruck zu hinterlassen, der im Gedächtnis der Zielgruppe haften bleibt und einen großen Beitrag zum Markenaufbau leistet. Zur Einführung des neuen Toyota AYGO wurde dieser Beitrag anhand einer Online-Kampagne und einer darauf aufbauenden Werbewirkungsstudie gemessen. Der Toyota AYGO ist ein praktisches, dynamisches, ideales Stadtauto. Er entspricht dem Lebensgefühl des WEB.Milieus Young Explorers. Diese Zielgruppe ist jung, modern, möchte gerne etwas Besonderes sein und fährt bevorzugt kleine PKWs. Die Kampagne für den Toyota Aygo, die Ende 2005 auf WEB.DE lief, erzielte eine hohe Wirkung bei dieser Zielgruppe. Die Werbeerinnerung für Toyota erfuhr eine Steigerung um 7,6 %. Die gestützte Markenbekanntheit für die noch gänzlich unbekannte Marke Toyota AYGO wurde sogar um 20,4 % erhöht. Die gestiegene Markenbekanntheit in der richtigen Zielgruppe führte schließlich auch zu einem erhöhten Kaufinteresse der Young Explorers. So erhöhte sich die Kaufabsicht für den Toyota AYGO im Laufe der Kampagne um 16,6 %. Dieses Beispiel zeigt eindrücklich, dass zielgruppengerichtete Online-Werbung jenseits von Klickraten einen messbaren Einfluss auf das Markenbild hat. Somit führt zielgruppenspezifische Werbung nicht nur zu einer Steigerung der Markenbekanntheit. Darüber hinaus trifft die Werbung auf die wirklich relevante Zielgruppe und bewirkt eine Steigerung der Kaufabsicht, was ja das eigentliche Ziel jeder werblichen Handlung ist.

Markenkommunikation, die wie bei der Werbung für den Toyota AYGO ausschließlich die passende Zielgruppe anspricht, erhöht nicht nur Effizienz und Wirkung der Werbung, sondern hat darüber hinaus noch den Effekt, dass sie einen positiven Einfluss auf den Kundenwert von Verbrauchern im Allgemeinen hat. Mehr Kommunikation resultiert nämlich nicht automatisch in einem höheren Kundenwert. Die niedrigen Kosten von Internet-Kommunikation, darunter vor allem der

E-Mail-Kommunikation, führen zu einer ständigen Werbepenetration, die in einem kommunikativen Overkill enden kann. Fühlen sich Nutzer von Kommunikation belästigt, die gar nicht für sie bestimmt und interessant ist, verweigern sie den Dialog, was sich z.B. in den schwindend geringen Öffnungsraten von Massen-E-Mails zeigt, und verschließen sich immer mehr gegenüber weiteren kommerziellen Kommunikationsversuchen. Daraus resultiert eine Werberesistenz, die sich immer mehr gegen jegliche Art von Werbung richtet. Da jedoch gerade Markenartikel stark beworben werden, kann in diesem Zuge auch das Image von Marken geschädigt werden. Letztendlich stellt dieser Prozess eine Gefahr für die Zukunftfähigkeit von kommerzieller Kommunikation insgesamt dar. Hier erreicht der Einsatz von Targeting einen verbraucherfreundlichen und zukunftsgerichteten Umgang mit digitaler Kommunikation, da nur die Menschen werblich angesprochen werden, für die die Werbebotschaft auch einen Nutzen und Sinn hat. Hat Werbung für Menschen eine relevante Botschaft, wird ihre Werberesistenz schließlich gemindert und sie werden zukünftig gegenüber Werbung aufgeschlossener.

Zusammenfassend erhöht Targeting also durch die präzise Ansprache der relevanten Zielgruppe die Effizienz von Markenkommunikation und ihre Werbewirkung bei der Zielgruppe und führt zudem zu einem höheren Nutzen und Wert beim Verbraucher. Der Leitspruch des Targeting: „It's all about people, not places" erreicht daher eine zweite Ebene gemäß dem Motto: „It's all about people, not commercial penetration".

4 Zusammenfassung

- Marken entstehen, um den Markt differenziert zu bearbeiten und die spezifischen Bedürfnisse von Zielgruppen zu erfüllen. Daher ist es entscheidend, alle Marketingmaßnahmen, also auch die Markenkommunikation, auf die entsprechende Zielgruppe auszurichten.
- Targeting, also zielgruppenspezifische Online-Werbung, ermöglicht es, Zielgruppen präzise, direkt und unabhängig von Umfeldern anzusprechen.
- Mit Target Group Planning (TGP®), dem Targeting-System von United Internet Media, werden komplexe Zielgruppen direkt, umfeldunabhängig und in der gesamten Zielgruppenreichweite erreicht. Zielgruppen können über ihre Soziodemografie, Interessen, Lebenswelten oder ihr Kaufverhalten gemäß GfK-Panel definiert und angesprochen werden. Damit wird eine effiziente und effektive Markenkommunikation erzielt.

Literaturverzeichnis

Bauer, H. H. et al. (2003): Nutzen und Problem des Lifestyle-Konzepts für das Business-to-Consumer Marketing, Mannheim.
Bruhn, M. (2001): Die Marke, Bern.
Freter, H. (1983): Marktsegmentierung, Stuttgart.
Meffert, H. (2000): Marketing – Grundlagen marktorientierter Unternehmensführung, Wiesbaden.
Schneider, M. (2003): Integrale Markenführung, Bern.

Markenportfoliokonsolidierung in der Konsumgüterindustrie: Why and How to Kill a Brand

Hans H. Bauer/Stefanie Exler/Christoph Schwerdtle

Zusammenfassung	300
1 Markenportfoliokonsolidierung als strategische Herausforderung	300
2 Grundzüge der Markenportfoliokonsolidierung	301
2.1 Portfolioanalyse und -management als konzeptionelle Grundlage	301
2.2 Begriff und Strategien der Markenportfoliokonsolidierung	301
2.3 Determinanten der Markeneliminationsentscheidung	302
3 Expertenbefragung zur Markenportfoliokonsolidierung in der Konsumgüterindustrie	303
3.1 Grundlagen der Untersuchung und Stichprobe	303
3.2 Ergebnisse der Untersuchung	304
3.2.1 Fokussierungs- und Markenglobalisierungsstrategien als Ausgangspunkt der Markenportfoliokonsolidierung	304
3.2.2 Kriterien und Einflussfaktoren der Markeneliminationsentscheidung	305
3.2.3 Strategien der Markenportfoliokonsolidierung	308
4 Fazit und Entwicklungstendenzen	309
Literaturverzeichnis	310

> **Zusammenfassung**
>
> Bedingt durch Fokussierungs- und Markenglobalisierungsstrategien stehen die Marken internationaler Unternehmen regelmäßig auf dem Prüfstand. Um einen ersten Einblick in die Praxis der Markenportfoliokonsolidierung zu gewinnen, werden Experteninterviews mit Managern internationaler Konsumgüterhersteller durchgeführt. Die Studie weist auf eine weitere Bedeutungszunahme der Markenportfoliokonsolidierung hin und liefert erste Erkenntnisse über Strategien und Einflussfaktoren der Markeneliminationsentscheidung.

1 Markenportfoliokonsolidierung als strategische Herausforderung

„The forester knows that, to extract the maximum value from his wood, he has to remove trees; and, the decision as to which tree to remove and which to leave growing makes a difference to the commercial viability of the wood" (Harness et al. 1998, S. 334). Was Harness et al. in diesem Vergleich auf den Punkt bringen, stellt für viele Marketingverantwortliche in der Praxis eine große Herausforderung dar, nämlich das strategische Selektieren und Eliminieren eigener Marken. Gerade vor dem Hintergrund, dass Markeneliminationen meist als Eingeständnis eines Fehlers verstanden werden und an jede Marke auch in der Regel ein Managerschicksal gebunden ist, wurde das Thema in der Praxis lange Zeit gar nicht oder ausschließlich reaktiv behandelt. Als Konsequenz wurde dem Thema Markenportfoliokonsolidierung (MPK) auch in der wissenschaftlichen Diskussion nur geringe Aufmerksamkeit gebilligt.

Doch scheint in der jüngeren Vergangenheit ein Umdenken stattgefunden zu haben. Getrieben durch die Globalisierung und die damit verbundene Fusions- und Übernahmewelle kam es bei vielen Unternehmen zu einer Aufblähung ihrer Markenportfolios, die häufig durch Redundanzen und mangelnde Positionierungsabstimmung charakterisiert waren (Raabe 2004, S. 859). Darüber hinaus ergab sich aus der Internationalisierung der Geschäftstätigkeit die Frage nach der optimalen geographischen Reichweite der Marken. MPK waren und sind damit für viele internationale Unternehmen unumgänglich, was auch eine aktuelle Studie von MarketingPartner (2006) bestätigt. Demnach planen mittlerweile 60 Prozent der in Deutschland tätigen Firmen, die eine Mehrmarkenstrategie verfolgen, die Anzahl ihrer Marken in den nächsten zwei Jahren zu verringern. Zwei Drittel der befragten Unternehmen beabsichtigen, ihr Mehrmarkenportfolio um bis zu 25 Prozent zu reduzieren.

Vor diesem Hintergrund werden in dieser Studie Strategien der MPK und relevante Einflussfaktoren auf die Konsolidierungsentscheidung systematisiert und auf ihre Praxisrelevanz untersucht. Da bisher kaum Forschung zu diesem Themenkomplex existiert, wird eine Expertenbefragung mit Marketingverantwortlichen und General Managern internationaler Konsumgüterkonzerne durchgeführt.

2 Grundzüge der Markenportfoliokonsolidierung

2.1 Portfolioanalyse und -management als konzeptionelle Grundlage

Das Portfoliomanagement beschäftigt sich mit der zentralen Frage der Allokation von Unternehmensressourcen (Luther, Broich 2003, S. 107), wobei unter Markenportfolio hierbei die Gesamtheit der von einem Unternehmen geführten Marken verstanden wird (Aaker 2004, S. 16). Markenportfoliomanagement bezieht sich demnach auf „die Gestaltung und Steuerung des Markenportfolios" (Gaiser 2005, S. 83) und die Ressourcenallokation auf einzelne Marken. Die zentrale konzeptionelle Grundlage des Portfoliomanagements ist die Portfolioanalyse von Markowitz (1959). Dessen finanzwirtschaftliches Grundkonzept wurde mit der Entwicklung des Marktwachstums/Marktanteils-Portfolios auf die Produkt-Markt-Beziehung übertragen. Auch wenn dieses heute primär unter dem Namen BCG-Matrix bekannte Konzept einzelne Produkte und in erster Linie Geschäftseinheiten analysiert, steht einer Übertragung auf den Markenkontext nichts entgegen. Demnach kann die übliche Systematisierung in Question Marks, Stars, Cash-Cows und Poor Dogs auch im Markenportfolio Anwendung finden.

Die Markenportfoliostrategie kann grundsätzlich als Schnittstelle zwischen Unternehmensstrategie und Markenstrategie verstanden werden. Markenportfolioentscheidungen sind also Entscheidungen, die „durch die Strategie des Unternehmens und die Gestalt des Geschäftsportfolios getrieben sind" (Joachimsthaler, Pfeiffer 2004, S. 727). Strategische Zielgröße für die Steuerung des Markenportfolios ist der Markenwert des Gesamtportfolios, verstanden als die Summe der Werte der einzelnen Marken (Meffert, Perrey 2005a, S. 219). Als untergeordnete Ziele können die kontinuierliche Optimierung der Budgetverteilung für die Markenführung, die Schaffung starker Marken und die Nutzung von Synergien im Markenportfolio genannt werden.

2.2 Begriff und Strategien der Markenportfoliokonsolidierung

Meist werden in der englischsprachigen Literatur Begriffe wie Elimination (Avlonitis 1985, S. 41), Deletion (Varadarajan, DeFanti, Busch 2006) oder Consolidation (Knudsen et al. 1997) im Zusammenhang mit Markenportfoliobereinigung verwendet. Aber auch Begriffe wie Retiring (Keller 2003, S. 668), Out-Phasing (Kotler 1965) oder Killing (Kumar 2003) kommen zur Anwendung. Nicht selten stammen diese Semantiken aus stark praxisorientierten Artikeln. Wegen des Begriffspluralismus hat sich auch in der deutschsprachigen Literatur noch keine dominante Alternative herausgebildet. Meist werden die Begriffe Markenportfoliokonsolidierung (Bauer, Mäder, Valtin 2004), Portfolioreduzierung (Kapferer 2005, S. 799) oder Markenreduktion (Sachs 2002, S. 8) benutzt. Wir verstehen unter MPK den Prozess der Markenportfoliobereinigung, also die Reduktion der im Portfolio eines Unternehmens vorhandenen Marken (Bauer, Mäder, Valtin 2004, S. 58). Solch eine Reduktion kann durch verschiedene Strategieoptionen erreicht werden, nämlich durch die Markenkonsolidierung, die Markenveräußerung und die Markenelimination i.e.S. Grundsätzlich können diese drei Strategien auch als Markenelimination i.w.S. bezeichnet werden.

Unter Markenkonsolidierung wird das Verschmelzen zweier Marken zu einer neuen Marke verstanden, wobei der Markennamenwechsel aus Portfolioüberlegungen erfolgt. Bedeutend dabei ist, dass eine Marke den Namen der anderen annimmt, es also nicht zu einer Vereinigung unter einem neuen Dach kommt. Synonym werden häufig die Termini Markenmigration, -verschmelzung oder -überführung benutzt (Bauer, Mäder, Valtin 2004, S. 59). Im Rahmen der Markenkonsolidierung lassen sich zwei Strategien des Namenwechsels identifizieren. So kann eine Überführung abrupt oder schrittweise erfolgen. Nach Liedtke (1994, S. 804 ff.) kann dabei eine abrupte Überführung mit und ohne Erklärung des Wechselgrundes erfolgen, was Kapferer (1992, S. 257 f.) als „glatten Bruch" und „informationsgestützten Übergang" bezeichnet. Im Rahmen einer schrittweisen Überführung spricht man häufig von einer Überblendung oder progressiven Verschmelzung (Liedtke 1994; Kapferer 1992).

Eine bedeutende Verwertungsoption stellt im Rahmen der MPK die Veräußerung von Marken dar (Hill, Lederer 2001, S. 92). Marken können im Rahmen von Rechtsgeschäften als selbständige Wirtschaftsgüter aufgefasst werden, die gemäß § 27 MarkenG veräußert werden können. Obwohl es sich hierbei um ein sehr praxisrelevantes Gebiet handelt, sind in der betriebswirtschaftlichen Literatur noch keine Arbeiten erschienen, die sich ausführlich dieser Thematik widmen. Bedingt durch die Gesetzesänderung im Jahre 1994 sind lediglich in der juristischen Disziplin Arbeiten zur Thematik der Veräußerung von immateriellen Vermögensgegenständen zu finden (z.B. Starck 1994).

Auch der Thematik der Markenelimination i.e.S. wurde bisher nur vereinzelt Aufmerksamkeit in der wissenschaftlichen Diskussion geschenkt (Avlonitis 1986, S. 24). Vom lateinischen Begriff „limen" für Schwelle abgeleitet bezeichnet Eliminieren grundsätzlich das Ausschalten und Beseitigen von Überflüssigem, Fehlerhaftem, Ungenügendem und Schädlichem durch Herauslösen aus einem größeren Komplex (Kunkel-Razum, Scholze-Stubenrecht, Wermke 2003, S. 456). Die Elimination einer Marke stellt die radikalste Form der MPK dar. Sie kennzeichnet „die vollständige Entfernung einzelner oder mehrerer Marken und der mit ihnen verbunden Leistungen" (Raabe 2004, S. 862). Teilweise wird die Markenelimination ausschließlich als ereignisinduzierte Notwendigkeit dargestellt, die nach Auftreten von Skandalen zur Abwehr von Schaden für das Unternehmen dienen soll (Raabe 2004, S. 858). Ein derartiges Verständnis trifft den Kern der strategischen Option Markenelimination jedoch nicht. Vielmehr dient sie wie die bereits vorgestellten Strategieoptionen in erster Linie der Eindämmung von Komplexität. Laut Hill und Lederer (2001, S. 87 f.) stellt die Markenelimination die in der Praxis am wenigsten konsequent realisierte Variante der MPK dar. Unternehmen zögern, „einzelne Marken zu eliminieren, da mit dieser Maßnahme u.U. signifikante Umsatzeinbußen verbunden sind und „Lücken" im Portfolio entstehen, die durch Wettbewerber strategisch genutzt werden können" (Raabe 2004, S. 862).

2.3 Determinanten der Markeneliminationsentscheidung

Die Frage, welche Faktoren die MPK eines Unternehmens begünstigen oder hemmen, wurde bisher kaum wissenschaftlich untersucht. Das gleiche gilt für Faktoren, welche Eliminationsentscheidungen zulasten einer bestimmten Marke beeinflussen. Bisher haben sich einzig Varadarajan, DeFanti und Busch (2006) detailliert mit Determinanten und Moderatoren von markenspezifischen Eliminationsentscheidungen auseinandergesetzt. Anhand eines konzeptionellen Modells zeigen sie verschiedene Marken-, Firmen- und Marktcharakteristika auf, denen ein Einfluss auf die Eliminationsentscheidung i.w.S. zugerechnet wird.

Der Bereich der markenbezogenen Einflussfaktoren umfasst zunächst Markenperformancecharakteristika. Darunter sind in erster Linie aktuelle und zukünftige wirtschaftliche Erfolgsgrößen zu subsumieren. Es handelt sich dabei um gängige ökonomische Kennzahlen (z.B. Marktanteil und -wachstum), die einen Bezug zur Gewinn- und Verlustrechnung des Unternehmens aufweisen. Sind diese Kennziffern aus Sicht des Unternehmens zufrieden stellend, ist die Neigung zur Markenelimination i.w.S. gering. Neben diesen identifizieren Varadarajan, DeFanti und Busch (2006) noch eine Vielzahl an weiteren „weicheren" Einflussfaktoren auf Markenebene, die Markencharakteristika. Dazu zählen Markeneigenschaften, die auf die Markenstärke hinweisen, wie bspw. die wahrgenommene Qualität der Marke, das Markendehnungspotenzial und der finanzielle Markenwert. Daneben werden weitere markenspezifische Charakteristika wie das Alter, das Re- oder Umpositionierungspotenzial und die strategische Rolle der Marke in das Modell integriert. Auch Faktoren, die die Beziehung der Marke mit dem restlichen Markenportfolio widerspiegeln, wie die Markenredundanz oder mögliche negative Auswirkungen einer Markenelimination auf bestehende Marken, werden berücksichtigt.

Des Weiteren spielen zum einen Firmencharakteristika, die sich aus der Struktur des Unternehmens und seines Produkt-Portfolios ergeben, und zum anderen Marktcharakteristika für Markeneliminationen eine wichtige Rolle. Zu ersteren gehören die Anzahl der Marken, die Attraktivität potenzieller Alternativen sowie die Unternehmensliquidität und -verschuldung; zu letzteren die Marktgröße, die Wachstumsrate sowie die Anzahl funktionaler Nutzenversprechen im Markt.

Varadarajan, DeFanti und Busch (2006) nennen zudem Moderatoren, die auf die Beziehung zwischen Markencharakteristika und Eliminationsentscheidung wirken. Diese lassen sich auch als Einflussgrößen interpretieren, die grundsätzlich die „Konsolidierungsneigung" eines Unternehmens beeinflussen. Dies sind die internationale Markenstrategie (globale vs. lokale Strategie), die Markenarchitektur (Intrabrand- vs. Interbrand-Strategie), die Erfahrung des Managements in Hinblick auf Eliminationsentscheidungen sowie das Ausmaß der Markenbindung der verschiedenen Mitglieder des Absatzkanals.

3 Expertenbefragung zur Markenportfoliokonsolidierung in der Konsumgüterindustrie

3.1 Grundlagen der Untersuchung und Stichprobe

Aufgrund der verschärften Wettbewerbssituation ist der Bereich der Fast Moving Consumer Goods (FMCG) sehr gut als Untersuchungsobjekt im vorliegenden Kontext geeignet. Kennzeichnend für FMCG-Märkte ist, dass die meisten Kategorien bezogen auf das Volumen nicht mehr wachsen (Kapferer 2004, S. 75). Vor dem Hintergrund der durch diverse Hersteller von No-Name-Produkten angestrebten Kostenführerschaft kann für Markenartikelhersteller nur die Option der Differenzierung über Qualität, Innovation und folglich Marke in Frage kommen. Die Qualität des Markenmanagements wird daher für Markenartikler in Zukunft über den Erfolg und das langfristige Überleben im Bereich der FMCG entscheiden. Die stagnierenden Umsätze in den Heimatmärkten der Hersteller zwingen diese zudem vermehrt zur Expansion und damit zur zunehmenden Internationalisierung der Geschäftstätigkeit. Als Konsequenz ergeben sich Fragen des Managements komplexer Portfolios von lokalen, regionalen und globalen Marken. Speziell die FMCG-Kategorien verzeichnen eine Explosion an Marken.

Um ein umfassendes Bild des Konsumgütersektors zu gewinnen, wurden Unternehmen in den Kategorien Home & Personal Care (HPC) und Food & Beverages in die Stichprobe einbezogen. Insgesamt wurden 29 Unternehmen im FMCG-Sektor als Zielgruppe der Untersuchung identifiziert und kontaktiert. Davon sind 16 im Nahrungsmittelbereich und 10 im Bereich HPC tätig. Darüber hinaus kontaktierten wir drei Mischkonzerne, die in beiden Kategorien tätig sind. Die Umsatzgröße der betrachteten Unternehmen reichte dabei für die DACH-Region (Deutschland, Österreich, Schweiz) von ca. 300 Millionen Euro bis 3 000 Millionen Euro. Insgesamt wurden 13 Interviews durchgeführt, wobei sieben Gesprächspartner von Unternehmen der Nahrungsmittelindustrie, drei aus dem Bereich HPC und drei von Mischkonzernen stammten.

Da sich die Forschung auf dem Gebiet der MPK noch in einem frühen Stadium befindet, kommen im Rahmen dieser Studie qualitative Experteninterviews zur Exploration und Deskription des Untersuchungsgegenstandes zur Anwendung. Die Datenerhebung erfolgte in elf Fällen telefonisch und in zwei Fällen in Form eines Face-to-Face Interviews. Bei den Probanden handelte es sich neben General Managern und Presidents in erster Linie um nationale wie auch internationale Marketing- und Vertriebsverantwortliche, die mehrheitlich für die DACH-Region zuständig waren. Die Erhebung wurde durch einen Interviewleitfaden gestützt. Die Auswertung der Interviews erfolgt im Rahmen einer qualitativen Inhaltsanalyse anhand der Schritte Zusammenfassung samt Paraphrasierung und Explikation und abschließender Strukturierung nach Themenkomplexen.

3.2 Ergebnisse der Untersuchung

3.2.1 Fokussierungs- und Markenglobalisierungsstrategien als Ausgangspunkt der Markenportfoliokonsolidierung

Bei vielen Unternehmen unserer Stichprobe ist ein klarer Trend zur Priorisierung und Fokussierung auf die größten Marken erkennbar. Gerade die untersuchten Großkonzerne haben in den letzten zehn Jahren die Anzahl der Marken vereinzelt dramatisch und in der Breite in Maßen reduziert – nach Angaben der Interviewteilnehmer um bis zu 75 Prozent auf globaler Ebene und um bis zu 40 Prozent in der Region DACH. Meist fokussieren sich die Unternehmen unserer Stichprobe auf drei bis sechs Produktkategorien. Die Auswahl erfolgt in der Regel über die Frage, in welcher Kategorie man zu den zwei führenden Marken zählt. Selbst Unternehmen, die absolut die Anzahl der Marken nicht reduziert haben und dies auch nicht planen, verschieben die Prioritäten innerhalb des Markenmanagements: „Die Anzahl der Marken ist mehr oder weniger gleich geblieben, was sich aber wohl geändert hat, ist die Konzentration der Investments auf die Power Brands. Vor 5, 6, 7 Jahren hat man im Schnitt 8 bis 10 Marken beworben, aber kein größeres Budget gehabt. … jetzt ist es weg von der Gießkanne."

Die Fokussierung erfolgt in erster Linie, um Ressourcen produktiver einzusetzen. Von außerordentlicher Bedeutung ist dabei die Ressourcenbündelung im Bereich Werbung, wobei sowohl Werbemittelgestaltung als auch Mediaspendings zur Sprache kamen. Auch im Bereich Forschung und Entwicklung wurde darüber hinaus enormes Synergiepotenzial identifiziert. Nicht zuletzt wurde die Verhandlungsmacht gegenüber dem Handel als wichtiger Grund für Fokussierungsstrategien genannt. Interessanterweise wurden als Vorteile der Fokussierungsstrategie fast ausschließlich kostenbezogene Aspekte bzw. Einsparungspotenziale genannt. Bessere absatzpolitische Bedingungen, wie etwa überschneidungsfreie Positionierung oder gar eine kreativere und vielfältigere Markenführung der Power Brands, ließen sich wenn überhaupt nur zwischen den Zeilen erkennen.

Bezüglich der Fragestellung, welche Unternehmensmerkmale mit einer konsequenten Markenportfolio(bereinigungs)strategie assoziiert werden, konnten in unserer Untersuchung klare Hinweise darauf gefunden werden, dass eine globale Markenstrategie tendenziell mit einer Reduktion der Marken einhergeht. Eine Vielzahl der Befragten äußerte sich davon überzeugt, dass sich die Prioritäten noch verstärkt in Richtung globaler Marken verschieben würden. Zudem scheint auch die Markenarchitektur des Unternehmens im vorliegenden Kontext von Relevanz. Unternehmen, die eine Dach- oder Familienmarkenstrategie verfolgen, neigen demnach stärker zu Produkt- als zu Markeneliminationen. Unternehmen, die infolge einer Einzelmarkenstrategie eine größere Anzahl an Marken führen, tendieren dem gegenüber stärker zu Markeneliminationen. Die Neigung zur Elimination von Marken ist besonders stark ausgeprägt, wenn ein Unternehmen einen Strategiewechsel von einer Einzelmarkenstrategie hin zu Dach- oder Familienmarken betreibt (auch Raabe 2004, S. 854).

Als weiterer wichtiger Faktor, der bei Varadarajan, DeFanti und Busch (2006) keine Erwähnung findet, zeichnet sich in unserer Untersuchung die besondere Bedeutung der Eigentümerstruktur ab. Während in Familienunternehmen häufig „sentimentaler" und „behutsamer" mit Marken umgegangen werde, tendierten Konzerne zu einer „Holzhammermethode": „Erstens muss ich beim börsennotierten Unternehmen alle 3 Monate Zahlen abliefern. Bei Familienunternehmen nicht. Das führt oft zu relativ kurzfristigen Aktionen, während sie in einem nicht börsennotierten Unternehmen auch eher langfristig Dinge laufen lassen können. Bei kleinen Marken etwa sind sie eher bereit, das Baby aufzupeppeln. Hier gibt's eher das Rein-Raus-Syndrom!!"

3.2.2 Kriterien und Einflussfaktoren der Markeneliminationsentscheidung

Im Rahmen der Befragung wurde eine Reihe zentraler Kriterien identifiziert, die eine Marke zu erfüllen hat, damit sie weitergeführt wird und Ausgaben rechtfertigt. Diese lassen sich weitgehend den Markenperformance-Charakteristika nach Varadarajan, DeFanti und Busch (2006) zuordnen. Zunächst wurde das Kriterium der kritischen Masse von den Befragten stark betont. Dabei wurde ersichtlich, dass dieses primär aus produktionstechnischer Sicht von großer Bedeutung ist, da bei geringen Mengen die Rüstkosten infolge kleiner Produktionsmengen und häufiger Produktionsläufe in keinem Verhältnis zu den Umsätzen der Marke stehen. Das Kriterium der kritischen Masse spiegelt sich ebenfalls in der Forderung wider, mindestens die Nummer zwei in der jeweiligen Kategorie zu sein. Neben einer kritischen Masse müssen die Marken jedoch auch bestimmte Profitabilitätsziele erreichen. Auch das Potenzial einer Marke, Wachstum zu generieren, fand häufig Erwähnung. Je ausgeprägter dieses Potenzial ist, umso stärker legen Unternehmen den Fokus auf die entsprechende Marke. Als zusätzliche qualitative Größe wurde – insbesondere von Vertretern von Unternehmen mit einer globalen Markenstrategie – zudem die breite Vermarktungsfähigkeit als wichtige Markenanforderung betont. Dies scheint gerade für den Bereich der FMCG und deren grundsätzlicher Orientierung am Mass Market plausibel. Auch wenn diese Kriterien als Einflussgrößen des Markenwerts interpretierbar sind, überrascht es, dass laut der Interviewten in der Praxis dieser nicht oder nur selten zum Einsatz kommt. Neben diesen zentralen Kriterien standen auch die weiteren von Varadarajan, DeFanti und Busch (2006) identifizierten Einflussfaktoren im Fokus der Untersuchung (vgl. Abschnitt 3.3). *Tabelle 1* führt diejenigen auf, für die wir auf Basis unserer Studie klare Relevanzaussagen treffen können.

Tabelle 1: Relevanz ausgewählter Einflussgrößen auf die Markenelimination

+ Einfluss deutlich ersichtlich	– Einfluss kaum oder nicht ersichtlich
• Markendehnungspotenzial • Marken-/Produktanpassungspotenzial • Wahrgenommene Qualität • Negative Effekte der Markenelimination auf andere Marken im Portfolio • Redundanzen im Portfolio • Anzahl der Marken • Attraktivität alternativer Investitionsmöglichkeiten • Marktwachstum und Business Fit	• Alter der Marke • Diskrepanz zwischen Marken- und Unternehmensimage • Gefahr von Haftungsproblemen • Größe des Marktes

Auf Ebene der Markencharakteristika wird die Bedeutung des Markendehnungspotenzials von der großen Mehrzahl der Unternehmensvertreter hoch eingeschätzt. Die Möglichkeit, eine Marke zur Dachmarke auszubauen oder diese zu globalisieren, wurde dabei besonders herausgestellt. „Die Erweiterungsfähigkeit einer Marke ist extrem wichtig. Und qualifiziert eine Marke natürlich eher dazu global zu sein, als wenn das nicht der Fall wäre. Je mehr ich meine Marke in unterschiedlichen Kategorien positionieren kann, umso mehr hab ich natürlich Fixkostenabsorptionseffekte." Ähnlich einig waren sich die Befragten bezüglich des Marken-/Produktanpassungspotenzials (Modifiability). Jedoch wurde häufig angesprochen, dass eine Marken-/Produktanpassung gerade im Bereich F&B genau zu untersuchen sei. Es müsse demnach stets kritisch geprüft werden, ob eine Neueinführung mit „sauberer" Positionierung vorzuziehen sei. Der wahrgenommenen Qualität einer Marke wird – insbesondere vor dem Hintergrund von Markenskandalen – eine wichtige Rolle zugebilligt, die einer Markenelimination entgegensteht. Jedoch gaben die Befragten auch an, dass Marken in Einzelfällen trotz hoher Qualität vom Markt genommen wurden. Hinsichtlich Wechselwirkungen mit anderen Marken im Portfolio gehen die meisten Befragten davon aus, dass eine Markenelimination meist positive Auswirkungen auf die verbleibenden Marken hat. Aus Sicht der Befragten können insbesondere dann negative Konsequenzen überwiegen, wenn durch die Elimination die Auslistung anderer Marken durch den Handel droht. Eine herausragende Rolle spielt nach Angaben der Unternehmensvertreter der Aspekt möglicher Redundanz im Markenportfolio für Fragen der Portfoliokonsolidierung. Gerade vor dem Hintergrund sich überschneidender Positionierungen verlieren Marken ihre Daseinsberechtigung. „Wenn ich eine sehr ähnliche Unternehmung übernehme, die ein ähnliches Portfolio hat, dann wird man sich an der ein oder andern Stelle entscheiden müssen, mit welchem Produkt gehe ich jetzt weiter. Weil beides doppelt und dreifach zu besetzen, das macht allein schon der Handel gar nicht mit."

Auf Ebene der Firmencharakteristika wurde unisono die Anzahl der Marken als bedeutendste unternehmensbezogene Einflussgröße identifiziert. Es herrschte Einigkeit, dass sich Unternehmen leichter von Marken trennen, wenn sie über eine Vielzahl an Marken verfügen. Ein ähnliches Ergebnis zeigte sich für den Faktor Attraktivität alternativer Investitionsmöglichkeiten. Nach Angaben der Befragten ist die Neigung, sich von einer Marke zu trennen, umso höher, je mehr Profit sich mit dem Ressourceneinsatz auf andere Investments erzielen ließe. Hinsichtlich der marktbezogenen Determinanten zeichnen sich das Marktwachstum und der Business Fit, d.h. der Fit zwischen Markt und strategischer Ausrichtung des Unternehmens, als wichtige Größen ab. Marken, die in einem für das Unternehmen nicht zukunftsträchtigen Markt agieren, seien c.p. mit größerer Wahrscheinlichkeit von einer Elimination betroffen.

Von zentraler Bedeutung ist in diesem Kontext der Handel. Dessen gewichtige Rolle, die bei Varadarajan, DeFanti und Busch (2006) keinerlei Erwähnung findet, ist auf die große Handelsmacht im deutschsprachigen Raum zurückzuführen. In Einzelfällen werden Markeneliminationen und eine Vielzahl an Produkteliminationen durch den Handel getrieben. „Der Handel ist mittlerweile schon sehr rigoros geworden. Vor 10 Jahren hätten wir noch 1–2 Jahre Zeit gehabt, bis der Handel sich das genauer anschaut. Heute ist nach 8 Wochen der Hahn zu." Dabei setzt die Auslistung bei einem Handelspartner häufig eine Kettenreaktion in Gang, da der Rückgang der Distribution Auswirkungen auf die Verhandlungsposition gegenüber anderen Handelspartnern hat. Ist dieser Stein ins Rollen geraten, ist nicht nur die betroffene Marke kaum noch zu retten, auch die Verhandlungsposition bezogen auf das weitere Sortiment wird geschwächt.

Kaum Relevanz – zumindest im FMCG-Sektor – sprechen die Befragten folgenden Größen zu: Demnach kann das Alter einer Marke nicht als relevanter Einflussfaktor auf die Markeneliminationsentscheidung herangezogen werden. Vielmehr wurde der Zeitraum zwischen einzelnen „Verjüngungskuren" als ein relevanter Faktor identifiziert. Es gilt demnach, eine Marke permanent in kleinen Schritten derart zu erneuern, dass dies dem Konsumenten nicht auffällt. Gelingt das, so kann der idealtypische Verlauf des Lebenszyklus durchbrochen werden. Gelingt es nicht, wird die Marke geschwächt und geht unabhängig ihres Alters den Weg der Degeneration. Die Diskrepanz zwischen Marken- und Unternehmensimage ist nur dann zu berücksichtigen, wenn eine Verbindung zwischen Einzelmarke und Unternehmensmarke hergestellt werden kann. Einigkeit herrschte auch bezüglich Haftungsfragen als Einflussfaktor. Nach Angaben der Befragten sei dies durchaus ein interessanter und nicht zu vernachlässigender Aspekt, der jedoch in den hier untersuchten Kategorien eine eher untergeordnete Rolle spiele. Speziell hervorgehoben wurden in diesem Kontext Qualitätsprobleme, die im Extremfall eine sofortige, ereignisinduzierte

Elimination der betroffenen Marke zur Folge haben könnten. Von untergeordneter Rolle scheint auch die isolierte Betrachtung der Marktgröße zu sein: „Wenn der Markt riesengroß ist und sie haben eine kleine Marke, dann ist die Wahrscheinlichkeit nicht größer, als wenn in einem kleineren Markt eine große Marke vorhanden ist. Also, die Marktgröße spielt nur sekundär eine Rolle."

3.2.3 Strategien der Markenportfoliokonsolidierung

Im Zentrum der Untersuchung standen schließlich die Systematisierung und das Abwägen der unterschiedlichen Vorgehensweisen von MPK in der Praxis. Dabei ergaben sich sechs Strategien, die die drei Grundoptionen (Markenelimination i.e.S., Markenveräußerung und Markenkonsolidierung) um eine zeitliche Dimension erweitern. Jede dieser drei strategischen Optionen kann jeweils langfristig verwirklicht oder eher abrupt und kurzfristig umgesetzt werden.

Die sofortige Elimination i.e.S. spielt in der Regel nur für Großkonzerne eine gewichtige Rolle, sofern sich diese im Rahmen einer Fokussierungsstrategie von kleineren Marken trennen wollen und strategische Gründe gegen eine Veräußerung sprechen. Jedoch ist die sofortige Elimination i.e.S. selten strategiegetrieben, weshalb diese auch als ereignisinduzierte Elimination verstanden werden kann. Die längerfristig ausgelegte Variante wiederum, die Abschöpfungsstrategie mit abschließender Markenelimination i.e.S., hat sich trotz kritischer Stimmen als bedeutende Option für die Praxis erwiesen. Eine Abschöpfungsstrategie scheint insbesondere für kleinere und mittelgroße Unternehmen interessant zu sein. Die Kriterien, welche eine Marke zur Rechtfertigung ihrer Existenz erfüllen muss (vgl. 3.2.2), geben dabei die Länge der Lebensdauer einer Marke vor.

Die sofortige Veräußerung wurde als die bevorzugte Option der untersuchten Konsumgüterhersteller identifiziert. Sofern keine wettbewerbstechnischen Gründe gegen einen Verkauf sprechen, wird in der Regel versucht, diesen Weg zu gehen und den Markenwert durch den Kaufpreis abzuschöpfen. Die mittel- bis langfristige Abschöpfungsstrategie mit abschließender Markenveräußerung wurde als wenig sinnvolle und daher selten praktizierte Option bezeichnet. Die durch eine Abschöpfungsstrategie generierten Cash Flows stehen nach Angaben der Befragten in keinem Verhältnis zu der Markenwertvernichtung, die eine mangelnde Unterstützung nach sich zieht. Dieser Strategie scheint die geringste Bedeutung beigemessen zu werden.

Die kurzfristige, abrupte Form der Markenkonsolidierung spielt speziell bei Großkonzernen eine nicht zu vernachlässigende Rolle. Sie gewinnt dann an Relevanz, wenn eine Veräußerung ausgeschlossen wird und der Markenkern auf eine andere Marke übertragen werden soll. Ein wichtiger Indikator für das Gelingen einer solchen Option sind Switchingraten. Da es sich jedoch bei dieser Form der Konsolidierung um eine relativ abrupte und nicht von langer Hand geplante Vorgehensweise handelt, spielen derart strategische Überlegungen meist keine Rolle. Die langfristige Form der Markenkonsolidierung wird in der Regel eher selten verfolgt, da sie dem speziell bei börsennotierten Unternehmen häufig notwendigen schnellen Vorgehen bei der MPK nicht entspricht. Als Richtgröße sind nach Angaben der Befragten mindestens drei Jahre für diese Option einzuplanen. Zudem ist eine starke kommunikative Unterstützung maßgeblich für den Erfolg dieser Strategieoption.

4 Fazit und Entwicklungstendenzen

Insgesamt ist von einer weiterhin hohen Bedeutung von Markenportfoliokonsolidierungen auszugehen – auch da einigen Unternehmen der Beginn der Konsolidierungsphase noch bevorsteht. Ein Teil der Befragten geht sogar davon aus, dass sich der Trend zur Fokussierung noch verstärken wird. Die Frage nach dem optimalen Markenportfolio ist nicht nur auf den Konsumgütersektor beschränkt. Gerade im Industriegüterbereich etwa gestaltet sich laut Kapferer (2004, S. 79) die Problematik von „over-branded portfolios" noch signifikanter.

Die großen Konsumgüterkonzerne werden sich zunehmend auf ihre Power Brands fokussieren und damit Raum für Nischen schaffen, die wiederum von kleinen Spezialisten bearbeitet werden. Mit dieser Tendenz ist zu erwarten, dass sich in Zukunft im Bereich FMCG noch stärker eine „Zweiklassengesellschaft" etablieren wird. Auf der einen Seite die auf Masse ausgerichteten Konzerne und ihnen gegenüber Nischenanbieter: „Große Konzerne sind viel zu inflexibel, um kleine Marken zu managen. Die sind einfach auf Masse ausgerichtet. Die sind so organisiert und müssen dann auch konsequenterweise diese Strategie fahren, weil sie das andere nicht können." Unabhängig von der Markenpolitik ist jedoch auch die Bestrebung der internationalen Sortimentsstraffung durch Produkteliminationen und Teilevielfaltreduktion zu erkennen. Auch Unternehmen mit multinationaler Markenstrategie etablieren vermehrt Programme zur Vereinheitlichung der Produktpalette, um auf diese Weise Skaleneffekte auf Produktebene zu realisieren.

Das Thema der MPK bietet vielfältige Ansatzpunkte für weitere Forschung. Zum Beispiel könnten sich zukünftige Studien der Überprüfung der hier vorgeschlagenen Beziehungszusammenhänge mit quantitativen Designs widmen. Von großem Interesse sollten auch der Prozess sowie die organisatorische Verankerung der MPK sein.

Zusammenfassend lassen sich folgende Erkenntnisse festhalten:

- Der Trend zu einer Fokussierung auf starke Marken geht weiter. Dies ist insbesondere für große aktiennotierte Unternehmen mit einer konsequenten Markenportfoliokonsolidierung verbunden.
- Als wichtigste Einflussfaktoren der Eliminationsentscheidung zeichnen sich neben klassischen wirtschaftlichen Kennzahlen die Anzahl der Marken im Portfolio, das Markendehnungs- sowie Markenanpassungspotenzial sowie das Marktwachstum ab.
- Der Handel nimmt gezielt Einfluss auf Eliminationsentscheidungen der Markenartikler.
- Soll eine Marke aus dem Portfolio des Unternehmens gelöscht werden, stehen dem Unternehmen sechs Strategien zur Verfügung, wobei die sofortige Veräußerung aus Sicht der Unternehmen die attraktivste Option ist. Eine Markenkonsolidierung muss langfristig geplant und stark kommunikativ unterstützt werden, soll sie erfolgreich sein.

Literaturverzeichnis

Aaker, D. (2004): Brand Portfolio Strategy – Creating Relevance, Differentiation, Energy, Levrage and Clarity, New York 2004.
Avlonitis, G. J. (1985): Product Elimination Decision Making: does Formally Matter? In: Journal of Marketing, 28. Jg. (1985), Nr. 2, S. 41–52.
Avlonitis, G. J. (1986): The Identification of Weak Industrial Products. In: European Journal of Marketing, 20. Jg. (1986), Nr. 10, S. 24–42.
Bauer, H. H., Mäder, R., Valtin, A. (2004): Auswirkungen des Markennamenwechsels im Rahmen von Markenportfoliokonsolidierungen. In: DBW – Die Betriebswirtschaft, 64. Jg. (2004), Nr. 1, S. 58–77.
Gaiser, B. (2005): Strategien zur Gestaltung von Markenportfolios – Unternehmensstrategische Entscheidungen der Markenführung. In: Gaiser, B., Linxweiler, R., Brucker, V. (Hrsg.): Praxisorientierte Markenführung: Neue Strategien, innovative Instrumente und aktuelle Fallstudien, Wiesbaden 2005, S. 81–100.
Harness, D. R. et al. (1998): The Identification of Weak Products Revisited. In: Journal of Product and Brand Management, 7. Jg. (1998), S. 319–335.
Hill, S., Lederer, C. (2001): The Infinite Asset. Managing Brands to Build New Value, Boston 2001.
Joachimsthaler, E., Pfeiffer, M. (2004): Strategie und Architektur von Markenportfolios. In: Bruhn, Manfred (Hrsg.): Handbuch Markenführung: Kompendium zum erfolgreichen Markenmanagement – Strategien – Instrumente – Erfahrungen, Stuttgart 2004, S. 723–746.
Kapferer, J.-N. (1992): Die Marke – Kapital des Unternehmens, Landsberg/Lech 1992.
Kapferer, J.-N. (2004): The new Strategic Brand Management – Creating and Sustaining Brand Equity Long Term, London 2004.
Kapferer, J.-N. (2005): Führung von Markenportfolios. In: Esch, F-R. (Hrsg.): Moderne Markenführung: Grundlagen, innovative Ansätze, praktische Umsetzungen, 4. Aufl., Wiesbaden 2005, S. 797–810.
Keller, K. L. (2003): Strategic Brand Management: Building, Measuring, and Managing Brand Equity, Upper Saddle River 2003.
Knudsen, T. et al. (1997): Brand consolidation makes a lot of economic sense. In: The McKinsey Quarterly, o. Jg. (1997), Nr. 4, S. 189–193.
Kotler, P. (1965): Phasing Out Weak Products. In: Harvard Business Review, 43. Jg. (1965), S. 107–118.
Kumar, N. (2003): Kill a Brand, Keep a Customer. In: Harvard Business Review, 81 (2003), S. 86–95.
Kunkel-Razum, K., Scholze-Stubenrecht, W., Wermke, M. (2003): Duden – Deutsches Universalwörterbuch, Mannheim 2003.
Liedtke, A. (1994): Der Wechsel des Markennamens. In: Bruhn, F-R. (Hrsg.): Handbuch Markenartikel, Stuttgart 1994, S. 791–811.
Luther, S., Broich, A. (2003): Diversifikation versus Fokussierung – Strategisches Portfoliomanagement am Beispiel der Bertelsmann AG. In: Hugenberg, H., Meffert, J. (Hrsg.): Handbuch Strategisches Management, Wiesbaden 2003, S. 105–123.
Markowitz, H. (1959): Portfolio selection: efficient diversification of investments, New York 1959.
Meffert, H., Perrey, J. (2005): Mehrmarkenstrategien – Identitätsorientierte Führung von Markenportfolios. In: Meffert, H., Burmann, C., Koers, M. (Hrsg.): Markenmanagement – Grundfragen der identitätsorientierten Markenführung, Wiesbaden 2005, S. 213–244.
Raabe, T. (2004): Markenbereinigungsstrategie. In: Bruhn, Manfred (Hrsg.): Handbuch Markenführung – Kompendium zum erfolgreichen Markenmanagement: Strategien – Instrumente – Erfahrungen, Wiesbaden 2004, S. 853–877.
Sachs, A. (2002): Portfolio-Management bei Unilever, in: Marketingjournal, o. Jg. (2002), Nr. 2, S. 8–17.
Starck, J. (1994): Marken und sonstige Kennzeichnungsrechte als verkehrsfähige Wirtschaftsgüter – Anmerkungen zum neuen Markenrecht. In: wrp – Wettbewerb in Recht und Praxis, o. Jg. (1994), Nr. 10, S. 698–703.
Varadarajan, R., DeFanti, M., Busch, P. (1994): Brand Portfolio, Corporate Image, and Reputation: Managing Brand Deletions. In: Journal of the Academy of Marketing Science, Vol. 34 (2006), Nr. 2, S. 195–205.

3. Teil:
Markenwirkung beim Kunden

Marken als soziale Repräsentationen

Hans Mühlbacher/Christian Engl/Andrea Hemetsberger

Zusammenfassung	314
1 Problemstellung	314
2 Soziale Repräsentationen	316
3 Marken als soziale Repräsentationen	317
3.1 Markenbedeutung	318
3.2 Markeninteressierte	320
3.3 Markenmanifestationen	321
4 Konsequenzen für die Markenführung	321
4.1 Markenführung nach Innen	322
4.2 Bindungen an die Marke	322
4.3 Stimulation markenbezogener Interaktionen	322
4.4 Innovation von Markenmanifestationen	323
4.5 Markenausdehnung	323
5 Zusammenfassung	324
Literaturverzeichnis	325

Zusammenfassung

Die Markenliteratur betrachtet Marken überwiegend entweder als eine vom Management zu steuernde Unternehmensleistung oder aus der Sicht der Wahrnehmung der Kunden. Die Entwicklung von Marken als sozio-dynamischer Prozess an dem eine Vielzahl von Stakeholdern beteiligt ist, bleibt derzeit noch wenig beachtet. In diesem Beitrag wird der Ansatz der sozialen Repräsentationen als eine Möglichkeit vorgestellt, die Vielfalt bisheriger Markenkonzeptionen zu verknüpfen und zu ergänzen. Die Ausführungen werden am Beispiel der Marke BMW illustriert.

1 Problemstellung

Marken werden in der Literatur in vielfältiger Weise definiert. Das älteste, heute noch weit verbreitete Verständnis von Marke betrachtet diese als *Kennzeichen*, das es erlaubt, eine bestimmte Leistung oder eine Organisation von anderen zu unterscheiden (Kotler 1991) und sie vor Nachahmung rechtlich zu schützen. Eng damit verwandt ist ein Verständnis von Marke als ein Bündel von materiellen und immateriellen Eigenschaften, welche die Attraktivität einer Leistung über ihre rein funktionale Wirkung hinaus steigern (Park, Srinivasan 1994). Diese am markierten Gegenstand verhaftete Sichtweise wird durch die von Aaker und Joachimsthaler (2000) sowie von Kapferer (2004) vertretene *Identitätsperspektive* teilweise überwunden. Bei der Gestaltung der Marke treten hier zu den Eigenschaften der Leistung Merkmale der Organisation, der beabsichtigten Markenpersönlichkeit sowie der symbolische Gehalt der Marke. Das Verhalten des Unternehmens, seiner Mitarbeiterinnen und dieses Verhalten steuernde zentrale Werte treten in den Vordergrund des Interesses (de Chernatony, Harris 2000; Hatch, Schultz 2003). Allerdings dominiert auch bei dieser Sichtweise die senderorientierte Auffassung von Marke als ein im „Besitz" des Unternehmens stehenden und vom Management steuerbaren Gegenstand.

Im Gegensatz dazu betrachten Publikationen im Bereich des Konsumentenverhaltens die Marke häufig als eine individuelle Kognition (Richards, Foster, Morgan 1998). Als solche entsteht eine Marke im Bewusstsein von Individuen als Reaktion auf Maßnahmen, die von einer Organisation bewusst oder auch unbewusst, direkt oder indirekt in Bezug auf sich selbst oder auf eine ihrer Leistungen gesetzt werden. Spezielle Ausprägungen dieser Betrachtungsweise sehen eine Marke als Image (Keller 1998; 2003) oder als Persönlichkeit (Aaker 1997; Troiano. 1996) an.

Autoren, die eine stärker sozialpsychologische Perspektive einnehmen, betonen den Wert von Marken, der für die Kunden aus ihrer sozialen Bedeutung resultiert (Richins 1994). Diesem Zugang zufolge benutzen Konsumenten Marken als *Symbole* im Rahmen sinnorientierter Handlungen (Solomon 1983; Elliott 1994; Elliot, Wattanasuwan 1998). Je nach symbolischem Gehalt bevorzugen Konsumenten gewisse Marken und lehnen andere ab (Belk et al. 1982; 1984). Sie benutzen Marken, um ihr Selbstbild auszudrücken und ihre soziale Identität zu gestalten (Belk 1988; Ahuvia 2005).

Diese theoretischen Zugänge überwinden zwar die Vorstellung der einseitigen „Machbarkeit" von Marken, schreiben aber nach wie vor nur dem Unternehmen eine aktive Rolle in der Markenführung zu, während die Kunden Marken nur für sich interpretieren und benutzen. Fournier (1998) dagegen beschreibt Konsumenten, die beim Aufbau von *Beziehungen zu Marken* eine durchaus aktive Rolle spielen. In jüngerer Literatur zum Konsumentenverhalten wird dieser aktiven Rolle der Konsumenten in Bezug auf Marken vermehrt Aufmerksamkeit zu Teil (Belk, Costa 1998; Penaloza 2001). Konsumenten werden bei der Gestaltung von „Brandscapes" (Kozinets et al. 2004; Thompson, Arsel 2004) und der Bildung von „Markenkulturen" (Schouten, McAlexander 1995; Muniz, O'Guinn 2001; McAlexander et al. 2002; Muniz, Schau 2005) beobachtet. Es zeigt sich, dass Bedeutungsinhalte von Marken im Zuge solcher sozialer Interaktionen laufend entstehen, sich verändern und weiterentwickeln (McAlexander et al. 2002).

Diese Forschungsrichtung bietet nicht nur Erkenntnisse bezüglich der komplexen Prozesse, in deren Rahmen Konsumenten Markenbedeutungen sozial konstruieren, sie lässt auch einen Trend erkennen, der Marke zunehmend als ‚Geschöpf' von Markenmanagern und potenzielles Kultobjekt für Zielgruppen und Marken Communities darstellt (Holt 2004). Sie übersieht jedoch, dass an diesen Prozessen neben Unternehmen und ihren Repräsentanten sowie den Konsumenten noch andere Interessensträger teilhaben (Schultz, de Chernatony 2002). So besteht wenig Zweifel daran, dass z.B. die Bedeutungsinhalte einer Marke wie BMW nicht nur von den Aktivitäten des Unternehmens und seiner Kunden abhängt. BMW Händler mit ihrem Personal, Motor- und Motorsportjournalisten sowie Vertreter der Wirtschaftspresse oder auch Forschungs- und Testinstitute tragen laufend zum öffentlichen Diskurs über BMW bei. Selbst Verwender anderer Markenprodukte oder Gegner der Marke können einen wesentlichen Anteil an der Entstehung oder Veränderung ihrer Bedeutungsinhalte haben, sofern sie sich an diesem Diskurs beteiligen.

Darüber hinaus hat der Fokus der Markenforschung auf die Kommunikationsaktivitäten von Unternehmen und Konsumenten sowie auf markierte Gegenstände, ob es sich nun um Produkte oder Unternehmen handelt, dazu geführt, dass andere Manifestationen von „Marke" in der Markenforschung weitestgehend unberücksichtigt blieben. Beobachtet man aber z.B. den sozialen Diskurs zur Marke BMW, dann wird relativ schnell klar, dass die Benutzer von BMW Fahrzeugen, die Mitarbeiter eines Händlerbetriebes oder das Betreuungspersonal bei einem Messeauftritt auch als Manifestationen der Marke wahrgenommen werden.

Alle genannten Zugänge zum Phänomen „Marke" beleuchten also wesentliche Aspekte. Sie haben unser Wissen erweitert und die Führung von Marken jeder auf seine Weise beeinflusst. Dennoch fehlt bisher in der Literatur ein theoretischer Ansatz, der diese Perspektiven in gewisser Weise vereint und für das Markenmanagement nutzbar macht. Ein solcher Ansatz muss im Stande sein, alle möglichen Elemente der Marke und alle für die Marke relevanten individuellen und sozialen Prozesse theoretisch zu umfassen. Im Folgenden wird ein entsprechender theoretischer Ansatz dargestellt. Er wird auf das Phänomen Marke übertragen und anhand eines auf einer empirischen Erhebung basierenden Beispiels illustriert.

2 Soziale Repräsentationen

Der theoretische Ansatz der sozialen Repräsentationen basiert wesentlich auf Arbeiten von Moscovici (1984). Weil es Moscovici bewusst vermied, sein zentrales Konstrukt zu definieren, gibt es zwar bisher keine allgemein akzeptierte Definition sozialer Repräsentationen, in der Literatur haben sich aber zwei komplementäre Sichtweisen weitestgehend durchgesetzt:

Soziale Repräsentationen werden einerseits als Systeme kollektiven *Wissens, kollektiver Bewertungen und kollektiver Praktiken* angesehen, die aus dem Diskurs einer sozialen Einheit über einen für ihre Mitglieder relevanten Gegenstand, eine relevante Idee, Person oder Aktivität laufend entstehen. Moscovici nennt solche sozial konstruierten Systeme von Wissen, Bewertungen und Praktiken auch Alltagstheorien auf deren Basis Menschen miteinander kommunizieren und handeln.

Andererseits stellen soziale Repräsentationen gleichzeitig soziale Diskurs*prozesse* dar (Bauer, Gaskell 1999), aus denen diese Alltagstheorien entstehen und in deren Rahmen sie kontinuierlich weiterentwickelt werden. Diese Diskursprozesse können direkte und indirekte, verbale und nonverbale, reale und virtuelle Formen der Kommunikation und sozialen Handelns umfassen. Sie bestehen aus zwei für die Entstehung und Ausgestaltung der Repräsentation zentralen Subprozessen: der *Verankerung* und der *Objektifizierung*.

Wird eine Person mit einem Stimulus, z.B. einem markierten Produkt, konfrontiert, findet zunächst ein individueller Kategorisierungsprozess statt. Dem Stimulus wird auf Basis bestehender kognitiver Strukturen eine vorläufige Bedeutung zugeordnet. Ist der Stimulus sozial relevant, löst er unter interessierten Individuen nicht nur Kommunikation über seine Bedeutung aus (Moscovici 1984); er wird auch als Symbol im Rahmen sozialer Handlungen benutzt. Dieser Diskurs führt zu einer Annäherung der individuellen Kategorisierungen, d.h. einem sozialen Konsens über die „richtige" Einordnung, Bewertung und Benutzung des Stimulus (Parales Quenza 2005). Der Stimulus wird sozial verankert; die Interpretationssysteme der beteiligten Individuen werden sozial konstituiert.

Der Objektifizierungsprozess dient der Umwandlung aus der Verankerung resultierender abstrakter Konzepte in „objektive Realität" (Flament 1994), d.h. in erfahrbare Gegenstände, Personen, Handlungen und deren Symbole, welche die abstrakten Konzepte leichter be-„greifbar" und kommunizierbar machen. Wie diese Konstruktion der Realität erfolgt, ist stark durch den jeweiligen sozialen Kontext geprägt (Billig 1993). Sie macht es jedoch den Beteiligten möglich, auch durch Handlungen und gegenständliche Repräsentationen zum sozialen Diskurs beizutragen.

Die aus den Verankerungs- und Objektifizierungsprozessen entstehenden sozialen Phänomene existieren also nicht nur im Bewusstsein der daran Beteiligten, sondern äußern sich auch in ihren Handlungen und den dabei benützten Gegenständen. Die im Rahmen dieser Prozesse laufend entstehende und sich verändernde kollektive Struktur von Wissen, Bewertungen und Handlungen ist weder die Summe der individuellen Repräsentationen der am sozialen Diskurs beteiligten Personen, noch ist sie das uniformierte Ergebnis dieses Diskurses. Jedes Mitglied einer Gruppe von Personen, die eine soziale Repräsentation teilen, teilt mit den anderen den Kern dieser

Repräsentation. Dieser Kern besteht aus wenigen kognitiven, affektiven, konativen, gegenständlichen und symbolischen Elementen (Abric 1997a), die eng miteinander verknüpft, relativ dauerhaft und stabil, und unabhängig vom situativen sozialen und materiellen Kontext sind.

Rund um den Kern einer sozialen Repräsentation ordnen sich periphere Elemente. Diese bestehen aus mit dem zentralen Kern verbundenen Inhalten (Wissen, Bewertungen, Handlungen, Gegenstände und deren Symbole), welche – im Gegensatz zu den Kernelementen – situationsspezifisch und über die am Diskurs beteiligten Personen verteilt auftreten. D.h. jedes Individuum benutzt im laufenden Diskurs einen – je nach gegebener Situation wechselnden – Teil dieser peripheren Elemente. Diese Teile überlappen einander in unterschiedlichem Ausmaß (Duveen 1998). Sie erlauben individuelle, der jeweiligen Situation angepasste Interpretationen (Flament 1987), schützen damit den stabilen Kern vor Konflikten und lassen eine gewisse Heterogenität in der die soziale Repräsentation teilenden Gruppe von Personen zu (Abric 1987).

Eine soziale Repräsentation ist also ein kollektives System von Wissen, Bewertungen und sozialen Praktiken, das im Rahmen eines kontinuierlichen sozialen Diskurses interessierter Personen entsteht und sich laufend weiter entwickelt; gleichzeitig aber dieser Diskurs selbst, der seinerseits durch die soziale Repräsentation der an ihm beteiligten Individuen geprägt ist. Ursache und Wirkung lassen sich in einer derartigen zirkulären Beziehung nicht voneinander unterscheiden. Eine soziale Repräsentation hilft den sie teilenden Personen, die Realität zu verstehen, ihre Handlungen zu koordinieren und soziale Identität zu konstruieren (Wagner 1996).

Die Theorie der sozialen Repräsentationen ist in besonderer Weise geeignet, bisherige Ansätze der Markenliteratur zu vereinen und weiterzuentwickeln. Sie geht nicht davon aus, dass nur eine bestimmte Gruppe von Personen soziale Repräsentationen steuert; diese entstehen vielmehr im sozialen Diskurs. Dies entspricht der gängigen Auffassung neuer Markenliteratur. Die Theorie der sozialen Repräsentationen vernachlässigt aber darüber hinaus auch nicht individuelle Denkprozesse, wie dies in sozialen Ansätzen von Marke geschieht. Sie lässt situationsspezifisch unterschiedliche – ja sogar widersprüchliche – Interpretationen und Verwendungen von Gegenständen zu und weist zudem eindrücklich auf jene sozialen Handlungen hin, die jeglichen sozial bedeutungsvollen Gegenstand formen und be-„greifbar" machen.

3 Marken als soziale Repräsentationen

Überträgt man die dargestellten konzeptionellen Überlegungen auf Marken, dann können diese als soziale Phänomene angesehen werden, die aus drei Bestandteilen bestehen: aus den *Markeninteressierten*, der *Markenbedeutung* und *Markenmanifestationen* (siehe *Abbildung 1*). Diese drei Markenbestandteile sind in einen sozio-kulturellen Kontext eingebettet und beeinflussen einander in komplexer Weise.

Markenmanifestationen machen Marken be-„greifbar". Sie bestehen aus sozial relevanten Markenleistungen und Personen sowie deren Symbolen, aus Kommunikationsmitteln und Aktivitäten. Sie sind Gegenstand eines fortlaufenden komplexen Interaktionsprozesses unter den an diesen Manifestationen und den ihnen zugrunde

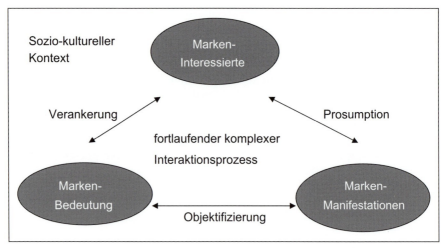

Abbildung 1: Die Marke als soziale Repräsentation

liegenden Bedeutungen interessierten Personen und Organisationen. Dieser Interaktionsprozess lässt kontinuierlich Markenbedeutungen entstehen und sich verändern. Im Rahmen von Verankerungsprozessen werden individuelle Interpretationen der Markenbedeutung sozial geformt. Es kommt zu einem gewissen Konsens über die zentralen Bedeutungsinhalte. Diese Bedeutungsinhalte werden wiederum durch Manifestationen erlebbar, die im Rahmen des laufenden Interaktionsprozesses von den Markeninteressierten sozial konstruiert (Objektifizierung), produziert und benutzt (Prosumption) werden und sich dabei verändern können.

3.1 Markenbedeutung

Die Markenbedeutung ist ein kollektives System von Wissensinhalten und damit verbundenen Bewertungen und sozialen Praktiken, das sich im Rahmen des Diskurses zwischen den Markeninteressierten kontinuierlich entwickelt. Markenbedeutung ist konsensual, aber nicht uniform. Das heißt die an der Marke interessierten Individuen teilen zwar einen gleichen Bedeutungskern, der unabhängig vom Kontext gewisse Wissensinhalte, Bewertungen und Praktiken enthält, die miteinander logisch eng verknüpft sind. Daneben enthält die Markenbedeutung aber auch situationsspezifische Inhalte, die über die verschiedenen Markeninteressierten ungleich verteilt sind (= periphere Elemente) und sogar situationsspezifisch oder interindividuell widersprüchlich sein können. Diese Inhalte dienen der situationsadäquaten Interpretation, Bewertung und Benutzung von Markenmanifestationen, ohne deshalb den Kern der Markenbedeutung in Frage stellen zu müssen. So kann z.B. eine Frau dem Tragen einer Tasche von Mandarina Duck unterschiedliche Bedeutungen zumessen, je nachdem, ob sie in die Oper, ins Stadtzentrum einkaufen oder zu einem Treffen mit Freundinnen geht, dennoch aber den Bedeutungskern der Marke über diese spezifischen Situationen hinweg aufrechterhalten.

Es gibt also vielfältige, von Situation zu Situation unterschiedliche Varianten desselben Bedeutungssystems (Barsalou 1999), die nur in Bezug auf ihren Kern – unabhängig von der jeweiligen Situation – übereinstimmen. Trotzdem hat jede an einer

Marke interessierte Person eine mit den anderen an der Marke Interessierten bewusst geteilte Vorstellung von den Bedeutungen der Marke, ihren Manifestationen und den an der Marke Interessierten, kann ihnen einen Sinn zuschreiben und sie bewerten.

Als Illustration dieser theoretischen Überlegungen mögen die Ergebnisse einer Untersuchung dienen, bei der es galt, den Kern und die Peripherie der Markenbedeutung von BMW zu erforschen. Insbesondere sollten die im Zusammenhang mit den Produktarten Automobil und Motorrad hervorgerufenen Bedeutungsausprägungen einander gegenübergestellt und auf ihre Konvergenz verglichen werden. Es gab nämlich mehrere Indizien dafür, dass die Marke BMW in diesen beiden Produktkontexten eher heterogen wahrgenommen wird, was besonders bei Besuchen von Automobil- und Motorradbetrieben oder Veranstaltungen augenscheinlich wird.

Die Grundgesamtheit der Untersuchung bildeten die Kunden der (Verkaufs-)Niederlassungen der BMW AG in Deutschland aus den Jahren 2003 (Automobilkunden) und 2001 bis 2004 (Motorradkunden). Die Niederlassungen sind in großen und zentral liegenden Städten angesiedelt und vertreiben sowohl Pkws als auch Motorräder der Marke BMW. 1.259 zufällig ausgewählte BMW Motorradfahrer und 730 BMW Pkw-Fahrer wurden per E-Mail mit Link auf das Untersuchungsinstrument eingeladen, an der Untersuchung teilzunehmen. Die Rücklaufrate bei den Motorradfahrern lag bei 35,4 %, jene der Autofahrer bei 30,7 %.

Die Datenerhebung erfolgte per Internet mit einem Online-Tool in zwei Versionen – eine für die BMW Autofahrer und eine für die Motorradfahrer. Neben verschiedenen offenen Fragen, die stärker auf den jeweiligen Kontext (Auto/Motorrad) zielten, beinhaltete der online Fragebogen eine freie Assoziationsaufgabe folgenden Wortlauts zum Stimulus BMW: „Was fällt Ihnen spontan alles ein, wenn Sie ‚BMW' hören?" Aus den vollständig beantworteten Fragebögen konnten drei zu untersuchende Gruppen gebildet werden: BMW Pkw-Fahrer (n = 140), deren Motorradmarke (wenn vorhanden) nicht BMW war, BMW Motorrad-Fahrer (n = 150), deren Automarke nicht BMW war, und so genannte Kombi-Nutzer (n = 75), also BMW Auto- wie auch Motorradfahrer.

Die Gegenüberstellung der von den befragten Gruppen spontan geäußerten Bedeutungsinhalte von BMW ermöglichte die Unterscheidung in kontextunabhängige Kernelemente sowie in situationsspezifische periphere Bedeutungsinhalte. Trotz der Vielzahl an unterschiedlichen Assoziationen zu BMW, zeigte sich ein allen drei Gruppen gemeinsamer Kern der Markenbedeutung. Während das Konzept „Auto" – unabhängig von seinem Besitz oder Nichtbesitz – ein fixer Bestandteil der zentralen Markenbedeutung von BMW ist, konnten in diesem Kern keine Elemente identifiziert werden, die sich direkt auf das Motorrad bezogen. Das Motorrad wurde nur von den Motorradbesitzern und Kombi-Nutzern mit großer Häufigkeit und niedriger Rangzahl mit BMW assoziiert. Es gehört also damit zu den kontextspezifischen, peripheren Elementen der Markenbedeutung. Neben einer Reihe von Produktmerkmalen, wie z.B. „Boxermotor" und „Kardanantrieb" bei den Motorradfahrern oder „Reihensechszylinder" bei den Autofahrern, enthält diese Peripherie bei den Motorradfahrer auch stärker aktivitätsbezogene Elemente wie z.B. „Touren", „Urlaub" und „Reisen", während diese Elemente in der Gruppe der Autofahrer nicht vorkamen.

Wie sehr der Wechsel des Kontexts periphere Elemente der Markenbedeutung variieren lässt, zeigte sich in einer zweiten Welle der Befragung der 150 Motorrad-Fahrer zwei Wochen nach der Erstbefragung. Die Befragten wurden wiederum mit einer

Assoziationsaufgabe konfrontiert. Die Frage unterschied sich lediglich durch die Vorgabe der Produktart als Kontext und lautete wie folgt: „Was fällt Ihnen spontan alles ein, wenn Sie ‚BMW Motorrad' hören?" Damit war ein direkter Vergleich der Assoziationsfelder der Befragten bei unterschiedlichen Kontexten möglich. Der Vergleich zwischen den Assoziationen zu den Stimuli BMW und BMW Motorrad zeigte eine große Stabilität des Kerns der Markenbedeutung. Mit Ausnahme von „Auto" und „Sportlichkeit" traten die gleichen Kernelemente auf. Gleichzeitig variierten die Elemente der Peripherie aber in einem solchen Ausmaß, dass sogar Widersprüche auftraten. Diese schienen jedoch für die Befragten kein Problem darzustellen, weil sie nie gleichzeitig auftraten (Engl 2005).

3.2 Markeninteressierte

Markeninteressierte sind alle Individuen und Organisationen, die sich mehr oder weniger intensiv an einem markenbezogenen direkten und indirekten, verbalen und nonverbalen, realen und virtuellen sozialen Diskurs im weitesten Sinne (= sozialen Diskurs) beteiligen. Dieser Diskurs umfasst auch die direkte oder indirekte Beobachtung der Handlungen relevanter anderer Personen, Gruppen und Organisationen. Markeninteressierte können z.B. die Mitglieder einer eine bestimmte Leistung anbietenden Organisation sein, die Absatzmittler und deren Personal, Kunden und Sympathisanten der Leistung/Organisation, aber auch der Leistungen von Mitbewerbern (d.h. Marken-Antagonisten) sowie Journalisten, Lieferanten oder öffentlichen Stellen. Zu den Markeninteressierten von BMW zählen neben den Angestellten des Unternehmens z.B. auch BMW Händler, Vertreter der Fachpresse und Medien, nationale Händlerverbände, prominente BMW Fahrer aus Film und Fernsehen, bekannte Rennsportler sowie die mit der BMW Group zusammenarbeitenden Kreativen und Kommunikationsdienstleister.

Jede markeninteressierte Person bringt ihr relevantes Wissen, ihre Erwartungen, Bewertungen und Handlungen in den markenbezogenen Diskurs ein. Wie intensiv sich Individuen und Organisationen an diesem Diskurs beteiligen, hängt einerseits davon ab, wie relevant die Markenmanifestationen, die Bedeutungsinhalte der Marke und die anderen Markeninteressierten für sie sind. Andererseits bestimmen aber auch die verfügbaren Ressourcen und Fähigkeiten der Markeninteressierten sowie die von ihnen wahrgenommene Rolle die Intensität ihrer Beteiligung (Hemetsberger 2003). Personen, für welche Markenmanifestationen, Markeninteressierte und/oder Bedeutungsinhalte der Marke von sehr hoher persönlicher Wichtigkeit sind, bilden eine Art „inneren Kreis", der als Markengemeinschaft bezeichnet werden kann. Eine solche Markengemeinschaft ist ein Netzwerk realer und virtueller sozialer Beziehungen zwischen Personen und den von ihnen repräsentierten Organisationen, die emotionale Bindungen untereinander entwickelt haben (McAlexander, Schouten, Koenig 2002; Muniz, O'Guinn 2001), den markenbezogenen Diskurs wesentlich prägen und für weniger im Diskurs involvierte Personen auch die Rolle von Markenmanifestationen einnehmen können. So kann zum Beispiel ein BMW Händler, der zu BMW Fahrern durch mehr oder weniger bewusst gesetzte Maßnahmen ein intensives Verhältnis aufgebaut hat, zu einem festen und wichtigen Bestandteil der Marke und über regionale Grenzen hinaus für Markeninteressierte zu einer BMW Händler Ikone werden.

3.3 Markenmanifestationen

Markenmanifestationen sind Produkte, Dienstleistungen, Personen, deren Symbole sowie Kommunikationsmittel und Aktivitäten, durch welche die Markenbedeutung erlebbar wird. So bestehen die Markenmanifestationen von Harley Davidson z.B. nicht nur aus dem Motorrad, sondern auch aus einer Reihe von Accessoires und Kleidungsgegenständen, dem Logo, den lokalen Mitgliedern der Harley Davidson Owner Group und gemeinsamen Aktivitäten, wie z.B. dem Posse Ride (Schouten, McAlexander 1995).

Markenmanifestationen sind Objekt des „Konsums" (im weitesten Sinne), Fokus des Interesses und gleichzeitig ein vereinfachter Ausdruck der Markenbedeutung im Sinne eines leicht erkennbaren Symbols. Durch die Benutzung dieses Symbols wird die Mitgliedschaft im Kreis der Markeninteressierten und die Existenz einer Markengemeinschaft real erlebbar (Durkheim 1994), selbst wenn viele der beteiligten Individuen keinen direkten persönlichen Kontakt miteinander haben.

Als Objektifizierung der Markenbedeutung sind die Markenmanifestationen eine soziale Konstruktion der Markeninteressierten (Dant 1999). Sie stimulieren fortlaufend deren Diskurs und damit die Reproduktion der Markenbedeutung. Sie stellen aber auch Gegenstand produktiver Handlungen der Markeninteressierten dar, die damit an der physischen Ausgestaltung der Markenmanifestationen teilhaben. So engagieren sich z.B. Konsumenten in teils sehr kreativen markenbezogenen Aktivitäten, die von anderen beobachtet, beurteilt und benutzt werden (Füller et al. 2006; Hemetsberger 2003; Franke, Shah 2003; Shawhney, Prandelli 2000). Obwohl z.B. Apple die Produktion seines Newton stoppte, beschlossen die Fans dieses Produktes ihrem Favoriten treu zu bleiben und kreierten selbst die dafür benötigte Software (Muniz, Schau 2005). Von nicht direkt zum Unternehmen selbst gehörenden Markeninteressierten kreierte Markenmanifestationen von BMW sind alljährlich beim internationalen BMW Biker-Meeting in Garmisch-Partenkirchen zu beobachten, an dem an drei Tagen mehr als 25.000 BMW Motorradfahrer aus der ganzen Welt teilnehmen. Dabei zeigen sich besonders deutlich Manifestationsformen, wie z.B. Individualisierungen des Designs und des Leistungsspektrums der Fahrzeuge durch die Fahrzeugbesitzer oder durch Händler sowie in der Kleidung der Teilnehmer und in ihren Verhaltensweisen. So lassen sich sportlich orientierte Sub-Gruppen z.B. im Auftreten (Aussehen, Stil), Verhalten und den beim Event besuchten Aktivitäten von den Anhängern der stärker reiseorientierten Bikes oder von den Off-Road Interessierten unterscheiden.

4 Konsequenzen für die Markenführung

Die erste und wohl wichtigste Konsequenz aus der Betrachtung einer Marke als soziale Repräsentation für die Führung von Marken ist die Erkenntnis, dass Marken im engeren Sinne nicht zu managen sind. Markenverantwortliche – und das sind zumindest bei Unternehmensmarken immer alle Mitarbeiterinnen, in besonderem Maße aber die obersten Führungskräfte – können nur für die Entwicklung der Marke günstige Umfelder bieten und als notwendig erachtete Maßnahmen setzen. Wie sich die Marke im komplexen sozialen Diskurs entwickelt, ist ihrer Kontrolle im

Wesentlichen entzogen. Dennoch können die Markenverantwortlichen einen nicht unwesentlichen Einfluss auf die sich entwickelnden sozialen Interaktionen und damit auf die Entstehung und Entwicklung ihrer Marke nehmen, indem sie sich aktiv und produktiv am sozialen Diskurs beteiligen. Diskurs heißt, sich mit relevanten Markeninteressierten ständig auseinanderzusetzen und ihre Mitgestaltung nicht als Störung, sondern als produktive Mitarbeit zu betrachten.

4.1 Markenführung nach Innen

Grundvoraussetzung für einen nachhaltigen Einfluss auf den fortlaufenden Markendiskurs ist die Führung der Marke nach innen. Darunter ist die bewusste Gestaltung des organisatorischen Umfelds im Sinne der angestrebten Markenbedeutung zu verstehen. Von der Auswahl des Personals, über dessen intensives Training und der Ausgestaltung der monetären und nicht monetären Anreize zur Verstärkung von markenbedeutungs-adäquaten Verhaltenweisen, über den bewußten Einsatz des Verhaltens der Führungskräfte als Vorbilder, eine konsistente interne Kommunikation und Ressourcenverteilung, bis hin zur Ausgestaltung der Messgrößen des Total Quality Managements gibt es eine große Zahl von Einflussmöglichkeiten auf das Verhalten der Mitglieder einer Organisation. Eine derart verstandene Markenführung ist nicht delegierbar. Sie ist Aufgabe der obersten Führungskräfte. Nur wenn es gelingt, durch konsequente Markenführung nach innen eine gewisse Selbstähnlichkeit bei allen Kontaktpunkten mit anderen Markeninteressierten sicher zu stellen, kann der laufende markenrelevante Diskurs – im Sinne der Entwicklung und Pflege eines Markenkerns – nachhaltig beeinflusst werden. Zu diesem Zwecke betreibt bspw. BMW intern die BMW Brand Academy, in deren Rahmen das Verständnis der Führungskräfte aus den verschiedenen Bereichen des Unternehmens für die Marken der BMW Group weiterentwickelt und gepflegt wird. Außerdem startete 2005 die BMW Brand Behaviour Initiative, welche Mitarbeitern und Händlern Richtlinien für markengerechtes Verhalten an deren jeweiligen Kontaktpunkten an die Hand gibt und trainiert.

4.2 Bindungen an die Marke

Betrachtet man das Phänomen Marke aus der hier vorgestellten Perspektive, dann gehen Bindungen an eine Marke weit über emotionale Beziehungen zu einem Produkt oder einem Unternehmen hinaus. Die Bindung an eine Marke kann ebenso durch die Markenbedeutung oder andere Markeninteressierte hervorgerufen werden. So sind z.B. Dauerspender für SOS-Kinderdorf oftmals stärker an die Bedeutungsinhalte der Marke gebunden als an die Organisation und jugendliche Mitglieder von Rollerskate-Gruppen benutzen ein bestimmtes Markengerät oder Kleidungsstück weniger wegen ihrer Bindung an das Produkt als vielmehr, weil sie Mitglied der Gruppe sein wollen. Es gilt also für die Markenführung, die (möglichen) Auslöser von Bindung zu identifizieren und entsprechend zu pflegen.

4.3 Stimulation markenbezogener Interaktionen

Wenn sich Markenbedeutung und von den Markeninteressierten als solche wahrgenommene Manifestationen einer Marke in einem laufenden komplexen Interaktionsprozess entwickeln, dann hat die Markenführung nicht nur die Aufgabe, diesen Prozess kontinuierlich zu beobachten, sondern sollte ihn auch im Sinne der gewünschten Markenbedeutung anstoßen. Dies kann sowohl über die Gestaltung der Leistungen als auch mittels vielfältiger Formen der Kommunikation, wie z.B. Clubs, Events, die Einrichtung von Internet-Foren und Communities, und über den Einsatz von persönlichen Manifestationen der Markenbedeutung erfolgen. BMW versucht z.B. beim Biker Meeting in Garmisch-Partenkirchen die nach den jeweils benutzten Produkten unterscheidbaren Gruppen von Teilnehmern mit entsprechenden Aktivitäten zu bedienen, um an ihrer Konstruktion der Markenbedeutung aktiv mitzuwirken. Entscheidend erscheint jedoch, über verschiedene Gruppen von Markeninteressierten hinweg, koordinierte Aktivitäten zu setzen, um den Diskurs in konsistenter Weise zu führen. Es bedarf der Entwicklung eines strategischen Markenführungskonzepts, das alle Bereiche des Unternehmens betrifft und an dem sich alle Entscheidungen und Aktivitäten der Organisationsmitglieder orientieren.

4.4 Innovation von Markenmanifestationen

Es zeigt sich, dass nicht nur Unternehmen eine aktive Rolle bei der Kreation und Ausgestaltung von Markenmanifestationen spielen. Andere an der Marke Interessierte gestalten mit. So können z.B. Händler mit speziellen Warenpräsentationen, der Organisation markenbezogener Events, dem Layout ihrer Geschäfte und dem Verhalten ihres Personals ganz wesentlich zur Gestaltung von Manifestationen einer Marke beitragen. Auch Konsumenten können eine zentrale Rolle bei der Kreation von Markenmanifestationen spielen. Wenn z.B. Mitglieder der Internet Community Niketalk einen Designwettbewerb für neue Basketballschuhe starten und sich eine große Zahl von Mitgliedern mit diversen Kommentaren an der Beurteilung der Entwürfe beteiligt, bleibt dies nicht ohne Folgen für Manifestationen der Marke Nike. Das bedeutet aber für die Markenführung, dass ihr die Herrschaft über die Manifestationen der Markenbedeutung teilweise aus der Hand genommen wird. Um unerwünschte Effekte zu vermeiden, ist neben einer laufenden Beobachtung der Aktivitäten besonders engagierter Markeninteressierter der Aufbau möglichst vertrauensvoller Beziehungen mit ihnen notwendig, um einerseits die kreativen Ideen dieser Personen nutzen und andererseits rechtzeitig und effektiv unerwünschten Entwicklungen entgegensteuern zu können.

4.5 Markenausdehnung

Betrachtet man die Möglichkeiten der Markenausdehnung aus der hier vorgestellten Perspektive, dann treten in Bezug auf neue Leistungen die Bedeutung des Fit der Eigenschaften der neuen Leistung mit denen bisheriger Leistungen und die dem Anbieter zugeschriebene Kompetenz in den Hintergrund. Es geht vielmehr um die Passung mit den Kerninhalten der Markenbedeutung. Die neue Leistung muss für die Markeninteressierten als eine weitere Manifestation der Markenbedeutung wahrgenommen werden. So werden im Falle von BMW Leistungen, die nicht das Potential haben, eine gewisse Dynamik und Sportlichkeit zu vermitteln, und nicht zum Thema „motorisierte Mobilität" auf höchstem Niveau passen, wohl höchstwahrscheinlich nicht erfolgreich sein.

Darüber hinaus kann eine Ausdehnung der Marke nicht nur im Bereich der Manifestationen erfolgen. Werden z.B. aufgrund von intensiven Wachstumsanstrengungen des Unternehmens neue Personengruppen und Organisationen an der Marke interessiert, stellt sich die Frage nach der Auswirkung dieser Ausdehnung auf die laufenden Interaktionen und die daraus resultierenden Veränderungen der Markenbedeutung. Wenn z.B. Kunden, die aufgrund eines neuen Produktangebotes von Mitbewerbern zu BMW gewandert sind, in größerer Anzahl bei einem Händler oder einem Event auftauchen, wie z.B. dem zitierten Biker Meeting in Garmisch-Partenkirchen, und diese neuen Kunden nicht ins Bild der „angestammten" BMW Motorrad-Fahrer passen, kann das dem markenbezogenen Diskurs eine Wendung geben, die im Zeitablauf zu einer Veränderung der Markenbedeutung beiträgt. Solche Veränderungen können allerdings auch die Folge von – aus Sicht des Herstellers – unbeabsichtigten Ausdehnungen des Kreises der Markeninteressierten sein. Wenn z.B. junge türkische Kunden am Wochenende ihre BMWs dazu benutzen, um ihre Zusammengehörigkeit zu demonstrieren, kann das durchaus den Inhalt des markenrelevanten Diskurses beeinflussen.

Die Ausdehnung einer Marke kann auch über die Erweiterung ihrer Kernbedeutung oder deren Veränderung erfolgen. Nicht jede solche Veränderung ist allerdings beabsichtigt. Wenn z.B. die mit der Marke BMW verbundene Dynamik von BMW Autofahrern als rücksichtsloses Rasen und Drängeln auf der Autobahn interpretiert wird, kann der markenbezogene Diskurs eine für den Hersteller unerwünschte Wendung nehmen. So stellte sich bspw. in der hier vorgestellten Studie dieses den BMW Autofahrern zugeschriebene Drängeln als ein nicht unwesentlicher Grund heraus, warum einige der befragten BMW Motorradfahrer nicht auch ein Auto der Marke BMW fahren, obwohl sie von Technik und Design angetan sind. An dieser Stelle zeigt sich deutlich, wo die Grenzen der Beeinflussungsmöglichkeiten durch den Hersteller erreicht sind.

5 Zusammenfassung

Betrachtet man eine Marke als soziale Repräsentation, dann werden der Prozess der Markenentstehung und -weiterentwicklung und das Ergebnis dieses Prozesses nicht nur als in reziproker Weise miteinander verknüpft angesehen, sondern auch gleichzeitig berücksichtigt. Der Fokus von Forschung und Praxis wendet sich weg von markierten Leistungen oder Unternehmen und der Wahrnehmung individueller Kunden hin zu interessierten Personen und Organisationen, die in einem fortlaufenden Prozess komplexer sozialer Interaktion Bedeutungsinhalte von Meinungsgegenständen konstruieren, diese durch Manifestationen verschiedenster Art erleben und zum Teil selbst solche Manifestationen schaffen. Für die Führung von Marken können sich Verantwortliche nicht länger als ihre „Eigentümer" fühlen und gebärden. Zumindest der innere Kreis der an der Marke Interessierten nimmt aktiv an der Entstehung von Markenmanifestationen und der laufenden Weiterentwicklung der Bedeutungsinhalte der Marke teil.

Die Konzeption einer Marke als soziale Repräsentation verbindet individuelle und soziale theoretische Zugänge zum Phänomen Marke. Mit seiner sozial konstruktivistische Sichtweise sozialer Prozesse der Verankerung und Objektifizierung in einem laufenden Diskurs sowie situationsbezogen unterschiedlicher Bedeutungen der Marke, hilft dieser Ansatz, lange undiskutiert gebliebene Dichotomien zu überwinden: Soziale markenbezogene Prozesse basieren auf individuellen psychischen Prozessen, sind aber gleichzeitig eine ihrer wesentlichen Grundlagen und selbst eingebettet in einem sozio-kulturellen Umfeld; Marken manifestieren sich nicht allein in markierten Gegenstände, die zwischen Unternehmen und Konsumenten gehandelt werden, sondern entstehen im Diskurs vieler Markeninteressierter, die selbst Teil dieser Marken sind; sie drücken sich auch in Personen, Ereignissen und symbolischen Handlungen aus.

Dieser integrative Zugang sollte helfen, Marken mit erhöhter Sorgfalt zu führen. Sobald wir erkennen, dass Marken in komplexen Interaktionsprozessen entstehen, wird die Notwendigkeit klar, die verschiedenen an der Marke interessierten Personengruppen und Organisationen zu identifizieren, ihnen unter Berücksichtigung ihrer verschiedenen Aktivitätsniveaus Rahmenbedingungen für einen positiven Diskurs anzubieten, mit der erwünschten Markenbedeutung verbundene emotionale Bindungen zwischen den Markeninteressierten zu erleichtern und auf diese Weise die gemeinschaftliche Entwicklung starker Marken zu ermöglichen.

Learnings:

- Die Entwicklung von Marken kann als sozio-dynamischer Prozess verstanden werden. Bei der Führung einer Marke sollten daher nicht nur die Mitarbeiterinnen und Mitarbeiter im Unternehmen sowie die Kunden Berücksichtigung finden, sondern alle relevanten Stakeholdergruppen.
- Der Ansatz der sozialen Repräsentation liefert hierbei für das Markenmanagement wichtige Anregungen. Marken werden als soziale Phänomene verstanden, die individuell und sozial relevante Bedeutung haben, von Marken-Interessierten entwickelt werden, diese aber auch mit umfassen, und sich in Form von Marken-Manifestationen äußern.
- Eine Betrachtung der Marke als soziales System ermöglicht es Managern, ein besseres Verständnis der eigenen Marke zu entwickeln. Das Markenmanagement steht hierbei vor der Herausforderung Rahmenbedingungen zu setzen, die eine Entwicklung der Marke, seiner Bedeutung und Manifestationen, im Diskurs mit Stakeholdern ermöglicht.

Literaturverzeichnis

Aaker, D. A., Joachimsthaler, E. (2000): Brand Leadership, New York 2000.
Aaker, J. L. (1997): Dimensions of Brand Personality, Journal of Marketing Research 34 (3) (1997), pp. 347–56.
Aaker, J. L. (1999): The Malleable Self: the Role of Self-Expression in Persuasion, Journal of Marketing Research, 36 (1999), pp. 45–57.
Abric, J. C. (1987): Coopération, compétition et représentations sociales, Delval 1987.
Abric, J. C. (1997): Méthodologie de recueil des représentations sociales. In: Abric, J.C. (ed.), Pratiques sociales et Représentations, Paris 1997, pp. 11–35.
Ahuvia, A. C. (2005): Beyond The Extended Self: Loved Objects and Consumers' Identity Narratives', Journal of Consumer Research 32 (1) (2005), pp. 171–84.
Bauer, M., Gaskell, G. (1999): Towards a Paradigm for Research on Social Representations, Journal for the Theory of Social Behaviour, 29 (2) (1999), pp. 163–186.

Barsalou, L. W. (1999): Perceptional Symbol Systems, Behavioral and Brain Science 22 (1999), pp. 577–660.
Belk, R. (1988): Possessions and The Extended Self, Journal of Consumer Research 15 (2) (1988), pp. 139–68.
Belk, R. W., Bahn, K. D., Mayer, R. N. (1982): Developmental Recognition of Consumption Symbolism, Journal of Consumer Research 9 (1) (1982), pp. 4–17.
Belk, R., Costa, J. A. (1998): The mountain man myth: A contemporary consuming fantasy, Journal of Consumer Research 25 (3) (1998), pp. 218–240.
Belk, R., Mayer, R. (1984): Children's Recognition of Consumption Symbolism in Children's Products, Journal of Consumer Research 10 (4) (1984), pp. 386–97.
Billig, M. (1993): Studying the Thinking Society. In: G.M. Breakwell and V. Canter (eds.), Empirical Approaches to Social Representations, Oxford 1993, pp. 39–62.
Dant, T. (1999): Material Culture in the Social World. Values, Activities, Lifestyles, Buckingham, Philadelphia 1999.
De Chernatony, L., Harris, F. (2000): Developing corporate brands through considering internal and external stakeholders, Corporate Reputation Review 3 (3) (2000), pp. 268–74.
Durkheim, E. (1994): Die elementaren Formen des religiösen Lebens, Frankfurt a.M. 1994
Duveen, G. (1998): The Psychological Production of Ideas: Social Representations and Psychology, Culture & Psychology, 4 (4) (1998), pp. 455–472.
Elliott, R. (1994): Exploring the Symbolic Meaning of Brands, British Journal of Management 5 (2) (1994), pp. 13–19.
Elliott, R., Wattanasuwan, K. (1998): Brands as symbolic resources for the construction of identity, International Journal of Advertising, 17 (1998), pp. 131–144.
Engl, Ch. (2005): One Brand – Two Worlds: The Meaning of Different Product Categories under one Brand – The Case of BMW, Paper presented at the 18 th EMAC Doctoral Colloquium, Milan 2005.
Flament, C. (1987): Pratiques et représentations sociales. In: Beauvois, J.L., Joule, R.V., Monteil, J.M. (eds.), Perspectives Cognitives et Conduites Sociales, Delval 1987.
Fournier, S. (1998): Consumers and their brands, Journal of Consumer Research, 24 (4) (1998), pp. 343–373.
Franke, N., Shah, S. (2003): How Communities Support Innovative Activities: An Exploration of Assistance and Sharing Among Innovative Users of Sporting Equipment, Research Policy 32 (1) (2003), pp. 157–78.
Füller, J., Jawecki, G., Mühlbacher, H. (2007): Innovation creation by online basketball communitles, Journal of Business Research, 60 (1) (2007), pp. 60–71.
Hatch, M. J., Schultz, M. (2003): Bringing the corporation into corporate branding, European Journal of Marketing 37 (7/8) (2003), pp. 1041–064.
Hemetsberger, A. (2003): Understanding consumers' collective action on the Internet – a definition and discussion of relevant concepts for research. In: Keller, P. A., Rook, D.W. (eds.), Advances in Consumer Research, Vol. 30., 2003.
Kapferer, J.-N. (2004): The New Strategic Brand Management, London and Sterling, VA. 2004.
Keller, K. L. (1998): Strategic Brand Management: Building, Measuring, and Managing Brand Equity, Upper Saddle River, NJ 1998.
Keller, K. L. (2003): Brand Synthesis: The Multidimensionality of Brand Knowledge, Journal of Consumer Research 29 (4) (2003), pp. 595–600.
Kotler, P. (1991): Marketing Management, Stuttgart 1991.
Kozinets, R. V., Sherry Jr., J. F., Storm, D., Duhachek, A., Nuttavuthisit, K., Deberry-Spence, B. (2004): Ludic Agency and Retail Spectacle, Journal of Consumer Research 13 (3) (2004), pp. 658–72.
McAlexander, J., Schouten, J., Koenig, H. (2002): Building Brand Community, Journal of Marketing, 66 (2002), pp. 38–54.
Moscovici, S. (1984): The Phenomenon of Social Representations. In: Farr, R.M., Moscovici, S. (eds.), Social Representations, Cambridge 1984, pp. 3–70.
Muniz, A. M., Jr., O'Guinn, T. C. (2001): Brand Community, Journal of Consumer Research, 27 (2001), pp. 412–432.

Muniz, A. M., Jr., Schau, H. P. (2005): Religiosity in the Abandoned Apple Newton Brand Community, Journal of Consumer Research 31 (4) (2005), pp. 737–47.

Parales Quenza, C. J. (2005): On the Structural Approach to Social Representations, Theory and Psychology, 15(1) (2005), pp. 77–100.

Park, C. S., Srinivasan, V. (1994): A Survey-Based Method for Measuring and Understanding Brand Equity and Its Extendibility, Journal of Marketing Research, 31 (1994), pp. 271–288.

Peñaloza, L. (2001): Consuming the American West: Animating Cultural Meaning and Memory at a Stock Show and Rodeo, Journal of Consumer Research 28 (3) (2001), pp. 369–98.

Richards, L., Foster, D., Morgan, R. (1998): Brand Knowledge Management: Growing Brand Equity, Journal of Knowledge Management, 2 (1) (1998), pp. 47–54.

Richins, M. L. (1994): Valuing Things: The Public and Private Meanings of Possessions, Journal of Consumer Research, 21 (1994), pp. 522–533.

Schouten, J. W., McAlexander, J. H. (1995): Subcultures of consumption: An ethnography of the new bikers, Journal of Consumer Research 22 (1) (1995), pp. 43–61.

Schultz, M., de Chernatony, L. (2002): The challenge of corporate branding, Corporate Reputation Review 5 (2–3) (2002), pp. 105–12.

Shawney, M., Prandelli, E. (2000): Communities of Creation: Managing Distributed Innovation in Turbulent Markets, California Management Review 42 (4) (2000), pp. 24–54.

Solomon, M. R. (1983): The Role of Products as Social Stimuli: A Symbolic Interactionism Perspective, Journal of Consumer Research 10 (3) (1983), pp. 319–29.

Thompson, C. J., Arsel, Z. (2004): The Starbucks Brandscape and Consumers' (Anticorporate) Experiences of Glocalization, Journal of Consumer Research 31 (2) (2004), pp. 631–42.

Troiano, J. (1996): Classifying Consumers Instead of Looking for Magic Numbers. In: Schöneberg, U. (ed.), The Big Brand Challenge. Are We Jumping on the Brand Wagon?, ESOMAR Publication Series, Vol. 203, ESOMAR Seminar, Berlin, October 1996, pp. 69–82.

Die Marke als Spiegel der Persönlichkeit

Günter Schweiger/Marina Dabic

Zusammenfassung 330
1 Produktvorteil oder Marke? 330
2 Die Markenpersönlichkeit 331
   2.1 Markenpersönlichkeit von Automobilmarken – aus der Sicht der Nutzer 331
3 Die Messung von Markenpersönlichkeit 333
   3.1 Das Gesicht der Marke – Zuordnung von typischen Fahrern auf Automarken ... 333
4 Das Selbstkonzept – Übereinstimmung von Käufer- und Markenpersönlichkeit 335
5 Eine Marke mit gespaltener Persönlichkeit 338
6 Zusammenfassung 339
Literaturverzeichnis 341

> **Zusammenfassung**
>
> In zunehmend gesättigten Märkten mit austauschbaren Produkten stellt die Marke immer öfter die entscheidende Kaufmotivation für Konsumenten dar. Dabei führt eine hohe Übereinstimmung von Käufer- und Markenpersönlichkeit zu einer höheren Kaufwahrscheinlichkeit. Der Konsument vergleicht allerdings nicht immer seine reale Persönlichkeit mit jener der Marke sondern zieht Persönlichkeitseigenschaften heran, die er gerne hätte (Idealbild). Vor allem bei öffentlich sichtbaren Gütern, wie z.B. Kleidung und Autos spielt die Selbstergänzung und -darstellung oft eine größere Rolle als die Selbstverwirklichung. Der vorliegende Beitrag beschäftigt sich hauptsächlich mit der Markenpersönlichkeit von Automobilen, wobei näher auf die Messung von Markenpersönlichkeit, Beziehungsformen zwischen Marken und ihren Käufern (am Beispiel Henkel) und Marken mit gespaltener Persönlichkeit (am Beispiel Martini) eingegangen wird.

1 Produktvorteil oder Marke?

Auf zunehmend gesättigten Märkten, wie z.B. dem westeuropäischen oder dem US-amerikanischen Markt, gibt es nur noch geringe objektive Qualitätsunterschiede zwischen vielen Produkten, woraus sich ihre Austauschbarkeit aus Sicht der Konsumenten ergibt (Meffert, Burmann 1996, S. 373 ff.; Bauer, Huber 1998, S. 38).

Fragt man Konsumenten nach dem Grund, warum sie sich für ein bestimmtes Produkt entscheiden, geben sie vorwiegend rationale Gründe an. So ergeben sich zum Beispiel Kaufgründe für Waschmittel, wie die Waschkraft (bei niedrigen Temperaturen), die Wäsche-/Farbschonung, der frische Wäscheduft oder die Umweltfreundlichkeit. Diese eher „objektiven, technischen" Unterscheidungskriterien von Produkten repräsentieren aber nur die Bauern am Schachfeld, die als erste vorziehen und weniger die wahren Gründe für die Kaufentscheidung darstellen. Bei gefühlshaften Eindrücken sparen Konsumenten unabhängig von der Produktkategorie häufig bei ihren Angaben. Viel wichtiger als objektive Produktvorteile sind oft das Markenimage, die Markenpersönlichkeit und die Beziehung des Konsumenten zur Marke.

Nach Fournier (1998, 2000) können zwischen Marken und Personen sehr unterschiedliche Beziehungen existieren (siehe auch Kapferer 1992, S. 54; Aaker 1996, S. 160), wie z.B. engagierte Partnerschaften, Verwandtschaft, Versklavung (z.B. Microsoft), geheime Affären, Zweckmäßigkeits-Ehen oder beste Freundschaften (Fournier 2000, S. 152). Henkel greift beispielsweise mit dem Werbeslogan „A brand like a friend" die Beziehungsform „Freundschaft" zwischen Marke und Käufer auf.

Die Marke ist vor allem dann für den Konsumenten attraktiv, wenn sie dem Käufer selbst ähnlich ist oder ihn mit Wunscheigenschaften ergänzt. Die Persönlichkeit des Käufers und die Persönlichkeit der Marke sollten somit hohe Ähnlichkeit besitzen (Walker, Olson 1991, S. 111; Bilsky, Schwartz 1994, S. 179). Mit anderen Worten: „Gleich und gleich gesellt sich gern." Dabei können auch relativ schwache Marken (z.B. Handelsmarken) als Ausdruck der eigenen Persönlichkeit dienen. So kann z.B. eine Person ihre Genügsamkeit durch den Kauf von Billigmarken, mit schwacher Markenpersönlichkeit, ausdrücken (Aaker 1996, S. 153).

2 Die Markenpersönlichkeit

Das *Markenimage* umfasst funktionale Merkmale (wie z.B. Leistung, Verbrauch, Preis eines Automobils) als auch emotionale Dimensionen (wie z.B. Wesenszüge der Marke, BMW: sportlich, jung, dynamisch, Spaß). Die *Markenpersönlichkeit* stellt einen zentralen Teil des Markenimages (Bauer, Mäder, Huber 2000, S. 6; Biel 2000, S. 76) dar. Aaker (1996, S. 141) definiert den Begriff Markenpersönlichkeit als „the set of human characteristics associated with a brand". Eine Marke besitzt somit – aus Sicht des Konsumenten – Eigenschaften, die man normalerweise nur auf Menschen zuteilt. Die Markenpersönlichkeit kann anhand mehrerer menschlicher Charakteristika, wie z.B. Extrovertiertheit, Freundlichkeit, Kultiviertheit oder Ehrlichkeit beschrieben werden (Strebinger, Otter, Schweiger 1998, S. 7). Aaker (1997, S. 351) definierte in einer produktübergreifenden Studie die fünf zentralen Dimensionen der Markenpersönlichkeit (Big Five): Aufrichtigkeit, Erregung/Spannung, Kompetenz, Kultiviertheit und Robustheit. Eine breitere Definition für Markenpersönlichkeit wählen Schweiger und Schrattenecker (2005, S. 81) sowie Keller (1994, S. 620). Sie verstehen unter Markenpersönlichkeit die Summe aller Eigenschaften, die mit einer Marke verbunden werden und die beim Konsumenten Assoziationen bzw. innere Bilder auslösen.

Wissen um Marken wird durch direkte und symbolische Erfahrung generiert (Aaker 1997, S. 348). Direkte Erfahrung bedeutet persönliche produktbezogene Nutzung von Produkten bzw. Inanspruchnahme von Dienstleistungen (Kaufsituation im Geschäft, Servicehotline, usw.). Des weiteren spielt Mundpropaganda (hauptsächlich durch Freunde und Bekannte) eine große Rolle bei der Bildung und Aufrechterhaltung der Markenpersönlichkeit (Puaschunder 2006, S. 105). Symbolische Markenerfahrungen machen Konsumenten hauptsächlich durch die Massenmedien (Werbung) mittels emotionaler Konditionierung (Schweiger, Schrattenecker 2005, S. 176), aber sie verbinden auch indirekt Assoziationen mit der Marke aufgrund von Produktattributen, dem Markennamen, -symbol oder -logo, dem Preis, der Distributionsschiene oder aufgrund ihrer Einstellung zur Produktkategorie.

Grundsätzlich wird davon ausgegangen, dass der Aufbau der Markenpersönlichkeit durch eine Vielfalt von Marketingvariablen entsteht (Fournier 1998, S. 345; Batra, Lehmann, Singh 1993, S. 93; Biel 2000, S. 76). Während jede Person die eigene Persönlichkeit selbständig steuern und beeinflussen kann, ist die Markenpersönlichkeit das Ergebnis von kontinuierlicher und integrierter Marketingkommunikation über die Zeit. Information über die Markenpersönlichkeit geben auch die typischen Markennutzer, indem sie ihre Eigenschaften auf die Marke übertragen. Die Wahrnehmung der Werbung spielt bei der Entwicklung der Markenpersönlichkeit eine große Rolle, wobei jedoch insbesondere der Einfluss von nonverbalen Elementen (wie Illustrationen, Musik, Farben, Kameratechnik, Testimonials, usw.) weitgehend ungeklärt ist (Batra, Lehmann, Singh 1993 S. 93; Kapferer 1992, S. 58).

2.1 Markenpersönlichkeit von Automobilmarken – aus der Sicht der Nutzer

Die Markenpersönlichkeit kann neben psychografischen Begriffen auch durch demografische Eigenschaften wie Geschlecht, Alter oder Schicht beschrieben werden

Abbildung 1: Zuteilung von Eigenschaften auf die Marke BMW

(Levy 1959, S. 121). So werden z.B. mit der Marke BMW hohes Ansehen, Vertrauenswürdigkeit, Erfolg, Sportlichkeit, Sympathie, Männlichkeit und Jugend verbunden (siehe *Abbildung 1*).

Mehr als ein Drittel der 253 Befragten einer Marktforschungsstudie des Instituts für Werbewissenschaft und Marktforschung der Wirtschaftsuniversität Wien im Jahr 2005 finden, dass die Marke BMW zu ihnen passt und wählen die Marke auch bei der Konfiguration ihres gewünschten Neuwagens.

Abbildung 2 zeigt die sehr unterschiedlichen Positionierungen und somit Markenpersönlichkeiten der Automarken in den Köpfen der Konsumenten.

Während BMW und Audi mit Prestige, Status, Anerkennung, gutem Aussehen, Genuss, Exklusivität, Qualität, Komfort und Vertrauen in Verbindung gebracht werden, gelten Skoda, Ford und Peugeot vor allem als vernünftige, ehrliche und freundschaftliche Marke (siehe *Abbildung 2*). Alfa Romeo wird zwar mit Prestige, Status, Anerkennung, gutem Aussehen und Genuss assoziiert, differenziert sich aber von den anderen Prestigemarken durch Sinnlichkeit, Leidenschaft, Liebe, Spaß, Individualität und Unbeschwertheit (Dimension 2). Die Größe der Markenlogos in *Abbildung 2* zeigt die Anzahl aller zugeordneten Eigenschaften zur jeweiligen Marke, d.h. dass BMW und Audi insgesamt eine größere Anzahl an Eigenschaften zugeordnet wurde als beispielsweise Ford oder Skoda. Je intensiver und andauernder die Auseinandersetzung des Konsumenten mit der Marke und je höher das Involvement (Bauer, Mäder, Huber 2000, S. 37), desto mehr Assoziationen werden mit der Marke in Verbindung gebracht. So wecken z.B. die Marken VW oder Volvo sehr viele (und überwiegend positive) Assoziationen (Nöster, Ondracek 2005, S. 155).

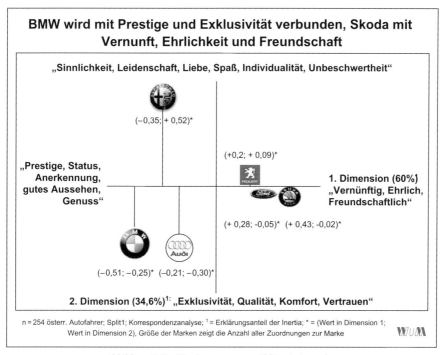

Abbildung 2: Positionierung ausgewählter Automarken

3 Die Messung von Markenpersönlichkeit

Es wurden zahlreiche Studien in unterschiedlichen Produktbereichen durchgeführt, um den Zusammenhang zwischen der Persönlichkeit des Käufers und der Markenpersönlichkeit mit Hilfe von unterschiedlichen Instrumenten zu ermitteln (z.B. Evans 1959; Westfall 1962: Automobile oder Tucker, Painter 1961: verschiedene Produktbereiche). Meist sind die festgestellten Relationen aber eher „dürftig" (Weis, Huber 2000, S. 12).

Die Messung der Markenpersönlichkeit kann verbal und nonverbal erfolgen. Dabei stehen vor allem die Zuordnung von Bildreizen und die verbale Zuteilung von Eigenschaften zu Produkten (Aaker 1997, S. 347; Herrmann, Huber, Braunstein 2000, S. 122) zur Messung der Markenpersönlichkeit zur Verfügung.

3.1 Das Gesicht der Marke – Zuordnung von typischen Fahrern auf Automarken

„… Personen oder Symbolfiguren sagen viel über die Markenidentität aus." (Kapferer 1992, S. 75; siehe auch Fanderl, Hölscher, Knieper 2006, S. 23). Konsumenten verbinden mit einer Marke meist typische Käufer. Menschliches Denken findet zu einem erheblichen Teil in Bildern statt, wobei Bilder unter geringerer kognitiver Kontrolle stehen als Worte (Ruge 2000, S. 170).

Die folgenden Ergebnisse einer empirischen Studie am Institut für Werbewissenschaft und Marktforschung der Wirtschaftsuniversität Wien im Jahr 2005 mit 500 österreichischen Autofahrern zeigen, dass mit den unterschiedlichen Marken sehr eindeutig Personentypen verbunden werden. Insgesamt wurden 11 Automarken (Audi, Alfa Romeo, BMW, Fiat, Hyundai, Peugeot, Skoda, VW, Ford, Mazda, Volvo) prägnante Personentypen zugeordnet. *Abbildung 3* zeigt die Personentypen, die auf die Automarken zugeteilt werden konnten.

Abbildung 3: Zuteilung typischer Fahrer auf Automobilmarken

Vergleicht man die Ergebnisse der Bildzuordnung mit jener der verbalen Eigenschaftszuteilung auf die Marke BMW (n=253; siehe Kapitel 2.1, *Abbildungen 1 und 2*) lässt sich feststellen, dass diese beiden Methoden zu derselben Markenpersönlichkeit kommen. Dies gilt auch für die Unterscheidung zwischen Befürwortern der Marke und ihren Ablehnern. Sowohl die Fans als auch die Ablehner der Marke teilen BMW die gleiche Persönlichkeit zu. Aaker (1996, S. 142) sieht eine im Zeitablauf sehr beständige und innerhalb bestimmter Gruppen (z.B. Käufer und Nicht-Käufer) konsistente Persönlichkeit als Voraussetzung für eine starke Markenpersönlichkeit. Durch die Langfristigkeit der Entstehungsgeschichte kann eine Markenpersönlichkeit auch nur schwer kopiert werden (Batra, Myers, Aaker 1996, S. 324).

BMW werden beispielsweise häufig die Bilder des jungen „Sportlers" (Bild 9: 54 %), der „extravaganten, jungen Frau" (Bild 10: 27 %), des jungen „Pärchens" (Bild 7: 25 %) und der „Businessfrau" (Bild 8: 22 %) zugeteilt. Die Marke BMW wird also mit einem sehr sportlichen, jungen, extravaganten, gebildeten/intelligenten, erfolgreichen Business-Fahrertyp aus der oberen sozialen Schicht in Verbindung gebracht. Sehr geringe Zuordnungen erhält beispielsweise die „Hausfrau" (Bild 3: 7 %).

Ganz anders stellt sich z.B. die Markenpersönlichkeit von VW (n=254) dar. Hier werden sehr viele unterschiedliche Personen als typische Fahrer der Marke zugeordnet. Neben der „Familie" (Bild 4: 45%), dem „Studenten" (Bild 6: 41%) und der „Hausfrau" (Bild 3: 40%) werden auch alle anderen Bilder von rund 30% der Befragten zugeordnet. VW wird mit keinem eindeutigen Personentyp in Verbindung gebracht, d.h. die Markenpersönlichkeit ist sehr umfassend. Wie z.B. die Bildvermessung des „Studenten" zeigt (n=300) werden diesem die Eigenschaften dynamisch, intelligent/gebildet, geringes Einkommen, hat viele Freunde, ist eher fleißig, umweltbewusst und sparsam zugeteilt. Er ist wenig traditionsbewusst, eher städtisch und legt keinen großen Wert auf Luxus. VW wird dieser Personentyp z.B. häufig zugeordnet. Das gleiche Ergebnis wie die nonverbale Messung von Markenpersönlichkeit liefert auch die verbale Eigenschaftszuordnung zur Marke VW.

Die anderen Konzernmarken von VW zeigen bei der Zuordnung typischer Fahrer auf die Marke wieder ein gänzlich anderes Bild. Während Skoda (n=507) hauptsächlich mit dem „Beamten" und der „Familie" (Bild 1 und Bild 4: rund 40%) in Verbindung gebracht wird, nähert sich Audi (n=253) dem sportlichen und jugendlichen Business-Image von BMW – aber mit Partnerschafts- und Familienbezug („Sportler" – Bild 9: 35%; „Businessfrau" – Bild 8: 34%, „Familie" – Bild 4: 30%; „Pärchen" – Bild 7: 27%). Alfa Romeo (n=253) zeigt, wie in der verbalen Messung (siehe Abbildung 2), ein ganz eigenes sportliches („Sportler" – Bild 9: 37%), extravagant-weibliches („extravagante, junge Frau" – Bild 10: 35%), und eher jugendliches Personenbild („Student" – Bild 6: 32%; „Pärchen" – Bild 7: 29%).

Volvo (n=254) wird die „Familie" (Bild 4: 46%) noch stärker zugeordnet als VW, wobei Volvo eher die Assoziation mit männlichen und älteren Fahrertypen hervorruft („Alter Mann" – Bild 2: 26%; „Beamter" – Bild 1: 22%, „Handwerker" – Bild 5: 22%) hervorruft. Ein ähnliches Bild zeigt Ford, wobei hier nicht das Familienimage dominant ist, sondern das Bild von männlichen, älteren Personen.

4 Das Selbstkonzept – Übereinstimmung von Käufer- und Markenpersönlichkeit

Das Auto ist heute Flaggschiff der eigenen Persönlichkeit, mit dem der Konsument meist Selbstdarstellung oder Selbstergänzung betreibt (Strebinger, Otter, Schweiger 1998, S. 18). Neben Autos dienen auch andere sozial auffällige Produktkategorien, wie z.B. Kleidermode, die oft nach Status gewählt werden (Puaschunder 2006, S. 135), zur Präsentation des realen oder idealen Selbst. Ebenso wie manche Marken sich sehr nahe am idealen Ich des Durchschnittskonsumenten positionieren, wählen andere den tatsächlichen, ehrlichen, vernünftigen Weg (z.B. BMW vs. Skoda) und orientieren sich am realen Selbst.

Die Markenpersönlichkeit macht es dem Konsumenten einfacher eine Marke zu beurteilen, wobei Marken Auskunft über Charakteristika und Verhaltensweisen ihrer Träger geben (Petty, Cacioppo, Schumann 1986, S. 144). Eigenschaften von Markenbesitzern werden auf die Marken übertragen. Diese Merkmale bestimmen im Gegenzug die Wahrnehmung des Markennutzers durch andere Konsumenten (Schweiger, Schrattenecker 2005, S. 208). In sozialen Gruppen bewirkt die Verwendung von bestimmten Marken oft ein Gemeinschafts- und Zugehörigkeitsgefühl (Puaschunder 2006, S. 135). Der Verwender der Marke wird in seiner Markenwahrnehmung durch die Reaktion der sozialen Gruppe bestärkt. So weckt z.B. die Nutzung der Automarke VW, die als verlässlich gilt, die Einschätzung, dass der Fahrer des VW ein verlässlicher Mensch ist (Kapferer 1992, S. 54). Bei der Testimonialwerbung werden wahrgenommene Eigenschaften der (berühmten) Persönlichkeit auf die Marke übertragen. Es wird versucht bekannte, sympathische und für die Produktgruppe glaubwürdige Testimonials auszuwählen (Schweiger, Schrattenecker 2005, S. 245).

Das *Selbstkonzept* beschreibt verhaltensbestimmende Gedanken und Gefühle, die Menschen in Bezug auf sich selbst haben (Rosenberg 1979, S. 7). Sie sind teilweise stabil, teilweise variabel und umfassen Einstellungen, Urteile, Bewertungen in Bezug auf das eigene Verhalten und die eigenen Fähigkeiten (Sirgy 1982, S. 288). Das Selbstkonzept berücksichtigt unterschiedliche soziale Kontexte, wie z.B. Arbeitsleben und Freizeit sowie gesellschaftliche Rollen einer Person (wie z.B. Partner, Elternteil, Arbeitskollege, Freund) (Aaker 1996, S. 157). Des weiteren unterscheidet man beim Selbstkonzept zwischen *Wahrnehmungsperspektive* und *Realitätsniveau* (Malhorta 1988, S. 7). Wahrgenommen wird ein Individuum entweder von sich selbst oder von anderen Personen. Daraus ergibt sich das Bild, das man selbst von sich hat (eigenes Selbstbild) und das Bild, das man glaubt bei anderen hervorzurufen (soziales Selbstbild). Der Realitätsbezug unterscheidet zwischen realen, aktuellen Gegebenheiten (tatsächliches Selbstbild) und dem idealen Wunschbild, das nicht der Realität entspricht (ideales Selbstbild) (Higgins 1987, S. 320 f.; Higgins 1989, S. 96; Bauer, Mäder, Wagner 2006, S. 840 f.; Strebinger, Otter, Schweiger 1998, S. 22).

In der *Selbstkongruenzforschung* wird die Übereinstimmung zwischen der Persönlichkeit des Konsumenten und dem Markenimage (der Markenpersönlichkeit) untersucht (Aaker 1996, S. 154). Zahlreiche Studien belegen, dass Konsumenten jene Markenprodukte präferierten, die sie als selbstähnlich wahrnehmen (Gardner, Levy 1955, S. 37; Ferrandi, Valette-Florence 2002, S. 23; Sirgy 1982, S. 290, S. 320 f.; McCracken 1993, S. 126). Kommt die gekaufte Marke dem eigenen Selbst nahe, entstehen durch die wahrgenommene Selbstkonsistenz Gefühle wie Selbsterfüllung und Selbstverwirklichung. Vor allem starke Selbstbeobachter haben eine starke Tendenz, ihr Verhalten auf die Erfordernisse von sozialen Situationen abzustimmen (Snyder 1974, S. 526), während schwache Selbstbeobachter in unterschiedlichen sozialen Situationen gleich agieren. Schwache Selbstbeobachter möchten eher Selbstkonsistenz erreichen, während starke Selbstbeobachter sich an das Verhalten anderer und unterschiedliche Situationen anpassen. Sie betreiben Selbstdarstellung (Brehm, Kassin, Fein 1999, S. 85). Bauer, Mäder und Huber (2000, S. 37) bestätigen diese Selbstbeobachtungstheorie in der Produktkategorie Automobil mit Hilfe eines Kausalmodells.

Selbstkonsistenz beschreibt das Streben nach Bestätigung der eigenen Ansichten zur Aufrechterhaltung kognitiver Balance (Aaker 1996, S. 151; Esch, Langner 2000, S. 456). Gleichgesinnte erleben sich durch die positive Verstärkung der eigenen Sicht attraktiv. Die Dissonanz wird so reduziert (Festinger 1957, S. 18 f.). Marken können Konsumenten auch das Gefühl der Selbstverwirklichung geben, d.h. durch Marken können Konsumenten ihre eigenen Einstellungen und Werte ausdrücken (Kamakura, Novak 1992, S. 119). Aufgrund des immer geringer werdenden Einflusses von Kultur, Tradition und Religion besteht heute ein erhöhtes Bedürfnis nach *Selbstverwirklichung* durch den Konsum von Marken. Eine Marke, die mit dem realen Ich der „Durch-

	Eigenes Ich	Soziales Ich
Tatsächliches Ich	Wie sieht der Konsument sich *Selbstkonsistenz, Selbstverwirklichung*	Wie glaubt der Konsument, dass er von anderen gesehen wird? *Soziale Selbstinszenierung*
Ideales Ich	Wie würde der Konsument sich gerne selbst sehen? *Kompensation, Selbstergänzung*	Wie würde der Konsument gerne durch andere gesehen werden? *Kompensatorische soziale Selbstdarstellung*

Abbildung 4: Struktur des Selbstbildes (in Anlehnung an Strebinger 2001, S. 19)

schnittskäuferin" wirbt, ist z.B. Dove Körperpflege, während z.B. Lancome oder L'Oreal mit dem Slogan „…weil ich es mir wert bin" auf das Idealbild der Käuferin setzt. Vor allem bei öffentlich sichtbaren Gütern will der Konsument meist näher am Idealbild als am Realbild sein (Autos, Kleidung) (Strebinger 2001, S. 20). Bei einer positiven Verstärkung der tatsächlichen bzw. gewünschten Persönlichkeitseigenschaften durch die Marke steigt die Wiederkaufwahrscheinlichkeit bzw. Markenloyalität (Keller 1993, S. 2; Oswald 1998, S. 134; Huber, Herrmann, Weis 2001, S. 11).

Ähnelt die Marke dem idealen Ich (eigenes Wunschbild), *kompensiert* sie Mangelzustände (Strebinger, Otter, Schweiger 1997, S. 10; Strebinger, Otter, Schweiger 1998, S. 18; Gollwitzer, Wicklund 1985, S. 704). Dadurch findet eine *Selbstergänzung* statt, d.h. unerfüllte Wunschbilder werden durch Eigenschaften der Marke ausgeglichen. Keine Selbstergänzung findet statt wenn 1) die Motivation zur Selbstergänzung durch das Produkt (aufgrund des geringen Involvements in der Produktklasse) gering ist und 2) die Persönlichkeit einer Marke unter jener der Selbstwahrnehmung eingeschätzt wird.

Ist die Marke dem tatsächlichen sozialen Selbstbild ähnlich, dient sie zur *sozialen Selbstinszenierung*. Marken stellen erwerbliche, gesellschaftlich anerkannte Symbole dar und ermöglichen so soziale Selbstinszenierung (Dittmar 1992, S. 88 ff.; Kapferer 1992, S. 54). Z.B. der Kauf eines prestigereichen Porsches. Der Marke zugeschriebene Eigenschaften werden auf den Konsumenten übertragen. Nähert sich die Marke an das soziale Wunschbild an, bewirkt sie eine *kompensatorische soziale Selbstdarstellung* (Puaschunder 2005, S. 46). Vor allem in den Produktkategorien Kleidung und PKW ist es häufig der Fall, dass der Mensch die Neigung hat Persönlichkeit zu verleihen (Herrmann 2000, S. V).

In einer Studie von Puaschunder 2006 zeigt ein triangulärer Vergleich der Mittelwertdistanzen (Selbstbild, Wunschbild, soziale Referenzgruppe), dass sich Konsumenten im Produktbereich Kleidung selbst näher ihrem Wunschbild als der sozialen Referenzgruppe erleben, wobei die Referenzgruppe ähnlicher dem Wunsch- als dem Selbstbild ist. Beliebte Marken sind dem Wunschbild ähnlicher als dem Selbstbild. Unbeliebte Marken werden am weitesten entfernt vom Selbstbild wahrgenommen (Puaschunder 2006, S. 159 f.). Außer, dass europäische Befragte das soziale Umfeld näher dem Wunschbild und Nordamerikanische Konsumenten näher dem Selbstbild wahrnehmen, existieren keine weiteren Unterschiede in der Wahrnehmung im interkulturellen Vergleich (Nordamerika, Europa).

5 Eine Marke mit gespaltener Persönlichkeit

Im Idealfall besitzt eine Marke nur eine Markenpersönlichkeit, aber nicht jede Marke besitzt in den Köpfen der Konsumenten eine einheitliche und über die Zeit stabile Markenpersönlichkeit. Die Marke Martini hebt in der Werbung abwechselnd oder in Mischformen die Dimensionen Glanz/Glamour/Kultiviertheit, Lebensfreude/Erotik und Genuss hervor. Betrachtet man die geringe Stilkonstanz in der Werbung der Marke im Zeitablauf wird das in *Abbildung 5* gezeigte Markenschema verständlich. Hier sind mehrere unterschiedliche Persönlichkeitsmuster zu erkennen.

In einer Studie mit 355 österreichischen Konsumenten des Instituts für Werbewissenschaft und Marktforschung der Wirtschaftsuniversität Wien im Jahr 2003, zeigt dass die Imagefacetten der Marke Martini vom James Bond Getränk (mit Wodka oder Gin) „geschüttelt, nicht gerührt" über eine abgehobene, gekünstelte High-Society-Welt sowie eine fröhliche, lebenslustige, italienische Erlebniswelt bis hin zu Ruhe und Genuss reichen. Martini wird sowohl mit dem Trinkanlass als auch mit reinem Life-Style assoziiert. Vor allem jene Personen, die Martini wenig häufig trinken, teilen Martini keine eindeutige Persönlichkeit zu. Bei dieser Gruppe steht das Life-Style Image der Marke im Vordergrund. Eine einheitliche Martini-Markenpersönlichkeit zeigt sich eher bei jenen Personen, die Martini regelmäßig konsumieren. Die Persönlichkeit der Marke ist somit für bestimmte Gruppen (z.B. Käufer und Nicht-Käufer) (Aaker 1996, S. 142) nicht einheitlich.

Der Grat zwischen Mehrfach-Nutzen-Positionierung und fraktaler Marke ist jedoch schmal. Gerken (1994, S. 247) versteht unter einer „fraktalen" Marke „eine Marke, die sich bewegt in ihren eigenen Unterschieden und die durch ihre Bewegungen immer mehr Unterschiede provoziert" (Gerken 1994, S. 247).

Die fraktale Marke liefert keine klaren, fortwährenden Nutzenbotschaften, sondern verursacht ständige Brechungen und Wandlungen. Der Markenkern hat zeitgleich mehrere Bedeutungen. Der Zustand einer fraktalen Marke ist jedoch nicht erstrebenswert. Die Marke sollte ein logisches und stimmiges Ganzes ergeben. Stilkonstanz, Ganzheit, Uniqueness, Prägnanz, Produktadäquatheit und Originalität sind Bedingungen für die Bildung eines Werbestils (Schweiger, Schrattenecker 2005, S. 259).

Zu fraktalen Marken kommt es oft durch die historische Bedingtheit. „Wenn sich durch historische Entwicklungen (wie z.B. Modeströmungen) positive Leitbilder verändern und die mit diesen verbundenen Images zunehmend negativ belastet werden,

Abbildung 5: Markenschema von Martini: Die Marke als Idee im Kopf des Konsumenten (Kath, Salamon 2004, S. 74)

wird eine Umstrukturierung des Markenbildes unvermeidbar. In diesem Fall ist es notwendig, einen systematischen Stilbruch herbeizuführen und einen Relaunch zu starten" (Schweiger, Schrattenecker 2005, S. 263). Je nach Markenstruktur, muss auf die eindeutige Vergabe von Persönlichkeitseigenschaften zu jeder Marke im Portfolio sowie auf die Überschneidung und Übertragung von Persönlichkeiten von einer auf die andere Marke (z.B. Bacardi und Martini) geachtet werden.

6 Zusammenfassung

Starken Marken können Konsumenten eindeutig Persönlichkeitseigenschaften zuteilen. Auch die typischen Nutzer der Marke (Beispiel BMW) können problemlos identifiziert werden. Dabei zeigt sich, dass die zugeteilten Eigenschaften zur Marke mit jenen Eigenschaften übereinstimmen, die auch dem typischen Nutzer der Marke zugeteilt werden. Einen wichtigen Punkt aus Unternehmenssicht stellt die Distanz der Marke zur tatsächlichen und der idealen Persönlichkeit des Konsumenten dar. Je näher die Markenpersönlichkeit an der realen bzw. idealen Persönlichkeit, desto höher ist die Kaufwahrscheinlichkeit. Dabei muss allerdings produktgruppenspezifisch entschieden werden, ob die Positionierung näher dem Real- als dem Ideal-Ich liegen soll. Öffentlich sichtbare, symbolischen Nutzen stiftende Produkte, wie z.B. Autos oder Kleidung, bringen meist mehr Erfolg, wenn sie näher am Ideal als an der Realpersönlichkeit des Konsumenten positioniert sind. Während sich z.B.

die Marke Dove Haut- und Körperpflege an der realen Persönlichkeit orientiert, was auch die Darstellung von natürlichen Verwenderinnen in der Werbung zeigt, orientieren sich die meisten anderen Kosmetikmarken an der Idealpersönlichkeit. Je nachdem, welchen Nutzen die Zielgruppe aus dem Besitz bzw. der Verwendung der Marke zieht, muss zwischen der realen und idealen Positionierung entschieden werden. Bei funktionalem Nutzen ist die Positionierung nahe der Realpersönlichkeit, bei einem genussorientierten und symbolischen Nutzenfokus ist die Idealposition Erfolg versprechender.

Aus Unternehmenssicht sollte auch der Zusammenhang zwischen der Markenstrukturstrategie und der Markenpersönlichkeit beachtet werden (Aaker 1996, S. 240; Strebinger 2001, S. 19). Handelt es sich um eine komplexere Markenstruktur, bei der z.B. eine „Dachmarke" als Garant für eine Produktmarke steht (z.B. Nestlè für Kit Kat), muss ermittelt werden, welche Persönlichkeitseigenschaften von welcher Marke eingebracht werden. Es übertragen sich also Eigenschaften der Dachmarke auf die Produktmarke oder umgekehrt. Die Zuteilung gewünschter Eigenschaften auf die Produktmarke könnte z.B. durch den stärkeren Bezug zur Dachmarke erreicht werden.

Viele Konsumenten bezeichnen ihre Lieblingsmarke als langjährigen, guten Freund (Beispiel Henkel). Aufgrund austauschbarer Produkte verlassen sich Konsumenten immer mehr auf die Marke, der sie – wie einem langjährigen Freund – Vertrauen schenken. Umso mehr muss sich ein Unternehmen darum bemühen, eine konsistente, kontinuierliche, aber nicht stagnierende Markenpersönlichkeit zu kreieren. Während sich die menschliche Persönlichkeit im Zuge eines Lebens durch Erfahrungen ständig weiterentwickelt, muss die Markenpersönlichkeit durch den integrierten Einsatz von Marketinginstrumenten laufend unterstützt bzw. aktualisiert werden. Bei einer Aktualisierung der Markenpersönlichkeit können historische Wurzeln oder eine abwechselnde Verwendung mehrerer Werbestile dazu führen, dass Konsumenten mehrere unterschiedliche Persönlichkeiten auf eine Marke zuordnen (z.B. Martini). Eine multiple Markenpersönlichkeit bedarf einer Konzentration auf die Kernpersönlichkeit der Marke.

- Das Verhältnis zwischen Markenpersönlichkeit und Selbstkonzept eines Konsumenten stellt einen zentralen Erfolgsfaktor für die Marke dar. Untersuchungen zeigen: Je näher die Marke an dem realen oder idealen Ich des Konsumenten, desto höher ist seine Markenpräferenz, Markenloyalität und Wiederkaufabsicht.
- Aus Unternehmenssicht gilt es zu entscheiden, ob die Positionierung der Marke näher dem Ideal- oder Real-Ich des Konsumenten erfolgen soll. Vorwiegend funktional bzw. problemorientiert positionierte Marken sollten eher dem Real-Ich des Konsumenten entsprechen, während symbolisch positionierte Marken nahe dem Ideal-Ich positioniert werden sollten.
- Starken Markenpersönlichkeiten zeichnen sich durch Kontinuität und Stilkonstanz in der Kommunikation aus. Sowohl bei der verbalen als auch bei der nonverbalen Messung wird einer starken Marke eine eindeutige und typische Persönlichkeit zugeteilt, die sich kaum zwischen Käufergruppen (z.B. Käufer und Nicht Käufer) unterscheidet.

Literaturverzeichnis

Aaker, D. (1996): Building Strong Brands, New York 1996, The Free Press.
Aaker, J. (1997): Dimensions of Brand Personality. In: Journal of Marketing Research, 34, S. 347–256.
Batra. R., Lehmann, D., Singh, D. (1993): The brand personality component of brand goodwill: Some antecedents and consequences. In: Aaker, D., Biel, A. (Hrsg.): Brand Equity and advertising, Hillsdale, N.J. 1993, Erlbaum, S. 83–96.
Batra, R., Myers, J., Aaker, D. (1996): Advertising Management, 5 th Edition, Upper Saddle River, N.J. 1996, Prentice Hall.
Bauer, H., Huber, F. (1998): Warum Markenpolitik auch über 2000 hinaus wirkt (1.Teil). In: in Markenartikel, 60, 1/98, S. 36–41.
Bauer, H., Mäder, R., Huber, F. (2000): Markenpersönlichkeit als Grundlage von Markenloyalität – Eine kausalanalytische Studie. Wissenschaftliches Arbeitspapier Nr. W41 am Institut für Marktorientierte Unternehmensführung, Universität Mannheim.
Bauer, H., Mäder, R., Wagner, S.-N. (2006): Übereinstimmung von Marken- und Konsumentenpersönlichkeit als Determinante des Kaufverhaltens – Eine Metaanalyse der Selbstkongruenzforschung. In: Zeitschrift für betriebswirtschaftliche Forschung, 58, S. 838–863.
Biel, A. (2000): Grundlagen zum Markenwertaufbau. In: Esch, F.-R. (Hrsg.): Moderne Markenführung. 2. Auflage, Wiesbaden 2000, Gabler, S. 61–90.
Bilsky, W., Schwartz, S. (1994): Values and personality. In: European Journal of Personality, 8, S. 163–181.
Brehm, S., Kassin, S., Fein, S. (1999): Social Psychology, 4 th Edition, Boston 1999.
Dittmar, H. (1992): The Social Psychology of Material Possessions., New York 1992, St. Martin's Press.
Esch, F.-R., Langner, T. (2000): Branding als Grundlage zum Markenaufbau. In: Esch, F.-R. (Hrsg.): Moderne Markenführung. 2. Auflage, Wiesbaden 2000, Gabler, S. 407–420.
Evans, F. (1959): Psychological and objective factors in the prediction of brand choice. In: Journal of Business, 32, S. 340–369.
Fanderl, H., Hölscher, A., Knieper, T. (2006): Welcher Prominente passt zu welcher Marke? Ein Drei-Stufen-Ansatz. In: Marketingjournal, 5/2006, S. 20–24.
Ferrandi, J.-M., Valette-Florence, P. (2002): Premiers test et validation de la transposition d'une échelle de personnalité humaine aux marques. In: Recherche et applications en marketing, 17, S. 21–40.
Festinger, L. (1957): A Theory of Cognitive Dissonance. California 1957, Stanford University Press.
Fournier, S. (1998): Consumers and Their Brands: Developing Relationship Theory in Consumer Research. In: Journal of Consumer Research, 24, S. 343–373.
Fournier, S. (2000): Markenbeziehungen – Konsumenten und ihre Marken. In: Esch, F.-R. (Hrsg.): Moderne Markenführung. 2. Auflage, Wiesbaden 2000, Gabler, S. 135–163.
Gardner, B., Levy, S. (1955): The Product and the Brand. In: Havard Business Review, 33, S. 33–39.
Gollwitzer, P., Wicklund R. (1985): Self-Symbolizing and the Neglect of Others' Perspectives. In: Journal of Personality and Social Psychology, 48, 3, S. 702–715.
Herrmann, A., Huber, F., Braunstein, Ch. (2000): Gestaltung der Markenpersönlichkeit mittels der ‚means-end'-Theorie. In Esch, F.-R. (Hrsg.): Moderne Markenführung. 2. Auflage, Wiesbaden 2000, Gabler, S. 105–133.
Herrmann, A. (2000): Geleitwort in Weis, M., Huber, F. (Hrsg.): Der Wert der Markenpersönlichkeit – Das Phänomen der strategischen Positionierung von Marken. Wiesbaden 2000, Gabler, S. V.
Higgins, E. (1987): Self-discrepancy: A theory relating self and affect. In: Psychological Review, 94, S. 319–340.
Higgins, E. (1989): Self-Discrepancy Theory: What Patterns of Self-Beliefs Cause People to Suffer? In: Advances in Experimental Social Psychology, 22, S. 93–136.
Huber, F., Herrmann, A., Weis, M. (2001): Markenloyalität durch Markenpersönlichkeit. In: Marketing ZFP, 1, 1. Quartal 2001, S. 5–13.
Kamakura, W., Novak, T. (1992): Value-System Segmentation: Exploring the Meaning of LOV. In: Journal of Consumer Research, 19, S. 119–132.

Kapferer, J.-N. (1992): Die Marke – Kapital des Unternehmens. Landsberg 1992, Moderne Industrie.

Kath, A., Salamon, A. (2004): Re-Positionierung von Marken mittels Kommunikation am Beispiel der Kultmarke Martini: Modell und Methodik, Diplomarbeit am Institut für Werbewissenschaft und Marktforschung, Wirtschaftsuniversität Wien.

Keller, K. (1993): Conceptualizing, Measuring, and Managing Customer-Based Brand Equity. In: Journal of Marketing, 57, S. 1–22.

Kellner, J. (1994): Liefestyle-Markenstrategien. In Bruhn, M. (Hrsg.): Handbuch Markenartikel. Stuttgart 1994, Schäffer-Poeschl, S. 619–643.

Levy, S. (1959): Symbols for sale. In: Harvard Business Review, 37, S. 117–124.

Malhorta, N. (1988): Self Concept and Product Choice: An Integrated perspective. In: Journal of Economic Psychology, 9, S. 1–28.

McCracken, G. (1993): The Value of the brand: an Anthropological Perspective. In: Aaker, D., Biel, A. (Hrsg.): Brand Equity & Advertising: Advertising's Role in Building Strong Brands, Hillsdale, NJ, Lawrence Erlbaum Associates, S. 125–139.

Meffert, H., Burmann, Ch. (1996): Identitätsorientierte Markenführung. In: Markenartikel, 58, 8/96, S 373–380.

Nöster, D., Ondracek, S. (2005): Das Image von Automarken aus der Sicht unterschiedlicher Zielgruppen. Ergebnisse einer computergestützten Befragung in Österreich. Diplomarbeit am Institut für Werbewissenschaft und Marktforschung, Wirtschaftsuniversität Wien.

Oswald, M. (1998): Eine qualitative Unersuchung der Kaufentscheidung in einer High-Involvement Produktkategorie am Beispiel Fernsehgeräte, Diplomarbeit am Institut für Werbewissenschaft und Marktforschung, Wirtschaftsuniversität Wien.

Petty, R., Cacioppo, J., Schumann, D. (1983): Central and Peripheral Routes to Advertising Effectiveness: The Moderating Role of Involvement. In: Journal of Consumer Research, 10, S. 135–146.

Puaschunder, J. (2006): Vom symbolischen Markennutzen: Interkulturelle Darstellung der Markenwahl als Beziehung von Persönlichkeiten. Dissertation am Institut für Werbewissenschaft und Marktforschung, Wirtschaftsuniversität Wien.

Rosenberg, M. (1979): Conceiving the self, New York 1979, Basic Books.

Ruge, H.-D. (2000): Aufbau von Markenbildern. In: Esch, F.-R. (Hrsg.): Moderne Markenführung. 2. Auflage, Wiesbaden 2000, Gabler, S. 165–184.

Schweiger, G., Schrattenecker, G. (2005): Werbung. 6. Auflage, Stuttgart 2005, Lucius&Lucius.

Sirgy, J. (1982): Self-Concept in Consumer Behaviour: A critical Review. In: Journal of Consumer Research, 9, S. 287–300.

Snyder, M. (1974): Self-Monitoring of Expressive Behaviour. In: Journal of Personality and Social Psychology, 30, 4, S. 526–537.

Strebinger, A. (2001): Die Markenpersönlichkeit und das Ich des Konsumenten: Von der Rolle des Selbst in der Markenwahl. In: Transfer Werbeforschung und Praxis 2/2001, S. 19–24.

Strebinger, A., Otter, T., Schweiger, G. (1997): Selbstrelevante Wirkungen der Markenpersönlichkeit bei einem Produkt des täglichen Bedarfs: Die moderierende Rolle von Motivation und Fähigkeit zu zentraler Verarbeitung. Unveröffentlichtes Arbeitspapier an der Abteilung Werbewissenschaft und Marktforschung, Wirtschaftsuniversität Wien.

Tucker, W., Painter, J. (1961): Personality and product use. In: Journal of Applied Psychology, 45, S. 325–329.

Strebinger, A., Otter, T., Schweiger, G. (1998): Wie die Markenpersönlichkeit Nutzen schafft: Der Mechanismus der Selbstkongruenz, unveröffentlichtes Arbeitspapier an der Abteilung Werbewissenschaft und Marktforschung, Wirtschaftsuniversität Wien.

Walker, B., Olson, J. (1991): Means-End Chains: Connecting Products with Self. In: Journal of Business Research, 22, S. 111–118.

Weis, M., Huber, F. (2000): Der Wert der Markenpersönlichkeit, Gabler Edition Wissenschaft, Wiesbaden 2000, DUV.

Westfall, R. (1962): Psychological factors in predicting product choice. In: Journal of Marketing, 26, S. 34–40.

Markensympathie:
Konzeptionelle Grundlagen und Determinanten

Regine Lampert

Zusammenfassung	344
1 Relevanz von Markensympathie für das Markenmanagement	344
2 Grundlagen von Markensympathie	345
2.1 Definition von Markensympathie	345
2.2 Abgrenzung von Markensympathie	346
2.3 Entstehung von Markensympathie	347
3 Markensympathie als Ergebnis kongruenzgeleiteter Effekte	349
3.1 Konzeptualisierung des Hypothesensystems	349
3.2 Empirische Überprüfung des Hypothesensystems	350
3.3 Befunde aus der Untersuchung	351
4 Implikationen für das Markenmanagement	353
Literaturverzeichnis	353

> **Zusammenfassung**
>
> So wie die Grundlage für eine zwischenmenschliche Beziehung in Sympathie besteht, besteht die Grundlage für eine Mensch-Marken-Beziehung in Markensympathie. Aktuelle Studien legen nahe, dass nicht etwa die Zufriedenheit, sondern vielmehr die Markensympathie es ist, welche den stärksten Effekt auf Markenloyalität ausprägt. Der vorliegende Beitrag widmet sich entsprechend der Sensibilisierung für Markensympathie über ihre geläufige Rolle als reine Indikatorvariable hinaus. Hierzu werden bereits vorliegende Einsichten aus der Marketingsphäre mit sozialpsychologischen Erkenntnissen angereichert und gekoppelt, so dass neben der Herleitung einer Definition und Abgrenzung von Markensympathie, Selbstkongruenz und funktionale Kongruenz als wesentliche Determinanten von Markensympathie identifiziert werden können.

1 Relevanz von Markensympathie für das Markenmanagement

Insbesondere in gesättigten Märkten wird die technisch-funktionale Leistungserfüllung von Produkten aus Konsumentensicht im Sinne eines Hygienefaktors schlichtweg vorausgesetzt und bietet somit per se nahezu keine Grundlage zur Differenzierung vom Wettbewerb. Erst im Zusammenspiel mit einem vom Konsumenten als positiv erachteten Markenimage gewinnt ein hoher Standard an Qualität – subjektiviert im Sinne einer wahrgenommenen Qualität – für den Konsumenten an Kaufentscheidungsrelevanz. Galt es in der Mitte des letzten Jahrhunderts noch, den Konsumenten überwiegend mit rationalen Argumenten an sich zu binden, hat sich in den vergangenen 30 Jahren mehr und mehr das Verständnis eines darüber hinaus emotional zu befriedigenden Konsumenten herausgebildet. Ergebnisse der Gehirnforschung belegen diese Notwendigkeit emotionsgerichteter Marketingaktivitäten: Kunden treffen Kaufentscheidungen weitestgehend (über 70 %) unbewusst, auf der Grundlage von Emotionen (Häusel 2004, S. 6).

Vor dem Hintergrund der anthropologischen Theorie des Animismus (Gilmore 1919), nach der Menschen dazu neigen, Dinge und so auch Marken zu „beseelen", gelangen sozialpsychologische Phänomene in den Markenkontext, die der Forderung nach einem emotional zu befriedigenden Konsumenten Rechnung tragen. Beispiele hierfür sind Markenbeziehungen (Fournier 1998), das Markenvertrauen (Delgado-Ballester, Munuera-Alemán 2001; Wünschmann, Müller 2006) und die Markenpersönlichkeit (Aaker 1997).

Auch die Markensympathie hat in Praxis und Forschung ihren Stellenwert als verhaltenswissenschaftliche Zielgröße des Markenmanagements erlangt. So liefert die Marketingpraxis Markenwertmodelle (Andresen, Esch 2000; Zimmermann et al. 2001) oder aber Modelle des „Markenmehrklangs" (Gruner + Jahr 2006), in denen die Relevanz von Markensympathie eine besondere Betonung erlangt. Beiträge der Marketingforschung erweisen Markensympathie als wesentlichen Treiber für Markenvertrauen und Markenloyalität und dies noch über den Effekt von Zufriedenheit hinaus (vgl. *Abbildung 1* aus Wünschmann, Müller 2006, S. 231). Auch zeigt Marken-

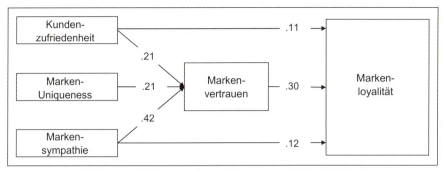

Abbildung 1: Modellausschnitt aus Wünschmann, Müller 2006, S. 231

sympathie den stärksten gleichgerichteten Zusammenhang aller markenerfolgsrelevanten Einflussfaktoren zum Marktanteil auf (Andresen, Esch 2000, S. 1003).

Trotz der hieraus abzuleitenden hohen Bedeutung von Markensympathie für eine erfolgreiche Markenführung ist eine vertiefende Auseinandersetzung mit dem Konstrukt „Markensympathie" in der Marketingforschung bislang weitestgehend ausgeblieben. Der vorliegende Beitrag widmet sich entsprechend der Definition und Abgrenzung von Markensympathie sowie anschließend der Untersuchung ihrer Entstehung auf der Grundlage kongruenzgeleiteter Effekte. Hieraus lassen sich sodann Handlungsempfehlungen zur geeigneten Steuerung von Markensympathie aus Anbietersicht ableiten.

2 Grundlagen von Markensympathie

2.1 Definition von Markensympathie

Der marketingtheoretische Definitionsinhalt von Markensympathie bezieht sich in den meisten Fällen schwerpunktmäßig auf den indikatorischen Beitrag des Konstruktes für den Markenerfolg. Entsprechend wird Markensympathie als „Indikator des Markenguthabens" (Echterling, Fischer, Kranz 2002, S. 14), „Gradmesser für die Markenstärke" (Esch, Geus 2001, S. 10459) oder aber „Indikator der Markennähe" (Koschnick 2003) beschrieben. Um eine Definition von Markensympathie abzuleiten, welche über ihr reines Rollenverständnis als Indikator hinausgeht, erscheint es sinnvoll, u.a. auf diejenige Forschungsdisziplin zurückzugreifen, aus der das spezifizierende Wortpartial „Sympathie" entlehnt wurde: die Sozialpsychologie.

Generell stammt das Wort „Sympathie" aus dem Griechischen und meint in seiner originären Bedeutung Mitgefühl bzw. „eine durch einfühlendes Verstehen bestimmte Zuneigung" (Häcker, Stapf 1994, S. 779). Die heutige Begriffsauffassung von Sympathie wird in der sozialpsychologischen Forschung dem Bereich „interpersonaler Attraktion" subsumiert (Mikula 1977, S. 14). Nach sozialpsychologischer Auffassung ist Sympathie „eine gefühlsmäßige Einstellung zu jemandem/etwas" (Bierhoff, Herner 2002, S. 230), „die bereits nach kurzfristigen Kontakten bzw. aufgrund eher geringfügiger Informationen auftritt" (Mikula 1981, S. 372). Entsprechend handelt es sich bei Sympathie um eine zunächst oberflächliche Form zwischenmenschlicher Anziehung

(Mikula 1981, S. 384), die jedoch eine notwendige Entscheidungsgrundlage für den Aufbau und die Intensivierung einer zwischenmenschlichen Beziehung darstellen kann (Mikula, Stroebe 1991, S. 62; Klohnen, Luo 2003, S. 709). Die beziehungsbegünstigende Sympathie ist demnach eine affektive Komponente der Einstellung, welche über eine positive Valenz verfügt und bereits auf der Grundlage flüchtiger Begegnungen entstehen kann.

Rekurrierend auf die anthropologisch konzipierte Mensch-Marken-Beziehung lassen sich diese Annahmen analog auf die Sympathie gegenüber einer Marke übertragen, so dass Markensympathie wie folgt konzeptualisiert werden kann: *Markensympathie ist eine gefühlsmäßig positive Einstellung zu einer Marke, die bereits nach kurzfristigen Kontakten bzw. aufgrund eher geringfügiger Informationen auftritt und maßgeblich für den Aufbau einer Markenbeziehung ist.*

2.2 Abgrenzung von Markensympathie

Die heutige Marketingforschung und -praxis ist von einem Begriffsreichtum geprägt, der sich vielmehr in quantitativer denn in qualitativer Hinsicht auszeichnet. Nicht selten finden gleiche Konzepte verschiedene Namen oder aber verschiedene Konzepte gleiche Namen. So erscheint es notwendig, eine klare Abgrenzung von Konstrukten zu vollziehen, wenn sich das zu untersuchende Zielkonstrukt – wie etwa Markensympathie – erst in der Anfangsphase der wissenschaftlichen Durchdringung befindet. Die Konzeptualisierung von Markensympathie als a) affektives, b) positives und c) bereits kurzfristig auftretendes Einstellungskonstrukt bietet hierbei hinreichendes Potenzial zur Abgrenzung gegenüber verwandten Konzepten (*Abbildung 2*).

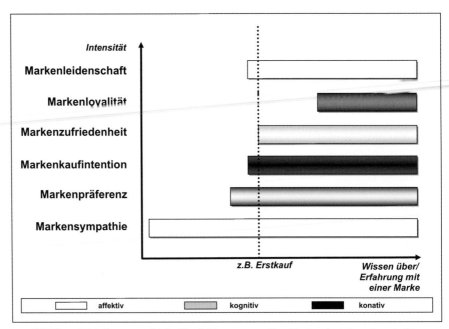

Abbildung 2: Markensympathie im Vergleich zu verwandten Markeneinstellungskonstrukten in generischer Ausprägung

Was Markensympathie zunächst von allen anderen Markeneinstellungskonstrukten wie etwa *Präferenz, Zufriedenheit, Loyalität* oder aber *Leidenschaft* zu einer Marke sowie deren *Kaufintention* unterscheidet, ist vor allem die Tatsache, dass Markensympathie in der Regel *bereits nach kurzfristigen Kontakten* auftritt. Nur wenige Sekunden Berührung mit einer Werbebotschaft oder einem Produkt einer Marke können für einen Konsumenten ausreichend sein, um Auskunft über die empfundene Sympathie gegenüber dieser Marke erteilen zu können. D.h. ein klares Image der Marke ist für die Ausprägung von Sympathie zur Marke nicht zwingend erforderlich (Esch, Geus, Langner 2002, S. 474). Dahingegen bedarf es zur Generierung einer Präferenz und Kaufintention beim Kunden in der Regel einer hinreichenden Wissensgrundlage (Böcker 1986, S. 568). Auch der Aufbau von Markenloyalität (inklusive deren intensivierter Ausprägungsform *Markendevotion* (Pimentel, Reynolds 2004, S. 1)) und Markenleidenschaft kann ein langfristiger Prozess sein, der sich in vielen Fällen erst nach Kauf bzw. Nutzung einer Marke entfaltet. Ebenso verhält es sich mit dem Aufkommen von Zufriedenheit, welche in der Regel aus der Erfüllung von Erwartungen resultiert und somit als postkonsumtives Konstrukt einzustufen ist (Oliver 1980).

Demnach stellt sich im Weiteren die Frage, inwieweit sich Markensympathie in späteren Phasen, bspw. nach einem getätigten Erstkauf, von den anderen Einstellungsderivaten abgrenzen lässt. Hierbei eignet sich die *positive Valenz* von Markensympathie per se nicht zur Abgrenzung gegenüber den genannten Konstrukten: Sie alle zeichnen sich über eine positive Richtung, eine Anziehung, ein „Haben wollen" aus.

Die stark *affektive*, d.h. gefühlsmäßige Natur jedoch, stellt eine Grundlage zur Differenzierung von Markensympathie gegenüber anderen, eher auch erkenntnismäßig (kognitiv) und verhaltensmäßig (konativ) durchwobenen Konstrukten wie etwa Präferenz, Intention, Loyalität und Zufriedenheit dar. Während Präferenz, Kaufintention und Loyalität eine handlungsbezogene Komponente implizieren, kann sich die Ausprägung von Markensympathie ganz unabhängig von einer zu vollziehenden Aktion entfalten. Denn ebenso wie man Menschen, die man sympathisch findet (im Vergleich zu einer Präferenz, Bindungsintention oder Loyalität), nicht zwingend als Beziehungspartner heranziehen muss, ist auch Markensympathie zwar Einflussfaktor handlungsbezogener Größen, als solcher jedoch als rein affektiv zu betrachten. Markenzufriedenheit kann dahingegen mehr oder weniger ausgeprägt kognitive Elemente enthalten (Mano, Oliver 1993, S. 464), Markensympathie in der Regel nicht.

Die Abgrenzung von Markensympathie bei gegebenem Markenwissen gegenüber weiteren rein affektiven Konstrukten wie etwa Markenliebe und ihren Derivaten (Fournier 1998) vollzieht sich auf der Grundlage ihrer *Intensität*. Während Markensympathie ein eher oberflächliches Gefühl darstellt, ist Markenleidenschaft, Markenliebe und Markenhingabe durch eine vergleichsweise hohe Intensität geprägt.

2.3 Entstehung von Markensympathie

Bezüglich der Entstehung von Markensympathie liefern Esch, Geus und Langner (2002, S. 474) erste Hinweise. Sie erläutern, dass Markensympathie nach dem mere-exposure-Effekt (Zajonc 1968) allein auf der Grundlage von Bekanntheit entstehen kann und oftmals vereinfachend als Dimension des Markenimages aufgefasst wird. Während sich jedoch das Markenimage als Summe von Assoziationen konstituiert, die sich unter Bezugnahme verschiedener Aspekte (Art, Stärke des Zusammenhangs,

Richtung der Assoziation etc.) spezifizieren lassen, kann Markensympathie im Sinne eines positiven Gefühls aus denjenigen Assoziationen emergieren, die über eine positive Richtung verfügen (vgl. *Abbildung 3*).

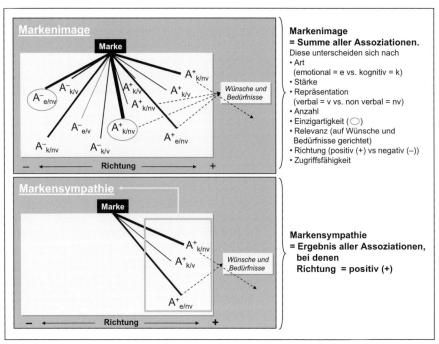

Abbildung 3: Entstehung von Markensympathie auf der Grundlage von Markenassoziationen

Diese Annahme kann auf der Grundlage sozialpsychologischer Erkenntnisse spezifiziert werden. So verweist die sozialpsychologische Forschung in Bezug auf die Entstehung von Sympathie zunächst auf zwei Hauptkategorien von Erklärungsansätzen: erstens „die Charakteristika des anderen" und zweitens „die Beziehung zwischen Merkmalen beider Partner" (Mikula 1981, S. 372; Mikula 1991, S. 76). Während die erste Kategorie Merkmale, Eigenschaften oder typische Verhaltensweisen umfasst, die (informationsverarbeitungstheoretisch) kognitiv evaluiert werden (Ajzen 1974; Kaplan, Anderson 1973), bezieht sich die zweite Kategorie auf die empfundene Ähnlichkeit, die (gleichgewichtstheoretisch im Sinne einer „Theory of Narcissism" (Berscheid, Walster 1978, S. 75)) über Hinweise bzgl. der „Richtigkeit" der eigenen Person als belohnend erlebt wird und in einer positiven Wertung des anderen resultiert (Byrne 1997). Aktuelle Studien konnten den Befund nahe legen, dass kognitive Evaluationen wiederum als partieller Mediator für den Effekt zwischen wahrgenommener Ähnlichkeit und Sympathieempfinden fungieren (Montoya, Horton 2004). D.h. die wahrgenommene Ähnlichkeit fördert die Entstehung eines Sympathieempfindens nicht nur direkt, sondern darüber hinaus indirekt über ihren Einfluss auf die Evaluation kognitiver Merkmale, die wiederum als zweiter Faktor die Entstehung von Sympathie begünstigt.

Neben den beiden genannten Kategorien liefern empirische Ergebnisse darüber hinaus Hinweise auf den Einfluss der Charakteristika der eigenen Person sowie der

Beschaffenheit des situativen Kontexts, auf die an dieser Stelle jedoch nicht näher eingegangen wird.

3 Markensympathie als Ergebnis kongruenzgeleiteter Effekte

3.1 Konzeptualisierung des Hypothesensystems

Überträgt man diese sozialpsychologischen Erkenntnisse analog in den Markenkontext, so entsteht auch Markensympathie erstens über kognitiv evaluierbare Merkmale sowie zweitens über die wahrgenommene Ähnlichkeit zum faktischen Selbstbild des Konsumenten.

Der Gedanke, dass sich die wahrgenommene Ähnlichkeit, d.h. die wahrgenommene Übereinstimmung zwischen der Marken- und Nachfragerpersönlichkeit, in einer positiven Valenz der Markeneinstellung auswirkt, ist nicht neu. Eine Vielzahl von empirischen Studien hat sich in den vergangenen 30 Jahren mit dieser maßgeblich von Sirgy (1982) geprägten *Kongruenztheorie* befasst. So konnte der Einfluss von faktischer (oder auch idealer, sozialer, ideal-sozialer) Selbstkongruenz auf Präferenz, Kaufintention, Nutzung, Zufriedenheit, Loyalität etc. nachgewiesen werden (Sirgy et al. 1991; Kressmann et al. 2003). Es steht somit zu vermuten, dass sich der auf dem Selbstkonsistenzmotiv basierende Effekt von faktischer Selbstkongruenz (Sirgy 1982, S. 287) analog zu den sozialpsychologischen Annahmen bereits bei der affektiven Markeneinstellungskomponente „Markensympathie" entfaltet. Somit kann die folgende Hypothese aufgestellt werden:

H1: *Je größer die faktische Selbstkongruenz zu einer Marke ist, desto größer ist die empfundene Markensympathie.*

Stellvertretend für die Kategorie kognitiv evaluierbarer Merkmale kann im Markenkontext das Konstrukt der *funktionalen Kongruenz* als Determinante für Markensympathie herangezogen werden. Diese resultiert aus der Bewertung von erwarteten Merkmalsausprägungen einer Marke bzw. eines Produktes hinsichtlich der zugehörigen persönlichen Idealvorstellungen (Kressmann et al. 2003, S. 403). Auch funktionale Kongruenz wurde bereits in kongruenztheoretischen Studien als Determinante verschiedenster Markeneinstellungskonstrukte identifiziert (Sirgy et al. 1991; Sirgy, Johar 1999; Kressmann et al. 2003), so dass in Anlehnung an die sozialpsychologischen Erkenntnisse eine ebensolche Wirkung auf die vorgelagerte Markensympathie zu vermuten steht.

H2: *Je größer die funktionale Kongruenz zu einer Marke ist, desto größer ist die empfundene Markensympathie.*

Ähnlich der Erkenntnisse von Montaya und Horton (2004) im sozialpsychologischen Kontext, konnte Sirgy den Verzerrungseffekt der funktionalen Aspekte durch die vor gelagerte Verarbeitung von selbstbezogenen Informationen nachweisen (Sirgy et al. 1991, S. 365). Entsprechend lässt sich zusätzlich folgende Hypothese formulieren:

H3: *Je größer die faktische Selbstkongruenz zu einer Marke ist, desto größer ist die funktionale Kongruenz.*

Das sich hieraus ergebende Hypothesensystem ist in *Abbildung 4* dargestellt.

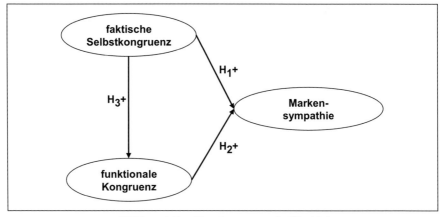

Abbildung 4: Das Hypothesensystem im Überblick

3.2 Empirische Überprüfung des Hypothesensystems

Die empirische Überprüfung des Hypothesensystems vollzieht sich auf der Grundlage von Daten, die im Oktober 2006 mittels einer Online-Panel-Befragung zu sechs Marken dreier Branchen der Konsumgüterindustrie mit einer Stichprobenzahl von n = 621 erhoben wurden. Die Wahl der Produktmarken fiel auf H&M und Jil Sander im Bereich der Damenbekleidung, BMW und VW im Automobilsektor und T-Online und Freenet für die Branche der Internetserviceprovider. Im Falle der vorliegenden Untersuchung wird ein Basiswissen über die zu untersuchenden Marken vorausgesetzt. Ein Bekanntheitsfilter gewährleistet das Vorliegen eines hinreichenden Markenwissens der befragten Personen. Generell erfolgt die Abfrage aller Indikatorvariablen anhand siebenstufiger Likert-Skalen (kein Reverse Coding).

Zur Operationalisierung der Modellkonstrukte wurde, so vorhanden, auf bereits in der empirischen Forschung als hinreichend bewährt befundene Inventare zurückgegriffen. Die Erfassung der globalen *Markensympathie* vollzog sich entsprechend in Anlehnung an Geus (2005, S. 260) anhand der Aussage „Diese Marke ist mir sympathisch!".

Zur Messung von *faktischer Selbstkongruenz* dienten folgende Items direkter Kongruenzmessung, welche aus der Studie von Sirgy et al. (1997) ins Deutsche übersetzt und inhaltlich angepasst wurden: „Diese Marke spiegelt in gewisser Weise wider, wer ich bin", „Diese Marke (bzw. deren Image) stimmt damit überein, wie ich mich selbst sehe" und „Diese Marke (bzw. deren typischer Nutzer) ist mir irgendwie ähnlich".

Das ebenfalls von Sirgy konzipierte Konstrukt der *funktionalen Kongruenz* wurde nach Maßgabe einstellungstheoretisch erfasst: Diejenigen fünf funktionalen Merkmale, die sich in vorherigen Studien für die jeweilige Produktkategorie als kaufentscheidungsrelevant qualifiziert hatten (Magin 2004; Kressmann et al. 2003; TNS Emnid 2003), wurden multipliziert mit dem jeweils individuell ermittelten Gewichtungsfaktor und sodann aufsummiert zum Index der funktionalen Kongruenz. D.h. bspw. für den Sektor Damenbekleidung wurden die Items von Magin (2004, S. 180) „Produkte der Marke X sind gut verarbeitet/langlebig/aus hochwertigem Material/gut geschnitten/ haben ein gutes Preis-Leistungs-Verhältnis" multipliziert mit der jeweiligen Einschätzung bzgl. der Wichtigkeit, d.h. „Dass Produkte der folgenden Marken gut verarbeitet sind/langlebig sind/aus hochwertigem Material sind/gut geschnitten sind/ein gutes Preis-Leistungs-Verhältnis haben, ist mir..." (1 = völlig unwichtig bis 7 = sehr wichtig), und ergaben in ihrer Summe den Index funktionaler Kongruenz.

Zur Berechnung eines markenübergreifenden Ergebnisses erfolgte eine markenbezogene Gruppierung, deren Ergebnisvariablen Eingang in die Schätzung des Hypothesensystems anhand der Software Amos fanden. Amos dient der Analyse linearer Strukturgleichungsmodelle mit latenten Variablen. Dieser sehr flexible Analyseansatz, häufig auch als Kovarianzstrukturanalyse oder Kausalanalyse bezeichnet, kann als gestuftes Vorgehensmodell zur Einbindung faktorenanalytisch bewährter Datenstrukturen (Messmodelle) in einem übergeordneten, multiplexen, durch Hypothesen relationierten Ursache-Wirkungs-Kontext (Strukturmodell) aufgefasst werden. Die Maximum-Likelihood-Methode dient sodann zur Schätzung des Modells. Sie gilt als prominentestes Verfahren zur Schätzung einer theoretischen Struktur (Backhaus et al. 2003, S. 391).

3.3 Befunde aus der Untersuchung

In Bezug auf das Messmodell ist lediglich das Konstrukt der faktischen Selbstkongruenz näher zu beleuchten, welches reflektiv über drei Indikatoren erfasst wird. Diese Indikatoren liefern Ladungen von 0,82, 0,91 und 0,71. Entsprechend ist sowohl die geforderte Indikatorreliabilität von ≥ 0,4 mit Werten von 0,67, 0,83 und 0,50 übertroffen als auch die gewünschte Faktorreliabilität von ≥ 0,6 mit einem Wert von 0,86. Auch die durchschnittlich erfasste Varianz übertrifft folglich mit einem Ergebnis von 0,67 das geforderte Mindestmaß von ≥ 0,5 (zu den Gütemaßen von Messmodellen Homburg, Baumgartner 1995, S. 172).

Die Ergebnisse der Parameterschätzung des Strukturmodells sind in *Abbildung 5* dargestellt. Die zur Beurteilung der Gesamtstruktur des Modells herangezogenen Gütekriterien indizieren zufrieden stellende Ergebnisse. So liefern sowohl der GFI mit einem Wert von 0,998 als auch der AGFI von 0,993 sowie der NFI und letztlich auch der CFI, jeweils beide mit einem Wert von 0,999, Hinweise auf einen akzep-

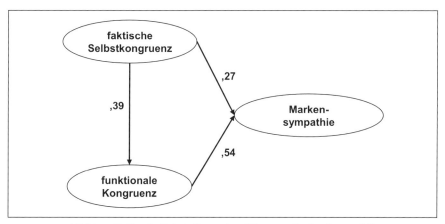

Abbildung 5: Standardisierte Parameterschätzungen des Strukturmodells

tablen Modellfit. Ebenso liegt der RMSEA mit einem Wert von 0,03 innerhalb des akzeptablen Bereichs (≤ 0,05).

Insgesamt weisen die statistisch signifikanten Parameterschätzungen auf eine Annahme der vermuteten Wirkungszusammenhänge hin. Sowohl funktionale Kongruenz als auch faktische Selbstkongruenz üben einen gleichgerichteten Effekt auf die empfundene Markensympathie aus. Die faktische Selbstkongruenz wirkt sich zusätzlich indirekt über einen Effekt auf die funktionale Kongruenz auf Markensympathie aus. Während somit funktionale Aspekte einen direkten Effekt von 0,54 auf Markensympathie ausüben, kann die wahrgenommene Ähnlichkeit einen Totaleffekt von (0,27 + (0,39 * 0,54) =) 0,48 aufweisen. Dies spricht für eine direkte Steuerbarkeit von Markensympathie aus Anbietersicht auf der Grundlage von Leistungs- und Imageaspekten.

Zum Aufbau eines loyalen Kundenstamms, d.h. zur Gewinnung und Bindung von Kunden, erscheint es aus Anbietersicht notwendig, ein hohes Maß an Markensympathie zu gewinnen. Ein (potenzieller) Kunde wird dann eine Marke als sympathisch beurteilen, wenn er sich selbst in der Persönlichkeit der Marke widerspiegeln kann und wenn er die von ihm als kaufverhaltensrelevant erachteten funktionalen Aspekte erfüllt sieht. Dies setzt voraus, dass ein Anbieter zunächst ein klares Bild von seiner Klientel erlangen muss, welches über soziodemografische Aspekte hinausgeht. Werte, Einstellungen und Persönlichkeitsfacetten der Konsumenten sind zu erfassen, welche in Kombination mit den von Kunden als relevant erachteten funktionalen Kriterien Eingang in kommunikationspolitische und produktpolitische Maßnahmen finden.

Ein Beispiel für einen Anbieter, der diese Aspekte erfolgreich eingesetzt hat, ist die Körperpflege-Marke Dove. Im Zuge einer weltweiten Umfrage wurde in Erfahrung

Abbildung 6: Markensympathiefördernde Kampagne der Köperpflege-Marke Dove

gebracht, dass bspw. durchschnittlich nur 2% aller Frauen sich selbst als schön beschreiben und dass mehr als zwei Drittel aller Frauen (durchschnittlich 68%) von unerreichbaren Idealen aus Medien und Werbung frustriert ist. Die kommunikationspolitische Antwort auf diese Erkenntnisse war eine Kampagne („Initiative für wahre Schönheit") mit normalen bzw. molligeren Testimonials (vgl. *Abbildung* 6), die sich über ihr sympathisches und fröhliches Wesen auszeichneten und somit eine faktische Selbstkongruenz gewährleisteten. Diese Botschaft wurde kombiniert mit Erfahrungsaussagen über kaufverhaltensrelevante Charakteristika des Produktes (z.B. Haut-straffende Wirkung). Auf dieser Grundlage konnte Dove einen Markenstärkezuwachs (gemessen über Bekanntheits-, Sympathie- und Verwendungsindizes) von 10% mit einer um knapp 7% gestiegenen Markensympathie erlangen (Gruner + Jahr 2006).

4 Implikationen für das Markenmanagement

Basierend auf den vorangehenden theoretischen und empirisch geprüften Annahmen lassen sich somit für das Markenmanagement folgende Erkenntnisse ableiten:

- Markensympathie ist eine notwendige Vorraussetzung für die Entwicklung von Markenvertrauen und Markenloyalität.
- Markensympathie kann definiert werden als eine gefühlsmäßig positive Einstellung zu einer Marke/zu einem Produkt, die bereits nach kurzfristigen Kontakten bzw. aufgrund eher geringfügiger Informationen auftritt und maßgeblich für den Aufbau einer Markenbeziehung ist. Auf dieser Grundlage ist Markensympathie abgrenzbar von verwandten Markeneinstellungskonstrukten.
- Markensympathie entsteht auf der Grundlage kongruenzgeleiteter Effekte, nämlich *faktischer Selbstkongruenz* und *funktionaler Kongruenz*. D.h. ein Konsument will sich in einer Marke mit seinen persönlichen Vorstellungen und seinen funktionalen Forderungen an die Produkte einer Marke wieder finden. Hierbei gilt, dass selbstbezogene Informationen wie bspw. die wahrgenommene Ähnlichkeit zwischen Marken- und Konsumentenpersönlichkeit die Evaluation funktionaler Aspekte beeinflussen. Generell ist davon auszugehen, dass die Entstehung von Sympathie als affektive Einstellung zu einer Marke der Entstehung zusätzlich kognitiv-konativ ausgeprägter Markeneinstellungskonstrukte wie etwa Präferenz, Kaufintention, Zufriedenheit und Loyalität vorgelagert ist. Entsprechend kann Markensympathie als sine qua non für den Markenerfolg identifiziert werden.

Literaturverzeichnis

Aaker, J. L. (1997): Dimensions of Brand Personality. In: Journal of Marketing Research, Jg. 54 (1997), S. 347–356.

Ajzen, I. (1974): Effects of information on interpersonal attraction: Similarity versus affective value. In: Journal of Personality and Social Psychology, Jg. 29 (1974), S. 374–380.

Andresen, T., Esch, F.-R. (2000): Messung der Markenstärke durch den Markeneisberg. In: Esch, F.-R. (Hrsg.): Moderne Markenführung, Wiesbaden 2000, S. 989–1011.

Backhaus, K., Erichson, B., Plinke, W., Weiber, R. (2003): Multivariate Analysemethoden. Eine anwendungsorientierte Einführung, 10. Aufl., Berlin et al. 2003.

Berscheid, E. S., Walster, E. (1978): Interpersonal Attraction, 2. Aufl., Reading 1978.
Böcker, F. (1986): Präferenzforschung als Modell marktorientierter Unternehmensführung. In: ZfbF, Jg. 38 (1986), S. 543–574.
Bierhoff, H. – W., Herner, M. J. (2002): Begriffswörterbuch Sozialpsychologie, Stuttgart 2002, S. 230.
Byrne, D. (1997): An overview (and underview) of research and theory within the attraction paradigm. In: Journal of Social and Personal Relationships, Jg. 14 (1997), Nr. 3, S. 417–431.
Delgado-Ballester, E., Munuera-Alemán, J. L. (2001): Brand trust in the context of consumer loyalty. In: European Journal of Marketing, Jg. 35 (2001), Nr. 11/12, S. 1238–1258.
Echterling, J., Fischer, M., Kranz, M. (2002): Die Erfassung der Markenstärke und des Markenpotenzials als Grundlage der Markenführung, MCM/McKinsey-Reihe zur Markenpolitik, Arbeitspapier Nr. 2, Münster 2002.
Esch, F.-R., Geus, P. (2001): Ansätze zur Messung des Markenwertes. In: Esch, F.-R. (Hrsg.): Moderne Markenführung. Grundlagen – Innovative Ansätze – Praktische Umsetzungen, 3. Aufl., Wiesbaden 2001, S. 1026–1057.
Esch, F.-R., Geus, P., Langner, T. (2002): Brand Performance Measurement zur wirksamen Markennavigation. In: Controlling, Jg. 8–9 (2002), S. 473–481.
Fournier, S. (1998): Consumers and Their Brands: Developing Relationship Theory in Consumer Research. In: Journal of Consumer Research, 24. Jg. (1998), Nr. 4, S. 343–373.
Gilmore, G. W. (1919): Animism, Boston 1919.
Gruner + Jahr (2006) [online]: http://www.gujmedia.de/_components/markenprofile/frame_start_inhalt/start.html (20.10.2006)
Häcker, H., Stapf, K. H. (1994): Dorsch Psychologisches Wörterbuch, 12. Aufl., Bern 1994, S. 779.
Häusel, H. G. (2004): Direkt ins Gehirn – ohne Emotionen keine Entscheidung. In: Marketingjournal, Jg. 9 (2004), S. 6–9.
Homburg, C., Baumgartner, H. (1995): Beurteilung von Kausalmodellen – Bestandsaufnahme und Anwendungsempfehlungen. In: Marketing ZfP, Jg. 17 (1995), Nr. 3 (1995), S. 162–176.
Kaplan, M. F., Anderson, N. H. (1973): Information integration theory and reinforcement theory as approaches to interpersonal attraction. In: Journal of Personality and Social Psychology, Jg. 28 (1973), S. 301–312.
Klohnen, E. C., Luo, S. (2003): Interpersonal Attraction and Personality: What Is Attractive – Self Similarity, Ideal Similarity, Complementary, or Attachment Security? In: Journal of Personality and Social Psychology, Jg. 85 (2003), Nr. 4, S. 709–722.
Koschnick, W. J. (2003): FOCUS-Lexikon Werbeplanung – Mediaplanung Marktforschung – Kommunikationsforschung – Mediaforschung [online]: http://relaunch.medialine.de/PM1D/PM1DB/PM1DBF/pm1dbf_koop.htm?snr=2242 (16.01.2007)
Kressmann, F., Herrmann, A., Huber, F., Magin, S. (2003): Dimensionen der Markeneinstellung und ihre Wirkung auf die Kaufabsicht. In: Die Betriebswirtschaft, Jg. 63 (2003), Nr. 4, S. 401–418.
Magin, S. (2004): Markenwahlverhalten: Ein integrativer Erklärungsansatz auf Basis der neueren Einstellungs- und Kongruenztheorie, Wiesbaden 2004.
Mano, H., Oliver, R. L. (1993): Assessing the dimensionality and structure of the consumption experience: Evaluation, feeling, and satisfaction. In: Journal of Consumer Research, Jg. 20 (1993), S. 451–466.
Mikula, G. (1977): Interpersonale Attraktion: Ein Überblick über den Forschungsgegenstand. In: Mikula, G., Stroebe, W. (Hrsg.): Sympathie, Freundschaft und Ehe. Psychologische Grundlagen zwischenmenschlicher Beziehungen, Bern 1977, S. 13–40.
Mikula, G. (1981): Interpersonale Attraktion. In: Werbik, H., Kaiser, H.J. (Hrsg.): Kritische Stichwörter zur Sozialpsychologie, München 1981, S. 371–386.
Mikula, G., Stroebe, W. (1991): Theorien und Determinanten der zwischenmenschlichen Anziehung. In: Amelang, M., Ahrens, H.J., Bierhoff, H.-W. (Hrsg.): Attraktion und Liebe. Brennpunkte der Persönlichkeitsforschung. Bd. 3, Göttingen 1991, S. 61–104.
Montoya, R. M., Horton, R. S. (2004): On the Importance of Cognitive Evaluation as a Determinant of Interpersonal Attraction. In: Journal of Personality and Social Psychology, Jg. 86 (2004), Nr. 5, S. 696–712.

Oliver, R. L. (1980): A cognitive model of the antecedents and consequences of satisfaction decisions. In: Journal of Marketing Research, Jg. 17 (1980), S. 460–469.

Pimentel, R. W., Reynolds, K. E. (2004): A Model for Consumer Devotion: Affective Commitment with Proactive Sustaining Behaviors. In: Academy of Marketing Science Review [online]: http://www.amsreview.org/articles/pimentel05–2004.pdf (20.12.2006).

Sirgy, M. J. (1982): Self-Concept in Consumer Behaviour: A Critical Review. In: Journal of Consumer Research, Jg. 9 (1982), S. 287–300.

Sirgy, M. J., Johar, J. S., Samli, A. C., Claiborne, C. B. (1991): Self-congruity versus functional congruity: Predictors of consumer behaviour. In: Journal of the Academy of Marketing Science, Jg. 19 (1991), S. 363–375.

Sirgy, M. J., Grewal, D., Mangleburg, T. F., Park, J., Chon, K., Claiborne, C. B., Johar, J. S., Berkman, H. (1997): Assessing the Predictive Validity of Two Models of Measuring Self-Image Congruence. In: Journal of the Academy of Marketing Science, Jg. 25 (1997), Nr. 30, S. 229–241.

Sirgy, M. J., Johar, J. S. (1999): Toward an Integrated Model of Self-Congruity and Functional Congruity. In: European Advances in Consumer Research, Jg. 4 (1999), S. 252–256.

TNS Emnid (2003): Sicherheit im Internet, [online]: http://www.initiatived21.de/druck/news/publikationen2005/doc/54_1116492781.pdf (10.08.2006).

Wünschmann, S., Müller, S. (2006): Markenvertrauen: Ein Erfolgsfaktor des Markenmanagements. In: Bauer, H.H., Neumann, M., Schüle, A. (Hrsg.): Sammelband Konsumentenvertrauen – Ein Beitrag zur ökonomischen Theorie des Vertrauens, München 2006, S. 221–234.

Zajonc, R. B. (1968): Attitudinal effects of mere exposure. In: Journal of Personality and Social Psychology, Monograph Supplement, Jg. 9 (1968), Nr. 2, S. 1–27.

Zimmermann, R., Klein-Bölting, U., Sander, B., Murad-Aga, T. (2001): Brand Equity Review. In: BBDO Group Germany (Hrsg.): Brand Equity Excellence, Bd. 1: Brand Equity Review, Dezember 2001.

Everybody's darling? Die Marke und ihre Zielgruppen

Anton Meyer/Benjamin Brudler

Zusammenfassung	358
1 Einleitung	358
2 Integriertes Markenverständnis	359
3 Bezugsrahmen: Stakeholder und Zielgruppen der Marke	361
3.1 Die funktionale Perspektive: Stakeholder der Marke	361
3.2 Die einstellungsbezogene Perspektive: Zielgruppen der Marke	362
3.2.1 Exit: Uninteressierte	363
3.2.2 Voice: Saboteure	364
3.2.3 Loyalty: Fans	365
3.2.4 Twist: Twister	366
4 Implikationen und Key Learnings	366
Literaturverzeichnis	367

Zusammenfassung

Die klassische Vorstellung, dass Menschen eine grundsätzlich positive Einstellung gegenüber Marken herausbilden, wenn diese nur professionell und kundenorientiert gemanagt werden, kann als weitgehend überholt angesehen werden. Marken bewegen sich vielmehr im Spannungsfeld verschiedener Zielgruppen, die teilweise eine sehr kritische Position beziehen. Der Beitrag leitet zunächst den Ansatz eines integrierten Markenverständnisses her, um hierauf aufbauend einen Bezugsrahmen dieser verschiedenen Stakeholder und Zielgruppen einer Marke aufzustellen. Hierbei beziehen wir explizit Nicht-Kunden in die Betrachtung mit ein, um ein vollständiges Bild des Umfelds einer Marke zu geben. Im Anschluss werden die Implikationen dieses Bezugsrahmens für die Praxis der Markenführung diskutiert.

1 Einleitung

Marken sind mehr als eines unter vielen Marketinginstrumenten und auch mehr als ein Aktionsfeld im Bereich der Produkt- oder Kommunikationspolitik. Aus Sicht des Kunden können Marken einen (häufig emotionalen) Mehrwert schaffen, Versprechen und Qualitätssignal sein und somit das wahrgenommene Kaufrisiko reduzieren. Aus Unternehmenssicht stellen sie eine zentrale – in manchen Fällen die wichtigste – Ressource dar, unterstützen die organisatorische Koordination von Unternehmen und sind als Treiber des Kundenwertes auch *Treiber des Unternehmenswertes* (Rust, Zeithaml, Lemon 2000, S. 84 f.). Gerade vor dem bekannten Hintergrund gesättigter Märkte und der Bedrohung durch Preiswettbewerb und Kommodisierung scheinen starke Marken einen Ausweg zu bieten.

Die momentane Popularität des Themas ist also nicht weiter verwunderlich. Ausgehend vom Bereich schnelllebiger Konsumgüter spielen Marken heute in beinahe allen Industrien und Organisationen eine bedeutende Rolle. Unternehmen, aber auch politische Parteien und NGOs, ja sogar Staaten, Regionen und Personen, fassen sich zunehmend als Marke auf und machen Anstrengungen, deren Potenzial optimal auszuschöpfen. Eine Armada von Forschern, Beratern und Management-Gurus begleitet diese Entwicklung mit einer Vielzahl eigener Vorschläge zum Thema. Einige Ansätze der letzten Jahre umfassen das „emotional branding", „cult branding", „fusion branding" oder auch „passion brands", „firebrands" und „radical brands". Obgleich all diese Beiträge eine adäquate Behandlung des Markenthemas sicherlich unterstützt haben, muss die Frage gestellt werden, ob die Masse an Veröffentlichungen, Seminaren und Konferenzen nicht auch zu einer gewissen Verwirrung unter Marketingpraktikern beigetragen hat (Schultz, Schultz 2004, S. 10 f.).

Das Ziel dieses Beitrags liegt folglich auch nicht in der Aufstellung einer weiteren „magischen Formel" für überlegenen Markenerfolg. Vielmehr wollen wir Aufmerksamkeit auf ein häufig vernachlässigtes Thema lenken, nämlich die *Vielzahl an Zielgruppen* einer Marke. Das Gros der Veröffentlichungen konzentriert sich beinahe ausschließlich auf (potenzielle) Kunden als zentrale Markenzielgruppe. Dies wird vor allem dadurch verschärft, dass der Nachfrageseite eine grundsätzlich positive

Einstellung gegenüber Marken unterstellt wird. Konflikte zwischen Marken und Konsumenten werden häufig „wegtheoretisiert" und – wenn auch naheliegend – mit unprofessionellem Markenmanagement oder mangelnder Kundenorientierung erklärt (Holt 2002, S. 70). Tatsächlich ist aber zu beobachten, dass die Beziehung zwischen der Marke und ihren Zielgruppen keineswegs stets so „reibungslos" ist, wie es die Literatur oft suggeriert. Insofern sehen wir ein gewisses Defizit der bisherigen Forschung dahingehend, dass *kritischere Sichtweisen der Marke* übersehen werden, die in der Realität zu beobachten sind.

Vor diesem Hintergrund wollen wir mit dem vorliegenden Aufsatz einen Beitrag zum Verständnis der komplexen Beziehung zwischen Menschen und Marken leisten. Hierfür stellen wir zunächst das integrierte Markenverständnis als Grundlage unserer Überlegungen dar. Im Anschluss daran wird in Anlehnung an Hirschmans Konzept von „*Exit, Voice, and Loyalty*" (Hirschman 1970) ein Bezugsrahmen aufgestellt, der die verschiedenen Stakeholder und Zielgruppen einer Marke berücksichtigt – aus einer funktionalen Perspektive (z.B. Journalisten, Mitarbeiter, etc.), vor allem aber aus einer einstellungsbezogenen Perspektive (z.B. Fans, Saboteure, etc.). Die Rolle der unterschiedlichen Gruppen sowie die Konsequenzen für das Markenmanagement in der Praxis werden diskutiert. Der Beitrag ist konzeptioneller Natur und bedarf in Zukunft anschließender empirischer Überprüfung.

2 Integriertes Markenverständnis

Das integrierte Markenverständnis ist eine Symbiose dreier verschiedener Strömungen, die jeweils einen Aspekt der Marke in den Vordergrund rücken: eigentumsrechtliche, identitäts- und wirkungsbezogene Ansätze. Unserer Ansicht nach wird keine dieser Perspektiven dem Phänomen der Marke alleine vollständig gerecht, weshalb wir durch eine Integration der Ansätze (vgl. *Abbildung 1*) definieren: „*Marken sind ein ganzheitlich gesteuertes und geplantes (=identitätsorientierte Sichtweise), über spezifische Zeichen abrufbares (=eigentumsrechtliche Sichtweise) Schema (=wirkungsbezogene Sichtweise).*"

Gemäß dieser Definition sind Marken in den Köpfen von Rezipienten vorhandene Vorstellungen, Kenntnisse und Überzeugungen. Als komplexe Wissenseinheiten, die die Informationsaufnahme und -verarbeitung erleichtern, können sie als *Schema* aufgefasst werden. Über *Markenzeichen* werden Produkte und Leistungen mit gelerntem Markenwissen verknüpft.

Um das volle Potenzial einer Marke ausschöpfen zu können, ist nun sicherlich nicht nur ein integriertes Markenverständnis, sondern auch ein integriertes Markenmanagement notwendig. In diesem Zusammenhang liegt eine in der Literatur zum Thema häufig vorzufindende Forderung in der Schaffung eines konsistenten und kontinuierlichen Außenauftritts. Dies soll so weit gehen, jeden möglichen *Kontaktpunkt* mit der Marke optimal zu managen und zur Marke passend zu gestalten (Schmitt, Mangold 2004, S. 29 f.; Chattopadhyay, Laborie 2005, S. 10). Wie die Schwierigkeiten allein schon bei der Umsetzung einer „integrierten Kommunikation" zeigen, ist dies sicherlich eine sehr ambitionierte Managementaufgabe.

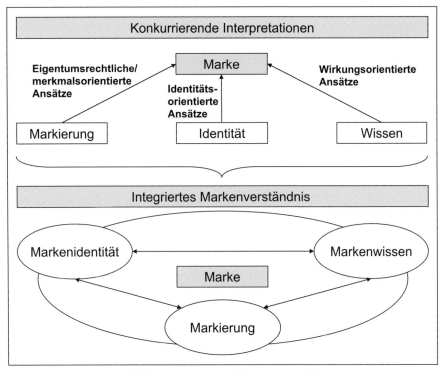

*Abbildung 1: Integriertes Markenverständnis
(in Anlehnung an Blümelhuber, Maier, Meyer 2004, S. 1369)*

Ein großes Problem bleibt selbst dann bestehen, wenn diese Aufgabe gemeistert wird. Einfach gesprochen, kann der Markenführer nie vollständige Kontrolle über die Marke erlangen. Die Begründung ist naheliegend: Das Markenwissen ergibt sich aus der Bekanntheit der Marke und den Assoziationen, die mit ihr in Verbindung gebracht werden (Esch 2003, S. 69 ff.). Sie leben also in den Köpfen der Rezipienten (Fournier 1998, S. 345) – und die sind sehr verschieden. In Anlehnung an Lévi-Strauss' Analyse des „Bricoleurs" (Lévi-Strauss 1966, S. 29 ff.) kann der Aufbau von Markenwissen als *„Markenbasteln"* interpretiert werden. Im Gegensatz zum gezielten, planvollen Vorgehen des Handwerkers geht der Bastler hierbei eher spontan vor, nimmt als Material, was gerade zufällig zur Verfügung steht, und kann am Ende selbst nicht genau sagen, wie er vorgegangen ist. Auf Marken übertragen bedeutet dies, dass diese – anders als Markenzeichen – keine objektive Realität besitzen, sondern Ergebnisse individueller *Selektions-, Klassifikations- und Bewertungsprozesse* sind, die kaum durchschaubar sind. Beobachtbar ist lediglich das Ergebnis: Welche Einstellungen zu Marken bilden Menschen heraus, welche Beziehungen gehen sie zu Marken ein? Der im nächsten Abschnitt dargestellte Bezugsrahmen soll hier einen *Systematisierungsansatz* bieten.

3 Bezugsrahmen: Stakeholder und Zielgruppen der Marke

Im Folgenden entwickeln wir einen Bezugsrahmen von Stakeholdern und Zielgruppen von Marken. Die beiden Begriffe haben hier verschiedene Bedeutungen: Während Stakeholder eine eher funktionale Perspektive beschreiben („Welche Funktion wird für meine Marke erfüllt?"), werden die Zielgruppen eher einstellungsbezogen beschrieben („Welche Einstellung gegenüber meiner Marke wird eingenommen?"). Letzteren Begriff verwenden wir hier weiter gefasst als normalerweise üblich. In der Regel werden mit Zielgruppen definierte, abgrenzbare Segmente der Nachfragerbasis beschrieben. Im Rahmen dieses Beitrags beziehen wir bewusst *Nicht-Kunden* in die Betrachtung mit ein. Dies geschieht vor dem Hintergrund der Tatsache, dass auch diese die Marke wahrnehmen, das Markenbild anderer beeinflussen können und teilweise auch aktiv gegen die Marke arbeiten. Somit sollten sie vom Markenmanagement nicht vollkommen vernachlässigt werden.

Anhand des Bezugsrahmens kann jedes Individuum und jede Institution in eine Stakeholdergruppe und eine Zielgruppe eingeordnet werden. Alle Kombinationen sind denkbar, wobei natürlich manche häufiger sind als andere.

3.1 Die funktionale Perspektive: Stakeholder der Marke

Die Stakeholder-Theorie besagt im Kern, dass Unternehmen auf ein Netzwerk an Beziehungen mit Anspruchsgruppen in ihrer direkten und indirekten Umwelt angewiesen sind, die es zu managen gilt (Müller-Stewens, Lechner 2003, S. 171). Diese Anspruchsgruppen sind durch ein *spezifisches Interesse*, welches das Unternehmen an ihnen hat, charakterisiert. Daher sprechen wir hier von einer funktionalen Perspektive: Es ist die unterschiedliche Funktion, die zwischen den verschiedenen Stakeholder-Gruppen diskriminiert.

In den vergangenen Jahren ist vermehrt gefordert worden, dass dieser ganzheitliche Ansatz auf das Feld des Markenmanagements übertragen werden sollte, da nicht nur Kunden, sondern auch andere Stakeholder zum Wert der Marke beitragen. Einen Überblick über Stakeholder-Gruppen und Möglichkeiten ihrer Priorisierung gibt Jones (Jones 2005, S. 16 f., vgl. *Abbildung 2*).

Der Stakeholder-Ansatz ist sehr breit und integriert andere Konzepte wie interne oder lieferantengerichtete Markenführung. Als Werkzeug für Manager, um einen Überblick über die relevanten Anspruchsgruppen zu gewinnen und diese nach ihrer Bedeutung im jeweiligen Kontext zu priorisieren, ist er sicherlich geeignet. Eine nach wie vor offene Frage in diesem Zusammenhang ist allerdings, inwiefern sich die Markenführung je nach Stakeholder-Gruppe unterscheiden sollte bzw. wieviel „Variation" über die verschiedenen Gruppen hinweg sinnvoll ist. Zudem ist der Stakeholder-Ansatz seiner Natur nach eher „weich", die Ergebnisse einer stakeholderorientierten Markenführung sind schwer messbar. Allerdings zeigen jüngere Forschungsarbeiten zum Themenfeld des Reputationsmanagements interessante Ansätze, diese Effekte zu quantifizieren (Eberl, Schwaiger 2005, S. 838 ff.).

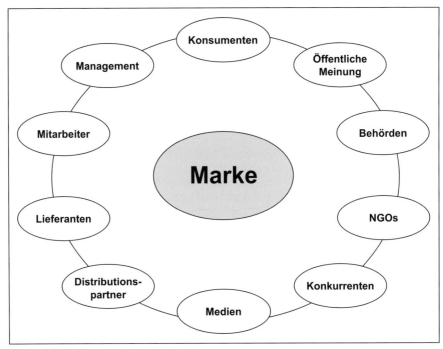

Abbildung 2: Stakeholder der Marke (in Anlehnung an Jones 2005, S. 18)

3.2 Die einstellungsbezogene Perspektive: Zielgruppen der Marke

Anschließend an die dargestellte Stakeholder-Perspektive kann das Umfeld, in der sich eine Marke bewegt, nicht nur nach dem jeweiligen spezifischen Interesse, sondern auch nach der Einstellung, die der Marke entgegengebracht wird, und der Beziehung, die mit ihr eingegangen wird, kategorisiert werden. Eine solche Typologie ist Gegenstand dieses Abschnitts.

Ein erster Ansatzpunkt hierfür findet sich in der Literatur zu „Markenbeziehungen". In einem vielbeachteten Aufsatz hat Fournier insgesamt 18 Typen solcher Beziehungen zwischen Menschen und Marken identifiziert, von „arrangierten Hochzeiten" über „geheime Affären" bis hin zu „besten Freunden" (Fournier 1998, S. 362). Dieser Ansatz – obgleich bis heute nicht hinreichend quantifiziert – bietet nützliche Einblicke in die vielschichtige Natur solcher Beziehungen. Wir erweitern mit dem vorliegenden Bezugsrahmen die Perspektive durch die Einbeziehung von Nicht-Kunden.

Die theoretische Grundlage hierfür bildet das Konzept von *„Exit, Voice, and Loyalty"* nach Albert O. Hirschman (Hirschman 1970). Das originäre Ziel dieses Konzepts lag in einer Beschreibung der *Reaktionsmechanismen*, die Menschen bei Unzufriedenheit zeigen. Hirschman unterscheidet hierbei zwischen drei Verhaltensweisen sozialer Akteure, gleich ob es sich um Arbeiter, Konsumenten oder Bürger eines Staates handelt. Erläutert am Beispiel des Käufers einer Marke bedeutet das, dass dieser – solange er zufrieden ist – in der Regel loyales Verhalten zeigt und keinen Anlass sieht, sein Verhalten zu ändern. Im Gegensatz dazu kann er im Falle der Unzufriedenheit diese durch zweierlei Mechanismen zum Ausdruck bringen: Indem er die Marke nicht mehr kauft (Exit) oder indem er seine Unzufriedenheit nach außen trägt (Voice). Eine gewachsene Beziehung (Loyalty) wirkt hierbei bremsend auf beide Verhaltensmuster. Das Konzept ist im Marketing bislang insbesondere im Kontext der Untersuchung von Kundenunzufriedenheit aufgegriffen worden (beispielhaft Singh 1990). Für die Entwicklung des Bezugsrahmens übernehmen wir diese Grundmechanismen und leiten folgende drei Markenzielgruppen ab:

- *Uninteressierte (Exit):* Diese Zielgruppe besteht aus Konsumenten, die kaum Interesse an der Marke zeigen, Signale wie Markenkommunikation bestmöglich ignorieren, Marken wenig Vertrauen gegenüber bringen und konsequenterweise wenig Präferenzen herausbilden, sondern die Marken häufig wechseln.
- *Saboteure (Voice):* Vertreter dieser Zielgruppe lehnen Marken – vornehmlich aus ideologischen Gründen – stark ab, gehen in Opposition gegenüber Marken und zeigen „aktiven Widerstand".
- *Fans (Loyalty):* Diese Zielgruppe zeigt großes Interesse an Marken, investiert selbst viel in die Beziehung zur Marke und sieht Marken als wesentlichen Teil ihres Selbstkonzepts.

Die drei Grundmechanismen von Hirschman wurden von Cova und Cova durch das sogenannte „Twisting" ergänzt (Cova, Cova 2001, S. 40 f.). Hiermit beschreiben die Autoren eine eher kreative Rolle, die zwar wie die Saboteure in Opposition zu autoritärem Markenmanagement geht, aber weniger in Form von Kaufboykotts oder ähnlichem, sondern vielmehr durch eine Nutzung der Marken in Formen, die vom Markenmanagement nicht intendiert waren. Cova und Cova sprechen in diesem Zusammenhang von „Consumer Guerilla". Wir folgen dieser Überlegung und ergänzen als vierte Zielgruppe:

- *Twister (Twist):* Diese Zielgruppe zeigt einen kreativen Umgang mit Marken, nutzt diese als kulturelle Ressource und lehnt es ab, die Nutzung und die Bedeutung einer Marke vom Markenmanagement bestimmen zu lassen.

Die einzelnen Zielgruppen werden im Folgenden näher betrachtet. *Abbildung 3* gibt vorab einen Überblick über die verschiedenen Gruppen. Hier wird auch deutlich, dass Vertreter aller Zielgruppen sich in allen Stakeholder-Gruppen finden können. Wesentlich ist auch, dass wir in den folgenden Ausführungen keinen Bezug zu einer konkreten Marke herstellen, sondern eher im Sinne eines generellen Umgangs mit dem Markenphänomen argumentieren. Auf einzelne Marken bezogen, sind natürlich dieselben Zielgruppen identifizierbar, einzelne Personen können bezüglich verschiedener Marken auch unterschiedlichen Zielgruppen zugeordnet werden (z.B. starke Begeisterung für Marke X bei gleichzeitig vollkommener Ablehnung von Marke Y usw.).

3.2.1 Exit: Uninteressierte

Eine fundamentale Überzeugung von Marketingpraktikern ist, dass eine positive Einstellung gegenüber einer Marke durch entsprechende Kundenorientierung, die richtigen Maßnahmen und, einfach gesprochen, professionelles Markenmanagement beinahe schon „erzwingbar" ist. Dies muss nicht der Fall sein. Manche Konsumenten scheinen geradezu immun zu sein und sich den Bemühungen der Markenmanager zu entziehen.

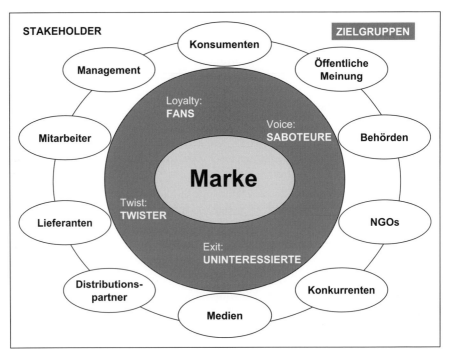

Abbildung 3: Bezugsrahmen der Zielgruppen und Stakeholder der Marke

Dies kann einerseits in einer kritischen Einstellung gegenüber dem Marketing an sich begründet sein. Der Konsument bemüht sich in diesem Fall, sich von den als aufoktruiert wahrgenommenen Markenbotschaften zu emanzipieren (Holt 2002, S. 71 f.). Dieser Teil der Uninteressierten steht in naher geistiger Verwandtschaft zu den „Saboteuren" (vgl. 3.2.2), jedoch ohne seinen Widerstand wie diese nach außen zu tragen.

Wesentlich häufiger ist jedoch der Fall, dass das Desinteresse weniger aus systemkritischen Gründen als vielmehr aus einem geringen Involvement und generell niedrigem Interesse an der Produktkategorie herrührt. Hier muss das Marketing akzeptieren, dass es – in Europa stärker als z.B. in den USA – Konsumenten mit einem generell niedrigen Interesse an Marken gibt, da sich ihnen der postulierte „Mehrwert" durch Marken schlicht nicht erschließt (Coulter, Price, Feick 2003, S. 163). Dies kann wohl auch durch einen noch so professionellen Einsatz des Marketinginstrumentariums nicht behoben werden. Die vermehrt zu beobachtende Strategie des „down-grading", also der Etablierung von weniger wertigen Produktlinien mit geringem Marketingbudget, kann allerdings ein geeigneter Weg sein, um diese Segmente zu erreichen.

3.2.2 Voice: Saboteure

Seit den 90er Jahren des 20. Jahrhunderts ist in vielen gesellschaftlichen Bereichen eine vermehrte Ablehnung von Marken und den dahinter stehenden Unternehmen zu beobachten. Traditionellerweise finden sich Vertreter dieser Gruppe im politisch linksgerichteten Spektrum. Prominente Beispiele sind Naomi Kleins vieldiskutiertes Buch „No Logo!", das kanadische Magazin „Adbusters" und die globalisierungskritische „Attac"-Bewegung. Paradoxerweise hat gerade diese Gruppe radikaler Markenkritiker mittlerweile ihrerseits eine neue Zielgruppe geformt, die letztlich klassische Markenartikel wie „Blackspot"-Schuhe und „No Sweat!"-Kleidung hervorgebracht hat.

Misstrauen und Widerstand dieser Zielgruppe richten sich in erster Linie gegen globale Mega-Marken, denen – nach traditioneller Sichtweise – grundsätzlich ein sehr professionelles Markenmanagement bescheinigt werden kann. Besonders anfällig für offen feindselige Reaktionen sind hierbei emotional stark aufgeladene Marken, denen die Konsumenten einen Mangel an Authentizität zusprechen (Thompson, Rindfleisch, Arsel 2006, S. 59) Im Geiste der Frankfurter Schule wird Marketing als Form „verzerrter Kommunikation" angesehen, von welcher sich der Konsument – nachdem er die Mechanismen durchschaut hat – lösen sollte (Ozanne, Murray 1995, S. 516 ff.).

Trotz der beachtlichen Medienpräsenz repräsentieren die markenkritischen Aktivisten bislang nur einen äußerst kleinen Anteil der Bevölkerung. In abgeschwächter und weniger „systemkritischer" Form, aber wesentlich häufiger finden sich Saboteure auch unter enttäuschten Kunden. Durch negative Mundpropaganda können sie der Marke erheblichen Schaden zufügen. Dies wiegt umso schwerer, seit das Internet hierfür eine rund um die Uhr erreichbare, weltweite Plattform in Form von Foren, Blogs und sogar spezifischen „Protest-Websites" zur Verfügung stellt (Solomon, Marshall, Stuart 2006, S. 160).

3.2.3 Loyalty: Fans

Aus Sicht des Marketingpraktikers haben wir es hier mit der sicherlich erfreulichsten Zielgruppe zu tun: leidenschaftliche Fans von Marken, für die der Konsum von Markenartikeln eine große Bedeutung hat. Diese Zielgruppe hat im Gegensatz zu den beiden zuvor genannten kaum Schwierigkeiten mit einem autoritären Markenmanagement, die Schaffung der Bedeutung einzelner Marken wird grundsätzlich dem markenführenden Unternehmen überlassen (Cova, Cova 2001, S. 38). Die Auswahl der Marken erfolgt nach persönlichem Geschmack, wobei Präferenzen für bestimmte Marken hierbei jedenfalls teilweise mit einer Kongruenz zwischen der Persönlichkeit des Kunden und der Markenpersönlichkeit erklärt werden können (Bauer, Mäder, Wagner 2006, S. 855 ff.).

Ein häufiges Erklärungsmuster für die Entstehung solcher Hingabe zu Marken liegt im Phänomen des „symbolischen Konsums". Konsumenten wählen hierbei bewusst Marken, die ihr eigenes Selbstkonzept ergänzen und ihnen die Möglichkeit geben, dieses nach außen an andere zu kommunizieren (Belk 1988; Richins 1994; Elliott, Wattanasuwan 1998). Vor diesem Hintergrund ist es häufig nicht der eigentliche Produktwert, sondern der sogenannte „linking value" einer Marke (Cova 1997, S. 306 f.), der für Fans entscheidend ist – also die Möglichkeit, über die Marke mit anderen Menschen in Kontakt zu treten. Diese Idee findet sich auch im populären Konzept der „Brand Community" (Muniz Jr., O'Guinn 2001, S. 412), bei dem die Marke als Plattform für den Austausch mit anderen dient.

So positiv eine solche Leidenschaft aus Sicht des markenführenden Unternehmens ist: Es ist dennoch auch Vorsicht geboten. Beispielsweise muss beachtet werden, dass derartige Markengemeinschaften nur schwer zu „managen" sind, sich aufgrund ihrer Eigendynamik auch durchaus gegen die Marke richten können und durch die

Ausübung sozialen Drucks auch negativen Einfluss haben können (Algesheimer, Dholakia, Herrmann 2005, S. 30 f.). Beispielsweise können sich enttäuschte Fans bei kritischen Ereignissen gegen die Marke richten und zu ebenso leidenschaftlichen Saboteuren werden.

3.2.4 Twist: Twister

Als letzte Markenzielgruppe betrachten wir die „Twister", also eine Zielgruppe, welche eine fremdbestimmte Zuweisung von Nutzungszwecken und Bedeutung einer Marke ablehnt und die Marke stattdessen in ungewöhnlicher und vom Management nicht intendierter Art und Weise nutzt (Cova, Cova 2001, S. 41). „Twisting" kann somit als eine Art kreativer Form des Widerstands gegen die Autorität des Markenmanagements betrachtet werden (Holt 2002, S. 72).

Die Idee des „Twisting" kann insbesondere im Bereich der Kunst beobachtet werden. Von Andy Warhols „Campbell Soup" bis hin zur „Great Criticism"-Serie von Wang Guangyi, in der er Propagandaposter der Kulturrevolution mit Logos von Marken wie Pepsi und Chanel kombiniert, wurden Marken in der bildenden Kunst als kulturelle Ressource genutzt. Weitere Beispiele umfassen zeitgenössische Literatur, beispielsweise die Werke von Douglas Coupland und Bret Easton Ellis, oder auch den sehr offensiven Umgang mit Marken im Bereich der Hip Hop-Musik. Gerade letzteres Beispiel hat zu ernsten Konflikten mit dem Markenmanagement geführt, da teilweise befürchtet wurde, dass die Nennung der Marke im Zusammenhang mit „Ghettopoesie" die bestehenden Kunden abschrecken könnte.

Allerdings ist das Phänomen des Marken-„Twisting" keineswegs auf den Bereich der Kunst und auch nicht auf die urbane Avantgarde reduzierbar. Beispielsweise kursieren heute unzählige Parodien auf Werbefilme im Internet, viele Markenclaims haben in leicht veränderter Form Eingang in den normalen Sprachgebrauch gefunden und selbst sorgsam gestaltete „Brandlands" (z.B. Flagship-Stores) sind „Twisting" ausgesetzt, beispielsweise indem diese als Treffpunkt genutzt werden, Gepäck abgestellt oder von dort aus Passanten auf der Straße beobachtet werden (Cova, Cova 2001, S. 44).

Für das markenführende Unternehmen müssen solche Verhaltensmuster keineswegs zum Problem werden. Allerdings ist hierfür ein Stück Verzicht auf Kontrolle über die eigene Marke notwendig. Die Marke wird vielmehr für den Kunden zum „Enabler", um sich selbst auszudrücken. Gerade der aktuelle Hype um das „Web 2.0" mit seinen neuen Möglichkeiten der Kundenintegration unterstützt eine solche Entwicklung. Ein gelungenes Umsetzungsbeispiel für ein eher dezentes Markenmanagement, bei dem die Zuweisung der Bedeutung einer Marke den Kunden überlassen wird, liefert die italienische Web-Community des Brotaufstrichs „Nutella" (Cova, Pace 2006, S. 1087 ff.).

4 Implikationen und Key Learnings

Unser Bezugsrahmen gibt einen Überblick über die Stakeholder und Zielgruppen der Marke. Hierbei haben wir eher in Richtung eines generellen Umgangs von Menschen mit dem Markenphänomen argumentiert. Wie kann der Marketingpraktiker den Bezugsrahmen hinsichtlich der eigenen, konkreten Marke nutzbar machen?

Ein erster Ansatzpunkt besteht schon darin, sich über die Vielzahl der Zielgruppen im Umfeld der Marke bewusst zu werden. Hierzu ist auch eine jedenfalls partielle Einschränkung des ausschließlichen Fokus auf Kunden notwendig. Gerade diese ausgeprägte Orientierung an Kunden bei gleichzeitiger Ignorierung der Nicht-Kunden macht Marken „verdächtig" und anfällig für Widerstand, vor allem aus der Gruppe der Saboteure (Holt 2002, S. 85). Insofern sollten durch ein regelmäßiges Monitoring derartige die Marke gefährdende Tendenzen frühzeitig erkannt werden, damit das Unternehmen hierauf proaktiv reagieren kann. Auch die Bedeutung der Marke hinsichtlich Stakeholdergruppen wie Mitarbeitern und Lieferanten sollte nicht unterschätzt werden.

Außerdem bietet der Bezugsrahmen Ansatzpunkte für die natürlich nach wie vor relevanteren Marketinganstrengungen hinsichtlich (potenzieller) Kunden. Die wesentliche Erkenntnis besteht hierbei darin, dass autoritäres Markenmanagement heute kaum mehr möglich ist. Moderne Konsumenten legen verstärkt „Twisting"-Verhalten an den Tag, d.h. sie weisen Marken selbst Bedeutungen zu und übernehmen nicht kritiklos die Vorstellungen des Markenmanagements. Auch eigentlich loyale Markenfans zeigen mehr und mehr derartige Tendenzen. Insofern muss sich das Markenmanagement von einem Stück Kontrolle verabschieden, um in diesem Umfeld bestehen zu können. Hierfür ist freilich ein Überdenken der Rolle des Marketing notwendig.

Folgende Key Learnings können abgeleitet werden:

- Werden Sie sich der Vielzahl an Stakeholdern und Zielgruppen der Marke bewusst.
- Ignorieren Sie kritische Tendenzen nicht, sondern versuchen Sie durch frühzeitiges Erkennen und proaktives Gegensteuern die Marke gefährdende Tendenzen in den Griff zu bekommen.
- Dies bedeutet allerdings nicht, dass Marken versuchen sollten, „everybody's darling" zu sein; starke Marken haben immer auch ein polarisierendes Element.
- Akzeptieren Sie die Freiheit des Konsumenten und verabschieden Sie sich von der Idee des autoritären Markenmanagements. Heute sind es die Konsumenten selbst, die der Marke Bedeutungen zuweisen.

Literaturverzeichnis

Algesheimer, R., Dholakia, U. M., Herrmann, A. (2005): The Social Influence of Brand Community. In: Journal of Marketing, 69. Jg. (2005), Nr. 1, S. 19–34.

Bauer, H. H., Mäder, R., Wagner, S.-N. (2006): Übereinstimmung von Marken- und Konsumentenpersönlichkeit als Determinante des Kaufverhaltens – Eine Metaanalyse der Selbstkongruenzforschung. In: zfbf, 58. Jg. (2006), Nr. 11, S. 838–863.

Belk, R. W. (1988): Possessions and the Extended Self. In: Journal of Consumer Research, 15. Jg. (1988), Nr. 2, S. 139–168.

Blümelhuber, C., Maier, M., Meyer, A. (2004): Integriertes Markenverständnis und -management. In: Bruhn, M. (Hrsg.), Handbuch Markenführung, Band 2, 2. Aufl., Wiesbaden 2004, S. 1365–1384.

Chattopadhyay, A., Laborie, J. – L. (2005): Managing Brand Experience: The Market Contact Audit. In: Journal of Advertising Research, 45. Jg., (2005), March 2005, S. 9–16.

Coulter, R. A., Price, L. L., Feick, L. (2003): Rethinking the Origins of Involvement and Brand Commitment: Insights from Postsocialist Central Europe. In: Journal of Consumer Research, 30. Jg. (2003), Nr. 2, S. 151–169.

Cova, B. (1997): Community and consumption – Towards a definition of the "linking value" of products or services. In: European Journal of Marketing, 31. Jg. (1997), Nr. 1, S. 81–101.

Cova, V., Cova, B. (2001): "Exit, voice, loyalty and ... twist:" Consumer research in search of the subject. In: Beckmann, S.C., Elliott, R.H. (Hrsg.), Interpretive Consumer Research, 2. Aufl., Kopenhagen, S. 25–45.

Cova, B., Pace, S. (2006): Brand community of convenience products: new forms of customer empowerment – the case of "myNutella The Community". In: European Journal of Marketing, 40. Jg. (2006), Nr. 1, S. 1087–1105.

Eberl, M., Schwaiger, M. (2005): Corporate Reputation: Disentangling the Effects on Financial Performance. In: European Journal of Marketing, 39. Jg. (2005), Nr. 7/8, S. 838–854.

Elliott, R., Wattanasuwan, K. (1998): Brands as symbolic resources for the construction of identity. In: International Journal of Advertising, 17. Jg. (1998), Nr. 2, S. 131–144.

Esch, F.-R. (2003): Strategie und Technik der Markenführung, München 2003.

Fournier, S. (1998): Consumers and Their Brands: Developing Relationship Theory in Consumer Research. In: Journal of Consumer Research, 24. Jg. (1998), Nr. 4, S. 343–373.

Hirschman, A. O. (1970): Exit, Voice, and Loyalty – Responses to Decline in Firms, Cambridge 1970.

Holt, D. B. (2002): Why Do Brands Cause Trouble? A Dialectical Theory of Consumer Culture and Branding. In: Journal of Consumer Research, 29. Jg. (2002), Nr. 1, S. 70–90.

Jones, R. (2005): Finding sources of brand value: developing a stakeholder model of brand equity. In: Journal of Brand Management, 13. Jg. (2005), Nr. 1, S. 10–32.

Keller, K. L. (1998): Strategic Brand Management – Building, Measuring, and Managing Brand Equity, Upper Saddle River 1998.

Lévi-Strauss, C. (1966): The savage mind, London 1966.

Müller-Stewens, G., Lechner, C. (2003): Strategisches Management: Wie strategische Initiativen zum Wandel führen, Stuttgart 2003.

Muniz Jr., A. M., O'Guinn, T. (2001): Brand community. In: Journal of Consumer Research, 27. Jg. (2001), Nr. 4, S. 412–432.

Ozanne, J. B., Murray, J. B. (1995): Uniting critical theory and public policy to create the reflexively defiant consumer. In: American Behavorial Scientist, 38. Jg., Nr. 4, S. 516–525.

Richins, M. L. (1994): Valuing Things: The Public and Private Meaning of Possessions. In: Journal of Consumer Research, 21. Jg. (1994), Nr. 3, S. 504–521.

Rust, R. T., Zeithaml, V. A., Lemon, K. N. (2000): Driving Customer Equity – How Customer Lifetime Value Is Reshaping Corporate Strategy, New York et al. 2000.

Schmitt, B. H., Mangold, M. (2004): Kundenerlebnis als Wettbewerbsvorteil – Mit Customer Experience Management Marken und Märkte gestalten, Wiesbaden 2004.

Schultz, D. E., Schultz, H. F. (2004): Brand Babble: Sense and Nonsense about Branding, Mason 2004.

Singh, J. (1990): Voice, Exit, and Negative Word-of-Mouth Behaviors: An Investigation Across Three Service Categories. In: Journal of the Academy of Marketing Science, 18. Jg. (1990), Nr. 1, S. 1–15.

Solomon, M. R., Marshall, G. W., Stuart, E. W. (2006): Marketing – Real People, Real Choices, 4. Aufl., Upper Saddle River 2004.

Thompson, C. J., Rindfleisch, A., Arsel, Z. (1990): Emotional Branding and the Strategic Value of the Doppelgänger Brand Image. In: Journal of Marketing, 70. Jg. (2006), Nr. 1, S. 50–64.

Die Wirkung der Marke auf die Kundenloyalität – Eine empirische Analyse am Beispiel des Industriegüterhandels

Martin Ahlert/Christian Brock/Sandra Vering

Zusammenfassung 370
1 Problemstellung 370
2 Grundlagen der Marke im Industriegüterhandel 371
   2.1 Funktionen der Marke im Industriegüterhandel 371
   2.2 Unsicherheit und Loyalität 372
3 Empirische Ergebnisse der Markenwirkung 374
   3.1 Untersuchungsdesign und Datenerhebung 374
   3.2 Überprüfung der Hypothesen und empirische Ergebnisse 375
4 Markenführung im Industriegüterhandel 376
   4.1 Ansätze zum Management der Betriebstypenmarke 376
   4.2 Implikationen für das Markenmanagement 377
5 Zusammenfassung und Ausblick 378
Literaturverzeichnis 379

> **Zusammenfassung**
>
> Die Beziehung zwischen Herstellern und Kunden ist häufig durch Unsicherheit gekennzeichnet. Kunden sind bspw. hinsichtlich der Anbieterwahl, Qualität und Preise der nachgefragten Produkte und/oder Dienstleistungen unsicher. Dieses Phänomen ist in sämtlichen Stufen der Supply Chain zu beobachten. Daher sind Anbieter häufig auf der Suche nach Instrumenten, welche diese Unsicherheit auf Seiten der Kunden reduzieren. Der nachfolgende Beitrag zeigt, dass die Betriebstypenmarke im Industriegüterhandel dem Geschäftskunden hilft, diese Unsicherheit zu senken. Weiterhin wird aufgezeigt, dass die Marke einen zusätzlichen Einfluss auf das Kaufverhalten und die Loyalität gegenüber dem Industriegüterhändler hat.

1 Problemstellung

Das Potenzial der Marke wurde im Business-to-Business-Sektor (im Folgenden kurz B2B), insbesondere im Industriegüterhandel, sowohl in der Praxis als auch in der Forschung sehr lange unterschätzt. Häufig wurde die Annahme getroffen, dass die Marke im B2B-Bereich aufgrund rational agierender Akteure von untergeordneter Bedeutung sei. Allerdings verdeutlichen aktuelle Forschungsergebnisse, dass die Marke auch gerade im Businesssektor von hoher Bedeutung ist (siehe hierzu Kotler, Pfoertsch 2006; Mudambi 2002). Inwiefern jedoch die Marke im B2B-Handel, insbesondere im Industriegüterhandel mit seinen Marktstrukturen, für den Geschäftskunden resp. den Händler von Nutzen ist und welche möglichen Konsequenzen sich daraus für das Markenmanagement im Unternehmen ergeben, wurde bisher eher nebensächlich untersucht. Vor diesem Hintergrund befasst sich der nachfolgende Beitrag mit folgenden zentralen Fragestellungen am Beispiel des Produktionsverbindungshandels als einer Unterform des Industriegüterhandels:

- Welchen Einfluss übt eine starke Betriebstypenmarke hinsichtlich der Anbietersuche auf Kunden des Industriegüterhandels aus?

- Welchen Einfluss übt eine starke Betriebstypenmarke auf das Kaufverhalten der Kunden des Industriegüterhandels aus?

Um konkrete Handlungsimplikationen für Händler im B2B-Sektor ableiten zu können, soll unter Berücksichtigung der oben aufgeworfenen Fragen eruiert werden, inwiefern

- die Betriebstypenmarke dem Händler dazu verhilft, die Kunden an sein Unternehmen zu binden und somit die Loyalität zum Händler zu steigern.

Zur Beantwortung der aufgeworfenen Fragen werden nachfolgend zunächst grundlegende Funktionen der Marke im B2B-Sektor mit besonderem Fokus auf den Industriegüterhandel erläutert. Daran anschließend werden im zweiten Kapitel die Hypothesen hergeleitet und der Messansatz zur empirischen Überprüfung der Hypothesen konzeptualisiert. Kapitel 3 umfasst die Darstellung der empirischen Ergebnisse. Abschließend werden aus den empirischen Ergebnissen Handlungsempfehlungen für das Markenmanagement im Industriegüterhandel abgeleitet. Der Beitrag endet mit einer Zusammenfassung der wesentlichen Ergebnisse.

2 Grundlagen der Marke im Industriegüterhandel

2.1 Funktionen der Marke im Industriegüterhandel

Handelsunternehmen stehen verschiedene Optionen zur Auswahl, zusätzliche Informationen an die schlechter informierte Marktseite zu senden, um die Informationsasymmetrie zu minimieren resp. abzubauen. Eine elementare und bisher vernachlässigte Strategie im Industriegüterhandel stellt das Management der Betriebstypenmarke dar. Unter einer Betriebstypenmarke soll im Folgenden eine Marke verstanden werden, die sich im Eigentum einer Handelsunternehmung befindet und mit der die jeweilige Handelsunternehmung ihre Betriebstypen kennzeichnet (Ahlert, Kenning, Schneider 2000, S. 104). Diese kann als Signal in Richtung der Kunden genutzt werden (Erdem, Swait 1998, S. 135 f.). Somit dient die Marke des Betriebstyps als Reputation bspw. für qualitativ hochwertig angebotene Güter und Dienstleistungen. Dieser Gesichtspunkt leitet sich aus den Funktionen einer Marke des Business-to-Consumer-Sektors ab (im Folgenden kurz B2C), wobei nicht sämtliche Funktionen auf den B2B-Sektor, insbesondere auf den Industriegüterhandel, transferierbar sind. Eine vollständige Auflistung sämtlicher in der wissenschaftlichen Diskussion aufgeführten Markenfunktionen wäre vor dem Hintergrund der Übertragbarkeit an dieser Stelle nicht sinnvoll. Allerdings kristallisieren sich drei Hauptfunktionen aus der Perspektive der Nachfrager als Minimalkonsens heraus (Fischer, Hieronimus, Kranz 2002, S. 19):

- Risikoreduktion,
- Informationseffizienz und
- ideeller Nutzen.

Die *Risikoreduktionsfunktion* betrifft vornehmlich die Reduktion der Qualitäts- und Preisunsicherheit. Diese Reduktion von Unsicherheit resultiert aus der Schaffung von Vertrauen aus der Perspektive der Kunden. Im Hinblick auf den Kaufprozess des B2B-Sektors, bei dem häufig Entscheider (Entscheidungsebene) und Benutzer auseinander fallen, kann die Marke eine entscheidende Hilfe bei der Absicherung der Kaufentscheidung darstellen (Pförtsch, Schmid 2005, S. 65). Die Funktion der Risikoreduktion kann nicht nur bei einer Produktmarke, sondern auch bei einer Betriebstypenmarke greifen. Einerseits ist hier die Unsicherheit hinsichtlich der angebotenen Qualität zu nennen, andererseits die Unsicherheit bezüglich der Preise. Insbesondere im Produktionsverbindungshandel mit einem hohen Anteil zusätzlicher Dienstleistungen kann dies von Bedeutung sein (Tomczak 1998, S. 8). Folglich bildet die Marke zugleich den zentralen Vertrauensanker in anonymen Relationen zwischen Anbietern und Nachfragern (Ahlert 2005, S. 51).

Des Weiteren übernehmen Marken eine *Orientierungsfunktion (Informationseffizienz)* für den Nachfrager (Backhaus 2003, S. 407). Die Markierung des jeweiligen Betriebstyps ermöglicht es dem Konsumenten, bestimmte Leistungen mit einer bestimmten Einkaufsstätte, die im Einzelfall nicht bekannt sein muss, zu verbinden (Schmitz 1997, S. 12). Die Betriebstypenmarke erlaubt ihm damit die Extrapolation vergangener Erfahrungen auf zukünftige Kaufentscheidungen und kann somit dazu beitragen, dass Präferenzen gegenüber einer bestimmten Einkaufsstätte entstehen (Ahlert 1996, S. 74). In diesem Fall der Präferenzbildung ist es mithin von untergeordneter Bedeutung, ob es sich um gewerbliche oder private Verbraucher handelt, da auch im B2B-Sektor die Kaufentscheidung und somit die Wahl der Einkaufsstätte durch natürliche Personen herbeigeführt wird. So spielt in beiden Zielgruppen die Informationseffizienz eine bedeutende Rolle, auch wenn die Entscheidungsgrundlage im B2B-Bereich stärker an ökonomischen Größen gemessen wird.

Ideeller Nutzen oder auch *emotionales Erleben* beim Konsum bestimmter Marken spiegelt sich bei den Kunden in „positiven Werten, Erfahrungen, Einstellungen und Gefühlen wider, die der Konsument vor, während und/oder mit dem Kauf einer bestimmten Marke verbindet" (Backhaus 2003, S. 408). Im Industriegüterhandel, insbesondere bei der Markierung des Betriebstyps, sind diese Funktionen respektive dieser Nutzen allerdings zu vernachlässigen, da gewerbliche Einkäufer im Auftrag der Kunden ihres Unternehmens handeln und somit nicht für den eigenen Bedarf Güter beschaffen.

Abschließend lässt sich zusammenfassend feststellen, dass die dargestellten, für den Geschäftskunden Nutzen stiftenden Funktionen der Marke sich zudem als Vorteile für den Industriegüterhändler auszeichnen können. Durch Funktionen, wie Risikoreduktion, Komplexitätsreduktion durch vereinfachte Orientierung und Differenzierung zum Wettbewerb, wird dem Händler u.a. die Möglichkeit geschaffen, seine Kunden durch die Marke zusätzlich zu binden (Pförtsch, Schmid 2005, S. 107 f.).

Vor diesem Hintergrund stellt die Marke somit theoretisch ein ideales Instrument zum Abbau der Informationsasymmetrie zugunsten der B2B-Kunden und damit implizit auch zum Aufbau der Loyalität gegenüber dem Händler dar. Nachfolgend wird untersucht, inwiefern diese theoretisch konzeptionell hergeleitete Bedeutung der Betriebstypenmarke zu Hypothesen verdichtet und schließlich empirisch untermauert werden kann.

2.2 Unsicherheit und Loyalität

Die Herleitung der Hypothesen erfolgt einerseits auf Basis der Transaktionskostentheorie und andererseits auf Basis relevanter Forschungsergebnisse zum Einkaufsverhalten von B2B-Kunden.

Wie bereits im vorangegangenen Kapitel angesprochen, sendet die Marke aufgrund ihrer spezifischen Funktionen ein Signal in Richtung der schlechter informierten Marktseite und dient somit insbesondere der Risikoreduktion und der Orientierung. Empirische Untersuchungen im B2C-Sektor untermauern diese Erkenntnisse dahingehend, dass aufbauend auf den dargestellten Ergebnissen die Endkunden durch die Betriebstypenmarke in ihrem Einkaufsverhalten beeinflusst werden (Ahlert, Kenning, Schneider 2000, S. 108; Jary, Schneider, Wilemann 1999, S. 166). Auf diese Weise können die Transaktionskosten reduziert werden. Bei Transaktionskosten handelt es sich nach der Transaktionskostentheorie um diejenigen Kosten, welche im Rahmen der Übertragung von Verfügungsrechten zwischen Wirtschaftssubjekten anfallen. Im Einzelnen handelt es sich dabei um Anbahnungs-, Vereinbarungs-, Kontroll- und Anpassungskosten (Coase 1937; Williamson 1975).

Allerdings ist zu hinterfragen, ob diese Ergebnisse ohne weiteres vollständig auf den B2B-Sektor übertragen werden können. Erdem und Swait weisen 1998 einen direkten Zusammenhang zwischen den empfundenen Suchkosten (Informationskosten) bezüglich der Produktmarke im B2C-Bereich nach. Demnach senkt eine starke Marke die Informations- und Suchkosten der Konsumenten. Vor diesem Hintergrund treffen wir die Annahme, dass eben dieser Zusammenhang auch auf die Einkaufsstättenwahl übertragen werden kann. Dieses liegt einerseits darin begründet, dass die Betriebstypenmarke es dem Kunden ermöglicht, bestimmte Leistungen mit der Einkaufsstätte zu verbinden (Schmitz 1997, S. 12; Kap. 2.1). Andererseits hängt die Wahl der Einkaufsstätte zusätzlich von der vorherrschenden Unsicherheit auf Seiten der Geschäftskunden ab (Mudambi 2002, S. 527 ff.). Gerade im Industriegüterhandel und insbesondere im Produktionsverbindungshandel, mit einem hohen Anteil zusätzlicher Dienstleistungen, herrscht ein hoher Grad an Unsicherheit. Dabei wird vermutet, dass die Betriebstypenmarke im Such- und Informationsprozess bereits ex ante der Reduktion von Unsicherheit dient. Hinsichtlich der Orientierungsfunktion, und somit der Reduktion potenzieller Such- und Informationskosten der Kunden, nehmen wir einen negativen Zusammenhang an. Es kann mithin angenommen werden, dass mittels einer starken Betriebstypenmarke die Such- und Informationskosten der Kunden bezüglich einer geeigneten Einkaufsstätte gesenkt werden können. Vor diesem Hintergrund lautet Hypothese 1:

H1: Je stärker die Betriebstypenmarke des Händlers ist, desto niedriger sind die empfundenen Such- und Informationskosten der B2B-Kunden hinsichtlich eines geeigneten Anbieters.

Hypothesen zwei und drei umfassen die Preis- und Qualitätsunsicherheit der angebotenen Waren und Dienstleistungen. In Erweiterung zu Erdem und Swait (1998) gehen wir der These nach, dass auch die Betriebstypenmarke des Händlers zur Senkung des empfundenen Risikos und somit möglicher Kontrollkosten der angebotenen Waren und Dienstleistungen beiträgt. Die Betriebstypenmarke dient als Signal resp. Garantieversprechen für gute Qualität (Akerlof 1970) und eines fairen Preis-Leistungs-verhältnisses. Die Hypothesen lauten daher:

H2: Je stärker die Betriebstypenmarke des Händlers ist, desto niedriger ist das empfundene Qualitätsrisiko hinsichtlich der angebotenen Waren und Dienstleistungen der B2B-Kunden.

H3: Je stärker die Betriebstypenmarke des Händlers ist, desto niedriger ist das empfundene Preisrisiko hinsichtlich der angebotenen Waren und Dienstleistungen der B2B-Kunden.

Nachdem die oben aufgeführten Hypothesen eher das Einkaufsverhalten gewerblicher Kunden überprüfen, wird nachfolgend die Wirkung einer möglichen Reduktion der Unsicherheit auf die Loyalität der Businesskunden getestet. Im Folgenden wird dazu der Annahme nachgegangen, dass die Erhöhung der Informationseffizienz und die damit indizierte Reduktion der Unsicherheit auf Seiten der gewerblichen Kunden als eine Art Wechselbarriere fungieren (Jones, Mothesbaugh, Beatty 2000). Dies liegt darin begründet, dass dem Kunden durch die Senkung der empfundenen Such-, Informations- und Kontrollkosten ein zukünftiger Wiederkauf erleichtert wird und er diese empfundene Entlastung mit der Betriebstypenmarke verbindet. Vor diesem Hintergrund ergibt sich nachfolgende Hypothese:

H4: Je niedriger (a) die empfundenen Such- und Informationskosten, (b) das empfundene Qualitätsrisiko und (c) das empfundene Preisrisiko, desto höher ist die Loyalität des B2B-Kunden gegenüber seinem Händler.

3 Empirische Ergebnisse der Markenwirkung

3.1 Untersuchungsdesign und Datenerhebung

Abbildung 1 stellt das sich aus den hergeleiteten Hypothesen ergebende Gesamtmodell dar, welches nachfolgend einer empirischen Überprüfung im Industriegüterhandel am Beispiel des Produktionsverbindungshandels unterzogen wird.

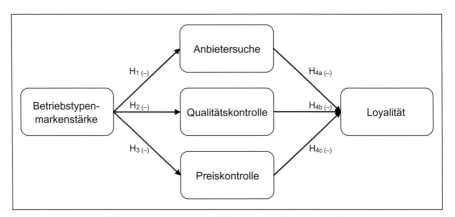

Abbildung 1: Messansatz und Hypothesen (Eigene Darstellung)

In einem Zeitraum von zwei Monaten wurden insgesamt 560 B2B-Kunden des Produktionsverbindungshandels telefonisch interviewt. Die Befragten waren Kunden eines der führenden Baustoffhändler Deutschlands, von dem insgesamt 52 Standorte untersucht wurden. Die Teilnahmebereitschaft lag bei knapp 50 %, was als sehr gut bezeichnet werden kann. Des Weiteren handelt es sich um eine sehr heterogene Stichprobe; es existiert bspw. eine Spannweite hinsichtlich des Unternehmensumsatzes von unter 100.000 EUR bis hin zu 50 Mio. EUR.

Der Fragebogen bestand aus mehreren Frageblöcken. Zunächst wurden in einem längeren Block die Zufriedenheiten hinsichtlich verschiedener Teilaspekte und die Verbundenheit mit dem Händler abgefragt. Ein weiterer Fragenblock zielte auf die Operationalisierung der Transaktionskosten und des Kaufverhaltens der Geschäftskunden ab. Diese wurden mit je 4 Items in enger Anlehnung an Erdem und Swait abgefragt (Erdem, Swait 1998, S. 144). Der dritte Fragenblock umfasste Items zur Markenstärke. Hinsichtlich der Markenstärke wurde auf die von Ha modifizierte Brand Equity-Skala zurückgegriffen (Ha 1996, S. 78). Ursprünglich basiert die verwendete Skala auf den Untersuchungen von Aaker, welcher fünf Kategorien zum Markenwert entwickelte (Aaker 1992, S. 29 ff.). Die modifizierte Skala von Ha besteht aus 12 Items mit einer 7er-Skalierung. Diese wurde zur besseren Vergleichbarkeit in eine 5er-Skalierung transformiert. Einige Items mussten bereits im Vorfeld der Untersuchung aufgrund sachlogischer Überlegungen an die Spezifika des Produktionsverbindungshandels angepasst werden. Nach der Durchführung eines Pretests mit 180 Befragten wurden erneut Modifikationen vorgenommen, da sich Fragen hinsichtlich des konkreten Befragungsdesigns und der Erhebung im Produktionsverbindungshandel als nicht sinnvoll herauskristallisierten. Letztendlich konnten vier Items übernommen werden, welche neben den anderen Items die Grundlage für die nachfolgenden Untersuchungen darstellen. Das Konstrukt der Loyalität wurde in enger Anlehnung an Zeithaml, Berry und Parasuraman (1996) und Oliver (1997) operationalisiert. Die Probanden trafen diesbezüglich Aussagen zu ihrem zukünftigen Kaufverhalten und ihrem vergangenen und zukünftigen Weiterempfehlungsverhalten.

3.2 Überprüfung der Hypothesen und empirische Ergebnisse

Nachfolgend wird zunächst das spezifizierte Modell auf die zu erfüllenden Modellprämissen und Gütekriterien hin getestet. Daran anschließend erfolgt die empirische Überprüfung der hergeleiteten Hypothesen.

Die Gütekriterien der Messmodelle werden durchgehend erfüllt; so sind sämtliche Minima höher respektive gleich zu den in der Literatur geforderten Werten (Davis 1964; Fornell, Larcker 1981). Das Minimum der Faktorreliabilität (FR) liegt bei 0,60, das Minimum der durchschnittlich erfassten Varianz (DEV) bei 0,50 und das Minimum des Cronbachschen Alpha liegt bei 0,70. Zusätzlich muss in diesem Zusammenhang die Validität der einzelnen Konstrukte hinsichtlich ihrer Diskriminanz überprüft werden. Dabei ist zu prüfen, inwiefern sich ein Konstrukt von den anderen Konstrukten des Modells unterscheidet. In der Forschungspraxis gilt dieses in der Regel als nachgewiesen, wenn die quadrierte Korrelation der Konstrukte kleiner als die durchschnittlich erfasste Varianz ist (Fornell, Larcker 1981). Dieses ist in der vorliegenden Untersuchung durchgehend erfüllt, womit die Diskriminanzvalidität der Konstrukte nachgewiesen werden kann.

Die Güte des Gesamtmodells wurde auf Basis der Kriterien Tucker-Lewis-Index (TLI), Comparative-Fit-Index (CFI) und Root Mean Square Error of Approximation (RMSEA) beurteilt (Tucker, Lewis 1973; Backhaus, Erichson, Plinke, Weiber 2003, S. 375). Mit 0,937 (CFI) und einem TLI in Höhe von 0,923 kann die globale Anpassung des Modells als sehr gut bezeichnet werden (Hair, Anderson, Tatham, Black 1998, S. 657). Einzig der RMSEA mit einem Wert von 0,065 liegt über den geforderten 0,05, wobei der Modellfit trotzdem als akzeptabel bezeichnet werden kann (Backhaus, Erichson, Plinke, Weiber 2003, S. 375). Das Gesamtmodell nimmt ein korrigiertes Bestimmtheitsmaß (R^2_{korr}) in Höhe von 39,9 % an.

Tabelle 1 zeigt die direkten Effekte der Beziehungen zwischen den Konstrukten. Bis auf die Hypothesen 1 und 4a können alle Hypothesen angenommen werden. Hypothese 1 kann aufgrund der gegensätzlichen Wirkungsrichtung nicht angenommen werden, ebenso muss Hypothese 4a wegen eines nicht signifikanten Zusammenhangs abgelehnt werden. Damit wirkt sich eine starke Betriebstypenmarke auf die Qualitäts- sowie Preiskontrolle und indirekt auf die Loyalität der Geschäftskunden aus.

Tabelle 1: Pfadkoeffizienten des Gesamtmodells

Hypothesen zur Betriebstypenmarkenwirkung			
Hypothese		Richtung	Pfadkoeffizient
H_1	BMstärke → Anbietersuche	–	0.198**
H_2	BMstärke → Qualitätskontrolle	–	–0.479**
H_3	BMstärke → Preiskontrolle	–	–0.565**
H_{4a}	Anbietersuche → Loyalität	–	–0.039
H_{4b}	Qualitätskontrolle → Loyalität	–	–0.307**
H4c	Preiskontrolle → Loyalität	–	–0.480**

** Signifikant auf dem Niveau von 0.01

Zum Ausschluss der Wechselbeziehung wurde zusätzlich ein alternatives Modell getestet, bei dem zwischen der Betriebstypenmarke und der Loyalität gegenüber dem Händler ein direkter Pfad hergestellt wurde. Allerdings konnte kein signifikanter Effekt festgestellt werden.

4 Markenführung im Industriegüterhandel

4.1 Ansätze zum Management der Betriebstypenmarke

Die Ergebnisse der empirischen Untersuchung am Beispiel des Produktionsverbindungshandels zeigen, dass die Bedeutung der Betriebstypenmarke im Industriegüterhandel nicht zu unterschätzen ist. Trotz des existenten rationalen Entscheidungsprozesses im B2B-Sektor hat die Marke eine transaktionskostensenkende Wirkung bei den B2B-Kunden. Allerdings wird gleichzeitig verdeutlicht, dass die Marke im Industriegüterhandel nicht zur Entlastung bei der Suche als solche nach einer geeigneten Einkaufsstätte beiträgt, jedoch zur Senkung der empfundenen Kontrollkosten auf Seiten der Geschäftskunden. Zusätzlich dient diese Entlastung der Geschäftskunden als eine Art Wechselbarriere der Betriebsstätte und trägt somit neben weiteren Faktoren zur Loyalitätsbildung und damit zur Kundenbindung bei. Zur Generierung von Wettbewerbsvorteilen und somit zur Schaffung eines komparativen Konkurrenzvorteils sind nun das Markenmanagement und die damit verbundene Markenstrategie der Handelsunternehmung gefragt. Zur Steigerung der Markenstärke stehen einem Handelsunternehmen verschiedene Optionen zur Auswahl. Dabei ist anzumerken, dass es die Aufgabe der Markenführung ist, Einflüsse auf die Markenbildung zu „führen", und zwar all diejenigen Einflüsse, welche die Unternehmung 'unter Kontrolle' hat.

Damit die Marke im Sinne der Unternehmensziele an Stärke gewinnt, sind die Einflüsse nicht allein auf Markenbekanntheit und Markenimage auszurichten, sondern vor allem auf die Markensubstanz. Und sie sind zwingend aufeinander abzustimmen – Ressort übergreifend, Wertschöpfungsstufen übergreifend, Managergenerationen übergreifend (Ahlert, Gutjahr, Ahlert 2005, S. 14). Sofern es sich um netzwerkgeführte Handelsunternehmen des B2B-Sektors handelt, gestaltet sich die Markenführung allerdings etwas schwieriger als im B2C-Sektor, da sich die Auswahl der Optionen durch besondere Spezifika und Anforderungen reduziert (Ahlert, Gutjahr, Ahlert 2005, S. 10). Zunächst sollte sich das Markenmanagement auf die Formulierung einer klaren Markenstrategie konzentrieren. Dabei lassen sich grundlegend drei Dimension unterscheiden (Ahlert, Kenning, Schneider 2000, S. 112 f.):

- *Segmentierung:* Identifikation möglichst homogener, klar abgegrenzter Marktsegmente,
- *Positionierung:* Bewegung der Marke von der Realposition in Richtung Sollposition („Ideal-Image"),
- *Differenzierung:* Abgrenzung der Marke vom Wettbewerb.

Die Segmentierung kann im Industriegüterhandel durch Spezialisierung auf bestimmte Waren und Dienstleistungen erfolgen und somit die direkte Ansprache bestimmter Zielgruppen garantieren. Gerade für B2B-Systeme ist diese Strategie typisch und auch sinnvoll, da häufig nur eine kleine Zielgruppe angesprochen werden muss. Für die Positionierung der Betriebstypenmarke kann die eindeutige Segmentierung als hinreichende Bedingung bezeichnet werden, da ohne diese eine klare Positionierung gegenüber dem Kunden schwer durchführbar ist. Instrumente zur Positionierung eines Handelsunternehmens können bspw. der Preis und die Qualität der angebotenen Güter sein. Die Strategie der Differenzierung ermöglicht es dem Handelsunternehmen, den Nutzen sowohl auf Kundenseite als auch auf der Händlerseite durch eine intensivere Kundenbindung zu erhöhen. Im Industriegüterhandel kann diese Differenzierung gegenüber dem Wettbewerb, bspw. durch das Angebot zusätzlicher Dienstleistungen, durch den Aufbau von Kundenbeziehungen und auch durch die besondere Qualifikation und Serviceorientierung der Mitarbeiter erfolgen. Allerdings ist zur Durchsetzung der Markenstrategie und zum erfolgreichen Management der Betriebstypenmarke wiederum das Markenmanagement der Handelsunternehmung gefragt.

4.2 Implikationen für das Markenmanagement

Nachdem zunächst die Relevanz der Betriebstypenmarke im Industriegüterhandel nachgewiesen wurde und daran anschließend die drei grundlegenden Dimensionen der Markenstrategie verdeutlicht wurden, ist nun zu prüfen, wie diese Aspekte in operative und strategische Handlungsempfehlungen für das Markenmanagement im B2B-Handel resp. für den Händler vor Ort übersetzt werden können.

Trotz der Besonderheiten des B2B-Handels können die Handlungsempfehlungen für das Markenmanagement von denen des B2C-Handels aufgrund der dargestellten ähnlichen Wirkungsbereiche der Marke übertragen werden. Allerdings sind zur Generierung der Handlungsempfehlungen zusätzlich die Besonderheiten von Betriebstypenmarken zu beachten und die Übertragbarkeit im Einzelfall zu prüfen.

Im Sinne einer langfristigen Markenstrategie ist zunächst eine ausbaufähige Marke zu schaffen. Im Industriegüterhandel und gerade im Produktionsverbindungshandel kann die Schaffung über die zusätzliche Lösung spezifischer Probleme der Geschäftskunden erlangt werden. Dem Kunden muss eine des Merkens würdige Leistung angeboten werden, welche dieser positiv mit den damit verbundenen Produktangeboten und Dienstleistungen verbinden kann. Im Gegensatz zur Produkt- bzw. Dienstleistungsmarke sind bei Betriebstypenmarken eine Vielzahl von Attributen zu berücksichtigen, welche gleichzeitig die Herausforderungen an das Markenmanagement darstellen (Ahlert, Kenning, Schneider 2000, S. 106 f.). Die Erfahrung des Kunden mit der Betriebstypenmarke ergibt sich aus der Kombination all dieser Attribute. Es ist daher von hoher Bedeutung, dass sich der B2B-Händler einerseits der Komplexität seiner Marke bewusst ist und andererseits alle Attribute zur Zufriedenheit seiner Kunden erfüllt. Folgende Attribute sind dabei im Betriebstypenmarkenmanagement zu beachten (Ahlert, Kenning, Schneider 2000, S. 106 f.; Ahlert, Kenning 2007, S. 162 f.):

- Beratungskompetenz (z.B. gute fachliche Beratung)
- Qualitätskompetenz (z.B. Qualitätskontrollen der Waren)
- Sortimentskompetenz (z.B. breites und tiefes Sortiment)
- Service-Leistung (z.B. Angebot zusätzlicher Dienstleistungen)
- Verfügbarkeit (z.B. keine Fehlbestände)
- Preisniveau (z.B. gutes Preis-Leistungsverhältnis).

Nach erfolgreicher Etablierung einer Betriebstypenmarke unter besonderer Herausstellung der Markenfunktionen, insbesondere der Risikoreduktion und Informationseffizienz, für den B2B-Kunden sind die weitergehende Führung und der kontinuierliche Ausbau der Betriebstypenmarke zu forcieren. Zielgrößen sind dabei die Darstellung der Vorteile der Betriebsstätte aufgrund besonderer Leistungen, Qualität etc. Abschließend ist zu betonen, dass nur durch die Zusammenarbeit des Topmanagements im Unternehmen und des Händlers vor Ort alle Aspekte kompetent erfüllt werden können. Dieses stellt eine notwendige Bedingung für den Ausbau resp. die Stärkung der Betriebstypenmarke dar.

5 Zusammenfassung und Ausblick

Die in der Einleitung aufgeworfenen Forschungsfragen konnten aufgrund der empirischen Ergebnisse beantwortet werden:

- Bezüglich der Suche eines geeigneten Anbieters entlastet die Betriebstypenmarke den gewerblichen Kunden im Industriegüter- resp. Produktionsverbindungshandel zwar nicht, jedoch wirkt sich eine starke Betriebstypenmarke positiv auf das Kaufverhalten der B2B-Kunden aus.

- Sowohl das vom Kunden empfundene Preis- als auch Qualitätsrisiko wird durch eine starke Marke gemindert und führt auf Seiten der Kunden zu geringeren Prüf- und Kontrollaufwendungen.

- Diese Verringerung der Informationsasymmetrie führt zu einer höheren Loyalität gegenüber dem jeweiligen Händler und somit zu einer nachhaltigen Kundenbindung. Folglich kann ein aktiv betriebenes Management der Betriebstypenmarke auch im Industriegüterhandel zu nachhaltigen Erfolgen der Handelsunternehmung beitragen.

Künftige Forschungsarbeiten im Bereich der B2B-Marke sollten sich einerseits mit dem langfristigen Auf- und Ausbau von B2B-Marken befassen und andererseits das Verhalten der Geschäftskunden im B2B-Sektor detaillierter untersuchen. Dabei könnten hinsichtlich des Ausbaus der Produkt- sowie der Betriebstypenmarke spezielle

Maßnahmen des Marketing-Mix und deren Wirkungen analysiert werden. Speziell im B2B-Handel könnten die Einflüsse und Auswirkungen der im Sortiment geführten Marken auf die Kaufentscheidung und auf die Betriebstypenmarke betrachtet werden. Bezüglich der B2B-Kunden sollte speziell der Kaufentscheidungsprozess und insbesondere das Kaufverhalten geprüft werden, so dass möglicherweise unterschiedliche Kundenkategorien und Besonderheiten identifiziert werden können. Die Analyse des Kaufverhaltens ermöglicht eine auf die Bedürfnisse und Anforderungen der Kunden abgestimmte Anwendung der Marketingmaßnahmen. Des Weiteren könnte eine dynamische Betrachtung unter Berücksichtigung von Beobachtungsdaten interessante Ergebnisse hinsichtlich des tatsächlichen Kaufverhaltens liefern. Letztendlich ist anzumerken, dass insgesamt noch enormes Potenzial in der B2B-Markenforschung liegt und noch viele Forschungsfelder zu ergründen und auszubauen sind.

Literaturverzeichnis

Aaker, D. A. (1992): Management des Markenwerts, Frankfurt am Main 1992.
Ahlert, D. (1996): Distributionspolitik, 3. Aufl., Stuttgart/Jena 1996.
Ahlert, D. (2005): Brand Trust Measurement – Die Erforschung der „Marke als Vertrauensanker". In: Neue Ansätze in Markenforschung und Markenführung, Frankfurt 2005.
Ahlert, D., Kenning, P. (2007): Handelsmarketing – Grundlagen marktorientierter Führung von Handelsbetrieben, Heidelberg 2007.
Ahlert, D., Kenning, P., Schneider, D. (2000): Markenmanagement im Handel – Von der Handelsmarkenführung zum integrierten Markenmanagement in Distributionsnetzen – Strategien – Konzepte – Praxisbeispiele, Wiesbaden 2000.
Ahlert, D., Gutjahr, G., Ahlert, M. (2005): Netzgeführte Marken – Markenmanagement in Unternehmensnetzwerken. Arbeitspapier des Internationalen Centrums für Franchising und Cooperation, Münster 2005.
Akerlof, G. A. (1970): The market for „lemons": Quality uncertainty and the market mechanism. In: The Quarterly Journal of Economics, 84 (1970), Nr. 3, S. 488–500.
Backhaus, K. (2003): Industriegütermarketing, München 2003.
Backhaus, K., Erichson, B., Plinke, W., Weiber, R. (2006): Multivariate Analysemethoden – Eine anwendungsorientierte Einführung, Berlin 2006.
Coase, R. (1937): The nature of the firm. In: Economica, 4. Jg., S. 386–405.
Davis, F. B. (1964): Educational Measurements and Their Interpretation, Belmont 1964.
Erdem, T., Swait, J. (1998): Brand Equity as a Signaling Phenomenon. In: Journal of Consumer Psychology, 7 (1998), Nr. 2, S. 131–157.
Fischer, M., Hieronimus, F., Kranz, M. (2002): Markenrelevanz in der Unternehmensführung: Messung, Erklärung und empirische Befunde für B2C-Märkte, Münster, 2002.
Fornell, C., Larcker, D. F. (1981): Evaluation Structural Equation Models with Unobservable variables and measurement error. In: Journal of Marketing Research, 18 (1981), Februar, S. 39–50.
Ha, L. (1996): Observations: Advertising Clutter in Consumer Magazines: Dimensions and Effects. In: Journal of Advertising and Research, 36 (1996), Juli/August, S. 76–84.
Hair, J. F. J., Anderson, R. E., Tatham, R. L., Black, W. C. (1998): Multivariate data analysis , Upper Saddle River: Prentice Hall, 1998.
Jary, M., Schneider, D., Wilemann, A. (1999): Marken-Power – Warum Aldi, Ikea, H&M und Co. so erfolgreich sind, Wiesbaden 1999.
Jones, M. A., Mothersbaugh, D. L., Beatty, S. E. (2000): Switching Barriers and Repurchase Intentions in Services. In: Journal of Retailing, 76. (2000), Nr. 2, S. 259–274.
Kotler, P., Pfoertsch, W. (2006): B2B Brand Management, Berlin/Heidelberg/New York 2006.
Mudambi, S. (2002): Branding importance in business-to-business markets – Three buyer clusters. In: Industrial Marketing Management, 31 (2002), Nr. 6, S. 525–533.

Oliver, R. L. (1997): Satisfaction – a behavioral perspective on the consumer. New York: McGraw-Hill 1997.
Pförtsch, W., Schmid, M. (2005): B2B-Markenmanagement – Konzepte, Methoden, Fallbeispiele, München 2005.
Schmitz, C. (1997): Kein Luxus allein für die Großen. Interview in: Handelsjournal (1997), Nr. 10, S. 12.
Tomczak, T. (1999): Markenführung bei Dienstleistungen aus der Sicht der Wissenschaft Münster, 1999, S. 5–18.
Tucker, L. R., Lewis, C. (1973): The Reliability Coefficient for Maximum Likelihood Factor Analysis. In: Psychometrica, 38 (1973), S. 1–10.
Williamson, O. E. (1975): Markets and Hierachies: Analysis and Anti-Trust-Implications – A Study in the Economics of Internal Organizations. London 1975.
Zeithaml, V. A., Berry, L. L., Parasuraman, A. (1996): The Behavioral Consequences of Service Quality. In: Journal of Marketing, 60 (1996), Nr. 2, S. 31–46.

Markenvertrauen: Ein vernachlässigter Erfolgsfaktor

Stefan Wünschmann/Stefan Müller

Zusammenfassung	382
1 Marken in der Vertrauenskrise?	382
2 Vertrauen als Gegenstand der Forschung	383
3 Markenvertrauen	386
4 Empirische Studie zum Markenvertrauen	387
5 Konsequenzen für das Markenmanagement	389
Literaturverzeichnis	391

Zusammenfassung

Obwohl mehrere wissenschaftliche Disziplinen eine intensive Vertrauensforschung betreiben, haben Marketingtheorie und -praxis das Markenvertrauen als Erfolgsfaktor des Markenmanagements weitgehend vernachlässigt. Dabei sollte Herstellern von Markenartikeln daran gelegen sein, das schwindende Vertrauen ihrer zunehmend preisorientierten Zielgruppen zurückzugewinnen. In diesem Beitrag wird daher nach einem Überblick über die Forschung zum Vertrauen das spezifische Konstrukt „Markenvertrauen" definiert und am Beispiel von Kleidungsmarken empirisch untersucht. Den Befunden zufolge ist eine erste vertrauensbildende Maßnahme, dass Marken zunächst ihr Identifizierbarkeitsversprechen einhalten: Ihr Erscheinungsbild muss den Käufern so vertraut sein, dass diese die markierten Angebote im Handel problemlos wiedererkennen. Auch der Marketing-Mix kann Vertrauenswürdigkeit signalisieren (z.B. Gütesiegel, faire Preise, sichere Absatzwege, glaubwürdige Werbung). Hinzu kommen sollte eine vertrauenswürdige Markenpersönlichkeit (z.B. Selbstkongruenz, kompetentes Image) sowie ein emotionales Nutzenversprechen (z.B. Marke steht für Freude und Glück).

1 Marken in der Vertrauenskrise?

Die Fachpresse war in den letzten Jahren voll von Hiobsbotschaften über die Zukunft des klassischen Markenartikels: Wortschöpfungen wie „Volk der Schnäppchenjäger", „Aldisierung" und „Geiz ist Geil" beschworen einen Trend: weg von dem Kaufkriterium „Marke", hin zum „Preis". Und tatsächlich spiegelt sich dieser mehr medial inszenierte als rational begründete *Vertrauensverlust* auch in der Meinung der Konsumenten wider: 1992 stimmten der Typologie der Wünsche zufolge noch 36,7 % der Befragten der Aussage uneingeschränkt zu, dass man sich beim Kauf eines Markenartikels sicher sein könne, gute Qualität zu bekommen. 2006 war diese Quote auf 26,1 % gesunken.

Auch in den markenaffinen Zielgruppen fällt der Anteil derjenigen, die dem traditionellen Markenversprechen Vertrauen schenken, nicht deutlich höher aus (*Abbildung 1*). Von den Qualitätsbewussten etwa stimmen nur 47,2 % dem Statement zu; was einem Vertrauensdefizit von 52,8 % entspricht. Dies gilt nicht nur für die Produktpolitik, sondern auch für die anderen Leistungen des klassischen Markenartikels. So vertrauen nur etwas mehr als die Hälfte der Zahlungsbereiten (Preispolitik) und der Fans von exklusiven Einkaufsstätten (Distributionspolitik) dem Qualitätsversprechen von Marken. Und bei den Werbeaffinen (Kommunikationspolitik) sind es sogar nur 40 %. Auch die anderen, einem Markenartikel gewöhnlich zugeschriebenen Vorzüge wie überdurchschnittliche Innovationskraft, Kundennähe bzw. Selbstkongruenz und emotionale Qualität scheinen die entsprechenden Zielgruppen nicht hinreichend zu überzeugen. Grund genug für die Marketing-Forschung zu untersuchen, wie Markenhersteller dieses Markenvertrauen zurückgewinnen und langfristig stabilisieren können.

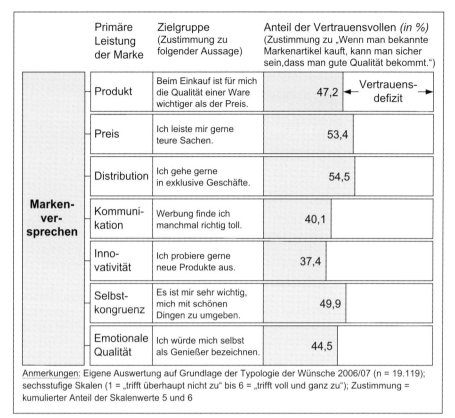

Abbildung 1: Mangelndes Vertrauen in das Markenversprechen

2 Vertrauen als Gegenstand der Forschung

Die verschiedensten wissenschaftlichen Disziplinen haben das Konstrukt „Vertrauen" als Erfolgsfaktor von interpersonalen Beziehungen und von Beziehungen zwischen Personen und Objekten erkannt (*Abbildung 2*). In der *Psychologie* etwa wird grundsätzlich differenziert zwischen intrapersonalem Vertrauen (= in sich selbst; vgl. Burnett, Bush 1986) und interpersonalem Vertrauen (= in andere Personen; vgl. Rotter 1980). Die interpersonale Facette des Konstrukts definiert Rotter (1971, S. 443 f.) als „die positive Erwartung, sich auf ein mündlich oder schriftlich gegebenes Versprechen einer anderen Person verlassen zu können". Dabei kann Vertrauen als Persönlichkeitsvariable (stabile Grundhaltung), als situatives Phänomen (Folge von Kontextbedingungen wie Atmosphäre) und/oder als Beziehungsmerkmal (dauerhafte vertrauensvolle Beziehung zu anderen Personen) wirken (Petermann 1996, S. 54 ff.).

Die *soziologischen Theorien* wiederum betonen die soziale Funktion des Vertrauens: Nur weil wir einander und der Gesellschaft insgesamt vertrauen, können wir komplexe soziale Systeme aufbauen und darin erfolgreich zusammenleben (Vertrauen als soziale Ressource; vgl. Frevert 2003). Aus diesem Grund halten Brewer, Aday und Gross (2005, S. 96) das sog. internationale Vertrauen für einen der wesentlichen Erfolgsfaktoren der Zusammenarbeit verschiedener Gesellschaften. Damit meinen die Autoren sowohl das Vertrauen der Einwohner eines Landes in andere Nationen als auch die generelle Überzeugung der Bevölkerung, dass sich andere Staaten gemäß allgemeingültiger Normen und Regeln verhalten (z.B. Menschenrechte). Vertrauen ist jedoch nicht nur notwendige Bedingung für soziale Beziehungen, sondern stiftet auch Nutzen; denn einer Person, die ihrer sozialen Gruppe vertraut und daher andere Mitglieder um Rat fragen kann, bleibt eine aufwendige Informationssuche erspart. Deshalb bezeichnet Luhmann (2000, S. 30) Vertrauen auch als „Mechanismus zur Reduktion sozialer Komplexität": Um sich in der realen Welt zurechtzufinden, müsse man sich auf andere verlassen können.

Vertreter der *Kommunikationswissenschaft* beschäftigen sich vor allem mit der Vertrauens- bzw. Glaubwürdigkeit von Informationsquellen bzw. Kommunikationspartnern (Hovland, Janis, Kelley 1961). Bei *Politikwissenschaftlern* steht hingegen das sog. politische Vertrauen im Vordergrund (Schmalz-Bruns, Zintl 2002). Sie untersuchen etwa, wie stark das Vertrauen der Bevölkerung in die Demokratie (Offe 2000) und das Vertrauen in politische Institutionen (Schönherr-Mann 2002) die Akzeptanz von demokratischen Prinzipien sowie die Wahlbeteiligung beeinflussen.

Auch in den *Wirtschaftswissenschaften* hat sich in den vergangenen Jahren eine ausgeprägte Vertrauensforschung etabliert. Erkenntnisse liefert bspw. die Prinzipal-Agenten-Theorie. Dieser Teilbereich der Neuen Institutionenökonomie analysiert Auftragsbeziehungen zwischen Individuen oder Institutionen (Bayón 1997, S. 40). Im Allgemeinen verfügt der Agent (hier: Unternehmen) über einen Informationsvorsprung gegenüber dem Prinzipal (hier: Kunde). Eine Kaufentscheidung geht für den Kunden daher mit Unsicherheit einher (z.B. über Produktqualität und Verhalten des Anbieters). Diese Unsicherheit kann der Abnehmer nur abbauen, indem er den Agenten kontrolliert oder ihm vertraut (Pieper 2000, S. 61 ff.). Im Unterschied zur Strategie der Kontrolle verzichtet der „vertrauensvolle" Akteur darauf, zusätzliche Informationen einzuholen. Zwar trägt er damit das Risiko, dass der Anbieter die versprochene Leistung nicht erbringt. Im Gegenzug profitiert er jedoch von den reduzierten ökonomischen (z.B. geringer Zeitaufwand) und nicht-ökonomischen Kosten (z.B. Stress). Aus diesem Grund nutzen *Volkswirtschaftler* das Verbrauchervertrauen als Indikator des Konsumklimas: Konsumenten, welche der wirtschaftlichen Lage misstrauen, konsumieren weniger und mindern damit das Bruttosozialprodukt (Sell 2004, S. 16 f.).

Schließlich spielt das Konstrukt „Vertrauen" auch in der *Betriebswirtschaftslehre* eine bedeutsame Rolle. Im Personalbereich etwa ist es entscheidend für den Erfolg der Arbeitgeber-Arbeitnehmer-Beziehung. Da sich Mitarbeiter gegenüber Führungskräften zumeist vergleichsweise machtlos fühlen, sind sie nur dann zufrieden und leistungsbereit, wenn sie ihrem Unternehmen vertrauen können (Flaherty, Pappas 2000, S. 278 f.). Während in hierarchisch aufgebauten Organisationen häufig Misstrauen vorherrscht, fördert ein partizipativer Führungsstil das Vertrauen der Arbeitnehmer (Nieder 1997, S. 36 ff.). Vertrauen kann sogar zum grundlegenden Organisationsprinzip eines Unternehmens werden (Seifert 2001). Wenn sich Anbieter zu (virtuellen) Netzwerken zusammenschließen, wird neben dem intraorganisationalen auch interorganisationales Vertrauen bedeutsam (Nuissl, Schwarz, Thomas 2002; Sydow 2002). Überdies kann sich eine vertrauenswürdige Unternehmenskultur gegenüber der Öffentlichkeit und anderen externen Anspruchsgruppen auszahlen

(Graf 2000). Um bspw. das Vertrauen von Aktionären zu gewinnen und aufrecht zu erhalten, versprechen viele Anbieter, die sich der „Corporate Governance"-Bewegung verpflichtet fühlen, explizit, die Geschäfte transparent zu führen und zu überwachen (Fuest 2002).

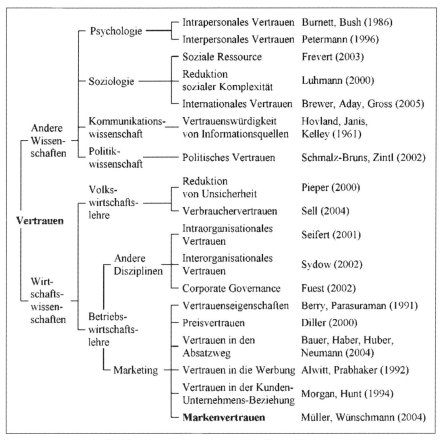

Abbildung 2: Vertrauen als interdisziplinäres Phänomen

Nicht weniger relevant ist das Konstrukt „Vertrauen" weiterhin für die Marketingtheorie und -praxis (Kenning, Blut 2006, S. 5 ff.). Aus produktpolitischer Sicht sind in diesem Zusammenhang die sog. Vertrauenseigenschaften von Produkten ('credence qualities') bedeutsam, über die sich ein Kunde weder vor noch nach dem Kauf hinreichend informieren kann (Berry, Parasuraman 1991). Bei preispolitischen Maßnahmen wiederum ist das Preisvertrauen der Zielgruppe zu beachten, d.h. die Erwartung, dass der Anbieter den Preis nicht ausschließlich eigennützig festlegt (Diller 2000, S. 181 ff.). Während sich Preisgarantien und Preisfairness vertrauensbildend auswirken, kann aggressive Preiswerbung das Vertrauen beschädigen (Grünewald 2003, S. 22). Auch der Absatzweg sollte das Vertrauen der Zielgruppe genießen. Besonders augenfällig ist die Relevanz des Konstruktes für die Distributionspolitik, wie das Beispiel E-Commerce zeigt (Bauer, Haber, Huber, Neumann 2004). Weil nahezu die

Hälfte der Bevölkerung werblichen Botschaften im Allgemeinen misstraut (o.V. 2004, S. 22), ist schließlich auch die Kommunikationspolitik betroffen (Alwitt, Prabhaker 1992). Außerdem befasste sich die Marketing-Forschung in den 90er Jahren mit der Rolle, welche Vertrauen in Beziehungen zwischen Herstellern und Händlern spielt (Ganesan 1994; Morgan, Hunt 1994). Spätere Studien bestätigten den positiven Einfluss auf die Loyalität für den Kauf von Konsumprodukten (Garbarino, Johnson 1999) und Dienstleistungen (Moorman, Zaltman, Deshpande 1992).

3 Markenvertrauen

Für die Beziehung zwischen Käufer und Marke ist Vertrauen gleichfalls ein Erfolgsfaktor. Bereits die Definition des Markenbegriffs thematisiert das Konstrukt „Vertrauen" bzw. die Inhalte des Leistungsversprechens in mehrerer Hinsicht. Mellerowicz (1963) zufolge können Käufer sich zunächst darauf verlassen, dass sie Markenartikel in zumindest ähnlicher Aufmachung beim Händler wieder finden (*Identifizierbarkeitsgarantie*; vgl. *Abbildung 3*). Außerdem bürgt der Anbieter mit seinem Namen für die Qualität seines Angebots. Das Markenversprechen bezieht sich gewöhnlich jedoch nicht nur auf die Produktqualität bzw. die Produktpolitik, sondern auf den *Marketing-Mix* bzw. das gesamte Absatzsystem (Alewell 1974). So sollte eine Marke ihrer Zielgruppe auch einen gleich bleibenden Preis und eine angemessene Distributionsdichte zusichern. Zu beachten ist weiterhin, dass der Wettbewerbsvorteil vieler Marken heute vorwiegend kommunikativer Natur ist. Demzufolge hängt der Markterfolg ebenso stark von der Glaubwürdigkeit der Werbebotschaft ab.

Ein höheres Niveau erreicht das Markenvertrauen, wenn der kommunikative Auftritt dem Markenartikel menschliche Eigenschaften verleiht (Domizlaff 1982, S. 45; Berekoven 1978, S. 45). Dann können Kunden der Marke nicht mehr nur organisational (d.h. dem Unternehmen) bzw. objektbezogen (d.h. dem Symbol bzw. dem Produkt), sondern im übertragenen Sinn auch interpersonal vertrauen. Eine mit einer entsprechenden *Persönlichkeit* ausgestattete Marke kann auf Käufer deshalb vertrauenswürdig wirken, weil sie ihnen kompetent, freundlich etc. erscheint (Image) sowie ihnen ähnelt und somit sozial nahe steht (Selbstkongruenz). Sichert der Hersteller den Käufern einer Marke nicht nur Identität, sondern auch einen bestimmten Erlebniswert (z.B. Abenteuer und Freiheit bei Beck's) bzw. spezielle *Emotionen* zu (z.B. Freude bei Haribo), so erweitert sich die Vertrauensbasis nochmals (Ruth 2001, S. 105; Holbrook, Batra 1987). Zum Markenversprechen gehören dann auch Emotionen, die ein Konsument empfindet, wenn er die Marke kauft, nutzt bzw. besitzt. Käufer können Marken somit auf eine Art und Weise vertrauen, die über das in der Marketing-Theorie bislang behandelte Vertrauen zwischen Kunden und Unternehmen hinausgeht.

Dies erklärt, warum „Markenvertrauen" einer eigenständigen *Definition* bedarf. Wir verstehen darunter eine Verhaltensabsicht, die sich aus dem Zusammenwirken von Subjekt (= Vertrauensbereitschaft der Käufer) und Objekt (= Vertrauenswürdigkeit der Marke) ergibt. Es handelt sich um die relativ stabile Bereitschaft eines potenziellen Käufers, sich auf ein konkretes Markenversprechen, d.h. die Zusage einer Marke, ihren Kunden einen bestimmten Nutzen zu stiften, zu verlassen. Neben dem Vertrauen in die Produkt-, Preis-, Distributions- und Kommunikationspolitik des Anbieters zählen dazu auch das Vertrauen in die versprochenen Merkmale der Markenpersön-

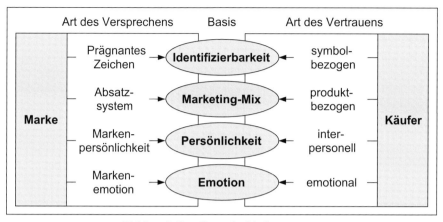

Abbildung 3: Grundlagen des Markenvertrauens

lichkeit und das Vertrauen in den von der Marke zugesagten emotionalen Nutzen. Eine ausführliche Ableitung und Diskussion dieser Definition ist bei Müller und Wünschmann (2004) zu finden. In der folgenden empirischen Untersuchung stehen nun die im Anbieterverhalten begründeten Bedingungen für Markenvertrauen, d.h. die Indikatoren der Vertrauenswürdigkeit einer Marke im Vordergrund.

4 Empirische Studie zum Markenvertrauen

Um die Merkmale von Marken zu identifizieren, mit deren Hilfe Anbieter die Vertrauensbereitschaft ihrer Zielgruppe in Markenvertrauen umsetzen können, wurden im Juli 2006 im Rahmen einer Online-Studie 483 Probanden befragt. Dabei handelt es sich um einen umfassenden Pretest an einer studentischen Stichprobe für eine zurzeit vom Lehrstuhl für Marketing der Technischen Universität Dresden durchgeführte Konsumenten-Befragung (mehrstufiges Forschungsprojekt zum Thema „Markenvertrauen"). Als Branche wurde das High-Involvement-Produkt Kleidung gewählt: Die Probanden sollten vier ihnen bekannte Kleidungsmarken nennen, von denen schließlich zufällig eine für die Befragung ausgewählt wurde.

Alle Konstrukte wurden mit Hilfe einschlägiger Messmodelle *operationalisiert*. Das Außenkriterium „Markenloyalität" (sieben Items) etwa basiert auf einer um Items von Putrevu und Lord (1994) erweiterten Skala von Chaudhuri und Holbrook (2001). Die Markenuniqueness (fünf Items) wiederum wurde mit einem Messmodell von Netemeyer und Kollegen (2004) erhoben. Nur das zentrale Konstrukt „Markenvertrauen" beruht auf einer eigens für die Zwecke der Studie entwickelten Skala (fünf Items), die sich an den Wortlaut eines Items von Chaudhuri und Holbrook (2001) anlehnt. Die von Delgado-Ballester (2003) und Hess (1995) vorgeschlagenen Messmodelle sind aus unserer Sicht ungeeignet, da sie nicht das Konstrukt „Markenvertrauen", sondern nur ausgewählte Antezedenzen operationalisieren (insb. Problemlösungsbereitschaft und Zuverlässigkeit). Der Wortlaut und die interne Konsistenz der Skalen sind in einem demnächst erscheinenden Arbeitspapier dokumentiert (Wünschmann 2007).

Abbildung 4 stellt die Ergebnisse der bivariaten Regressionsanalysen dar. Zunächst wirkt sich Markenvertrauen in starkem Maße auf *Markenloyalität* aus ($R^2 = 63{,}6\,\%$) und kann somit als Erfolgsfaktor des Markenmanagements bezeichnet werden. Markenvertrauen seinerseits wird von allen vier Facetten des Leistungsversprechens signifikant beeinflusst. Die Befragten vertrauen einer Kleidungsmarke umso so mehr, je vertrauter sie mit ihr sind, d.h. je besser sie die Marke kennen und diese *identifizieren* können. Auch der *Marketing-Mix* trägt – wie vermutet – zum Markenvertrauen bei. Dies zeigt sich zum einen im positiven Einfluss des globalen Kriteriums „Markenzufriedenheit" und zum anderen im Effekt der entsprechenden Merkmale der einzelnen Politiken (Zuverlässigkeit des Produkts, Preisfairness, Verlässlichkeit der Distribution und Aufrichtigkeit der Werbung).

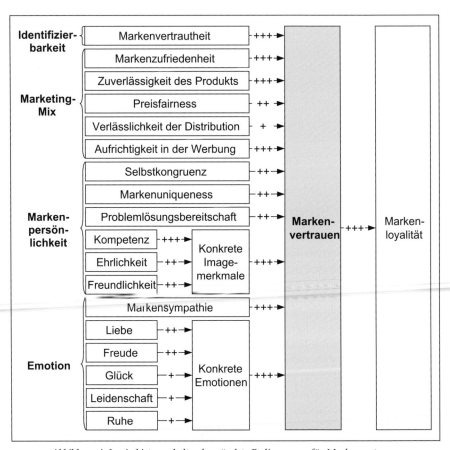

Abbildung 4: Im Anbieterverhalten begründete Bedingungen für Markenvertrauen

Die *Markenpersönlichkeit* beeinflusst das Markenvertrauen gleichfalls in verschiedener Hinsicht. Vertrauenswürdig erscheinen solche Marken, deren Positionierung zur Persönlichkeit der Zielgruppe passt (Selbstkongruenz) und die ihren Käufern eine einzigartige Identität vermitteln können (Markenuniqueness). Zudem sollte die Markenpersönlichkeit signalisieren, dass sich der Anbieter bei etwaigen Problemen wohlwollend verhalten wird (Problemlösungsbereitschaft). Als förderlich hat sich zudem erwiesen, wenn das gesamte Image vertrauenswürdig erscheint: Marken sollten Kompetenz ausstrahlen und durch einen ehrlichen und freundlichen Auftritt einen Vertrauensbonus erwerben. Ergänzt werden diese Einflussgrößen durch Indikatoren der emotionalen Qualität: Im Allgemeinen sollte eine Kleidungsmarke sympathisch erscheinen (sog. Markenaffekt) und im Besonderen zentrale Emotionen wie „Freude", „Liebe" und „Glück" aktivieren.

5 Konsequenzen für das Markenmanagement

Aus den explorativ gewonnenen Befunden lassen sich erste Empfehlungen ableiten, wie Unternehmen das Vertrauen der Zielgruppen in ihre Marken zurückgewinnen bzw. langfristig sichern können. Wie die Definition des Markenvertrauens, so fußt auch das Konzept dieses Vertrauensmanagements auf vier Säulen (*Abbildung 5*):

- Zunächst gilt es, das *Identifizierbarkeitsversprechen* zu erfüllen. Notwendige Bedingungen hierfür sind ein einprägsamer Markenname (z.B. Fit) und ein prägnantes Markenlogo (z.B. Lufthansa). Hinzu kommen sollten eine sowohl aufmerksamkeitsstarke als auch funktionale Produktverpackung und ein kontinuierlicher Werbestil.
- Wer den *Marketing-Mix* vertrauenswürdig ausgestalten möchte, sollte Produkte und Services kundenorientiert entwickeln und im Rahmen des Produktlebenszyklus entsprechend modifizieren sowie für Qualität bürgen, bspw. mit Hilfe von Gütesiegeln (Produktpolitik). Ebenso empfiehlt es sich, entsprechend der Zahlungsbereitschaft der Käufer faire Preise zu verlangen und auf die übliche Aktionitis zu verzichten (Preispolitik). Zudem sollten Anbieter ihre Produkte durch Efficient Consumer Response und Category Management gemeinsam mit dem Handel zielgruppenorientiert in der Einkaufsstätte platzieren und Out-of-Stock-Erlebnisse vermeiden (Distributionspolitik) sowie etwa mit Hilfe von Testimonial-Spots glaubwürdig werben (Kommunikationspolitik).
- Eine entscheidende Rolle im Vertrauensmanagement spielen auch solche Maßnahmen, mit denen sich eine vertrauenswürdige *Markenpersönlichkeit* aufbauen und aufrechterhalten lässt. Dabei ist insbesondere darauf zu achten, dass das Markenimage zum Selbstbild der Zielgruppe passt (Marken-Fit). Die im Rahmen von Image-Analysen auf ähnlichen Dimensionen (z.B. Extraversion, soziale Verträglichkeit) gemessenen Persönlichkeiten von Marke und Konsumenten sollten sich also ähneln, wobei vor allem bei sozial-auffälligen Produkten (z.B. Kleidung) eher das ideale als das reale Selbstbild der Käufer relevant ist. Besonders leicht lässt sich eine Marke durch Werbung personifizieren, in der sie mit bestimmten Personen assoziiert wird (z.B. mit Leitbildern wie Günther Jauch, Unternehmensvertretern wie Claus Hipp oder vertrauenswürdigen Mitarbeitern etwa von Hornbach). Allerdings genügt es nicht, der Marke eine kundenorientierte Identität zu verleihen. Vielmehr sollte das Image auch einzigartig sein, d.h. sich von Konkurrenzprodukten unterscheiden (Unique Advertising Proposition). Besonders empfehlenswert ist der Studie zufolge eine Positionierung als kompetente (z.B. Miele), ehrliche (z.B. Hipp) und freundliche (z.B. Milka) Marke. Schließlich gilt es, Problemlösungsbereitschaft zu kommunizieren. Hierzu bedarf es zunächst eines Aktiven Beschwerdemanagements: Das Unternehmen sollte nicht nur auf anfal-

lende Beschwerden reagieren, sondern proaktiv handeln, d.h. unaufgefordert auf offensichtlich frustrierte Kunden zugehen (vor allem im Handel und im direkten Vertrieb) und kundenfreundliche Beschwerdewege schaffen (z.B. kostenlose Hotline auf der Produktverpackung nennen). Hilfreich könnten zum anderen auch Slice-of-Life-Spots sein, in denen der Anbieter Probleme von typischen Vertretern der Zielgruppe entgegenkommend löst.

Abbildung 5: Grundzüge eines Markenvertrauensmanagements

- *Emotionales Vertrauen* wiederum lässt sich vorwiegend durch kommunikationspolitische Instrumente schaffen. Dabei sollten Anbieter bevorzugt Bilder einsetzen, weil diese ähnlich ganzheitlich verarbeitet werden wie Gefühle und daher den Betrachter leichter als andere Werbestrategien emotional ansprechen. Besonders wirksam sind in diesem Zusammenhang werbliche Reize, die biologisch angelegte affektive Reaktionen hervorrufen: etwa das Kindchen-Schema (z.B. Whiskas) sowie erotische (z.B. Schöfferhofer) und humorvolle (z.B. Red Bull) Appelle. Allerdings besteht hier die Gefahr allzu offensichtlicher Beeinflussungsversuche, welche erfahrungsgemäß bei der Zielgruppe Reaktanz auslösen. Einen weiteren Beitrag zum Vertrauensmanagement kann Event-Marketing leisten: Nehmen Käufer eine Marke im Rahmen eines emotionalen Erlebnisses wahr, verbinden sie damit gekennzeichnete Produkte danach unter Umständen mit den für das Ereignis typischen Gefühlen (z.B. Freude bei Fußballspielen in der AOL-Arena). Letztlich kann auch die Präsentation im Handel dabei helfen, eine Marke zu emotionalisieren bzw. die werblich versprochenen Emotionen am Point-of-Sale erneut zu aktivieren: So lassen sich Kleidung mit Hilfe des Shop-in-the-Shop-Konzepts in Warenhäusern, Lebensmittel durch Licht- oder Aromaeffekte in der Frischetheke der Supermärkte und Bier auf Markendisplays in Getränkeabholmärkten inszenieren.

Literaturverzeichnis

Alewell, K. (1974): Markenartikel. In: Tietz, B. (Hrsg.): Handwörterbuch der Absatzwirtschaft, Wiesbaden 1974, Sp. 1217–1227.

Alwitt, L. F., Prabhaker, P. R. (1992): Functional and Belief Dimensions of Attitudes to Television Advertising: Implications for Copytesting. In: Journal of Advertising Research, 32. Jg. (1992), Nr. 5, S. 30–42.

Bauer, H. H., Haber, T., Huber, F., Neumann, M. (2004): Die Rolle von Vertrauen im Online-Shopping. In: Bauer, H. H., Huber, F. (Hrsg.): Strategien und Trends im Handelsmanagement, München 2004, S. 431–445.

Bayón, T. (1997): Neuere Mikroökonomie und Marketing: Eine wissenschaftstheoretisch geleitete Analyse, Neue betriebswirtschaftliche Forschung, Band 218, Wiesbaden 1997.

Berekoven, L. (1978): Zum Verständnis und Selbstverständnis des Markenwesens. In: o. Hrsg.: Markenartikel heute – Marke, Markt und Marketing, Wiesbaden 1978, S. 35–48.

Berry, L., Parasuraman, A. (1991): Marketing Services, New York 1991.

Brewer, P. R., Aday, S., Gross, K. (2005): Do Americans Trust Other Nations? A Panel Study. In: Social Science Quarterly, 86. Jg. (2005), Nr. 1, S. 36–51.

Burnett, J. J., Bush, A. J. (1986): Profiling the Yuppies. In: Journal of Advertising Research, 26. Jg. (1986), Nr. 2, S. 27–36.

Chaudhuri, A., Holbrook, M. B. (2001): The Chain of Effects from Brand Trust and Brand Affect to Brand Performance: The Role of Brand Loyalty. In: Journal of Marketing, 65. Jg. (2001), Nr. 2, S. 81–93.

Delgado-Ballester, E. (2004): Applicability of a Brand Trust Scale across Product Categories: A Multigroup Invariance Analysis. In: European Journal of Marketing, 38. Jg. (2004), Nr. 5/6, S. 573–592.

Diller, H. (2000): Preispolitik, 3. Aufl., Stuttgart 2000.

Domizlaff, H. (1982): Die Gewinnung des öffentlichen Vertrauens, Hamburg 1982.

Flaherty, K. E., Pappas, J. M. (2000): The Role of Trust in Salesperson-Sales Manager Relationships. In: Journal of Personal Selling & Sales Management, 20. Jg. (2000), Nr. 4, S. 271–278.

Frevert, U. (2003): Vertrauen, Göttingen 2003.

Fuest, C. (2002): Corporate Governance. In: Going Public, Sonderausgabe „Investor Relations", o. Jg. (2002), S. 14–15.

Ganesan, S. (1994): Determinants of Long-term Orientation in Buyer-Seller Relationships. In: Journal of Marketing, 58. Jg. (1994), Nr. 2, S. 1–19.

Garbarino, E., Johnson, M. (1999): The Different Roles of Satisfaction, Trust and Commitment for Relational and Transactional Consumers. In: Journal of Marketing, 63. Jg. (1999), Nr. 2, S. 70–87.

Graf, A. (2000): Vertrauen und Unternehmenskultur im Führungsprozess. In: Zeitschrift für Wirtschafts- und Unternehmensethik, 1. Jg. (2000), Nr. 3, S. 339–356.

Grünewald, S. (2003): Das zerstörte Preisvertrauen. In: Lebensmittelzeitung, 2003, S. 22.

Hess, J. (1995): Construction and Assessment of a Scale to Measure Consumer Trust. In: Stern, B. B., Zinkhan, G. M. (Hrsg.): 1995 AMA Educator's Proceedings, Chicago 1995, 6. Jg., S. 20–26.

Holbrook, M. B., Batra, R. (1987): Assessing the Role of Emotions as Mediators of Consumer Responses to Advertising. In: Journal of Consumer Research, 14. Jg. (1987), Nr. 4, S. 404–420.

Hovland, C. I., Janis, I. L., Kelley, H. H. (1961): Communication and Persuasion: Psychological Studies of Opinion Change, New Haven 1961.

Kenning, P., Blut, M. (2006): Vertrauen: Ein Objekt des Marketingmanagements?! In: Bauer, H. H., Neumann, M. M., Schüle, A. (Hrsg.): Konsumentenvertrauen: Konzepte und Anwendungen für ein nachhaltiges Kundenbindungsmanagement, München 2006, S. 3–15.

Luhmann, N. (2000): Vertrauen, 4. Aufl., Stuttgart 2000.

Mellerowicz, K. (1963): Markenartikel: Die ökonomischen Grenzen ihrer Preisbildung und Preisbindung, 2. Aufl., München 1963.

Moorman, C., Zaltman, G., Deshpande, R. (1992): Relationships between Providers and Users of Market Research: The Dynamics of Trust within and between Organizations. In: Journal of Marketing Research, 29. Jg. (1992), Nr. 3, S. 314–328.

Morgan, R. M., Hunt, S. D. (1994): The Commitment-Trust Theory of Relationship Marketing. In: Journal of Marketing, 58. Jg. (1994), Nr. 3, S. 20–38.

Müller, S., Wünschmann, S. (2004): Markenvertrauen: Aktueller Stand der Forschung und empirische Untersuchung am Beispiel der Automobilbranche, Dresdner Beiträge zur Betriebswirtschaftslehre Nr. 91/04, 3. Aufl., Dresden 2004.

Netemeyer, R. G., Krishnan, B., Pullig, C., Wang, G., Yagci, M., Dean, D., Ricks, J., Wirth, F. (2004): Developing and Validating Measures of Facets of Customer-Based Brand Equity. In: Journal of Business Research, 57. Jg. (2004), Nr. 2, S. 209–224.

Nieder, P. (1997): Erfolg durch Vertrauen: Abschied vom Management des Mißtrauens, Wiesbaden 1997.

Nuissl, H., Schwarz, A., Thomas, M. (2002): Vertrauen – Kooperation – Netzwerkbildung: Unternehmerische Handlungsressourcen in prekären regionalen Kontexten, Opladen 2002.

o.V. (2004): Jeder Zweite glaubt Werbeaussagen. In: Horizont, Nr. 25, 17.06.2004, S. 22.

Offe, C. (2000): Demokratie und Vertrauen. In: Transit Europäische Revue, o.Jg. (2000), Nr. 18, S. 118–131.

Petermann, F. (1996): Psychologie des Vertrauens, 3. Aufl., München 1996.

Pieper, J. (2000): Vertrauen in Wertschöpfungspartnerschaften: Eine Analyse aus Sicht der Neuen Institutionenökonomie, Wiesbaden 2000.

Putrevu, S., Lord, K. R. (1994): Comparative and Noncomparative Advertising: Attitudinal Effects under Cognitive and Affective Involvement Conditions. In: Journal of Advertising, 23. Jg. (1994), Nr. 2, S. 77–90.

Rotter, J. B. (1971): Generalized Expectancies for Interpersonal Trust. In: American Psychologist, 26. Jg. (1971), Nr. 5, S. 443–452.

Rotter, J. B. (1980): Interpersonal Trust, Trustworthiness, and Gullibility. In: American Psychologist, 35. Jg. (1980), Nr. 1, S. 1–7.

Ruth, J. A. (2001): Promoting a Brand's Emotion Benefits: The Influence of Emotion Categorization Processes on Consumer Evaluations. In: Journal of Consumer Psychology, 11. Jg. (2001), Nr. 2, S. 99–113.

Schmalz-Bruns, R., Zintl, R. (2002): Politisches Vertrauen, Baden-Baden 2002.

Schönherr-Mann, H. – M. (2002): Wieviel Vertrauen verdienen Politiker. In: Aus Politik und Zeitgeschichte, Beilage zur Wochenzeitung „Das Parlament", o.Jg. (2002), Band 15/16, S. 3–5.

Seifert, M. (2001): Vertrauen als Organisationsprinzip: Eine theoretische und empirische Studie über Vertrauen zwischen Angestellten und Führungskräften. In: Zeitschrift für Personalforschung, 15. Jg. (2001), Nr. 4, S. 461–465.

Sell, F. L. (2004): Confidence and the Erosion of Confidence: Economic Functions and Effects, Diskussionsbeiträge des Instituts für Volkswirtschaftslehre, Universität der Bundeswehr München, 16. Jg. (2004), Nr. 1.

Sydow, J. (2002): Zum Management von Logistiknetzwerken. In: Logistik Management, 4. Jg. (2002), Nr. 2, S. 9–15.

Wünschmann, S. (2007): Antezedenzen und Konsequenzen des Markenvertrauens: Pretest eines empirischen Erklärungsmodells am Beispiel von Kleidungsmarken, Dresdner Beiträge zur Betriebswirtschaftslehre, Dresden 2007. (erscheint demnächst)

4. Teil:
Markenführung im Branchenkontext

Gelebte Markenführung im B2B-Bereich

Frank Merkel

> **Zusammenfassung**
>
> Markenführung wird im B2B-Bereich zunehmend relevant. Der vorliegende Beitrag stellt in konsizer Form ausgewählte Erfolgsfaktoren der Markenführung im B2B-Bereich dar.

Welche Bedeutung hat die Marke für den Erfolg eines Unternehmens? An dieser Frage scheiden sich schon seit Jahren die Geister. Im Konsumgüterbereich beklagt man einerseits eine dramatische Markenerosion und Illoyalität der Konsumenten, insbesondere auch vor dem Hintergrund einer „Geiz ist geil"-Welle, andererseits betont man die Kraft starker Marken und ihre immensen Werte – veröffentlicht in regelmäßigen Hitparaden der wertvollsten Marken der Welt.

Völlig anders hingegen verläuft die Diskussion im Business-to Business (B2B)-Bereich. Hier werden überwiegend noch Grundsatzfragen behandelt – beispielsweise ob Markenführung überhaupt eine strategische Option darstellt und welchen Stellenwert die Marke im Entscheidungsprozess der Kunden einnimmt. Noch vor wenigen Jahren beschränkte sich bei den allermeisten B2B-Unternehmen die Markenthematik auf Fragen des Erscheinungsbildes. Selbst die Forschung behandelte das Markenthema im B2B-Bereich äußerst stiefmütterlich. Eine Dissertation aus dem Jahr 2001 hatte noch mit einem Mangel an Sekundärliteratur und fehlenden Grundlagenstudien zu kämpfen. „Vergleichsweise wenige wissenschaftliche Erkenntnisse.." hieß es dort.

Offenbar gibt es aber in jüngerer Zeit eine neue Entwicklung, die ein signifikantes Umdenken erkennen lässt. Man könnte fast schon von einem neuen „In-Thema" sprechen. So ergibt die Suche bei Google mit den Begriffen „Markenführung" und „B2B" 74.600 Treffer. Handelt es sich um eine kurzfristige Mode? Wird wieder eine „neue Sau durchs Dorf getrieben", wie dies von Beratern gerne gemacht wird, um neue Geschäftsfelder zu generieren? Oder handelt es sich um einen nachhaltigen Ansatz, der einen gravierenden Einfluss auf die Unternehmensstrategie haben wird?

Zwei entscheidende Annahmen prägten über Jahrzehnte die Marktbearbeitung im B2B-Bereich: Zum einen ging man von hoch rationalen Entscheidungsprozessen aus, bei denen Emotionen und „psychologische Aspekte" in die private Sphäre verbannt wurden. Zum anderen fokussierte man sich auf Produktdifferenzierungen, die aus herausragender technischer Leistung entstanden. Beide Annahmen werden immer mehr in ihren Grundfesten erschüttert. Mehr und mehr wird anerkannt, dass auch Investitionsentscheidungen größter Dimension nicht nur nach rationalen Kriterien getroffen werden, sondern auch von Emotionen beeinflusst werden. Dies drückt die Aussage „you never get fired by choosing IBM" aus. McKinsey zeigte in einer mit dem Marketing Zentrum Münster (MCM) erstellten Studie auf, dass Marken im

B2B-Markt vor allem der Erhöhung der Informationseffizienz und der Risikoreduzierung dienen. Der globale Wettbewerb mit einer rasanten Kopierrate technischer Eigenschaften schafft im Weiteren die Notwendigkeit zusätzlicher Differenzierungsfaktoren. Dann wenn Intel überall „inside" ist, dient der Prozessor nicht mehr als entscheidendes Verkaufsargument – eine neue Herausforderung für eine strategisch fundierte Markenführung.

Bereits Domizlaff (1939) hat in seinem Grundlagenwerk „Die Gewinnung des öffentlichen Vertrauens" aufgezeigt, wie vieldimensional Markenarbeit ist. Es geht letztendlich um eine Beachtung aller Steuerungsvariablen im Sinne eines stringenten Markenaufbaus. Und dies ist weit mehr, als in einem gefälligen Erscheinungsbild und kreativen Einzelmaßnahmen „etwas für das Image" zu tun. Die oftmals in der Praxis noch zu beobachtende verengte Betrachtung des Markenmanagements als reine Kommunikationsaufgabe ist schlichtweg falsch. Vielmehr betrifft das Thema Marke jeden Mitarbeiter im Unternehmen und setzt in vielen Fällen einen Bewusstseinswandel und Verhaltensveränderungen voraus. So hat beispielsweise die BASF im Rahmen ihrer Markenstrategie die gesamte interne Kommunikation an einer „Value-Matrix" ausgerichtet. Jede Aktivität wird auf ihre Stimmigkeit untersucht und bei Abweichung inhaltlich angepasst. Hierbei geht es eben nicht nur um formale Aspekte, sondern um eine durchgängige Denkhaltung im ganzen Unternehmen. Um zu dieser „Value-Matrix" zu kommen, war ein mehrjähriger Diskussionsprozess über die Werte und Kerneigenschaften des Unternehmens notwendig, in den sowohl das Top-Management als auch die breite Basis eingebunden wurden.

B2B-Beschaffungsprozesse werden selten von Einzelnen durchgeführt. Die Buying Center in Unternehmen können bis zu zweistellige Personenzahlen annehmen, wobei die Kriterien für die Entscheidung meist sehr heterogen sind. Nur wenige Mitglieder des Buying Center sind in der Lage, technische Details fachlich beurteilen zu können. Insofern kommen zahlreiche subjektive Entscheidungskriterien zum Tragen, die insbesondere durch die Interaktion mit den Menschen des Selling Center beeinflusst werden. Da in vielen Fällen ein Verkaufsprozess durch den Einsatz von Menschen stattfindet, die zum Teil auch ein Selling-Center darstellen, kann es zu höchst subjektiven Aspekten kommen, die stark unterschwellig ablaufen. Viel zu oft wird dieser Aspekt vernachlässigt und der Vertrieb als wichtige strategische Markendimension ausgeklammert – ein gravierenden Fehler.

Im B2B-Bereich sind traditionell mehr Kommunikationsinstrumente im Einsatz als im B2C-Bereich. Neben den klassischen Medien wie Fachzeitschriften spielen Messen, Road-Shows, Direktmarketingmaßnahmen, Broschüren und PR eine wichtige Rolle. In den letzten Jahren ist zusätzlich das Internet als bedeutsame Informationsquelle hinzu gekommen. Klammer für alle medialen Aktivitäten ist in den meisten Fällen der persönliche Verkauf. Ein wirklich integriertes Konzept zur Markenkommunikation muss daher alle Facetten der externen und internen Kommunikation berücksichtigen. Dies ist eine große Steuerungsaufgabe im eigenen Unternehmen, aber auch im Zusammenspiel mit den eingesetzten Dienstleistern. Oftmals ist in der Praxis noch ein Schubladendenken mit Ressortegoismen zu beobachten. Genauso wie die in den letzten Jahren übliche Art der Projektorientierung mit zum Teil fatalen Folgen für eine durchgängige Kommunikationsarbeit. Denn gute Markenkommunikation hat nicht nur eine formale, sondern auch eine instrumentelle, inhaltliche sowie zeitliche Integrationsaufgabe. Zudem richtet sie sich an einer eindeutigen Positionierung, die sich aus dem Markenkern ableitet, aus.

Die Ausrichtung an einer großen Vision, die Kraft gibt, an Werten, die Menschen zusammenschweißen, an dem Streben nach höchster Glaubwürdigkeit ist die Ausgangsbasis für jede starke Marke. Niemand kann eine Marke bei einer Kommunikationsagentur kaufen! Man kann sich beim Prozess fachkundig begleiten lassen. Man kann ein Logo, ein Erscheinungsbild eine Kampagne in Auftrag geben. Aber man kann sich kein Involvement von außen kaufen. Um dieses Involvement in einem Markenprozess aufzubauen, ist die Verankerung des Markenprozesses im Top-Management zwingend notwendig. Die erfolgreichsten Markenprojekte sind diejenigen, bei denen die gesamte Geschäftsführung „gebrannt" hat, d.h. selbst begeistert war.

Markenmanagement ist auch nicht alleine Aufgabe der Marketing- oder Werbeabteilung, sondern betrifft alle Unternehmensbereiche von der Entwicklung bis zum After-Sales Service. Wer beispielsweise „Vorsprung durch Technik" verspricht und es schafft, sich in der Dienstwagenskala vom geschmähten Vertreterauto zum Liebling in der Oberklasse zu entwickeln, hat mehr richtig gemacht, als nur eine gute Werbeagentur zu beauftragen. Audi hat diesen beeindruckenden Imagewandel vollbracht, weil die Ingenieure genauso mit an Bord waren wie die Designer, weil die Werkstätten mitgezogen haben und die Kommunikation die gemeinsamen Errungenschaften hervorragend verkauft hat. Dieses ganzheitliche Denken ist wahrscheinlich die größte Aufgabe in vielen Unternehmen, die sich „Marke" auf die Fahnen schreiben.

Auch wenn die Markenführung im Unternehmen verankert sein muss und das Markenmanagement aus dem Unternehmen heraus gesteuert werden sollte, werden in der Regel externe Dienstleister notwendig sein, um spezielle Konzeptionen zu entwickeln und diese operativ umzusetzen. Diese Dienstleister (z.B. Design-, PR-, Kommunikationsagenturen, Trainer, Call-Center) sind in einem Markenprozess jedoch eher wie outgesourcte Abteilungen und nicht wie klassische Lieferanten zu behandeln. Sie sind Werttreiber und ihre Aufgabe ist es, ganz im Sinne der Markenphilosophie zu agieren, wofür ein besonderes Maß an Abstimmung notwendig ist. Eine solche Zusammenarbeit findet nicht nur über klassische Briefings statt, sondern baut auf intensiven gemeinsamen Workshops auf, bei denen eine geistige Vernetzung ein wesentliches Investment von beiden Seiten darstellt. In der Regel werden mehrere Dienstleister eingesetzt. Damit aber alle in die gleiche Richtung agieren, empfiehlt es sich, in regelmäßigen Abständen Round-Table-Gespräche durchzuführen, an dem alle Schlüsselpersonen teilnehmen. Hier sind sowohl die vergangenen Erfahrungen zu diskutieren, als auch die zukünftige Ausrichtung zu besprechen. Mercedes-Benz hat dies beispielsweise über mehrere Jahre sehr erfolgreich praktiziert, als eine Vereinheitlichung des gesamten Markenauftritts für alle Sparten nicht nur nach einem einheitlichen Erscheinungsbild, sondern auch nach gemeinsamen Werten beschlossen wurde. Dies hat zu einem hohen Involvement aller Beteiligten geführt und eine maximale Durchgängigkeit erzeugt.

Eine Marke ist etwas höchst Lebendiges mit einem starken Kern. Dieser Kern darf nicht verletzt werden, sondern muss wie ein Schatz gehütet werden. Jeder im Unternehmen sollte die Kernwerte kennen und aufgefordert werden, sie mit Leben zu füllen. Schön, wenn wie bei BOSCH eine komplette Tarifumstellung wie ERA (Entgeldrahmentarifvertrag) im Gegensatz zu anderen Unternehmen der Metallindustrie geräuschlos möglich ist, weil es sich auf den Unternehmenswert „fair" besinnt und ihn lebt – und eben nicht nur kommuniziert. Aber es ist auch eine große Vitalität erforderlich, um in einer rasanten Welt mithalten zu können. Und hierzu ist es notwendig, alle Mitarbeiter im Sinne der Markenentwicklung einzubinden. Wer sich z.B. der Qualität verschrieben hat, wie der englische Lebensmittelkonzern Uniqu, muss diesen Aspekt Tag für Tag im Unternehmen unter Beweis stellen und alles ausfindig machen, was gegen den Anspruch an hohe Qualität verstößt. Uniqu hat nicht nur Qualitätszirkel einberufen, sondern in Plakataktionen deutlich gemacht, an welchen Stellen es noch hapert. Der Geschäftsführer ist selbst mit Digitalkamera durch die Werke gegangen, um Mängel aufzuzeigen und hat in regelmäßigen Gesprächsrunden immer wieder dieses Leitthema auf die Tagesordnung gebracht. Das Ergebnis war nach wenigen Monaten ein deutlich verändertes Bewusstsein und ein sichtbar anderes Verhalten. Markenführung und Markenmanagement ist ein Teil Organsiationsentwicklung und muss daher so instrumentalisiert werden, dass der Mitarbeiter nicht der Zuschauer ist, sondern selbst Akteur. Um dies zu erreichen ist eine sehr offene Kommunikationskultur notwendig, sonst bleibt das Thema in den Fachabteilungen stecken und führt nicht zum gewünschten Gesamterfolg.

Das Bekenntnis zur Marke sichert noch nicht die erfolgreiche Entwicklung einer solchen. Wer sich für den Markenaufbau im B2B-Bereich ausspricht, muss einen langen Atem mitbringen. Der nachhaltige Erfolg wird für die meisten Unternehmen im B2B-Bereich davon abhängen, ob sie es schaffen, Marken mit klarem, unverwechselbarem Profil mit genügend Differenzierungskraft auf rationaler und emotionaler Ebene zu entwickeln. Über viele Jahre standen in Unternehmen eher operative, kurzfristig wirksame Programme im Fokus. Der Autor wagt die These, dass dies nicht mehr ausreicht, um als B2B-Unternehmen im globalen Wettbewerb bestehen zu können. B2B-Traditionsmarken wie John Deere, Hilti, BOSCH, IBM, aber auch junge Marken wie DELL, SAP, accenture oder Intel beweisen, wie wichtig Marken auch in diesem Feld sind. Es ist interessant, dass die Marken mit den attraktivsten Markenstories heute eher aus der Welt hochkompetitiver Dienstleistungen stammen. Klassische Industrieunternehmen sind noch eher verhalten. Wie man am Beispiel der BASF sieht, kommt aber Bewegung in den Markt. Es sollte nicht verwundern, wenn innerhalb weniger Jahre der B2B-Bereich eines der attraktivsten Beschäftigungsfelder für Markenmanager, Marketing-Professoren, Berater und Agenturen sein wird.

- Markenführung wird im B2B-Bereich zunehmend relevant
- Markenführung muss im Top Management verankert sein
- Erfolgreiche Markenführung erfordert eine konsequente Markenorganisation über alle Bereiche hinweg
- Erfolgreiche Markenführung erfordert eine effiziente Integration externer Dienstleister

Sind Marken im Industriegüterbereich relevant?[1]

Christian Homburg/Ove Jensen/Markus Richter

Zusammenfassung	400
1 Einleitung	400
2 Literaturübersicht	401
3 Theoretische Fundierung und Hypothesenbildung	401
3.1 Theoretische Fundierung	402
3.2 Hypothesenbildung	403
4 Empirische Untersuchung	404
4.1 Datenerhebung und -grundlage	404
4.2 Ergebnisse der empirischen Untersuchung	407
5 Schlussbemerkungen	410
Literaturverzeichnis	411

---

[1] Eine ausführlichere Behandlung dieses Themas bieten Homburg, Ch., Jensen, O., Richter, M.: Die Kaufverhaltensrelevanz von Marken im Industriegüterbereich, Die Unternehmung, 60, 4 (2006), S. 281–296.

> **Zusammenfassung**
>
> Während die Relevanz von Marken im Konsumgüterbereich nahezu unbestritten ist, wird sie im Industriegüterbereich häufig in Frage gestellt. In dem vorliegenden Beitrag wird die Kaufverhaltensrelevanz von Industriegütermarken theoretisch fundiert sowie mit Hilfe einer Conjoint-Analyse empirisch untersucht. Es zeigt sich, dass Marken auch im Industriegüterbereich eine kaufverhaltenswirksame Bedeutung haben. Diese ist in Kaufsituationen besonders hoch ausgeprägt, die für den Kunden neuartig und wichtig sind.

1 Einleitung

Markenpolitische Fragestellungen stellen seit geraumer Zeit ein Schwerpunktthema in Marketingforschung und -praxis dar (u.a. Bruhn 2003; Baumgarth 2004a; Boltz, Leven 2004; Esch 2004). Die Betrachtungen beziehen sich jedoch vornehmlich auf Konsumgüter. Die wissenschaftliche Beschäftigung mit Marken im Industriegütersektor fällt deutlich geringer aus: „An important weakness of the branding literature is that it is focused almost exclusively on consumer markets" (Michell, King, Reast 2001, S. 415). Kemper (2000, S. 1) spricht gar vom „Stiefkind der Marketingwissenschaft", und noch Baumgarth (2004a, S. 313) sieht B2B-Branding als „stark vernachlässigtes Gebiet". Auch für die englischsprachige Literatur konstatieren Lynch/de Chernatony (2004, S. 403) eine „paucity of research on ... B2B branding".

An dieser Stelle ist es zweckmäßig einzugrenzen, welchen Markenbegriff wir unseren Überlegungen zugrunde legen: Wir verwenden ein weites, wirkungsbezogenes Markenverständnis und fassen Marken als Vorstellungsbilder in den Köpfen der kaufentscheidenden Akteure auf, die das Produkt- und Dienstleistungsangebot eines Unternehmens vom Wettbewerb differenzieren (ausführlich Esch 2004, S. 19 ff.; Webster, Keller 2004).

Einzelne Vertreter der Unternehmenspraxis weisen auf die steigende Relevanz von Industriegütermarken hin. So merkte der Geschäftsführer der ehemaligen Usinor Stahl GmbH an, dass „Marken auch bei Industriegütern immer mehr an Bedeutung gewinnen" (Weidner 2002, S. 101). Der Vorstandsvorsitzende des Werkzeugmaschinenkonzerns Gildemeister bezeichnet Marken gar als „erste(n) Schlüssel für einen Markterfolg" (Kapitza 2002, S. 20).

Trotz positiver Stimmen ist es umstritten, ob Marken auf Industriegütermärkten überhaupt relevant sind. Schließlich wird dem Industriegütermarketing im Vergleich zum Konsumgütermarketing eine höhere Rationalität bei der Abwägung von Kosten und Nutzen des Angebots unterstellt (Backhaus, Sabel 2004; Rozin 2004; Webster, Keller 2004): Die als Nachfrager auftretenden Organisationen verfügen oft über formalisierte Richtlinien für Beschaffungsprozesse. Am Beschaffungsprozess sind gewöhnlich mehrere Personen beteiligt, darunter professionelle Einkäufer (Webster, Wind 1972, S. 75 ff.).

Vor diesem Hintergrund verfolgt der vorliegende Beitrag zwei Zielsetzungen: Zum einen wird die generelle Relevanz von Marken im Industriegüterbereich untersucht. Zum anderen werden situative Faktoren untersucht, welche die Kaufverhaltensrelevanz von Industriegütermarken beeinflussen.

2 Literaturübersicht

Das zunehmende wissenschaftliche Interesse an Industriegütermarken manifestiert sich in einer steigenden Zahl von Aufsätzen und Monographien (z.B. Kemper 2000; Schmidt 2001; Sitte 2001). So hat das Journal of Brand Management diesem Thema eine spezielle Ausgabe gewidmet (Rozin 2004). Die wachsende, aber immer noch geringe Zahl empirischer Arbeiten zur Industriegütermarke lässt sich grob danach kategorisieren, ob markenpolitische Aspekte eher aus Anbieter- oder aus Nachfragersicht untersucht werden. Da in diesem Beitrag die Nachfragersicht im Mittelpunkt steht, werden wir die Anbietersicht (Baumgarth 2004b für einen Überblick) hier nicht vertiefen.

Empirische Arbeiten zur Nachfragersicht stellen auf solche Aspekte wie Markenbewusstsein, Markenwahrnehmung und markenbezogenes Kaufverhalten ab. Die Ergebnisse zur Relevanz von Marken sind dabei stark widersprüchlich (Backhaus, Sabel 2004). Während Sinclair und Seward (1988) als Ergebnis ihrer empirischen Studie feststellen, dass das Markenbewusstsein im Industriegüterbereich nur gering ausgeprägt ist, weisen Gordon, Calantone und di Benedetto (1993) im Markt für elektronische Komponenten nach, dass einem identischen Produkt eine höhere Qualität beigemessen wird, wenn es einen starken Markennamen trägt. Mudambi, Doyle und Wong (1997) sowie Thompson, Knox und Mitchell (1997/98) identifizieren durch Experteninterviews erfolgsrelevante Attribute einer Industriegütermarke. Einen Einfluss von Marken auf den Kaufentscheidungsprozess stellen auch Caspar, Hecker und Sabel (2002) fest. Zusätzlich gehen sie der Bedeutung von Industriegütermarken auf unterschiedlichen Produktmärkten nach. Mudambi (2002) kommt nach einer Clusteranalyse zur Erkenntnis, dass Marken im Industriegüterbereich nicht für alle Kaufsituationen gleich wichtig sind. Unsere Arbeit wird deshalb anhand eines theoretischen Bezugsrahmens vier verschiedene Beschaffungssituationen identifizieren und die jeweilige Markenrelevanz ermitteln.

Einen von den übrigen Arbeiten methodisch abweichenden Ansatz wählen Bendixen, Bukasa und Abratt (2004), die eine Conjoint-Befragung von 54 Beschaffungsentscheidern durchführen. Sie ermitteln, dass die Lieferzeit mit 27%, der Preis mit 24% und die Technologie mit 19% zwar wichtiger sind als die Marke, die Marke mit 16% Wichtigkeit jedoch substanziell zum Gesamtnutzen beiträgt. Eine Limitation dieser Arbeit ist, dass die Ergebnisse aus einer einzigen Branche (mittelvoltige Elektrogeräte), möglicherweise sogar von Kunden eines einzigen Unternehmens stammen. Die Einschränkung auf eine Branche betrifft auch die Arbeiten von Firth (1993), Hutton (1997), Yoon und Kijewski (1995), Mudambi, Doyle und Wong (1997) und Mudambi (2002). Ein wesentliches Anliegen unserer Arbeit liegt deshalb darin, die Markenrelevanz mit einer branchenübergreifenden Stichprobe zu überprüfen.

3 Theoretische Fundierung und Hypothesenbildung

In diesem Abschnitt werden theoretisch fundierte Hypothesen zur generellen und situativen Kaufverhaltensrelevanz von Industriegütermarken entwickelt.

3.1 Theoretische Fundierung

Zwei zentrale Theorien, die auf den drei genannten Prämissen aufbauen, sind die Informationsökonomie und die Risikotheorie.

Im Mittelpunkt der Informationsökonomie stehen nicht zuletzt Strategien zur Reduktion von Unsicherheit durch Informationstransfer. Im Zuge der nachfragerseitigen Informationsbeschaffung versucht Screening, zum Abbau von Informationsdefiziten Unterschiede zwischen Angeboten oder Anbietern herauszufinden (Kemper 2000, S. 71). Bei der direkten Informationssuche versucht der Kunde, eine Beurteilung der Leistungseigenschaften des Kaufobjektes durch direkte Beobachtung oder Prüfung vor dem Kauf vorzunehmen. Dies ist jedoch mit Informationskosten verbunden und für bestimmte Leistungsmerkmale nur begrenzt möglich (Kaas 1995, Sp. 974). Als Alternative beurteilt der Kunde die Leistungseigenschaften des Kaufobjekts anhand bestimmter Indikatoren. Derartige Informationssubstitute ermöglichen eine Informationsaggregation, werden als höherwertige Informationen interpretiert und sind relativ einfach festzustellen. Zu unterscheiden sind Informationssubstitute, die sich auf konkrete Eigenschaften des Austauschobjekts beziehen (z.B. Garantien des Anbieters oder das Preisniveau), und Informationssubstitute, die den Anbieter produktübergreifend betreffen (z.B. Reputation). Bei Unterstellung eines ökonomischen Entscheidungskalküls werden geeignete Strategien zur Unsicherheitsreduktion auf Basis einer subjektiven Kosten-Nutzen-Abwägung ausgewählt: Die Kosten bestimmter Strategien werden mit dem Nutzen der erwarteten Unsicherheitsreduktion verglichen und der resultierende Nettonutzen beurteilt. Folglich ist davon auszugehen, dass der Nachfrager die Strategie wählt, die aus seiner subjektiven Sicht den höchsten bzw. einen als befriedigend anzusehenden Nettonutzen zur Unsicherheitsreduktion erbringt. Aus der Informationsökonomie ergeben sich zwei Anknüpfungspunkte für die vorliegende Arbeit:

- Marken stellen differenzierende Vorstellungsbilder sowohl von leistungsbezogenen (z.B. als preisbezogenes Markenimage) als auch von leistungsübergreifenden (z.B. als Reputation) Informationssubstituten dar. Sie bieten Einkaufsverantwortlichen in Industriegüterunternehmen die Möglichkeit, ihre wahrgenommene Unsicherheit zu reduzieren, Informationskosten zu senken und die Effizienz der Kaufentscheidungsprozesse zu steigern.

- Je weniger Erfahrung der Einkaufsverantwortliche mit dem zu beschaffenden Produkt hat, desto vorteilhafter ist die Kosten-Nutzen-Relation von Informationssubstituten (z.B. der Marke) im Vergleich zur direkten Informationssuche, weshalb in dieser Situation die relative Bedeutung einer Marke für die Kaufentscheidung umso größer ist.

Theoretische Aussagen zur Unsicherheitsreduktion im Kaufprozess lassen sich auch anhand verhaltenswissenschaftlicher Ansätze ableiten. Eine zentrale Bedeutung kommt in diesem Kontext dem wahrgenommenen Risiko zu (Kusterer, Diller 2001). Die Risikotheorie legt dabei kein objektives Risiko zugrunde, sondern geht von einem durch den Nachfrager subjektiv empfundenen Risiko aus. Das wahrgenommene Risikoausmaß ist also produkt-, personen- und auch situationsabhängig. Psychologisch handelt es sich beim wahrgenommenen Risiko um einen psychischen Spannungszustand. Um diesen zu verringern, kann der Käufer das Risiko z.B. durch

Rückgriff auf Informationssubstitute reduzieren (Adler 1996, S. 96 f.). Hier werden Parallelen zwischen Informationsökonomie und Risikotheorie deutlich. Ein faktischer Zusammenhang mit dem zu beurteilenden Leistungsmerkmal muss im Übrigen nicht bestehen. Aus der Risikotheorie ergeben sich zwei Anknüpfungspunkte für die vorliegende Arbeit:

Durch den Kauf von Marken haben Einkaufsverantwortliche die Möglichkeit, ihr subjektiv wahrgenommenes Risiko zu reduzieren.

Je höher die wirtschaftliche Bedeutung des zu beschaffenden Produkts ist, desto größer sollte das wahrgenommene Risiko der Einkaufsverantwortlichen in Unternehmen sein und damit auch die Relevanz von Marken.

3.2 Hypothesenbildung

Aufbauend auf den dargestellten Theorien werden nachfolgend Hypothesen zur generellen und zur situativen Kaufverhaltensrelevanz von Industriegütermarken abgeleitet. Marken werden hier als relevant betrachtet, sofern ihnen eine Kaufverhaltenswirkung zukommt.

Die Marke stellt aus Anbietersicht ein Signaling-Instrument zur Beeinflussung der nachfragerseitigen Unsicherheitssituation dar (Schölling 2000, S. 53 ff.). Dies kann man sich verdeutlichen, wenn man die Marke aus Anbietersicht als Qualitätsversprechen auffasst. Im Fall investiver Austauschgüter resultieren Unsicherheiten und Informationskosten auf Seiten der Nachfrager vor allem aus der Unübersichtlichkeit des Angebots (Kemper 2000, S. 70). Marken bieten den Einkaufsverantwortlichen dann die Möglichkeit, die Effizienz der Kaufentscheidungsprozesse zu steigern. Im Fall von Kontraktgütern mit persönlichen Beziehungen resultiert die Unsicherheit auf Kundenseite häufig daraus, dass die betrachteten Leistungen zum Zeitpunkt des Kontrakts noch nicht existieren. Von daher liegt es für Einkaufsverantwortliche nahe, Marken als Informationssubstitut heranzuziehen. Im Fall von Geschäftsbeziehungen resultiert Unsicherheit primär aus der gegenseitigen Abhängigkeit sowie aus der Komplexität und Dynamik der Transaktionsbeziehungen (Irmscher 1997, S. 139). Der Rückgriff auf Marken stellt hier eine Möglichkeit dar, das wahrgenommene Risiko zu reduzieren. Wir folgern hieraus:

H1: Die Marke ist ein Kriterium mit signifikantem Einfluss auf die Kaufentscheidung im Industriegüterbereich.

Die Vielfalt des Industriegüterbereichs lässt darüber hinaus annehmen, dass die Kaufverhaltensrelevanz situationsspezifisch ist. Nach Robinson, Faris und Wind (1967) stellt die Neuartigkeit einer Kaufsituation die Hauptdeterminante des Kaufverhaltens dar. McQuiston (1989) ermittelt darüber hinaus signifikante Effekte für die Wichtigkeit der Kaufsituation. Die Neuartigkeit einer Kaufsituation kann mit dem Mangel an Erfahrung und dem Bedarf an Information gleichgesetzt werden. Folglich vermuten wir, dass der Einfluss von Marken in neuartigen Kaufsituationen besonders hoch ist. Hinter der Wichtigkeit verbirgt sich die wirtschaftliche Bedeutung eines Kaufs. Wir definieren sie als die Bedeutung einer Kaufentscheidung im Hinblick auf die Profitabilität und Produktivität eines Unternehmens. Hohe wirtschaftliche Bedeutung einer Kaufentscheidung führt dazu, dass das wahrgenommene Kaufrisiko der Einkaufsverantwortlichen ansteigt. Somit ist zu erwarten, dass auch die Bedeutung der Marke in diesen Situationen besonders hoch sein wird. Wir fassen zusammen:

H2a: Die Kaufverhaltensrelevanz einer Industriegütermarke wird von der, Neuartigkeit der Kaufsituation positiv beeinflusst.

H2b: Die Kaufverhaltensrelevanz einer Industriegütermarke wird von der Wichtigkeit der Kaufsituation positiv beeinflusst.

Die Kombination der beiden Dimensionen „Wichtigkeit" und „Neuartigkeit" führt bei dichotomen Ausprägungen zu der in *Tabelle 1* dargestellten 2x2-Matrix, in der zugleich die entsprechenden Hypothesen verdeutlicht werden.

Tabelle 1: Erwartete situative Ausprägungen der Kaufverhaltensrelevanz von Industriegütermarken

		Neuartigkeit der Kaufsituation	
		gering	hoch
Wichtigkeit der Kaufsituation	gering	Kaufverhaltensrelevanz der Marke gering	Kaufverhaltensrelevanz der Marke mittel
	hoch	Kaufverhaltensrelevanz der Marke mittel	Kaufverhaltensrelevanz der Marke hoch

4 Empirische Untersuchung

4.1 Datenerhebung und -grundlage

Zur Überprüfung der Hypothesen führen wir eine Adaptive-Conjoint-Analyse durch (Green, Krieger, Wind 2001; Herrmann, Schmidt-Gallas, Huber 2000; Louviere 1994). Die kaufrelevanten Entscheidungsmerkmale (u.a. Hahn 1997; Perrey 1996; Sattler 1991) wurden mit der in Abschnitt 2 erwähnten Literatur zu Kauffaktoren auf industriellen Märkten identifiziert. Auf Basis der häufigsten Nennungen sowie qualitativer Überlegungen wurden sieben Merkmale extrahiert: die wahrgenommene Produktqualität, technische Flexibilität, zeitliche Flexibilität, Lieferzuverlässigkeit, Serviceumfang und -qualität, der Preis sowie die hier im Fokus stehende Marke. Um eine Vergleichbarkeit der Befragungsergebnisse über mehrere Branchen zu gewährleisten, wurde die Conjoint-Studie anders als bei Bendixen, Bukasa und Abratt (2004) nicht auf Basis spezifischer Industrieprodukte durchgeführt. Stattdessen wurden die Merkmale mit jeweils drei Merkmalsausprägungen auf abstraktem Niveau beschrieben (*Tabelle 2*). Dies entspricht dem Vorgehen bei Simon (1994) und Weiber und Billen (2004). Das Merkmal Marke stellt konsistent mit der einleitend dargestellten Definition auf Vorstellungsbilder im Kopfe des Einkäufers ab (Bekanntheit, Reputation, Assoziationen). Um die Verständlichkeit der Formulierungen sicherzustellen, wurde ein Pretest mit sechs Interviews durchgeführt.

In der Conjoint-Analyse wurden gemäß Hypothese H2 vier verschiedene Kaufsituationen betrachtet, die sich bezüglich der Wichtigkeit (hoch, gering) und der Neuartigkeit (hoch, gering) unterscheiden (*Tabelle 3*). Hierdurch werden vier Konstellationen der empfundenen Unsicherheit und wahrgenommenen Such- und Beurteilungskosten in der Kaufsituation generiert. Die Wahrnehmung der Merkmale Produktqualität, technische Flexibilität, zeitliche Flexibilität sowie Serviceumfang/

Servicequalität (*Tabelle 2*) ist in den vier Konstellationen also mit unterschiedlicher empfundener Unsicherheit behaftet (bzw. mit unterschiedlichen Kosten, um eine „sichere" Beurteilung vorzunehmen).

Tabelle 2: Übersicht der betrachteten Merkmale und ihrer Ausprägungen

Merkmal	Merkmalsausprägung	Beschreibung der Merkmalsausprägung
Wahrgenommene Produktqualität	A-Qualität	Erstklassiges Produkt, das die Anforderungen voll und ganz erfüllt und über dem Branchendurchschnitt liegt.
	B-Qualität	Gutes Produkt, das die Anforderungen branchenüblich erfüllt.
	C-Qualität	Produkt, das die Anforderungen gerade noch akzeptabel erfüllt.
Wahrgenommene technische Flexibilität	Hohe technische Flexibilität	Lieferant ist in der Lage und willens, auf alle Ihre Wünsche nach Modifikationen des Produktes und der Logistik einzugehen.
	Mittlere technische Flexibilität	Lieferant ist in der Lage und willens, auf den Großteil Ihre Wünsche nach Modifikationen des Produktes und der Logistik einzugehen.
	Geringe technische Flexibilität	Lieferant ist in beschränktem Maße in der Lage und willens, auf Ihrer Wünsche nach Modifikationen des Produktes und der Logistik einzugehen.
Wahrgenommene zeitliche Flexibilität	Hohe Reaktionsgeschwindigkeit	In Notfallsituationen, wie z.B. überraschende Zusatznachfrage, ist der Lieferant in der Lage und willens, sehr schnell zu reagieren und für Abhilfe zu sorgen.
	Mittlere Reaktionsgeschwindigkeit	In Notfallsituationen, wie z.B. überraschende Zusatznachfrage, ist der Lieferant in der Lage und willens, mittelschnell zu reagieren und für Abhilfe zu sorgen.
	Geringe Reaktionsgeschwindigkeit	In Notfallsituationen, wie z.B. überraschende Zusatznachfrage, ist der Lieferant in beschränktem Maße in der Lage und willens, zügig zu reagieren und für Abhilfe zu sorgen
Wahrgenommene Lieferzuverlässigkeit	100%-ige Lieferzuverlässigkeit	
	Durchschnittliche, solide Lieferzuverlässigkeit	
	Gelegentliche Lieferengpässe	
Wahrgenommene(r) Serviceumfang und -qualität	Hohe Anzahl von Serviceleistungen auf qualitativ hohem Niveau	
	Mittlere Anzahl von Serviceleistungen auf befriedigendem Niveau	
	Wenige Serviceleistungen	

Merkmal	Merkmalsausprägung	Beschreibung der Merkmalsausprägung
Preis	Preis, der dem Branchendurchschnitt entspricht, − 10 %	
	Preis, der dem Branchendurchschnitt entspricht	
	Preis, der dem Branchendurchschnitt entspricht, + 10 %	
Marke	Top Marke	Sehr renommierte, starke Marke mit hoher Reputation und hohem Bekanntheitsgrad, die sehr positive Assoziationen hervorruft.
	Mittelstarke Marke	Gute Marke mit guter Reputation und mittlerem Bekanntheitsgrad, die positive Assoziationen hervorruft.
	Schwache Marke	Wenig bekannte Marke ohne nennenswerte Reputation, die keine besonderen Assoziationen hervorruft.

Mit welcher Situation der Interviewpartner im Zuge der Erhebung konfrontiert wurde, erfolgte weitgehend zufällig. Lediglich zwei Kriterien mussten erfüllt sein. Zum einen sollte die ausgewählte Entscheidungssituation eine berufliche Anforderung an den Interviewpartner darstellen, mit der er in seinem Alltag konfrontiert wird. Zum anderen wurde darauf geachtet, dass alle Versuchsbedingungen etwa gleich häufig vertreten waren.

Tabelle 3: Übersicht der betrachteten Kaufsituationen

Kaufsituation	Wichtigkeit	Neuartigkeit	Situationsbeschreibung	Häufigkeit
1	hoch	hoch	Stellen Sie sich vor, Sie sind verantwortlich für die Beschaffungsentscheidung eines Industriegutes, mit dem Sie wenig Erfahrung haben. Die Investition ist für die Profitabilität und Produktivität Ihres Unternehmens von hoher Bedeutung.	30 % (n=16)
2	gering	hoch	Stellen Sie sich vor, Sie sind verantwortlich für die Beschaffungsentscheidung eines Industriegutes, mit dem Sie wenig Erfahrung haben. Die Investition ist für die Profitabilität und Produktivität Ihres Unternehmens von geringer Bedeutung.	22 % (n=11)
3	hoch	gering	Stellen Sie sich vor, Sie sind verantwortlich für die Beschaffungsentscheidung eines Industriegutes, mit dem Sie viel Erfahrung haben. Die Investition ist für die Profitabilität und Produktivität Ihres Unternehmens von hoher Bedeutung.	24 % (n=12)

Kauf-situation	Wichtig-keit	Neu-artigkeit	Situationsbeschreibung	Häufigkeit
4	gering	gering	Stellen Sie sich vor, Sie sind verantwortlich für die Beschaffungsentscheidung eines Industriegutes, mit dem Sie viel Erfahrung haben. Die Investition ist für die Profitabilität und Produktivität Ihres Unternehmens von geringer Bedeutung.	24 % (n=12)

Die Befragung wurde in den Branchen Chemie, Elektrotechnik und Maschinenbau durchgeführt. Zielgruppe waren Einkaufsmanager auf Abteilungsleiterebene. Von 107 Einkaufsmanagern stellten sich 54 für ein persönliches Interview zur Verfügung. Drei Interviews wurden aufgrund geringer Konsistenz der Antworten eliminiert. *Abbildung 1* zeigt, wie die Stichprobe nach Branchen und nach Unternehmensgröße gefächert ist.

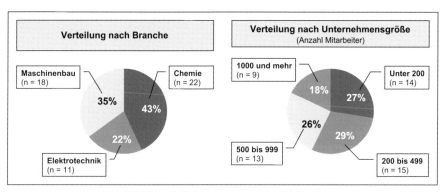

Abbildung 1: Zusammensetzung der Stichprobe

4.2 Ergebnisse der empirischen Untersuchung

Im Rahmen der Datenauswertung wurden zunächst die Teilnutzenwerte der Merkmalsausprägungen unter Einsatz der ACA-Software anhand einer Logit-Regression bestimmt. In *Abbildung 2* sind die aggregierten Teilnutzenwerte über alle Befragten hinweg grafisch abgetragen.

Auf Basis der Teilnutzenwerte für die Merkmalsausprägungen können in einem nächsten Schritt Aussagen über die relative Wichtigkeit der Merkmale getroffen werden. So ist ein Merkmal umso wichtiger, je größer die Spannweite zwischen dem maximalen und dem minimalen Teilnutzenwert seiner Merkmalsausprägungen ist. Die relative Wichtigkeit wird bestimmt, indem die Spannweite des jeweiligen Merkmals in Relation zur Summe der Spannweiten aller Merkmale gesetzt wird.

Die Wichtigkeiten der untersuchten Entscheidungsmerkmale sind in *Tabelle 4* dargestellt. Demnach ist den Befragten vor allem der Qualitätsaspekt wichtig. Eine hohe Bedeutung wird auch der zeitlichen Flexibilität des Lieferanten beigemessen. Preis, Lieferzuverlässigkeit und technische Flexibilität spielen eher eine untergeordnete Rolle. Der Einfluss der Marke auf die Kaufentscheidung ist in Relation zu den anderen Kaufkriterien am schwächsten ausgeprägt.

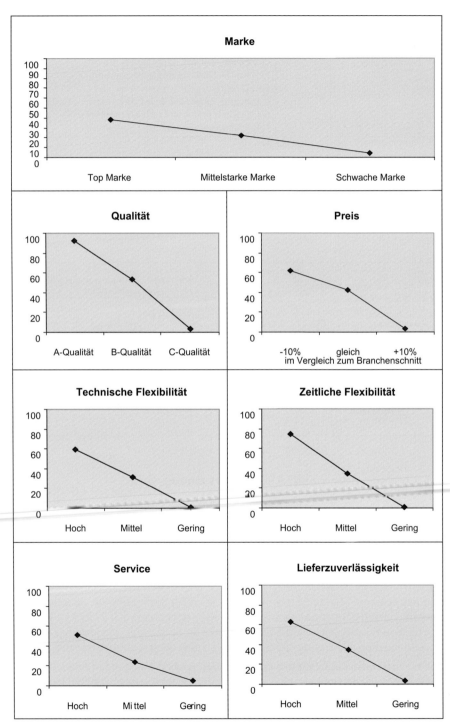

Abbildung 2: Teilnutzenwerte der Merkmalsausprägungen

Tabelle 4: Berechnung der Wichtigkeiten der betrachteten Merkmale

Merkmal	Wichtigkeit	%
Wahrgenommene Qualität (Q)	92–3 = 89	21,2
Wahrgenommene zeitliche Flexibilität (Z)	75–1 = 74	17,6
Wahrgenommene Lieferzuverlässigkeit (L)	63–3 = 60	14,3
Wahrgenommene technische Flexibilität (T)	59–1 = 58	13,8
Wahrgenommener Serviceumfang und -qualität (S)	51–5 = 46	11,0
Preis (P)	62–3 = 59	14,0
Marke	38–4 = 34	8,1
Summe	420	100,0 %

Auch wenn sich die Marke nicht als dominantes Kriterium in organisationalen Beschaffungssituationen herausstellt, kann ihr Einfluss nicht geleugnet werden. Wäre sie vollkommen irrelevant, müsste die zugehörige Teilnutzenkurve in *Abbildung 2* horizontal verlaufen, d.h. die Spanne zwischen den Teilnutzenwerten der Top Marke und dem der schwachen Marke müsste Null sein. Veränderungen der Merkmalsausprägungen hätten in diesem Fall keine Auswirkung auf den Gesamtnutzen des Angebots. Ein Blick auf die Teilnutzenwerte in *Abbildung 2* zeigt aber, dass die Befragten einer Top-Marke einen weitaus höheren Nutzen beimessen als einer schwachen Marke. Dass diese Spanne signifikant von Null verschieden ist, kann mit einem entsprechenden t-Test über die Anzahl der befragten Personen belegt werden (t = 7,84). Folglich haben Marken auch im Industriegüterbereich einen signifikanten Einfluss auf die Kaufentscheidung, womit Hypothese H1 bestätigt ist.

Durch die abstrakte Operationalisierung des Markenattributs (d.h. ohne reale Markennamen) wird die Bedeutung des Markenattributs hier eher noch zu niedrig eingeschätzt. Dies liegt daran, dass positive Ausstrahlungseffekte eines realen Markennamens (Halo-Effekt, Aktivierung von Netzwerken durch das Wahrnehmen des Markennamens) in unserem Modell keinen Niederschlag finden.

Zur Überprüfung der Hypothese H2 wurde die relative Wichtigkeit der Marke in Abhängigkeit von der Kaufsituation ermittelt (*Tabelle 5*). An *Tabelle 5* wird deutlich, dass die Marke je nach Grad der Wichtigkeit und Neuartigkeit der Kaufsituation einen unterschiedlichen Einfluss hat. Am stärksten ist dieser in Kaufsituationen, die durch hohe Wichtigkeit und durch hohen Neuheitsgrad gekennzeichnet sind, d.h. durch die höchste wahrgenommene Unsicherheit und die höchsten Such- und Beurteilungskosten. Der hier mit 15,8 % ermittelte Wert deckt sich mit dem Ergebnis von Bendixen/Bukasa/Abratt (2004). Auch in wichtigen, aber weniger neuartigen Kaufsituationen entfaltet die Marke einen gewissen Einfluss. In Kaufsituationen, die im Hinblick auf Profitabilität und Produktivität des Unternehmens eher unbedeutend sind (Wichtigkeit gering), tritt die Marke dagegen – nahezu unabhängig von dem Neuheitsgrad der Kaufsituation – stark in den Hintergrund.

Tabelle 5: Relative Wichtigkeit der Marke in Abhängigkeit von Neuartigkeit und Wichtigkeit der Kaufsituation

		Neuartigkeit der Kaufsituation	
		gering	hoch
Wichtigkeit der Kaufsituation	gering	Marke: 1,5% — Q: 21,4% / Z: 16,7% / L: 17,0% / T: 16,5% / S: 9,1% / P: 17,7%	Marke: 3,5% — Q: 20,4% / Z: 18,8% / L: 13,6% / T: 16,6% / S: 14,1% / P: 13,1%
	hoch	Marke: 9,0% — Q: 19,7% / Z: 16,0% / L: 15,8% / T: 14,5% / S: 11,4% / P: 13,6%	Marke: 15,8% — Q: 24,1% / Z: 17,9% / L: 11,6% / T: 8,8% / S: 9,7% / P: 12,1%

Zur Klärung der statistischen Signifikanz der Unterschiede wurde eine einfaktorielle Varianzanalyse (ANOVA) durchgeführt. Die Varianzaufklärung η^2 liegt bei beachtlichen 62,6%. Der empirische F-Wert für das Modell ist mit 26,7 deutlich größer als der auf dem 1%-Niveau kritische F-Wert (F [3,40; 99%] = 4,31) und damit hochsignifikant. Für den Faktor Neuartigkeit beträgt der partielle F-Wert 53,25, für den Faktor Wichtigkeit 12,59. Somit wird sowohl Hypothese H2a bestätigt, wonach die Kaufverhaltensrelevanz der Marke im Industriegüterbereich von der Neuartigkeit der Kaufsituation positiv beeinflusst wird, als auch Hypothese H2b, derzufolge die Kaufverhaltensrelevanz der Marke im Industriegüterbereich von der Neuartigkeit der Kaufsituation positiv beeinflusst wird. Ferner liegt ein signifikanter Interaktionseffekt zwischen Wichtigkeit und Neuartigkeit vor (F=5,32).

Tabelle 5 weist nachrichtlich auch die Wichtigkeiten der übrigen Merkmale in den vier Konstellationen aus. Da der Fokus dieses Beitrags auf der Markenwichtigkeit liegt, haben diese Resultate zwar nur einen exploratorischen Charakter. Doch es zeigt sich, welche Merkmale gegenüber der Marke in neuartigen und wichtigen Kaufsituationen in ihrer relativen Bedeutung zurücktreten: der Preis, die wahrgenommene Lieferzuverlässigkeit, vor allem aber die wahrgenommene technische Flexibilität.

5 Schlussbemerkungen

Ausgangspunkt der Studie war die unklare Kaufverhaltensrelevanz von Marken im Industriegüterbereich, die im Gegensatz zur Relevanz von Konsumgütermarken in Wissenschaft und Unternehmenspraxis nicht einhellig bejaht wird. Der Vorteil des gewählten Conjoint-Designs liegt darin, dass industrielle Einkäufer nicht direkt und isoliert nach Markenaspekten gefragt werden, sondern zwischen der Marke und anderen kaufentscheidenden Faktoren abwägen müssen. Nicht zuletzt wird hierdurch die Kaufsituation insgesamt realitätsnäher abgebildet und damit die Kaufverhaltensrelevanz von Industriegütermarken besser offengelegt.

Als zentrales Ergebnis dieser Conjoint-Analyse stellt sich heraus, dass Marken auch auf Industriegütermärkten kaufverhaltenswirksam sind. Zwar erweist sich die Marke nicht als dominantes Kriterium, ihr Einfluss auf Beschaffungsentscheidungen ist aber dennoch signifikant. So messen die Einkaufsverantwortlichen einer Top Marke einen deutlich höheren Nutzen als einer schwachen Marke bei. Darüber hinaus kann der Marke insbesondere in Beschaffungssituationen, die sich aus Sicht der Entscheider durch einen hohen Neuheitsgrad sowie eine hohe Bedeutung auszeichnen, eine hohe Relevanz attestiert werden.

Hieraus lassen sich Praxisimplikationen ableiten. So erscheint die überaus starke Fokussierung vieler Industriegüteranbieter auf die Gestaltung „harter" Kauffaktoren wie Qualität und Preis unter Vernachlässigung „weicher" Faktoren wie Marken nicht automatisch der „Königsweg" zu sein. Angesichts zunehmender Produkthomogenisierung und steigenden Preiswettbewerbs gestaltet es sich für Anbieter ohnehin immer schwieriger, sich über die so genannten „harten" Faktoren zu differenzieren. Marken dagegen beinhalten ein hohes Differenzierungspotenzial. Insbesondere innovative Industriegüteranbieter sollten den Markenaufbau verstärkt in Betracht ziehen, um Kunden gegenüber Sicherheit zu signalisieren.

Learnings:

- Marken lohnen sich auch im Industriegüterbereich.
- Die Marke ist natürlich keinesfalls der dominierende Faktor bei industriellen Kaufentscheidungen.
- Besonders hoch ist die Bedeutung der Marke im Industriegüterbereich bei wichtigen und neuartigen Kaufsituationen.

Literaturverzeichnis

Adler, J. (1996): Informationsökonomische Fundierung von Austauschprozessen: eine nachfragerorientierte Analyse, Wiesbaden 1996.
Backhaus, K., Sabel, T. (2004): Markenrelevanz auf Industriegütermärkten. In: Backhaus, K., Voeth, M. (Hrsg.), Handbuch Industriegütermarketing, Wiesbaden 2004, S. 779–797.
Baumgarth, C. (1998): Vertikale Marketing-Strategien im Investitionsgüterbereich, Frankfurt/Main 1998.
Baumgarth, C. (2004a): Markenpolitik: Markenwirkungen, Markenführung, Markencontrolling, 2. Aufl., Wiesbaden 2004a.
Baumgarth, C. (2004b): Markenführung von B-to-B-Marken. In: Backhaus, K., Voeth, M. (Hrsg.), Handbuch Industriegütermarketing, Wiesbaden 2004b, S. 800–823.
Bendixen, M., Bukasa, K. A., Abratt, R. (2004): Brand Equity in the Business-to-Business Market, Industrial Marketing Management, 33 (2004), S. 371–380.
Boltz, D.-M., Leven, W. (Hrsg.) (2004): Effizienz in der Markenführung, Hamburg 2004.
Bruhn, M. (2003): Markenpolitik – Ein Überblick zum „State of the Art", Die Betriebswirtschaft, 63 (2003), 2, S. 179–202.
Caspar, M., Hecker, A., Sabel, T. (2002): Markenrelevanz in der Unternehmensführung. Messung, Erklärung und empirische Befunde für B2B-Märkte, Arbeitspapier Nr. 4, Marketing Centrum Münster, Münster 2002.
Esch, F.-R. (2004): Strategie und Technik der Markenführung, 2. Aufl., München 2004.
Firth, M. (1993): Price-Setting and the Value of Strong Brand Names, International Journal of Research in Marketing, 10, 4 (1993), S. 381–386.

Gordon, G. L., Calantone, R. J., di Benedetto, C. A. (1993): Brand Equity in the Business-to-Business Sector, Journal of Product & Brand Management, 2, 3 (1993), S. 4–16.

Green, P. E., Krieger, A. M., Wind, Y. (2001): Thirty Years of Conjoint Analysis: Reflections and Prospects, Interfaces, 31, 3 (2001), S. 56–73.

Hahn, Ch. (1997): Conjoint- und Discrete Choice-Analyse als Verfahren zur Abbildung von Präferenzstrukturen und Produktauswahlentscheidungen: Ein theoretischer und computergestützter Vergleich, Münster 1997.

Herrmann, A., Schmidt-Gallas, D., Huber, F. (2000): Adaptive Conjoint Analysis – Understanding the Methodology and Assessing Reliability and Validity. In: Gustafsson, A., Herrmann, A., Huber, F. (Hrsg.): Conjoint Measurement – Methods and Applications, Berlin 2000, S. 253–277.

Hutton, J. G. (1997): A Study of Brand Equity in an Organizational-Buying Context, Journal of Product & Brand Management, 6, 6 (1997), S. 428–439.

Irmscher, M. (1997): Markenwertmanagement, Aufbau und Erhalt von Markenwissen und -vertrauen: eine informationsökonomische Analyse, Frankfurt/Main et al 1997.

Kaas, K. (1995): Informationsökonomik. In: Tietz, B., Köhler, R., Zentes, J. (Hrsg): Handwörterbuch des Marketing, 2. Aufl., Stuttgart 1995, S. 971–981.

Kapitza, R. (2002): Wir sind an den Japanern vorbeigezogen, Absatzwirtschaft, 44 (2002), Sonderausgabe, S. 16–20.

Kemper, A. Ch. (2000): Strategische Markenpolitik im Investitionsgüterbereich, Köln 2000.

Kusterer, A., Diller, H. (2001): Kaufrisiko. In: Diller, H. (Hrsg.): Vahlens Großes Marketinglexikon, 2. Aufl., München 2001, S. 757–758.

Louviere, J. L. (1994): Conjoint Analysis. In: Bagozzi, R.P. (Hrsg.), Advanced Methods in Marketing Research, Cambridge MA 1994, S. 223–259.

Lynch, J., de Chernatony, L. (2004): The Power of Emotion: Brand Communication in Business-to-Business Markets, Journal of Brand Management, 11, 5 (2004), S. 403–419.

McQuiston, D. H. (1989): Novelty, Complexity and Importance as Causal Determinants of Industrial Buying Behavior, Journal of Marketing, 53 (April, 1989), S. 66–79.

Michell, P., King, J., Reast, J. (2001): Brand Values Related to Industrial Products, Industrial Marketing Management, 30 (2001), S. 415–425.

Mudambi, S. (2002): Branding Importance in Business-to-Business Markets: Three Buyer Clusters, Industrial Marketing Management, 31 (2002), S. 525–533.

Mudambi, S., Doyle, P., Wong, V. (1997): An Exploration of Branding in Industrial Markets, Industrial Marketing Management, 26 (1997), S. 433–446.

Perrey, J. (1996): Erhebungsdesigneffekte bei der Conjoint-Analyse, Marketing – Zeitschrift für Forschung und Praxis, 18 (1996), S. 105–116.

Robinson, P. J., Faris, C. W., Wind, Y. (1967): Industrial Buying Behavior and Creative Marketing, Boston 1967.

Rozin, R. S. (2004): Editorial – Buyers in Business-to-Business Branding, Journal of Brand Management, 11, 5 (2004), S. 344–345.

Sattler, H. (1991): Herkunfts- und Gütezeichen im Kaufentscheidungsprozess: die Conjoint-Analyse als Instrument der Bedeutungsmessung, Stuttgart 1991.

Schmidt, H. J. (2001): Markenmanagement bei erklärungsbedürftigen Produkten, Wiesbaden 2001.

Schölling, M. (2000): Informationsökonomische Markenpolitik, Zur Bedeutung der Informationsökonomie für die Markenpolitik von Herstellern, Frankfurt/Main. et al 2000.

Simon, H. (1994): Preispolitik für industrielle Dienstleistungen, Die Betriebswirtschaft, 54, 6 (1994), S. 719–737.

Sinclair S. A., Seward K. E. (1988): Effectiveness of Branding a Commodity Product, Industrial Marketing Management, 17 (1988), S. 23–33.

Sitte, G. (2001): Technology Branding: Strategische Markenpolitik für Investitionsgüter, Wiesbaden 2001.

Thompson, K. E., Knox, S. D., Mitchell H. G. (1997/98): Business to Business Brand Attributes in a Changing Purchasing Environment, Irish Marketing Review, 19, 2 (1997/98), S. 25–32.

Webster, F. E., Jr., Keller, K. L. (2004): A Roadmap for Branding in Industrial Markets, Journal of Brand Management, 11, 5 (2004), S. 388–402.
Webster, F. E. Jr., Wind, Y. (1972): Organizational Buying Behavior, Englewood Cliffs 1972.
Weiber, R., Billen, P. (2004): Das Markenspannen-Portfolio zur Bestimmung des Dehnungspotentials einer Dachmarke: Theoretische Analyse und empirische Belege. In: Boltz, D.-M., Leven, W. (Hrsg.), Effizienz in der Markenführung, Hamburg 2004, S. 72–91.
Weidner, W. (2002): Industriegüter zu Marken machen, Harvard Business Manager, 24, 5 (2002), S. 101–106.
Yoon, E., Kijewski, V. (1995): The Brand Awareness-to-Preference Link in Business Markets, Journal of Business-to-Business Marketing, 2, 4 (1995), S. 7–37.

Markenführung für industrielle Lösungsanbieter

Christian Belz/Tânia Simão

Zusammenfassung 416
1 Markenführung für Industriegüter 416
2 Markenführung und Kommunikation für Lösungsanbieter 420
3 Markenführung auf der Unternehmensebene 422
4 Markenführung auf der Interaktionsebene 423
5 Markenführung auf der Leistungsebene 427
6 Fazit 428
Literaturverzeichnis 429

Zusammenfassung

Anbieter von Anlagen, Komponenten und Systemen sind komplex (Backhaus, Voeth 2007, S. 181 ff.). Manche Hersteller von Industriegütern entwickeln sich zum ‚solution provider'. Sie differenzieren sich damit gegenüber reinen Produktanbietern. Sie gewichten den Erfolg ihrer Kunden in den nachgelagerten Märkten und steigern die eigene Wertschöpfung mit Know-how und Services (Belz, Bieger 2006). Lösungen setzen konsequent am Kundennutzen an, sie integrieren Produkte und Dienstleistungen. Intangible Problemlösungen von komplexen Unternehmen lassen sich nur erfolgreich vermarkten, wenn sich die Anbieter im anspruchsvollen Erklärungswettbewerb zu Kunden und seinen Buying Centers sowie zu weiteren Anspruchsgruppen in Marktnetzen durchsetzen. Die Spielregeln der Kommunikation unterscheiden sich vom Konsumgütermarketing mit einfachen Produkten, zahlreichen Kunden, globaler Orientierung und einer Arbeitsteilung zwischen Hersteller und Einzelhandel. Markenführung stützt sich für industrielle Anbieter weniger auf Markenkampagnen als auf die konkrete Interaktion mit Kunden und die Leistung. Der Beitrag zeigt, wie sich Markenführung und Kommunikation für Lösungsanbieter auf den Ebenen Unternehmen, Interaktion und Leistung umsetzen lassen; dabei spielt auch die unternehmensinterne Kommunikation eine wichtige Rolle. Die Ergebnisse stützen sich auf eine umfassende empirische Untersuchung (Simão 2006).

1 Markenführung für Industriegüter

Markenführung ist als Begriff etabliert und zahlreiche Veröffentlichungen tragen diesen oder ähnliche Titel. Meist fokussieren sie sich aber auf den Außenauftritt der Unternehmen und sie stützen sich (implizit) auf die Bedingungen für attraktive Hersteller von Konsumgütern oder Anbieter von Massendiensten mit zentralen Kommunikationsabteilungen und hohen Budgets. Nicht selten dienen rund 500 Weltmarken als akzeptierte Referenz, nur fehlen die passenden Lösungen für die restlichen 49'500 (Belz 2006, S. 172). Besonders für industrielle Unternehmen genügt es nicht, die Relevanz der Marke laufend neu zu begründen und zwischen Experten gegenseitig zu bestätigen. Die Industrie setzt verhältnismäßig kleinere Mittel für Markenführung und Kommunikation ein (Dambacher, Litschko 2000, S. 40). Zudem wird Markenführung weitgehend in Marketing und Vertrieb integriert. Zwar investieren große Chemiekonzerne wie beispielsweise Degussa, BASF und Altana zweistellige Millionenbeträge in ihre Marken- und Imagekampagnen (Hase 2004, S. 37). Auch solche Markenbudgets sind aber im Verhältnis zum Vertrieb und dem weiteren Marketing immer noch bescheiden. Die stärkste Kommunikation bleibt in der Interaktion mit Kunden (Binckebank 2006), in den Kundenzeitschriften oder auch in den Messeauftritten. *Abbildung 1* zeigt unser Markenverständnis.

Markenführung für industrielle Lösungsanbieter

> Marken kennzeichnen Produkte, Sortimente, Leistungs- und Marketing-Systeme oder ganze Unternehmen. Sie sind der Zugang des Kunden zur spezifischen Kompetenz des Unternehmens oder der Leistung. Äußerlich sind Marken durch Namen, Farben und Symbole oder Bilder und Ton bestimmt; mit ihnen verbindet der Kunde besondere Erfahrungen, Einstellungen und Gefühle. Er stützt sich auf Dokumentationen, Werbung, Unternehmensgebäude, Messestände, Produktdesign und alle Formen der Interaktion mit Kunden. Kurz: auf den Marketing-Gesamteindruck. Marken geben Orientierung im Unternehmen und in den Märkten und bewältigen Komplexität.
>
> Marken übernehmen verschiedene Funktionen, die je nach Unternehmen und Kontext mehr oder weniger wichtig sind: Identifikation, Information, Orientierung, Vertrauen, Nutzengenerierung, Risikoreduktion, Kompetenz sowie Image und Prestige (vgl. Meffert 2000, S. 847 f.; Malaval 2001, S. 107 ff.; Kemper 2000, S. 11 ff.; Pförtsch 2006, S. 4).
>
> Marken sind das Ergebnis eines langen und konsequenten Wegs der Unternehmen, der intern Beteiligten und der Kunden. Nachhaltigkeit für relevante Werte und Angebote ist erfolgreicher. Diese Botschaft ist in einer hektischen Zeit wichtig. Erfolgreiche Marken beruhen auf einer anspruchsvollen Führungsleistung im Unternehmen und im Markt.
>
> Professionelle Markenführung und -kommunikation nutzen die Chancen, um Unternehmen nachhaltig und erfolgreich zu entwickeln. Dabei integrieren sie neben den Aufgaben zentraler Marketingservices speziell die Aufgaben und Chancen der Marken für das Topmanagement und eine dezentrale Markenführung im Unternehmen (insbesondere von sämtlichen Personen mit Kontakten zu Kunden).
>
> Marken sind für Verantwortliche in B2B-Unternehmen oft ein kaum etablierter Zugang. Meist ist es ergiebiger über die Kompetenz des Unternehmens und Reputation zu diskutieren.

Abbildung 1: Marken und Markenmanagement (Belz 2006, S. 11 f.)

Je nach Situation der Unternehmen in ihren Märkten unterscheiden sich die erfolgreichen Strategien in Marketing und Kommunikation. So setzen Anbieter mit komplexen Leistungen und wenigen Kunden andere Schwerpunkte als jene mit einfachen Produkten für die Masse (Belz, Simão, van Lier 2003, S. 27 ff.).

Industrieunternehmen sind in der Regel komplex, wie *Tabelle 1* (auf der rechten Seite) zeigt. Die Folgen für Marken und Kommunikation sind vielfältig.

Tabelle 1: Komplexe und einfache Unternehmen und Angebote (Belz 2006, S. 25 f.)

Kriterien	Einfache Unternehmen und Angebote	Komplexe Unternehmen und Angebote
Wettbewerbsposition	Das Unternehmen ist Marktführer oder gehört zu den drei großen Anbietern im Gesamtmarkt oder einer Nische. Im Vergleich zu Wettbewerbern sind die Ressourcen groß.	Das Unternehmen ist ein kleiner oder mittlerer Anbieter im Markt oder einer Nische. Im Vergleich zu Wettbewerbern sind die Ressourcen klein. Die Mittel zersplittern sich auf vielfältige Aufgaben.
Organisation	‚Monoangebot' des Unternehmens oder klare Abgrenzung von unabhängigen Geschäftseinheiten (oder Produkten, Marken usw.).	‚Multiples Angebot' mit verschiedenen Sparten oder Leistungen in verschiedenen Ländern, Teilmärkten und Segmenten.

Kriterien	Einfache Unternehmen und Angebote	Komplexe Unternehmen und Angebote
Interne Beteiligung und Mitarbeiterzahl	Klar definierte Kunden-Kontaktpersonen mit standardisierten Verkaufsprozessen (inkl. der Unterstützung durch Informationssysteme, Intranet und Internet); geringe Mitarbeiterzahl für eine Marke.	An der Zusammenarbeit mit Kunden sind die Mitarbeiter von verschiedenen Funktionen und Sparten beteiligt (z.B. Topmanagement, Technik, Vertrieb, Kundendienst, Innendienst usw.) (Selling Centers); hohe Mitarbeiterzahl für eine Marke.
Strategische Veränderung	Das Angebot wird langfristig und konstant ausgerichtet; robuste Marken sind ein wichtiges Ziel.	Dynamische Veränderungen der Segmente und Leistungen; oft kombiniert mit dem Zukauf, Verkauf von Geschäftseinheiten und neuen Integrationen.
Strategischer Fokus	Bezug sind Ressourcen und Gestaltung.	Markt und Anpassung stehen im Vordergrund.
Marken(zahl)	Eine Marke oder wenige Marken; gleiche Bezeichnung von Unternehmenseinheit und Produkten.	Viele Marken, komplexe Markenhierarchie, mehrere Eigenmarken und Fremdlabels.
Leistung	Die Produkte und Sortimente sind verhältnismäßig einfach und standardisiert. Geringe Bedeutung von Services.	Komplexe, erklärungsintensive und innovative Leistungen, die oft projektbezogen und individuell in einer anspruchsvollen Zusammenarbeit mit Kunden angeboten und vollzogen werden. Hohe Bedeutung von Services.
Anspruchsgruppen	Endkunden dominieren als Anspruchsgruppe. Die Orientierung am Kunden prägt auch das Verhältnis zu den übrigen Anspruchsgruppen des Unternehmens oder der Institution.	Neben den Kunden sind für den Erfolg die weiteren Anspruchsgruppen (je nach Konstellation) ebenso wichtig oder manchmal wichtiger. Differenzierte Erwartungen unterschiedlicher Stakeholders.
Kundenzahl	Das Unternehmen bearbeitet viele Kunden oder Massenmärkte.	Das Unternehmen bearbeitet wenige Kunden intensiv und vielfältig.
Kundenstruktur	Endkunden und Handel lassen sich klar identifizieren, segmentieren und bearbeiten.	Die Kunden sind vielfältig und umfassen Endkunden, Communities, multiple Vertriebspartner, Engineering Unternehmen, Beeinflusser, Erstausrüster (Original Equipment Manufacturers). Vielfältige Marktnetze werden nur moderiert und mitgestaltet.
Kundenentscheidung	Der Kunde trifft einfache Low-Involvement-Entscheidungen.	Bei Kunden sind ‚Buying- und Using-Centers' mit verschiedenen Fachspezialisten an der Zusammenarbeit beteiligt. Die Informations-, Entscheidungs- und Nutzungsprozesse sind anspruchsvoll.

Kriterien	Einfache Unternehmen und Angebote	Komplexe Unternehmen und Angebote
Internationalität	Im internationalen Marketing wird ein globaler Ansatz verfolgt.	Aktivitäten in internationalen Märkten sind sehr differenziert, die Marktanteile, Distributionsstrukturen, Leistungs- und Kundenschwerpunkte unterscheiden sich in jedem Land.
Vertikale Arbeitsteilung	Die Produkte werden durch den Handel vertrieben. Verschiedene Marketingfunktionen (besonders für Kundenkontakte) sind an den Handel delegiert.	Direktverkauf und multiple Distributionskanäle werden kombiniert.
Marketing-Instrumente	Im Marketing-Mix dominieren die Werbung und unpersönliche Massenkommunikation (inkl. Sponsoring usw.).	Der Marketing-Mix wird durch eine persönliche und dezentrale Marktbearbeitung geprägt (CRM, persönlicher Verkauf, Direktmarketing, persönliche Beziehungen usw.). Werbekampagnen spielen eine untergeordnete Rolle.
Folgerung	Massenmarketing für einfache Leistungen (z.B. Konsumgüter, Komponenten, Standardsoftware, einfache Gebrauchsgüter, standardisierte Dienstleistungsprodukte). Fokus auf robuste und erneuerungsfähige Marken. Eigenständige Markenführung mit vorwiegend unpersönlicher Kommunikation und sichtbaren Kampagnen (sichtbares ‚Above-the-line-Marketing').	Differenziertes Marketing für komplexe Gebrauchs- und Investitionsgüter sowie Dienstleistungen und Leistungssysteme für wenige Kunden. Fokus auf robuste und innovative Leistungen und umfassende Problemlösungen für Kunden. Dominante Markenführung durch Vertriebs-, Projekt- und Beziehungsmanagement (dezentrales ‚Below-the-line-Marketing' – nahe an der Kundenhandlung). Markenführung wird zum Synonym für Marketing.
Dynamik	>>>>>>>>>>>>>>>>>>> Komplexitätsdynamik >>>>>>>>>>>>>>>>>>>>>	
Gestaltung	<<<<<<<<<<<<<< Vereinfachung und Fokussierung <<<<<<<<<<<<<<<<<<	

Es genügt nicht, die Markenerkenntnisse vom Massengeschäft auf die Industrie zu übertragen. Ohne Zweifel gewichten aber manche Anbieter die Markenführung und Kommunikation ungenügend. Symptome sind beispielsweise veraltete Markenauftritte, zufällig gestaltete Dokumentationen, Defizite in der Emotionalität und technische geprägte Bezeichnungen für Leistungen. Einerseits stützt sich die Markenführung der komplexen Anbieter auf vielfältige, kundennahe, dezentrale Formen der Kommunikation. Andererseits gelingt es nur durch kommunikationsfähige Strategien und eine eindeutig wahrgenommene Kompetenz des Anbieters, den Mitarbeitern, den Kunden und den weiteren Anspruchsgruppen eine wichtige Orientierung zu geben. Markenführung wird zum wichtigen Ansatz, um die wachsende Komplexität zu managen und dezentrale Organisationen zu beeinflussen. Je mehr sich Industriegüterhersteller zu Anbietern von umfassenden Problemlösungen entwickeln, desto eher sollten sie Markenführung gewichten (Weidner 2002, S. 106). Jedoch gilt es auch zu berücksichtigen, dass die Markenführung nicht gleich wichtig für alle industrielle Kunden ist (Mudambi 2002).

2 Markenführung und Kommunikation für Lösungsanbieter

Die bisherigen Hinweise zeigen das Umfeld für das Marketing von Industriegütern. Um die Zusammenhänge zwischen Strategie, Markenführung und Kommunikation zu vertiefen, befassen wir uns in der Folge mit der Kommunikation von Lösungsanbietern (Simão 2006). Diese integrieren Produkte und Services, um den Kunden umfassende Problemlösungen oder Leistungssysteme anzubieten. Sie übernehmen häufig die Gesamtverantwortung für die Wertschöpfungsprozesse ihrer Kunden und verkaufen mit Geschäftsmodellen des Performance Contracting oft den Nutzen statt Produkte, Maschinen und Geräte (Davies 2004, S. 732 f.). Als Synonyme für Lösungsanbieter sind Begriffe wie z.B. Problemlöser, Systemanbieter, Problemlösungsanbieter, Solutions Provider, Full-Service-Anbieter, Leistungssystemanbieter oder Komplettanbieter anzutreffen.

Unternehmen, die sich im Wandel vom Produkt- zum Lösungsanbieter befinden oder diesen bereits vollzogen haben, sind gefordert, sich intern und am Markt neu zu positionieren. Entscheidend ist v.a., dass sie von den Mitarbeitern und Kunden als Problemlöser und nicht als reiner Produktanbieter wahrgenommen werden. Ferner ist es von großer Bedeutung, dass sie sich von der Konkurrenz abheben und ihr erweitertes Angebotsspektrum sowie ihre Fähigkeiten im Lösungsgeschäft glaubhaft darstellen. So hat es beispielsweise IBM geschafft, sich von seinen Konkurrenten abzugrenzen und eine klare Positionierung im Servicegeschäft zu erreichen, was insbesondere durch den Slogan „IBM means Service" zum Ausdruck kommt. Die eindeutige Positionierung von Tetra Pak im Lösungsgeschäft wird durch die Botschaft „A one-stop-shop for processing, packaging and distribution" signalisiert. Durch eine solche kommunikative Leitidee ist es möglich, die strategische Positionierung in Form einer zentralen und übergeordneten inhaltlichen Aussage zum Unternehmen und seinen Losungen vorzunehmen (Bruhn 2003, S. 90). Diese Unternehmen haben damit erkannt, dass eine sorgfältige Positionierung des eigenen Unternehmens und der angebotenen Problemlösungen sowie ihre aktive Kommunikation entscheidende Voraussetzungen für den Erfolg im Lösungsgeschäft sind.

Dennoch ist es besonders anspruchsvoll, das Lösungsgeschäft wirksam zu positionieren, denn es gelten andere Regeln als im Produktgeschäft (Böcker, Goette 1994, S. 116; Backhaus, Voeth 2007, S. 181 ff.). Zudem verfolgen insgesamt 63 % der befragten Unternehmen duale Strategien für Produkt- und Lösungsverkauf, welche vielfältige Herausforderungen und Konflikte mit sich bringen (Simão 2006, S. 51). So entwickelte sich beispielsweise das Unternehmen Bossard AG (CH-Zug) vom reinen Industriehändler für Schrauben auch zum Anbieter für umfassende Lösungen im C-Teile-Management der Kunden. Als Schraubenhändler agiert Bossard hauptsächlich im Produktgeschäft und spricht vor allem die Einkäufer an. Da das Unternehmen aber auch kundenspezifische Engineering- und Logistiksysteme anbietet, betreibt es gleichzeitig das Lösungsgeschäft, welches durch Geschäfts- und Abteilungsleiter entschieden wird.

Die Kombination verschiedener Situationen und Märkte mit heterogenen Merkmalen fordert die Markenführung und Kommunikation heraus; weil es unterschiedliche Zielgruppen mit verschiedenen Botschaften und Medien anzusprechen gilt. Bei einem Anbieter des Produktgeschäfts bezieht sich seine Kompetenz und Marktstatus aus dem klar und eng definierten Leistungsvermögen. Bei einem Lösungsanbieter muss die Marke Inhalte wie die Ganzheit des Unternehmens, seine Reputation, seine Innovationskraft, seine Marktbedeutung, seine technologische Aktualität und seine Zukunftsstabilität vermitteln (Merbold 1995, S. 415 f.).

Strategisch legt ein Unternehmen fest, für was die Unternehmensmarke steht. So ist es beispielsweise sinnvoll, den Anteil zwischen Produkt- und Lösungsgeschäft zu definieren. Erkennt ein Unternehmen die Zukunft im Lösungsgeschäft, so kann es richtig sein, die Kommunikation weit stärker auf Lösungen auszurichten, als es dem gegenwärtigen Umsatzanteil entspricht. Ebenso gilt es, die Markenführung und die Kommunikation sinnvoll zwischen Gesamtunternehmen, einzelnen Sparten und Ländern, spezifischen Produktreihen, einzelnen Produkten und Services zu teilen und damit die geeignete Markenhierarchie zu bestimmen.

Markenführung für industrielle Solutions Provider nutzt drei Ebenen, wie sie *Abbildung 2* zeigt: Unternehmens-, Interaktions- und Leistungsebene (Simão 2006, S. 78 ff.).

Die Interaktionsebene wird in der Unternehmenspraxis mit einem Mittelwert von 5,62 (1 entspricht einer niedrigen Bedeutung und 7 entspricht einer hohen Bedeutung) als die bedeutendste Ebene eingeschätzt. Darauf folgt die Kommunikation auf der Leistungsebene und als letzte die Kommunikation auf der Unternehmensebene (Simão 2006, S. 81 ff.). In der Folge werden die Ansätze für jede Ebene beschrieben.

Abbildung 2: Markenführung auf den drei Ebenen

3 Markenführung auf der Unternehmensebene

Manche Mitarbeiter identifizieren sich nicht mit der Unternehmensmarke (Esch 2005, S. 31) und die Positionierung des Unternehmens als Lösungsanbieter ist oft sowohl den Kunden als auch den Mitarbeitern nicht klar. Auf der Unternehmensebene geht es deshalb darum, die Markenidentität im Unternehmen und die Positionierung der Unternehmensmarke als Marke eines Lösungsanbieters zu verankern. Die Positionierung der Unternehmensmarke als Lösungsanbieter wird von insgesamt 65,4 Prozent der befragten Unternehmen sehr stark eingesetzt (Simão 2006, S. 113). Die Firmenmarke stellt bei heute auch im industriellen Sektor weitgehend austauschbaren Produkt- und Leistungsangeboten das wesentliche Unterscheidungsmerkmal gegenüber dem Wettbewerb dar und bildet den Garant für Stabilität, Zuverlässigkeit und Zukunftssicherheit (Merbold 1995, S. 414 ff.). Marken versinnbildlichen somit die integrierte Kompetenz des Anbieters (Belz, Kopp 1994, S. 1579) und sollen kontinuierlich an die aktuelle Strategie und Positionierung des Unternehmens angepasst werden. Ein Beispiel stellt der Umbau der Marke Unisys dar. So stand die Marke Unisys früher für Hardware, dann für Hardware, Software und Services, und heute wird Unisys dank geschickter globaler Kommunikation als eines der führenden Unternehmen im E-Business wahrgenommen (Vogler, Egloff 2001, S. 21). Die Positionierung der Unternehmensmarke als Marke eines Lösungsanbieters erweist sich als Erfolgsfaktor im Lösungsgeschäft. Erfolgreiche Unternehmen setzen diese Maßnahme deutlich stärker ein. Zwischen Unternehmen mit unterschiedlichem strategischem Fokus gibt es auch signifikante Unterschiede bei der Nutzung der Maßnahme Positionierung der Unternehmensmarke als Marke eines Lösungsanbieters. Wie zu erwarten, suchen Unternehmen mit strategischem Fokus auf dem Produktgeschäft weniger eine Positionierung der Marke als Lösungsanbieter (Mittelwert = 3,90). Im Gegensatz dazu versuchen Unternehmen mit strategischem Fokus auf dem Lösungsgeschäft ihre Marke als Lösungsanbieter zu positionieren (Mittelwert = 5,52) (Simão 2006, S. 117).

Das folgende Beispiel der Heidelberger Druckmaschinen AG verdeutlicht, wie sich eine Neupositionierung einer Unternehmensmarke als Lösungsanbieter in der Praxis vollziehen lässt (Simão 2006, S. 118 f.).

> Die Firma Heidelberger Druckmaschinen AG (Heidelberg) ist weltweit mit rund 18'700 Mitarbeitern in mehr als 170 Ländern in der Print-Media-Industrie tätig. Im Geschäftsjahr 2004/2005 erzielte das Unternehmen einen Umsatz von EUR 3,207 Mrd. Heidelberg bietet komplette Lösungen für die grafische Industrie an, die das gesamte Spektrum von der Druckvorstufe über den Druck bis zur Weiterverarbeitung abdecken. Das Unternehmen entwickelt und fertigt Software, elektronische Prepress-Produkte, Bogenoffset-, Rollenoffset- und digitale Druckmaschinen sowie Weiterverarbeitungssysteme.
>
> Die Neupositionierung des Unternehmens vom Druckmaschinenbauer zum Lösungsanbieter gelang durch die Umsetzung eines strategischen Markenmanagements, dessen Voraussetzung eine systematische Markenanalyse und -bewertung war. Die Bausteine der strategischen Markenführung bei Heidelberg umfassten die folgenden Punkte:
>
> - *Stärkung und Ausbau des existierenden „Premium Brand Image"*: Ein Dachmarkenkonzept stützt die Premiummarke Heidelberg. Durch ihr Markenwertkonzept verfolgte Heidelberg das Ziel, eine Brücke zwischen ihren alten und neuen Werten zu schlagen. Die zentralen Markenwerte fanden ihren Niederschlag in den Instrumenten der Corporate

Identity. Ein neu gestaltetes Corporate Design verdeutlichte visuell die Stärken der Marke. Über Corporate-Behavior-Programme schulte Heidelberg kontinuierlich seine Mitarbeiter, insbesondere in den vertriebsnahen Bereichen. Ein weltweit konsistentes Corporate-Communications-Konzept sorgte für die inhaltliche, formale und zeitliche Integration von Kommunikationsmaßnahmen. Die Corporate Communication verläuft auf drei Ebenen. Mit der ersten Ebene „Image" war die Kommunikation von Werten gemeint. Die zweite Ebene „Lösungsangebot" sollte die Kommunikation von Wettbewerbsvorteilen gewährleisten. Das Ziel der dritten Ebene „Produkt" war die Stärkung der Kommunikation von Qualität und Innovation.

- *Umsetzung des Lösungsanbieteransatzes:* Die Lösungen bei Heidelberg umfassen drei Entwicklungsstufen: Lösung „von der Stange", Lösung „komplexe Produktpakete" und Lösung „Projekte". Um diese Lösungen intern und extern bekannt zu machen und somit den Lösungsanbieteransatz umzusetzen, wurde eine neue Kommunikationsstrategie festgelegt. Intern kommunizierte Heidelberg durch Instrumente wie Intranet, Newsletter, E-Mail, Mitarbeiterzeitschrift und eine internationale Kampagne. Extern wurden insbesondere die zwei Zielgruppen Printer und Printbuyer angesprochen.
- *Entwicklung und Umsetzung einer gruppenweiten Marktsegmentierung:* Ein wichtiger Eckpfeiler des Markenmanagements war weiterhin die Kundensegmentierung der Heidelberg, die auf dem Geschäftsmodell der Nachfrager basierte. Dreizehn Kundensegmente spiegeln den Markt des Unternehmens und die gesamte Prozesskette des druckbezogenen Workflows, die Heidelberg abdeckt, wider.

Um den Erfolg der Marke Heidelberg zu ermitteln, wurden die Kunden regelmäßig befragt und es wurde zudem die Meinung weiterer relevanter Zielgruppen eingeholt. Die Positionierung der Unternehmensmarke als Marke eines Lösungsanbieters hat laut Heidelberg eine positive Resonanz erfahren.

Obwohl das Unternehmen bereits am Markt bekannt war, galt es ein bestehendes Image zu verändern und die Marke Heidelberg als Lösungsanbieter zu re-positionieren. Ein hoher Bekanntheitsgrad heisst nämlich nicht automatisch, dass das Image als kompetenter Lösungsanbieter auch schon gefestigt ist. Deshalb war es wichtig, das von der Zielgruppe wahrgenommene Bild des Unternehmens den realen Gegebenheiten anzupassen.

Trotz der Komplexität der meisten Industriegüterunternehmen, ist die Unternehmensmarke bedeutend, sie schafft Orientierung und Vertrauen. Die Botschaft der Marke kann sich dabei auch auf gemeinsame Werte richten, wenn auch die Sparten und Produkte sehr vielfältig sind. Nach der übergreifenden Kampagne zu „Total Customer Care" lautet der Slogan von Schott heute „Glass – made of ideas".

4 Markenführung auf der Interaktionsebene

Ein entscheidender Erfolgsfaktor für industrielle Lösungsanbieter sind starke Beziehungen zu den Kunden, da die Entwicklung und Implementierung integrierter Lösungen eine enge Zusammenarbeit mit den Kunden erfordert. Markenwert wird im Lösungsgeschäft vor allem durch die konkrete Interaktion zwischen den beteiligten Personen auf Kunden- und Anbieterseite geschafft. Gelingt es einem Anbieter, die vielfältigen Interaktionen mit den Kunden zu gestalten und einen eigenständigen Ansatz zu verwirklichen, so sind nachhaltige Wettbewerbs- und Kundenvorteile möglich. Die Gestaltung der Marke in der Kundeninteraktion stößt jedoch oft an Grenzen. Die Kundenkontaktpersonen wechseln auf Kunden- und Anbieterseite oft zu schnell, um klare Marken längerfristig durch die beteiligten Personen verkörpern zu können. Zudem tun sich Unternehmen schwer, die richtigen Kunden für das Lösungsgeschäft zu identifizieren, da diese nicht identisch mit jenen des traditionellen Produktgeschäfts sind. Insgesamt gelingt 47% der befragten Unternehmen noch zu wenig, relevante Informationen über die Kunden und deren Entscheidungsprozesse zu erhalten (Simão 2006, S. 177 ff. und S. 444). Gleichzeitig sind die Kundenkontakte häufig zu selten, weil Unternehmen unter Kostendruck auch in diesem Bereich nur noch die notwendigen Aktivitäten in der persönlichen Marktbearbeitung erfüllen (Belz 2006, S. 35). Zudem ist der Wandel vom reinen Sachgüterhersteller zum Anbieter von Problemlösungen mit einem Verhaltenswechsel und einem grundsätzlichen Umdenken auf allen Unternehmensebenen verbunden (Baaken 1998, S. 38), die seitens der Mitarbeiter oft nicht genügend oder effizient begleitet und vollzogen werden. Neue Ansätze der interaktiven Markenführung sind in diesem Zusammenhang gefragt. Ein relevanter Ansatz für die Markenführung auf der Interaktionsebene ist der Behavioral Branding. Unter „Behavioral Branding" fallen alle Maßnahmen, die den Aufbau und die Pflege von Marken durch zielgerichtetes Verhalten der Mitarbeiter und persönliche Kommunikation unterstützen (Tomczak, Brexendorf, Morhart 2006, S. 15). Diese Maßnahmen sollen die im Lösungsgeschäft enge Zusammenarbeit und Interaktion mit den Kunden optimal gestalten, um somit die Marke zu prägen. Die Untersuchung von Simão zeigt geeignete Maßnahmen, die einerseits das markenspezifische Verhalten der Mitarbeiter mit Kundenkontakt fördern und andererseits die Positionierung als Lösungsanbieter unterstützen (Simão 2006, S. 190 ff.). Als besonders erfolgreich erweisen sich die Delegation von Verkaufsfunktionen an Mitarbeiter, die Lösungen für Kunden erstellen, die Unterstützung der Verkäufer bei der Kundeninteraktion durch Tools wie Checklisten, Guidelines und Argumentationshilfen sowie die Erstellung klarer Prozess- und Ablaufbeschreibungen für die Kunden. Dadurch lässt sich die Kommunikation und Interaktion zwischen den Geschäftspartnern erleichtern sowie die Markenpflege auf dieser Ebene professionell gestalten. Auch der Zugang zu den Entscheidungsträgern durch Dialogformen wie z.B. Events oder Kundenzeitschriften sowie die Verkäuferschulung und Trainingsprogramme für die Vermarktung von Problemlösungen sind für Unternehmen im Lösungsgeschäft sehr wichtig (Simão 2006, S. 190 ff.). Empirisch ließ sich bestätigen, dass Unternehmen mit Fokus auf dem Lösungsgeschäft diese beiden Maßnahmen deutlich stärker einsetzten (Mittelwerte = 5,17 und 4,52) als Unternehmen mit Fokus auf dem Produktgeschäft (Mittelwerte = 3,85 und 4,15) (Simão 2006, S. 197 und S. 203). Bei allen erwähnten Maßnahmen stehen die Kontakt- und Beziehungspflege durch die Mitarbeiter im Vordergrund, die sich schließlich in der Markenführung widerspiegeln. Die Mitarbeiter sollen Botschafter der Unternehmenswerte und -strategien sein, durch ihr Verhalten entscheidend zu Veränderungsprozessen beitragen und die Etablierung des Unternehmens und seiner Marke im Lösungsgeschäft fördern (Kotler, Pfoertsch 2006, S. 71 f.). Der Verkäufer wandelt sich zum Berater, Problemlöser und Beziehungspfleger (Manschwetus, Gruzewski 2002, S. 47). Wichtiger werden auch Aufgaben der Koordination und des Projektmanagements intern und für Kunden (Belz, Bussmann 2002).

Das Beispiel des Unternehmens Hilti AG zeigt, wie sich ein Unternehmen auf die markenspezifische Interaktion der Mitarbeiter mit Kunden konzentriert (Buob 2007).

> Die Hilti AG ist ein weltweit führendes Unternehmen in der Entwicklung, Herstellung und dem Vertrieb von qualitativ hochwertigen Produkten für die Baubranche und Gebäudeinstandhaltung. Ungefähr zwei Drittel der 17'000 Mitarbeiter in über 120 Ländern stehen täglich in direktem Kundenkontakt. Im Jahre 2004 begann die Umsetzung des globalen Mitarbeiterprogramms „Our Culture Journey".
>
> Die Mitarbeiter agieren dabei als Markenbotschafter, wodurch die Markeninhalte erlebbar werden. Die Herausforderung besteht darin, eine Marke und die damit verbundene Unternehmenskultur einheitlich und erfolgreich im Unternehmen zu verankern. Die zahlreichen Mitarbeiter mit Kundenkontakt gestalten die Marke Hilti auch in der Interaktion mit den Kunden.
>
> Bereits der Gründer Martin Hilti hat der Unternehmenskultur hohes Gewicht beigemessen. Mit seinem Sohn Michael Hilti, welcher die Führungsverantwortung der Firma Mitte der Achtzigerjahre übernahm, trat die Vision einer offenen und einheitlichen Unternehmenskultur ins Zentrum. Hilti greift daher auf eine zwanzigjährige Unternehmenskultur zurück, die immer wieder in Kultur-Trainings an sämtliche Mitarbeiter vermittelt wurde. „Our Culture Journey" stellt eine Weiterentwicklung solcher Trainings dar.
>
> Es wurde ein Kernteam gebildet, welches in enger Zusammenarbeit mit dem Vorstand ein Konzept erarbeiten sollte, mit dem die Kultur nachhaltig im Unternehmen verankert und deren Vermittlung in einem Prozess gestaltet wird. Daraus ist der Gedanke einer Kulturreise entstanden.
>
> In einer *Definitionsphase* setzte man sich einerseits damit auseinander, was Firmen in Bezug auf eine erfolgreiche Unternehmenskultur bereits praktizieren und andererseits, was für Programme spezialisierte Unternehmen bzgl. Kulturentwicklung anbieten. Es wurde schnell festgestellt, dass die spezifischen Bedürfnisse des Unternehmens Hilti damit nicht befriedigt werden konnten. Entweder lieferten die Firmen sehr viel Inhaltliches, was angesichts der schon sehr alten Hilti-Kultur nicht nötig war, oder sie boten tolle Kultur-Events an, die jedoch aufgrund ihrer einmaligen Durchführung nicht als nachhaltig erschienen.
>
> Zuerst wurde alles in der Firma schon Vorhandene im Sinne einer *Ist-Zustands-Analyse* zusammengetragen. Aus der Erfahrung vieler vorangegangener Kulturseminare und aus der alljährlich durchgeführten Mitarbeiterumfrage GEOS konnten Ideen für die weitere Planung entnommen werden. In einer *Soll-Zustands-Phase* wurde die Grundstruktur entworfen, dessen Bausteine als Eckpfeiler für die ganze Reise und damit für die Unternehmenskultur in den nächsten Jahren gelten und dem Programm Konstanz verleihen sollen:
>
> - Prinzip 1: Unsere Arbeit schafft Wert.
> - Prinzip 2: Wir erreichen unsere Ziele durch Eigenverantwortung.
> - Prinzip 3: Wir ermutigen uns gegenseitig und erkennen Resultate an.
>
> An dieser Stelle wurden auch Integrität, Mut, Teamarbeit und Engagement als Werte des Unternehmens definiert. Um das stabile Grundraster legte man Themenschwerpunkte, die in Zukunft auch aktuellen Themen, welche z.B. aus Kunden- und/oder Mitarbeiterumfragen resultieren, angepasst werden können.
>
> In der *Planungsphase* war es sehr wichtig, laufend zu prüfen, ob alle 17'000 Mitarbeiter die Ansätze intuitiv verstehen. Auch aus diesem Grund wurde die Kulturreise mit einer Reise zum Mount Everest versinnbildlicht, welche dadurch gekennzeichnet ist, dass verschiedene Camps durchlaufen werden. In jedem Camp klimatisiert man sich, lernt etwas Neues dazu und zum Schluss möchte man den Gipfel erreichen. Auf diesem Hintergrund sind verschiedene Team Camps entstanden, wobei die Reise nicht abschließend sein soll

(hat man nämlich den Gipfel erreicht, so sieht man von dort aus wieder andere Gipfel, sprich neue Herausforderungen). Bei der detaillierten Planung der Team Camp Seminare hat man sich vorerst nur auf das erste Camp konzentriert und erst einen Ausblick auf die weiterfolgenden Camps gewagt, um nach und nach mit aktuellen Themen und mit der Erfahrung aus vergangenen Camps fortfahren zu können.

Auf der Kulturreise sollen die jeweiligen Teams mit ihren direkten Vorgesetzten durch so genannte „Sherpas" (erneut in Analogie zum Mount Everest Aufstieg) begleitet werden. Ungefähr alle 18 Monate soll ein weiteres Team Camp „erklommen" werden.

Den Weg zum Team Camp 1 nahm als erstes der Vorstand auf sich, da dieser für den Inhalt der Camps und die Kultur zuständig ist. Danach kam die Stufe der Regionenleiter bis zur Stufe der Führungsteams der Marktorganisationen. All diese Seminare wurden durch den Hauptsherpa begleitet. Damit auf den weiteren Unternehmensstufen die Seminare in der Muttersprache geführt und lokalen Unterschieden Rechnung getragen werden kann, sollen diese durch einen lokalen Sherpa begleitet werden. Da die Führungsteams die Reise zum Team Camp 1 bereits erlebt hatten, kannten sie bei der Rekrutierung die spezifischen Anforderungen an einen lokalen Sherpa. Die lokalen Sherpas wurden sodann sukzessive am Konzernsitz in ihrer Aufgabe geschult. Gleichzeitig hat man begonnen das Buch „Team Camp Guide", welches einen Leitfaden für die ganze Reise darstellt, in verschiedene Sprachen zu übersetzen.

Im selben Ablauf wie zu Beginn die Führungsteams begann nun die Reise zum Team Camp 1 auf lokaler Stufe: Die Regionalleiter und Abteilungsleiter mit der Geschäftsleitung und dann die Teams mit ihrem Regionalleiter.

Inhaltlich werden z.B. Maßnahmen zur Verbesserung der Zusammenarbeit im Hinblick auf die Unternehmenskultur besprochen. Auch teaminterne Prozesse werden hinsichtlich der Hilti-Kultur beleuchtet und im Sinne einer Optimierung diskutiert. Zwischendurch werden teambildende Elemente eingebracht, die das Vertrauen untereinander stärken und damit die Zufriedenheit des Einzelnen steigern sollen.

Der Personalprozess wurde hinsichtlich der Werte-Kultur angepasst. Im jährlichen Mitarbeitergespräch soll festgestellt werden, ob die Kultur seitens der Mitarbeiter gelebt wird. Wenn der Vorgesetzte entdeckt, dass die eigenen Werte eines Mitarbeiters in extremem Gegensatz zu den Werten der Unternehmung stehen oder ein massiver Verstoß eines Mitarbeiters gegen diese vorliegt, so muss er dies mit ihm diskutieren. Im schlimmsten Fall trennt man sich von dem Mitarbeiter. Die Führungskräfte spielen also eine Schlüsselrolle im Vorleben des Markenversprechens. Bei der Rekrutierung von neuen Mitarbeitern wird die Hilti-Kultur mit den Kandidaten intensiv diskutiert und ihr Wertegerüst analysiert.

Inwieweit sich das Kultur-Programm auf den Unternehmenserfolg niederschlägt, wird sich nicht eindeutig mit Zahlen belegen lassen, davon sind die Initianten überzeugt. Jedoch bauen sie auf weiche Indikatoren auf wie z.B. die gesteigerte Mitarbeiterzufriedenheit, welche signifikant auf den Erfolg des Unternehmens einwirken dürfte.

Weil komplexe Unternehmen ihre Kommunikation nicht für alle Kunden zusammenfassen können, spielt die dezentrale Interaktion der Kundenkontaktpersonen mit den Kunden eine ausschlaggebende Rolle (Binckebank 2006). Die Marke wird stark ‚bottom up' gestaltet.

5 Markenführung auf der Leistungsebene

Auf der Leistungsebene steht die Markenführung für umfassende Leistungs- und Kundensysteme im Vordergrund. Es gilt die Kundenwahrnehmung des eigenen Leistungsangebots durch die Markenführung und Kommunikation positiv zu beeinflussen und gegenüber den Wettbewerbern zu differenzieren. Komplexe Unternehmen gewichten eher das Corporate Branding und weniger die Marken für Sparten und Produkte (Esch et al. 2006). Dies bringt relevante Vorteile, weil wie Hauser und Groll betonen: „Eine zur Marke verdichtete Reputation erleichtert den Verkauf von komplexen Investitionsgütern und Dienstleistungen" (Hauser, Groll 2002, S. 38). Allerdings besteht dabei die Gefahr, dass der Auftritt im Markt recht abstrakt und demgemäß im Vergleich zum Wettbewerb auswechselbar wird. Beispielsweise setzte ABB viele Jahre auf die Kommunikation von „Customer Focus" oder Schott konzentrierte sich im Corporate Branding (wie erwähnt) auf „Total Customer Care". Solche Aussagen sind für die vielfältigen Angebote dieser Unternehmen richtig, nur gleichzeitig auch generisch. Manche Unternehmen müssen akzeptieren, dass sich ihre Sparten, Botschaften und Zielgruppen zu stark unterscheiden, um eine gemeinsame Marke zu stärken. Die Kommunikation setzt dann die Schwerpunkte auf die strategischen Geschäftseinheiten und Teilmärkte. Hierbei sind Maßnahmen wie strukturierte und transparente Leistungskonzepte und -dokumentationen sowie die Verwendung unsicherheitsreduzierender Qualitätssignale besonders erfolgversprechend für die Kommunikation des Nutzens im Lösungsgeschäft (Simão 2006, S. 278 ff.). Qualitätssignale vereinfachen die Entscheidungsprozesse bei Kunden und werden zur Verminderung des Kaufentscheidungsrisikos in der Kommunikation eingesetzt (Schott 1994, S. 92; Weiss 1992, S. 53). Die Marke ist ein wichtiges Qualitätssignal, das als Beurteilungsindikator für die Qualität komplexer und umfassender Lösungen eingesetzt werden kann (Zeithaml 1988, S. 6). Gemäß von der Oelsnitz kann das markengegebene Qualitätsversprechen nicht nur zur Präferenzbildung und Verstetigung der Geschäftsbeziehungen genutzt werden, sondern auch zu einem systematischen Abbau abnehmerseitiger Akzeptanzbarrieren (von der Oelsnitz 1995, S. 252). Wenn die Qualität und Zuverlässigkeit der Leistungen durch eine professionelle Markenführung hervorgehoben und nachvollziehbar für die Kunden wird, kann dies zu einem entscheidenden Wettbewerbsvorteil werden. Auch das Design der Leistungen, deren Differenzierungspotenzial wenig erkannt ist und häufig sogar als irrelevant gilt (gemäß der Ergebnisse von Simão gaben 36 % der Befragten an, dieses Instrument sehr wenig zu nutzen), kann dazu beitragen, eine Wettbewerbsdifferenzierung und eine Markenprofilierung zu erreichen. Das folgende Fallbeispiel der Kuka Roboter GmbH zeigt, wie dieses Industrieunternehmen das Design als Differenzierungs- und Erfolgsfaktor zu nutzen weiß (Simão 2006, S. 291 f.).

Die Kuka Roboter GmbH, seit 1996 ein eigenständiges Unternehmen der Industriewerke Karlsruhe-Augsburg (IWKA) AG, ist 2004 mit einem Umsatz von EUR 425 Mio. der größte Roboterhersteller in Deutschland. Weltweit beschäftigt das Unternehmen im Jahr 2004 2'044 Mitarbeiter und am Hauptstandort Augsburg sind es rund 1'100 Mitarbeiter. Die Kernkompetenzen liegen in der Entwicklung und Produktion sowie im Vertrieb von Industrierobotern, Steuerungen, Software und Lineareinheiten. Zum Angebotsprogramm kommen Schulungen und Service hinzu.

> Die Kuka Roboter GmbH hat seit einigen Jahren den großen Stellenwert des Designs als Unterscheidungsmerkmal und Wettbewerbsvorteil erkannt und das Design ihrer Roboter eng mit der Markenführung verknüpft. Somit strebt Kuka mit dem Design auch eine emotionale Aufladung der Marke an. Mit der Überzeugung, dass die Einkäufer v.a. die technischen Daten und Produktivitätskennzahlen interessieren, aber darüber hinaus auch das Design bei der Kaufentscheidung eine gewisse Rolle spielt, hat Kuka in Letzteres investiert. Die Roboter fallen durch weiche Rundungen und einen leuchtend bunten Anstrich auf. Durch den Herstellernamen auf dem Roboterarm sind sie bereits aus der Ferne leicht erkennbar. Das Design bietet auch technische Vorteile. So bleiben z.B. keine Energiezuführungen an den Kanten hängen und die Maschinen lassen sich leichter reinigen.
>
> Im 2002 gewann Kuka für das Design seiner Roboter den prestigeträchtigen Red Dot Award. Diese Auszeichnung wird in der Kommunikation der Marke aktiv genutzt. Verbunden mit dem Aufbau einer sympathischen, attraktiven und kompetenten Marke und dem neuen Design der Roboter ist auch das Product Placement der Roboter im James-Bond-Film „Die Another Day". Weil das Film-Engagement zu einer Markenstrategie gehört, die von Investitionsgüterherstellern normalerweise nicht verfolgt wird, hat Kuka für das Product Placement in diesem Bond-Film nichts bezahlt, sondern lediglich die Applikation und die technische Unterstützung zur Verfügung gestellt. Ziele des Product Placements waren, das Unternehmen als Technologieträger darzustellen, die Markenpräsenz im Investitionsgütermarkt zu steigern sowie den generellen Bekanntheitsgrad von Kuka zu erhöhen. Durch das Product Placement sollte zudem eine hohe Reichweite in der Öffentlichkeit und eine hohe Glaubwürdigkeit in der Kommunikation erreicht werden.

Das Beispiel veranschaulicht, dass das Design auch in der Investitionsgüterbranche interessante Differenzierungsansätze ermöglicht. Vor allem Design und Farbe gelten in der industriellen Kommunikation als zentrale Instrumente der Markenprägung (Hauser, Groll 2002, S. 39) und sollen daher stärker in der Markenführung industrieller Lösungsanbieter eingesetzt werden.

6 Fazit

Für das Management von Marken sind verschiedene Ansätze ergiebig. Durch ein geeignetes Markenmanagement soll der Wandel vom Produkt- zum Lösungsanbieter begleitet, unterstützt und erleichtert werden. Für die Realisierung der Kommunikation und Markenführung für industrielle Lösungsanbieter in der Unternehmenspraxis sind folgende Handlungsempfehlungen zu berücksichtigen:

Auf der Unternehmensebene:

- Verwenden Sie Erfolgsstorys, Kundenstatements und Pilotprojekte als Referenzen intensiv in Ihrer Kommunikation!
- Positionieren Sie Ihre Unternehmensmarke als Marke eines Lösungsanbieters!
- Nutzen Sie Zertifizierungen, Gütesiegeln und Auszeichnungen in Ihrer Kommunikation!
- Vermitteln Sie die Unternehmenskompetenz durch Statements über die Kompetenz der Mitarbeiter in Ihrer Kommunikation!

Auf der Interaktionsbene:

- Delegieren Sie die Verkaufsfunktionen an Mitarbeiter, die Lösungen für Kunden erstellen!
- Unterstützen Sie die Verkäufer bei der Kundeninteraktion durch Tools wie z.B. Checklisten, Guidelines und Argumentationshilfen!
- Erstellen Sie klare Prozess- und Ablaufbeschreibungen für die Kunden!

Auf der Leistungebene:

- Verwenden Sie in Ihrer Kommunikation strukturierte und transparente Leistungskonzepte und -dokumentationen!
- Verwenden Sie unsicherheitsreduzierende Qualitätssignale in Ihrer Kommunikation!
- Beweisen Sie den Nutzen Ihrer Lösungen durch die Kalkulation des Kosten- und Sparpotenzials einer integrierten Lösung im Vergleich zu Einzelleistungen!
- Durch die Markenführung auf Unternehmensebene soll es Unternehmen gelingen, sich im Markt und gegenüber den Mitarbeitern eindeutig und glaubwürdig als Lösungsanbieter zu positionieren und zu profilieren.
- Mitarbeiter sollen die Marke leben, zu Markenbotschaftern werden und den Markenaufbau fördern. Der persönliche Verkauf und insbesondere die Mitarbeiter mit Kundenkontakt sind entscheidend für die interaktive Markenführung im Lösungsgeschäft.
- Eine sorgfältige Positionierung des eigenen Unternehmens und der angebotenen Problemlösungen sowie ihre aktive Kommunikation sind entscheidende Voraussetzungen für den Erfolg im Lösungsgeschäft.

Im Geschäft für Industriegüter sind Kompetenz und Vertrauen der Schlüssel zum Erfolg. Markenführung und Kommunikation sind dabei weniger durch zentrale Kampagnen als durch dezentrale Leistungskommunikation und Interaktion mit Kunden bestimmt.

Literaturverzeichnis

Baaken, T. (1998): Services als Marketinginstrument oder künftiges Geschäftsfeld? – Das Dienstleistungsportfolio als Entscheidungshilfe, in: Strothmann, K.-H., Ginter, T. (Hrsg.): Value Adding im Investitionsgütermarketing, Frankfurt am Main: VDMA Verlag, S. 25–39.

Backhaus, K., Voeth, M. (2007): Industriegütermarketing, 8. Auflage, München: Vahlen.

Belz, C. (2006): Spannung Marke: Markenführung für komplexe Unternehmen, Wiesbaden: Gabler/Thexis.

Belz, C., Bieger, T. et al. (2006): Customer Value, 2. A., Landsberg a.L.: mi-Fachverlag (Redline).

Belz, C., Bussmann, W. (2002): Performance Selling, Erfolgreiche Verkäufer schaffen Kundenvorteile, Landsberg a.L.: mi-Fachverlag (Redline).

Belz, C., Kopp, K.-M. (1994): Markenführung für Investitionsgüter als Kompetenz- und Vertrauensmarketing, in: Bruhn, M. (Hrsg.): Handbuch Markenartikel: Anforderungen an die Markenpolitik aus Sicht von Wissenschaft und Praxis, Bd. 3, Stuttgart: Schäffer-Poeschel, S. 1577–1601.

Belz, C., Simão, T., van Lier, M. (2002): Chancen im Dialogmarketing, Bern.

Belz, C., Schögel, M., Tomczak, T. (2007): Innovation driven Marketing, Wiesbaden: Gabler.

Binckebank, L. (2006): Interaktive Markenführung – Der persönliche Verkauf als Instrument des Markenmanagements im B2B-Geschäft, Wiesbaden: Deutscher Universitätsverlag.

Böcker, J., Goette, T. (1994): Das Systemgeschäft folgt eigenen Regeln, in: Harvard Business Manager, Nr. 2/1994, S. 116–124.

Bruhn (2003): Kommunikationspolitik, 2., völlig überarb. Aufl., München: Vahlen.

Buob, M. (2007): Unternehmenskultur als ‚behavioural branding' – Maßnahme am Beispiel des globalen Mitarbeiterprogramms ‚our culture journey' der Hilti AG, erscheint in: Belz, C., Schögel, M., Tomczak, T. (2007): Innovation driven Marketing, Wiesbaden: Gabler.

Dambacher, J., Litschko, A. (2000): Raus aus der Kommunikationsfalle – oder der Brückenschlag zum Kunden, in: Vom Lieferanten zum Wertschöpfungspartner – Dienstleistung im Maschinenbau, Frankfurt am Main: VDMA-Entscheidungshilfen, S. 44–49.

Davies, A. (2004): Moving base into high-value integrated solutions: a value stream approach, in: Industrial and Corporate Change, Vol. 13, No. 5/2004, pp. 727–756.

Esch, F.-R. (2005): Corporate Brands im Unternehmen verankern – werden Corporate Brands wirklich gelebt?, in: Thexis, Nr. 1/2005, S. 31–34.

Esch, F.-R., Tomczak, T., Kernstock, J., Langer, T. (2006): Corporate Brand Management – Marken als Anker strategischer Führung von Unternehmen, 2. Auflage, Wiesbaden: Gabler.

Hase, M. (2004): Kalkulierter Streuverlust, in: Werbung und Verkauf, Nr. 20/2004, S. 36–37.

Hauser, T., Groll, M. (2002): Kompetenz als Botschaft, Vertrauen als Ziel, in: Absatzwirtschaft, Spezialausgabe Absatzwirtschaft Marken 2002, S. 38–40.

Kemper, A. C. (2000): Strategische Markenpolitik im Investitionsgüterbereich, Köln: Eul.

Kotler, P., Pfoertsch, W. (2006): B2B Brand Management, Heidelberg: Springer.

Malaval, P. (2001): Strategy and Management of Industrial Brands: Business to Business Products and Services, Boston: Kluwer Academic Publishers.

Manschwetus, U., Gruzewski, N. (2002): Kommunikationsstrategien und -instrumente für Vertrauens- und Erfahrungsgüter, in: Baaken, T. u.a. (Hrsg.): Business-to-Business-Kommunikation: Neue Entwicklungen im B2B-Marketing, Berlin: Erich Schmidt, S. 31–51.

Meffert, H. (2000): Marketing: Grundlagen marktorientierter Unternehmensführung – Konzepte, Instrumente, Praxisbeispiele, 9., überarb. und erw. Aufl., Wiesbaden: Gabler.

Merbold, C. (1995): Die Investitionsgüter-Marke, in: Markenartikel, 57. Jg., Nr. 9/1995, S. 414–417.

Mudambi, S. (2002): Branding importance in business-to-business markets – Three buyer clusters, in: Industrial Marketing Management, Vol. 31, pp. 525–533.

Pförtsch, W. (2006): B2B Markenmanagement Exzellenz, in: B2B-Excellenz Letter, 5. Jg. 2006, Nr. 3, S. 4–7.

Simão, T. (2006): Kommunikation für industrielle Lösungsanbieter, Dissertation Universität St. Gallen, Schesslitz: Rosch-Buch.

Schott, E. (1994): Andere Gewichte und neue Inhalte, in: Absatzwirtschaft, Nr. 12/1994, S. 88–93.

Tomczak, T., Brexendorf, T. O., Morhart, F. (2006): Die Marke nach außen und nach innen leben, in: IO New Management, Heft 7, S. 15–19.

Vogler, S., Egloff, M. (2001): Marken schaffen mehr Wert (Teil 2), in: Organisator, Nr. 7–8/2001, S. 20–24.

von der Oelsnitz, D. (1995): Investitionsgüter als Markenartikel, in: Markenartikel, 57. Jg., Nr. 6/1995, S. 252–258.

Weidner, W. (2002): Industriegüter zu Marken machen, in: Harvard Business manager, Nr. 5/2002, S. 101–106.

Weiss, P. A. (1992): Die Kompetenz von Systemanbietern: Ein neuer Ansatz im Marketing für Systemtechnologien, Berlin: Erich Schmidt.

Zeithaml, V. A. (1988): Consumer Perceptions of Price, Quality and Value: A Means-End Model and Synthesis of Evidence, in: Journal of Marketing, Vol. 52, July 1988, pp. 2–22.

Marke, persönliche Beziehungen oder Leistung: Welcher Marketing-Ansatz ist wirklich wichtig in B-to-B-Märkten?

Carsten Baumgarth

Zusammenfassung 432
1 Markenrelevanz in B-to-B Märkten: Immer noch ein umstrittenes Thema 432
2 MARKET-Q: Ein integrierter Controllingansatz 433
   2.1 Marketingqualität 433
   2.2 Facetten der Marketingqualität 434
   2.3 Wirkungen der Marketingqualität 436
   2.4 Gesamtmodell 437
3 Empirische Studie: Modelltest und Praktische Anwendung 438
   3.1 Studiendesign 438
   3.2 Modelltest 439
   3.3 Praxisrelevante (Zusatz-)Auswertungen 440
4 Fazit 441
Literaturverzeichnis 442

Zusammenfassung

Zwar wird in den Chefetagen der B-to-B-Unternehmen zunehmend über die Relevanz der Marke diskutiert, allerdings fehlt häufig empirisch gesichertes Wissen über den Einfluss der Marke auf den (Marketing-)Erfolg. Das im vorliegenden Beitrag vorgestellte MARKET-Q-Modell ermöglicht für konkrete Branchen die Untersuchung des relativen Einflusses der B-to-B-Marke im Vergleich zu alternativen Marketingansätzen (Leistung, Beziehung). Die explorative Modellprüfung in der Bauzulieferindustrie verdeutlicht zunächst die grundsätzliche Güte dieses Modells. Weiterhin liefert diese Branchenstudie einen weiteren Hinweis auf die hohe Markenrelevanz auch im B-to-B-Kontext. Schließlich zeigt der Beitrag Möglichkeiten zum praktischen Einsatz dieses Modells auf, wodurch ein empirisch validiertes und praktisch einsetzbares Marketing- und Markencontrolling-Instrument für den B-to-B-Bereich vorliegt.

1 Markenrelevanz in B-to-B Märkten: Immer noch ein umstrittenes Thema

Trotz steigender Anzahl von Publikationen zum Thema B-to-B-Marke (zur Entwicklung der Forschung vgl. Baumgarth, Douven 2006) und zunehmenden Interesse in der Praxis (z.B. Markenkonferenz B2B Marken, die im Jahre 2006 vom Markenverband und Vogel Industrie Medien erstmalig veranstaltet wurde) wird in fast allen B-to-B-Unternehmen heftig über die tatsächliche Relevanz der Marke für den Erfolg debattiert.

Auch die mittlerweile empirischen Ergebnisse zur Relevanz von B-to-B-Marken (z.B. Hutton 1997; Caspar et al. 2002; Baumgarth, Haase 2005; Homburg et al. 2006) sowie die vorhandenen Heuristiken zur Abschätzung des Markenpotentials in konkreten Unternehmenskontexten (z.B. Kemper 2000, S. 145 ff.) ändern nichts daran, dass das Thema Markenführung im B to B Bereich häufig noch als Modethema angesehen wird. Diese Unsicherheit über die Relevanz führt auch dazu, dass die B-to-B-Markenführung in der Praxis häufig wenig konsequent erfolgt und daher eine Vielzahl von Schwächen aufweist. In einer Studie gaben im Jahre 2006 rund 270 Top-Entscheider aus B-to-B-Unternehmen Auskunft über den Stand der Markenführung (vgl. *Abbildung 1*). Dabei zeigten sich insbesondere auch im Markencontrolling deutliche Defizite.

Ein Controlling-Ansatz, der die Relevanz der Marke in einem konkreten Branchenkontext sowie die Stärken bzw. Schwächen der eigenen Marke analysiert, besitzt daher das Potential, die notwendige Professionalisierung der B-to-B-Markenführung zu fördern und die Unsicherheit über die Relevanz der Marke im B-to-B-Umfeld zu reduzieren.

Im Weiteren wird ein solcher Ansatz konzeptionell entwickelt und anhand einer empirischen Studie der praktische Einsatz verdeutlicht.

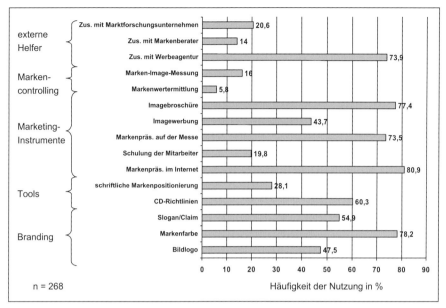

Abbildung 1: Stand der B-to-B-Markenführung in der Unternehmenspraxis

2 MARKET-Q: Ein integrierter Controllingansatz

Markenführung stellt nur eine mögliche Ausprägung des B-to-B-Marketing zur Erreichung von Marketing- und Unternehmenszielen dar. Im Folgenden wird ein Modell skizziert, welches ganzheitlich die Qualität des Marketing aus Kundensicht im B-to-B-Bereich evaluiert und dabei auch die Rolle der Marke im Vergleich zu anderen Ausprägungen des Marketing untersucht.

2.1 Marketingqualität

Obwohl der Qualitätsbegriff bereits seit Jahrzehnten in der Betriebswirtschaftslehre und im Marketing regelmäßig verwendet wird, handelt es sich um einen relativ unscharfen Begriff (Garvin 1984; Steenkamp 1989; Hentschel 1992; Klee 2000, S. 96 ff.; Schildknecht 1992, S. 22 ff.; Ahsen 1996, S. 9 ff.). Zunächst herrscht Uneinigkeit darüber, ob die Qualität nur ein rein beschreibendes Konstrukt darstellt („die Maschine hat eine Lebensdauer von 10 Jahren") oder auch eine evaluative Komponente („die Maschine weist eine hohe Lebensdauer auf") umfasst. Umgangssprachlich wird mit dem Qualitätsbegriff überwiegend auch eine wertende Komponente verknüpft, weshalb im Folgenden der Begriff der Qualität mit einer Beurteilung verbunden ist. Weiterhin differenziert die Literatur zwischen einer objektiv-erfassbaren und einer subjektiv-interpretierten Qualität, wobei sich die subjektive Sicht weiter in eine Kunden- und eine Drittbeurteilung (z.B. Experten) unterteilen lässt. Aufgrund der Grundausrichtung des Marketing an den Kundenbedürfnissen erfolgt im Weiteren eine Fokussierung auf die subjektive, kundenorientierte Qualität. Eine dritte Differenzierung basiert auf der Festlegung des Qualitätsobjektes. Während zu Beginn der Qualitätsdiskussion überwiegend auf die Qualität von Produkten (Sachleistungen) abgestellt wurde, hat sich diese Sichtweise deutlich verbreitert. Heute wird die Qualität u.a. mit Dienstleistungen (z.B. Hentschel 1992; Parasuraman et al. 1985; Parasuraman et al. 1988), mit Beziehungen (z.B. Klee 2000; Hadwich 2003), mit Marken (z.B. Klein-Bölting, Aga 2004; Fournier 1998) und Kommunikation (z.B. Stumpf 2005) verknüpft. Darüber hinaus finden sich in der Literatur auch ganzheitliche Ansätze (European Quality Award, z.B. Peacock 1992; Malcom Baldrige National Quality Award, z.B. Neves, Nakhai 1994). Bislang fehlt allerdings in der Literatur ein umfassender Ansatz zur kundenorientierten Qualitätsbeurteilung des gesamten Marketing.

Da es wenig Erfolg versprechend und für Diagnosezwecke wenig aufschlussreich ist, eine globale Erhebung der Marketingqualität aus Kundensicht durchzuführen, empfiehlt sich eine mehrdimensionale Messung. Weiterhin ist es erforderlich, dass die Marketingqualität relevante Zielgrößen des Marketing beeinflusst. Bei der Entwicklung eines umfassenden Ansatzes ist ferner darauf zu achten, dass zum einen eine möglichst starke Standardisierung erfolgt, um Vergleiche zwischen Unternehmen und Branchen zu ermöglichen. Zum anderen sind die Spezifika der einzelnen Unternehmens- und Branchenkontexte zu berücksichtigen. Diesen Anforderungen genügt das im Folgenden vorgestellte Marketingqualitätsmodell (MARKET-Q).

2.2 Facetten der Marketingqualität

Bei der Durchsicht der Literatur zum B-to-B-Marketing zeigt sich, dass in Abhängigkeit von bestimmten Vermarktungsparametern unterschiedliche Marketingansätze als Präferenz schaffend diskutiert werden. Diese unterschiedlichen Ansätze werden häufig durch die Zugrundelegung von Industriegütertypologien (zum Überblick z.B. Backhaus, Voeth 2007, S. 181 ff.) begründet. Weiterhin fällt auf, dass sich grob die beiden Konzepte Leistung und Beziehung als Marketingansätze voneinander abgrenzen lassen. Darüber hinaus gewinnt zunehmend auch im B-to-B-Bereich das Konzept der Marke als dritter möglicher Vermarktungsansatz an Bedeutung. Insgesamt lassen sich damit die folgenden drei grundsätzlichen Ansätze zur Schaffung von Präferenzen im B-to-B-Bereich voneinander unterscheiden:

- Leistung
- Beziehung
- Marke

Diese drei grundsätzlichen Parameter des B-to-B-Marketing besitzen aus Sicht der Nachfrager jeweils eine bestimmte Qualität. Qualitätsvorteile der Leistung, der Beziehung und/oder der Marke führen dann zu entsprechend positiven Markteffekten. Im Folgenden werden zentrale Erkenntnisse zu diesen drei Qualitätsfacetten skizziert.

(1) Leistungsqualität

Die Leistungsqualität ist im B-to-B-Bereich ein etablierter Erklärungsansatz für positives Kundenverhalten und unternehmerischen Erfolg. Die Annahme, dass B-to-B-Geschäfte das Ergebnis rationaler Entscheidungen auf der Sachebene sind, d.h. auf Kosten-Nutzen-Überlegungen basieren, lässt die Qualität der B-to-B-Leistungen ins Zentrum des unternehmerischen Interesses rücken. In der Literatur herrscht Uneinigkeit, ob Leistungsqualität und Kundenzufriedenheit verwandte bzw. identische (z.B. Bruhn 2001, S. 71) oder unterschiedliche Konstrukte (z.B. Henning-Thurau, Klee 1997, S. 743) darstellen. Darüber hinaus ist der Umfang der Konstrukte Kundenzufriedenheit und Leistungsqualität unklar, wobei die Kundenzufriedenheit häufig einen größeren Umfang durch die Integration von relationalen Faktoren (z.B. Zufriedenheit mit den Mitarbeitern, Beziehungszufriedenheit) aufweist. Da das zu entwickelnde Modell der Marketingqualität auf möglichst trennscharfen Facetten basieren soll und die relationalen Faktoren in dem Konzept der Beziehungsqualität berücksichtigt werden, erfolgt im Weiteren mit der Leistungsqualität eine Fokussierung auf die auszutauschende Leistung.

Aufgrund des multiattributiven Charakters der Leistungsqualität ist es erforderlich, einzelne Attribute der Leistungsqualität zu bestimmen. Bei der Durchsicht der verschiedenen Attributkataloge der Leistungsqualität (Garvin 1984, S. 29 ff.; Dögl 1986, S. 100 ff.; Schildknecht 1992, S. 36 f.; Ahsen 1996, S. 12 ff.) und der Kundenzufriedenheit (Rudolph 1998; Giering 2001) lassen sich mit der Kernleistung (Produktqualität wie z.B. Haltbarkeit, Funktionsfähigkeit) sowie den Prozessen des Leistungsübergangs (Prozessqualität wie z.B. Lieferzeit, Lieferzuverlässigkeit) zwei zentrale Faktoren identifizieren. Eine weitergehende Standardisierung der Leistungsqualität über verschiedene B-to-B-Branchen hinweg wird nicht angestrebt, da dies die Besonderheiten der jeweils zu untersuchenden Kontexte vernachlässigen würde.

(2) Beziehungsqualität

Die Beziehungsqualität umfasst die Qualität der relationalen Komponenten (Beziehungsebene). Trotz der grundsätzlichen Übereinstimmung über die Notwendigkeit einer „guten" Geschäftsbeziehung existiert in der Literatur bislang kein dominierender Ansatz zur Definition, Abgrenzung und Konzeptualisierung des Konstruktes Beziehungsqualität (zu Überblicken z.B. Georgi 2000; Hadwich 2003; Stuhlert 2005). Unterscheidungsmerkmale der Definitionen beziehen sich auf das Bezugsobjekt, wobei zwischen Person (Crosby et al. 1990; Boles et al. 1997) und Unternehmen (Henning-Thurau, Klee 1997; Smith 1998) unterschieden wird. Im Folgenden wird die Beziehungsqualität auf die Beziehung zwischen dem Kunden und den persönlichen Ansprechpartnern beschränkt, um Überschneidungen mit den beiden anderen Qualitätsfacetten zu reduzieren. Weiterhin herrscht Uneinigkeit über die Komponenten der Beziehungsqualität (zum Überblick z.B. Stuhlert 2005, S. 82 f.), wobei sich mit Vertrauen und Commitment in der Literatur zwei Kerndimensionen identifizieren lassen. Morgan und Hunt (1994, S. 23) definieren Vertrauen „… when one party has confidence in an exchange partner's reliability and integrity". Nach dieser Definition, die im Folgenden Verwendung findet, resultiert Vertrauen zum einen aus der Verlässlichkeit und zum anderen aus der Integrität des Partners. Die zweite Komponente der Beziehungsqualität bildet das Commitment, welches die innere Bindung umfasst (Anderson, Weitz 1992; Söllner 1993, S. 103). Da das Commitment eine starke Überschneidung mit der Wirkungsebene, speziell dem Mengenpremium aufweist, wird die Beziehungsqualität im vorliegenden Modell nur über das Vertrauen gemessen.

(3) Markenqualität

Während die Leistungs- sowie die Beziehungsqualität im B-to-B-Bereich etablierte Konzepte darstellen, hat die Marke als symbolische Ebene in diesem Kontext erst in den letzten Jahren an Bedeutung in Wissenschaft und Praxis gewonnen (Kemper 2000; Caspar et al. 2002; Baumgarth 2004a; Baumgarth 2004b). Allgemeine Ansätze zur Beurteilung der Markenqualität aus einer Kundensicht finden sich insbesondere in den verschiedenen Ansätzen der Markenbewertung (zum Überblick z.b. Schimansky 2004) und hier speziell bei den verhaltensorientierten Ansätzen (Aaker 1992; Keller 1993; Bekmeier-Feuerhan 1998; Andresen, Esch 2001; Högl, Hupp 2004). Allerdings handelt es sich dabei fast durchgehend um Ansätze, die für den Konsumgüterbereich entwickelt und validiert wurden und daher nur bedingt auf den B-to-B-Bereich übertragbar sind (Baumgarth 2004b). Weiterhin handelt es sich häufig um Ansätze, die die Markenqualität mit den Wirkungen wie Preisbereitschaft und Bindung vermischen (z.B. BPI der GfK, vgl. Högl, Hupp 2004). Daher bietet es sich an, einen eigenen Ansatz zu entwerfen. Zunächst wird die in vielen B-to-C orientierten Modellen verwendete Dimension Markenbekanntheit nicht als Komponente der Markenqualität im B-to-B berücksichtigt, da diese Größe aufgrund der i. d. R. geringeren Anbieter- und Nachfragerzahl und der damit hohen Markttransparenz nur eine untergeordnete Rolle spielt. Die zweite Komponente stellt das Markenimage dar, wobei dieser Begriff eine Vielzahl unterschiedlicher Aspekte wie emotionales Image, sachliches Image, Markenvertrauen etc. umfasst. Im Folgenden wird die Qualität des Markenimages durch fünf Aspekte abgebildet. Zunächst findet die grundsätzliche Qualitätsanmutung, die mit der Marke verknüpft wird, Berücksichtigung. Diese Größe ist u.a. Bestandteil in dem Modell BPI (Högl, Hupp 2004). Ferner zeichnet sich eine starke Marke dadurch aus, dass sie sich von anderen Marken unterscheidet. Diese Einzigartigkeit, die sich u.a. in den Ansätzen BPI (Högl, Hupp 2004), Markeneisberg von ICON (Musiol et al. 2004), facit Markenwertbarometer (Maran 2004) und Brand Equity Evaluator von BBDO (Klein-Bölting, Aga 2004) findet, bildet die zweite Komponente. Eine dritte, stark emotional geladene Dimension stellt die Markensympathie dar. Diese Größe findet sich u.a. in den Ansätzen BPI (Högl, Hupp 2004), Markeneisberg von ICON (Musiol et al. 2004), facit Markenwertbarometer (Maran 2004) und Brand Equity Evaluator von BBDO (Klein-Bölting, Aga 2004). Darüber hinaus spielt für den B-to-B-Bereich die Möglichkeit, durch eine Marke das Risiko zu reduzieren, eine zentrale Rolle dar (Caspar et al. 2002), weshalb die Risikoreduktion als vierte Größe im Rahmen der B-to-B-Markenqualität berücksichtigt wird. Eng verwandt mit der Risikoreduktion ist die fünfte Größe Markenvertrauen, welche das wahrgenommene Risiko reduziert (Chaudhurri, Holbrook 2001). Die fünf Größen Qualitätsanmutung, Einzigartigkeit, Markensympathie, Risikoreduktion und Markenvertrauen bilden im vorliegenden Modell die Markenqualität ab.

2.3 Wirkungen der Marketingqualität

In Anlehnung an klassische Ziel- und Effektivitätsüberlegungen lassen sich vereinfacht psychografische und ökonomische Wirkungen der Marketingqualität voneinander abgrenzen. Da ökonomische Effekte wie Gewinnsteigerung oder Rentabilitätsverbesserung neben der Marketingqualität von einer Vielzahl weiterer Faktoren wie z.B. Wettbewerbsfaktoren und Kosten abhängen, und damit der Einfluss der Marketingqualität kaum isolierbar ist, erfolgt im Weiteren eine Fokussierung auf psychografische Wirkungen. Die Literatur diskutiert bei der Behandlung der drei Facetten Leistungs-, Beziehungs- und Markenqualität eine Vielzahl von unterschiedlichen psychographischen Wirkungen. Aufgrund der Vielzahl der Arbeiten sowie des Fokus des vorliegenden Beitrags berücksichtigt *Abbildung 2* nur kontextfreie Arbeiten sowie spezielle B-to-B-Arbeiten.

Abbildung 2 verdeutlicht, dass die drei Qualitätsfacetten jeweils eine Vielzahl von psychografischen Wirkungen erklären. Darüber hinaus zeigt sich eine hohe Übereinstimmung zwischen den Marketingwirkungen der drei MARKET-Q-Facetten. Bei einer Zusammenfassung der einzelnen Wirkungskategorien lassen sich die drei Gruppen Preis-, Mengen- und Advokatenpremium identifizieren. Während sich das Preis- und Mengenpremium auf direkte Erfolgswirkungen bei dem einzelnen Kunden beziehen, wirkt das Advokatenpremium durch positive Effekte auf zusätzliche Kunden indirekt.

Marketing-Wirkungen \ MARKET-Q-Facetten	Leitungsqualität	Beziehungsqualität	Markenqualität	Wirkungskategorien
Preisverhalten, Preispremium, Preisbereitschaft	10, 14, 17		2, 5, 11, 12	Preispremium
Loyalität, Kundenbindung, Markentreue	1, 8, 10, 15	3, 4, 8, 9, 13, 16, 18	12	Mengenpremium
Cross-Buying/Akzeptanz von Zusatzprodukten	1, 8	8	7	
Wiederkauf, Wiederkaufabsicht	1	6		
emotionale Bindung, emotionale Wechselbarrieren	1	8		
Share of wallet, Anteil am Beschaffungsvolumen, Kaufintensität	1	8	7	
Positive Mund-zu-Mund-Werbung, Weiterempfehlung, Referenz	1, 8	3, 8, 13	2, 11	Advokatenpremium
Kooperation, Dialog, Offene Kommunikation		8	8, 13, 18	

1. Bauer 2000
2. Bendixen et al. 2004
3. Boles et al. 1997
4. Dorsch et al. 1998
5. Firth 1993
6. Gassenheimer et al. 1989
7. Gordon et al. 1993
8. Hadwich 2003
9. Henning-Thurau, Klee 1997
10. Homburg, Bucerius 2003
11. Hutton 1997
12. Kim et al. 1998
13. Klee 2000
14. Koschate 2003
15. Peter 2001
16. Werani 1998
17. Wricke 2000
18. Zimmer 2000

Abbildung 2: Wirkungen der MARKET-Q-Facetten

2.4 Gesamtmodell

Aufbauend auf den drei Facetten Leistungs-, Beziehungs- und Markenqualität sowie den Wirkungskategorien lässt sich das in *Abbildung 3* dargestellte integrative Modell zur Messung der Marketing-Qualität (MARKET-Q) ableiten.

Dieses Modell ist in der Lage, die Qualität der wichtigsten Facetten umfassend aus Sicht der Kunden zu evaluieren. Darüber hinaus erlauben die Beziehungen der Qualitätsfacetten zu den zentralen Marketingwirkungen einen Nachweis über die Relevanz der einzelnen Qualitätsfacetten. Dadurch lässt sich auch die Relevanz der B-to-B-Marke empirisch bestimmen.

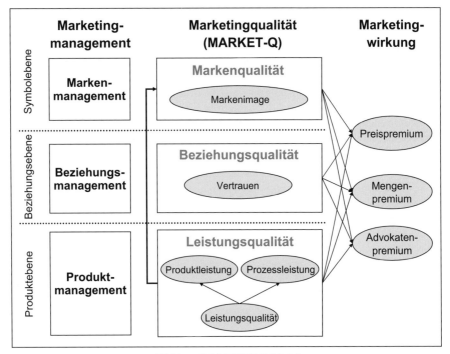

Abbildung 3: MARKET-Q-Modell

Die Festlegung der Facetten der Marketingqualität und deren Dimensionen stellt eine Standardisierung dar, die auch einen Vergleich zwischen verschiedenen Unternehmen aus der gleichen oder aus unterschiedlichen Branchen (Benchmarking) erlaubt. Trotzdem ist das Modell durch die Vermeidung der Festlegung der einzelnen Items flexibel genug, Besonderheiten konkreter B-to-B-Branchen zu berücksichtigen.

3 Empirische Studie: Modelltest und Praktische Anwendung

Im Weiteren wird exemplarisch die praktische Anwendung des Modells gezeigt. Neben einem Modelltest verdeutlicht die Studie insbesondere die praktische Anwendung des Modells.

3.1 Studiendesign

Die folgende Studie, die im Jahre 2005 für ein Unternehmen der Bauzulieferindustrie in Deutschland durchgeführt wurde, stellt eine typische Anwendung dieses Modells dar. Das Unternehmen wird im Folgenden aus Gründen der Anonymität SECURITY genannt. Der Markt von SECURITY zeichnet sich durch eine geringe Integration des Endkunden in die Leistungserstellung, eine Sichtbarkeit der Leistung im Endprodukt (Wohnungsbau), eine hohe Bedeutung des Leistungsprogramms sowie eine mehrstufige Vertriebsstruktur (Hersteller – Großhandel – Handwerker – Endkunde) aus. Alle berücksichtigten Hersteller agieren jeweils mit einem eigenen Vertrieb und mit einer Firmenmarke.

Zur Konstruktion des Fragebogens, speziell zur Identifizierung der relevanten Items der Leistungsqualität, wurden qualitative Kundeninterviews sowie ein Workshop mit dem Management von SECURITY durchgeführt. Weiterhin wurde auf der Basis dieser qualitativen Vorstudie festgelegt, dass sich die persönlichen Beziehungen zwischen Kunde und Unternehmen schwerpunktmäßig auf die Beziehung zum Vertrieb beziehen.

In der Hauptstudie wurden u.a. 3.309 Handwerker mit Hilfe einer personalisierten Onlinebefragung befragt. 658 Handwerker haben die Befragung begonnen (19,9 %) und 476 Handwerker (14,4 %) beantworteten den Fragebogen vollständig. Da jeder Handwerker mindestens zwei Hersteller beurteilte, lagen nach Eliminierung der Befragungen mit zu vielen Missings (über 10 % der relevanten Variablen) insgesamt 1.075 Beurteilungen vor. Die Daten wurden mit Hilfe von SPSS und AMOS ausgewertet.

3.2 Modelltest

Der Modelltest umfasst die Überprüfung der Messmodelle sowie der Strukturmodelle.

(1) Messmodell

Die Bausteine des MARKET-Q-Modells bilden die drei Facetten Leistungs-, Beziehungs- und Markenqualität. Da es sich bei diesen Größen um theoretische, nicht direkt beobachtbare Größen handelt, sind diese über geeignete Indikatoren zu messen. Zur Gütebeurteilung dieser Modelle liegen in der Literatur umfangreiche Kriterienkataloge vor (z.B. Churchill, Gilbert 1979; Peter 1979, 1981; Bagozzi, Yi 1988). Die in *Tabelle 1* zusammengefassten Ergebnisse der Gütebeurteilung zeigen eine befriedigende bis hohe Güte der Messmodelle.

Auch die Überprüfung der Diskriminanzvalidität mit Hilfe des Chi-Quadrat-Tests zeigt, dass es sich bei den Konstrukten um trennscharfe Konstrukte handelt.

Tabelle 1: Güte des Messmodells

Konstrukt	Dimension	Anzahl der Items	Cronbach's α	Faktor-reliabilität	DEV
Leistungs-qualität	Produktqualität	6	0,84	0,84	0,48
	Prozessqualität	5	0,77	0,78	0,42
Beziehungs-qualität	Vertrauen	4	0,94	0,94	0,80
Marken-qualität	Markenimage	4	0,83	0,85	0,58

(2) Strukturmodelle

Zur Analyse des Einflusses der drei Qualitätsfacetten auf die Marketingwirkungen wurden drei Modelle mit Hilfe des ULS-Ansatzes geschätzt. Zur Ermittlung der Signifikanzen der Strukturkoeffizienten wurden trotz der Verletzung der Annahmen zusätzlich die Modelle mit Hilfe des ML-Ansatzes geschätzt (vgl. *Tabelle 2*).

Tabelle 2: Ergebnisse der Strukturmodelle

	Preispremium	Mengenpremium	Advokatenpremium
Leistungsqualität1	−0,174* (0,347)	n.s. (0,541)	−0,185* (0,639)
Beziehungsqualität	n.s.	0,164***	0,114**
Markenqualität	0,680***	0,822***	0,987***
Erklärte Varianz	25,2%	60,8%	78,6%
SRMR	0,047	0,050	0,044
GFI/AGFI	0,99/0,98	0,98/0,98	0,99/0,99
1. erster Wert = direkter Effekt; zweiter Wert in Klammern = totaler Effekt *: p<0,1; **: p<0,05; ***: p<0,01; n.s.: nicht signifikant			

Zunächst zeigt sich, dass alle drei Modelle die in der Literatur empfohlenen Schwellenwerte für die einzelnen Gütekriterien (SRMR, GFI, AGFI) erfüllen und einen substantiellen Teil der Varianz der jeweils abhängigen Größe erklären können (speziell Mengen- und Advokatenpremium).

Die Ergebnisse für die Strukturkoeffizienten belegen, dass die Produktqualität in allen drei Modellen nur einen schwachen, teilweise nicht signifikanten direkten Einfluss ausübt. Hingegen besitzt die Markenqualität in dem vorliegenden Modell den jeweils stärksten Einfluss. Damit unterstützen die Ergebnisse dieser Branchenstudie, dass die Marke zumindest in der analysierten B-to-B-Branche eine hohe Relevanz besitzt.

3.3 Praxisrelevante (Zusatz-)Auswertungen

Neben der in Abschnitt 3.2 dargestellten Auswertung, die die Relevanz der drei Facetten für den Gesamtmarkt („Marktmodell") bestimmt, lässt sich diese Auswertung, bei entsprechend großem Stichprobenumfang, auch für jedes einzelne Unternehmen isoliert durchführen. Speziell eine statistische Überprüfung der Strukturkoeffizienten in einem Mehrgruppen-Modell gibt Aufschluss über die Bedeutung der einzelnen Qualitätsdimensionen für das einzelne Unternehmen.

Darüber hinaus liefert die Indexbildung für die einzelnen Qualitätsdimensionen anschauliche Erkenntnisse über die Marketingqualität des eigenen Unternehmens bzw. der eigenen Marke im Wettbewerbsvergleich. Zur Indexbildung bietet sich eine Transformation auf eine Skala von 0–100% an, wobei die im Rahmen der Kausalanalyse ermittelten Faktorladungen als Gewichtungsfaktoren dienen können (zur Indexberechnung z.B. Hadwich 2003, S. 201). *Abbildung 4* visualisiert exemplarisch für SECURITY und wichtige Wettbewerber (aus Vereinfachungsgründen werden nur zwei Wettbewerber abgebildet) sowie für die Benchmarkergebnisse aus anderen Branchen die Indexwerte.

Im vorliegenden Beispiel erreichen alle Anbieter mit rund 80% einen relativ ähnlichen und gleichzeitig einen relativ hohen Wert bei der Produktqualität, d.h. bei

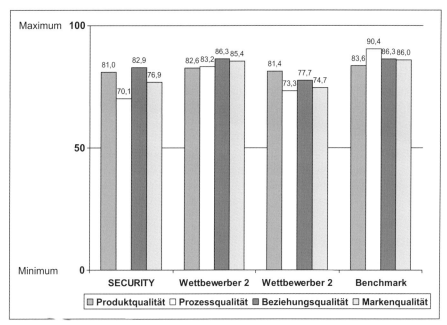

Abbildung 4: MARKET-Q-Indices (SECURITY-Studie)

dieser Facette der Marketingqualität besteht ein Wettbewerbspatt und auch die Erreichung eines Wettbewerbsvorteils ist aufgrund des bereits hohen Niveaus nur schwer zu realisieren. Hingegen zeigen sich insbesondere bei der Prozess- und der Markenqualität zum einen deutliche Nachteile des Unternehmens SECURITY und zum anderen ist bei diesen Facetten für dieses Unternehmen mit 70,1 % bzw. 76,9 % Verbesserungspotential vorhanden.

Weitere Informationen über die jeweiligen Stärken bzw. Schwächen der Fa. SECURITY liefern darauf aufbauend die Analysen auf der Itemebene sowie differenzierte Auswertungen nach Regionen, Kundenmerkmalen (z.B. große vs. kleine Handwerker) und nach der Stufe in der Vertikalkette (Händler, Handwerker, Endkunde).

Aufgrund der Standardisierung der Messmethode im Rahmen des MARKET-Q-Modells lässt sich dieses Modell auch in wiederholten Messungen sowie geschäftsfeldübergreifend einsetzen.

4 Fazit

Markenführung im B-to-B-Kontext wird zwar seit geraumer Zeit verstärkt in der wissenschaftlichen Literatur und auch in der Praxis diskutiert, allerdings fehlt häufig ein Nachweis über den tatsächlichen Einfluss der Marke auf den (Marketing-)Erfolg. Das im vorliegenden Beitrag vorgestellte Instrument MARKET-Q ermöglicht eine solche Abschätzung der Markenrelevanz im Vergleich zu den alternativen Marketingansätzen Leistungs- bzw. Beziehungsqualität. Dadurch ist im konkreten Einzelfall die empirische Bestimmung des Einflusses der B-to-B-Marke auf den (Marketing-)Erfolg möglich.

Die exemplarische empirische Anwendung des MARKET-Q-Modells in der Bauzulieferindustrie liefert zunächst einen weiteren Beleg für die Relevanz von Marken auch im B-to-B-Kontext. Ferner wurden im Rahmen der Studie mögliche praktische Auswertungsroutinen wie Marktmodell, Wettbewerbsvergleich, Benchmarking und Zeitvergleich skizziert. Neben der Bestimmung von Stärken bzw. Schwächen in den einzelnen Marketingbereichen (Marke, Leistung, Beziehung) unterstützt das MARKET-Q-Modell auch die Priorisierung der Marketingbereiche Produkt-, Beziehungs- und Markenmanagement. Ein solches Ranking der drei Marketingansätze liefert damit auch eine sinnvolle Basis für eine effektive Budgetverteilung.

- Mit dem vorgestellten MARKET-Q-Ansatz liegt damit ein sowohl theoretisch fundiertes und empirisch validiertes als auch praktisch einsetzbares und flexibles Controllinginstrument für das B-to-B-Marketing im Allgemeinen und für die B-to-B-Markenführung im Speziellen vor.

Literaturverzeichnis

Aaker, D. A. (1992): Management des Markenwertes, Frankfurt 1992.
Ahsen, A. v. (1996): Total Quality Management, Frankfurt et al. 1996.
Anderson, E. W., Weitz, B. A. (1992): The Use of Pledges to Build and Sustain Commitment in Distribution Channels. In: Journal of Marketing Research, 29. Jg. (1992), H. 1, S. 18–34.
Andresen, T., Esch, F.-R. (2001): Messung der Markenstärke durch den Markeneisberg. In: F.-R. Esch (Hrsg.), Moderne Markenführung, 3. Aufl., Wiesbaden 2001, S. 1081–1103.
Backhaus, K., Voeth, M. (2007): Industriegütermarketing, 8. Aufl., München 2007.
Bagozzi, R., Yi, Y. (1988): On the Evaluation of Structural Equation Models. In: Journal of the Academy of Marketing Science, 16. Jg. (1988), H. 1, S. 74–94.
Bauer, M. (2000): Kundenzufriedenheit in industriellen Geschäftsbeziehungen, Wiesbaden 2000.
Baumgarth, C. (2004a): Markenführung von B-to-B-Marken. In: K. Backhaus & M. Voeth (Hrsg.), Handbuch Industriegütermarketing, Wiesbaden 2004a, S. 799–823.
Baumgarth, C. (2004b): Markenwert von B-to-B-Marken. In: C. Baumgarth (Hrsg.), Marktorientierte Unternehmensführung, Frankfurt 2004b, S. 77–96.
Baumgarth, C., Douven, S. (2006): Business-to-Business-Markenforschung: Entwicklungsstand und Forschungsausblick. In: A. Strebinger, W. Mayerhofer & H. Kurz (Hrsg.), Werbe- und Markenforschung: Meilensteine, aktuelle Befunde, Ausblick, Wiesbaden 2006, S. 135–167.
Baumgarth, C., Haase, N. (2005): Markenrelevanz jenseits von Konsumgütern. In: Planung & Analyse, o.Jg. (2005), H. 3, S. 44–48.
Bekmeier-Feuerhan, S. (1998): Marktorientierte Markenbewertung, Wiesbaden 1998.
Bendixen, M., Bukasa, K. A., Abratt, R. (2004): Brand Equity in the business-to-business market. In: Industrial Marketing Management, 33. Jg. (2004), H. 5, S. 371–380.
Boles, J. S., Barksdale, H. C., Johnson, J. T. (1997): Business relationships. In: Journal of Business & Industrial Marketing, 12. Jg. (1997), H. 3/4, S. 248–258.
Bruhn, M. (2001): Relationship Marketing, München 2001.
Caspar, M., Hecker, A., Sabel, T. (2002): Markenrelevanz in der Unternehmensführung: Messung, Erklärung und empirische Befunde für B2B-Märkte (No. 4). Münster: Marketing Centrum Münster/McKinsey.
Chaudhurri, A., Holbrook, M. B. (2001): The Chain of Effects from Brand Trust and Brand Affect to Brand Performance. In: Journal of Marketing, 65. Jg. (2001), H. 2, S. 81–93.
Churchill, J., Gilbert, A. (1979): A Paradigm for Developing Better Measures of Marketing Constructs. In: Journal of Marketing Research, 15. Jg. (1979), H. 2, S. 77–94.
Crosby, L. A., Evans, K. R., Cowles, D. (1990): Relationship Quality in Services Selling. In: Journal of Marketing, 54. Jg. (1990), H. 3, S. 68–81.
Dögl, R. (1986): Strategisches Qualitätsmanagement im Industriebetrieb, Göttingen 1986.

Dorsch, M. J., Swanson, S. R., Kelley, S. W. (1998): The Role of Relationship Quality in the Stratification of Vendors as Perceived by Customers. In: Journal of the Academy of Marketing Science, 26. Jg. (1998), H. 2, S. 128–142.
Firth, M. (1993): Price setting and the value of a strong brand name. In: International Journal of Research in Marketing, 10. Jg. (1993), H. 4, S. 381–386.
Fournier, S. (1998): Consumers and Their Brands. In: Journal of Consumer Research, 24. Jg. (1998), H. 4, S. 343–373.
Garvin, D. A. (1984): What Does „Product Quality" Really Mean? In: Sloan Management Review, 26. Jg. (1984), H. 1, S. 25–43.
Gassenheimer, J. B., Sterling, J. U., Robicheaux, R. A. (1989): Long-term Channel Member Relationships. In: International Journal of Physical Distribution and Materials Management, 19. Jg. (1989), H. 12, S. 15–28.
Georgi, D. (2000): Entwicklung von Kundenbeziehungen, Wiesbaden 2000.
Giering, A. (2001): Der Zusammenhang zwischen Kundenzufriedenheit und Kundenloyalität, Wiesbaden 2001.
Gordon, G. L., Calantone, R. J., di Benedetto, C. A. (1993): Brand Equity in the Business-to-Business Sector. In: Journal of Product & Brand Management, 2. Jg. (1993), H. 3, S. 4–16.
Hadwich, K. (2003): Beziehungsqualität im Relationship Marketing, Wiesbaden 2003.
Henning-Thurau, T., Klee, A. (1997): The Impact of Customer Satisfaction and Relationship Quality. In: Psychology & Marketing, 14. Jg. (1997), H. 8, S. 737–764.
Hentschel, B. (1992): Dienstleistungsqualität aus Kundensicht, Wiesbaden 1992.
Högl, S., Hupp, O. (2004): Brand Performance Measurement mit dem Brand Assessment System (BASS). In: A. Schimansky (Hrsg.), Der Wert der Marke, München 2004, S. 124–145.
Homburg, C., Bucerius, M. (2003): Kundenzufriedenheit als Managementherausforderung. In: C. Homburg (Hrsg.), Kundenzufriedenheit, 5. Aufl., Wiesbaden 2003, S. 53–86.
Homburg, C., Jensen, O., Richter, M. (2006): Die Kaufverhaltensrelevanz von Marken im Industriegüterbereich. In: Die Unternehmung, 60. Jg. (2006), H. 4, S. 281–296.
Hutton, J. G. (1997): A study of brand equity in an organizational-buying context. In: Journal of Product & Brand Management, 6. Jg. (1997), H. 6, S. 428–439.
Keller, K. L. (1993): Conceptualizing, Measuring, and Managing Customer-Based Brand Equity. In: Journal of Marketing, 57. Jg. (1993), H. 1, S. 1–22.
Kemper, A. C. (2000): Strategische Markenpolitik im Investitionsgüterbereich, Lohmar, Köln 2000.
Kim, J., Reid, D. A., Plank, R. E., Dahlstrom, R. (1998): Examining the Role of Brand Equity in Business Markets: A Model, Research Propositions, and Managerial Implications. In: Journal of Business-to-Business Marketing, 5. Jg. (1998), H. 3, S. 65–89.
Klee, A. (2000): Strategisches Beziehungsmanagement, Aachen 2000.
Klein-Bölting, U., Aga, T. M. (2004): Anlass-spezifische Markenbewertung mit dem BBDO Brand Equity Evaluator. In: A. Schimansky (Hrsg.), Der Wert der Marke, München 2004, S. 84–99.
Koschate, N. (2003): Kundenzufriedenheit und Preisverhalten, Wiesbaden 2003.
Maran, O. (2004): Das facit Markenwertbarometer. In: A. Schimansky (Hrsg.), Der Wert der Marke, München 2004, S. 298–311.
Morgan, R. M., Hunt, S. (1994): The Commitment-Trust Theory of Relationship Marketing. In: Journal of Marketing, 58. Jg. (1994), H. 3, S. 20–38.
Musiol, K.-G., Berens, H., Spannagl, J., Biesalski, A. (2004): icon Brand Navigator and Brand Rating für eine holistische Markenführung. In: A. Schimansky (Hrsg.), Der Wert der Marke, München 2004, S. 370–399.
Neves, J. S., Nakhai, B. (1994): The Evolution of the Baldrige Award. In: Quality Progress, 27. Jg. (1994), H. 6, S. 65–70.
Parasuraman, A., Zeithaml, V. A., Berry, L. L. (1985): A Conceptual Model of Service Quality and its Implications for Future Research. In: Journal of Marketing, 49. Jg. (1985), H. 4, S. 41–50.
Parasuraman, A., Zeithaml, V. A., Berry, L. L. (1988): SERVQUAL. In: Journal of Retailing, 64. Jg. (1988), H. 1, S. 12–40.

Peacock, R. D. (1992): Ein Qualitätspreis für Europa. In: Qualität und Zuverlässigkeit, 37. Jg. (1992), H. 9, S. 525–528.
Peter, J. P. (1979): Reliability. In: Journal of Marketing Research, 16. Jg. (1979), H. 1, S. 6–17.
Peter, J. P. (1981): Construct Validity. In: Journal of Marketing Research, 18. Jg. (1981), H. 2, S. 133–145.
Peter, S. (2001): Kundenbindung als Marketingziel, Wiesbaden 2001.
Rudolph, B. (1998): Kundenzufriedenheit im Industriegüterbereich, Wiesbaden 1998.
Schildknecht, R. (1992): Total Quality Management, Frankfurt et al. 1992.
Schimansky, A. (Hrsg.) (2004): Der Wert der Marke: Markenbewertungsverfahren für ein erfolgreiches Markenmanagement, München.
Smith, J. B. (1998): Buyer-Seller Relationships. In: Psychology & Marketing, 15. Jg. (1998), H. 1, S. 3–21.
Söllner, A. (1993): Commitment in Geschäftsbeziehungen, Wiesbaden 1993.
Steenkamp, B. E. M. (1989): Product Quality, Maastricht 1989.
Stuhlert, M. (2005): Einsatz und Wirkung von Electronic Business-Anwendungen in Kunden-Lieferanten-Beziehungen, Frankfurt u.a. 2005.
Stumpf, M. (2005): Erfolgskontrolle der Integrierten Kommunikation, Wiesbaden 2005.
Werani, T. (1998): Der Wert von kooperativen Geschäftsbeziehungen in industriellen Märkten, Linz 1998.
Wricke, M. (2000): Preistoleranz von Nachfragern, Wiesbaden 2000.
Zimmer, P. (2000): Commitment in Geschäftsbeziehungen, Wiesbaden 2000.

Wertorientierte Führung von Dienstleistungsmarken

Martin Benkenstein/Sebastian Uhrich

Zusammenfassung	446
1 Markenführung als Bestandteil des wertorienterten Managements	446
2 Grundlagen der wertorientierten Markenführung	447
2.1 Grundgedanke der wertorientierten Markenführung und Bestimmung des Markenwertes	447
2.2 Vorgehen der wertorientierten Markenführung	450
3 Dienstleistungsspezifische Ansatzpunkte wertorientierter Markenführung	452
4 Zusammenfassung	455
Literaturverzeichnis	456

Zusammenfassung

Im Markenmanagement vieler Unternehmen wird heutzutage der Grundgedanke des wertorientierten Managements verfolgt, d.h. alle im Zusammenhang mit der Markenführung stehenden Aktivitäten werden an der zentralen Zielgröße Markenwert ausgerichtet. Wertorientierte Markenführung beinhaltet die Formulierung eines markenbezogenen Zielsystems, die Implementierung geeigneter Maßnahmen zur Zielerreichung, deren regelmäßige Kontrolle und gegebenenfalls steuernde Eingriffe in die Markenpolitik. Im vorliegenden Beitrag wird das Konzept der wertorientierten Markenführung zunächst allgemein und darauf folgend aus der Perspektive von Dienstleistungsunternehmen betrachtet. Mit Blick auf einige vor allem im Dienstleistungssektor anzutreffende Leistungsmerkmale wird aufgezeigt, wie Dienstleister mit den Eigenschaften ihrer Absatzleistungen im Sinne der wertorientierten Markenführung adäquat zu verfahren haben. Es kann gezeigt werden, dass sich insbesondere aus dem direkten Kundenkontakt einige Herausforderungen aber auch eine Reihe von Potenzialen für die wertorientierte Markenführung von Dienstleistungsunternehmen ergeben.

1 Markenführung als Bestandteil des wertorienterten Managements

Die nachhaltige Sicherung seines Fortbestehens gilt als das Oberziel eines Unternehmens (Welge, Al-Laham 2003, S. 123), welches durch den Erhalt bzw. die Steigerung des Unternehmenswertes gewährleistet werden soll (Töpfer, Duchmann 2005; Hahn, Hungenberg 2001). Viele Unternehmen verfolgen daher den Ansatz des wertorientierten Managements, das den Unternehmenswert in den Mittelpunkt stellt und alle unternehmerischen Aktivitäten mit Blick auf ihren Beitrag zum Unternehmenswert plant, implementiert und kontrolliert. Das gilt nicht zuletzt auch für die Markenpolitik als wesentlichem Bestandteil der marktorientierten Unternehmensführung, die zunehmend im Sinne des wertorientierten Managements betrieben wird.

Marken sind für viele Unternehmen der bedeutendste Vermögensgegenstand und stellen eine wichtige Grundlage für den Unternehmenserfolg dar. Durch den Aufbau und die Nutzung einer starken Marke können höhere, früher eintretende und sicherere Cash-Flows erzeugt sowie der Residualwert des Unternehmens gesteigert werden (Kartte 2005, S. 473 f.; Srivastava, Shervani, Fahey 1998, S. 9 ff.). Die Einführung und Nutzung einer Marke kann als langfristige Investition angesehen werden, da sich der Aufbau einer starken Marke über einen längeren Zeitraum erstreckt und eine Mindestverzinsung des dafür eingesetzten Kapitals angestrebt wird (Fiedler 2004, S. 321 f.). Erfolgreiche Markenpolitik leistet insofern einen finanziellen Beitrag zum Unternehmenswert, der prinzipiell auch quantifizierbar ist. Über die Höhe dieses Beitrags gibt der Markenwert Aufschluss.

Die Fokussierung auf den Wert einer Marke für das verwendende Unternehmen hat den Markenwert zur zentralen Zielgröße der Markenführung gemacht (Esch 2005,

S. 61). Das größte Markenwertwachstumspotenzial wird im Dienstleistungssektor gesehen (Vogler, Egloff 2001, S. 8; Sattler 2001, S. 20). Dies liegt zum einen am starken Wachstum und der hohen Bedeutung dieses Sektors, die in der Literatur immer wieder hervorgehoben werden (Benkenstein, Spiegel 2004; Bruhn 2001; Meffert, Bruhn 2002; Stauss 2001). Zum anderen weist die wertorientierte Markenführung bei Dienstleistungsunternehmen auch auf qualitativer Ebene einiges Verbesserungspotenzial auf (Stauss 2004, S. 101 f.), das sich durch die Berücksichtigung dienstleistungsspezifischer Charakteristika in der Markenpolitik ausschöpfen lässt.

Der vorliegende Beitrag beleuchtet daher den Ansatz der wertorientierten Markenführung unter besonderer Berücksichtigung des Dienstleistungssektors. In Kapitel zwei wird dazu zunächst ein Überblick über das Konzept der wertorientierten Markenführung gegeben. Im dritten Kapitel werden daraufhin die zentralen Aspekte der wertorientierten Markenführung im Kontext einiger im Dienstleistungssektor weit verbreiteter Leistungsmerkmale aufgearbeitet. Dabei wird aufgezeigt, wie Dienstleister die Merkmale ihrer Absatzleistungen im Sinne der wertorientierten Markenführung adäquat nutzen können.

2 Grundlagen der wertorientierten Markenführung

2.1 Grundgedanke der wertorientierten Markenführung und Bestimmung des Markenwertes

Das Konzept der wertorientierten Markenführung ist als Bestandteil eines ganzheitlichen Managementansatzes zu verstehen, dessen Grundgedanke die Orientierung aller Unternehmensaktivitäten an ihrem Beitrag zum Unternehmenswert darstellt. Im Sinne des Shareholder-Value-Ansatzes ist unter dem Unternehmenswert in diesem Zusammenhang der zu einer konkreten Zahl verdichtete Wert des Unternehmens aus Sicht der Anteilseigner zu verstehen (Töpfer, Duchmann 2006, S. 15). Im Kern bedeutet wertorientierte Markenführung daher alle im Zusammenhang mit der Markenführung stehenden Aktivitäten eines Unternehmens systematisch zu planen, zu kontrollieren, zu steuern und sie an einem zuvor definierten Zielsystem auszurichten, dessen zentrale Zielgröße der Markenwert darstellt.

Um die Maßnahmen der Markenführung hinsichtlich ihrer Effektivität zu überprüfen, ist die Bestimmung der Zielgröße Markenwert Voraussetzung. Allerdings besteht sowohl in der Wissenschaft als auch in der Unternehmenspraxis Uneinigkeit bezüglich der konzeptionellen Grundlagen des Konstruktes Markenwert (Günther, Kriegbaum 2001, S. 130; Mussler, Mussler 1995, S. 184). Prinzipiell lassen sich bei der näheren Bestimmung dieser Zielgröße zwei unterschiedliche Perspektiven einnehmen – die finanzwirtschaftliche und die verhaltenswissenschaftliche Sicht. Je nach dem, aus welcher der zwei Perspektiven man dieses Konstrukt betrachtet, ergeben sich nicht nur auf messtechnischer, sondern bereits auf konzeptioneller Ebene gravierende Unterschiede, weshalb ermittelte Markenwerte mit einigen Validitätsproblemen behaftet sind.

Aus der finanzwirtschaftlichen, unternehmensorientierten Perspektive ist der Markenwert in den durch den Einsatz der Marke bedingten positiven finanziellen Konsequenzen für das Unternehmen zu sehen, die in einem monetären Wert ausgedrückt werden. Aus der verhaltenswissenschaftlichen Perspektive wird der Markenwert dagegen nicht als monetäre Kennziffer gesehen, sondern es werden Gedächtnisstrukturen der Konsumenten in den Mittelpunkt der Betrachtung gerückt. Marken liefern den Konsumenten in vielen Konsumsituationen einen (Mehr-)Wert, der kaufverhaltensrelevant ist und für die Inanspruchnahme einer Absatzleistung entscheidend sein kann. Der durch Marken generierte Konsumentennutzen kann auf ganz unterschiedliche von den Konsumenten mit einer Marke in Verbindung gebrachte Vorstellungen und Kenntnisse zurückzuführen sein (Kartte 2005, S. 470).

Beide Perspektiven, der Wert einer Marke aus verhaltenswissenschaftlicher Sicht sowie aus finanzwirtschaftlicher Sicht, stehen in einem engen Zusammenhang, da der finanzielle Unternehmensmehrwert letztendlich durch den sich in den Köpfen der Konsumenten widerspiegelnden Markenwert verursacht wird (Ailawadi, Lehmann, Neslin 2003, S. 1; Sattler 2001, S. 22; Buchholz, Wördemann 2003, S. 61).

Entsprechend der beiden Perspektiven des Markenwertes lässt sich dieser entweder mittels finanzwissenschaftlicher Ansätze als eine quantitative monetäre Größe bestimmen oder anhand verhaltenswissenschaftlicher Ansätze als Ergebnis unterschiedlicher Konsumentenreaktionen interpretieren (Kartte 2005, S. 470; Esch 2005, S. 61).

Finanzwissenschaftliche Ansätze betrachten den Markenwert als einen abgezinsten Kapitalwert, der sich aus der Summe aller zukünftigen markenspezifischen Einzahlungsüberschüsse ergibt (Kaas 1990, S. 48). Es handelt sich folglich um eine die Markenführung konkret bewertende Erfolgsgröße, die den Beitrag der Markenbenutzung zum Unternehmenserfolg beziffert. Haigh (2004, S. 409 ff.) zeigt, dass starke Marken sowohl die Kosten- als auch die Gewinnkurven von Unternehmen positiv beeinflussen können. Bei der Ermittlung der zur Berechnung des finanziellen Markenwertes benötigten Daten gilt es drei grundsätzliche Probleme zu bewältigen (Sattler 2001, S. 150 f.). Erstens müssen diejenigen Einzahlungsüberschüsse isoliert werden, die spezifisch durch den Einsatz der Marke erwirtschaftet werden. Dazu ist es erforderlich, sowohl sämtliche markenspezifischen Einzahlungen als auch die gesamten markenspezifischen Auszahlungen aufzudecken. Die zweite Problematik ergibt sich aus dem langfristigen Charakter, der Aktivitäten der Markenführung und deren Wirkungen zu Eigen ist. Damit verbindet sich nämlich die Notwendigkeit, markenspezifisch verursachte Zahlungsströme oft weit in die Zukunft prognostizieren zu müssen. Schließlich gilt es auch, die Effekte markenstrategischer Optionen mit zu berücksichtigen. Durch Umpositionierungen der Marke oder Markentransfers entstehen beispielsweise zusätzliche Ein- und Auszahlungen, deren Isolation und Prognose sich zumeist als schwierige Herausforderung erweist.

Das zur Bestimmung des finanziellen Markenwertes benötigte Datenmaterial stammt entweder aus dem unternehmensinternen Rechnungswesen (Link, Weiser 2006, S. 190) oder kann aus einer empirischen Ermittlung der auf die Marke zurückzuführenden zusätzlichen Zahlungsbereitschaft der Nachfrager abgeleitet werden (Sattler 2001, S. 158).

Der monetäre Markenwert erweist sich in solchen Verwendungssituationen als vorteilig, die einen genau bezifferten Markenwert als evaluatives Maß erfordern. Dies ist zum Beispiel bei Markenverkäufen, im Bereich der Markenbilanzierung oder bei der Schadensquantifizierung in Fällen der Markenpiraterie gegeben (Esch 2005, 2000; Sattler 2001). Allerdings lässt sich ein solcher in Geldeinheiten angegebener Wert nicht direkt lenken und ist im Unternehmen lediglich zur Kontrolle von Markenführungsaktivitäten einsetzbar. Das Aufdecken der Ursachen eines hohen finanziellen Markenwertes sowie dessen gezielte Steuerung erfordern jedoch die Betrachtung vorgelagerter Größen, welche von den verhaltenswissenschaftlichen bzw. konsumentenorientierten Ansätzen der Markenwertbestimmung in den Vordergrund gestellt werden.

Der *verhaltenswissenschaftliche Markenwert* besteht aus einem Geflecht an theoretischen Konstrukten, die Aufschluss darüber geben sollen, welche markenspezifischen Gedächtnisstrukturen in den Köpfen der Konsumenten existieren (Kartte 2005; Esch 2005). Der Wert des Markeneinsatzes besteht hierbei darin, dass die Konsumenten auf Marketingmaßnahmen in Zusammenhang mit einer markierten Absatzleistung positiver reagieren als auf identische Maßnahmen einer fiktiv markierten oder unmarkierten, sonst aber übereinstimmenden Absatzleistung (Keller 1993, S. 8). Das gegenüber einer Marke positivere Reagieren äußert sich zum Beispiel in einer höheren Zahlungsbereitschaft, größerem Vertrauen, höher Kauffrequenz oder einer positiveren Einstellung gegenüber dem markierten Gut. Diese Verhaltenskonsequenzen sind spezifischen funktionellen oder emotionalen Vorstellungen und Kenntnissen geschuldet, die in den Gedächtnisstrukturen der Konsumenten mit der Marke in Verbindung gebracht werden (Haigh 2004, S. 408). Dementsprechend setzt die verhaltenswissenschaftliche Markenwertbestimmung an den Gedächtnisstrukturen der Konsumenten an und versucht, die den Markenwert treibenden Größen zu erfassen. Hierfür vorgeschlagene Operationalisierungsansätze beinhalten eine Reihe von hypothetischen Konstrukten, deren Ausprägungen sich nicht direkt messen lassen und daher über geeignete Indikatoren erfasst werden müssen. Häufig angeführte Konstrukte sind beispielsweise Markenstärke,-loyalität, -kraft, -vitalität oder Markenstatus (Kartte 2005; Haigh 2004).

Zur Messung des verhaltenswissenschaftlichen Markenwertes hat sich inzwischen ein auf Keller (1993) zurückgehender Operationalisierungsansatz weitgehend durchgesetzt, der das Markenwissen als die zentrale Markenwert treibende Größe ansieht. Das Markenwissen wird dabei über die Konstrukte Markenbekanntheit und Markenimage operationalisiert. Die Markenbekanntheit gilt als notwendige Voraussetzung für den Markenerfolg (Esch 2005, S. 69). Ihre wichtige Rolle ist auf verschiedene Faktoren zurückzuführen. Unter anderem ist es von Bedeutung, dass die Konsumenten überhaupt an eine bestimmte Marke denken, wenn sie ihre Kaufentscheidung in einer Produktkategorie fällen, da dadurch die Kaufwahrscheinlichkeit erhöht wird. Darüber hinaus ist in einer hohen Markenbekanntheit die Basis zur Herausbildung markenbezogener Assoziationen zu sehen (Keller 1993, S. 3) und sie hilft dabei, Vertrautheit sowie Verbundenheit seitens der Konsumenten zu entwickeln (Aaker 1992, S. 85).

Das Markenimage setzt sich dagegen aus den im Gedächtnis der Konsumenten befindlichen Assoziationen mit der Marke zusammen (Keller 1993, S. 3) und ist eine hinreichende Bedingung für den Markenerfolg (Esch 2005, S. 73). In Bezug auf die das Markenimage prägenden Assoziationen werden verschiedene Aspekte unterschieden: Arten von Assoziationen, deren Vorteilhaftigkeit, die Stärke, die Einzigartigkeit, die verbale oder nonverbale Repräsentation, die Anzahl, die Relevanz und die Zugriffsfähigkeit der Assoziationen (Keller 1993, S. 3 ff.; Esch 2004, S. 70). Es wird deutlich, dass sich das Markenwissen eines Konsumenten aus einer Reihe von Faktoren zusammensetzt, die letzten Endes den Markenwert ausmachen. In der neueren Markenwertforschung werden integrative Ansätze vorgeschlagen, die versuchen, markenbezogene, verhaltenswissenschaftliche Größen mit dem finanzwissenschaftlichen Markenwert zu kombinieren (Franzen, Trommsdorff, Riedel 1994; Sattler 1995; Bekmeier-Feuerhahn 1998). Im Rahmen dieser Ansätze werden sowohl qualitative kundenpsychologische Daten als auch monetäre Erfolgsgrößen ausgewiesen. Über entsprechende Ursache-Wirkungsbeziehungen werden die qualitativen Daten als diagnostische Vorgrößen bzw. direkt steuerbare Prädiktoren quantifizierbarer monetärer Erfolgsgrößen betrachtet (Klute 2006, S. 260; Gerpott, Thomas 2004, S. 394).

Die Bestimmung des Markenwertes ist jedoch nur ein Bestandteil des Konzeptes wertorientierter Markenführung. Zur Erreichung eines hohen Markenwertes ist eine Reihe von systematisch durchgeführten strategischen und operativen Maßnahmen vonnöten, die an den verhaltenswissenschaftlichen Vorgrößen des finanziellen Markenerfolgs ansetzen.

2.2 Vorgehen der wertorientierten Markenführung

Wertorientierung in der Markenführung ist kein temporärer Ansatz, sie stellt vielmehr einen langfristig angelegten strategischen Managementprozess dar. Dazu zählt zunächst die Definition eines klaren Zielsystems der Markenführung, das als Ausgangsbasis für markenwertorientierte Marketingmaßnahmen fungiert. Das Zielsystem der wertorientierten Markenführung verbindet den monetären Markenwert als zentrale Zielgröße mit mess- und steuerbaren Zwischenzielgrößen. Entsprechend der Unterscheidung von finanzwirtschaftlichem und verhaltenswissenschaftlichem Markenwert können die im Rahmen der wertorientierten Markenführung betrachteten Größen grob in ökonomische und verhaltenswissenschaftliche Zielgrößen unterteilt werden. Zu den verhaltenswissenschaftlichen Faktoren werden eine Reihe von theoretischen Konstrukten gezählt, die letztlich jedoch alle von den bereits beschriebenen Dimensionen Markenbekanntheit und Markenimage beeinflusst werden (Esch 2005, S. 75). *Abbildung 1* veranschaulicht ein etabliertes Zielsystem der wertorientierten Markenführung.

Werden die verhaltenswissenschaftlichen Konstrukte über geeignete Indikatoren weiter herunter gebrochen, zeigen sich konkrete Einflussgrößen der Konstrukte und damit letztlich fassbare Treiber des Markenwertes. Insofern lassen sich Anhaltspunkte für steuernde Maßnahmen identifizieren. Das soll hier am Beispiel des Konstruktes Markenimage verdeutlicht werden. In Abschnitt 2.1 wurden markenspezifische Assoziationen herausgestellt, durch die sich das Markenimage konkretisiert. Im Rahmen der markenimagebezogenen Zielformulierung müssen folglich genaue Festlegungen in Bezug auf diese Assoziationen getroffen werden, d.h. die vom Unternehmen angestrebte Art, Stärke, Anzahl usw. der Assoziationen werden definiert. Darunter wird die Festlegung der Markenidentität verstanden. Die Markenidentität beschreibt das Selbstbild bzw. den vom Markenverwender angestrebten Zielzustand dessen, wofür eine Marke stehen soll (Epstein 1993). Demgegenüber repräsentiert das Markenimage das in den Köpfen der Konsumenten tatsächlich existierende (Fremd-)Bild der Marke (Esch 2005, S. 82). Bei der Festlegung der Markenidentität ist darauf zu achten, alle Dimensionen des angestrebten Markenimages zu berücksichtigen. Eine klare Festlegung der Markenidentität sowie genaue Zielvorgaben in Bezug auf die Dimension Markenbekanntheit, wie z.B. Wiedererkennungs- oder Markenerinnerungswerte sind folglich eine Voraussetzung für die Schaffung eines hohen monetären Markenwertes.

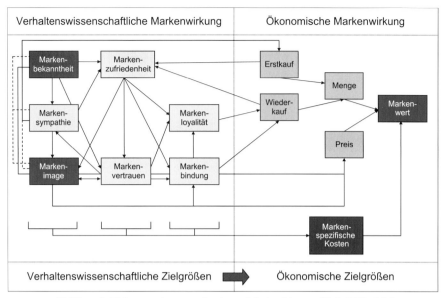

Abbildung 1: Zielsystem der wertorientierten Markenführung (Esch 2005, S. 76)

Sind konkrete Zielgrößen für alle Markenwertdimensionen definiert worden, gilt es deren Erreichung durch zielführende Marketingaktivitäten sicher zu stellen. Dazu kommen prinzipiell sämtliche Marketingmix-Aktivitäten in Frage. Der Aufbau hoher Markenbekanntheit lässt sich vor allem durch kommunikationspolitische Maßnahmen erreichen, welche die Marke den anvisierten Zielgruppen wiederholt präsentieren (Rossiter, Percy 2005). Spezifische Markenassoziationen werden ebenfalls durch kommunikative Maßnahmen und gezielte Versprechen des Markenverwenders aufgebaut. Hier ist jedoch darauf zu achten, dass Markenassoziationen beispielsweise auch durch Mundkommunikation anderer Markenkonsumenten geprägt werden, die nur indirekt durch den Markenverwender gesteuert werden können. Entscheidungen der Preis- und Distributionspolitik haben maßgeblichen Einfluss darauf, welcher Produktkategorie eine Absatzleistung von den Konsumenten zugeordnet wird, und sind unter anderem auf diesem Wege an der Herausbildung von Markenassoziationen beteiligt. Markenassoziationen entstehen zweifellos auch während der Verwendung oder Inanspruchnahme einer markierten Absatzleistung (Keller 1993, S. 10), weshalb deren Qualität hinsichtlich aller Qualitätsdimensionen im Sinne des angestrebten Markenimages gestaltet werden sollte.

Die Maßnahmen zur Erreichung der markenwertorientierten Ziele müssen schließlich regelmäßig hinsichtlich ihrer Erfolgswirkung kontrolliert werden. Wertorientierte Markenführung kann nicht nur bedeuten, einen Markenwert zu messen, sondern beinhaltet die Kontrolle aller Dimensionen des Markenwertes. Dazu müssen regelmäßig Daten zu den verhaltenswissenschaftlichen Vorsteuergrößen erhoben werden. Hierzu können verschiedene qualitative und quantitative Konsumentenbefragungen sowie Experimente eingesetzt werden. Mittels dieser lassen sich zum Beispiel Informationen zur Markenbekanntheit oder dem Markenimage gewinnen (Keller 2005). Bei Abweichungen der tatsächlich ermittelten Ausprägungen von der festgelegten

Markenidentität muss mit entsprechenden Maßnahmen gezielt reagiert werden, um den angestrebten Zielzustand zu erreichen.

3 Dienstleistungsspezifische Ansatzpunkte wertorientierter Markenführung

In der Markenliteratur der jüngeren Vergangenheit werden verstärkt dienstleistungsspezifische Besonderheiten der Markenführung thematisiert (z.B. Benkenstein, Spiegel 2004; Burmann, Schleusener, Weers 2005; Kehrer 2005; Meffert, Bruhn 2003; Stauss 1994, 2001, 2004). Daran anknüpfend sollen hier Besonderheiten des Markenmanagements bei Dienstleistungsanbietern speziell unter dem Gesichtspunkt der Wertorientierung beleuchtet werden. Die Ausführungen orientieren sich an den wesentlichen Aspekten der wertorientierten Markenführung. Diese sind in der Definition eines Zielsystems aus verhaltenswissenschaftlichen und monetären Zielgrößen, dem Einsatz geeigneter Maßnahmen zur Zielerreichung und regelmäßigen Kontrollen sowie gegebenenfalls steuernden Eingriffen zu sehen. Der Schwerpunkt wird dabei jedoch auf den konkreten Maßnahmen der wertorientierten Markenführung liegen.

Den angestellten Überlegungen liegt ein gütertypologisches Begriffsverständnis von Dienstleistungen zugrunde. Diesem zufolge werden Dienstleistungen nicht allgemeingültig bestimmte Eigenschaften zugeschrieben, sondern sie werden hinsichtlich verschiedener Merkmale jeweils auf einem Kontinuum eingeordnet. Eine solche Typologisierung von Absatzleistungen ist geeignet, um die ökonomisch nicht sinnvolle Abgrenzung von Sach- und Dienstleistungen zu umgehen (Engelhardt, Kleinaltenkamp, Reckenfelderbäumer 1993; Woratschek 1996). Als zentrale Merkmale zur Typologisierung von Absatzleistungen haben sich die Dimensionen *Kundenbeteiligung* (Integrativität), *Intangibilität*, *Individualität* und *Verhaltensunsicherheit* etabliert (Engelhardt, Kleinaltenkamp, Reckenfelderbäumer 1993; Meffert, Bruhn 2003; Woratschek 1996), da mit hohen Ausprägungen dieser Merkmale eine Reihe von Vermarktungsbesonderheiten einhergeht. Je stärkere Ausprägungen eine Absatzleistung auf diesen Merkmalsdimensionen aufweist, desto mehr „Dienstleistungscharakter" wird ihr im Allgemeinen zugeschrieben.

In Bezug auf das Zielsystem ergeben sich vor allem Konsequenzen aus der hohen Verhaltensunsicherheit, mit der die Inanspruchnahme vieler Dienstleistungen verbunden ist. Die Unsicherheit ist auf die informationsökonomischen Besonderheiten von Dienstleistungen zurückzuführen, also deren hohem Anteil an Erfahrungs- und Vertrauenseigenschaften (Weiber, Adler 1995; Woratschek 1996). Diese sind wiederum eine Folge verschiedener Aspekte, wie zum Beispiel der Intangibilität, aber auch hoher Komplexität, mangelnder Erfahrung des Konsumenten sowie der Tatsache, dass es sich bei Dienstleistungen zunächst lediglich um Leistungsversprechen handelt. Im wertorientierten Zielsystem von Dienstleistungsmarken muss folglich das Markenvertrauen eine zentrale Stellung unter den verhaltenswissenschaftlichen Zielgrößen einnehmen. Ein hohes Markenvertrauen senkt das konsumentenseitig wahrgenommene Kaufrisiko (Chaudhuri, Holbrook 2001) und fördert demzufolge die Herbeiführung von Erst- und Wiederkäufen. Das Markenvertrauen wird vor allem durch die verhaltenswissenschaftlichen Zielgrößen Markenbekanntheit und

Markenimage sowie die Markenzufriedenheit geprägt (siehe *Abbildung 1* und Esch 2005, S. 77). Bei der Festlegung der Markenidentität sollten daher speziell Vertrauen schaffende Merkmale berücksichtigt werden.

Die zur Erreichung des markenwertorientierten Zielsystems notwendigen konkreten Maßnahmen des Markenmanagements setzen wie oben geschildert an Gedächtnisstrukturen der Konsumenten bzw. deren Markenwissen an, welches über die zentralen Konstrukte Markenbekanntheit und Markenimage determiniert wird.

Der Aufbau und die Erhaltung hoher Markenbekanntheit werden in erster Linie dadurch erreicht, die Konsumenten häufig und möglichst aufmerksamkeitsstark dem Markenzeichen auszusetzen. Hierzu können Dienstleistungsanbieter auf das gesamte Spektrum kommunikationspolitischer Maßnahmen zurückgreifen. Als dienstleistungsspezifisches Problem ist hier die der Intangibilität geschuldete fehlende Möglichkeit zu sehen, das Produkt selbst bzw. seine Verpackung als Präsentationsfläche des Markenzeichens zu nutzen (Stauss 2001, S. 562). Allerdings ergeben sich aus dem für Dienstleistungen typischen Merkmal der hohen Kundenbeteiligung eine Reihe von Möglichkeiten, den Aufbau und die Erhaltung hoher Markenbekanntheit zu forcieren. Der zur Leistungserstellung notwendige direkte Kontakt zwischen Konsument und Unternehmen bringt vielfältige Möglichkeiten zur physischen Präsentation des Markenzeichens mit sich. Hierfür kommen prinzipiell sämtliche Potenzialfaktoren des Dienstleisters, also interne Kontaktobjekte und -subjekte (Gebäude, Give-Aways, einheitlich gekleidetes Personal des Anbieters etc.) sowie externe Kontaktobjekte und -subjekte (Schilder am reparierten Auto, markierte Merchandising-Artikel für Kunden etc.) in Frage (Meffert, Bruhn 2003, S. 401). Auf Basis eines angefertigten Blueprints, einem grafischen Ablaufdiagrammm, das sämtliche Kundenkontaktpunkte identifiziert, können bereits viele Möglichkeiten für Markierungsmaßnahmen aufgedeckt werden. Wegen der Notwendigkeit des direkten Kundenkontakts sind Dienstleistungsanbieter – sofern die Integration des Kunden nicht über elektronische Medien erfolgt – dazu gezwungen, ihren Standort so zu wählen, dass der Kunde ihn möglichst problemlos erreichen kann. Man denke hier an Banken, Versicherungen, Fitnessstudios, Postfilialen oder Frisöre, die in jedem Stadtbild anzutreffen sind und für die jede Filiale Gelegenheit bietet, ihre Marke zu kommunizieren. Im Vergleich zu Absatzleistungen, die über den Handel zum Kunden gelangen, ergeben sich hier für Dienstleister entscheidende Vorteile, da die Marke i.d.R. nicht eine unter vielen ist, sondern exklusiv präsentiert werden kann. Auch bei bisherigen Nichtkunden wird beispielsweise durch die Außenbeschilderung Bekanntheit aufgebaut. Die Präsenz einer Bankfiliale in der Fußgängerzone wird zudem von der Mehrzahl der Passanten wohl kaum als störende Kommunikationsmaßnahme angesehen, so dass auch mit geringerer Reaktanz als bei klassischen Kommunikationsmaßnahmen gerechnet werden kann. Im Rahmen der Inanspruchnahme vieler Dienstleistungen ist darüber hinaus ein regelmäßiger Kundenkontakt auch außerhalb der eigentlichen Leistungserstellung zu beobachten. Beispiele dafür sind der Schriftwechsel mit der Bank, der Versicherung, dem Fitnessstudio, Zwischenberichte von der beauftragten Unternehmensberatung usw. Dieser fortlaufende Kontakt, der beim zumeist unpersönlichen Absatz vieler einfacher Sachgüter nicht gegeben ist, bietet weitere Chancen zur Erhaltung und dem weiteren Ausbau der Markenbekanntheit.

Neben der für einen hohen Markenwert als notwendig betrachteten Bedingung der Markenbekanntheit müssen Dienstleister versuchen, die im Rahmen ihrer Zielsetzung festgelegte Markenidentität in ein kongruentes Markenimage zu überführen.

In den Köpfen der Konsumenten sind dazu spezifische Markenassoziationen zu verankern, wofür beispielsweise kommunikationspolitische Maßnahmen eingesetzt werden können. Klassische Kommunikationspolitik wie Werbung oder Öffentlichkeitsarbeit reicht allerdings nicht mehr aus, um das Markenbild nachhaltig zu prägen. Dagegen gewinnt der persönliche und direkte Kontakt des Kunden zur Marke an Gewicht (Britschgi 2006, S. 239). In der Integrativität des Kunden in den Leistungserstellungsprozess ist folglich auch in dieser Hinsicht eine den Markenwert positiv beeinflussende Chance zu sehen. Der direkte Kundenkontakt bietet sehr wirkungsvolle Gelegenheiten vielfältige, positive, einzigartige und emotionale Markenassoziationen in den Köpfen der Konsumenten zu generieren. Dazu trägt nicht nur die eigentliche Leistung bei, sondern der Dienstleistungsanbieter hat während der gesamten Kundenkontaktphase die Gelegenheit, Markenaktivitäten zu platzieren und die Beziehung des Kunden zur Marke im Sinne des Unternehmens zu vertiefen. Eine besondere Stellung nehmen dabei die Mitarbeiter des Anbieters ein, da diese die Marke im Mitarbeiter-Kunden-Kontakt direkt zum Kunden transportieren können. Dazu müssen die Kleidung, das gesamte Auftreten sowie die Kompetenz des Mitarbeiters die angestrebten Markenassoziationen nicht nur widerspiegeln, sondern auch gezielt zu deren Ausprägung beitragen. Hier ist auf Kongruenz zwischen kommunikationspolitischen Markenversprechen und dem tatsächlichen Markenverhalten zu achten, denn darin ist eine Voraussetzung für Vertrauen und Loyalität zur Marke zu sehen. Dennoch wird die Bedeutung der Markenbotschafter aus den eigenen Reihen immer noch weitgehend verkannt (Britschgi 2006, S. 239).

Der Kundenkontakt ist allerdings vorerst ausdrücklich als ein Potenzial zur Markenwertsteigerung zu sehen, dessen Realisierung bei weitem kein Automatismus ist. Um den direkten Kundenkontakt als Markenwert steigerndes Leistungsmerkmal zu nutzen, bedarf es vielmehr einer gezielten internen Markenpolitik (Stauss 2004). Die Kundenkontaktphase ist ein komplexer Prozess, in dem nicht nur klassische Marketingmix-Aktivitäten der Produkt-, Preis-, Distributions- und Kommunikationspolitik zusammenfallen, sondern darüber hinaus auch dienstleistungsspezifische Marketinginstrumente wie Personal-, Ausstattungs- und Prozesspolitik eingesetzt und koordiniert werden müssen (Magrath 1986). Die Identität der Mitarbeiter und des gesamten Anbieterumfeldes müssen genau der festgelegten Markenidentität entsprechen. Darüber hinaus ist auch hinsichtlich der Prozessgestaltung darauf zu achten, dass darin die angestrebten Markenassoziationen zum Ausdruck kommen und widersprüchliche Botschaften vermieden werden (Stauss 2004, S. 111). Die Markenidentität darf folglich nicht nur auf dem Papier existieren und massenkommunikationspolitisch kundgetan werden, sondern muss aktiv gelebt und gezeigt werden. Die Konsumenten integrativer Leistungen kommen nicht selten auch mit anderen Konsumenten des Anbieters in Kontakt. Auch durch das Kundenklientel werden Botschaften transportiert, die maßgeblich zum Aufbau von Markenassoziationen beitragen und somit das Markenimage prägen (Burmann, Schleusener, Weers 2005, S. 423 f.; Stauss 2004, S. 112 f.). Hier sei an den Einfluss der Klientel eines Fitnessstudios oder eines Hotels gedacht, den dieses auf die Wahrnehmung des Anbieters durch andere Konsumenten haben kann. Als weitere Folge der Integrativität kommt daher auch dem Kundenmanagement eine image- und damit letztlich markenwertbeeinflussende Bedeutung zu.

Die Relevanz der genannten Faktoren soll aber nicht darüber hinwegtäuschen, dass auch die Qualität des Dienstleistungsergebnisses entscheidenden Einfluss auf das

Markenimage hat. Als eine Konsequenz der Kundenbeteiligung wird in diesem Zusammenhang in der dienstleistungsspezifischen Markenliteratur oft das Problem der Gewährleistung einer markenartikelgemäßen Qualitätskonstanz genannt (Corsten 1990; Meffert, Bruhn 2003; Stauss 2001, 2004). In der Tat führt vor allem die nicht vollumfänglich zu gewährleistende Kontrolle des externen Faktors zu einer schwankenden Leistungsqualität. Doch gerade aus der Unterschiedlichkeit der externen Faktoren ergibt sich auch die Gelegenheit zur Individualisierung der Leistungen. Das „Maßschneidern" einer Dienstleistung kann ein entscheidender Wettbewerbsvorteil sein und einzigartige und relevante Markenassoziationen beim Konsumenten aufbauen. Wegen des hohen Anteils an Vertrauenseigenschaften bei vielen Dienstleistungen ist es jedoch häufig auch nach Leistungsinanspruchnahme problematisch, einen Leistungs- und Markenvorteil hinreichend deutlich zu machen.

Zur Überprüfung der Wirksamkeit markenpolitischer Aktivitäten müssen Dienstleistungsunternehmen die Erreichung markenwertorientierter Ziele regelmäßig kontrollieren. Dabei kann auf die bereits im Rahmen der allgemeinen Ausführungen kurz angerissenen Methoden zur Bestimmung verhaltenswissenschaftlicher Vorsteuergrößen zurückgegriffen werden. Sind gezielte Steuerungsaktivitäten vonnöten, sollten Dienstleistungsanbieter dabei vor allem die dargestellten Gelegenheiten berücksichtigen, die sich aus den Merkmalen ihrer Leistungen ergeben.

Abschließend sei noch darauf hingewiesen, dass hier Konsequenzen von Leistungsmerkmalen besprochen wurden, die in erster Linie, jedoch nicht ausschließlich bei vielen Dienstleistungen auftreten. Oftmals sind die Gemeinsamkeiten zwischen Dienstleistungen und klassischen Sachgütern gerade in Bezug auf die Markenpolitik größer als die Unterschiede (Andresen 2000; Stauss 2001). Die angesprochenen Schwierigkeiten und Chancen gelten daher gleichermaßen für solche Absatzleistungen, die klassischerweise nicht zur Gruppe der Dienstleistungen gezählt werden, deren Eigenschaften aber „Dienstleistungscharakter" aufweisen.

4 Zusammenfassung

Markenführung bedeutet für viele Unternehmen, ihren bedeutendsten Vermögensgegenstand zu managen. Starke Marken sind Werte und schaffen Werte, die entscheidend zum Unternehmenserfolg und -fortbestand beitragen können. Das Konzept der wertorientierten Markenführung zielt darauf ab, die Markenpolitik so zu gestalten, dass ihr Beitrag zum Unternehmenswert möglichst hoch ausfällt. Als zentrale Zielgröße steht dabei der Markenwert im Mittelpunkt. Die Unternehmenspraxis kann auf folgende *Key Learnings* aus den vorangegangenen Betrachtungen der wertorientierten Markenführung zurückgreifen, wobei der Blick speziell auf den Dienstleistungssektor gerichtet ist:

- Der Markenwert kann aus finanzwirtschaftlicher Sicht als monetäre Größe oder aus verhaltenswissenschaftlicher Perspektive als in den Köpfen der Konsumenten existierende markenbezogene Gedächtnisstruktur interpretiert werden.
- Zur wertorientierten Markenführung sind folgende Schritte auszuführen: Formulierung markenbezogener Ziele, Implementierung markenpolitischer Maßnahmen zur Zielerreichung, Erfolgskontrolle und steuernde Eingriffe in die Markenpolitik.

- Wertorientierte Markenziele sollten an verhaltenswissenschaftlichen Größen ansetzten, da diese direkt steuerbar sind und die Vorläufer eines hohen finanziellen Markenwertes darstellen. Zu diesen Größen zählen vor allem die Markenbekanntheit und das Markenimage. Der Markenverwender muss sich darüber bewusst sein, bei welchen Zielgruppen die Marke bekannt gemacht werden soll. Ferner muss die Markenidentität, also das Markenselbstbild detailliert festgelegt werden, was bedeutet, die angestrebten Markenassoziationen zu formulieren, die das in den Köpfen der Konsumenten existierende Markenimage bilden sollen. Dienstleistungsanbieter sollten darauf achten, alle Facetten ihrer oft komplexen Leistungen in der Markenidentität zu berücksichtigen, und insbesondere ein Vertrauen schaffendes Markenimage anstreben.

- Im Rahmen der Aktivitäten zum Aufbau und zum Erhalt hoher Markenbekanntheit sowie zur Schaffung des angestrebten Markenimages ergeben sich für Dienstleistungsanbieter aus den Eigenschaften ihrer Leistungen teilweise gute Ansatzpunkte für markenwertorientierte Maßnahmen.

- Der direkte Kundenkontakt bietet eine Reihe von Möglichkeiten, die Markenbekanntheit auszubauen und das angestrebte Markenimage zu generieren.

- Wegen des Kunde-Mitarbeiter-Kontaktes kommt den Mitarbeitern des Dienstleisters eine Schlüsselposition zu. Sie dürfen die formulierte Markenidentität nicht nur widerspiegeln, sondern müssen zur Entwicklung spezifischer Markenassoziationen beitragen.

- Die hohe Individualität vieler Dienstleistungen bietet Möglichkeiten für den Aufbau einzigartiger und für den Kunden relevanter Markenassoziationen.

- Auf die verhaltenswissenschaftlichen Größen Markenbekanntheit und Markenimage ist gezielt Einfluss zu nehmen. Das wird den monetären Markenwert in Dienstleistungsunternehmen nachhaltig steigern.

Literaturverzeichnis

Aaker, D. A. (1992): Management des Markenwertes, Frankfurt/Main.
Ailawadi, L., Lehmann, D., Neslin, S. (2003): Revenue Premium as an Outcome Measure of Brand Equity. In: Journal of Marketing, 67. Jg. (2003), Nr. 4, S. 1–17.
Andresen, T. (2000): Die Grenzen zerfließen. In: Markenartikel, 62. Jg. (2000), Nr. 2, S. 6–14.
Bekmeier-Feuerhahn, S. (1998): Marktorientierte Markenbewertung: eine konsumenten- und unternehmensbezogene Betrachtung, Wiesbaden.
Benkenstein, M., Spiegel, T. (2004): Entwicklungstendenzen der Markenführung aus Dienstleistungsperspektive. In: Bruhn, M. (Hrsg.): Handbuch Markenführung, 2. Auflage, Band 3, Wiesbaden, S. 2747–2764.
Britschgi, E. C. (2006): Marken schaffen Werte – Brand Stewardship als Erfolgsfaktor. In: Berndt, R. (Hrsg.): Management-Konzepte für kleine und mittlere Unternehmen, Berlin, S. 231–241.
Bruhn, M. (2001): Die zunehmende Bedeutung von Dienstleistungsmarken. In: GEM Gesellschaft zur Erforschung des Markenwesens e.V. (Hrsg.): Marktdurchdringung durch Markenpolitik, Markendialog 2000, Frankfurt/Main, S. 11–38.
Buchholz, A., Wördemann, W. (2003): Die Köpfe der Konsumenten erobern. In: Harvard Business Manager, (2003), Nr. 3, S. 59–65.
Burmann, C., Schleusener, M., Weers, J. P. (2005): Identitätsorientierte Markenführung bei Dienstleistungen. In: Meffert, H., Burmann, C., Koers, M. (Hrsg.): Markenmanagement, 2. Auflage, Wiesbaden, S. 411–432.

Chaudhuri, A., Holbrook, M. B. (2001): The Chain of Effects from Brand Trust and Brand Affect to Brand Performance: The Role of Brand Loyalty. In: Journal of Marketing, 65. Jg. (2001), Nr. 2, S. 81–93.
Corsten, H. (1990): Betriebswirtschaftslehre der Dienstleistungsunternehmungen, 2. Auflage, München [u.a.].
Engelhardt, W. H., Kleinaltenkamp, M., Reckenfelderbäumer, M. (1993): Leistungsbündel als Absatzobjekte. In: ZfbF, 45. Jg. (1993), Nr. 5, S. 395–426.
Epstein, S. (1993): Entwurf einer Integrativen Persönlichkeitstheorie. In: Filipp, S.-H. (Hrsg.): Selbstkonzept-Forschung: Probleme, Befunde, Perspektiven, 3. Auflage, Stuttgart, S. 15–45.
Esch, F.-R. (2000): Moderne Markenführung, 2. Auflage, Wiesbaden.
Esch, F.-R. (2004): Strategie und Technik der Markenführung, 2. Auflage, München.
Esch, F.-R. (2005): Strategie und Technik der Markenführung, 3. Auflage, München.
Fiedler, R. (2004): Wertorientiertes Markenmanagement. In: Horváth, P., Möller, K. (Hrsg.): Intangibles in der Unternehmenssteuerung. Strategien und Instrumente zur Wertsteigerung des immateriellen Kapitals, München, S. 319–339.
Franzen, O., Trommsdorff, V., Riedel, F. (1994): Ansätze der Markenbewertung und Markenbilanz. In: Markenartikel, 56. Jg. (1994), Nr. 8, S. 372–387.
Gerpott, T. J., Thomas, S. E. (2004): Markenbewertungsverfahren: Einsatzfelder und Verfahrensüberblick. In: Wirtschaftswissenschaftliches Studium, 33. Jg. (2004), Nr. 7, S. 394–400.
Günther, T., Kriegbaum, C. (2001): Controlling-Wissen – Methoden zur Markenbewertung; Ein Ausgangspunkt für das Markencontrolling. In: Controlling, 13. Jg. (2001), Nr. 3, S. 129–138.
Hahn, D., Hungenberg, H. (2001): PuK: Planung und Kontrolle, Planungs- und Kontrollsysteme, Planungs- und Kontrollrechnung. Wertorientierte Controllingkonzepte, 6. Auflage, Wiesbaden.
Haigh, D. (2004): Connecting brand equity, brand economics, and brand value. In: Crainer, S. (Hrsg.): Financial Times Handbook of Management, 3. Auflage, London, S. 408–419.
Kaas, K.-P. (1990): Langfristige Werbewirkung und Brand Equity. In: Werbeforschung & Praxis, 35. Jg. (1990), Nr. 3, S. 48–52.
Kartte, D. (2005): Bewertung und Management von Marken. In: Matzler, K. (Hrsg.): Immaterielle Vermögenswerte: Handbuch der intangible Assets, Berlin, S. 467–482.
Kehrer, R. (2005): Service Branding: Ein Beitrag zum Aufbau erfolgreicher Dienstleistungsmarken am Beispiel des Telekommunikationsmarktes, Europäische Hochschulschriften: Reihe 5, Frankfurt/Main.
Keller, K. L. (1993): Conceptualizing, Measuring, and Managing Customer-Based Brand Equity. In: Journal of Marketing, 57. Jg. (1993), Nr. 1, S. 1–22.
Keller, K. L. (2005): Kundenorientierte Messung des Markenwerts. In: Esch, F. R. (Hrsg.): Moderne Markenführung. Grundlagen – Innovative Ansätze – Praktische Umsetzungen, 4. Auflage, Wiesbaden, S. 1307–1328.
Klute, S. (2006): Brand Equity. In: Controlling, 18. Jg. (2006), Nr. 4–5, S. 259–260.
Link, J., Weiser, C. (2006): Marketing-Controlling, 2. Auflage, München.
Magrath, A. J. (1986): When Marketing Services 4 P's Are Not Enough. In: Business Horizons, 29. Jg. (1986), Nr. 3, S. 44–50.
Meffert, H., Bruhn, M. (2003): Dienstleistungsmarketing. Grundlagen – Konzepte – Methoden, 4. Auflage, Wiesbaden.
Meffert, H., Bruhn, M. (2002): Bedeutung und Trends des Dienstleistungsmarketing. In: Bruhn, M., Meffert, H. (Hrsg.): Exzellenz im Dienstleistungsmarketing, Wiesbaden, S. 2–26.
Mussler, D., Mussler, S. (1995): Marken-Bewertung in der Praxis. In: Marketing Journal, 28. Jg. (1995), Nr. 3, S. 184–187.
Rossiter, J. R., Percy, L. (2005): Aufbau und Pflege von Marken durch klassische Kommunikation. In: Esch, F.R. (Hrsg.): Moderne Markenführung. Grundlagen – Innovative Ansätze – Praktische Umsetzungen, 4. Auflage, Wiesbaden, S. 631–646.
Sattler, H. (1995): Markenbewertung. In: Zeitschrift für Betriebswirtschaft, 65. Jg. (1995), Nr. 6, S. 663–682.
Sattler, H. (2001): Markenpolitik, Stuttgart.

Srivastava, R. K., Shervani, T. A., Fahey, L. (1998): Market-Based Assets and Shareholder Value: A Framework for Analysis. In: Journal of Marketing, 62. Jg. (1998), Nr. 1, S. 2–18.

Stauss, B. (1994): Dienstleistungsmarken. In: Bruhn, M. (Hrsg.): Handbuch Markenartikel, Band 1, Stuttgart, S. 79–103.

Stauss, B. (2001): Markierungspolitik bei Dienstleistungen – Die „Dienstleistungs-Marke". In: Bruhn, M., Meffert, H. (Hrsg.): Handbuch Dienstleistungsmanagement, 2. Auflage, Wiesbaden, S. 549–571.

Stauss, B. (2004): Dienstleistungsmarken. In: Bruhn, M. (Hrsg.): Handbuch Markenführung, 2. Auflage, Wiesbaden, S. 95–118.

Töpfer, A., Duchmann, C. (2006): Ganzheitliche Konzeption des wertorientierten Managements. Das Dresdner Modell des Wertorientierten Managements: Konzeption, Ziele und integrierte Sicht. In: Schweickart, N., Töpfer, A. (Hrsg.): Wertorientiertes Management. Werterhaltung – Wertsteuerung – Wertsteigerung ganzheitlich gestalten, Berlin [u.a.], S. 3–64.

Vogler, S., Egloff, M. (2001): Marken schaffen mehr Wert. In: Der Organisator, 6. Jg. (2001), S. 8–12.

Weiber, R., Adler, J. (1995): Positionierung von Kaufprozessen im Informationsökonomischen Dreieck: Operationalisierung und verhaltenswissenschaftliche Prüfung. In: Zeitschrift für betriebswirtschaftliche Forschung, 47. Jg. (1995), Nr. 2, S. 99–123.

Welge, M. K., Al-Laham, A. (2003): Strategisches Management. Grundlagen – Prozess – Implementierung, 4. Auflage, Wiesbaden.

Woratschek, H. (1996): Die Typologisierung von Dienstleistungen aus informationsökonomischer Sicht. In: Der Markt – Zeitschrift für Absatzwirtschaft und Marketing, 35. Jg. (1996), Nr. 1, S. 59–71.

Aufbau und Steuerung von Dienstleistungsmarken

Hans H. Bauer/Sabine Kuester/Frank Huber/Silke Heß

Zusammenfassung	460
1 Zur Notwendigkeit einer gesonderten Betrachtung von Dienstleistungen und Konsumgütern beim Markenaufbau	460
2 Die Markenpersönlichkeit als Ausgangspunkt beim Aufbau einer Dienstleistungsmarke	461
3 Antezedenzien und Konsequenzen der Markenpersönlichkeit als Steuerungs- und Kontrollgrößen beim Aufbau von Dienstleistungsmarken	462
4 Empirische Untersuchung des Untersuchungsmodells	467
5 Fazit und Implikationen	469
Literaturverzeichnis	470

Zusammenfassung

Ziel der vorliegenden Studie ist es, den Einfluss verschiedener Marketing-Instrumente auf die Markenpersönlichkeit als Differenzierungspotenzial und Ausgangspunkt einer Vertrauensbeziehung zwischen Dienstleistungsmarke und Kunde zu untersuchen. Zu diesem Zweck wurden Urlaubs- und Geschäftsreisende zur Wahrnehmung von internationalen Fluglinien befragt. Mittels Strukturgleichungsmodell werden die hypothetischen Wirkungszusammenhänge zwischen Marketingvariablen wie Mitarbeiterqualität, Dienstleistungsqualität, Printwerbung sowie dem Country-of-Origin-Image mit einzelnen Markenpersönlichkeitsdimensionen, dem Vertrauen in die Marke und der Einstellung gegenüber der Marke überprüft. Dabei zeigt sich, dass Vertrauen in eine Dienstleistungsmarke durch drei Markenpersönlichkeitsdimensionen (Verlässlichkeit, Natürlichkeit und Temperament) erzeugt wird, während die Dimension Attraktivität lediglich zur Differenzierung der Markenpersönlichkeit beitragen kann.

1 Zur Notwendigkeit einer gesonderten Betrachtung von Dienstleistungen und Konsumgütern beim Markenaufbau

In der Marketing-Praxis ist die zunehmende Bedeutung von Dienstleistungsmarken offensichtlich. So führte im Jahr 2006 Interbrand's Ranking der 100 weltweit wertvollsten Marken 21 Dienstleistungsmarken auf. Die konstitutiven Merkmale von Dienstleistungen wie Immaterialität, Intangibilität, Untrennbarkeit von Produktion und Konsum, Verderblichkeit, Standortgebundenheit, Individualität sowie Integration des externen Faktors implizieren einen hohen Anteil an Erfahrungs- und Vertrauenseigenschaften (Padgett, Allen 1997, S. 52). Eine Qualitätsbeurteilung kann oftmals nur anhand von Ersatzindikatoren wie Preis oder Betriebsausstattung, aber auch durch Empfehlungen der bestehenden Kundschaft stattfinden (Zeithaml 1988, S. 2 ff.). Zwangsläufig liegt eine Informationsasymmetrie zwischen Kunde und Dienstleister vor, die ein wahrgenommenes Kaufrisiko erzeugt, da der Anbieter seine eigene Leistungsfähigkeit zumeist besser kennt als der Nachfrager (Decker, Neuhaus 2006, S. 182).

Diese Risiken werden Kunden bei ihrer Kaufentscheidung eher eingehen, wenn sie der Gegenpartei, in diesem Falle dem Dienstleistungsanbieter, Vertrauen entgegen bringen. Aus Kundensicht gelten Unternehmen dann als vertrauenswürdig, wenn sie die notwendigen Kompetenzen zur Leistungserstellung aufweisen und sich im Umgang mit den Kunden als wohlwollend und integer präsentieren (Mayer, Davis, Schoorman 1995, S. 715). Dienstleistungsunternehmen können Marken als Basis zum Aufbau einer Vertrauensbeziehung nutzen (Berry 2000, S. 129). Zunächst verbinden Kunden mit einer Marke eine konstant hohe Qualität (Bauer, Huber 1998, S. 41), welche für eine ausreichende Fähigkeit zur Leistungserbringung spricht und daher organisationales Vertrauen, d.h. Vertrauen gegenüber dem Dienstleistungsunternehmen, generieren kann. Darüber hinaus können Kunden, wenn sie die Marke mit menschlichen Eigenschaften assoziieren, auch interpersonelles Vertrauen, d.h. Vertrauen gegenüber der Markenpersönlichkeit, schenken (Wünschmann, Müller 2006, S. 227). Diese Erkenntnisse sprechen für eine besondere Rolle des Markenpersönlichkeitskonstrukts als Gesamtheit aller menschlichen Assoziationen mit einer Marke (Aaker 1997, S. 347) beim Aufbau und Management von Dienstleistungsmarken. Bei Dienstleistungen spielt die Leistung von Personen, d.h. Mitarbeitern, eine größere Rolle als bspw. die technische Leistung. Dementsprechend wird eine interne Perspektive des Marketings gefordert, d.h. die Marketing-Aktivitäten des Dienstleistungsunternehmens sollen sich auch auf Mitarbeiter konzentrieren.

Mit der folgenden Untersuchung soll gezeigt werden, welchen Markeninstrumenten beim Aufbau von Dienstleistungsmarken eine besondere Bedeutung zukommt. Dabei ist von Interesse, welche Instrumente maßgeblich dazu beitragen, Vertrauen in die Dienstleistungsmarke zu generieren, um dem vorwiegenden Anteil an Erfahrungs- und Vertrauenseigenschaften gerecht zu werden. Ferner soll untersucht werden, welche Instrumente die Möglichkeit einer Differenzierung von Dienstleistungsmarken bieten und damit zu ihrem langfristigen Markterfolg beitragen. Dazu soll zunächst das Markenpersönlichkeitskonstrukt aus den oben genannten Gründen näher betrachtet werden.

2 Die Markenpersönlichkeit als Ausgangspunkt beim Aufbau einer Dienstleistungsmarke

Berry sieht in der Bildung einer ausgeprägten Markenpersönlichkeit ein relevantes Differenzierungspotenzial für Dienstleistungsmarken (Berry 2000, S. 131). Während das Markenimage neben abstrakten Markenassoziationen auch konkrete, produktbezogene Merkmale bezeichnet, stellt das Konstrukt Markenpersönlichkeit nur die abstrakte, symbolische Imagekomponente der Marke dar (Herrmann, Huber, Braunstein 2001, S. 110) und scheint aufgrund der Immaterialität von Dienstleistungen somit geeigneter zur Markensteuerung zu sein. Menschen streben grundsätzlich danach, nicht lebende Objekte durch die Verleihung menschlicher Züge zu beseelen, mit der Absicht, die Interaktion mit den Objekten zu vereinfachen. Demzufolge neigen auch Konsumenten dazu, Marken mit menschlichen Eigenschaften zu verknüpfen (Levy 1985, S. 67 ff.).

Die Wahrnehmung der Markenpersönlichkeit wird durch jeglichen direkten und indirekten Kontakt mit der Marke determiniert (Aaker 1997, S. 348). Ein direkter Kontakt bedingt die Übertragung von Persönlichkeitseigenschaften der typischen Markennutzer, der Angestellten, des Vorstands sowie der bestehenden Kundschaft (McCracken 1989, S. 310 ff.). Beim indirekten Kontakt mit der Marke bildet sich die Markenpersönlichkeit nicht durch einen Persönlichkeitstransfer von den Eigenschaften einer Person aus, sondern über die Wahrnehmung der verschiedenen Ausprägungen der Marketing-Instrumente, wie Produktattribute, Markenname, Werbung, Preis, usw. (Batra, Lehmann, Singh 1993, S. 83 ff.). Da es Zielsetzung der vorliegenden Untersuchung ist, konkrete Handlungsanweisungen für den Aufbau einer Dienstleistungsmarke zu vermitteln, soll im folgenden empirisch überprüft werden, mit welchen Marketing-Instrumenten die einzelnen Dimensionen der Markenpersönlichkeit beeinflusst und somit gesteuert werden können. Ferner ist von

Interesse, ob persönliche Erfahrungen der Kunden mit der Dienstleistung besser dazu geeignet sind, eine unverwechselbare Markenpersönlichkeit aufzubauen und damit ein Differenzierungspotenzial sowie Grundlage für eine (Vertrauens-)Beziehung zwischen Kunde und Marke zu schaffen (Berry 2000, S. 129 f.), oder diese Ziele gleichsam mit kommunikativen Aktivitäten zu erreichen sind. Darüber hinaus soll aufgezeigt werden, inwiefern die verschiedenen Markenpersönlichkeitsdimensionen dazu geeignet sind, Vertrauen in die Dienstleistungsmarke zu generieren und damit Grundlage für den Aufbau einer Beziehung zwischen Kunde und Marke sein können (Garbarino, Johnson 1999, S. 73 ff.). Ferner soll das Konstrukt Einstellung gegenüber der Marke als globale abhängige Größe zur Beurteilung der Markenwahrnehmung durch Kunden dienen (Kamins, Gupta 1994, S. 578). Die globale Markeneinstellung gilt als direkte Determinante des Verhaltens und ist daher von besonderer Relevanz für das Markenmanagement (Pecheux, Derbaix 1999, S. 19).

3 Antezedenzien und Konsequenzen der Markenpersönlichkeit als Steuerungs- und Kontrollgrößen beim Aufbau von Dienstleistungsmarken

Die kausalen Zusammenhänge der relevanten Marketing-Instrumente mit zentralen Kontrollgrößen im Dienstleistungsmarketing sollen im nachfolgenden Hypothesensystem postuliert werden. Dabei wird die Markenpersönlichkeit, die als abstrakte, symbolische Imagekomponente gilt (Bauer, Mäder, Huber 2002, S. 687), als Konzeptionalisierungsansatz für die Differenzierung einer Marke herangezogen (Berry 2000, S. 131). Als Konsequenz einer ausgeprägten Markenpersönlichkeit wird das Vertrauen in die Marke untersucht. Die Einstellung gegenüber der Dienstleistungsmarke wird als finale Kontrollgröße für das Markenmanagement betrachtet.

Das Konstrukt Markenvertrauen gewinnt v. a. durch das große Forschungsinteresse, welches dem Relationship-Marketing innerhalb der letzten Jahre gewidmet wurde, gleichsam an Bedeutung. Gerade innerhalb des Beziehungsmarketings ist ein enger Zusammenhang zwischen Vertrauen und angestrebter Kundenloyalität als Ausdrucksform der Wertschätzung einer Marke längst erkannt und vielfach nachgewiesen worden (Garbarino, Johnson 1999, S. 73 ff.). Die Einstellung gegenüber einer Marke umfasst sämtliche Markenassoziationen aus Kundensicht (Wilkie 1994, S. 284) und stellt eine generelle und über die Zeit beständige, negative oder positive Bewertung der Marke dar (Eagly, Chaiken 1993, S. 3). Die Einstellung gegenüber einem Produkt oder eine Marke gilt als zentrale Prädisposition im Hinblick auf das Kaufverhalten (Sicilia, Ruiz, Reynolds 2006, S. 141). Es ist zu erwarten, dass Kunden, die Vertrauen in einer Marke haben und eine Reduktion des wahrgenommenen Risikos erfahren, diese Marke auch positiv beurteilen, da sie per Definition von deren Kompetenz, Wohlwollen und Integrität überzeugt sind (Mayer, Davis, Schoorman 1995, S. 715). Dieser Zusammenhang lässt sich in der folgenden Hypothese formulieren:

H1: Je höher das Markenvertrauen, desto positiver ist die Einstellung gegenüber der Marke.

Ansätze zur Operationalisierung einer Vertrauensskala bestätigen, dass Marken dann als vertrauenswürdig betrachtet werden, wenn sie mit Persönlichkeitsattributen wie ehrlich und zuverlässig beschrieben werden (Hess 1995, S. 20 ff.). Diese Relevanz persönlichkeitsbasierter Merkmale weist auf die enorme Bedeutung der Markenpersönlichkeit für die Bildung von Markenvertrauen hin. Eine ausgeprägte Markenpersönlichkeit ist folglich in der Lage, kundenseitiges Vertrauen in die Marke zu erhöhen (Aaker, Fournier, Brasel 2001, S. 43 ff.). Eine empirische Bestätigung liefert schließlich Hieronimus, der einen positiven Einfluss der Markenpersönlichkeitsstärke, d.h. der Assoziations- bzw. Ausprägungsstärke einer Marke entlang ihrer persönlichkeitsorientierten Dimensionen, auf das Vertrauen in die Marke feststellt (Hieronimus 2004, S. 191 ff.). Auf Basis dieser theoretischen und empirischen Erkenntnisse lässt sich folgende Hypothese postulieren:

H2: Je stärker die Markenpersönlichkeitsdimension Verlässlichkeit ausgeprägt ist, desto stärker ist das Markenvertrauen.

Ungeachtet der geltenden, mehr rationalen Definitionen von Vertrauenswürdigkeit in der Marketing-Wissenschaft können Individuen ebenso eine Art von Vertrauen zu Marken aufbauen, welches eher durch emotionale Eigenschaften der Marke hervorgerufen wird (Wünschmann, Müller 2006, S. 228). So operationalisieren Wünschmann und Müller Markenvertrauen mittels der Faktoren Kundenzufriedenheit, Marken-Uniqueness, i. S. einer unverwechselbaren Markenpersönlichkeit, und Markensympathie, welche durch emotionale Eigenschaften determiniert werden (Wünschmann, Müller 2006, S. 231). Ebenso gelingt es Hieronimus, einen signifikanten positiven Einfluss der Dimension Temperament/Leidenschaft der von ihm konstruierten Markenpersönlichkeitsskala auf das Vertrauen in die Marke nachzuweisen (Hieronimus 2004, S. 192). Entsprechend wird folgende Hypothese aufgestellt:

H3: Je stärker die Markenpersönlichkeitsdimension Temperament ausgeprägt ist, desto höher ist das Markenvertrauen.

Aufgrund der Immaterialität fungiert v. a. das Service-Personal in der Wahrnehmung der Konsumenten als Qualitätsindikator einer Dienstleistung (Kilian 2004, S. 8). Ferner bedingt die Interaktivität einer Dienstleistung, dass Mitarbeiter durch ihr Auftreten und Handeln Kompetenz, Wohlwollen und Integrität des Unternehmens demonstrieren und dementsprechend Vertrauen generieren (Meffert, Bruhn 2003, S. 582). Vertrauen lässt sich zwischen einem Vertrauensgeber und einem Vertrauensnehmer auch durch das Einwirken einer dritten Person aufbauen, welche als Vertrauensintermediär bezeichnet wird (Coleman 1990, S. 177 ff.). Ein Vertrauensverhältnis lässt sich genau dann übertragen, wenn sowohl ein Vertrauensverhältnis zwischen Vertrauensgeber und Vertrauensintermediär besteht, als auch zwischen Vertrauensintermediär und Vertrauensnehmer. Ebenso stellt Giddens die Möglichkeit fest, eine Vertrauensbeziehung zu einem Anbieter durch das Auftreten einer weiteren Person im Leistungserstellungsprozess aufzubauen (Giddens 1990, S. 109 f.). Das Vertrauen, welches Service-Mitarbeitern entgegengebracht wird, wird sich folglich positiv auf das Vertrauen gegenüber dem Management auswirken, bzw. bei Nichtunterscheidung zwischen Hersteller und Marke auch auf letztgenannte (Sirdeshmukh, Singh, Sabol 2002, S. 20). Diese Erkenntnisse führen zur Formulierung folgender Hypothese:

H4: Je positiver die Beurteilung der Mitarbeiter, desto höher ist das Markenvertrauen.

Gleichsam weisen Batra, Myers und Aaker hinsichtlich der direkten Determinanten der Markenpersönlichkeit auf die zentrale Bedeutung von Kundendienstmitarbeitern hin (Batra, Myers, Aaker 1996, S. 332). Im Rahmen der Interaktionstheorie von Homans wird die Interaktion zwischen zwei Individuen als sozialer Austauschprozess interpretiert (Homans 1961, S. 2 ff.). Im Verlaufe dieses Prozesses werden die verbalen und nonverbalen Aktionen des jeweiligen Interaktionspartners als belohnende oder strafende Handlungen empfunden, welche maßgeblich den Ausgang der Transaktion bestimmen. Begreift der Kunde die Handlungen des Mitarbeiters als Belohnung, legt die Attributionstheorie eine Erklärung dieses Verhaltens durch positive Persönlichkeitsmerkmale des Akteurs nahe (Kelley 1978, S. 107 f.). Ein wiederholtes Auftreten dieses Verhaltens im Zusammenhang mit der Dienstleistungsmarke lässt einen Persönlichkeitstransfer von Eigenschaften der Service-Mitarbeiter zur Marke erwarten. Ausgehend von einer Vielfalt von Interaktionsprozessen im Rahmen einer Dienstleistungserstellung lässt sich prinzipiell für jede Markenpersönlichkeitsdimension, die sich auch im menschlichen Persönlichkeitsinventar findet (Costa, McCrae 1995, S. 23), ein theoretischer Zusammenhang mit den entsprechenden Persönlichkeitsmerkmalen des Service-Personals postulieren. Gelingt es dem Mitarbeiter bspw. den Kunden seine Fachkenntnisse und Fähigkeiten zu demonstrieren, wird entsprechend der Attributionstheorie eine Verknüpfung mit Eigenschaften wie „professionell" und „verlässlich" erwartet. Ebenso können Mitarbeiter, die durch nonverbales Verhalten wie z.B. durch natürliches und unkonventionelles Auftreten überzeugen, eine entsprechende Merkmalsattribuierung erfahren. Auf Basis dieser theoretischen Erkenntnisse lassen sich folgende Hypothesen aufstellen:

H5: Je positiver die Beurteilung der Mitarbeiter, desto stärker ausgeprägt ist die Markenpersönlichkeitsdimension Verlässlichkeit.

H6: Je positiver die Beurteilung der Mitarbeiter, desto stärker ausgeprägt ist die Markenpersönlichkeitsdimension Natürlichkeit.

H7: Je positiver die Beurteilung der Mitarbeiter, desto stärker ausgeprägt ist die Markenpersönlichkeitsdimension Temperament.

In Ermangelung objektiv-messbarer und materieller Prüf- und Bewertungskriterien weisen Qualitätsurteile über Dienstleistungen im Vergleich zu Sachgütern weitaus mehr subjektive, emotional geprägte Komponenten auf, wie z.B. die empfundene Dauer von Wartezeiten oder persönliche Erlebnisse mit dem Service-Personal. Grönroos spricht in diesem Zusammenhang von funktionaler Qualität, die sich auf die Interaktion zwischen Dienstleister und Kunde bezieht (Grönroos 1984, S. 39). Dieser Qualitätsdimension misst er eine höhere Bedeutung zu als der technischen Qualität, welche das technische Ergebnis des Dienstleistungserstellungsprozesses bezeichnet (Grönroos 1984, S. 38). Die wahrgenommene Dienstleistungsqualität drückt folglich die Einstellung des Kunden gegenüber der Gesamtleistung eines Serviceanbieters aus (Parasuraman, Zeithaml, Berry 1988, S. 15).

Ein positiver Zusammenhang zwischen den Fähigkeiten und Eigenschaften der Service-Mitarbeiter, wie bspw. Freundlichkeit und Aufmerksamkeit, mit der Dienstleistungsqualität aus Kundensicht wurde in mehreren empirischen Studien bestätigt (Brady, Cronin 2001, S. 242). Diese Ergebnisse führen zur Formulierung der folgenden Hypothese:

H8: Je positiver die Beurteilung der Mitarbeiter, desto positiver ist die Beurteilung der Dienstleistungsqualität.

Die Beurteilung der Qualität einzelner Attribute der Dienstleistung, die auf subjektiven Empfindungen der Konsumenten beruhen, wurde in der vorangegangenen Hypothesengenerierung erläutert. Nach Grönroos bestimmen gleichsam die wahrgenommene funktionale und technische Qualität das Image des Dienstleisters (Grönroos 1984, S. 42). Hinsichtlich dieser Erkenntnisse könnten bspw. folgende Szenarien eintreten: Geschäftsreisende erwarten durch Gespräche mit Kollegen von einer bestimmten Fluggesellschaft eine schnelle Gepäckaufgabe. Dieses positiv ausgeprägte Leistungsmerkmal werden diese wahrscheinlich mit einem Nutzenaspekt in Form von Zeitersparnis verbinden. Dieser Nutzen trägt bei den Geschäftsreisenden wesentlich zur Erreichung ihrer persönlichen Wertvorstellung einer hohen Leistungsfähigkeit im beruflichen Leben bei, welche durch Persönlichkeitseigenschaften wie fleißig, korrekt oder strebsam hervorgerufen wird. Ferner ruft sie eine Assoziation der Fluggesellschaft mit Markenpersönlichkeitsattributen wie kompetent oder präzise hervor. Diese theoretisch postulierten Zusammenhänge rechtfertigen die Formulierung der folgenden Hypothese:

H9: Je positiver die Beurteilung der Dienstleistungsqualität, desto stärker ausgeprägt ist die Markenpersönlichkeitsdimension Verlässlichkeit.

Eine nicht zu unterschätzende Bedeutung kommt im Rahmen des Markenmanagements auch der Wirkung des Herkunftsnachweises des gekennzeichneten Produkts zu. Dieser kann durch das möglicherweise positive Image, das ein Land als Spezialisten in der Herstellung bestimmter Güter auszeichnet, generell zu einer Verbesserung des Produktimages und damit auch der Markenpersönlichkeit beitragen. Gleichwohl kann dieser aber auch den gegenteiligen Effekt zur Folge haben, wenn aufgrund eines negativen Images, welches ein Land in der Welt besitzt, von diesem auf eine schlechtere Produkt- und Markenqualität im Vergleich zu Marken aus anderen Ländern geschlossen wird. Bereits in der Definition von Bilkey, der das sog. „Country-of-Origin-Image" als „buyers' opinions regarding the relative qualities of goods and services produced in various countries" (Bilkey 1993, S. xix) beschreibt, wird deutlich, dass sich dieses Konstrukt nicht nur auf Sachgüter beschränkt, sondern auch Dienstleistungen einschließt. In der neueren Marketing-Forschung wurde der Country-of-Origin-Effekt auch im Dienstleistungsbereich empirisch nachgewiesen (Harrison-Walker 1995, S. 47 ff.). Es wird antizipiert, dass eine positive Vorstellung der Konsumenten über das Herkunftsland der Dienstleistung durch einen Imagetransfer positive Assoziationen gegenüber der Dienstleistung bzw. Dienstleistungsmarke hervorruft. Für die vorliegende Untersuchung soll daher folgende Hypothese formuliert werden:

H10: Je positiver das Country-of-Origin-Image, desto positiver ist die Beurteilung der Dienstleistungsqualität.

Gleichwohl lässt sich auch eine emotionale Ausprägung des Country-of-Origin-Effektes vermuten (Hausruckinger 1993, S. 97 f.). Assoziation des Herkunftslandes mit Attributen wie lebhaft oder aufstrebend, die sich nicht unmittelbar auf die Qualität beziehen und beispielsweise durch ein enormes Wirtschaftswachstum oder intensive Demokratisierungsbestrebungen hervorgerufen werden, können ebenso einen Imagetransfer auf die Dienstleistungsmarke auslösen. Dieser wird in einer weiteren Hypothese ausgedrückt:

H11: Je positiver das Country-of-Origin-Image, desto stärker ausgeprägt ist die Markenpersönlichkeitsdimension Temperament.

Obgleich bereits eine besondere Rolle der Mitarbeiter beim Aufbau von Dienstleistungsmarken festgestellt wurde, spielt auch die Werbung und mit ihr die Bildkommunikation eine bedeutende Rolle. Ein häufiges bildliches Element werblicher Kommunikation stellt das soziale Modell dar (Kamins 1990, S. 4). Verschiedene empirische Studien aus der Werbewirkungsforschung belegen, dass der Einsatz eines attraktiven Modells die Einstellung gegenüber der Werbemaßnahme, dem Produkt bzw. der Marke sowie die Kaufbereitschaft ebenfalls positiv beeinflusst (Till, Shimp 1998, S. 67 ff.). Einige Autoren argumentieren, dass die Einstellungsänderung auf einen direkten Image- bzw. Persönlichkeitstransfer vom sozialen Modell auf das Produkt bzw. die Marke zurückzuführen ist (Gierl 1997, S. 50 ff.). In diesem Fall stellt das soziale Modell einen direkten Markenpersönlichkeitstreiber dar. In der vorliegenden Untersuchung werden ebenfalls soziale Modelle in der Werbung für Dienstleistungsmarken untersucht und daher folgende Hypothese formuliert:

H12: Je positiver die Einstellung gegenüber der Werbeanzeige, desto stärker ausgeprägt ist die Markenpersönlichkeitsdimension Attraktivität.

Ein Zusammenhang zwischen Werbeanzeige und der Einstellung gegenüber der beworbenen Marke ist ferner im Attitude toward the Ad-Modell beschrieben und wurde bereits mehrfach empirisch bewiesen (MacKenzie, Spreng 1992, S. 522 ff.). Das Konstrukt „Attitude toward the Ad" umfasst die bewertende Reaktion auf einen bestimmten Werbestimulus in der Situation der Werbebegegnung und beeinflusst neben Markenattributen die Bildung einer Markeneinstellung (MacKenzie, Lutz 1989, S. 49 f.). Auf Basis dieser Erkenntnisse wird folgende Hypothese aufgestellt:

H13: Je positiver die Einstellung gegenüber der Werbeanzeige, desto positiver ist die Einstellung gegenüber der Marke.

Es sollte ferner festgehalten werden, dass direkte Erfahrungen mit der Marke eine wesentlich bedeutendere Determinante von Markenassoziationen darstellen, als die Unternehmenskommunikation oder Mund-zu-Mund-Propaganda anderer Kunden (Berry 2000, S. 129 f.). Schätzen Kunden Risiken im Zusammenhang mit der Wahl eines Dienstleisters relativ hoch ein, werden sie sich eher auf unverzerrte, erfahrungsbasierte Informationen berufen (Berry 2000, S. 129). Die Unternehmenskommunikation wird vielmehr dann von Relevanz für das Markenmanagement sein, wenn der Kunde über wenige oder gar keine Erfahrung mit dem Dienstleistungsanbieter verfügt, da in diesem Fall werbliche Kommunikation sowie die Referenzen anderer Kunden die einzige Informationsquelle für die Wahrnehmung und Evaluierung der Dienstleistungsmarke darstellen (Berry 2000, S. 129 f.). Dabei ist die Erfahrung definiert als Konsumierung einer Dienstleistung (Padgett, Allen 1997, S. 52). Die Simultanität von Produktion und Konsumption bei Dienstleistungen impliziert die Integration des externen Faktors, des Kunden (Shostack 1977, S. 73 ff.). Dessen Konsumierung einer Dienstleistung ist auf Erfahrung gegründet. Direkte Erfahrung mit der Dienstleistung verhilft Kunden dazu, die Dienstleistungsmarke richtig zu verstehen, d.h. sie mit bestimmten Attributen und Nutzenaspekten zu verknüpfen, und bildet somit die Grundlage, mit dieser eine Beziehung einzugehen (Cleaver 1999, S. 309 ff.). Diese Erkenntnisse lassen einen positiven Zusammenhang zwischen der persönlichen Erfahrung mit der Dienstleistung und den hier untersuchten relevanten Konstrukten postulieren. Konkret wird eine bessere Evaluierung der Dienstleistungsmarke durch die bestehende Kundschaft erwartet, als durch potenzielle Kunden, welche die Marke nur durch werbliche Aktivitäten oder Mund-zu-Mund-Propaganda kennen.

Ein weiteres Anliegen dieser Untersuchung ist es, die hier betrachteten Dimensionen der Markenpersönlichkeit auf Abhängigkeiten zu testen. Abhängigkeitsbeziehungen zwischen Markenpersönlichkeitsdimensionen sind insofern plausibel, als nach den Erkenntnissen der kognitiven Psychologie Wissen im Gedächtnis in Semantischen Netzwerken abgebildet wird. Die Knoten im Netzwerk weisen auf Vorstellungen über Gegenstände und Eigenschaften hin, die Kanten repräsentieren assoziative Beziehungen (Kroeber-Riel, Weinberg 2003, S. 231). Es ist naheliegend, dass zwischen bestimmten Persönlichkeitszügen auch assoziative Beziehungen bestehen. Für die eher emotional geprägten Markenpersönlichkeitsdimensionen werden daher folgende Hypothesen formuliert:

H14: Je stärker die Markenpersönlichkeitsdimension Natürlichkeit ausgeprägt ist, desto stärker ausgeprägt ist die Markenpersönlichkeitsdimension Temperament.

H15: Je stärker die Markenpersönlichkeitsdimension Temperament ausgeprägt ist, desto stärker ausgeprägt ist die Markenpersönlichkeitsdimension Attraktivität.

4 Empirische Untersuchung des Untersuchungsmodells

Die im vorangegangenen Kapitel aufgestellten Hypothesen sollen nun mittels empirischer Analyse überprüft werden. Hierbei wird mit Hilfe eines Strukturgleichungsmodells der Einfluss verschiedener markenpolitischer Instrumente auf die „Markenpersönlichkeit" sowie das „Vertrauen in die Marke" und „Einstellung gegenüber der Dienstleistungsmarke" untersucht. Die Untersuchung wurde am Beispiel der Flugverkehrsbranche durchgeführt, da sich bei dieser Dienstleistung besonders viele Kontaktpunkte der Kunden mit Mitarbeitern ergeben. Die schriftliche Befragung wurde am internationalen Flughafen Frankfurt am Main, dem größten Flughafen Deutschlands, durchgeführt. Zunächst sollten die Probanden einige Fragen zu ihrem Flugverhalten beantworten. Im Hauptteil der Befragung konnten die Probanden die geschlossenen Fragen mit ihrem Grad der Zustimmung zu einer bestimmten Aussage anhand einer fünfstufigen Likert-Skala beantworten. Bei der Operationalisierung der relevanten Marketing-Konstrukte wurde auf bestehende Inventare zurückgegriffen. Nach der Editierung wurden insgesamt 228 Datensätze in der nachfolgenden Analyse berücksichtigt. Die deskriptive Auswertung ergab, dass 34,65% der Probanden weiblichen, 65,35% männlichen Geschlechts sind. Diese Verteilung ist angesichts der Tatsache, dass z.B. Geschäftsreisende vorwiegend Männer sind, plausibel (Travel Research Centre 2004). Zudem ist der Anteil an Männern bei privaten Fernreisen auch etwas höher als der von Frauen (Robert Koch-Institut 2000). Der Großteil der Probanden gehört der Altersgruppe der 25–34jährigen an (33,77%). Die zweitgrößte Altersgruppe stellt die der 35–44jährigen dar (19,3%). Diese Ergebnisse entsprechen weitgehend den soziodemografischen Merkmalen von Flugreisenden (Robert Koch-Institut 2000; Travel Research Centre 2004). Stark vertreten in der Stichprobe sind die Berufsgruppen Angestellte (39,47%), leitende Angestellte (12,72%) sowie Selbstständige (11,4%), was angesichts einer Befragung von Geschäftsreisenden als Teil-Zielgruppe nicht verwundert. Die Teil-Zielgruppe der Urlaubsreisenden spiegelt sich in dem – relativ zur Gesamtbevölkerung – hohen Anteil an Studenten (25%) wider.

Das hier vorliegende Untersuchungsdesign erfordert zur Prüfung des Hypothesensystems den Einsatz der Kausalanalyse. Deren Vorteil liegt darin, zwischen beobachteten und latenten Variablen unterscheiden zu können sowie mittels eines Strukturgleichungsmodells komplexe Dependenzstrukturen zu modellieren und simultan zu schätzen (Homburg, Pflesser 2000, S. 635). Zur Schätzung der Parameter des Strukturgleichungsmodells wird die von Jöreskog und Sörbom entwickelte Software LISREL eingesetzt (Jöreskog, Sörbom 1993, S. 161). Die Operationalisierung der in dieser Untersuchung berücksichtigten theoretischen Konstrukte erfolgt in Anlehnung an die von Homburg und Giering empfohlene Vorgehensweise bei der quantitativen Analyse und Beurteilung eines Messmodells (Homburg, Giering 1996, S. 12). Abbildung 1 zeigt das Kausalmodell als Pfaddiagramm sowie die Werte der relevanten Gütekriterien.

Die quantitative Analyse der Pfadkoeffizienten und der dazugehörigen t-Werte zeigt, dass die im vorangegangenen Kapitel hergeleiteten Hypothesen empirische Bestätigung finden. Wie theoretisch postuliert, wird das Konstrukt „Markenvertrauen" durch die Markenpersönlichkeitsdimensionen „Verlässlichkeit" (H2) und „Temperament" (H3) determiniert, wobei die Dimension „Verlässlichkeit" mit einem Pfadkoeffizienten von +0,57 einen stärkeren Einfluss ausübt. Darüber hinaus weist das „Markenvertrauen" einen stark positiven Effekt auf die globale abhängige Variable „Einstellung gegenüber der Marke" auf (H1). Ebenso beeinflusst die „Einstellung gegenüber der Werbung" die „Einstellung gegenüber der beworbenen Marke" (H13). Bei Betrachtung der Effektstärken der unabhängigen Variablen auf die einzelnen Dimensionen der Markenpersönlichkeit fällt auf, dass der direkte Markenpersönlichkeitstreiber „Mitarbeiterqualität" die Dimensionen der Markenpersönlichkeit deutlich bis sehr stark determiniert (H5-H7). Die empirischen Ergebnisse bestäti-

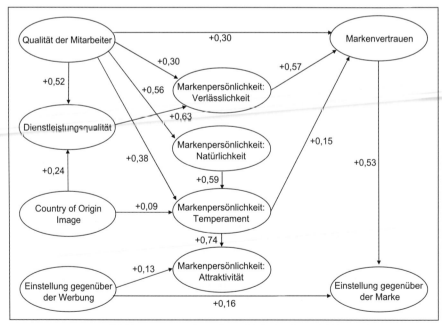

Abbildung 1: Darstellung des LISREL-Strukturmodells
(χ^2/df=2,25; GFI = 0,96; AGFI = 0,96; CFI = 1,0, NFI = 1,0, RMR = 0,07; RMSEA = 0,07, t-Werte ≥ 2,34)

gen somit die Behauptung von Baumgarth und Hansjosten, nach der Mitarbeiter die Schlüsselrolle beim Aufbau einer Markenpersönlichkeit von Dienstleistungen übernehmen (Baumgarth, Hansjosten 2002, S. 43). Diese Schlussfolgerung scheint v. a. bei Betrachtung der indirekten Markenpersönlichkeitstreiber wie „Country-of-Origin-Image" (H11) und „Einstellung gegenüber der Werbung" gerechtfertigt zu sein, die zwar einen signifikanten, aber nur schwachen bis sehr schwachen Einfluss auf die Markenpersönlichkeitsdimensionen ausüben. Lediglich dem Faktor „Dienstleistungsqualität" kommt mit einem Pfadkoeffizienten von +0,63 eine ähnlich wichtige Bedeutung beim Markenaufbau zu (H9) wie der „Qualität der Mitarbeiter". Der Einfluss dieser Variable beschränkt sich jedoch auf die Markenpersönlichkeitsdimension „Verlässlichkeit". Des Weiteren konnten die Abhängigkeitsbeziehungen der Markenpersönlichkeitsdimensionen bestätigt werden.

5 Fazit und Implikationen

Zielsetzung der vorliegenden Studie war es, Einflussfaktoren von international konsistenten Markenpersönlichkeitsdimensionen für Dienstleistungsmarken aufzuzeigen, die als Basis einer Vertrauensbeziehung zwischen Kunde und Marke gelten sowie ein Markendifferenzierungspotenzial aufweisen. Hierbei konnte am Beispiel der Airline Industrie demonstriert werden, dass die vier Markenpersönlichkeitsdimensionen „Verlässlichkeit", „Natürlichkeit", „Temperament" und „Attraktivität" durch verschiedene Marketingmaßnahmen unterschiedlich stark determiniert werden, aber auch unterschiedliche Wirkung erzeugen.

Auf der Wirkungsseite lassen sich zwei Bereiche unterscheiden. Die Dimensionen „Verlässlichkeit", „Natürlichkeit" und „Temperament" wirken direkt auf das „Markenvertrauen" und über dieses Vertrauen indirekt auf die „Einstellung gegenüber der Marke". Für die Dimension „Attraktivität" kann hingegen keine Wirkung auf „Vertrauen" und „Einstellung gegenüber der Marke" identifiziert werden. Insofern ergeben sich für internationale Airlines zwei zu differenzierende Ebenen einer Markenpersönlichkeit. Es kann argumentiert werden, dass die vertrauensbildenden Dimensionen der Markenpersönlichkeit als Basis einer Dienstleistungsmarke verstanden werden können, deren Existenz für eine positive Bewertung unumgänglich ist. Vertrauen erscheint in Dienstleistungsbranchen jedoch weniger ein Kriterium mit Differenzierungspotenzial zu sein, sondern ist vielmehr als Minimalkriterium anzusehen. Vertrauen ist Voraussetzung für die Nachfrage einer Leistung, kein Unterscheidungsmerkmal im Markt. Fehlendes Vertrauen führt hingegen vermutlich zu starken Dissonanzen. Die Dimension „Attraktivität" hingegen zahlt nicht auf dieses Vertrauen ein. Es kann jedoch argumentiert werden, dass durch diese Markenpersönlichkeitsdimension tatsächlich eine Differenzierung im Markt gelingen kann. Sind die vertrauensstiftenden Merkmale gegeben, so können zusätzliche Leistungsmerkmale Attraktivität und damit Einzigartigkeit im Markt generieren. Neben dem inhaltlichen Ausbau der Markenpersönlichkeit stellt sich für Unternehmen die Frage, welche Instrumente geeignet sind, die verschiedenen Markenpersönlichkeitsdimensionen zu gestalten. Die vorliegende Arbeit zeigt auf, dass unterschiedliche Marketingmaßnahmen unterschiedlich stark auf die verschiedenen Dimensionen der Markenpersönlichkeit einwirken. Es zeigt sich, dass die wahrgenommene „Qualität der Mitarbeiter" insbesondere zum Aufbau der vertrauensbildenden Maßnahmen geeignet ist. Vertrauen wird, zumindest bei Airlines, durch Menschen vermittelt! Es ist anzumerken, dass die Dimension „Attraktivität" dagegen primär über kommunikationspolitische Maßnahmen wie Werbung aufgebaut werden kann, welche hingegen nicht zu den einzelnen vertrauensbildenden Dimensionen beiträgt, sondern ihren Einfluss auf die allgemeine „Einstellung gegenüber der Marke" ausübt.

- Verschiedene Dimensionen der Markenpersönlichkeit haben unterschiedliche Wirkungen auf relevante Zielgrößen und lassen sich darüber hinaus durch unterschiedliche Marketingmaßnahmen steuern.

- Vertrauen in eine Marke kann insbesondere durch die Markenpersönlichkeitsdimensionen „Verlässlichkeit", „Natürlichkeit" und „Temperament" unterstützt werden. Zur Steuerung dieser Dimensionen stellen im Dienstleistungsbereich die Mitarbeiter die wichtigste Steuerungsgröße des Markenmanagements dar.

- Die Markenpersönlichkeitsdimension „Attraktivität" leistet keinen Vertrauensbeitrag sondern kann eher als Facette zur weiteren Differenzierung verstanden werden. Hierbei kommt der Kommunikationspolitik als Marketinginstrument große Bedeutung zu. Die Etablierung der vertrauensbildenden Dimensionen „Natürlichkeit" und „Temperament" stellt jedoch eine Vorraussetzung zum Aufbau der Dimension „Attraktivität" dar.

Literaturverzeichnis

Aaker, J.L. (1997): Dimensions of Brand Personality, in: Journal of Marketing Research, 34. Jg. (1997), Nr. 3, S. 347–356.

Aaker, J. L., Fournier, S., Brasel, A. (2001): Charting the Developments of Consumer Brand Relationships, Research Paper Nr. 1716, Graduate School of Business, Stanford University 2001.

Batra, R., Lehmann, D. R., Singh, D. (1993): The Brand Personality Component of Brand Goodwill: Some Antecedents and Consequences, in: Aaker, D. A., Biel, A. L. (Hrsg.): Brand Equity and Advertising: Advertising's Role in Building Strong Brands, Hillsdale (NJ) 1993, S. 83–96.

Batra, R., Myers, J. G., Aaker, D. A. (1996): Advertising Management, 5. Aufl., Engelwood Cliffs 1996.

Bauer, H. H., Huber, F. (1998): Warum Markenpolitik auch über 2000 hinaus wirkt (1. Teil), in: Markenartikel, 60. Jg. (1998), Nr. 1, S. 36–41.

Bauer, H. H., Mäder, R., Huber, F. (2002): Markenpersönlichkeit als Determinante von Markenloyalität, in: Zeitschrift für betriebswirtschaftliche Forschung, 54. Jg. (2002), Nr. 4, S. 687–709.

Baumgarth, C., Hansjosten, U. (2002): Messansätze für freche Marken, in: Marketingjournal, 35. Jg. (2002), Nr. 4, S. 42–47.

Berry, L. L. (2000): Cultivating Service Brand Equity, in: Journal of the Academy of Marketing Science, 28. Jg. (2000), Nr. 1, S. 128–137.

Bilkey, W. J. (1993): „Foreword", in: Papadopoulos, N., Heslop, L. A. (Hrsg.): Product-Country Images: Impact and Role in International Marketing, New York 1993, S. xix-xx.

Brady, M. K., Cronin, J. Jr. (2001): Customer Orientation: Effects on Customer Service Perceptions and Outcome Behaviors, in: Journal of Service Research, 3. Jg. (2001), Nr. 3, S. 241–251.

Cleaver, C. (1999): Brands as a Catalyst, in: Journal of Brand Management, 6. Jg. (1999), Nr. 5, S. 309–312.

Costa, P. T., McCrae, R. R. (1995): Domains and Facets: Hierarchical Personality Assessment Using the Revisted Neo Personality Inventory, in: Journal of Personality Assessment, 64. Jg. (1995), Nr. 1, S. 21–50.

Coleman, J. S. (1990): Foundations of Social Theory, Cambridge et al. 1990.

Decker, R., Neuhaus, S. (2006): Vertrauen im Dienstleistungsmarketing: Stellenwert und Implikationen für das strategische Handeln, in: Bauer, H.H., Neumann, M.N., Schüle, A. (Hrsg.): Konsumentenvertrauen: Konzepte und Anwendungen für ein nachhaltiges Kundenbindungsmanagement, München 2006, S. 181–192.

Eagly, A. H., Chaiken, S. (1993): The Psychology of Attitudes, Fort Worth et al. 1993.

Garbarino, E., Johnson, M. S. (1999): The Different Roles of Satisfaction, Trust and Commitment in Consumer Relationships, in: Journal of Marketing, 63. Jg. (1999), Nr. 2, S. 70–78.

Giddens, A. (1990): Konsequenzen der Moderne, 1. Aufl., Frankfurt a. M. 1990.

Gierl, H. (1997): Prominente Testimonials in der Produktwerbung, in: Planung und Analyse, 24. Jg. (1997), Nr. 3, S. 50–53.

Grönroos, C. (1984): A Service Quality Model and its Implications, in: European Journal of Marketing, 18. Jg. (1984), Nr. 4, S. 36–44.

Harrison-Walker, L. J. (1995): The Relative Effects of National Stereotype and Advertising Information on the Selection of a Service Provider: An Empirical Study, in: Journal of Services Marketing, 9. Jg. (1995), Nr. 1, S. 47–59.

Hausruckinger, G. (1993): Herkunftsbezeichnungen als präferenzdeterminierende Faktoren, Frankfurt a. M. u.a. 1993.

Herrmann, A., Huber, F., Braunstein, C. (2001): Gestaltung der Markenpersönlichkeit mittels der „means-end"-Theorie, in: Esch, F.-R. (Hrsg.): Moderne Markenführung, 3. erweiterte und aktualisierte Aufl., Wiesbaden 2001, S. 103–133.

Hess, J. (1995): Construction and Assessment of a Scale of Consumer Trust, in: Stern, B., Zinkhan, G. (Hrsg.): 1995 American Marketing Association (AMA) Educator's Proceedings, Chicago 1995, S. 20–15.

Hieronimus, F. (2004): Persönlichkeitsorientiertes Markenmanagement: Eine empirische Untersuchung zur Messung, Wahrnehmung und Wirkung der Markenpersönlichkeit, Frankfurt a.M. 2004.

Homans, G. (1961): Social Behavior: Its Elementary Forms, New York 1961.

Homburg, C., Giering, A. (1996): Konzeptualisierung und Operationalisierung komplexer Konstrukte: Ein Leitfaden für die Marketingforschung, in: Marketing ZFP, 18. Jg. (1996), Nr. 1, S. 5–24.

Homburg, C., Pflesser, C. (2000): Strukturgleichungsmodelle mit latenten Variablen: Kausalanalyse, in: Herrmann, A., Homburg, C. (Hrsg.): Marktforschung. Methoden, Anwendungen, Praxisbeispiele, 2. Aufl., Wiesbaden 2000, S. 633–661.

Interbrand (2006): Best Global Brands 2006: A Ranking by Brand Value, New York 2006.

Jöreskog K. G., Sörbom, D. (1993): LISREL 8: A Guide to the Program and Applications, Chicago 1993.

Kamins, M. A. (1990): An Investigation into the "Match-Up" Hypothesis in Celebrity Advertising: When Beauty May be Only Skin Deep, in: Journal of Advertising, 19. Jg. (1990), Nr. 1, S. 4–13.

Kamins, M. A., Gupta, K. (1994): Congruence between Spokesperson and Product Type: A Matchup Hypothesis Perspective, in: Psychology & Marketing, 11. Jg. (1994), Nr. 6, S. 569–586.

Kelley, H. H. (1978): The Process of Causal Attribution, in: American Psychologist, 28. Jg. (1978), Nr. 1, S. 107–128.

Kilian, K. (2004): Determinanten der Markenpersönlichkeit. Ansatzpunkte zur empirischen Erforschung von die Markenpersönlichkeit prägenden Einflussfaktoren, Arbeitspapier 404, März 2004, http://www.markenlexikon.com/d_texte/markendeterminanten_kilian_2004.pdf [13.12.2006].

Kroeber-Riel, W., Weinberg, P. (2003): Konsumentenverhalten, 8. Aufl., München 2003.

Levy, S. J. (1985): Dreams, Fairy Tales, Animals & Cars, in: Psychology & Marketing, 2. Jg. (1985), Nr. 2, S. 67–81.

MacKenzie, S. B., Lutz, R. J. (1989): An Empirical Examination of the Structural Antecedents of Attitude Toward the Ad, in: An Advertising Pretesting Context, in: Journal of Marketing, 53. Jg. (1989), Nr. 2, S. 48–65.

MacKenzie, S. B., Spreng, R. A. (1992): How Does Motivation Moderate the Impact of Central and Peripheral Processing on Brand Attitudes and Intentions, in: Journal of Consumer Research, 18. Jg., Nr. 4, S. 519–529.
Mayer, R. C., Davis, J. H., Schoorman, F. D. (1995): An Integrative Model of Organizational Trust, in: Academy of Management Review, 20. Jg. (1995), Nr. 3, S. 709–734.
McCracken, G. (1989): Who is the Celebrity Endorser? Cultural Foundations of the Endorsement Process, in: Journal of Consumer Research, 16. Jg. (1989), Nr. 3, S. 310–321.
Meffert, H., Bruhn, M. (2003): Dienstleistungsmarketing: Grundlagen – Konzepte – Methoden, 4. Aufl., Wiesbaden 2003.
Padgett, D., Allen D. (1997): Communicating Experience: A Narrative Approach to Creating Service Brand Image, in: Journal of Advertising, 26. Jg. (1997), Nr. 4, S. 49–62.
Parasuraman, A., Zeithaml, V., Berry, L. L. (1988): SERVQUAL: A Multiple-Item Scale for Measuring Consumer Perceptions of Service Quality, in: Journal of Retailing, 64. Jg. (1985), Nr. 1, S. 12–40.
Pecheux, C., Derbaix, C. (1999): Children and Attitude toward the Brand: A New Measurement Scale, in: Journal of Advertising Research, 39. Jg. (1999), Nr. 4, S. 19–27.
Robert Koch-Institut (2000): Fernreisende sind besser geimpft, http://www.uni-protokolle.de/nachrichten/id/56894/[10.12.2006].
Shostack, G. L. (1977): Breaking Free from Product Marketing, in: Journal of Marketing, 41. Jg. (1977), Nr. 2, S. 73–80.
Sicilia, M., Ruiz, S., Reynolds, N. (2006): Attitude Formation Online: How the Consumer's Need for Cognition Affects the Relationship Between Attitude Towards the Website and Attitude Towards the Brand, in: International Journal of Market Research, 48. Jg. (2006), Nr. 2, S. 139–154.
Sirdeshmukh, D., Singh, J., Sabol, B. (2002): Consumer Trust, Value, and Loyalty in Relational Exchanges, in: Journal of Marketing, 65. Jg. (2002), Nr. 1, S. 15–37.
Till, B. D., Shimp, T. A. (1998): Endorsers in Advertising: The Case of Negative Celebrity Information, in: Journal of Advertising, 27. Jg. (1998), Nr. 1, S. 67–82.
Travel Research Centre (2004): Business Travel Monitor – Data to March 2004, London 2004.
Wilkie, W. L. (1994): Consumer Behavior, 3. Aufl., New York u.a. 1994.
Wünschmann, S., Müller, S. (2006): Markenvertrauen: Ein Erfolgsfaktor des Markenmanagements, in: Bauer, H.H., Neumann, M.N., Schüle, A. (Hrsg.): Konsumentenvertrauen, München 2006, S. 221–234.
Zeithaml, V. (1988): Consumer Perceptions of Price, Quality, and Value: A Means-End Model and Synthesis of Evidence, in: Journal of Marketing, 52. Jg. (1988), Nr. 3, S. 2–22.

Dachmarken im Regionenmarketing – Akzeptanz und Einsatzmöglichkeiten, dargestellt am Beispiel der Region „Erzgebirge"

Margit Enke/Tom Schöpe

Zusammenfassung	474
1 Die Region als Gegenstand des Regionenmarketing	474
1.1 Marketing für Regionen	474
1.2 Region als Konstrukt	474
1.3 Region als Dienstleistung und Anbieter von Dienstleistungen	475
2 Regionenmarken als Instrument im Regionenmarketing	477
2.1 Einsatz von Marken im Regionenmarketing	477
2.2 Markenpolitische Strategien für den Einsatz von Regionenmarken	478
3 Empirische Untersuchung echt Erzgebirge – Akzeptanz einer Regionenmarke	479
3.1 Zielstellung und Untersuchungsdesign	479
3.2 Hintergrund zum Untersuchungsobjekt „echt Erzgebirge"	480
3.3 Generelle Bereitschaft zur Nutzung einer Regionenmarke im Erzgebirge	481
3.4 Markenbekanntheit und Assoziationen zur Marke „echt Erzgebirge"	481
3.5 Tatsächliche und potenzielle Markennutzung der Marke „echt Erzgebirge"	482
4 Zusammenfassung	484
Literaturverzeichnis	484

Zusammenfassung

Die Region als intangibles Konstrukt, Dienstleistung und Anbieter von Dienstleistungen steht vor dem Problem, dass es seine Leistungen schwer visualisieren kann und nur wenige Möglichkeiten zur Verfügung stehen, sich im Wettbewerb zwischen den Regionen eindeutig und unterscheidbar zu positionieren. Daraus lässt sich die Relevanz von Marken im Regionenmarketing ableiten. Gelingt es einer Region eine Marke für die Region aufzubauen und im Rahmen des Regionenmarketing erfolgreich zu kommunizieren, so kann sich die Region über die Marke und deren fest verankertes Vorstellungsbild profilieren. Am Fallbeispiel der Dachmarke „echt Erzgebirge", dem eine empirische Befragung von 285 Unternehmen, Gemeinden, Vereinen und Institutionen aus dem Erzgebirge zu Grunde liegt, wird gezeigt, welche Akzeptanz und Potenziale eine solche Regionenmarke bietet und welche Anforderungen sich daraus an das Management einer Regionenmarke ableiten.

1 Die Region als Gegenstand des Regionenmarketing

1.1 Marketing für Regionen

Regionen stehen national wie international im Wettbewerb um Einwohner, Touristen, Investoren und Fachkräfte. Neben den harten Standortfaktoren einer Region, wie z.B. der Verkehrsinfrastruktur, sind es gerade die weichen Standortfaktoren, die über eine Unternehmensansiedlung, den Zuzug in eine Region oder die Wahl der Region als touristisches Ziel entscheiden (Balderjahn 2004, S. 2359; Kirchgeorg 2005, S. 590). Seit Anfang der neunziger Jahre des letzten Jahrhunderts nutzen deshalb Städte und Regionen verstärkt Instrumente des Marketing (Beyer, Kuron 1995, S. 5; Manschwetus 1995, S. 17). Dabei wurde Marketing für Regionen vielfach mit Werbung und Kommunikation gleichgesetzt (Bühler 2002, S. 44). Zunehmend wird jedoch Regionenmarketing als ein marktorientiertes Steuerungskonzept zur Entwicklung einer Region (Manschwetus 1995, S. 39) begriffen. Die Aufgaben des Regionenmarketing bestehen folglich darin, die Region bei ihren Marktpartnern als Wirtschafts-, Fremdenverkehrs-, Wohn- und Freizeitstandort zu profilieren und so Austauschprozesse zu generieren, zu stabilisieren und zu intensivieren (Spieß 1998, S. 10). Als Marktpartner respektive Zielgruppen des Regionenmarketing können Einwohner, potenzielle wie vorhandene Investoren, Touristen, Arbeitskräfte und die allgemeine Öffentlichkeit verstanden werden (Kotler, Haider, Rein 1994, S. 42 ff.; Meyer 1999, S. 30; Spieß 1998, S. 31 ff.). Die Besonderheiten des Marketing für Regionen ergeben sich im Vergleich zum klassischen Konsumgüter-, Dienstleistungs- und Industriegütermarketing aus den Besonderheiten des Objekts des Marketing: der Region.

1.2 Region als Konstrukt

Die Region als Gegenstand des Regionenmarketing hat verschiedene Funktionen. So bestimmt die Region einerseits den geografischen Raum, für den das Regionenmarketing gemacht wird. Andererseits ist sie Gut und Anbieter von Leistungen, die durch das Regionenmarketing vermarktet werden sollen.

Problematisch ist in diesem Zusammenhang das schwierige Begriffsverständnis von Regionen. Eine Vielzahl von Definitionen lassen den Begriff Region zu einem semantischen Feld mit diffusen Rändern werden, welches zudem mehrdimensional ist und metaphorisch verwendet wird (Blotevogel 1996, S. 52). Demzufolge ist eine genaue Abgrenzung von Regionen schwierig.

In der Regionenwissenschaft haben sich verschiedene Ansätze herausgebildet, anhand derer Regionen beschrieben und abgegrenzt werden können (Blotevogel 1996, S. 58). Allen Ansätzen ist gemeinsam, dass sie versuchen, die komplexen sozioökonomischen Zusammenhänge innerhalb bestimmter Räume auf ihre räumliche Dimension zu reduzieren und abzubilden (Kirchgeorg 2005, S. 594). Demnach ist eine Region als theoretisches Konstrukt zu verstehen, welches einerseits versucht, das immaterielle, schwer zu erfassende und komplexe Gebilde Region für die Wissenschaft greifbar zu machen. Andererseits ist sie ein historisches und gesellschaftliches Konstrukt, das durch die Ergebnisse und die Folgen menschlichen Handelns entsteht und entstanden ist (Blotevogel 1996, S. 57).

Im Rahmen des Marketing ist der Ansatz, Regionen als Wahrnehmungs- und Identitätsregionen zu verstehen (Blotevogel 1996, S. 60), besonders wichtig. Zum einen wird in der regionalen Identität und Verbundenheit zur Region eine wesentliche Antriebskraft gesehen, sich für eine Region zu engagieren (Kirchgeorg 2005, S. 601 ff.; Jekel 1998, S. 51 ff.). Zum anderen ist es gerade das kognitiv-emotionale Regionsverständnis, das durch das Marketing beeinflusst werden kann (Weichhart 1996, S. 37).

1.3 Region als Dienstleistung und Anbieter von Dienstleistungen

Die Region ist, wie festgestellt, einerseits ein komplexes immaterielles Konstrukt. Andererseits hat die Region im Rahmen des Regionenmarketing auch die Rolle eines Produkts bzw. Guts (Bühler 2002, S. 77; Meyer 1999, S. 23 ff.; Spieß 1998, S. 28; Balderjahn, Aleff 1996, S. 16 ff.; Manschwetus 1995, S. 57 f.), einer Dienstleistung oder eines Unternehmens (Balderjahn 2004, S. 2360 ff.; Kirchgeorg 2005, S. 594 f.) inne. Auf hoher Abstraktionsebene ist die Region ein Gut, das die Marktpartner in Anspruch nehmen können. Aufgabe des Regionenmarketing ist die Vermarktung dieses Gutes. Unstrittig handelt es sich bei dem Gut Region keinesfalls um ein Konsumgut (Manschwetus 1995, S. 63.), vielmehr lässt die Immaterialität der Region darauf schließen, dass es sich bei dem Gut Region um ein generisches Produkt (Homburg, Krohmer 2006, S. 563) handelt, bei dem die immateriellen Produktmerkmale überwiegen.

Auf niedrigerer Abstraktionsebene stellt sich das Gut Region als komplexes, netzwerkartiges Leistungsbündel dar, welches aus einer Vielzahl in Verbindung stehender Einzelleistungen besteht. Als Leistungen der Region können zum Beispiel Wirtschaftsförderung oder touristische Leistungen verstanden werden. Eine sinnvolle Einteilung von Leistungen einer Region ist *Tabelle 1* zu entnehmen. Auf dieser Abstraktionsebene stellen diese Leistungen Dienstleistungen dar. Sie sind zwar vielfach an materielle Elemente, wie z.B. Natur, Infrastruktur usw., gebunden, aber dennoch immateriell. Sie bedürfen zur Leistungserstellung der Integration externer

Faktoren in Form der Anspruchsgruppen einer Region und werden den Nachfragern als Leistungspotenzial bereitgestellt (Kirchgeorg 2005, S. 594 f.).

Tabelle 1: Leistungen einer Region (Spieß 1998, S. 29)

Leistungen der Region	Beispiele
natürliche Leistungen	geografische Lage auf dem Erdball, geografische Lage zu anderen Gebieten, naturräumliche Größe, Oberflächengestalt, Landschaftsbild, Bodengüte, Flora und Fauna, Klima, Rohstoffe
soziokulturelle Leistungen	Tradition, Religion, Architektur, Sprache, Mentalität, Brauchtum, Kultur
Leistungen der allgemeinen Infrastruktur	Verkehr (Schiene, Straße, Flughäfen, Wasserwege), Versorgung (Wasser- und Energieversorgung), Entsorgung (Müllentsorgung), Kommunikation (Telefon, ISDN-Anschlüsse, Breitbandnetze), Gesundheits-, Verwaltungs- und Bildungswesen (Krankenhäuser, Ärzte, Behörden, Universitäten, Schulen, Weiterbildungseinrichtungen)
primär wirtschaftsrelevante Leistungen	Industrie- und Gewerbeflächenangebot, Sektoral-, Branchen-, und Unternehmensstruktur, Technologiezentren, Technologietransferstellen, wirtschaftsnahe Forschungseinrichtungen, Arbeitskräfteangebot, Lohnniveau, öffentliche Förderung, Steuern, Gebühren, Bevölkerung (Zahl, Altersstruktur, Qualifikation, Einkommen, Kaufkraft)
primär tourismus- und freizeitrelevante Leistungen	Spiel- und Sportanlagen, Wanderwege, Skilifte, Strandanlagen, Kongress- und Kuranlagen, Hotellerie, Gastronomie, Kinos, Theater, Museen, Denkmäler, Konzerte
primär wohnstandortrelevante Leistungen	qualitatives und quantitatives Wohnraumangebot, Mietniveau, Baulandverfügbarkeit und -preise, physische Sicherheit

Ähnlich einem Unternehmen versucht die Region, diese Dienstleistungen zu vermarkten und anzubieten. Potenzielle Marktpartner der Region entscheiden anhand der angebotenen Dienstleistungen, ob eine Region ihren Anforderungen als Unternehmensstandort, Urlaubsziel oder Wohnort gerecht wird (Balderjahn 2004, S. 2363).

Regionen, als Anbieter eines komplexen Leistungsbündels, müssen spezifische Merkmale beachten, die entscheidenden Einfluss auf das Regionenmarketing haben. So bietet die Region als intangibles Konstrukt nicht selbst Leistungen an, sondern kann nur die Summe aller Einzelleistungen offerieren, die in der Region von unterschiedlichen Anbietern wie privaten Unternehmen, kommunalen Einrichtungen, Institutionen und Vereinen angeboten werden. Daraus folgt zum einen, dass die Qualität der Leistungen durch die Leistungsfähigkeit der originären Anbieter bestimmt wird und nur schwer von der Region als Anbieter von Leistungen beeinflussbar ist. Zum anderen ist das Leistungsangebot durch die Vielzahl der Anbieter sehr heterogen und auf unterschiedliche Zielgruppen, wie zum Beispiel Investoren, Arbeitskräfte, Touristen, Medien und Bürger, ausgerichtet (Balderjahn 2004, S. 2361). Für die Region als Anbieter des gesamten Leistungsbündels ergeben sich daraus Konflikte bei der Positionierung der Region unter Berücksichtigung der Ansprüche der konträren

Zielgruppen (Spieß 1998, S. 36). So müsste sich die Region für die Zielgruppe Touristen als Region mit möglichst intakter, unberührter Natur positionieren, wohingegen sich die Region für Investoren durch eine gut ausgebaute Verkehrsinfrastruktur und gut erschlossene Gewerbegebiete positionieren müsste.

2 Regionenmarken als Instrument im Regionenmarketing

2.1 Einsatz von Marken im Regionenmarketing

Im Rahmen des Dienstleistungsmarketing wird zunehmend die Wichtigkeit von Marken „... als ein in der Psyche des Konsumenten.. verankertes, unverwechselbares Vorstellungsbild von einem Produkt oder einer Dienstleistung." (Meffert, Burmann, Koers 2002, S. 6) betont. Zum einen können Marken einen Vertrauensanker in der Angebotspalette für den Nachfrager sein und so das wahrgenommene Kaufrisiko minimieren. Zum anderen schützen Marken vor Nachahmung und dienen der Differenzierung von Dienstleistungen (Stauss 2001, S. 556 f.). Angesichts der Charakteristika einer Region als intangibles Konstrukt, Dienstleistung und Anbieter von Dienstleistungen ist anzunehmen, dass Regionenmarken, analog zu klassischen Dienstleistungsmarken, einen wesentlichen Erfolgsfaktor für das Regionenmarketing darstellen können. Der Transfer wesentlicher Markenfunktionen wie Identifikations-, Orientierungs-, Kompetenz-, Vertrauens- und Imagefunktion auf Regionenmarken *(vgl. Tabelle 2)* unterstützt diese Annahme. Balderjahn führt zudem an, dass Regionenmarken helfen können (Balderjahn 2004, S. 2362):

- die Wahrnehmung des Gebietes als Region zu fördern,
- den Bekanntheitsgrad der Region zu erhöhen,
- der Region ein positives Image zu verleihen,
- die Leistungspotenziale der Region bekannt zu machen und den Wunsch aus zu lösen, in der Region zu bleiben bzw. die Region kennen zu lernen.

Tabelle 2: Funktionen von Regionenmarken (Kirchgeorg 2005, S. 594)

Markenfunktion	Transfer der Funktionen auf Regionenmarken
Identifikationsfunktion	Regionenmarken machen intangible Regionen adressierbar und greifbar. Zudem ist eine schnelle und prägnante Identifikation der Regionen bei den Zielgruppen der Region durch die Regionenmarke erreichbar.
Orientierungsfunktion	Im Wettbewerb der Regionen und dem zunehmenden Informationsangebot der Regionen erleichtern Regionenmarken die Orientierung der Zielgruppen. Regionenmarken können zur Orientierung sowohl kognitive Komponenten wie zum Beispiel Leistungscharakteristika als auch affektive Komponenten wie zum Beispiel emotionale Verbundenheit ausdrücken.
Kompetenzfunktion	Werden mit der Regionenmarke besonders erlebbare Leistungsmerkmale kommuniziert, die bei der Zielgruppe einen hohen Stellenwert einnehmen, so kann die Regionenmarke Kompetenzsignale senden und somit eine Kompetenzfunktion haben.

Markenfunktion	Transfer der Funktionen auf Regionenmarken
Vertrauensfunktion	Regionenmarken können durch ihre Bekanntheit und Reputation das wahrgenommene Kaufrisiko von der Dienstleistung Region senken.
Imagefunktion	Bekannte Regionenmarken stellen eine hochkonzentrierte Information über alle mit ihnen verbundenen Assoziationen dar.

Um diese Funktionen erfüllen zu können, bedarf es einer klaren, relevanten und eindeutigen Markenpositionierung. Die Stärke der Regionenmarke hängt von ihrer Identität ab, d.h. der Übereinstimmung zwischen Selbstbild und Fremdbild. Für die Definition des Selbstbildes bildet ein passendes und nachvollziehbares Leitbild (Balderjahn, Aleff 1996, S. 104f.) eine wichtige Grundlage. Schließlich repräsentiert die Regionenmarke ein komplexes Leistungsbündel der Region, steht jedoch darüber hinaus auch in Wechselbeziehungen zu den Leistungsträgern in der Region und deren Marken. Folglich ist eine Regionenmarke umso stärker, je intensiver die Beziehungen zwischen diesen beiden Ebenen sind.

2.2 Markenpolitische Strategien für den Einsatz von Regionenmarken

Doch wie müssen Regionenmarken konzipiert und geführt werden? Was gilt es bei der Führung von Regionenmarken zu beachten? – Ausgehend von der Komplexität des Leistungsbündels, welches mithilfe der Regionenmarken markiert wird, lässt sich ableiten, dass Regionenmarken als Dachmarken zu führen sind. Dachmarken sind Marken, die alle Leistungen eines Unternehmens unter einer Marke anbieten (Meffert, Bruhn 2006, S. 448). Über 80 % der klassischen Dienstleistungsmarken werden als Dachmarken geführt (Balderjahn 2004, S. 2370). Neben dem Vorteil der Bündelung von verschiedenen Leistungen unter einer gemeinsamen Marke gibt es eine Reihe von Problemen, die sich aus einer Dachmarkenstrategie ergeben und bei der Führung von Regionenmarken zu berücksichtigen sind. Zum einen erschwert die Subsumierung verschiedenartiger Leistungen unter der Dachmarke grundsätzlich eine klare Markenpositionierung. Zum anderen ist bei Dachmarken die Konzentration der Marke auf einzelne Zielgruppen nur schwer möglich (Homburg, Krohmer 2006, S. 640).

Eine weitere zu beachtende markenpolitische Besonderheit von Regionenmarken ergibt sich aus der Intangibilität der Region und ihrer Leistungen. Für den markenpolitischen Einsatz von Regionenmarken müssen analog zu Dienstleistungsmarken Ersatzobjekte gefunden werden, die markiert werden können (Balderjahn 2004, S. 2368f.). Als mögliche Surrogate werden im Dienstleistungsmarketing zum einen Kontaktobjekte und zum anderen Kontaktsubjekte vorgeschlagen, die jeweils in die Kategorien extern und intern unterteilt werden können (Meffert, Bruhn 2006, S. 443ff.). So wäre eine Informationsbroschüre über die Region, die mit der Regionenmarke markiert ist, ein internes Kontaktobjekt. Ein T-Shirt mit der Regionenmarke als Souvenir würde hingegen als ein externes Kontaktsubjekt angesehen (Balderjahn 2004, S. 2369). Eine Einteilung weiterer Markierungsmöglichkeiten ist in *Tabelle 3* ersichtlich. Ähnlich dem Co-Branding (Freter, Baumgarth 2005, S. 462f.) empfiehlt es sich zudem, Unternehmen der Region zu gewinnen, die die Regionenmarke neben ihrer eigenen Marke in ihrer Unternehmenskommunikation nutzen (Balderjahn 2004, S. 2371 f.; Kirchgeorg 2005, S. 597).

Tabelle 3: Markierungsmöglichkeiten von Regionenmarken (in Anlehnung an Balderjahn 2004, S. 2369)

	Kontaktobjekt	**Kontaktsubjekt**
extern	• Andenken (Souvenirs) • Werbegeschenke (Give-Aways) • Aufkleber	• Buttons • Textil-Merchandising-Artikel (T-Shirt, Bases Caps)
intern	• einheitliche (Zusatz-)Markierung von Gebäuden, Fahrzeugen, regionaler Anbieter (z.B. Wirtschaftsförderungen, Hotels) • Markierung von Informationsbroschüren, Videos, DVDs, Internet	• einheitliche Bekleidung (mit Markierung) der Mitarbeiter städtischer bzw. regionaler Anbieter

3 Empirische Untersuchung echt Erzgebirge – Akzeptanz einer Regionenmarke

3.1 Zielstellung und Untersuchungsdesign

Für die erfolgreiche Markenführung von Regionenmarken ist die Wahrnehmung und Akzeptanz der Regionenmarke durch die internen Anspruchsgruppen entscheidend. So sind z.B. die Regionenmarketing-Verantwortlichen auf den Goodwill der Leistungsträger, d.h. der Unternehmen, Gemeinden, Verbände und Vereine, angewiesen, die Regionenmarke im Rahmen des Co-Brandings zu nutzen. Es stellt sich somit die Frage, ob Regionenmarken von den internen Anspruchsgruppen akzeptiert werden und wie groß die Bereitschaft ist, dieses Instrument des Regionenmarketing zu unterstützen. Im Rahmen einer Studie wurde dies am Beispiel der Regionenmarke „echt Erzgebirge" untersucht. In einer schriftlichen Befragung zum Jahreswechsel 2004/2005 wurden 1096 Unternehmen, Gemeinden, Vereine und Institutionen des Erzgebirges zur bereits 2002 eingeführten Marke „echt Erzgebirge" befragt. Den Fragebogen, der per E-Mail versandt wurde, beantworteten 285 Probanden. 34 % der Befragten waren registrierte Markennutzer. Die zentralen Fragestellungen lauteten:

1. Wie groß ist die generelle Bereitschaft innerhalb der Stichprobe, sich für die Region Erzgebirge zu engagieren und wie groß ist die Bereitschaft, eine Regionenmarke einzusetzen?
2. Wie bekannt ist die Marke „echt Erzgebirge"? Über welche Markenidentität verfügt die Marke und für welche Bereiche und Branchen eignet sich die Marke?
3. Wie wird die Regionenmarke von den Nutzern eingesetzt? Welche zusätzlichen Einsatzmöglichkeiten ergeben sich für die bisherigen Markennutzer und welche Einsatzmöglichkeiten der Regionenmarke „echt Erzgebirge" können sich derzeitige Nicht-Markennutzer vorstellen?

3.2 Hintergrund zum Untersuchungsobjekt „echt Erzgebirge"

Das Erzgebirge liegt in Ostdeutschland im Bundesland Freistaat Sachsen und ist ein Mittelgebirge, welches im Osten an das Elbsandsteingebirge und im Westen an das Elstergebirge im Vogtland anschließt. Die Region Erzgebirge erstreckt sich entlang dieses Mittelgebirges und ist durch den jahrhundertealten Bergbau und der daraus resultierenden Kulturlandschaft geprägt worden (o.V. 2007). Als Folge des Bergbaus lassen sich einzigartige, noch immer gelebte Traditionen ansehen, wie die Holzkunst, das Klöppeln und vor allem Bergparaden mit eigener Bergmusik, die insbesondere in der Weihnachtszeit bei den typisch erzgebirgischen Weihnachtsmärkten aufgeführt werden (Tourismusverband Erzgebirge e.V. 2007, S. 1). Als Handlungsempfehlung einer Studie zum Image der Region Erzgebirge wurde vorgeschlagen, die Kommunikation im Rahmen des Regionenmarketing unter den Slogan „echt Erzgebirge" zu stellen (Enke, Geigenmüller 2002, S. 40). Daraus wurde 2002 die Regionenmarke „echt Erzgebirge" konzipiert. Bei der Marke handelt es sich im Wesentlichen um eine Wortmarke, welche neben der geografischen Abgrenzung durch den Regionennamen durch das Attribut „echt" gekennzeichnet ist (vgl. *Abbildung 1*). Das Attribut „echt" ist Ausdruck der Einzigartigkeit und der Unverwechselbarkeit der Region. Der grüne i-Punkt stellt einerseits die Verbindung zum Freistaat Sachsen her und soll andererseits Assoziationen im Bereich Natur und Landschaft wecken (Regionalmanagement Erzgebirge 2004, S. 2).

Abbildung 1: Die Regionenmarke „echt Erzgebirge"

Die Regionenmarke „echt Erzgebirge" soll von Unternehmen, Gemeinden, Vereinen und Institutionen auf deren Produkten, Briefbögen, Visitenkarten, Prospekten und Internetpräsenzen eingesetzt werden, um die Region positiv zu markieren (Regionalmanagement Erzgebirge 2004, S. 2). Dabei soll sie (Regionalmanagement Erzgebirge 2005):

- den Ursprung eines Produktes oder einer Dienstleistung im Erzgebirge verdeutlichen,
- auf den hohen Qualitätsanspruch der Region verweisen,
- neben Weihnachts- und Urlaubsfreuden wirtschaftliche Erfolgspotenziale offenbaren,
- Stolz, Heimatverbundenheit und Bodenständigkeit seiner Bewohner dokumentieren,
- generationsübergreifend Wandlungsfähigkeit und Erfindergeist der Erzgebirger zeigen,
- sowohl traditionelles Handwerk als auch neueste Industrietechnologie der Region bekannt machen,

- für eine starke, durch den Bergbau geprägte Kultur, einheimischen Ideenreichtum und Fleiß stehen,
- jedem Besucher, jedem Gast und jedem Investor: „Herzlich Willkommen!" sagen.

Die Einführung der Regionenmarke „echt Erzgebirge" im Jahr 2002 erfolgte durch verschiedene Maßnahmen des Regionalmanagements Erzgebirge. So wurde ein Informationsbrief an Unternehmen der Region geschickt, mehrere Pressemitteilungen geschrieben sowie eine Sonderbeilage zur Regionenmarke in einer regionalen Tageszeitung veröffentlicht. Im November 2004 hatten 320 Unternehmen, Gemeinden, Vereine und Institutionen die Nutzungsbedingungen zur Verwendung der Marke unterschrieben.

3.3 Generelle Bereitschaft zur Nutzung einer Regionenmarke im Erzgebirge

Die generelle Bereitschaft zum Engagement für die Region war innerhalb der Stichprobe sehr groß. 84 % der 285 befragten Personen gaben an, bereit zu sein, sich innerhalb ihrer Institution für die Region engagieren zu wollen. 13 % konnten sich nicht vorstellen, sich für die Region innerhalb ihrer Institution zu engagieren, waren jedoch bereit, sich als Privatperson für die Region einzusetzen. Lediglich 3 % wollten sich demnach nicht für die Region einsetzen. Ausgehend von der hohen generellen Bereitschaft des Engagements für die Region, ist zur Bewertung der Praxistauglichkeit von Regionenmarken relevant, wie groß die Bereitschaft der Nutzung einer Regionenmarke ist. Die Frage wurde ohne Bezug zur vorhandenen Marke „echt Erzgebirge" gestellt, um eventuelle negative Assoziationen und Erfahrungen zu dieser Marke zu vermeiden. 72 % der Probanden waren demnach bereit, die Region durch die Verwendung einer gemeinsamen Marke zu unterstützen. Folglich ist von einer großen generellen Bereitschaft zur Nutzung einer Regionenmarke auszugehen.

3.4 Markenbekanntheit und Assoziationen zur Marke „echt Erzgebirge"

Um die Bereitschaft zur Nutzung und die Akzeptanz der Regionenmarke „echt Erzgebirge" analysieren zu können, ist es wichtig, zuvor zum einen die generelle Markenbekanntheit zu erfassen und zum anderen, inwieweit die Regionenmarke es schafft, das komplexe Leistungsbündel des Erzgebirges abzubilden. Zur Bestimmung des Bekanntheitsgerades wurde ein gestütztes Verfahren gewählt. Dazu wurde die Marke „echt Erzgebirge" im Fragebogen abgedruckt und in der folgenden Frage gefragt, ob die Marke bekannt sei. Lediglich 6 % der Befragten gaben an, die Marken „echt Erzgebirge" nicht zu kennen. 73 % der Probanden konnten zudem näher ausführen, woher sie die Marke „echt Erzgebirge" kannten.

Als Grund für eine mögliche Nicht-Nutzung der Regionenmarke kann neben der Unbekanntheit der Marke auch die Unfähigkeit der Regionenmarke gesehen werden, das komplexe Leistungsangebot der Region hinreichend abzubilden. Deshalb sollten die Probanden 21 Assoziationsworte hinsichtlich der Passfähigkeit der Region zur Marke „echt Erzgebirge" auf einer Skala von 1 „passt sehr gut" bis 5 „passt gar nicht" bewerten. Ausgehend von den vorgegebenen Assoziationen, wird mit dem

Erzgebirge vornehmlich Bergbau (Mittelwert 1,07), Holzkunst, Weihnachtsmärkte und Weihnachtsstollen (Mittelwerte: 1,09, 1,16, 1,17) verbunden. Die Schlagworte Fachkräfte (2,37), Kur- und Bäderlandschaft (2,42), gut erschlossene Gewerbegebiete (2,79), Wissenschaft (2,80) und Hightech (3,27) wurden von den Mittelwerten im Vergleich zu den anderen Assoziationen als weniger gut zur Region passend bewertet.

Die Bewertung der Assoziationen zur Marke zeigt ein ähnliches Bild wie die Bewertung für die Region, wobei die Passfähigkeit der Regionenmarke zu den Schlagworten stets schlechter als die Passfähigkeit der Worte zur Region bewertet wurde. Gleichwohl ist festzuhalten, dass die Unterschiede zwar signifikant, jedoch geringer als ein Skalenpunkt sind (vgl. *Abbildung 2*). Demnach ist davon auszugehen, dass es der Marke „echt Erzgebirge" relativ gut gelingt, das komplexe Leistungsbündel der Region abzubilden.

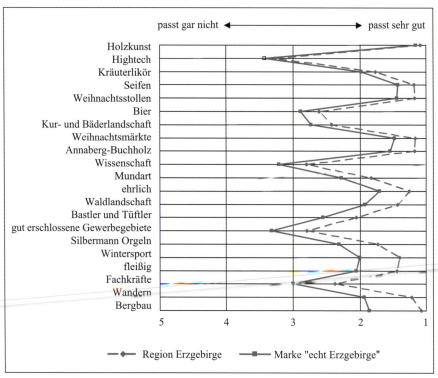

Abbildung 2: Passfähigkeit der Marke „echt Erzgebirge" zur Region Erzgebirge (n_{min} = 254, Mittelwerte, Antwortkategorien vorgegeben)

3.5 Tatsächliche und potenzielle Markennutzung der Marke „echt Erzgebirge"

Befragt nach der Nutzung der Regionenmarke „echt Erzgebirge" gaben 34 % an, diese zu nutzen. Gefragt nach der Einsatzart der Regionenmarke wurde im Rahmen der Studie festgestellt, dass diese derzeit am häufigsten auf eigenen Werbematerialien wie Werbezetteln und Prospekten (in 70 % der Fälle) genutzt wird. Die eigenen Produkte markieren der Studie zu Folge 37% der Probanden mit dem Markenlogo, wobei 29% der Befragten angaben, über keine Produkte zu verfügen, die so markiert werden können. Die Nutzung der Regionenmarke in der Unternehmenskorrespondenz liegt ebenfalls bei 37% *(vgl. Tabelle 4)*.

Sowohl Markennutzer als auch Nicht-Markennutzer wurden zudem nach zusätzlichen Möglichkeiten der Markennutzung befragt. Demnach erklärten sich 88% der befragten Markennutzer sowie 58% der befragten Nicht-Markennutzer bereit, Informationsmaterialien mit der Regionenmarke „echt Erzgebirge" auf eigenen Messen und Veranstaltungen zu verteilen. Einen Aufsteller mit der Marke „echt Erzgebirge" auf eigenen Messen und Veranstaltungen zu nutzen, können sich 86% der derzeitigen Markennutzer sowie 49% der derzeitigen Nicht-Markennutzer vorstellen. Merchandising-Artikel mit der Regionenmarke auf eigenen Messen und Veranstaltungen zu verteilen, erklärten sich 69% der befragten Markennutzer und 40% der Nicht-Markenutzer bereit. Des Weiteren sind der Studie zufolge 62% der Markennutzer und 41% der Nicht-Markennutzer bereit, das Markenlogo „echt Erzgebirge" als Autoaufkleber zu verwenden. Zudem erklärten sich 43% der derzeitigen Nicht-Markennutzer bereit, die Regionenmarke auf eigenen Prospekten zu nutzen. 34% können sich die Nutzung der Regionenmarke auf Briefbögen vorstellen und 25% der Nicht-Markennutzer stellten in Aussicht die eigenen Produkte mit der Regionenmarke „echt Erzgebirge" zu markieren *(vgl. Tabelle 4)*.

Tabelle 4: Bereitschaft, die Regionenmarke „echt Erzgebirge" zu nutzen

Bereitschaft, die Regionenmarke „echt Erzgebirge" zu nutzen	Markennutzer	kein Markennutzer
Co-Branding auf Werbezetteln und Prospekten	70%*	34%
Co-Branding auf eigenen Produkten	37%*	25%
Co-Branding auf eigenen Briefbögen	37%*	34%
Informationsmaterialien auf Messen und Veranstaltungen auslegen	88%	58%
Aufsteller auf Messen und Ausstellungen nutzen	86%	49%
Merchandisingartikel auf Messen und Ausstellungen auslegen	69%	40%
Autoaufkleber nutzen	62%	43%

*wird bereits auf diese Weise genutzt

Sowohl die große Bereitschaft der bisherigen Regionenmarkennutzer, die Marke auch bei anderen Gelegenheiten zu nutzen, wie auch die Bereitschaft der bisherigen Nicht-Verwender, die Regionenmarke in Zukunft unterstützen und nutzen zu wollen, zeugt von einer hohen Akzeptanz der Regionenmarke „echt Erzgebirge". Die bisher verhaltene Nutzung (34% innerhalb der Stichprobe) scheint aus dieser Perspektive vor allem ein Problem der richtigen Ansprache der potenziellen Markennutzer zu sein.

4 Zusammenfassung

Regionenmarken sind ein sinnvolles Instrument im Regionenmarketing. Sie helfen, die immaterielle Region mit seinem komplexen Leistungsangebot zu visualisieren und die Region bekannter zumachen. Aus ihrer Wechselbeziehung mit den Marken der Leistungsträger einer Region bezieht die Regionenmarke ihre Stärke und Einzigartigkeit. Daher liegt ein besonderer Anspruch in der Führung von Regionenmarken darin, die Identität der Region mit der ihrer Leistungsträger in Einklang zu bringen. Je höher die Akzeptanz der Regionenmarke ist, umso höher ist die Bereitschaft, sich an diese Marke zu koppeln und eine gegenseitige Unterstützung und Stärkung zu erzielen.

Anhand der Marke „echt Erzgebirge" konnte die Akzeptanz einer als Dachmarke geführte Regionenmarke bei den internen Anspruchsgruppen einer Region wie Unternehmen, Gemeinden, Vereinen und Institutionen gezeigt werden. Auch wurde offenbar, dass Regionenmarken durchaus in der Lage sind, das komplexe Leistungsangebot einer Region abzubilden. Folglich können Regionenmarken als relevantes Instrument des Regionenmarketing angesehen werden. Insbesondere das Co-Branding der Marke mit Leistungen der internen Anspruchsgruppen scheint eine sinnvolle Möglichkeit der Markennutzung zu sein.

Für das Management von Regionenmarken bietet die Studie drei wichtige Handlungsempfehlungen.

- Die große Diskrepanz zwischen der bisher geringen Nutzung der Marke „echt Erzgebirge" und der großen Bereitschaft bisheriger Nicht-Markennutzer, die Marke zu nutzen, zeigt, dass die Einführung einer Regionenmarke nicht durch wenige, auf einen kurzen Zeitraum befristete Maßnahmen geschehen sollte, sondern ein fortwährender Prozess sein muss.

- Die Markenpersönlichkeit der Regionenmarke muss stets an den tatsächlich vorhandenen und wahrgenommenen Potenzialen der Region ausgerichtet werden, um eine möglichst große Akzeptanz und Bereitschaft zur Nutzung der Marke zu erreichen.

- Für den Einsatz von Regionenmarken eignen sich aus Sicht der Unternehmen, Gemeinden, Vereinen und Institutionen einer Region insbesondere das Co-Branding eigener Werbematerialien und Prospekte sowie Aufsteller, Informationsbroschüren und Merchandisingartikel auf Messen und Ausstellungen.

Literaturverzeichnis

Balderjahn, I. (2004): Markenführung für Städte und Regionen. In: Bruhn, M. (Hrsg.): Handbuch Markenführung. Kompendium zum erfolgreichen Markenmanagement – Strategien, Instrumente, Erfahrungen, Bd. 3. 2. vollständig überarbeitete und erweiterte Auflage, Wiesbaden, S. 2357–2374.

Balderjahn, I., Aleff, H.-J. (1996): Die Wirtschaftsregion Brandenburg. Grundlagen für ein Standortmarketing. Berlin.

Beyer, R., Kuron, I. (1995): Vorwort der Herausgeber. In: Beyer, Rolf; Kuron, Irene (Hrsg.): Stadt- und Regionalmarketing. Irrweg oder Stein der Weisen, Bonn.

Blotevogel, H. H. (1996): Auf dem Wege zu einer 'Theorie der Regionalität'. Die Region als Forschungsobjekt der Geographie. In: Brunn, G. (Hrsg.): Region und Regionsbildung in Europa. Konzeptionen der Forschung und empirische Befunde. Baden-Baden, S. 44–68.

Bühler, G. (2002): Regionalmarketing als neues Instrument der Landesplanung in Bayern. Kaiserslautern.

Enke, M., Geigenmüller, A. (2002): Imageanalyse für die Region Erzgebirge. Konsequenzen für die Kommunikationspolitik. Unveröffentlichte Studie, Freiberg, Lehrstuhl für Marketing und Internationalen Handel an der TU Bergakademie Freiberg.

Freter, H., Baumgarth, C. (2005): Ingredient Branding – Begriff und theoretische Begründung. In: Esch, F.-R. (Hrsg.): Moderne Markenführung. Grundlagen – Innovative Ansätze – Praktische Umsetzung. 4. vollständig überarbeitete und erweiterte Auflage. Wiesbaden.

Homburg, C., Krohmer, H. (2006): Marketingmanagement. Strategie – Instrumente – Umsetzung – Unternehmensführung. 2. überarbeitete und erweiterte Auflage. Wiesbaden.

Jekel, T. (1998): Regionalmanagement und Regionalmarketing. Theoretische Grundlagen kommunikativer Regionalplanung. Salzburg.

Kirchgeorg, M. (2005): Identitätsorientierter Aufbau und Gestaltung von Regionenmarken. In: Meffert, H.; Burmann, C.; Koers, M. (Hrsg.): Markenmanagement. Identitätsorientierte Markenführung und praktische Umsetzung. 2. vollständig überarbeitete und erweiterte Auflage. Wiesbaden, S. 589–617.

Kotler, P., Haider, D., Rein, I. (1994): Standort-Marketing. Wie Städte, Regionen und Länder gezielt Investitionen, Industrien und Tourismus anziehen. Düsseldorf, Wien, New York, Moskau.

Manschwetus, U. (1995): Regionalmarketing. Marketing als Instrument der Wirtschaftsentwicklung. Wiesbaden.

Meffert, H., Bruhn, M. (2006): Dienstleistungsmarketing. Grundlagen – Konzepte – Methoden. 5. vollständig überarbeitete und erweiterte Auflage. Wiesbaden.

Meffert, H., Burmann, C., Koers, M. (2002): Stellenwert und Gegenstand des Markenmanagements. In: Meffert, H.; Burmann, C.; Koers, M. (Hrsg.): Markenmanagement. Grundfragen identitätsorientierter Markenführung. Wiesbaden, S. 3–15.

Meyer, J.-A. (1999): Regionalmarketing. Grundlagen, Konzepte, Anwendungen. München.

o.V. (2007): Erzgebirge. Wikipedia. URL: http://de.wikipedia.org/wiki/Erzgebirge. Stand: 30.01.2007.

Regionalmanagement Erzgebirge (2004): echt Erzgebirge. Das Logo für Qualität. In: echt Erzgebirge. Newsletter des Regionalmanagement Erzgebirge, o. Jg., 1. Ausgabe 2. Quartal 2004, S. 2.

Regionalmanagement Erzgebirge (2005): Das Regionalmanagement Erzgebirge. Gemeinsam für unser Erzgebirge. Flyer.

Spieß, S. (1998): Marketing für Regionen. Anwendungsmöglichkeiten im Standortwettbewerb. Wiesbaden.

Stauss, B. (2001): Markierungspolitik bei Dienstleistungen. Die „Dienstleistungsmarke". In: Bruhn, M., Meffert, H. (Hrsg.): Handbuch Dienstleistungsmanagement. Von der strategischen Konzeption zur praktischen Umsetzung. 2. überarbeitete und erweiterte Auflage, Wiesbaden, S. 549–572.

Tourismusverband Erzgebirge e.V. (2007): Erlebnis Bergbau entlang der Silberstraße. URL: http://erzgebirge-tourismus.de/site-assistent/cms-admin/user/file_transfer/Bergbau_Teil1.pdf, Stand: 30.01.2007.

Weichhart, P. (1996): Die Region. Chimäre, Artefakt oder Strukturprinzip sozialer Systeme? In: Brunn, G. (Hrsg.): Region und Regionsbildung in Europa. Konzeptionen der Forschung und empirische Befunde. Baden-Baden, S. 25–43.

Handelsmarken-Portfolio als Profilierungsinstrument von Handelsunternehmen

Joachim Zentes/Constantin Hilt

Zusammenfassung	488
1 Handelsmarken als Ausdruck der Marketingführerschaft	488
2 Handelsmarken-Portfolio aus Handelssicht	488
2.1 Kompetenzhöhe als Ausgangspunkt des Handelsmarken-Portfolios	488
2.2 Profilierung und das Handelsmarken-Portfolio	490
3 Handelsmarken-Portfolio aus wissenschaftlicher Sicht	491
3.1 Forschungslücke	491
3.2 Kundenzufriedenheit und Kundentreue als zentrale Konstrukte der Profilierungswirkung von Handelsmarken-Portfolios	491
4 Handelsmarken-Portfolio aus KundenSicht	493
4.1 Betrachtungsobjekt: Handelsmarken-Portfolio eines Retailers im französischen Lebensmitteleinzelhandel	493
4.2 Intensität der Markentreue	493
4.3 Wirkung des Handelsmarken-Portfolios auf die Einkaufsstättentreue	494
4.4 Korrelationen innerhalb des Handelsmarken-Portfolios	496
5 Handelsmarken-Portfolio als Profilierungsinstrument	497
Literaturverzeichnis	498

> **Zusammenfassung**
>
> In den letzten Jahren haben Handelsmarken in allen wichtigen europäischen Ländern deutlich an Bedeutung gewonnen. Die strategische Positionierung reicht hierbei von der Preiseinstiegsmarke bis hin zur Premiummarke. Handelsunternehmen bieten heute oftmals die gesamte Bandbreite an unterschiedlichen Handelsmarkentypen an. Dieses Handelsmarken-Portfolio sowie deren Profilierungswirkung auf Handelsunternehmen stehen im Fokus des vorliegenden Beitrags. Hierbei ist die Treue zu den jeweiligen Handelsmarkentypen von besonderem Interesse, um einerseits deren Beziehung zur Einkaufsstättentreue zu beleuchten und andererseits mögliche Wirkungen innerhalb des Handelsmarken-Portfolios, d.h. zwischen den unterschiedlich positionierten Handelsmarken, zu beleuchten.

1 Handelsmarken als Ausdruck der Marketingführerschaft

Als wesentlicher Ausgangspunkt strategischer Entwicklungen im Handel ist die derzeitige Marktsituation zu sehen. So stagnieren in zahlreichen Einzelhandelsbranchen seit Jahren die Umsätze. Die zunehmende Marktsättigung, die in Westeuropa seit den 1990er Jahren festzustellen ist und die auf eine Phase der kontinuierlichen Umsatzsteigerungen in den 1980er Jahren folgte, führt zu einem drastischen Verdrängungswettbewerb. Zugleich ist eine zunehmende Konzentration zu beobachten. Eine wesentliche Auswirkung der Konzentration ist, dass dem Handel seit geraumer Zeit personelle, technische und finanzielle Ressourcen zur Verfügung stehen, die den Einsatz sämtlicher Marketinginstrumente und somit ein eigenständiges strategisches Handelsmarketing ermöglichen (Theis 1999, S. 33).

In jüngerer Zeit ist dabei sogar festzustellen, dass Handelsunternehmen die Gelegenheit wahrnehmen, die Marketingführerschaft in der Wertkette zu übernehmen (Zentes, Morschett 2005, S. 1141, Bauer, Huber, Mäder 2004, S. 26). Die Profilierung und Differenzierung von der Konkurrenz rückt dabei in den Vordergrund der Bemühungen (Liebmann, Zentes 2001, S. 24 ff.). Die erfolgreiche Positionierung und Vermarktung eigener Marken bzw. das Portfolio an angebotenen Handelsmarken spielen hierbei eine besondere Rolle. Die Handelsmarken besitzen daher heute europaweit eine hohe praktische Relevanz als Profilierungsinstrument aus der Sicht von Handelsmanagern (vgl. exemplarisch Peters 1998).

2 Handelsmarken-Portfolio aus Handelssicht

2.1 Kompetenzhöhe als Ausgangspunkt des Handelsmarken-Portfolios

Um das Handelsmarken-Portfolio näher beschreiben zu können, ist es zunächst erforderlich die Charakteristika der Handelsmarken i. Allg. sowie die Kompetenzhöhe, d.h. die unterschiedlichen Typen an Handelsmarken im Speziellen, zu erläutern. Für den Begriff der Handelsmarke, im englischen Sprachraum auch bekannt als „private brand", „store brand" oder auch „private label", existieren in der Literatur zahlreiche Definitionsansätze (hierzu Schenk 2001; Zentes, Swoboda 2001; Siemer 1999). Als Folge der sich herausgebildeten Vielfalt der Begriffe Marke und Handelsmarke wird in der relevanten Marketingliteratur kontrovers diskutiert, wie sich der klassische Markenartikel, die Marke und insbesondere die Handelsmarke voneinander abgrenzen lassen (exemplarisch Bauer, Huber, Mäder 2004; Bruhn 2001). Grundsätzlich lassen sich folgende Charakteristika der Handelsmarken festhalten: Handelsunternehmen übernehmen als Markenträger die Marketing-Führerschaft sowie die Distribution der Handelsmarke(n), die auf das entsprechende Handelsunternehmen beschränkt ist. In Bezug auf die Einordnung der Handelsmarken in die Systematik des Markenwesens können Hersteller- und Handelsmarken als Unterformen der Markenware verstanden werden (Bruhn 2001, S. 10).

Ausgangspunkt der markenstrategischen Überlegungen ist die Festlegung der strategischen Stoßrichtung. Es ist zu entscheiden, in welcher Form der Aufbau und die Pflege eigener Marken sowie deren adäquate Integration in die Sortimente zur Erhöhung der Geschäftsstättentreue der Kunden beitragen soll (Zentes, Swoboda 2000). Die Festlegung der Kompetenzhöhe – auch Markenniveau genannt – umfasst dabei die Entscheidung hinsichtlich des Markentypus unter dem Aspekt der strategischen Positionierung (Bruhn 2006, S. 642). In diesem Zusammenhang stellen Preis und Qualität häufig eingesetzte Positionierungsdimensionen dar. Auf Basis dieser Wahrnehmungsdimensionen lassen sich im Grundsatz drei Positionierungsebenen der Handelsmarken unterscheiden: Preiseinstiegshandelsmarken, Standardhandelsmarken und Mehrwerthandelsmarken.

Die Preiseinstiegshandelsmarke stellt eine Variante von Handelsmarken dar, die sich insbesondere durch eine einfachere Produktgestaltung und einen sehr niedrigen Preis bei gleichzeitiger Sicherung einer Mindestproduktqualität von anderen Marken abhebt (Schenk 1994, S. 62). Als so genannte Basisprodukte (Mattmüller, Tunder 2004, S. 964) bedienen sie ausschließlich das Preiseinstiegssegment. Häufig wurde in der Literatur diese Form der Handelsmarke auch als No Names, namenlose Produkte oder Generika bezeichnet. Diese aus den Ursprüngen der Handelsmarkenentwicklung stammenden Bezeichnungen sind heute nicht mehr adäquat bzw. zutreffend. Die „Herkunft", d.h. der Absender, der Preiseinstiegsmarke ist heute genauso ersichtlich wie bei anderen Marken auch.

Unter der Standardhandelsmarke versteht man klassische Handelsmarken, die sich bei ähnlicher Qualität wie Herstellermarken durch einen Preisvorteil auszeichnen. In der gängigen Literatur werden sie häufig als „Äquivalenz-", „Gegen-" oder „Metoo-Marken" bezeichnet (Meffert 2000, S. 872 ff.). Gängigste Begründung hierzu ist, dass bei der Konzeption der Standardhandelsmarke oft die kaufrelevanten Merkmale umsatzstarker bzw. erfolgreicher Herstellermarken kopiert werden, um an deren Erfolg zu partizipieren (Bruhn 2001, S. 12). Auch wenn diese Behauptung heute noch auf einen Teil der klassischen Handelsmarken zutrifft, so hat sich das Handelsmarkenmanagement soweit professionalisiert, dass die Standardhandelsmarke nicht mehr als reine Imitation verstanden werden kann. Die Standardhandelsmarke steht somit nicht nur in direkter Konkurrenz mit den Zweit- und Drittmarken (B- und C-Marken), sondern auch mit den A-Marken (Meffert 2000, S. 872), die sich insbesondere durch stetige Innovationszyklen auszeichnen (Liebmann, Zentes 2001, S. 497).

In der Literatur wird der dritte Typus oftmals als Premiumhandelsmarke bezeichnet, der durch eine sehr gute Produktqualität und mit einem damit einhergehenden relativ hohen Preisniveau gekennzeichnet ist. Hinsichtlich des Vergleichs mit der entsprechenden Herstellermarke spiegeln sich in der Literatur (sowie in der Praxis) unterschiedliche Positionierungen wider. Grundsätzlich können Premiumhandelsmarken im Vergleich zu den Premiumherstellermarken alle erdenklichen Positionen einnehmen. So gibt Meffert (2000, S. 874) Beispiele für Handelsmarken, die im Hochpreissegment angesiedelt sind und deren qualitative Leistungen die vieler Herstellermarken übertrifft. Neben der Qualität gehören aber auch der Mehrwert bzw. der spezielle USP, so Lifestyle- oder Bio-Orientierung, sowie die Innovationskraft der entsprechenden Marke zu den wichtigsten Eckpfeilern innerhalb dieses Segmentes. Daher wird dieser Typ im Folgenden als Mehrwerthandelsmarke bezeichnet.

Die oben erläuterten Handelsmarkentypen werden in der Literatur oftmals eher losgelöst voneinander betrachtet. Allerdings werden in der Unternehmenspraxis unterschiedliche Handelsmarkentypen gleichzeitig angeboten, d.h. ein Portfolio an Handelsmarken. Die Grundidee des Portfolios stammt aus dem finanzwirtschaftlichen Bereich: Unter dem Begriff Portfolio wird hierbei die optimale Mischung mehrerer Investitionsmöglichkeiten verstanden (Zentes, Swoboda 2001, S. 426 f.). Jeder Handelsmarkentypus der Kompetenzhöhe kann als Investitionsmöglichkeit verstanden werden. Ein Handelsunternehmen hat demzufolge die Möglichkeit, aus den oben dargestellten Optionen der Kompetenzhöhe, die zur Maximierung der Profilierungswirkung im Sinne der strategischen Unternehmensziele optimale Mischung an Handelsmarkentypen zu wählen und am Markt anzubieten. Hierbei ist das Handelsmarken-Portfolio als ein „Set" aus Handelsmarkentypen zu verstehen, die zueinander passen und jeweils eigenständige Aufgaben bzw. Rollen übernehmen und erfüllen. Darüber hinaus existieren Wechselwirkungen innerhalb des Handelsmarken-Portfolios, d.h. die unterschiedlichen Handelsmarkentypen beeinflussen sich gegenseitig. Zudem steht das Handelsmarken-Portfolio im Rahmen von Sortimentsentscheidungen in enger Verbindung mit den Markenartikeln. Im Folgenden werden diese jedoch auf Grund der Fokussierung auf das Handelsmarken-Portfolio nur sekundär betrachtet.

2.2 Profilierung und das Handelsmarken-Portfolio

Eine der wesentlichen Voraussetzungen für das erfolgreiche Führen von Handelsmarken dürfte die genaue Festlegung der mit der Handelsmarkenpolitik verfolgten Ziele sein. Diese verfolgten Ziele können von Unternehmen zu Unternehmen sehr stark differieren. Dennoch lassen sich einige Ziele definieren, die von fast allen Handelsunternehmen, die Handelsmarken führen, verfolgt werden, wenn auch in unterschiedlicher Intensität. Einen der wesentlichen Zielbereiche der Handelsmarken bzw. des Handelsmarken-Portfolios stellen die Differenzierung und Profilierung des Handelsunternehmens dar. „Da Handelsmarken nicht unmittelbar mit Konkurrenzmarken vergleichbar sind, können sie sowohl zum Aufbau eines positiven Images für das Handelsunternehmen als auch zur preislichen Differenzierung von konkurrierenden Handelsunternehmen genutzt werden, indem man den Kunden über Handelsmarken ein verbessertes Preis-Leistungs-Verhältnis anbietet. Somit kann man sich im Preisvergleich von der Konkurrenz abgrenzen. Sowohl durch den Aufbau eines Markenimages als auch durch das Angebot preisgünstiger Handelsmarken sollen neue Kunden gewonnen und vorhandene Kunden stärker an das Unternehmen gebunden werden, um dadurch die Einkaufsstättentreue zu erhöhen" (Esch 2005, S. 452). Damit kommt den Handelsmarken bzw. dem Handelsmarken-Portfolio eine wesentliche Profilierungsfunktion zu. Bei näherer Betrachtung des Begriffs der Profilierung ist festzustellen, dass im Kontext der Handelsforschung zahlreiche Definitionsansätze hierzu existieren (exemplarisch Lauer 2001; Gröppel 1991). Grundsätzlich kann unter der Profilierung des Handelsunternehmens eine Wettbewerbstrategie verstanden werden, deren Ziel eine eindeutige Positionierung des Handelsunternehmens im Wettbewerbsumfeld ist, sodass eine klare Differenzierung des Handelsunternehmens in der Wahrnehmung des Kunden realisiert wird. Als Indikatoren des Erfolgs dieser Strategie lassen sich insbesondere Kundenbindung, positives Image und Zufriedenheit charakterisieren.

3 Handelsmarken-Portfolio aus wissenschaftlicher Sicht

3.1 Forschungslücke

Aus wissenschaftlicher Sicht existieren bisher nur wenige Untersuchungen zur Wirkung von Handelsmarken auf die Profilierung von Handelsunternehmen (hierzu Lingenfelder, Lauer 2005; Olbrich, Windbergs 2005; Bauer, Görtz, Strecker 2004; Peters 1998). Die Forschungsfrage, ob Handelsmarken generell eine Wirkung auf die Profilierung von Handelsunternehmen haben, konnte bisher in den bestehenden Arbeiten nicht eindeutig bzw. abschließend geklärt werden. Darüber hinaus sind die bestehenden Arbeiten insbesondere dadurch gekennzeichnet, dass die Differenzierung nach unterschiedlichen Handelsmarkentypen bei der Betrachtung dieses Themenkomplexes fehlt bzw. nur bedingt aufgegriffen wird. Im Grundsatz existieren keine Beiträge, die sich detailliert mit dem gesamten Handelsmarken-Portfolio eines Handelsunternehmens und dessen Wirkung als Profilierungsinstrument von Handelsunternehmen beschäftigen. Daher soll im Folgenden mittels einer empirischen Studie insbesondere die Treue zu den unterschiedlichen Handelsmarkentypen sowie deren Einfluss auf die Einkaufsstättentreue untersucht werden. Neben der Analyse der Wirkungsstärke der Handelsmarkentreue auf die Einkaufsstättentreue stehen mögliche Einflüsse innerhalb des Handelsmarken-Portfolios im Vordergrund des Interesses. Hierzu wird neben der Handelsmarkentreue auch das Konstrukt der Zufriedenheit herangezogen, um etwaige Wirkungen zwischen den unterschiedlichen Handelsmarkentypen betrachten zu können. Darüber hinaus werden alternative Markenartikel entsprechend als Referenzgröße herangezogen. *Abbildung 1* stellt das Modell schematisch dar.

3.2 Kundenzufriedenheit und Kundentreue als zentrale Konstrukte der Profilierungswirkung von Handelsmarken-Portfolios

Im Fokus der folgenden Ausführungen steht die Kundenbindung als eine Erfolgsdimension der Profilierung. Als Kundenbindung wird hierbei die Schaffung einer dauerhaften Beziehung zwischen Anbietern und Kunden und damit der Aufbau einer Geschäftstreue oder Markentreue beim Kunden verstanden (Zentes, Swoboda 2001, S. 307). In der Literatur herrscht heute Einigkeit darüber, dass die Messung der

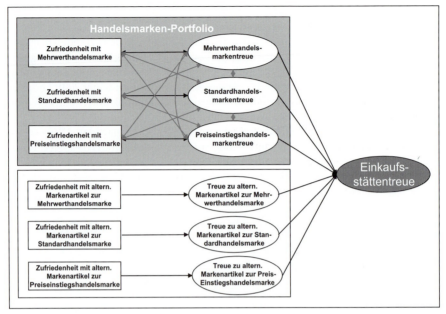

Abbildung 1: Untersuchungsmodell

Treue von zwei wesentlichen Komponenten bestimmt wird: der Verhaltens- und Einstellungsdimension (exemplarisch Weinberg, Terlutter 2005; Homburg, Bruhn 2005). Bevor die konkrete Operationalisierung vorgenommen wird, ist zunächst folgendes festzuhalten: Die angebotenen Handelsmarken sowie Markenartikel können im Allgemeinen als eine Kernleistung von Handelsunternehmen bzw. Einkaufsstätten verstanden werden und sind somit Teil der gesamten Handelsleistung. Die Handelsmarken im Speziellen sind per Definition ausschließlich in den Läden des betreffenden Handelsunternehmens verfügbar, daher ist es sinnvoll, die folgende Konzeptionalisierung der „Markentreue" sowie der „Einkaufsstättentreue" vorzunehmen: Die Markentreue wird rein über die Einstellungsdimension erfasst, um anschließend gemäß der E/V-Hypothese deren Wirkung auf die Einkaufsstättentreue, die lediglich über die Verhaltensdimension modelliert wird, zu untersuchen. Diese wird im vorliegenden Beitrag über die „Besuchshäufigkeit" und über den „Einkaufsschwerpunkt" operationalisiert. Die Einstellungsdimension, d.h. die Treue zur Marke, wird hingegen über die „Wiederkaufsabsicht", die „Weiterempfehlungsabsicht" sowie über das „Commitment" modelliert (Schramm-Klein 2003, S. 136 ff.; Dick, Basu 1994, S. 101 ff.). Die Kundenzufriedenheit ist eine wichtige Voraussetzung zum Aufbau und Erhalt der Kundenbindung. Hinsichtlich der Stellung in der Wirkungskette wird die Zufriedenheit der Einstellungsdimension vorgeschaltet (Homburg, Bruhn 2005, S. 10). Im Rahmen dieses Beitrags wird die Zufriedenheit als Gesamtzufriedenheit abgegriffen, d.h. wie zufrieden der Kunde mit der entsprechende Marke in der Gesamtheit ist.

4 Handelsmarken-Portfolio aus KundenSicht

4.1 Betrachtungsobjekt: Handelsmarken-Portfolio eines Retailers im französischen Lebensmitteleinzelhandel

Zu Klärung der in Abschnitt 3.1 dargestellten Thematik wurde im Januar 2007 eine empirische Studie durchgeführt. Als Betrachtungsobjekt wurde das Handelsmarken-Portfolio eines der größten Handelsunternehmen im französischen Lebensmitteleinzelhandel ausgewählt. Das Handelsmarken-Portfolio dieses Handelsunternehmen umfasst hierbei alle drei in Abschnitt 2.1 erläuterten Handelsmarkentypen. Darüber hinaus ist die Standardhandelsmarke gleichnamig mit dem Handelsunternehmen; der Name der Mehrwerthandelsmarke besteht aus dem Unternehmensnamen sowie einem fiktiven Namen. Die Preiseinstiegshandelsmarke wird unter einem rein fiktiven Namen geführt. Im Rahmen der empirischen Untersuchung fand eine persönliche, strukturierte Befragung der Respondenten durch geschulte Interviewer mittels eines standardisierten Fragebogens statt. Die Auswahl der Respondenten wurde nach einem Quotenverfahren vorgenommen. Entsprechend der demografischen Verteilung der französischen Bevölkerung wurde eine Quote für das Geschlecht und das Alter vorgegeben.

4.2 Intensität der Markentreue

Mit Blick auf das Konstrukt der „(Handels-)Markentreue" werden zum einen die Intensität der Treue, d.h. welches Maß an Treue bzgl. der Marke besteht, und zum anderen die Wirkungsstärke in Bezug auf die Einkaufsstättentreue betrachtet. (Bevor zunächst auf die entsprechenden Treuemaße eingegangen wird, sei darauf hingewiesen, dass zu jedem Handelsmarkentyp der entsprechende alternative Markenartikel abgefragt wurde (offene Nennung). Unabhängig von der betrachteten Preislage wurde im Grundsatz immer der stärkste bzw. bekannteste Markenartikel einer Warengruppe genannt. Obwohl damit immer die gleichen bzw. selben Markenartikel als Vergleich herangezogen wurden, ergab die durchgeführte Faktorenanalyse jedoch eine notwendige Differenzierung der alternativen Markenartikel entsprechend der Preislagen; vgl. auch *Abbildung 1*.)

Tabelle 1: Mittelwert-Vergleich der Treuemaße

Preiseinstiegshandels-markentreue	Treue zu altern. Markenartikel zur Preiseinstiegs-handelsmarke	Standard-handels-markentreue	Treue zu altern. Markenartikel zur Standard-handelmarke	Mehrwert-handels-markentreue	Treue zu altern. Markenartikel zur Mehrwert-handelsmarke
3,18	3,69	3,52	3,57	3,56	3,60

Hinsichtlich des Markenartikels, der als Alternative zur Preiseinstiegshandelsmarke genannt wurde, besteht mit einem Mittelwert von 3,69 mit einem signifikanten Abstand das höchste Treuemaß von allen beurteilten Marken. Dieses Ergebnis überrascht, da – wie bereits erläutert – unabhängig von den Preislagen namentlich dieselben Markenartikel als Alternative zur entsprechenden Handelsmarke gewählt wurden. Der direkte Vergleich mit einer Handelsmarke im unteren Preissegment scheint hier einen Einfluss zu haben. Das geringe Treuemaß zur Preiseinstiegshandelsmarke überrascht an dieser Stelle hingegen nicht, da sie sich ausschließlich über den Preis auszeichnet und damit möglicherweise einen hohen Grad an Austauschbarkeit aufweist. Hinsichtlich der Treue zur Standardhandelsmarke scheint die im Abschnitt 2.1 erläuterte Professionalisierung der Handelsmarkenführung in dieser Preislage im Ansatz erkennbar zu sein, da im Vergleich zum Markenartikel ein ähnlicher Wert erreicht wird und kein signifikanter Unterschied vorliegt. Auch das vergleichbare Ergebnis im oberen Preissegment wurde so erwartet, da es in der Literatur anerkannt ist, dass Handelsmarken in diesem Segment eine ähnliche Position wie Markenartikel einnehmen können. Die im Grundsatz leicht höheren Mittelwerte der Markenartikel sind über die leicht höhere Ausprägung des Commitments zu erklären. Die Verbundenheit eines Konsumenten mit einer Marke scheint daher noch etwas ausgeprägter bei Marken aus der Industrie zu sein.

4.3 Wirkung des Handelsmarken-Portfolios auf die Einkaufsstättentreue

Um die bereits mehrfach angesprochenen Wirkungszusammenhänge der Handelsmarkentreue und Einkaufsstättentreue aus unterschiedlichen Sichtweisen zu betrachten, werden im Folgenden zunächst Korrelationen sowie multiple Regressionen aufgezeigt und erläutert. Die einzelnen Korrelationen sagen aus, inwiefern die Treue zu den entsprechenden Marken mit der Einkaufsstättentreue direkt zusammenhängt. Die erläuterten einstellungsorientierten Treuemaße der jeweiligen Handelsmarken geben bereits einen Hinweis auf einen möglichen Zusammenhang, da – wie bereits erwähnt – die Handelsmarken ausschließlich bei dem entsprechenden Handelsunternehmen gekauft werden können. Allerdings ist die Frage hinsichtlich der Stärke der Wirkung jeder einzelnen Handelsmarke(ntreue) noch nicht geklärt, d.h. wie stark die einstellungsorientierte Treue zur Handelsmarke verhaltenswirksam – i.S.d. Einkaufsstättentreue – wird. In der Literatur ist kein eindeutiges Bild über die generelle Wirkung von Handelsmarken auf die Profilierung von Handelsmarken erkennbar. So weisen beispielsweise Lingenfelder und Lauer (2005), Lauer (2001), Goerdt (1999) und Peters (1998) nur geringen bzw. keinen Zusammenhang zwischen den Handelsmarken und der Profilierung der Einkaufsstätte nach. Allerdings wird im Rahmen dieser Analysen nur bedingt bzw. nicht nach unterschiedlichen Handelsmarkentypen differenziert. Demgegenüber steht die Aussage von Corstjens und Lal (2000) sowie Olbrich und Windbergs (2005), dass Handelsmarken ein geeignetes Instrument zur Erhöhung der Einkaufsstättentreue sind. Allerdings umfasst die Analyse beider Arbeiten ausschließlich premiumpositionierte Handelsmarken. Darüber hinaus sind die von Corstjens und Lal (2000) getroffenen Aussagen auf Grund der restriktiven Annahmen des gewählten spieltheoretischen Modells nur bedingt zu verallgemeinern. Ferner existiert kein Forschungsansatz, der sich detailliert mit dem gesamten Handelsmarken-Portfolio eines Handelsunternehmens und dessen Wirkung auf die Einkaufsstättentreue beschäftigt.

Die Ergebnisse der Korrelationsanalyse weisen grundsätzlich einen signifikanten Zusammenhang zwischen der Treue zu den drei untersuchten Handelsmarkentypen und der Einkaufsstättentreue auf. Hierbei weist die Treue zur Standardhandelsmarke mit einem hochsignifikanten Korrelationskoeffizient von 0,375 den stärksten Zusammenhang auf. Die Korrelation zwischen der Treue zur Preiseinstiegshandelsmarke und der Geschäftstreue (0,223) ist auf einem Niveau von 0,01 (2-seitig) signifikant. Gleichermaßen ist ein signifikanter Zusammenhang zwischen der Einkaufsstättentreue und der Treue zur Mehrwerthandelsmarke (0,178) zu konstatieren. Die Beziehung zwischen der Treue zu den alternativen Markenartikeln und der Geschäftstreue weist zwar keine Signifikanzen auf, allerdings ist grundsätzlich ein negativer Zusammenhang zwischen den Größen zu beobachten. Anscheinend fördert die Treue zu Markenartikeln nicht die Einkaufsstättentreue, sondern wirkt eher kontraproduktiv. Mit diesen Ergebnissen ist ein erster Hinweis gegeben, dass grundsätzlich eine positive, signifikante Relation zwischen allen drei angebotenen Handelsmarkentypen, d.h. dem gesamten Handelsmarken-Portfolio, und der Einkaufsstätte besteht. Vor dem Hintergrund der in der Literatur geführten Diskussion sind diese Ergebnisse in einem weiteren Schritt zu überprüfen.

Daher werden im Folgenden die Ergebnisse mittels multipler Regression nochmals getestet bzw. beleuchtet, da diese Vorgehensweise die Untersuchung des gesamten Ursachen- und Wirkungskomplexes ermöglicht. Zunächst wird jedoch eine weitere Korrelationsanalyse zwischen den unabhängigen Variablen durchgeführt, um signifikante Beziehungen zwischen den Größen auszuschließen bzw. zu erkennen. Hierbei kann als wesentliches Ergebnis die hoch signifikante, positive Korrelation zwischen der Treue zur Standardhandelsmarke einerseits zur Preiseinstiegshandelsmarke (0,573) und andererseits zur Mehrwerthandelsmarke (0,378) festgehalten werden. Diese beiden Korrelationen sind erste Anzeichen auf die Wirkungen innerhalb des Handelsmarken-Portfolios. Da die Korrelation zwischen der Treue der beiden letzt genannten Handelsmarken weitaus niedriger ausgeprägt ist, scheint die Standardhandelsmarke hier eine besondere bzw. dominante Rolle einzunehmen. Die im Anschluss dennoch durchgeführte Regressionsanalyse mit allen Variablen ergab zwar unkritische VIF-Werte. Um eine mögliche Multikollinearität aber auszuschließen, wurden zwei separate Regressionsanalysen gerechnet, wobei jedes Mal die Treue zu den alternativen Markenartikeln als Referenzgröße mit aufgenommen wurde.

Auf Grund der vorherrschenden Position der Standardhandelsmarke werden zunächst diese sowie die Treue der alternativen Markenartikel als unabhängige Variablen definiert und deren Wirkung auf die abhängige Größe, die Einkaufsstättentreue, untersucht. Das im Rahmen der Korrelationsanalyse aufgezeigte Bild bestätigt sich auch bei dieser Regressionsanalyse (vgl. *Tabelle 2*). Das erwartete positive Vorzeichen des Regressionskoeffizienten der Standardhandelsmarke sowie das negative Vorzeichen der alternativen Markenartikel werden erneut empirisch bestätigt.

Tabelle 2: Regressionsanalytischer Zusammenhang mit der Einkaufsstättentreue

Regressor (gesamt (n = 177))	B	Standardfehler	Beta	T	Signifikanz
Standardhandelsmarkentreue	0,396	0,082	3,393	4,846	0,000
Treue zu altern. Markenartikel zur Preiseinstiegshandelsmarke	−0,089	0,92	−0,087	−0,096	0,338
Treue zu altern. Markenartikel zur Standardhandelsmarke	−0,105	0,90	−0,101	−1,169	0,244
Treue zu altern. Markenartikel zur Mehrwerthandelsmarke	−0,04	0,085	−0,004	−0,43	0,966
Bestimmtheitsmaß		$r^2 = 0,148$ $\quad$ F = 6,342 $\quad$ df = 4 $\quad$ p= 0,000			

Allerdings zeigt sich auch hier wieder keine Signifikanz hinsichtlich der Treue zu den Markenartikeln, daher kann nur von einer grundsätzlichen Tendenz gesprochen werden. Im Gegensatz hierzu hat die Treue zur Standardhandelsmarke einen hoch signifikanten Einfluss auf die Einkaufsstättentreue. Das Ergebnis zeigt, dass die Standardhandelsmarke als Profilierungsinstrument von Handelsunternehmen mit Erfolg eingesetzt werden kann. Ein möglicher Grund kann hierbei sein, dass diese Handelsmarke unter dem gleichen Namen wie das Handelsunternehmen geführt wird. Da mit zunehmender Nähe der Handelsmarke zur Händlermarke auch eine assoziative Verknüpfung geschaffen wird, die zu einem (gegenseitigen) Goodwill- bzw. Image-Transfer führen kann (Zentes, Morschett 2005, S. 1148).

In einem weiteren Schritt wurde eine Regressionsanalyse gerechnet, in der die Treue zur Mehrwerthandelsmarke, zur Preiseinstiegshandelsmarke sowie zu den drei alternativen Markenartikeln als Regressoren festgelegt wurden. Die Markenartikel weisen erneut einen – zwar nicht signifikanten aber – negativen Zusammenhang auf. Hinsichtlich der Mehrwerthandelsmarke bestätigt sich die in der Literatur aufgezeigte Wirkung. So hat dieser Handelsmarkentyp einen positiven Effekt auf die Einkaufsstättentreue. Allerdings ist der standardisierte Regressionskoeffizient mit 0,211 deutlich geringer als jener der Standardhandelsmarke. Eine mögliche Begründung wäre hierfür, dass die Einführung der Standardhandelsmarke weitaus länger zurückliegt und damit einhergehend die Bekanntheit der Mehrwerthandelsmarke geringer ist. Zudem ist das unter der Standardhandelsmarke offerierte Angebot an Artikeln weitaus größer bzw. breiter. Hinsichtlich der Preiseinstiegshandelsmarke wurde ein vergleichsweise geringes Treuemaß aufgezeigt und vermutet, dass eine gewisse Austauschbarkeit vorliegt. Daher und mit Bezug auf die Literatur ist grundsätzlich davon auszugehen, dass die „Bindungsstärke" eher gering ist. Allerdings zeigt der standardisierte Regressionskoeffizient einen ähnlichen Wert (0,217) wie jener der Mehrwerthandelsmarke und bestätigt einen signifikanten positiven Zusammenhang zwischen der Treue zu diesem Handelsmarkentyp und der Einkaufsstättentreue. Grundsätzlich kann festgehalten werden, dass das untersuchte Handelsunternehmen bereits in den siebziger Jahren Preiseinstiegshandelsmarken angeboten und dadurch eine Vorbildfunktion in Europa eingenommen hat. Darüber hinaus werden heute über 1.000 Artikel unter dieser Handelsmarke geführt.

4.4 Korrelationen innerhalb des Handelsmarken-Portfolios

Im Folgenden sollen kurz weitere etwaige Wirkungen bzw. Beziehungen innerhalb des Handelsmarken-Portfolios betrachtet werden. Hierzu wird das im Abschnitt 3.2 beschriebene Konstrukt der Zufriedenheit u.a. auf Grund seiner Stellung in der Wirkungskette herangezogen. Eine Korrelationsanalyse der Treue sowie der Gesamtzufriedenheit zu den unterschiedlichen Handelsmarkentypen soll Aufschluss geben, ob die im Abschnitt aufgezeigten Wechselwirkungen innerhalb des Handelsmarken-Portfolios auch hier bestätigt werden können.

Betrachtet man die in *Abbildung 2* dargestellten Korrelationen, so zeigt sich zunächst ein erwarteter hoch signifikanter Zusammenhang zwischen der Zufriedenheit mit einer Handelsmarke und der entsprechenden Treue. Darüber hinaus besteht zwischen der Loyalität zur Mehrwerthandelsmarke und der Gesamtzufriedenheit zur Standardhandelsmarke aber auch zur Preiseinstiegshandelsmarke ein hoch signifikanter direkter Zusammenhang. Im Gegensatz hierzu ist keine Relation zwischen

Handelsmarken-Portfolio als Profilierungsinstrument von Handelsunternehmen 497

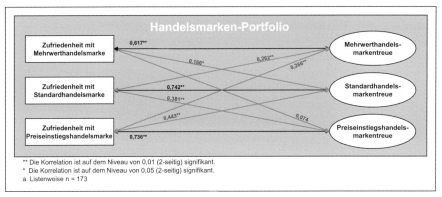

Abbildung 2: Korrelationsanalyse

der Zufriedenheit mit der Mehrwerthandelsmarke und der Treue zur Preiseinstiegshandelsmarke zu konstatieren, sodass die Zufriedenheit mit der im oberen Preissegment positionierten Handelsmarke – gemäß der in der Literatur postulierten Wirkungsrichtung – anscheinend keinen Einfluss auf die Treue zur Preiseinstiegshandelsmarke ausübt. Allerdings besteht eine hoch signifikante Korrelation zur Zufriedenheit mit der Standardhandelsmarke. Diese „Über-Kreuz-Korrelation" ist auch im umgekehrten Falle zu beobachten. So steht die Loyalität zur Standardhandelsmarke in einem direkten positiven Zusammenhang mit der Gesamtzufriedenheit mit der Preiseinstiegshandelsmarke, sodass hier die Wechselbeziehungen nochmals bestätigt werden können.

5 Handelsmarken-Portfolio als Profilierungsinstrument

Ziel der vorliegenden Studie war es, erstmals die Wirkung von Handelsmarken-Portfolios auf Handelsunternehmen zu untersuchen. Nachfolgend werden die wichtigsten Ergebnisse kurz zusammengefasst:

- Das Handelsmarken-Portfolio hat eine positive Wirkung auf die Einkaufsstättentreue. Damit kann das Handelsmarken-Portfolio als Profilierungsinstrument von Handelsunternehmen bezeichnet werden. Darüber hinaus kann die Wirkungsstärke je nach Handelsmarkentyp differieren. Zudem zeigt sich in der Tendenz eine vielfältigere Wirkung, wenn die Nähe zum Handelsunternehmen durch die Markierung eindeutig ist.
- Innerhalb des Handelsmarken-Portfolios existieren Wechselwirkungen zwischen den unterschiedlich positionierten Handelsmarken. So besteht z.T. ein direkter Zusammenhang zwischen den Loyalitäten der Handelsmarkentypen. Darüber hinaus weisen die Gesamtzufriedenheiten mit den entsprechenden Handelsmarkentypen im Grundsatz „Über-Kreuz-Korrelationen" mit den Loyalitäten auf.
- Markenartikel zeichnen sich durch ein hohes Maß an Treue aus, allerdings führen sie auf Grund der Ubiquität nicht zur Einkaufsstättentreue. In der Tendenz ist der Zusammenhang zwischen beiden Größen eher negativ.

Grundsätzlich ist festzuhalten, dass diese ersten Ergebnisse das große Potenzial von Handelsmarken-Portfolios als Profilierungsinstrument von Handelsunternehmen andeuten. Daher ist es erforderlich, dieses Potenzial näher zu untersuchen. Hierbei ist vor allem der Frage nachzugehen, welche Rolle Handelsmarken-Portfolios hinsichtlich weiterer Erfolgsindikatoren der Profilierung, so Image, spielen. Darüber hinaus sind die Wechselwirkungen bzw. Beziehungen innerhalb des Portfolios näher zu beleuchten.

Literaturverzeichnis

Bauer, H. H., Görtz, G., Strecker, T. (2004): Sind Handelsmarken-Käufer „wertvolle" Kunden?, in: Bauer, H. H.; Huber, F. (Hrsg.): Strategien und Trends im Handelsmanagement: Disziplinenübergreifende Herausforderungen und Lösungsansätze, München, S. 29–48.

Bauer, H. H., Huber, F., Mäder, R. (2004): Determinanten des Kaufs von Handelsmarken, in: Bauer, H. H.; Huber, F. (Hrsg.): Strategien und Trends im Handelsmanagement: Disziplinenübergreifende Herausforderungen und Lösungsansätze, München, S. 4–27.

Bruhn, M. (2001): Bedeutung der Handelsmarke im Markenwettbewerb – eine Einführung, in: Bruhn, M. (Hrsg.): Handelsmarken: Entwicklungstendenzen und Perspektiven der Handelsmarkenpolitik, Stuttgart, S. 3–48.

Bruhn, M. (2006): Handelsmarken – Erscheinungsformen, Potenziale und strategische Stoßrichtungen, in: Zentes, J. (Hrsg.): Handbuch Handel, Wiesbaden, S. 631–656.

Corstjens, M., Lal, R. (2000): Building Store Loyalty Through Store Brands, in: Journal of Marketing Research, 37. Jg., S. 281–291.

Dick, A. S., Basu, K. (1994): Customer Loyalty: Towards an Integrated Conceptual Framework, in: Journal of the Academy of Marketing Science, 22. Jg., Nr. 2, S. 99–113.

Esch, F.-R. (2005): Strategie und Technik der Markenführung, München.

Goerdt, T. (1999): Die Marken- und Einkaufstättentreue der Konsumenten als Bestimmungsfaktoren des vertikalen Beziehungsmarketing: Theoretische Grundlegung und empirische Analysen für das Category Management, Nürnberg.

Gröppel, A. (1991): Erlebnisstrategien im Einzelhandel: Analyse der Zielgruppen, der Ladengestaltung und der Warenpräsentation zur Vermittlung von Einkaufserlebnissen, Heidelberg.

Homburg, C., Bruhn, M. (2005): Kundenbindungsmanagement – Eine Einführung in die theoretischen und praktischen Problemstellungen, in: Bruhn, M.; Homburg, C. (Hrsg.): Handbuch Kundenbindungsmanagement: Strategien und Instrumente für ein erfolgreiches CRM, Wiesbaden, S. 3–37.

Lauer, A. (2001): Vertriebsschienenprofilierung durch Handelsmarken: Theoretische Analyse und empirische Bestandsaufnahme im deutschen Lebensmitteleinzelhandel, Wiesbaden.

Liebmann, H. P., Zentes, J. (2001): Handelsmanagement, München.

Lingenfelder, M., Lauer, A. (2005): Leistungsfähigkeit von Handelsmarken und Herstellermarken im Vergleich, in: Esch, F.-R. (Hrsg.): Moderne Markenführung, Wiesbaden, S. 1157–1185.

Mattmüller, R., Tunder, R. (2004): Handelsmarkenstrategien, in: Bruhn, M. (Hrsg.): Handbuch Markenführung: Band 1, Wiesbaden, S. 949–973.

Meffert, H. (2000): Marketing: Grundlagen marktorientierter Unternehmensführung, Wiesbaden.

Meyer, A., Ertl, R. (1996): „Nationale Kundenbarometer zur Messung von Kundenzufriedenheit. Ein Vergleich zwischen dem Deutschen Kundenbarometer – Qualität und Zufriedenheit" und dem „American Customer Satisfaction Index (ACSI)", in: Meyer, A. (Hrsg.): Grundsatzfragen und Herausforderungen des Dienstleistungsmarketing, Wiesbaden, S. 201–231.

Olbrich, R., Windbergs, T. (2005): Projekt SCAFO. Zur Beziehung zwischen Markentreue, Einkaufsstättentreue und Erfolg im Lebensmitteleinzelhandel, in: Berichte aus dem Lehrstuhl für Betriebswirtschaftslehre, insb. Marketing, Hagen.

Peters, G. (1998): Die Profilierungsfunktion von Handelsmarken im Lebensmitteleinzelhandel: Eine theoretische und empirische Analyse der deutschen Handelsmarkenpolitik aus Handels- und Kundensicht, Aachen.
Schenk, H.-O. (1994): Handels- und Gattungsmarken, in: Bruhn, M. (Hrsg.): Handbuch Markenartikel, Stuttgart, S. 57–78.
Schenk, H.-O. (2001): Funktionen, Erfolgsbedingungen und Psychostrategie von Handels- und Gattungsmarken, in: Bruhn, M. (Hrsg.): Handelsmarken: Zukunftsperspektiven der Handelsmarkenpolitik, Stuttgart, S. 71–98.
Schramm-Klein, H. (2003): Multi-Channel-Retailing: Verhaltenswissenschaftliche Analyse der Wirkung von Mehrkanalsystemen im Handel, Wiesbaden.
Siemer, S. (1999): Einkaufsstättenprofilierung durch Handelsmarkenware des Lebensmitteleinzelhandels: Ein gedächtnispsychologischer Erklärungsansatz, Aachen.
Theis, H.-J. (1999): Handelsmarketing – Analyse- und Planungskonzepte für den Einzelhandel, Frankfurt.
Weinberg, P., Terlutter, R. (2005): Verhaltenswissenschaftliche Aspekte der Kundenbindung, in: Bruhn, M.; Homburg, C. (Hrsg.): Handbuch Kundenbindungsmanagement: Strategien und Instrumente für ein erfolgreiches CRM, Wiesbaden, S. 41–65.
Zentes, J., Morschett, D. (2005): Retail Branding als strategische Markenpolitik des Handels, in: Esch, F.-R. (Hrsg.): Moderne Markenführung, Wiesbaden, S. 1141–1155.
Zentes, J., Swoboda, B. (2000): Kundenbindung im vertikalen Marketing, in: Bruhn, M.; Homburg, C. (Hrsg.): Handbuch Kundenbindungsmanagement, Stuttgart, S. 173–200.
Zentes, J., Swoboda, B. (2001): Grundbegriffe des Marketing, Stuttgart.

Der Mensch als Marke

Dieter Herbst

Zusammenfassung 502
1 Die Leistung von Menschen auf Märkten 502
   1.1 Marktbedingungen 502
   1.2 Die Leistungen des Menschen auf Märkten 503
2 Eignung von Konzepten zur Übertragung auf den Menschen 505
   2.1 Merkmalsverständnis 505
   2.2 Wirkungsverständnis 506
   2.3 Strategieverständnis 506
   2.4 Identitätsorientiertes Verständnis 507
3 Einige Zusammenhänge zwischen Menschen und Marken 509
4 Zur Bedeutung von Vertrauen für die Bindung an die Marke 510
5 Herausforderungen in der Markenführung 512
6 Der Prozess der Markenführung 513
7 Markenwert 514
8 Unterschiede zwischen Menschen und Marken 515
9 Fazit 515
Literaturverzeichnis 516

Zusammenfassung

Die Markenführung hat in den vergangenen Jahren ihren Geltungsbereich stark ausgedehnt, zum Beispiel auf Dienstleistungen und Investitionsgüter („Ingredient Branding"). Ein Grund ist, dass sich die Bedingungen dieser Märkte jenen der klassischen Konsumgütermärkte angenähert haben, allem voran der harte Verdrängungswettbewerb. Zunehmend bieten auch Menschen ihre Leistungen auf Märkten an, zum Beispiel auf dem Arbeitsmarkt, dem Unterhaltungsmarkt, dem Beratermarkt und dem Gesundheitsmarkt. Vor diesem Hintergrund wird die Frage diskutiert, ob das Markenführungskonzept auch auf Menschen anwendbar ist und, wenn ja, welche Erkenntnisse der Markenführung sich hierfür nutzen lassen. Die Prüfung zeigt, dass die Übertragbarkeit grundsätzlich möglich und sinnvoll scheint, wenn sich der Geltungsbereich des Konzeptes auf die Vermarktung von Leistungen bezieht, die Menschen auf Märkten anbieten. Dennoch sind einige Besonderheiten zu beachten.

1 Die Leistung von Menschen auf Märkten

1.1 Marktbedingungen

Menschen bieten zunehmend ihre Leistungen auf Märkten an, auf denen sie diese kraftvoll profilieren müssen: Seien es Künstler im Unterhaltungsmarkt (Hagendorf, Prümke 2003), Sportler im Sponsoringmarkt (z.B. Olsson 2003; Herzberg 2003) und Politiker auf dem Meinungsmarkt (Arnold, Fuhrmeister, Schiller 1998; Siller, Pitz 2000; Döhring 2003). Ähnlich vieler traditioneller Produktmärkte sind auch diese Märkte weitgehend gesättigt. Die angebotenen Leistungen scheinen zunehmend austauschbar, wie jene eines PR-Beraters, wodurch das Interesse der Nachfrager abnimmt. Der Kampf der Leistungsfähigkeit der Produkte wird zum Kampf um Aufmerksamkeit (Franck 1998). Die Frage wird daher immer wichtiger, wie sich Menschen auf Märkten behaupten und sich dauerhafte Wettbewerbsvorteile verschaffen können. Antworten suchen Wissenschaftler empirisch am Beispiel der Unterhaltungsindustrie (Henkel, Huber 2005) sowie Praktiker, die Konzepte entwickelt haben wie das „Personality Marketing" (Ewert 1993), „Die Marke ICH" (Seidl, Beutelmeyer 1998) und der „Mensch als Marke" (Herbst 2003). Zum Beispiel will das Konzept „Mensch als Marke" (Herbst 2003), das einerseits theoretisch fundiert und andererseits stark anwendungsbezogen ist, die Erkenntnisse der modernen Markenführung zur Profilierung von Menschen nutzen. Das Konzept beschränkt den Geltungsbereich seiner Aussagen von vornherein auf Menschen, die ihre Leistungen auf Märkten anbieten (Herbst 2003, S. 9). Dies kann eine funktionale Leistung sein, wie zum Beispiel eine Unternehmensberatung, oder eine emotionale Leistung, wie im Fall der Gesangsdarbietung eines Popkünstlers.

Die Frage lautet, ob es gerechtfertigt ist, für solche Leistungen das Markenführungskonzept zu beanspruchen?

1.2 Die Leistungen des Menschen auf Märkten

Die erste Frage lautet, ob Menschen überhaupt ihre Leistungen unter wirtschaftlichen Gesichtspunkten anbieten: Hierzu drei Überlegungen:

- *Marktbedingungen:* Märkte sind dadurch gekennzeichnet, dass es Anbieter, Nachfrager und eine Konkurrenzsituation gibt (z.B. Kotler 1989). Menschen wie zum Beispiel Sportler, Showstars, Berater und selbst Arbeitsuchende bieten ihre Leistungen unter ebendiesen Bedingungen an. Prinzipiell liegt also ein solcher Markt vor. Die angebotenen Leistungen können gegenständlich sein, wie das Bild eines Künstlers auf dem Kunstmarkt oder immateriell, wie zum Beispiel der Haarschnitt eines Promifriseurs.

- *Dienstleistungen:* Die Eigenschaft immateriell wird im Marketing als essenziell für Dienstleistungen angesehen (z.B. Meyer 1998). Bruhn (2000) nennt außerdem die Nichtlagerfähigkeit, die Simultanität von Produktion und Konsumtion, direkter Kontakt zwischen Anbieter und Nachfrager, Standortgebundenheit und Individualität. Auch diese Aspekte lassen sich auf die Leistungen von Menschen auf Märkten übertragen, zum Beispiel eine Gesangsdarbietung. Berücksichtigt man, dass weitgehend Übereinstimmung darin besteht, dass sich das Markenkonzept auch auf Dienstleistungen übertragen lässt (z.B. Tomczak, Schögel, Ludwig 1998; Höselbarth, Lay, Ammann 2001; Leven 2004), so scheint auch aus dieser Sicht gerechtfertigt, das Markenführungskonzept zur Profilierung der Leistung von Menschen auf Märkten heranzuziehen: Ist die Dienstleistung „jede einem anderen angebotene Tätigkeit oder Leistung, die im Wesentlichen immaterieller Natur ist und keine direkten Besitz- oder Eigentumsveränderungen mit sich bringt" (Kotler 1995, S.708), so ist in diesem Sinn die Darbietung eines Künstlers (Unterhaltung) und eines Nachrichtenjournalisten (Information) zweifelsohne als Dienstleistung zu bezeichnen. Eine ausführliche Prüfung des Dienstleistungskonzeptes auf die Leistungen von Menschen auf Marken durch Henkel und Huber (2005) ergibt: „Eine Übertragung des Markenkonzeptes auf das ‚Wirtschaftsgut Mensch' unter Zuhilfenahme der Argumentationslogik in Bezug auf Dienstleistungsmarken erscheint deshalb erfolgversprechend zu sein" (Henkel, Huber 2005, S.19). Als unterstützendes Argument sei angeführt, dass sich Dienstleistungen durch das Markengesetz schützen lassen: Demnach lassen sich „insbesondere Wörter einschließlich Personennamen, Abbildungen, Buchstaben, Zahlen, Hörzeichen, dreidimensionale Gestaltungen einschließlich der Form einer Ware oder ihrer Verpackung sowie sonstige Aufmachungen einschließlich Farben und Farbzusammenstellungen" gesetzlich schützen, „die geeignet sind, Waren oder Dienstleistungen eines Unternehmens von denjenigen anderer Unternehmen zu unterscheiden" (§3, Abs.1 MarkenG; hervorh. DH). Boris Becker und Sebastian („Schweini") Schweinsteiger haben sich ihre Namen schützen lassen.

- *Ziel der Markenführung:* Was ist im Fall der Skulptur eines Bildhauers, die dinglich ist und den Besitzer wechseln kann? Vom Mensch als Marke kann gesprochen werden, wenn der Mensch als solcher durch den Aufbau eines Künstlerimages der Leistung ihren eigentlichen Marktwert hinzufügt, was sich am Wert des Originalbildes eines Malers und der Kopie zeigen würde (siehe auch Kapitel 8). Zum Beispiel gab Andi Warhol Filmen wie ‚Flesh' und ‚Trash' seinen Namen, aber diese Filme drehte eigentlich sein Assistent Paul Morrisey (Bockris 1989). Der

Aufbau des Vorstellungsbildes von der Marke, das Markenimage, gilt als Ziel der Markenführung (z.B. Meffert, Burmann, Koers 2002), dieses bestimmt zugleich wesentlich den Markenwert (z.B. Schimansky 2004).

Als kritische Stimme sei zum Beispiel Leven erwähnt, der schreibt: „Es scheint sinnvoll, den Begriff Marke auf den wirtschaftlichen Bereich einzugrenzen und nicht alles, was benennbar ist, als Marke anzusehen, denn das Vermarkten einer Leistung gegen Entgelt gehorcht zumindest zum Teil anderen Gesetzmäßigkeiten als das Aufbauen einer Person zur Kanzlerpersönlichkeit. Nur im ersten Fall sind alle Instrumente des Marken-Marketings einsetzbar" (Leven 2004, S. 17) Hierauf drei Erwiderungen:

- Erstens: Vertreter des Marketing haben schon vor vielen Jahren den Blick erweitert auf Austauschprozesse von Dingen von Wert (z.B. Kotler 1989) und nicht allein von Ware gegen Geld, was unter anderem die Entwicklung des Social Marketing gefördert hat (Krzeminski, Neck 1994).
- Zweitens zeigt die Kampa-Studie die Bedeutung des Imageaufbaus von Kanzler Schröder für seine Wiederwahl (Knieper, Müller 2004). Der Aufbau eines einzigartigen Markenimages gilt als zentrales Ziel der Markenführung (z.B. Meffert, Burmann, Koers 2002). Kongresse und Publikationen thematisieren den „Politiker als Marke".
- Drittens können Menschen generell die drei Markeninstrumente Design, Kommunikation und Verhalten (Meffert, Burmann 1996) einsetzen, um ihr Image zu gestalten und ihre Leistungen zu vermarkten (siehe Kapitel 6). Menschen auf Märkten können sich durch das Design profilieren wie im Fall des speziellen visuellen Erscheinungsbildes eines Künstlers. Sie kommunizieren ihre Leistung und über sich und ihr Verhalten könnte den Merkmalen ihrer Leistung entsprechen.

Leven (2004, S. 18) relativiert später seine Aussagen: „…wenn ein Michael Schumacher, ein Phil Collins oder ein Altbundeskanzler sein Image nutzt, um Leistungen wie Merchandising, Rockmusik oder Reden zu vermarkten, dann sind diese Personen konsequenterweise zu Marken im betriebswirtschaftlichen Sinne („intangible Wesenseinheiten") und ihre Angebote zu Markenprodukten geworden". Doch nicht nur für den Fall der Vermarktung, sondern schon für die Bestimmung des Selbstverständnisses der Marke und der Beurteilung des Markenimages lassen sich bereits die Erkenntnisse der Markenführung nutzen, wie die Kapitel 2.4 und 6 zeigen werden.

Insgesamt scheint vieles dafür zu sprechen, dass sich das Konzept der Markenführung auch auf die Leistung von Menschen heranziehen lässt, weil die angebotene Leistung sowie die Anforderungen an deren Vermarktung mit denen der klassischen Märkte vergleichbar ist. Auch der Blick auf die Instrumente der Markenführung (Kapitel 3.4), auf die Elemente des Identitätsprozesses (Kapitel 6) und des Managementprozesses (Kapitel 7) wird zeigen, dass die Anwendbarkeit grundsätzlich gegeben ist.

Von dieser Annahme ausgehend, lautet die Frage jetzt, welches der Markenführungskonzepte prinzipiell für die Leistung von Menschen auf Märkten angemessen und am besten nutzbar scheint.

2 Eignung von Konzepten zur Übertragung auf den Menschen

In der Markenführung lassen sich – grob gesagt – vier unterschiedliche Konzepte finden: Das Merkmalsverständnis, das Wirkungsverständnis, das strategische Verständnis und Konzepte der Identitätsorientierten Markenführung (vertiefend Meffert, Burmann 1996 und die dortige ausführliche kritische Diskussion dieser Konzepte).

2.1 Merkmalsverständnis

Das Merkmalsverständnis, vorherrschendes Konzept von Anfang des 20. Jahrhunderts bis in die 60er Jahre, garantiert dem Verbraucher festgelegte Merkmale, denen das angebotene Produkt entspricht. Hintergrund war die Auflösung des persönlichen Kontaktes zwischen Anbieter und Nachfrager, wie er ursprünglich auf Märkten bestand. Ein häufig zitierter Merkmalskatalog ist jener von Mellerowicz (1963, S. 39): Die Marke ist demnach eine markierte Fertigware, die in gleich bleibender Qualität, gleich bleibender Menge, in gleich bleibender Aufmachung, in einem größeren Absatzraum angeboten wird und die bei starker Verbraucherwerbung eine hohe Anerkennung im Markt genießt. Dieses Verständnis wird zum Beispiel noch in den 90er Jahren verwendet: „Zu den Merkmalen des Markenartikels zählen Markierung, gleich bleibende Aufmachung (Packung), gleich bleibende oder verbesserte Qualität, gleich bleibende Menge, Verbraucherwerbung, hoher Bekanntheitsgrad und weite Verbreitung im Absatzmarkt" (Nieschlag, Dichtl, Hörschgen 1991).

Meffert und Burmann (1996) kritisieren aus Sicht der „klassischen" Markenführung, dass dieses Verständnis angesichts des harten Verdrängungswettbewerbs nicht mehr zeitgemäß ist: Wenn alle Marken über diese Merkmale verfügen, so die Begründung, lassen sich die Produkte nur unzureichend voneinander abgrenzen. Merkmale wie das gleich bleibende Erscheinungsbild lassen sich nicht auf Swatch-Uhren übertragen, deren Erkennungsmerkmale gerade das nicht-gleichbleibende Erscheinungsbild ist (ähnlich übrigens der Modemarken). Überdies handelt es sich mit seiner Produktorientierung um ein Absenderkonzept, das die Wünsche und Erwartungen der Konsumenten weitgehend unbeachtet lässt – der Verbraucher gerät zur Randfigur, dessen Wünsche, Erwartungen und Vorstellungen werden ebenso wenig berücksichtigt, wie die dynamische Beziehung zwischen Marke und Verbraucher. Als Fazit ihrer Kritik fordern Meffert und Burmann ein Konzept, das ermöglicht, sich im Wettbewerb zu differenzieren und komparative Wettbewerbsvorteile zu erzielen.

Für die Leistung von Menschen auf Märkten ist dieses Konzept begrenzt, weil es sich bei dieser Leistung nicht um markierte Fertigwaren handelt, wie im Fall eines Opernsängers, der von Abend zu Abend Stimmungen und Körperzuständen unterworfen ist und sogar in der gleichen Oper unterschiedliche Nuancen erkennen lässt. Wäre die gleich bleibende Aufmachung konstitutives Element, wären Madonna und David Bowie keine Marken, deren Erscheinungsbild ständig wechselt. Auch die breite Verfügbarkeit zu einem bestimmten Zeitpunkt kann eine einzige Person nicht gewährleisten, außer zum Beispiel über CDs und Videos.

2.2 Wirkungsverständnis

Durch den immer härter werdenden Wettbewerb und die zunehmende Austauschbarkeit der Leistungen rückte seit Mitte der 70er der Konsument in das Zentrum der Markenführung. Der Grund war die Erkenntnis, dass ein Produkt zwar qualitativ überlegen und technisch herausragend sein kann, aber dieser Vorteil unwichtig ist, solange ihn nicht die Konsumenten wahrnehmen – sie wählen nicht das objektiv beste Produkt, sondern das subjektiv beste. Markenführung wurde daher definiert als „ein geschlossenes Absatzkonzept [...], das ganz auf Schaffung eines prägnanten Images und Erlangung eines hohen Bekanntheitsgrades ausgelegt ist" (Dichtl 1992, S. 19). Jedoch führte die überstarke Imageorientierung dazu, dass das eigene Verhalten zu wenig beachtet wurde und hierdurch Widersprüche zwischen Worten und Taten entstanden (Keller 1990). Weitere Probleme zeigten sich darin, dass es aus Imagesicht kaum Anhaltspunkte zum Aufbau der Marke gibt – ob und wann ein Produkt eine Marke ist, kann nur situations-, branchen- und leistungsspezifisch erfolgen. Die Frage ist, ab wann eine Marke eine Marke ist – immerhin entsteht ein Image sehr schnell (Pflaum, Pieper 1993). Und ist die Marke auch dann noch eine Marke, wenn sich ihr Image ändert, wie im Fall von Jägermeister – einst Altherrenlikör, jetzt Grundlage für Longdrinks? Wie im Fall von Hildegard Knef, die neben ihrer schauspielerischen Tätigkeit auch erfolgreich gesungen, Bücher geschrieben und Bilder gemalt hat? Es fehlen Bewertungsmaßstäbe, wie unterschiedliche Produkte unter einer Marke geführt werden können, wie ein Stand up Comedian, der auch als Conferencier in Unternehmensveranstaltungen arbeitet. Es gibt Probleme beim Vordringen in andere Segmente, wenn es darum geht, in welche Bereiche sich eine Marke ausdehnen und welche neuen Kunden sie ansprechen kann (Meffert, Burmann, Koers 2002).

Im Zentrum der Kritik steht, dass durch die Imageorientierung die Substanz der Marke und deren Kompetenz aus dem Blickfeld gerät: Wenn die Marke nur das sein will und kann, was der Konsument ihr zugesteht, dann wird sie zum Nachläufer von Moden und verliert an Substanz. Die Suche nach einem gefälligen Image führe oft dazu, dass die Markenpolitik nur noch die Erwartungen potentieller Käufer befriedigen möchte (Kapferer 1992, S. 45). Keiner weiß mehr, wofür die Marke steht und vor allem, wo ihre Grenzen sind. Entfernt sich die Marke allzu stark vom Kern der Marke, von ihrer Identität, wird sie in den Augen potentieller Käufer unglaubwürdig und unter Umständen sogar abgelehnt (Kapferer 1992, S. 45). David Bowie war zwar mit seinem Album „China Girl" kommerziell sehr erfolgreich; jedoch hat er sich mit diesem Album eigenen Aussagen zufolge am weitesten von seiner Künstlerpersönlichkeit entfernt, was er bis heute bedauert (Behrendt, Panetta 2003). Die Kenntnis des Markenkerns und dessen Grenzen sind jedoch essenziell, um das Profil einer Marke aufbauen und langfristig entwickeln zu können.

Insgesamt vernachlässigt die Anbietersicht des Merkmalsverständnisses die Wünsche und Meinungen der internen und externen Bezugsgruppen der Marke; die Empfängersicht des Imageverständnisses vernachlässigt die Produktpersönlichkeit und die systematische, integrierte Gestaltung aller Maßnahmen.

2.3 Strategieverständnis

Auch der technokratisch-strategische Ansatz (Haedrich, Tomczak 1996), der sich parallel zum imageorientierten Ansatz entwickelte, konnte sich nicht durchsetzen:

Zwar hob dieser Ansatz die Bedeutung der Marke für die strategische Unternehmensführung hervor, in dessen Mittelpunkt die Planung, Steuerung und Koordination aller auf den Absatzmarkt gerichteten Maßnahmen der Markengestaltung stand; jedoch hatten die Autoren stark technokratisch-mechanistische Vorstellung von Zielen und Aufgaben der Markenführung. Zudem war die Sicht nur außen- und nicht auch innengerichtet (ausführlich Meffert, Burmann 1996).

2.4 Identitätsorientiertes Verständnis

Aus der Kritik der vorhandenen Konzepte und der sich weiter verschärfenden Wettbewerbsbedingungen (ausführlich Köhler, Majer, Wiezorek 2001) entstanden in den 90er Jahren umfassende, integrierte Identitätskonzepte, die als zeitgemäße Markenführungskonzepte bezeichnet werden können, weil sie geeignet sind, Leistungen unter den derzeitigen Anforderungen der Märkte kraftvoll zu profilieren (z.B. Keller 1990; Kapferer 1992; Aaker 2001). Das Konzept der „Identitätsorientierten Markenführung" scheint am stärksten ausgearbeitet (Meffert, Burmann, Koers 2002).

Im Zentrum steht die Eigenständigkeit der Markenidentität. Aufgabe der Markenführung ist die Schaffung der eigenständigen Markenpersönlichkeit in Form einer widerspruchsfreien, geschlossenen Ganzheit von Merkmalen eines Produktes bzw. einer Leistung, die diese von anderen dauerhaft unterscheidet. Volvo steht für Sicherheit, Mercedes für Prestige, BMW für sportliches Fahren. Beispiele für Menschen auf Märkten wären Boris Becker, der für emotionalen Siegerwillen steht, und Harald Schmitt, dessen beißenden Humor ihn kennzeichnet und zum Spitznamen „Dirty Harry" geführt hat.

Die Persönlichkeit der Leistung von Menschen auf Märkten kann gekennzeichnet sein durch (in Anlehnung an Meffert, Burmann 1996):

- Qualität der Leistung: Spitzensportler, Schachspieler etc.
- Preisniveau: Exklusivität einer Unternehmensberatung von Roland Berger und die Frisur eines Starcoiffeurs (Udo Walz, Gerhard Meir, Vidal Sassoon)
- Visuelles Erscheinungsbild: Madonna, Inspektor Columbo
- Geographische und kulturelle Verankerung: Lisa Fitz, Milva
- Markteintrittszeitpunkt: Pioniere, wie zum Beispiel Charles Lindberg, Neil Armstrong
- Markengeschichte: Gitte

Identitätsmanagement wird verstanden als außen- und innengerichteter Managementprozess mit dem Ziel, alle Entscheidungen und Maßnahmen zum Aufbau einer starken Identität funktionsübergreifend zu vernetzen (Meffert, Burmann, Koers 2002). Dies verringert die Gefahr, dass die Marke widersprüchliche Botschaften sendet, die beim Empfänger zu Irritationen und Vertrauensverlust führen (Schmitt, Simonson 1998).

Für den Menschen als Marke bedeutet dies grundsätzlich, dass er die einzigartigen Merkmale seiner Leistung sorgfältig bestimmt und durch Beständigkeit in der Vermittlung zuverlässig ist – eine Person, die ihre Leistung ständig grundlegend ändern würde, bietet ihrem Umfeld keine Zuverlässigkeit. Alle Äußerungsformen seiner Persönlichkeit sollten daher widerspruchsfrei kombiniert sein, damit die stimmige Gesamterfahrung und das klare Vorstellungsbild vom Menschen und seiner Leistung entstehen können (Schmitt, Simonson 1998). Dies umfasst das visuelle Erscheinungsbild (Kleidung, Frisur etc.), die Kommunikation (Sprache, Begriffe etc.) und das Verhalten (aggressiv, kollegial etc.). Dies bedeutet aber nicht, dass die Person zum Beispiel nicht ihr äußeres Erscheinungsbild ändern könnte; wichtig ist, dass dieses der Persönlichkeit der Leistung entspricht. Und die könnte – wie im Fall von Christina Aguillera – gerade darin liegen, dieses zu ändern.

Kritiker stellen die berechtigte Frage: „Kann eine Person alle Eigenschaften der Marke besitzen und dennoch ein Mensch mit eigenem Willen, eigener Persönlichkeit bleiben oder sind beide Teile unvereinbar und damit der Aufbau eines Menschen zur Marke automatisch zum Scheitern verurteilt?" (Friedmann 2003, S. 237). Berendt und Panetta (2003, S. 270) bringen das Konzept in Verbindung mit „Manipulation" und verwenden das Bild der „Zwangsjacke, in die ein Mensch gepresst wird – ohne Rücksicht auf Verluste". In der identitätsorientierten Markenführung geht es im ersten Schritt genau darum, die Einzigartigkeit der Marke auf der Grundlage ihres Selbstverständnisses und ihrer Kompetenz zu erkennen und diese Einzigartigkeit langfristig aktiv und bewusst zu gestalten. Die Marke soll und darf sich nicht von ihrem Kern entfernen, da sich dies gravierend auf den Menschen und sein körperliches und psychisches Wohlbefinden auswirken könnte. Sollte die Leistung nicht dem eigenen Selbstverständnis entsprechen und der Mensch seine Leistung als „Zwangsjacke" empfinden, kann dies zu gravierenden Problemen führen. Dies zeigen Beispiele von Künstlern, deren Management eine Leistung festlegt, die nicht der Künstlerpersönlichkeit entspricht.

Das Ziel der identitätsorientierten Markenführung ist, das starke, widerspruchsfreie und einzigartige Image von der Marke bei wichtigen internen und externen Bezugsgruppen aufzubauen und systematisch und langfristig zu gestalten. Hierdurch können die Bezugsgruppen die Marke erkennen, von anderen unterscheiden und aufgrund der Einzigartigkeit ihrer relevanten Merkmale anderen Marken vorziehen. Madonna verkörpert die selbstbewusste und selbst bestimmte Frau – in Liedern, Videos, Konzerten. Zwar ändert sich ihr äußeres Erscheinungsbild, aber ihr Markenkern bleibt beständig und bietet Orientierung: Die Fans wissen, was sie erwarten können, aber auch, was sie nicht erwarten können.

Im Gegensatz zu den anderen Konzepten der Markenführung betont die identitätsorientierte Markenführung die Bedeutung des Austauschs des Menschen mit dem Umfeld: Zum einen kann hierdurch der Mensch zeigen, wofür er und seine Leistung stehen; zum anderen erfährt der Mensch, wie er gesehen wird und ob er den Wünschen und Erwartungen seiner Bezugsgruppen von allen Angeboten am stärksten entspricht. Je intensiver dieser Austausch stattfindet, desto stärker nähern sich Selbstbild und Fremdbild an – im Idealfall stimmen sie überein. Dieser Ansatz führt somit die Grundgedanken der merkmalsorientierten und wirkungsorientierten Ansätze zusammen, indem sie sowohl das Selbstbild der Marke (Was ist sie? Was will sie sein?) als auch das Fremdbild der Marke in ihren vielfältigen Beziehungen berücksichtigt (Wie wird die Marke gesehen? Wie wollen die Bezugsgruppen die Marke sehen?). Erst als Ergebnis dieser wechselseitigen Beziehung entsteht die spezifische Markenpersönlichkeit.

Die stärkste Bindung des Verbrauchers an die Marke ergibt sich dann, wenn die Marke mit dem Selbstimage oder dem gewünschten Image des Konsumenten übereinstimmt. Dann kann er sich mit der Marke identifizieren, weil sie so ist wie er bzw. wie er gern wäre. Verkörpert der Schauspieler wie Sylvester Stallone genau das, was mir so wichtig ist, entsteht eine starke Bindung an die Leistung und den Menschen.

Insgesamt scheint das Konzept der identitätsorientierten Markenführung für die Anwendung auf die Leistungen von Menschen auf Märkten geeignet:

- Es stellt die Markenpersönlichkeit in den Vordergrund, was Aussagen über den Aufbau und die Führung der Marke ermöglicht. Zudem erlaubt dies, komparative Wettbewerbsvorteile zu erzielen.
- Es berücksichtigt die Wechselbeziehungen mit dem Umfeld, was die Bindung mit den Bezugsgruppen erklären kann.
- Es geht von einem ganzheitlichen Auftreten der Marke aus, das Widersprüche in Aussehen, Kommunikation und Taten verhindern kann.
- Es sieht in der Markenführung einen komplexen, systematischen und langfristigen Managementprozess, der nach innen und außen gerichtet ist.

Allerdings kann sich auch dieses Konzept einer Kritik nicht verschließen: Meffert definiert als Marke „ein in der Psyche des Konsumenten verankertes unverwechselbares Vorstellungsbild von einem Produkt oder einer Dienstleistung. Diese Leistung wird in einem möglichst großen Absatzraum über einen längeren Zeitraum in gleichartigem Auftritt und in gleich bleibender Qualität oder verbesserter Qualität angeboten." Dieses Verständnis zeigt, dass sich Meffert nicht aus der wirkungsorientierten Sicht lösen kann und die Marke letztlich doch identisch mit Markenimage und damit als Ergebnis im Kopf des Konsumenten versteht (Marke = Fremdbild). Dagegen muss die Marke als Produktpersönlichkeit gesehen werden, deren Wirkung als Markenimage (Herbst 2002a, 2002b, 2003, 2004a).

3 Einige Zusammenhänge zwischen Menschen und Marken

Die Identitätsansätze beruhen auf Parallelen zwischen der Marke und der Persönlichkeit von Menschen: Demnach ist die Marke – ähnlich wie die Persönlichkeit eines Menschen – durch bestimmte Merkmale gekennzeichnet, die diese von anderen unterscheidet (z.B. Meffert, Burmann 1996). Nach Aaker (1992, S. 204) reift "..die Persönlichkeit oder das Image einer Marke ... wie die eines Menschen über viele Jahre heran – und den Wert einer stimmigen Markenstrategie kann man gar nicht hoch genug veranschlagen". Die Gestaltung von komplexen Markensystemen und Beziehungen zwischen Marken und dem Unternehmen werden durch Vergleiche mit einer Familie oder einem Sportteam veranschaulicht (Herbst 2002a, 2002b). Diese Beschreibungen gehen von der Analogie zwischen Menschen und Marken aus, im Sinn einer „wie"-Beziehung. Weiter gehen Autoren wie Herbst, die formulieren: „Eine Marke ist eine Produktpersönlichkeit. Eine starke Marke ist eine starke Produktpersönlichkeit. Eine schwache Marke ist eine schwache Produktpersönlichkeit" (Herbst 2002, S. 24). Ob die Gleichsetzung gerechtfertigt ist, soll hier nicht weiter diskutiert werden (Hellmann 2003, S. 82), da das Konzept des Mensch als Marke ja ohnehin in der Profilierung seiner starken Menschenpersönlichkeit ausgeht. Jedoch soll hier auf die engen und vielfältigen Verbindungen zwischen Mensch und Marke hingewiesen werden:

- Schon der Volksmund signalisiert durch den Ausspruch „Du bist ja eine Marke!", dass die Person einzigartig ist.
- Konsumenten beschreiben Produkte häufig mit Eigenschaften von Menschen: Coca-Cola ist „cool" und „amerikanisch", Pepsi ist „jung" und „aufregend" und Bluna ist „unkonventionell" und „lustig" (Aaker 1999).
- Verbraucher können beschreiben, welches Geschlecht und welches Alter die Marke hat, woher sie kommt, wie ihre Freunde aussehen und wie ihre Feinde (z.B. Kepper 1996).
- Die Marke kann mit dem Konsumenten Beziehungen eingehen, die für Menschen typisch sind: Die Marke kann Freund sein („Jeder sollte einen Freund wie Apple haben", „Henkel – A Brand like a friend"), Kumpel (Virgin, Bud Light Bier), Berater (Morgan Stanley) oder Experte (Ariel) sein.
- Marken können menschliche Gestalt annehmen, wie der Weiße Riese, Meister Proper, M&M's Schokoladen-Bonbons und das Michelin-Männchen.
- Die Marke wird durch einen Menschen in der Werbung lebendig, wie Telegate durch Verona Pooth.

Diese Vergleiche und Beispiele zeigen, dass es offensichtlich keine einseitige Übertragung von der Marke auf den Mensch oder vom Mensch auf die Marke gibt: Vielmehr sind die Verbindungen komplex und gegenseitig – der Mensch dient als Vorlage zur Profilierung der Marke, die Marke dient als Vorlage zur Profilierung der Leistung von Menschen.

4 Zur Bedeutung von Vertrauen für die Bindung an die Marke

Sowohl in der klassischen Markenführung als auch beim Konzept „Mensch als Marke" steht das Konstrukt „Vertrauen" im Zentrum, um die Beziehung zwischen der Marke und dem Konsumenten sowie anderer interner und externer Bezugsgruppen zu erklären (Meffert u.a. 2002; Herbst 2003a). Der Begriff Vertrauen wird in der Psychologie definiert als die „Erwartung eines Individuums oder einer Gruppe, dass man sich auf das Wort, die Versprechen, die verbalen oder geschriebenen Aussagen anderer Individuen oder Gruppen verlassen kann" (Rotter 1967, S. 651). Dieses Verständnis, das sich auf die Beziehung zwischen Menschen bezieht, lässt sich auf den Menschen als Marke übertragen: Der Mensch gibt hierzu, wie die klassische Marke, ein überzeugendes Leistungsversprechen ab, das er einhalten muss, damit ihn seine internen und externen Bezugsgruppen als verlässlich wahrnehmen. Dieses Leistungsversprechen sollte schriftlich im Markenleitbild fixiert sein, damit alle Beteiligten an seiner Umsetzung mitwirken. Die Leistung der Marke muss dabei auf den Kernkompetenzen des Anbieters beruhen und für die Bezugsgruppen, vor allem Kunden, bedeutsam und deutlich wahrnehmbar sein. Hierbei kommt es zu interessanten Phänomenen, die wohl nur beim Menschen als Marke auftreten können: Karl Dall verdient eigenen Aussagen zufolge mit allem Geld, was er nicht kann, zum Beispiel seinem Gesang. Sein Leistungsversprechen liegt aber nicht in der Qualität dessen, sondern in der Leistung seiner besonderen Art der respektlosen und rebellischen Art der Unterhaltung.

Vertrauen spielt deshalb eine entscheidende Rolle für die Beziehung zwischen Marke und Abnehmer, weil es das wahrgenommene Risiko verringert, vom Anbieter und dessen angebotenen Leistungen enttäuscht zu werden. So heißt es etwa: „Der Besuch im Klavierkonzert wird sich lohnen"; „Die Lesung von Wladimir Kaminer wird unterhaltend und spaßig sein"; „Der Eintrittspreis von 9 EUR für einen Kinobesuch oder 500 EUR für einen Galaabend mit Anna Netrebko sind sicher gut angelegt". Der Konsument kann ohne lange Vergleiche entscheiden und muss nicht das gesamte Angebot prüfen. Hierdurch spart er Kosten, die er zum Verringern des Risikos ausgegeben hätte, zum Beispiel für Versicherungen oder die Informationssuche nach geeigneten, zuverlässigen Anbietern (Meffert, Burmann 1996).

Das Vertrauenskonstrukt kann auch die langfristigen Beziehungen zwischen Verbraucher und Marke erklären: Wie beim Menschen gilt: „nur wem man vertrauen kann, bleibt man treu" (Meffert, Burmann 1996, S. 13). Die Schaffung von Vertrauen durch ein klares Leistungsprofil ist langfristig zur Existenzberechtigung, Wettbewerbsfähigkeit und dauerhaften Kundenbindung notwendig. Die an ihrer Identität ausgerichtete Marke kann das für den Vermarktungserfolg notwendige Vertrauen stärker aufbauen als beispielsweise eine an ihrem strategischen Kern ausgerichtete (Kapferer 1992, S. 39; Linxweiler 1999, S. 65).

Bei der Marke wie bei der Leistung von Menschen geht das Vertrauenskonstrukt über die Beziehung zwischen Leistung und Abnehmer hinaus. Für die Akzeptanz der Marke spielt auch das herstellende Unternehmen eine entscheidende Bedeutung: Die Studie Dialoge 4 des Stern zeigt, dass fast 70% der Konsumenten keine Leistungen von einem Unternehmen kaufen, von dem sie eine schlechte Meinung haben. Es scheint sogar einen Vertrauenstransfer zu geben: Vertrauen in die Marke bedeutet zugleich Vertrauen in das dazugehörige Unternehmen und umgekehrt. Ein Konsument kauft das neue Produkt eines Herstellers mitunter schon deshalb, weil er gute Erfahrungen mit dem Hersteller gemacht hat. Anders herum kann ein Konsument ein positives Bild von einem Unternehmen gewinnen, weil er seine Produkte kennt und schätzt. Für den „Mensch als Marke" bedeutet dies: Lehnen die Kunden den Menschen ab, nehmen sie seine Leistungen auch weniger in Anspruch, und umgekehrt werden die Leistungen eines Menschen stärker in Anspruch genommen, wenn dieser großes Vertrauen bei seinen Kunden genießt. Die Erfahrungen in der Vermarktung der Romanfigur Harry Potter zeigen, dass noch keine Zeile geschrieben sein muss, aber bereits Hunderttausende von Vorbestellungen vorliegen können.

Viele Leistungen von Menschen auf Märkten sind Dienstleistungen, wie im Fall von Künstlern, Journalisten oder Ärzten (Herbst, Feichter 2005). Unstrittig scheint zu sein, dass Vertrauen besonders für Dienstleistungen erforderlich ist:

- Dienstleistungen sind meist sehr erklärungsbedürftig: Dienstleistungen sind Prozesse, wie zum Beispiel eine Unternehmensberatung. Der Dienstleister bringt Wissen und Erfahrung in den Prozess ein (Input), er gestaltet den Prozess (Throughput) und erreicht ein festgelegtes Ergebnis (Output). Dies alles muss er erklären, da erst das Zusammenspiel die Güte der Dienstleistung ausmacht.
- Der Nutzen ist den Bezugsgruppen oft schwer darstellbar, wodurch die Bezugsgruppen ein höheres Risiko empfinden, von der Leistung enttäuscht zu werden.
- Die Leistung ist nicht immer gegenständlich, wie zum Beispiel eine Gesangsdarbietung und eine Beratung.

- Der Nutzen der Leistungen kann oft nicht vor dem Kauf geprüft werden: Wird ein Anlagetipp oder eine Zahnarztbehandlung erfolgreich sein?
- Leistungen ändern sich schnell, wie im Fall von Unternehmensberatungen und deren Managementkonzepten.
- Dienstleistungen sind Erfahrungsgüter: Ihre Qualität wird erst durch den Umgang mit dem Menschen gelernt.
- Aufgrund der Immaterialität des Gutes kann dieses nicht gelagert und transportiert werden. Die Leistung kann auch hierdurch nicht optisch präsent sein.
- Schlechte Leistungen verursachen Einbußen beim Kunden, sie können nicht einfach ausgetauscht werden wie eine schlechte Ware.
- Die Dienstleistung entsteht erst durch ihre Nutzung. Der Leistungsnehmer gewinnt daher zentrale Bedeutung.
- Der Kunde muss selbst aktiv werden, die Distanz überwinden und sich zum Standort der Leistung begeben, zum Beispiel in ein Konzert.
- Dienstleistungen sind kaum standardisierbar; so gleicht keine Unternehmensberatung der anderen, da Erbringer, Ort und Zeitpunkt der erbrachten Dienstleistung ständig wechseln.
- Die Qualitätsfrage ist der subjektiven Beurteilung überlassen, da sich der Wert der Leistung objektiv nicht messen lässt, zum Beispiel der Unterhaltungswert eines Künstlers.

Unter diesen Bedingungen wird Vertrauen noch wichtiger für die Schaffung von dauerhaften Beziehungen als bei standardisierten Industriegütern. Der Mensch hat den besonderen Vorteil, durch seine eigene Person Vertrauen aufzubauen: Menschen sind durch alle Sinne wahrnehmbare Vertrauensanker für alle internen und externen Bezugsgruppen. Besonders die Visualität spielt eine große Rolle: Menschen können anderen Menschen im Bruchteil einer Sekunde Eigenschaften zuordnen und entscheiden, ob dieser Mensch Vorgesetzter, Kollege oder Freund werden könnte (Frey 1999). Die neuere Hirnforschung zeigt, dass es im Stammhirn einen eigenen Bereich gibt, der nur für das Erkennen und Zuordnen von Menschen zuständig ist (Spitzer 2002). Der „Mensch als Marke" scheint demnach grundsätzlich bessere Voraussetzungen zu haben, schneller und besser wahrgenommen zu werden als klassische Marken.

5 Herausforderungen in der Markenführung

Obwohl der Verbraucher Vertrauen in die Marke hat und diese ihr Leistungsversprechen erfüllt, muss der Verbraucher ihr nicht treu sein. Grund dafür ist das „Variety Seeking", also das Bedürfnis des Konsumenten nach Abwechslung, obwohl er mit der Marke zufrieden ist (Koppelmann u.a. 2002). Um dieses Bedürfnis zu befriedigen, muss sich die Marke immer neu inszenieren, damit sie immer neu erlebt werden kann und nicht langweilt. Dies bestätigen die Ergebnisse der Hirnforschung, denen zufolge der Mensch am besten lernt, wenn er immer neue Beispiele für das zu Lernende erhält (Spitzer 2002). Eine Möglichkeit, die Aufmerksamkeit der Bezugsgruppen aufrecht zu erhalten, sind wechselnde Geschichten über die Marke und ihre Leistungen, die die Bezugsgruppen faszinieren und binden. Ein Beispiel für den „Mensch als Marke" wäre Boris Becker: „Diese Geschichten machen ihn interessant für uns und wir wollen immer mehr davon! Der Stoff, aus dem seine Geschichten gemacht sind, reichen weit über den Sport hinaus: Ehe, Aussehen, neue Geliebte, neue Anläufe, auch nach seiner Sportlerlaufbahn beruflich Fuß zu fassen. Wie alle Stars versteht es Becker, nicht nur eine herausragende Leistung in seinem Beruf zu bringen, sondern ein Publikum zu faszinieren und auf seine Person zu fixieren durch seine körperliche Präsenz, sein Auftreten, seine Gesten, seine Mimik. Seine Geschichten haben alles, was das Leben zu bieten hat: Erfolg und Misserfolg, Liebe und Hass, Stolz und Demütigung. Und jede Geschichte gibt Anlass, sich in den Medien zu präsentieren – in der BUNTE, bei Kerner, bei Beckmann, bei Gottschalk" (Herbst 2005). Diese immer neuen Geschichten haben dazu geführt, dass die Marke „Boris Becker" wesentlich präsenter ist und einen höheren Marktwert hat als sein wesentlich uninteressanterer Konkurrent Michael Stich, der Beckers Aussage zufolge mindestens ebenso gut Tennis spielt wie Becker. Allerdings weiß auch Becker, dass er nur dann interessant ist und seinen Marktwert behält, wenn er nicht nur Höchstleistungen erbringt, sondern immer neue Geschichten liefert. Hierzu äußert er sich im Interview mit der SPORT-BILD im Februar 1999, wenige Monate bevor er seine Karriere in Wimbledon beendet: „Ich muss mich ständig hinterfragen, muss jedes Jahr etwas Neues auf den Markt bringen. Nur dann habe ich eine Garantie, dass ich eine erfolgreiche, lange Karriere habe. Wenn ich im darauf folgenden Jahr nur das Gleiche beherrsche, ist das schon ein Rückschritt."

Menschen bieten demnach die besondere Möglichkeit, schon allein durch ihre Person und ihr Leben für Abwechslung zu sorgen. Hierbei müssen sie herausfinden, welche Abwechslungen erforderlich sind, um die Verbraucher zu unterhalten, und welche Abwechslung zu stark von der eigenen Markenidentität entfernt liegt und zum Vertrauensverlust führt. Die Werbepsychologie kennt hierfür das MAYA-Prinzip. Der Begriff stammt vom Designer Raymond Loewy (1979) und bedeutet „Most advanced yet acceptable". Die MAYA-Schwelle beschreibt den subjektiven Grad der Akzeptanz des Neuen. Wird diese Grenze überschritten, werden die Marke bzw. die Geschichte dieses Menschen abgelehnt. Die Geschichten eines Menschen, der sich als Marke zu profilieren sucht, sollten daher so neuartig wie möglich gestaltet sein, aber nicht über die MAYA-Schwelle hinausgehen. Die MAYA-Schwelle richtet sich nach den Gewohnheiten und Erwartungen der Bezugsgruppen. Das MAYA-Prinzip ermöglicht dem Menschen – zusätzlich zu seiner definierten Markenidentität – jene Grenze herauszufinden, ab der seine Geschichten nicht mehr glaubwürdig sind und seine Bezugsgruppen das Vertrauen in seine Zuverlässigkeit verlieren.

Die Frage lautet jetzt, wie der Mensch als Marke systematisch und langfristig aufgebaut werden kann. Hierzu sollen erst die Elemente des Identitätsprozesses und dann der Managementprozess der Markenführung skizziert werden.

6 Der Prozess der Markenführung

Der Identitätsprozess für Marken (und Unternehmen) umfasst vier Elemente: die Kultur, das Leitbild, die Instrumente und das Image (Herbst 2003a):
1. Die Markenkultur ist zentral. Steht der Begriff Kultur nach breiter Übereinkunft für Werte, Normen und Grundannahmen, muss der Identitätsprozess für die Leistung von Menschen auf Märkten herausfinden, was dem Menschen wichtig

bzw. wünschenswert ist, was sein Denken und Handeln lenkt: Ist er eher beständig oder flexibel, ist er autoritär oder partnerschaftlich, vergangenheits- oder zukunftsorientiert? Die Markenkultur beschreibt den Ist-Zustand der Identität (Herbst 2003b).

2. Das Markenleitbild legt das angestrebte Selbstverständnis des Menschen über seine Leistung auf dem Markt fest. Hierzu entwickelt er eine Leitidee, die den Sinn seiner Leistung beschreibt, also wie er aktuelle und künftige Probleme lösen will. Er formuliert Leitsätze als Kernaussagen, die seine grundlegenden Werte, Ziele und Erfolgskriterien bestimmen. Sein Motto fasst alles in einem kurzen, prägnanten Slogan zusammen, wie „Alles wird gut" von Nina Ruge.

3. Als Instrumente zum Vermitteln seiner Persönlichkeit an seine Kommunikationspartner nutzt der Mensch sein visuelles Erscheinungsbild (Kleidung, Haarschnitt etc.), seine Kommunikation (Sprache, Inhalte) und sein Verhalten (sozial, arrogant, einzelgängerisch). Diese drei Instrumente sollten einen Mix darstellen, das ein einzigartiges und widerspruchsfreies Image schafft (Keller 1993). Besonders das Verhalten stellt meist die zentrale Herausforderung für das Gestalten von Images dar, weil das Verhalten gelernt und beibehalten werden muss.

4. Das Image umfasst sämtliche Vorstellungen, die die Kommunikationspartner vom Menschen und seiner Leistung haben. Ziel des Persönlichkeitsmanagements ist es, das Image festzulegen, aufzubauen und langfristig zu entwickeln. Besonders für Dienstleistungen, die der Mensch als Marke meist anbietet, spielt das Image die zentrale Rolle (Tomczak u.a. 1998).

Markenführung gilt als Managementprozess. Die Markenführung hat die Aufgabe, den Menschen und seine Leistung in den Vorstellungen der Bezugsgruppen bedarfsgerecht zu profilieren. Ergebnis sind die wahrgenommenen Eigenschaften der Person (bzw. deren Leistung) und die Bewertung der Eignung dieser Person zur Befriedigung der rationalen und emotionalen Bedürfnisse (Meffert, Burmann 1996). Hierbei bestehen folgende Handlungsmöglichkeiten (Herbst 2002b):

- Neue Gedächtnisstrukturen aufbauen: Dies ist erforderlich im Falle neuer Marken.
- Vorhandene Gedächtnisstrukturen stärken oder vertiefen, indem Inhalte erlebbar werden, die bereits im Gedächtnis verankert sind.
- Alte Gedächtnisstrukturen überschreiben oder löschen, indem Eigenschaften neu erlebt werden.
- Vorhandene Gedächtnisinhalte erweitern, indem die Bezugsgruppen neue Eigenschaften des Menschen und seiner Leistung kennen lernen.

7 Markenwert

Es scheint banal, dass ein hoher Markenwert als erstrebenswert gilt. Weitaus schwieriger ist festzustellen, was überhaupt als Markenwert bezeichnet wird. Eine Bewertung von Ansätzen zeigt, dass jene am tragfähigsten scheinen, die den Markenwert als das Mehr ansehen, das das Markenimage schafft (z.B. Schimansky 2004). Der Wert des Menschen als Marke kann danach bewertet werden, was der Kunde bereit ist, für die Leistung jener Person mehr zu bezahlen als für eine vergleichbare andere ohne den erkennbaren Absender (z.B. Opern-CD). Deutlich wird der Markenmehrwert im Falle von Lizenzen wie die Mustang-Jeans, die unter dem Namen Joop höhere Erlöse erzielen. Selbst nach dem Tod eines Menschen als Marke setzt sich die Vermarktung fort: Agenturen vermarkten die Persönlichkeitsrechte von Prominenten, wie zum Beispiel von Marlene Dietrich.

8 Unterschiede zwischen Menschen und Marken

So ähnlich sich die Persönlichkeiten von Menschen und Marken in vielen Punkten sind, gibt es doch gravierende Unterschiede. Hier einige:

- Menschen können das Selbstverständnis über ihre Persönlichkeit und deren Darstellung selbst aktiv, systematisch und langfristig gestalten; das Management von Produktpersönlichkeiten übernehmen die Markenmanager.
- Menschen altern im Gegensatz zu Marken, die über Jahrzehnte jung gehalten werden können, wie die Beispiele Marlboro und Milka zeigen. Besonders bedeutsam ist dies bei der Leistung von Menschen, die an ihr Aussehen gekoppelt ist, wie zum Beispiel Hollywoodschauspieler. So hat Marlene Dietrich ihre Pariser Wohnung in ihren letzten Lebensjahren nicht mehr verlassen, um das Image aus ihrer Glanzzeit nicht zu zerstören. Produkte bekommen keine Falten, Menschen schon.
- Der Aufbau und die systematische Entwicklung des Markenimages. Das Image von Menschen kann mehrere Dimensionen haben: das Image des Privatmenschen, das Image des Menschen in der Öffentlichkeit sowie das Image des Menschen in Bezug auf seine Arbeit (Faulstich et al. 1997). Diese Images können kongruent sein, aber auch sehr unterschiedlich sein, wie im Fall eines Schauspielers, der in seinen Filmen ein anderes Image verkörpert als in seinen öffentlichen Auftritten (z.B. Bösewichte). Mitunter entspricht das öffentliche Image nicht der realen Person, wie im Fall von Humphrey Bogart und Heinz Rühmann.
- Wird von der klassischen Marke gefordert, sämtliche Instrumente widerspruchsfrei an der Markenidentität auszurichten, kann sich der „Mensch als Marke" gerade dadurch auszeichnen, dass er Widersprüche und Leerstellen aufweist. Diese nimmt der Abnehmer so lange hin, wie er den Markenkern, also die beständigen Merkmale der Leistung, klar und deutlich erkennen und sich auf das Leistungsversprechen der Marke verlassen kann. Als Maß hierfür kann die MAYA-Schwelle gelten.

9 Fazit

Es scheint gerechtfertigt, das Markenführungskonzept auf die Vermarktung der Leistung von Menschen auf Märkten anzuwenden. Zeitgemäß und am besten geeignet scheinen Identitätskonzepte zu sein, allen voran das Konzept der identitätsorientierten Markenführung (Meffert, Burmann, Koers 2002). Den Identitätskonzepten liegt das Verständnis von Marken analog zu der Persönlichkeit von Menschen zugrunde. Bei näherer Betrachtung wird deutlich, dass Menschen und Marken in einem engen Erklärungszusammenhang stehen:

- Das Konstrukt der Marke kann auch auf die Leistungen des Menschen übertragen werden und – vice versa – profitiert die Markenführung von der Analogie zum Menschen.
- Als Erklärungskonstrukt für die Beziehung zwischen Menschen und Marken gilt das Vertrauenskonstrukt. Vertrauen lässt sich in einem systematischen und langfristigen Prozess der Markenführung aufbauen und entwickeln. Jedoch setzt das langfristige Verhältnis auch voraus, dem Abnehmer Abwechslung zu bieten, die eine individuelle Schwelle nicht übersteigen darf.
- Da künftig immer mehr Menschen ihre Leistung auf Märkten anbieten werden und für die Profilierung angemessene Konzepte erforderlich sind, wird das Markenführungskonzept eine zunehmend wichtige Rolle spielen.

Literaturverzeichnis

Aaker, D. A., Joachimsthaler, E. (2001): Brand Leadership, München, 2001
Aaker, D. A. (1992): Management des Markenwerts, Frankfurt/M., New York, 1992
Aaker, J. L. (1999): Dimensionen der Markenpersönlichkeit. In: Esch, Franz-Rudolf (Hrsg.): Moderne Markenführung, Wiesbaden 1999, S. 91–102
Achterholt, G. (1992): Corporate Identity – In 10 Arbeitsschritten die eigene Identität finden und umsetzen, 2. überarbeitete Auflage, Wiesbaden 1992
Amor, D. (2000): Die E-Business (R)Evolution, Bonn 2000
Arnold, S. R., Fuhrmeister, C., Schiller, D. (Hrsg.) (1998): Politische Inszenierung im 20. Jahrhundert: Zur Sinnlichkeit der Macht, Wien, Köln, Weimar 1998
Behrendt, B., Panetta, R. (2003): David Bowie – die Chamäleon-Marke, in: Herbst, Dieter (Hrsg.): Der Mensch als Marke, Göttingen 2003, S. 269–290
Bockris, V. (1989): Andy Warhol, München 1989
Branson, R. (1999): Business ist wie Rock 'N' Roll. Die Autobiographie des Virgin-Gründers. Frankfurt/New York, 1999
Bruhn, M. (2000): Qualitätssicherung im Dienstleistungsmarketing – eine Einführung in die theoretischen und praktischen Probleme. In: Bruhn, M./Strauss, B. (2000): Dienstleistungsqualität, Wiesbaden, 2000, S. 21–48
Dialoge 4 (2001): Stern-Verlag, Hamburg 2001
Dichtl, E., Eggers, W (1992): Marke und Markenartikel, München 1992
Döhring, N. (2003): Websites von Politikerinnen und Politikern, in: Herbst, Dieter (Hrsg.): Der Mensch als Marke, Göttingen 2003, S. 359–382
Ewert, C. (1993): Personality Marketing, Zürich 1993
Faulstich, W., Korte, H., Lowry, S., Strobel, R. (1997): „Kontinuität" – zur Imagefundierung des Film- und Fernsehstars, in: Faulstich, Werner/Korte, Helmut/Hrsg.: Der Star – Geschichte, Rezeption, Bedeutung, München 1997, S. 11–29
Franck, G. (1998): Ökonomie der Aufmerksamkeit, ein Entwurf, München/Wien 1998
Friedmann, M. (2003): Marlene D. – Diva zwischen Mythos und Marketing. In: Herbst, D. (Hrsg): Der Mensch als Marke, Göttingen, 2003, S. 235–268
Frey, S. (1999): Die Macht des Bildes. Der Einfluss der nonverbalen Kommunikation auf Kultur und Politik, Bern u.a. 1999
Haedrich, G., Tomczak, T. (1996): Strategische Markenführung, 2. Auflage, Bern/Stuttgart/Wien 1996
Hagendorf, J., Prümke, A. (2003): Vermarktung von Prominenten – Interviews mit Experten, in: Herbst, Dieter (Hrsg.): Der Mensch als Marke, Göttingen 2003, S. 191–216
Häusler, J. (1998): Mit den Augen des Kunden. In: Merten, Klaus/Zimmermann, Reiner. (Hrsg.): Das Handbuch der Unternehmenskommunikation, Köln 1998, S. 169–178
Hellmann, K.-U. (2003): Soziologie der Marke, Frankfurt/Main 2003

Henkel, S., Huber, F. (2005): Marke Mensch, Prominente als Marken der Medienindustrie, Wiesbaden 2005
Herbst, D. (2002a): eBranding – starke Marken im Netz, Berlin 2002a
Herbst, D. (2002b): Gemeinsam stark: Integriertes Identitätsmanagement für starke Konsumentenbindung, in: Mattenklott, Axel und Alexander Schimansky (Hrsg.): Werbung – Strategien und Konzepte für die Zukunft, München 2002b
Herbst, D. (Hrsg.) (2003): Der Mensch als Marke, Göttingen 2003
Herbst, D. (2003a): Corporate Identity, 2. völlig überarbeitete Auflage, Berlin 2003a
Herbst, D., Feichter, F. (2006): Die Praxis als Persönlichkeit, in: Nemec, Sabine/Börkircher, Helmut (Hrsg.): Die Praxis als Marke – Markenführung im Gesundheitsmarkt – erfolgreiche Strategien zur Kunden-Gewinnung und -bindung, 2006
Herzberg, M. (2003): Fußballer als Marke, in: Herbst, Dieter (Hrsg.): Der Mensch als Marke, Göttingen 2003, S. 331–358
Höselbarth, F., Lay, R., Ammann, J. – C. (Hrsg.) (2001): Branding für Unternehmensberatungen, So bilden Sie eine Wissensmarke, Frankfurt/Main 2001
Kapferer, J.-N. (1992): Die Marke: Kapital des Unternehmens, Landsberg am Lech, 1992
Keller, I. (1990): Das CI-Dilemma, Wiesbaden, 1990
Kepper, G. (1996): Qualitative Marktforschung. Methoden, Einsatzmöglichkeiten und Beurteilungskriterien, 2. überarbeitete Auflage, Wiesbaden 1996
Knieper, T., Müller, M. G. (Hrsg.) (2004): Visuelle Wahlkampfkommunikation, Köln 2004
Köhler, R., Majer, W., Wiezorek, H. (Hrsg.) (2001): Erfolgsfaktor Marke, neue Strategien des Markenmanagements, München 2001
Koppelmann, U., Brodersen, K., Volkmann, M. (2002): Variety Seeking: Wie Sie von der Neugier Ihrer Kunden profitieren, Absatzwirtschaft, 1, 2002, S. 44–47
Kotler, P. (1989): Marketing-Management: Analyse, Planung und Kontrolle, 4. völlig neubearbeitete Auflage, Stuttgart 1989
Kroeber- Riel, W., Weinberg, P. (1996): Konsumentenverhalten, 6. Auflage, München 1996
Krzeminski, M., Neck, C. (Hrsg.) (1994): Praxis des Social Marketing. Erfolgreiche Kommunikation für öffentliche Einrichtungen, Vereine, Kirchen und Unternehmen, Frankfurt/Main 1994
Leven, W. (2004): Was ist eine Marke? In: Boltz, Dirk-Mario und Wilfried Leven (Hrsg.): Effizienz in der Markenführung, Hamburg 2004
Linxweiler, R. (Hrsg.: MTP e.V. Alumni) (1999): Marken-Design – Marken entwickeln, Markenstrategien erfolgreich umsetzen, Wiesbaden 1999
Loewy, R. (1979): Industrie-Design Raymond Loewy, New York 1979
Meffert, H. (1998): Marketing – Grundlagen der Absatzpolitik, 8. (vollständig neubearbeitete und erweiterte) Auflage, Wiesbaden 1998
Meffert, H., Burmann, C. (1996): Identitätsorientierte Markenführung – Grundlagen für das Management von Markenportfolios. Wissenschaftliche Gesellschaft für Marketing und Unternehmensführung e.V., Arbeitspapier Nr. 100. Münster, 1996
Meffert, H., Burmann, C., Koers, M. (Hrsg.) (2002): Markenmanagement, Grundlagen der identitätsorientierten Markenführung, Wiesbaden 2002
Mellerowicz, K. (1963): Markenartikel – die ökonomischen Gesetze ihrer Preisbildung und Preisbindung, München/Berlin 1963
Meyer, A. (Hrsg.) (1998): Handbuch Dienstleistungsmarketing, 2 Bände, Stuttgart 1998
Nessmann, K. (2003): PR für Personen, in: Herbst, Dieter (Hsrg.): Der Mensch als Marke, Göttingen, 2003, S. 161–180
Nieschlag, R., Dichtl, E., Hörschgen, H. (1991): Marketing: Einführung in die Lehre von der Absatzwirtschaft, 16. durchgesehene Auflage, Berlin 1991
Olsson, P. (2003): Die Vermarktung von Prominenten, in: Herbst, Dieter (Hrsg.): Der Mensch als Marke, Göttingen 2003, S. 317–331
Pflaum, D., Pieper, W. (1993): Lexikon der Public Relations, 2. Auflage, Landsberg am Lech 1993
Herbst, D. (2005): Der Mensch als Marke. In: Hellmann, K.-U./Pichler, R. (Hrsg.)(2005): Ausweitung der Markenzone. Interdisziplinäre Zugänge zur Erforschung des Markenwesens. Wiesbaden 2005, S. 99–118

Rotter, J. B. (1967): A new Scale for the Measurement of Interpersonal Trust. Journal of Personality, 35 (4), S. 651–665

Schimansky, A. (Hrsg.) (2004): Der Wert der Marke. Markenbewertungsverfahren für ein erfolgreiches Markenmanagement, München 2004

Schmitt, B., Simonson, A. (1998): Marketing-Ästhetik, München und Düsseldorf 1998

Seidl, C., Beutelmeyer, W. (1999): Die Marke ICH, so entwickeln Sie ihre persönliche Erfolgsstrategie, Wien 1999

Siller, P., Pitz, G. (Hrsg.) (2000): Politik als Inszenierung. Zur Ästhetik des Politischen im Medienzeitalter, Baden-Baden 2000

Spitzer, M. (2002): Lernen. Gehirnforschung und die Schule des Lebens, Heidelberg/Berlin 2002

Tomczak, T., Schögel, M., Ludwig, E. (Hrsg.) (1998): Markenmanagement für Dienstleistungen, St. Gallen 1998

Autorenverzeichnis

Ausführliche Informationen über die Autoren des vorliegenden Herausgeberbandes liegen unter www.markenbuch.de vor.

Ahlert, Martin; Dr.
  ist Geschäftsführer des Internationalen Centrums für Franchising & Cooperation (F&C).

Albrecht, Carmen-Maria; Dipl.-Kffr.
  ist wissenschaftliche Mitarbeiterin und Doktorandin am Lehrstuhl für Allgemeine Betriebswirtschaftslehre und Marketing II an der Universität Mannheim.

Backhaus, Christof; Dipl.-Kfm.
  ist wissenschaftlicher Mitarbeiter des Lehrstuhls für Betriebswirtschaftslehre, insbes. Distribution und Handel, im Marketing Centrum Münster der Westfälischen Wilhelms-Universität.

Bauer, Hans H.; Univ.-Prof. Dr.
  ist Inhaber des Lehrstuhls für Allgemeine Betriebswirtschaftslehre und Marketing II und Wissenschaftlicher Direktor des Instituts für Marktorientierte Unternehmensführung (IMU) an der Universität Mannheim.

Baumgarth, Carsten; PD Dr.
  lehrt und forscht an der Deutschsprachigen BWL-Abteilung der Marmara Universität in Istanbul (Türkei). Darüber hinaus ist er im Vorstand der Deutschen Werbewissenschaftlichen Gesellschaft (DWG) und als Chefredakteur der Zeitschrift „transfer – Werbeforschung & Praxis" tätig. Ferner ist er Vorsitzender des Beirates von Baumgarth & Baumgarth – Brandconsulting.

Belz, Christian; Univ.-Prof. Dr.
  ist Professor für Marketing an der Universität St. Gallen und Geschäftsführender Direktor des Instituts für Marketing und Handel (IMH-HSG).

Benkenstein, Martin; Univ.-Prof. Dr.
  ist Direktor des Instituts für Marketing & Dienstleistungsforschung an der Universität Rostock.

Breyer, Wolfgang; Dipl.-Kfm.
  ist Head of International Brand and Communication Research bei der BMW Group.

Brock, Christian; Dipl.-Kfm.
  ist wissenschaftlicher Mitarbeiter am Lehrstuhl für Betriebswirtschaftslehre, insbes. Distribution und Handel an der Westfälischen Wilhelms-Universität Münster sowie im Internationalen Centrum für Franchising & Cooperation (F&C).

Brudler, Benjamin; Dipl.-Kfm.
ist wissenschaftlicher Mitarbeiter am Institut für Marketing an der Ludwig-Maximilians-Universität München sowie Research Coordinator am Center on Global Brand Leadership.

Bruhn, Manfred; Univ.-Prof. Dr.
ist Ordinarius für Betriebswirtschaftslehre, insbesondere Marketing und Unternehmensführung, am Wirtschaftswissenschaftlichen Zentrum (WWZ) der Universität Basel, Schweiz, und Honorarprofessor an der Technischen Universität München.

Brunner, Christian; Dipl.-Kfm.
ist wissenschaftlicher Mitarbeiter am Lehrstuhl für Marketing von Prof. Dr. Franz-Rudolf Esch an der Justus-Liebig-Universität Gießen sowie Projektmitarbeiter am Institut für Marken- und Kommunikationsforschung, Gießen.

Bryant, Melchior D.; Dipl.-Kfm.
ist wissenschaftlicher Mitarbeiter und Doktorand am Lehrstuhl für Allgemeine Betriebswirtschaftslehre und Marketing II an der Universität Mannheim.

Burmann, Christoph; Univ.-Prof. Dr.
ist Inhaber des Lehrstuhls für innovatives Markenmanagement (LiM®) der Universität Bremen.

Dabic, Marina; Dr.
ist Universitätsassistentin am Institut für Werbewissenschaft und Marktforschung der Wirtschaftsuniversität Wien.

Donnevert, Tobias; Dipl.-Kfm.
ist wissenschaftlicher Mitarbeiter und Doktorand am Lehrstuhl für Allgemeine Betriebswirtschaftslehre und Marketing II an der Universität Mannheim.

Engl, Christian; Dr.
ist bei der BMW AG in München beschäftigt.

Enke, Margit; Univ.-Prof. Dr.
ist Inhaberin des Lehrstuhls für Marketing und Internationalen Handel an der Technischen Universität Bergakademie Freiberg.

Esch, Franz-Rudolf; Univ.-Prof. Dr.
ist Universitätsprofessor für Betriebswirtschaftslehre mit dem Schwerpunkt Marketing an der Justus-Liebig-Universität Gießen sowie Direktor des Instituts für Marken- und Kommunikationsforschung, Gießen.

Exler, Stefanie; Dipl.-Kffr.
ist wissenschaftliche Mitarbeiterin und Doktorandin am Lehrstuhl für Allgemeine Betriebswirtschaftslehre und Marketing II an der Universität Mannheim.

Gierl, Heribert; Univ.-Prof. Dr.
ist Inhaber des Lehrstuhls für Betriebswirtschaftslehre mit den Schwerpunkten Marketing, Informationsmanagement und Marktforschung an der Universität Augsburg.

Görtz, Gunnar; Dr.
ist Senior Associate im Frankfurter Büro von McKinsey & Company und berät als Mitglied der europäischen Marketing & Sales Practice Unternehmen in Fragen der Marketingstrategieentwicklung und -umsetzung.

Grether, Mark; Dr.
ist Leiter Strategisches Marketing und Mitglied der Vertriebsleitung bei der United Internet Media AG.

Haber, Tobias E.; Dipl.-Kfm.
ist wissenschaftlicher Mitarbeiter und Doktorand am Lehrstuhl für Allgemeine Betriebswirtschaftslehre und Marketing II an der Universität Mannheim.

Hammerschmidt, Maik; AR Dr.
ist wissenschaftlicher Assistent und Habilitand am Lehrstuhl für Allgemeine Betriebswirtschaftslehre und Marketing II an der Universität Mannheim.

Hartl, Robert; Dr.
ist Senior Consultant am TNS EX-A-MINE Centre, TNS Infratest Forschung GmbH, Modelle und Methoden.

Hartmann, Kerstin; Dipl.-Kffr.
ist externe Doktorandin am Lehrstuhl für Marketing von Prof. Dr. Franz-Rudolf Esch an der Justus-Liebig-Universität Gießen sowie Projekt-Mitarbeiterin am Institut für Marken- und Kommunikationsforschung, Gießen.

Hattula, Marcus; Dipl.-Kfm.
ist als Project Manager im Bereich Market and Trend Research bei der BMW Group tätig.

Heitmann, Mark; Dr.
ist Habilitand an der Forschungsstelle für Business Metrics und am Audi Lab for Market Research an der Universität St. Gallen.

Hemetsberger, Andrea; PD Dr.
ist außerordentliche Universitätsprofessorin am Institut für Strategisches Management, Marketing und Tourismus an der Universität Innsbruck

Herbst, Dieter; Prof. Dr.
ist Geschäftsführender Gesellschafter der source 1 networks GmbH, Honorarprofessor an der Universität der Künste Berlin und der Lettischen Kulturakademie in Berlin, Dozent an der Universität St. Gallen, Seminarleiter für Unternehmenskommunikation am FH Joanneum Graz sowie Buchautor.

Herrmann, Andreas; Univ.-Prof. Dr.
ist Direktor der Forschungsstelle für Business Metrics und des Audi Lab for Market Research an der Universität St. Gallen.

Herrmann, Karin; Dipl.-Kffr.
ist Trainee für die Bereiche Marketing und Vertrieb bei der Nestlé Deutschland AG in Frankfurt.

Heß, Silke C.; Dipl.-Kffr.
ist wissenschaftliche Mitarbeiterin und Doktorandin am Lehrstuhl für Allgemeine Betriebswirtschaftslehre und Marketing III an der Universität Mannheim.

Hilt, Constantin; Dipl.-Kfm.
ist wissenschaftlicher Mitarbeiter am Lehrstuhl für Betriebswirtschaftslehre, insbesondere Außenhandel und Internationales Management, sowie am Institut für Handel & Internationales Marketing (H.I.MA.) an der Universität des Saarlandes tätig.

Homburg, Christian; Univ.-Prof. Dr. Dr. h.c.
ist Inhaber des Lehrstuhls für Allgemeine Betriebswirtschaftslehre und Marketing I und Wissenschaftlicher Direktor des Instituts für Marktorientierte Unternehmensführung (IMU) an der Universität Mannheim.

Huber, Frank; Univ.-Prof. Dr.
ist Inhaber des Lehrstuhls für Allgemeine Betriebswirtschaftslehre und Marketing I an der Johannes Gutenberg-Universität Mainz und Direktor des Center of Market-Oriented Product and Production Management (CMPP) an der Johannes Gutenberg-Universität Mainz.

Huber, Frank; Dipl.-Kfm.
ist wissenschaftlicher Mitarbeiter und Doktorand am Lehrstuhl für Allgemeine Betriebswirtschaftslehre und Marketing II an der Universität Mannheim.

Jenewein, Wolfgang; Dr.
ist Studienleiter des Executive MBA (EMBA HSG) in Generalmanagement und Habilitand im Kompetenzzentrum Brand Management am IMH der Universität St. Gallen.

Jensen, Ove; Dr.
vertritt den Lehrstuhl für Industriegütermarketing an der WHU – Otto Beisheim School of Management, Vallendar.

Kuester, Sabine; Univ.-Prof. Dr.
ist Inhaberin des Lehrstuhls für Allgemeine Betriebswirtschaftslehre und Marketing III und Wissenschaftliche Direktorin des Instituts für Marktorientierte Unternehmensführung (IMU) an der Universität Mannheim.

Lampert, Regine; Dipl.-Kffr.
ist Doktorandin am Lehrstuhl für Marketing I der Johannes Gutenberg-Universität Mainz.

Loewenfeld, Fabian von; Dr.
ist bei McKinsey & Company in Düsseldorf tätig.

Löffler, Michael; Dr.
ist Leiter Marketing-Planung bei der Dr. Ing. h.c. F. Porsche AG mit den Bereichen internationale Preisbildung, langfristige Potentialplanung und internationale Marktforschung.

Mäder, Ralf; Dr.
ist Senior Consultant bei TNS Infratest GmbH, Automotive.

Maloney, Philip; Dipl. Kfm., M.A.
   ist wissenschaftlicher Mitarbeiter am Lehrstuhl für innovatives Markenmanagement (LiM®) der Universität Bremen.

Markarian, Rosa; Bachelor of Business Administration
   ist Junior Product Manager bei der United Internet Media AG.

Merkel, Frank; Dipl.-Kfm.
   ist Gründer und Stratgieberater der WOB AG, der größten inhabergeführten Business-to-Business Kommunikationsagentur in Deutschland.

Merkel, Oliver; Dr.
   ist Projektleiter im Berliner Büro der Boston Consulting Group und betreut vor allem Kunden aus der Konsumgüter- und Medienindustrie.

Meyer, Anton; Univ.-Prof. Dr.
   ist Ordinarius für Betriebswirtschaftslehre und Vorstand des Instituts für Marketing an der Ludwig-Maximilians-Universität München sowie Executive Director des internationalen Forschungsnetzwerks Center on Global Brand Leadership.

Meyer, Frederik; Dipl.-Kfm.
   ist wissenschaftlicher Mitarbeiter am Lehrstuhl für Allgemeine Betriebswirtschaftslehre und Marketing I an der Johannes Gutenberg-Universität Mainz.

Michaelis, Manuel; Dipl.-Kfm.
   ist wissenschaftlicher Mitarbeiter am Lehrstuhl für Betriebswirtschaftlehre, insb. Distribution und Handel, im Marketing Centrum Münster der Westfälischen Wilhelms-Universität.

Morhart, Felicitas; M.A. der Kommunikationswissenschaften
   ist wissenschaftliche Mitarbeiterin und Doktorandin im Kompetenzzentrum Brand Management am IMH der Universität St. Gallen.

Mühlbacher, Hans; Univ.-Prof. Dr.
   ist Professor für Betriebswirtschaft und Vorstand des Instituts für Strategisches Management, Marketing und Tourismus an der Universität Innsbruck.

Müller, Stefan; Univ.-Prof. Dr.
   ist Inhaber des Lehrstuhls für Betriebswirtschaftslehre, insbesondere Marketing, Fakultät Wirtschaftswissenschaften, Technische Universität Dresden.

Neumann, Marcus M.; Dipl.-Kfm.
   ist als Global Marketing-Manager bei der Roche Diagnostics Ltd. Schweiz tätig. Er promovierte im Jahr 2006 am Lehrstuhl für Allgemeine BWL und Marketing II, Universität Mannheim.

Perrey, Jesko; Dr.
   ist Partner im Düsseldorfer Büro von McKinsey & Company. In der europäischen Marketing & Sales Practice leitet er den Funktionsbereich „Branding & Marketing Spend Effectiveness".

Plantsch, Michael; Dipl.-Kfm.
   ist wissenschaftlicher Mitarbeiter am Lehrstuhl für Betriebswirtschaftslehre mit den Schwerpunkten Marketing, Informationsmanagement und Marktforschung an der Universität Augsburg.

Richter, Markus; Dr.
   ist im Bereich Unternehmensplanung und -strategie eines internationalen Automobilzulieferunternehmens tätig.

Rösger, Jürgen
   ist Gründer und Managing Partner der Interactive Marketing Group AG, Hamburg, und Dozent für Interactive Marketing an der Universität Mannheim.

Schäfer, Heiko; Dr.
   arbeitet als Projektleiter bei der Boston Consulting Group in München. Dort betreut er vor allem Kunden aus den Bereichen Automotive und Consumer Durables.

Schöpe, Tom; Dipl.-Wirtsch.-Ing., Dipl.-Ing. KTD
   ist wissenschaftlicher Mitarbeiter am Lehrstuhl für Marketing und Internationalen Handel an der Technischen Universität Bergakademie Freiberg.

Schweiger, Günter; Univ.-Prof. Dr.
   ist Univ.-Dozent an der Johannes Kepler Universität in Linz, Vorstand des Instituts für Werbewissenschaft und Marktforschung an der Wirtschaftsuniversität Wien, Leiter des Universitätslehrganges für Werbung und Verkauf, Präsident der Österreichischen Werbewissenschaftlichen Gesellschaft (WWG), Schriftleiter der Zeitschrift „Transfer – Werbeforschung und Praxis" sowie Herausgeber der Schriftenreihen „Die Marke" (WWG) und „Werbe- und Markenforschung", Gabler Verlag (DUV), Deutschland.

Schwerdtle, Christoph; Dipl.-Kfm.
   ist Assistant Brand Manager bei Procter & Gamble in Genf.

Simão, Tânia; Dr.
   ist Marketing Communication Manager bei der Siemens Building Technologies Group, International Headquarters.

Tomczak, Torsten; Univ.-Prof. Dr.
   ist Ordinarius für Betriebswirtschaftslehre mit besonderer Berücksichtigung des Marketings sowie Direktor des Instituts für Marketing und Handel (IMH) an der Universität St. Gallen.

Totzek, Dirk; Dipl.-Kfm.
   ist wissenschaftlicher Mitarbeiter und Doktorand am Lehrstuhl für Allgemeine Betriebswirtschaftslehre und Marketing I an der Universität Mannheim.

Uhrich, Sebastian; Dipl.-SpOec.
   ist wissenschaftlicher Mitarbeiter am Institut für Marketing & Dienstleistungsforschung an der Universität Rostock.

Valtin, Alexandra; Dr.
   ist Managerin von mytheresa.com, einem Online Store für Highend-Designermode.

Vering, Sandra; RA Dipl.-Jur.
ist wissenschaftliche Mitarbeiterin am Lehrstuhl für Betriebswirtschaftslehre, insbes. Distribution und Handel an der Westfälischen Wilhelms-Universität Münster sowie im Internationalen Centrum für Franchising & Cooperation (F&C).

Vollhardt, Kai; Dipl.-Kfm.
ist wissenschaftlicher Mitarbeiter am Lehrstuhl für Allgemeine Betriebswirtschaftslehre und Marketing I an der Johannes Gutenberg-Universität Mainz.

Wiedmann, Klaus-Peter; Univ.-Prof. Dr.
ist Direktor des Instituts für Marketing und Management an der Leibniz Universität Hannover und zugleich der Deutschlandrepräsentant des Reputation Institute, New York et al., sowie Deputy Chair der Academy of Global Business Advancement (AGBA).

Woisetschläger, David; Dr.
ist Habilitand am Lehrstuhl für Marketing an der Universität Dortmund unter Leitung von Prof. Dr. Hartmut H. Holzmüller.

Wünschmann, Stefan; Dr.
ist Habilitand am Lehrstuhl für Betriebswirtschaftslehre, insbesondere Marketing, Fakultät Wirtschaftswissenschaften, Technische Universität Dresden.

Zentes, Joachim; Univ.-Prof. Dr.
ist Inhaber des Lehrstuhls für Betriebswirtschaftslehre, insbesondere Außenhandel und Internationales Management, sowie Direktor des Instituts für Handel & Internationales Marketing (H.I.MA.) an der Universität des Saarlandes.